조선전기를 읽는 시각

조선전기 문명전환과 동국문명의 지평

정출헌

1958년 출생. 고려대학교에서 〈조선후기 우화소설의 사회적 성격〉으로 박사학위를 받았다. 고려대학교 민족문화연구원 연구교수를 거쳐 부산대학교 한문학과 교수로 재직하고 있다. 부산대학교 점필재연구소 소장, 한국고전번역원 부설 부산밀양분원 분원장, 인문고전마을 '시루'의 공동대표를 지냈다.

저서로는 『조선후기 우화소설 연구』(1999), 『고전소설사의 구도와 시각』(1999), 『조선 최고의 예술 판소리』(2009), 『김부식과 일연은 왜?』(2012), 『점필재 김종직, 젊은 제자들이 가슴에 품은 시대의 스승』(2015), 『남효온 평전: 유교문명의 성세를 꿈꾼 이상주의자의 희망과 좌절』(2020) 등이 있다.

한국연구총서 122
조선전기를 읽는 시각
조선전기 문명전환과 동국문명의 지평

2024년 8월 22일 초판 1쇄 펴냄

저　자 정출헌
발행인 김흥국
발행처 점필재

책임편집 이경민
표지디자인 김규범

등록 2013년 4월 12일 제2013-000111호
주소 경기도 파주시 회동길 337-15
전화 031) 955-9797
팩스 02) 922-6990
메일 jpjbook@naver.com

ISBN 979-11-85736-78-5　93300
ⓒ 정출헌, 2024

정가 38,000원
사전 동의 없는 무단 전재 및 복제를 금합니다.
잘못 만들어진 책은 바꾸어 드립니다.

(재)한국연구원은 학술지원사업의 일환으로 연구비를 지급, 그 성과를 한국연구총서로 출간하고 있음.

한국연구총서 122

조선전기를 읽는 시각

조선전기 문명전환과 동국문명의 지평

정출헌 저

점필재

머리말

　이 책은 조선 건국의 주역들이 천 년 넘게 이어온 불교국가를 유교국가로 전환하고자 도모하면서, 어떤 문명비전을 제시하고 실천했는가를 탐색해보려는 목적에서 출발했다. 강고한 화이질서의 공세에 맞서 중화문명과 동국문명의 길항관계를 어떻게 조율하고 구체화했는가, 라고 바꿔 말할 수도 있겠다. 감당하기 벅찬 과제이다. 그럼에도 그 지난한 여정을 걸어보기로 마음먹은 계기는 아주 오래된 작은 기억으로부터 시작되었다. 초등학교 4학년 담임선생님의 '가르침'이 대학원 수업시간에 문득 떠오르며 여러 의혹들을 불러일으켰던 것이다. 그때, 그 선생님은 '조선(朝鮮)'이라는 나라 이름의 유래를 이렇게 설명해주셨다. "'조(朝)' 자를 파자하면 십(十) 월(月) 십(十) 일(日)이 되고, '선(鮮)' 자를 파자하면 어(魚)와 양(羊)이 된다. 중국 경축일인 쌍십절(雙十節)에 물고기와 양을 공물로 바쳤기 때문에 명나라 황제가 우리에게 그런 나라 이름을 지어준 것이다."라고.
　지금은 우스갯소리처럼 들리지만, 열한 살의 초등학생인 내게는 엄청난 '지적' 충격으로 받아들여졌다. 거기에 그치지 않고 우리가 자랑하고 있는 '동방예의지국'이니 '백의민족'이니 하는 말도 중국에게 고분고분 예의바르게 행동해서 얻은 모욕적 칭찬이고 염색 기술이 부족해 흰옷 외에는 만들 수 없었던 낙후된 징표에 불과하다는 설명도 뇌리에 팍팍 박혀들었다. 조선이란 나라는 참으로 누추한 국가에 지나지 않는다는 것을 깨닫게 된 순간이고, 그날의 기억은 대학을 졸업할 때까지 나를 내내 사로잡게 되었다. 그러다가 대학원에 진학하여 수업시간에 다음의 시를 접하게 되었다.

서쪽에서 목동 젓대 한 가락이 길게 들려오는데　　西來牧笛一聲長
밤섬에는 물안개가 물가의 버드나무에까지 이어졌네.　栗島煙波接柳浪
보드라운 털 짐승이 무리지어 풀을 뜯고 있는데　　隊隊柔毛行齕草
어인 일로 조선 땅에는 양이 없다고 말해왔던고.　　朝鮮何事道無羊

스물네 살의 젊은 다산 정약용이 과거를 준비하던 시절, 한양 용산에서 한강 가운데 떠 있는 밤섬의 풍경을 바라보다가 지은 〈여름날 용산에서의 잡시[夏日, 龍山雜詩]〉 가운데 제4수이다. 눈앞에서는 양들이 무리를 지어 한가로이 풀을 뜯어먹고 있었다. 그걸 본 정약용은 지금 내 눈앞에 저렇게 많은 양들이 있는데, 왜 조선에는 양이 없다고 했느냐며 장난스레 가볍게 반문한다. 그 시를 본 순간 문득 내 초등학교 시절의 기억이 의문으로 되살아났다. 그래, 우리나라에는 본래 양이 많지 않았는데 어찌 조공의 품목에 오를 수 있었겠는가? 그러고 보니 생선이 우리의 토산품이었다는 말은 듣도 보도 못했다. 의심이 꼬리에 꼬리를 물고 이어졌다. 쌍십절이라는 중국의 경축일도 찾아보니, 웬걸 1911년 10월 10일의 무창봉기(武昌蜂起)로부터 시작된 신해혁명(辛亥革命)을 기념하는 날이었다.

그 모든 게 조선과는 상관없는 것들이었으니, 완벽하게 속은 셈이다. 물론 담임선생님이 어린 학생을 속이기 위해 거짓으로 꾸며낸 말은 아니었을 것이다. 그분도 분명 누구에게 배운 이야기였을 터다. 일제강점기에 소학교를 다니셨을 연배이셨으니, 일본인 교사이거나 식민지교육에 세뇌되어버린 어른에게 들었을 가능성이 크다. 돌이켜 보면 이런 극단적 사례가 아니더라도 우리 세대 대부분은 세종대왕이라든가 성웅 이순신과 같은 민족영웅의 부풀려진 신화가 아니면 사대주의·탁상공론·사색당파와 같은 부정적 이미지로 덧칠해진 조선시대를 배워야만 했다. 훌륭한 영웅이 종종 나오긴 했지만, 지칠 줄 모르는 내부분열과 지리멸렬한 이념에 매몰되어 끝내 자기를 지켜내지 못하고 일본에게 나라를 빼앗기고 말았다는 식민사관의 서사였던 것이다.

사실이 알고 싶어졌다. 특히 새로운 국가를 건설한 조선 건국의 주역들이 어떤 미래 비전을 갖고 국가의 정체성을 만들어가고자 했는지가 궁금했다. 밤섬에서 한가로이 뿔을 뜯어먹고 있던 그 양들은 아마도 중국에서 들여온 놈들이었을 것이다. 국가의 제사에 희생으로 사용하기 위해 중국에서 수입해왔거나 중국 황제가 내려준 것이었을 가능성도 있다. 그렇듯 어렵게 구해온 양들은 예빈시(禮賓寺)에서 정성껏 기를 정도로 귀한 대접을 받았다. 대사(大祀)나 소사(小祀)에는 양을 써야 한다는 예법을 지키기 위해 그렇게까지 해야 했을까, 라는 비판을 받을 만도 하다. 하지만 그런 비판에 앞서 그렇게 해야 예의국가가 된다고 굳게 믿고 살았던 그 시대 그분들의 사고와 논리를 시대의 맥락 위에서 이해해보고 싶었다.

그런 생각으로 이것저것 살펴보는 과정에서 조선 건국의 주역과 그 후예들이 추진하고 있던 〈유교문명국가 만들기 프로젝트〉의 과정들이 조금씩 모습을 드러내기 시작했다. 거칠게 말하면 조선의 인문정신을 열어간 사람들의 분투라고 말할 수도 있겠는데, 이 책에서는 그걸 '동국문명'이란 말로 대신하고자 했다. 동국문명의 실체, 그것은 담당주체 또는 시대정신의 흐름에 따라 적잖은 전변을 겪었던 것으로 보인다. 정도전의 '시서예악(詩書禮樂)', 권근의 '경술문장(經術文章)', 변계량의 '성교자유(聲敎自由)', 신숙주의 '훈민교화(訓民敎化)', 서거정의 '문장화국(文章華國)', 그리고 김종직의 '연문소도(沿文泝道)' 등이 그것이다. 이 책은 이런 핵심적 개념을 중심으로 삼아 동국문명의 지평과 그 전개과정을 문명전환의 시각에서 재조명해보고자 했다.

하지만 집필을 마무리하고 다시 읽어보니, 논의 전개가 때론 부자연스럽기도 하고 때론 서술과 논지가 반복·부연되는 등 들쭉날쭉하기 그지없다. 아직 공부가 여물지 못해 생각이 단편적으로 파편화되고 있는 결과일 수 있다. 또는 주요하게 다루어지고 있는 인물과 사건이 뒤얽혀 있는 경우가 적지 않은 까닭이기도 하다. 그런 아쉬움에도 불구하고 조선이라는 나라를 처음 열었던 '태(太)' 자의 임금으로부터 유교문명 국가로서의 체제를 갖추었다고 평가되는 '성(成)' 자의 임금에 이르는 한 세기 동안 펼쳐진 문명전환의 과정과 동국문명의 실상을 이해하는 데 있어 조금의 도움이라도 될 수 있기를 기대해본다.

아직도 보완하고 수정해야 할 대목이 너무 많다. 그 점을 잘 알고 있음에도 조선전기 문명전환의 과정에 대한 탐색 작업은 이쯤에서 잠시 멈추고자 한다. 그렇게 애써 만든 조선이라는 유교문명 국가가 일본제국주의의 침탈에 의해 식민지라는 극한의 나락으로 떨어지게 되는 경술국치(庚戌國恥) 전후의 상황이 너무나 궁금하기 때문이다. 반만년의 한반도 역사에서 처음으로 이민족에게 국가의 통치권을 완전히 넘겨준 망국의 치욕 앞에서 조선의 마지막 유교지식인들은 과연 어떤 모습으로 자신의 책무를 수행하고자 분투했는지를 알아보고 싶은 것이다. 과연, "망해도 싸지!"라는 욕을 듣던 그 조선을 지켜내기 위해 보여준 그들의 '노블레스 오블리주'는 어떠했던가. 조선의 유시유종, 그것이 연구의 아름다운 유시유종으로 마무리되었으면 참으로 좋겠다는 바람이 크다.

끝으로 문명전환과 동국문명이라는 시각으로 조선전기를 조망할 수 있었던 것은 '동인의식' 또는 '동국문명'이라는 발상의 전환을 가능하게 만들어주신 이우성, 임형택 두 선생의 가르침으로부터 받은 지적 각성이 있었기에 가능했다. 이 자리를 빌려 깊이 감사드린다. 또한 나의 거친 작업 구상을 믿고 이런 모습으로 동학들 앞에 나설 수 있게 뒷받침해준 (재)한국연구원과 보고사 김흥국 사장께도 감사드린다. 처음부터 의도했던 것은 아닌데, 작업이 게으르게 늘어지다 보니 공교롭게도 이 책이 나의 부산대학교 한문학과 교수 생활의 끝을 장식하는 기념서처럼 되고 말았다. 조금은 쑥스럽다. 그럼에도 이처럼 다듬어지지 않은 거친 구상과 초고를 교재로 삼아 함께 수업에 참여했던 학부 및 대학원생들에게도 고마움을 표한다. 앞으로 더 넓은 학문의 여정에서 가슴 벅차게 다시 만날 수 있기를 기대한다.

2024년 8월
금정산 자락의 미리내가 내려다보이는
인문대교수연구동 321호에서

목차

머리말 … 5

프롤로그 조선전기의 문명전환과 '해동요순'의 꿈 …………………………… 13

제1부 문명전환의 기획: 화이질서와 성교자유

제1장 화이의 질서, 중화문명의 공세와 동국문명의 맹아 …………… 35

    1. 접근의 시각, 단절과 지속의 지점 ……………………………… 35
    2. 화이질서華夷秩序와 성교자유聲敎自由의 길항관계 ………… 41
    3. 중화문명中華文明과 동국문명東國文明의 이율배반 ………… 59
    4. 추후의 행로: 동국문명의 실질에 대한 갈림 ………………… 78

제2장 궁궐의 건설, 관각문자의 제작과 동국문명의 비전 ………… 83

    1. 접근의 시각: 궁궐 또는 권력상징의 공간 …………………… 83
    2. 교서-책문의 반포와 정치 비전의 제시 ……………………… 86
    3. 전각殿閣의 명명과 문단권력의 교체 ………………………… 102
    4. 악장樂章의 제작과 관각문자의 공효 ………………………… 111
    5. 추후의 행로: 궁궐을 통한 화이질서의 재현 ………………… 122

제3장 전례의 정립, 의례문장의 전범과 유교문명의 이면 ………… 126

    1. 접근의 시각: 문집의 산삭과 문명의 실상 …………………… 126
    2. 『춘정집』 편찬과 공적 문장의 전범 …………………………… 133
    3. 『춘정집』의 중간과 산삭된 의례문장의 특징 ……………… 154
    4. 추후의 행로: 전통의 지속과 전환의 과정 …………………… 184

제2부 동국문명의 구현 : 중화문명과 동국문명

제1장 언해의 지평, 중화문명의 번역과 문명의식의 굴곡 ········· 191
  1. 접근의 시각: 언해를 읽는 두 가지 전제 ········· 191
  2. 새로운 문자의 탄생과 언해사업의 출발 ········· 195
  3. 유교문명 언해의 중단과 구결로의 회귀 ········· 212
  4. 신진사류의 등장과 언해사업의 재개 ········· 228
  5. 추후의 행로: 언문과 언해, 그 이율배반의 힘 ········· 243

제2장 관각의 공효, 문장화국의 실천과 동국문명의 절정 ········· 246
  1. 접근의 시각: 문장화국과 문명의식의 전환 ········· 246
  2. 동국문장의 성세와 그 자부의 실상 ········· 253
  3. 서거정이 제기한 동국문명의 비전 ········· 267
  4. 서거정이 구현한 문장화국의 실천 ········· 284
  5. 추후의 행로: 문장화국의 구체적 구현 양상 ········· 301

제3장 사림의 왕화, 유교문명의 보급과 지역교화의 실천 ········· 306
  1. 접근의 시각: 훈구-사림의 구도에 대한 질문 ········· 306
  2. 함양군수 김종직과 생사당生祠堂 재현의 의미 ········· 312
  3. 성종의 즉위와 신진사류 김종직의 정치적 행보 ········· 324
  4. 유교문명의 확산과 왕화王化의 실천적 면모 ········· 336
  5. 추후의 행로: 지방관으로의 침체와 새 길의 모색 ········· 378

제3부 유교문명의 심화 : 도학창도와 연문소도

제1장 도학의 계보, 김종직의 사제관계와 도학사적 위상 ········· 391
  1. 접근의 시각: 도통道統의 계보와 의혹 ········· 391
  2. 사제師弟의 연원: 제자의 증언과 도학의 전승 ········· 397

3. 수수授受의 실상: 도학의 창도와 후학의 계도 ……………… 412
4. 추후의 행로: 도학적 인물의 새로운 탄생 ……………… 427

제2장 도학의 발견, 성종대의 신진사류와 도학으로의 전회 ……… 433

1. 접근의 시각: 성종 14년에 주목해야 하는 까닭 ……………… 433
2. 성종 14년 이전, 죽림우사竹林羽士와 성균관 벽서시壁書詩 사건
   ……………………………………………………………………… 437
3. 성종 14년 과거 포기와 새로운 삶으로의 전회 ……………… 451
4. 성종 14년 이후, 성리서性理書의 재발견과 성리학 담론 ……… 463
5. 추후의 행로: 성종 14년의 신진사류에 대한 기억 ……………… 484

제3장 도학의 심화, 연문소도沿文泝道와 사우관계의 굴곡 ……………… 488

1. 접근의 시각: 한 인간을 통해 한 시대를 읽는 법 ……………… 488
2. 남효온이 그린 사우 김굉필과 그의 시대 ……………… 495
3. 사제−사우의 만남과 새로운 학문의 굴곡 ……………… 499
4. 시대정신의 변화와 사제−사우의 갈등 ……………… 513
5. 삶의 전회와 사우−사제 간의 동류의식 ……………… 524
6. 추후의 행로: 성종대 신진사류와 중종대 기묘사림 ……………… 535

에필로그 조선전기 동국문명의 추이를 살피고 난 뒤의 여운들 ………… 539

참고문헌 … 558

/프롤로그/

조선전기의 문명전환과
'해동요순'의 꿈

1. 문명전환의 시각으로 돌아보는 조선전기

이 책은 태조 이성계가 1392년 추대의 형식을 빌려 새로운 왕조 조선의 초대 임금으로 즉위한 이후부터 제9대 성종이 1494년 25년간의 치세를 마치기까지 한 세기 동안 전개된 문명전환의 과정을 조망해보고자 했다. 조선의 건국 주역과 그 후예들은 천 년 동안 이어온 불교국가를 유교국가로 바꿔보겠다는 원대한 문명전환의 비전을 제시하고, 그 성취를 위하여 전방위적인 노력을 기울였다. 그런 과정은 정도전이 처음으로 『조선경국전』(1394)을 편찬한 이후 『경제육전』·『속육전』 등 지속적인 수정과 보완의 과정을 거쳐 완성한 『경국대전』(1485)으로 상징되기도 한다. 그것뿐만이 아니었다. 성종 대에 『동문선』·『동인시화』·『동국통감』·『동국여지승람』 등 이른바 〈동국(東國) 시리즈〉의 국가 편찬사업을 통해 문물제도를 비롯하여 문학, 역사, 지리 등 사회 전 분야에 걸쳐 유교문명국가로서의 면모를 확고하게 정립해갔다.

돌이켜 보면 건국 초기의 숱한 정치적 참극은 물론 화이질서를 앞세운 중화문명의 파상적인 공세에도 불구하고 그런 정도의 동국문명을 일궈냈다는 사실이 놀랍기도 하다. 물론 중화문명과 구별되는 독자적인 동국문명의 설정이 가능한 것인가를 반문할 수 있다. 아니 그때의 그런 정도를 문명이라고 부르는 것이 가능한가, 라는 비판도 가능하다. 하지만 이 책에서 사용하는 '문명'이란 개념은 우리가 근대 이후 영어의 civilization을 번역하여 썼던 그것과는 다른 맥락이다. 전근대 한자문화권에서 '문명'이란 말의 용례는 매우 오래 전으로 거슬러 올라간다. "나타난 용이 지상에 있으매 천하가 문명한다[見龍在田, 天下文明]."라는 『주역』에서부터 그 첫 용례를 발견할 수 있다. 성인(聖人)의 교화로 밝아진 세계의 상태를 의미했던 것이다. 여기에서 성인이란 중국 고대의 문명을 개창했다고 전해지는 요·순·우·탕·문왕·무왕으로 이어지는 성왕(聖王)을 일컫는다.[1]

그리고 조선 건국의 주역인 정도전은 태조 이성계를 도와 역대의 성왕이 중국에서 펼쳐 보인 그 중화문명을 동이(東夷)라는 오랑캐의 땅에서 재현해보겠다는 야심찬 목표를 세웠다. 그러기 위해서는 한족(漢族)인 주원장이 이민족인 몽골을 북쪽으로 몰아내고 명나라를 세운 사건을 '문명의 시대'가 회복되었다는 것으로 선전할 필요가 있었다. 그래야만 명나라와 연대하여 고려를 대체하여 세운 조선 건국의 역사적 정당성을 확보할 수 있기 때문이다.

---

[1] 문명의 개념을 근대적·서구적 개념에 국한시키지 않고 전통적·동양적 맥락에서 파악하여 여말선초의 역사 전환과정을 문명사의 관점에서 새롭게 독해하고 있는 선구적 업적으로는 이우성, 「고려 시인에 있어서의 문명의식의 형성」, 『이화사학연구』 3권(이화사학연구소, 1968); 임형택, 「신숙주의 시대와 문학: 사대부적 문명의식의 현실화와 관련해 논함」, 『어문연구』 30집(한국어문교육연구회, 2002); 임형택, 『문명의식과 실학』(돌베개, 2009)을 꼽을 수 있다.

무슨 까닭으로 맑은 기운이 탁해지지 않을 수 없고 성대한 기운이 쇠해지지 않을 수 없어서 하루아침에 이류(異類, 원나라)가 중국에 들어와 백여 년 동안 웅거할 수 있었는가? 이는 또한 우주간의 세도에 있어 크나큰 변괴였다. 천심(天心)을 기다려 진주(眞主, 주원장)가 일어나서 하늘의 분부를 받들어 죄인[원나라]를 쳐서, 지위를 바루고 체제를 세워 천하의 이목을 새롭게 하였다. 그리하여 중원의 울분을 풀고 역대 제왕의 수치를 씻었으니, 공이 지극히 크고 덕이 지극히 성하다 하겠다. 앉아서 계책을 논하는 자나 일어서서 분주히 활동하는 자나 모두가 명세(命世)의 덕과 왕좌(王佐)의 재주를 지닌 인물들이었다. …(중략)… 이로 보면 (명 황제를 도운) 명나라의 인재와 세도(世道)는 한나라·당나라의 인재와 세도가 아니라 바로 우(虞)·하(夏)·상(商)·주(周)의 인재와 세도였던 것이다.[2]

정도전이 우왕 10년(1384) 성절사 정몽주의 서장관이 되어 명나라에 갔다 오는 도중에 만난 요동호송관 임성(任誠)에게 지어준 시의 서문이다. 원나라를 '이류' 또는 '죄인'으로 부르고 있을 만큼, 정도전에게 있어 중화문명에 대한 인식은 중원지역의 한족문명으로 확실하게 한정되어 있었다. 지리적·인종적 중화주의와 문명적 중화주의가 거의 동일시되고 있었던 것이다. 명나라 주원장이 그런 중화문명을 회복하여 전대의 울분과 치욕을 씻는 공업을 세울 수 있었던 것은 그를 보좌한 인물과 제도의 뒷받침이 있어 가능했는데, 그것들은 한나라·당나라와 완전 달랐다고 확신했다. 만약 고대 성왕을 보좌했던 이윤·부열·여상과 같은

---

2 정도전,『三峯集』권3,〈贈任鎭撫詩序〉, "奈之何氣之淸者不得不濁, 盛者不得不衰, 一朝異類入據中國者百有餘年, 亦宇宙間世道之一大變也. 天心有待, 眞主作興, 奉辭伐罪, 正位居體, 以滌新天下之耳目. 攄華夏憤, 雪百王之恥, 功至大也, 德至盛也. 其坐而論思, 作而奔走, 皆命世之德, 王佐之才. … 由此觀之, 有明之人才世道, 非漢唐之人才世道, 乃虞夏商周之人才世道也."

신하들의 도움이 없었다면, 그런 중화문명을 회복할 수 없었으리라는 사실을 애써 강조하고 있는 대목이 유독 눈에 들어온다. 실제로 정도전은 임성에게 주는 시를 다음과 같이 시작하고 있다.

명나라가 중국을 잘 다스려	皇明撫中夏
그 성교가 사이(四夷)에게까지 미쳤네.	聲教暨四夷
많은 선비들이 구름처럼 따라	多士如雲從
그 도움으로 육룡이 날았네.	翼以六龍飛
…(하략)…	

명나라가 천하를 통일하여 중화문명의 교화가 먼 사방의 오랑캐에게까지 미쳤다는 첫 번째 구절은 쉽게 이해된다. 하지만 이어지는 구절은 보다 꼼꼼하게 속뜻을 음미해볼 필요가 있다. 정도전은 "성인의 교화로 천하가 문명한다."는 것을 문면 그대로 성군 한 사람의 교화만으로 가능하다고 여기지 않았다. 그 아래에 있는 현명한 신하가 바른 도리로 인도하고 위에 있는 어진 성군이 넉넉하게 용납해야 위대한 공업을 함께 이룰 수 있다고 보았던 것이다. 명나라 천자로 상징화된 육룡이 구름처럼 따르는 많은 신하들의 도움으로 하늘을 날 수 있었던 것처럼, 조선도 그렇게 해야만 된다는 사실을 건국 이전부터 확신하고 있었던 것이다.

2. '해동요순'의 이상으로 향하던 여정

정도전은 이처럼 임금과 신하 사이의 공치(共治)를 통해 국가가 문명해질 수 있다고 믿었고, 그것은 그가 꿈꾸던 문명 정치의 궁극적인 이상이기도 했다. 그가 강조한 재상 중심적인 정치체제의 구축도 이런 믿음의 산물이었던 것이다. 그는 자신이 목표하고 있는 국가 운영 시스템의 청사진을 『조선경국전』에서 이렇게 제시하고 있다.

> 치전(治典)은 총재(冢宰)가 관장하는 것이다. 사도(司徒) 이하가 모두 총재의 소속이니, 교전(敎典) 이하도 총재의 직책이다. 총재로 훌륭한 사람을 얻으면 육전(六典)이 모두 잘 거행되고 모든 직책이 잘 수행된다. 그러므로 "인주(人主)의 직책은 한 사람의 재상을 의논해 정하는 데 있다."라고 하였으니, 바로 총재를 두고 한 말이다. 총재는 위로는 군부(君父)를 받들고 아래로는 백관을 통솔하며 만민을 다스리니, 그 직분이 크다. 인주의 자질에는 어리석은 자질도 있고 현명한 자질도 있으며 강한 자질도 있고 유약한 자질도 있어서 한결같지 않다. 그러니 총재는 인주의 아름다운 점은 따르고 나쁜 점은 바로잡으며, 옳은 일은 받들고 옳지 않은 것은 막아 대중(大中)의 지경에 들도록 해야 한다. 그러므로 상(相)이라고 하는 것이니, 보상(輔相)한다는 뜻이다.[3]

정도전은 이처럼 시서예악(詩書禮樂)의 정신을 갖춘 인간, 곧 인문정신에 기초하여 국가의 제도가 갖추어지고 문명의 성교(聲敎)가 구현되는 세계를 꿈꾸었다. 그 대중지정(大中至正)의 정치는 총재가 임금의 옳은 점은 받들고 옳지 않은 점은 막을 때 비로소 가능한 것이었다. 물론 그 비전이 정치현장에서 제대로 실현되었는가는 객관적으로 따져볼 일이다. 이상과 현실 사이에는 적지 않은 간극이 존재하고, 비전만으로 현실의 어두운 그늘을 외면해서는 안 된다. 그럼에도 불구하고 조선전기는

---

3 정도전,『삼봉집』권13,〈조선경국전 상〉, 治典 總序. "治典, 冢宰所掌也. 司徒以下皆冢宰之屬, 則敎典以下, 亦冢宰之職也. 冢宰得其人, 六典擧而百職修. 故曰: '人主之職, 在論一相.' 冢宰之謂也. 上以承君父, 下以統百官治萬民, 厥職大矣. 且人主之材, 有昏明强弱之不同, 順其美而匡其惡, 獻其可而替其否, 以納於大中之域, 故曰: '相也.', 輔相之義也."

유교적 교화를 통한 문명전환의 실질을 문물과 제도, 학술과 사상, 일상의 내면과 외면에서 두루 구현하고자 했다. 그리고 그 과정에서 열정과 분투, 갈등과 경쟁, 희열과 좌절의 파토스가 넘쳐나던 시대였다. 뿐만 아니라 조선후기에 비해 훨씬 활달하고 유연한 국제적 감각을 유지하고 있었던 사실도 간과해서는 안 된다. 몽골제국을 통해 경험한 세계사적 안목이 아직 생생한 기억으로 전승되고 있었고, 고려 말부터 집중적으로 강화되기 시작한 주자학적 사유에게도 그리 크게 긴박되지 않았다.

그런 점에서 새로운 유교국가로서의 면모, 곧 동국문명을 만들어가는 과정을 탐색하는 과정에서 만나게 되는 '때 이른 절정'의 진경(珍景)에 깊이 주목할 필요가 있다. 누추한 과거를 뛰어넘어 새로운 문명을 구가하게 되었다는 그들의 자부를 종종 목도할 수 있기 때문이다.

> 임금이 영응대군(永膺大君)의 집 동쪽 별궁에서 훙(薨)하였다. …(중략)… 신하를 부리기를 예로써 하고, 간하는 말을 어기지 않았으며, 대국 섬기기를 정성으로써 하였고 이웃나라를 사귀기를 신의로써 하였다. 인륜에 밝았고 모든 만물을 잘 살피니, 남쪽과 북쪽에서 와서 복종하여 사방이 편안해져 백성이 살아가기를 즐겨한 지 대개 30여 년이 되었다. 성스러운 덕이 높고 높으매, 사람들이 뭐라고 형용할 수가 없어 당시에 해동요순(海東堯舜)이라고 일컬었다. 만년에 비록 불사(佛事)를 가지고 말하는 사람이 있기는 하지만, 한 번도 향을 살라 부처에게 예불한 적은 없었으니 처음부터 끝까지 올바름으로 했다.[4]

---

4 『세종실록』 세종 32년 2월 17일. "上薨于永膺大君第東別宮. … 使臣以禮, 從諫弗咈, 事大以誠, 交隣以信, 明乎人倫, 察乎庶物, 南北賓服, 四境按堵, 民樂生生者, 凡三十餘年. 聖德巍巍, 人不能名, 時稱海東堯舜. 晚年雖或有以佛事言者, 未嘗一燒香禮佛, 終始以正云."

세종이 해동요순이라 불렸다는 기록은 이곳 외에도 자주 발견된다. 전설처럼 떠도는 요순시절이 정말 가장 이상적인 문명을 구가하고 있었는지, 그 누구도 자신 있게 답할 수는 없겠다. 그럼에도 불구하고 그 시절은 전근대 동아시아 사회가 경험한 가장 아름다운 시절로 오래토록 회자되고 있었다. 태평성대하면 언필칭 요순시절이나 하·은·주 삼대가 거론되는 까닭이다. 그런 점에서 정도전은 그런 이상적인 세상을 조선에서 재현해보고자 했던 이상주의자였다고 말할 수 있다. 그리고 그의 꿈은 50년 뒤에 세종에 의해 조선의 현실에서 가시화된 셈이다.

하지만 세종의 시대가 정말 전설적인 요순시절처럼 완벽한 태평성대를 구가했겠는가? 참으로 많은 업적을 쌓아 유교국가로서의 기틀을 닦은 세종에 대한 최고의 칭송이었을 터, 후대 임금들은 그런 이상으로 나아가는 노력을 멈추지 말아야 한다는 경구(警句)에 다름 아닐 것이다. 실제로 조선 건국의 주역과 그 후예들은 요순시절에 비견되는 동국문명의 이상을 구현하기 위해 무척 노력했다. 우리가 놓쳐서는 안 되는 지점들이다. 그런 노력들은 지금 보아도 신선하게 다가온다. 특히 다음의 세 장면이 그를 향한 생생한 기억으로 전해지고 있다. 정도전, 변계량, 그리고 세종과 관련된 다음의 일화가 그러하다.

하나, 태조의 즉위교서에 담은 정도전의 문명의식

문무과(文武科) 두 과 가운데 어느 하나는 취하고 어느 하나는 버릴 수 없다. 중앙에는 국학(國學)과 지방에는 향교(鄕校)에서 생도들을 증원하고 강학에 힘쓰도록 하여 인재를 육성할 것이다. 과거제도의 본래 취지는 나라를 위한 인재를 뽑는 것이다. 그럼에도 좌주(座主)니 문생(門生)이니 일컬으며 공적인 선발을 사적 은혜로 여기고 있으니, 법을 세운 뜻과 매우 어긋난다. …(중략)… 사서오경(四書五經)과 『통감(通鑑)』 이상을 통달한 사람을, 그 경서의 많고 적은 것과 알아낸 사리(事理)의 정밀하고 소략한 것으로써 그 높고 낮은 등급을 정하여 제일장(第一場)으로 삼는다. …(중략)… 이런 삼장(三場)의 시험을 거쳐 합격한 자 33인을 이조로 보내어 재주에 맞게 발탁해 쓰도록 하겠다. 감시(監試)는 폐지한다.[5]

1392년 7월 17일, 문무백관이 지켜보는 가운데 태조 이성계가 수창궁(壽昌宮)에서 왕위에 올랐다. 500년의 고려왕조가 막을 내리고, 조선왕조의 새로운 500년이 시작되는 순간이었다. 이 자리에 이르기까지 숱한 정치적 쟁투를 겪으며 많은 사람의 피가 제물로 바쳐지기도 했다. 이인임, 최영, 그리고 정몽주 등등. 즉위식을 치르던 그때, 이성계의 머릿속에는 그 절체절명의 순간이라든가 삶과 죽음으로 엇갈린 낯익은 얼굴들이 주마등처럼 스쳐지나갔을 것임에 분명하다. 곁에서 시위하고 있던 삼봉 정도전도 마찬가지였으리라.

그로부터 열하루 뒤인 7월 28일, 새로운 국왕의 즉위를 알리는 교서가 반포되었다. 즉위교서에는 총 17항목에 달하는 새로운 국가 건설의 개혁방안이 빼곡하게 담겨있었다. 호포(戶布)를 감면해주겠다거나 국둔전(國屯田)을 폐지하겠다는 등 민생을 추스르기 위한 개혁안으로부터 충신·효자·의부(義夫)·절부(節婦)를 포상한다든가 즉위식 이전까지 범했던 일반 범죄는 벌하지 않겠다는 사면령에 이르기까지 다양하기 그지없다. 각계각층의 현안을 포착하여 민심을 얻으려는 의도가 뚜렷이 확인된다.

하지만 이들 가운데 가장 중요한 항목은 종묘사직을 바로잡고 고려왕족을 대우하겠다는 첫 번째와 두 번째가 아니었다. 그것이 당위론적

---

5 『태조실록』 태조 1년 7월 28일. "文武兩科, 不可偏廢, 內而國學, 外而鄉校, 增置生徒, 敦加講勸, 養育人才. 其科擧之法, 本以爲國取人, 其稱座主門生, 以公擧爲私恩, 甚非立法之意. … 自四書五經通鑑已上通者, 以其通經多少, 見理精粗, 第其高下爲第一場 … 通三場相考入格者三十三人, 送于吏曹, 量才擢用. 監試革去."

선언에 불과한 것이라면, 그 다음에 이어진 세 번째 과거시험의 개혁 방안이야말로 실질적이고 역성혁명을 실감케 하는 조처로 받아들여졌을 것이다. 위의 인용은 바로 그 내용의 일부이다. 문과와 무과, 그 어느 하나도 소홀하게 여기지 않겠다는 약속. 중앙과 지방, 그 모든 곳에서 인재를 고루 육성하겠다는 선언. 공적 제도[公擧]를 사적 관계[私恩]로 전락시켜 버린 고려왕조의 과거제도에 대한 개혁 다짐. 이런 일련의 정책은 모두 새 나라를 함께 다스릴 문무 관료들을 투명하고 공정한 절차에 의해 선발하겠다는 의지를 천명하는 것이었다.

예나 지금이나 불법적인 쿠데타를 성공한 혁명으로 마무리 짓기 위해서는 군대 병력과 행정 관료의 무마와 장악이 가장 필수적인 사항이다. 하지만 우리의 관심은 그런 정치적 조처들이 매우 주도면밀하면서도 신속하게 실행되고 있다는 데 그쳐서는 안 된다. 그보다는 관료 선발의 공정성을 뒷받침하기 위해 시험의 절차를 투명하게 밝히는 것은 물론 출제의 범위를 '사서오경(四書五經)'이라든가 『통감(通鑑)』과 같은 유가 경전이나 사서(史書)로 특정하고 있다는 사실에 주목해야 한다. 그것은 유교지식이 학문권력으로 전화(轉化)되는 새 시대의 도래를 의미하는 것이었고, 지배계층의 대대적인 물갈이를 예고하는 것이기도 했다.

그런 점에서 1392년 7월 17일 수창궁에서 열린 태조 이성계의 즉위식은 단순히 국가의 권력이 왕씨에서 이씨에게로 넘어간 역성혁명 이상의 의미를 지닌다. 한반도에서 천여 년 동안 이어져온 불교국가가 유교국가로 옮겨가는 문명사적 대전환의 순간이었던 것이다. 그렇게 시작된 유교 문명 국가로서의 조선적 정체성은 1894년 갑오개혁으로 과거제가 폐지되고, 한문이 언문에게 국어(國語)의 지위를 넘겨주기까지 강고하게 유지되어 왔다. 아니, 어쩌면 지금까지 사회 전반에 걸쳐 그 저변에서 면면하게 흐르고 있기도 하다.

이처럼 의미심장한 내용을 담고 있는 즉위교서는 정도전이 작성한 것으로 밝혀져 있다. 조선의 건국에서 차지하고 있는 정도전의 역할은 잘 알려진 것이지만, 그가 교서에서 마지막으로 밝히고 있는 17번째 항목은 역사적 격변기에서 종종 마주치는 얄궂은 운명을 실감케 한다. 거기에는 새나라 건설에 협력하지 않고 반란을 도모했던 56인에 대한 처벌 내용을 하나하나 밝혀놓고 있다. 정도전 자신의 스승이던 이색을 비롯하여 우현보·설장수는 가장 무거운 처벌을 받아 직첩이 회수되고 서인으로 강등된 뒤에 절도 해상으로 유배 보내졌다. 그 다음의 처벌은 직첩을 회수하여 곤장 1백 대에 먼 지방으로 유배 보내는 것이었는데, 거기에는 동문수학하던 절친한 벗 도은(陶隱) 이숭인(李崇仁)도 끼어 있었다.

하지만 전라도 순천으로 유배를 갔던 이숭인은 한 달 뒤쯤 황거정(黃居正)이란 자로부터 등골에 모진 곤장을 맞아 죽고 말았다. 태조 1년 8월 23일의 실록 기사에는 평소 사감을 품고 있던 정도전의 사주를 받아 그렇게 참혹하게 죽인 것이라고 기록되어 있다. 하지만 태종 11년 7월부터 11월까지 이숭인의 죽음을 둘러싸고 벌어진 조정의 논란을 찬찬히 음미해보면, 역적으로 몰려 죽은 정도전에게 모든 죄를 뒤집어씌우고 있다는 혐의도 감지된다.

물론 지나간 역사의 진위를 분별해내기란 어렵기 마련이다. 다만 그들의 비극적 최후를 염두에 둘 때, 장년 시절에 주고받은 우정의 글은 참으로 아이러니하다. 정도전은 우왕 14년(1388) 하절사(賀節使)로 명나라에 가는 이숭인에게 시집 서문을 지어주며 전송했다. 그리고 그 유명한 "일월성신(日月星辰)은 천문(天文)이요, 산천초목(山川草木)은 지문(地文)이며, 시서예악(詩書禮樂)은 인문(人文)이다."라는 말로 그의 탁월한 능력을 기렸다. 이숭인의 시문을 보면 『시경』과 『서경』에 뿌리를 두고 있을 뿐만 아니라 『예기』와 『악기』에서 자연 발현되고 있음을 실감할 수 있는바, 도(道)에 깊이 들어간 벗에 대한 최고의 찬사였던 것이다.

그러고 보면 유가 경전의 정신으로 충만한 인물이란, 정도전이 가장 이상적으로 생각하던 인간의 전범인 동시에 그가 꿈꾸던 새로운 국가 조선의 문명 비전이기도 했다. 잘 알고 있듯, 새로운 도읍인 한양으로 들어가는 사대문의 이름을 인의예지(仁義禮智)에서 한 글자씩 따서 명명한 것도 그였다. 그리고 서울 한복판에는 보신각(普信閣)을 두어 그 모두가 '신뢰[信]'에 근거해야 함을 분명하게 밝히기도 했다. 믿음에 근거한 인의예지로 가득 찬 나라, 그리고 시서예악으로 충만한 인간으로 모든 백성을 거듭나게 만들어보겠다는 그의 인문학적 국가 비전은 참으로 경이롭게 느껴질 정도이다. 그로부터 오랜 세월이 흐른 지금, 우리들은 과연 그런 원대한 비전을 잠시라도 꿈꿔본 적이 있는 것일까? 이 책을 기획하고 집필하면서 내내 태조의 즉위교서가 떠올랐던 까닭이다.

둘, 하늘에 비를 기원하던 변계량의 진정

판우군부사 변계량(卞季良)이 졸하였다. 변계량의 자는 거경(巨卿)이요, 호는 춘정(春亭)이니, 밀양부(密陽府) 사람 옥란(玉蘭)의 아들이다. 어려서부터 총명하여 네 살 때 고시대구(古詩對句)를 외고, 여섯 살 때 벌써 글귀를 지었다. …(중략)… 변계량은 문형(文衡)을 거의 20년 동안이나 맡아 사대교린(事大交隣)의 사명(詞命)이 대부분 그의 손에서 나왔다. 시험을 관장하여 선비를 뽑는 데 있어 언제나 매우 공정하게 하여, 전조(前朝)의 멋대로 부정(不正)을 자행하던 관습을 모두 고쳤다. 일을 의논하고 의문을 해결하는 데 있어서는 종종 보통사람의 생각을 뛰어넘는 의견을 내었다. 그러나 문(文)을 맡은 대신으로서 삶을 탐하고 죽음을 두려워하며, 귀신을 섬기고 부처를 받들었으며, 하늘에 절하는 일까지 하여서 하지 않는 바가 없었으니, 식자(識者)들이 그를 나무랐다.[6]

---

6 『세종실록』 세종 12년 4월 23일. "判右軍府事卞季良卒. 季良字巨卿, 號春亭, 密陽府

춘정 변계량의 졸기(卒記)이다. 대부분의 졸기가 그러하듯, 간략한 인물 정보와 함께 어려서의 명민함으로부터 시작되고 있다. 『조선왕조실록』에 이름을 올릴 정도의 인물이라면, 어찌 범상할 수 있었겠는가? 실제로 그는 고려 말부터 세종 대에 이르기까지 주요 관직을 두루 거치는 영예로운 삶을 살았다. 그 가운데 가장 특기할 만한 것으로는 조선 최초의 문형(文衡) 으로서, 그 직임을 20년 동안 맡았었다는 사실일 터다. 조선 초기의 급변하는 국제정세에 부합하는 까다로운 외교문서 작성은 물론 문물제도의 정립을 도맡아 처리했던 것인데, 그 가운데서도 인재양성에 특히 힘을 쏟았다.

여말선초라는 시대적 격변의 시기를 겪는 동안 인재를 제대로 양성할 여유가 없었으니, 그보다 더 중요한 일은 없었을 것이다. 그리하여 공정한 인재선발을 보장하기 위해 밝은 대낮에 과거시험을 치르는 백일장(白日場)의 제도를 실시하고, 그런 과정을 거쳐 선발된 유능한 인재들로 구성된 집현전(集賢殿)이라는 학술기관을 설치하여 초대 대제학을 맡아 이끌고, 일상적인 잡무로부터 벗어나 학문에만 전념할 수 있도록 배려하는 사가독서(賜暇讀書)의 제도를 도입하기도 했다. 위의 졸기 가운데 인재선발을 지극히 공정하게 하여, 지난 고려왕조의 폐단을 혁신했다는 평가도 이런 맥락에서 이해할 수 있다.

하지만 그 다음에 이어지고 있는 구절, 곧 "종종 보통사람의 생각을 뛰어넘는 의견을 내었다."라는 기록이 눈길을 끈다. 이런 평가를 어떻게 이해해야 할까? 얼핏, 엉뚱했다는 말처럼 들린다. 그건 시류(時流)에 편승하거나 뭇사람들의 주장에 휩쓸리지 않고, 자기만의 독창적이고도 독자적인 견해를 견지했다는 것으로 읽어야 할 것이다. 하지만 뒤이어 거

人, 玉蘭之子. 自幼聰明, 四歲誦古詩對句, 六歲始綴句. … 季良典文衡幾二十年, 事大交隣詞命, 多出其手. 掌試取士, 一以至公, 盡革前朝冒濫之習. 論事決疑, 往往出人意表. 然以主文大臣, 貪生畏死, 事神事佛, 至於拜天, 靡所不爲, 識者譏之."

론되고 있는 귀신과 불교를 섬기고, 심지어 하늘에 제사까지 지냈다는 사실과 관련된 평가가 가리키는 바는 보다 꼼꼼하게 음미해볼 필요가 있다. 유교문명 국가를 표방하며 건국한 조선의 예악전례(禮樂典禮)를 책임지고 있었으면서도 여전히 귀신을 섬기고 불교를 믿고 있었으니, 그런 비판을 들을 만도 했다. 실제로 변계량은 원단(圓壇)을 설치하여 하늘에 제사 지내야 한다는 주장도 마다하지 않았다. 명나라에 대한 사대(事大)의 예를 지극정성으로 드려야 했던 조선의 건국이념에 정면으로 반하는 참람한 사안이 아닐 수 없다.

하늘에 제사 지낼 수 있는 자격은 오직 천자만이 가지고 있어, 제후국을 자처한 조선에서는 감히 거행할 수 없었다. 일찍이 공자는 노나라 계씨(季氏)가 참람하게 태산에 여제(旅祭)를 지내려 하자 "태산이 임방(林放)만 못하다더냐[曾謂泰山不如林放乎]."[『논어 八佾』]라고 제자 염유(冉有)를 꾸짖은 바 있다. 그 이후로 그건 불변의 진리처럼 받아들여졌다. 그럼에도 불구하고 변계량은 조선이 중국 안의 제후국과는 다른 지위에 있기 때문에 하늘에 제사 지낼 수 있다는 주장을 줄기차게 펼쳤다. 실제로 위의 졸기 가운데 생략된 부분에는 변계량의 그런 발언이 직접 인용되고 있다. 을미년(태종 15, 1415)에 가뭄이 너무 심해 "우리나라가 하늘에 제사 지내는 것이 비록 예(禮)에 어긋난다고 하지만, 일이 절박하니 원단에 기도하소서[本國祭天, 雖云非禮, 事旣迫切, 請禱圓壇]"라고 건의했다는 것이다.

마침내 태종은 변계량의 주장을 꺾지 못해 하늘에 기우제를 지냈고, 그 덕분인지는 몰라도 이튿날 정말로 큰비가 내렸다고 한다. 기적 같은 일이었다. 때문에 그날의 사건은 두고두고 사람들의 입에 오르내렸다. 심지어 국고문헌에까지 실렸을 정도다.

> 태종 15년 상이 큰 가뭄으로 매일 한 가지 반찬만 먹고, 뙤약볕 아래 나앉아 있다가 병에 걸려 한참 만에 회복되었다.

[보론] 5월 초10일은 태종의 기일이다. 당시 태종이 위독했는데 하늘에서는 오래도록 비가 내리지 않아 내외의 산천에서 두루 기도를 드리려 하였다. 상이 걱정하며 말하기를 "가뭄이 이처럼 심하니, 백성들은 어찌 살아날까? 내 마땅히 하늘에 고하여 즉시 단비가 내리도록 해야겠다."라고 하였다. 다음날 상이 승하하였는데, 도성 일원에는 큰비가 내리고 마침내 풍년까지 들었다. 이후부터 태종이 승하한 날에 비가 오지 않은 해가 없어, 사람들은 그 비를 '태종비[太宗雨]'라 불렀다.[7]

그 유명한 '태종비'의 유래이다. 이후, 민간의 세시풍속에서 사실처럼 전승되어 왔던 것은 물론이고 적지 않은 문인들이 전고(典故)로 활용할 정도였다. 이처럼 효험을 보기도 했던, 하늘에 비를 기원하는 의식을 조선에서 행할 수 있다고 변계량이 주장했던 근거는 세 가지였다. 첫째, 우리의 조상인 단군은 하늘에서 내려왔기에 우리는 오랫동안 제천의식을 치러왔다. 둘째, 조선은 중국이 다스릴 지역이 아니기 때문에 성교(聲敎)의 자유를 명나라 태조로부터 허락받은 바 있다. 셋째, 정상적이지 않은 변란에는 권도(權道)로서 대처할 수 있는 법이다.

물론 변계량의 주장에 대한 비판적 반론도 만만치 않았다. 명나라에 대한 군신의 도리에 어긋난다는 점, 예에 부합하지 않으면 하늘도 흠향하지 않으리라는 것, 등등. 유교 국가를 표방한 조선의 건국이념에 비추어 보면, 지극히 당연한 말이다. 그럼에도 변계량 혼자 앞에서 지적한 세 가지 이유를 들어 자신의 주장을 굽히지 않았다. 미신은 믿을 게 못 된다는 비판에도 꿈쩍하지 않았다. 어찌 하늘에 기도한다고 비가 올 이

---

7 『增補文獻備考』 권63, 〈예고(禮考)〉 제10. "十五年, 上以大旱, 日御一膳, 或露坐日中, 以致違豫, 久乃平復. [補] 五月初十日, 太宗忌辰也. 當太宗惟幾之日, 天久不雨, 內外山川禱祠將遍. 上憂之曰: '亢旱如此, 民何以活? 我當上告于天, 卽降甘雨也.' 翌日上賓而都內大雨, 遂致豐稔. 自是, 是日無歲不雨, 人謂之太宗雨."

치가 있겠는가? 물론 변계량도 알고 있었다. 그러면서도 이렇게 반문했다. "하늘에 빈다고 해도 비가 온다는 보장은 없다. 하지만 빌지도 않고 비가 내리기를 바라는 건 이치에 맞는가?"라고. 그리고 보면, 그 말이 보다 맞는 듯도 하다. 지성이면 감천이라 하지 않았던가.

하지만 절대적인 극한 상황에서는 제천의식을 치러 하늘에 비를 빌어도 괜찮다던 변계량의 주장은 그의 죽음과 함께 사라졌다. 도도한 시류(時流)의 변화를 견뎌내지 못했던 것이다. 하나의 사례가 있다. 성종 13년(1482) 7월 18일, 오랜만에 변계량의 이름이 조정에서 거론되었다. 극심한 가뭄이 들었던 그때, 하늘에 제사하여 비를 기원하자는 임숙(任淑)의 상소문에 대해 의논해보라고 조정 대신들을 모두 불러 모은 자리에서였다. 하지만 논의는 일거에 끝나고 만다. "태종 때 변계량의 주장은 비례(非禮)에 빠진 것을 알지 못한 것이니, 취할 만하지 못합니다[太宗朝卞季良之議, 不知陷於非禮, 不足取法]."라고. 그리하여 푸른 하늘에 간절한 소망을 담아 기원하던, 우리의 제천의식은 '비례(非禮)'라는 단 한마디로 폐기되어 버렸다. 정말, 백성이 고통 받고 있는 기근의 해소보다 사대의 예절을 지키는 것이 그리도 소중했던 것일까? 하늘에 비를 기원하던 변계량의 마음을 환기할 때마다 문득문득 떠오르는 질문이다.

셋, 예악정비에 힘을 쏟던 세종의 마음

임금이 좌우에게 일렀다. "예악(禮樂)은 중한 일이다. 우리 동방은 여전히 옛 습관을 따라 종묘에는 아악(雅樂)을 쓰고, 조회에는 전악(典樂)을 쓰고, 연향에는 향악(鄕樂)과 당악(唐樂)을 번갈아 연주하고 있어 난잡하고 절차가 없으니 어찌 예악이라 이를 수 있겠는가? 아악은 곧 당악이니, 참작하고 개정하여 종묘에 쓰고 조회와 연향에도 쓰는 것이 옳겠다. 어찌 일마다 그 음악을 다르게 할 수 있겠느냐?" 황희가 대답해 아뢰었다. "향악을 쓴 지 오래이므로 아직 고치지 않았습니다." 임금이 말했다. "만일 그 잘못된 것을 알았다면, 오랜 습관에 젖어 고치지 않는 것이 옳겠느냐?" 좌대언 이조가 아뢰기를 "신이 중국에 사신으로 가서 보니, 봉천문(奉天門)에 항상 아악이 놓여 있었습니다." 하였다. 임금이 말하였다. "상국의 법을 준용하여 쓰는 것이 마땅하다."[8]

역성혁명으로 조선을 세운 건국의 주역과 그 후예들은 유교국가를 만들기 위한 작업에 무척 분주했다. 새 나라의 비전을 제시하고, 그에 부합하는 문물제도를 갖춰 일신하지 않으면 안 되었다. 다시 고려로 되돌아갈 수는 없는 법이다. 유교사상에 입각하여 풍속 개량부터 해야 한다고 믿었던 그들은, 고려로부터 이어져 내려온 국가의 전례(典禮)를 정비하는 것을 급선무로 삼았다. 태종은 즉위하자마자 국가의 각종 의례를 검토하여 제정하는 특별 부서인 〈의례상정소(儀禮詳定所)〉를 설치했을 정도였다. 태종 1년에 만들어 세종 17년까지 존속한 여기에서는 하륜·변계량·이조·황희·허조·정초와 같은 쟁쟁한 인물이 주역으로 활동했는데, 그 기간 동안의 작업이 성종 5년 완성된 『국조오례의』의 기초가 되었음은 물론이다.

그렇지만 오랜 기간 이어져 내려오던 고려시대의 관습과 의례를 일시에 바꾼다는 것은, 권력의 힘이 아무리 막강하다 해도 쉬운 일이 아니다. 개혁과 보수는 언제나 팽팽한 긴장과 갈등을 겪게 마련이고, 때론 피의 쟁투를 감수해야 할 때도 많다. 위에 인용한 태종과 황희 사이에 벌어진 짤막한 논란도 조선 초기 궁중의 예악(禮樂) 정비를 둘러싸고 불거진 진통

---

8 『태종실록』 태종 9년 4월 7일. "上謂左右曰: '禮樂, 重事也. 吾東方尙循舊習, 宗廟用雅樂, 朝會用典樂, 於燕享迭奏鄕·唐樂, 亂雜無次, 豈禮樂之謂乎! 雅樂乃唐樂, 參酌改正, 用之宗廟, 用之朝會燕享可矣. 豈可隨事而異其樂乎?' 黃喜對曰: '用鄕樂久, 未能改耳.' 上曰: '如知其非, 狃於久而不改, 可乎?' 左代言李慥啓曰: '臣奉使上國, 觀奉天門常置雅樂.' 上曰: '上國之法, 宜遵用之.'"

가운데 하나였다. 태종은 피비린내 나는 골육상잔을 통해 권력을 쟁취한 임금인 만큼, 국가의 관례를 개혁하는 데 있어서도 무척 과감했다. 새로운 시대가 되었으니 고려 궁중에서 사용하던 향악과 같은 '비루한' 음악은 일체 금지하고, 대신 아악-당악과 같은 중국의 '고상한' 음악만 사용해야 한다고 생각했다. 비유하자면 궁중의 각종 행사에서 우리의 전통적인 음악이 아닌 서양의 클래식이나 팝송과 같은 음악만 연주하자는 주장이다.

하지만 황희가 여기에 맞서 내세운 논리처럼, 오랫동안 즐겨온 우리의 향악을 일거에 폐기해버릴 수는 없었다. 우리 시대의 아버지들이 얼큰하게 술 한 잔 걸치고 친구들과 노래방에 가서 지난 젊은 시절에 즐겨 부르던 노래를 부를 수 없다면, 제대로 된 흥을 낼 수 있겠는가? 조선을 건국한 주역들이 그런 이치를 깨닫는 데까지 그리 많은 시간이 걸리지 않았다. 중국의 선진문명을 그대로 받아들여 사용하고자 했던 태종도 시간이 흐름에 따라 자신의 조급증을 조금씩 누그러뜨려 갔거니와 아들 세종은 마침내 다음과 같은 경지에 이르게 되었다.

> 임금이 좌우의 신하에게 이르기를 "아악(雅樂)은 본디 우리나라의 음악이 아니고 중국의 음악이다. 중국 사람들은 평소에 익숙하게 들었을 것이므로 제사에 연주하여도 마땅할 것이다. 그런데 우리나라 사람들은 살아생전에는 향악(鄕樂)을 듣고, 죽은 뒤에는 아악을 연주해드리니 과연 옳은 일인가?" 하였다.[9]

되돌아보면, 역사에 이름을 남긴 시대의 거인들에게는 하나의 공통점이 있다. 그들의 탁월함은 자신이 처한 현실을 직시하되, 거기에서 남다

---

9 『세종실록』 세종 12년 9월 11일. "上謂左右曰: '雅樂, 本非我國之聲, 實中國之音也. 中國之人平日聞之熟矣, 奏之祭祀, 宜矣. 我國之人, 則生而聞鄕樂, 歿而奏雅樂, 何如?'"

른 깨달음을 이끌어낸다는 사실이다. 떨어지는 사과에서 만유인력을 발견한 뉴턴도 그러했다든가? 향악에 대한 세종의 깨달음도 다르지 않았다. 부친 태종이 신하들과 어울려서 음악에 맞춰 춤추며 놀던 모습을 자주 보았을 터, 아들 세종은 부왕에게 제사를 올리면서 그분이 살아생전 즐기던 음악을 들려드리면 좋겠다고 생각했을 것이다. 지극히 평범하지만 탁월한 깨달음이 아닐 수 없다.

조선 최고의 성군(聖君)으로 기려지고 있는 세종의 비범함을 깎아내리려는 것이 아니다. 세종도 태종 못지않게 중화문명을 발 빠르게 받아들여야 한다고 믿었고, 그래야만 오랑캐라는 오명으로부터 벗어날 수 있다고 믿었던 임금이다. 그리하여 위에서 거론한 예악은 물론이고, 사회·정치·경제·과학·천문 등 사회 전반에 걸쳐 중화문명과 비교해도 손색이 없을 만큼 조선의 문명 수준을 끌어올리고자 노력했다. 그런 그가 일궈낸 업적 목록을 보고 있노라면, 과연 한 사람의 역량이 어찌 이리도 대단할 수 있을까 놀라지 않을 수 없다.

하지만 정말 놀라운 사실은 중국의 선진문명을 받아들이는 데 온힘을 기울이면서도 그것을 자국의 현실과 어떻게 접목하여 자국화할 것인가, 라는 문제의식을 잠시도 놓치지 않고 있었다는 사실이다. 우리나라 풍토에 맞도록 조정된 농법을 담은 『농사직설(農事直說)』(세종 11), 우리나라에서 생산되는 약재들을 망라하고 있는 『향약집성방(鄕藥集成方)』(세종 15), 충효열이라는 유교이념을 인간의 보편적 가치로 가르치려는 목적으로 만든 교재 『삼강행실도(三綱行實圖)』(세종 16), 중국의 역법을 우리나라에 맞게 조정한 『칠정산내편(七政算內篇)』(세종 24), 그리고 중국의 한자음과 우리말을 정확하게 표기할 수 있는 훈민정음(訓民正音)의 창제는 모두 그런 노력의 결과였다. 중국과 우리가 다르다는 사실을 분명하게 자각하고, 그럼에도 불구하고 타국의 문명을 어떻게 자국의 현실에 맞춰 구현할 수 있을 것인가에 대한 지칠 줄 모르는 분투의 결과였던 것이다.

그러나 명나라의 주원장이 육룡(六龍)을 타고 하늘로 날아오를 수 있었 던 것은 어진 신하[賢士]들이 구름처럼 따랐기 따랐기 때문이듯, 해동요순 으로 일컬어졌던 세종 임금도 자기 혼자의 힘만으로는 그 많은 성취를 이루어낼 수 없었다. 요순시절에는 고요(皐陶)·기(夔), 은나라 때에는 이 윤(伊尹)·부열(傅說), 주나라 때에는 여상(呂尙)·주공(周公)이 군주를 도와 이른바 '삼대의 성세(盛世)'를 이룰 수 있었다. 조선에서도 그러했다. 아니, 그러해야 한다고 믿고 자부했다. 태조에게는 정도전과 권근, 태종에게는 권근과 변계량, 세종에게는 변계량과 신숙주, 세조에게는 신숙주와 서거 정, 성종에게는 서거정과 김종직이라는 걸출한 신하가 나서서 그 역할을 이어받았다. 고려 말 신진사대부가 처음 제기하고 건국의 주역 정도전이 정립한 군신공치(君臣共治)의 정치체제는 조선전기에 부여된 문명전환이 라는 시대적 과제, 나아가 동국문명이라는 문명의 비전을 탐구하는 과정 에서도 의미 있는 시각을 제공해주고 있다.[10]

물론 언필칭 군신공치라는 '합의된 당위'에도 불구하고 그 실질을 들 여다보면 고려 말, 태조-태종대, 세종-성종대가 각각 달라지고 있듯, 문명전환의 과정에서 내걸고 있는 동국문명의 비전도 시대에 따라 조 금씩 변화해갔다. 여기에서는 그것을 정도전의 시서예악(詩書禮樂), 권 근의 경술문장(經術文章), 변계량의 성교자유(聲教自由), 신숙주의 훈민 교화(訓民教化), 서거정의 문장화국(文章華國), 그리고 김종직의 연문소 도(沿文泝道)라고 규정했다. 하지만 과연 그것들이 적절하게 파악되고 있는 것인지, 주저함이 앞선다. 나아가 그런 비전을 구현해가는 과정에 서 군-신 사이, 또는 신-신 사이에서 빚어지고 있는 미묘한 긴장관계

---

10 君臣共治論에 대한 논의는 이태진, 「조선 왕조의 유교정치와 왕권」, 『한국사론』 23집(서울대 국사학과, 1990); 이정신, 「조선전기 사림의 공인식과 君臣共治論」, 『학림』 21호(연세사학연구회, 2000)를 비롯하여 최이돈의 『조선전기 공공통치』(경 인문화사, 2017)에서 전면적으로 다루어진 바 있다.

를 제대로 읽어낼 수 있을지 참으로 걱정이다. 그럼에도 불구하고 태조로부터 성종에 이르는 그 한 세기에 걸쳐 진행된 문명전환의 역정(歷程)은 분명한 것이기에 따라가 보지 않을 수 없다. 하지만 그 길은 동반하기로 마음 먹고 나선 동학(同學)들의 질정과 조언이 절실하게 요구되는 여정이다.

제1부

문명전환의 기획

: 화이질서와 성교자유

제1장

화이의 질서,
중화문명의 공세와 동국문명의 맹아

1. 접근의 시각, 단절과 지속의 지점

태종 2년(1402), 건국된 지 10년밖에 되지 않는 신생국 조선은 세계를 놀라게 할 만한 세계지도를 제작했다. 〈혼일강리역대국도지도(混一疆理歷代國都之圖)〉가 그것이다. 여러 나라의 지도를 하나로 혼합하여 역대의 수도를 표시한 지도라는 의미이다. 좌정승 김사형과 우정승 이무가 의정부 검상 이회에게 시켜 만든 지도였다. 물론 그들 모두가 한 번도 가본 적이 없는 세계지도를 그릴 수 있었던 것은 원나라 때 제작된 이택민의 〈성교광피도(聖敎廣被圖)〉와 명나라 승려 청준의 〈혼일강리도(混一疆理圖)〉가 있어 가능했다. 이회는 이 두 개의 지도를 기본으로 삼고, 거기에 자신이 제작한 〈조선도(朝鮮圖)〉와 일본에서 가져온 〈일본도(日本圖)〉를 합하여 세계지도를 완성할 수 있었던 것이다. 그런 과정은 당시 의정부 참찬으로 있던 권근(權近, 1352~1409)이 지도의 하단에 자세하게 적어 두었다.

건문(建文) 4년 여름에 좌정승 김사형과 우정승 이무가 정사를 보살피는 여가에 이 그림을 참고하여 연구하고, 검상 이회에게 보다 자세하게 교정하여 하나의 지도로 합하여 만들도록 하였다. 그리고 요수(遼水) 동쪽과 우리나라 강역은 이택민의 지도에 빠진 부분이 많았는데, 특별히 우리나라를 더 넓게 그리고 일본을 덧붙여 새로운 지도를 완성하였다. 조리가 질서정연하여 볼 만하니 문밖으로 나가지 않고도 천하를 알 수 있게 하였다. 대개 지도와 서적을 보고 지역의 원근을 아는 것은 나라를 다스리는 데 도움이 된다.[1]

중국인이 만든 세계지도에서는 간략하게 처리해버렸던 요수(遼水) 동쪽으로부터 우리나라 강역까지는 한껏 크게 그려 넣고, 일본의 지도를 덧붙여 새로운 세계지도를 만들었던 것이다. 그 지도를 보면 우리나라는 실제보다 매우 크고 정밀한 데 반해, 일본은 조선의 남쪽에 위치한 아주 작은 섬나라로 그려져 있다. 조선은 중국의 1/2 정도에 달할 만큼 큰 나라, 일본은 조선에 비해 1/4밖에 되지 않는 작은 나라로 처리되어 있는 것이다. 이처럼 실제 크기와 다르게 그려진 중국-조선-일본의 크기는 그 당시 지리학적 지식의 한계에 기인한 바도 있다. 하지만 거기에는 조선 건국의 주역들이 가지고 있었던 중국 중심의 세계인식과 함께 조선이 주변 국가를 바라보는 문명의식의 위계가 반영되어 있었다는 사실에 보다 유념해야 한다.[2]

그렇다면 이렇게 제작된 세계지도는 조선전기에 어떤 용도로 활용되

---

[1] 권근, 『양촌집』 권22, 〈歷代帝王混一疆理圖誌〉. "建文四年夏, 左政丞上洛金公士衡·右政丞丹陽李公茂, 燮理之暇, 參究是圖, 命檢詳李薈更加詳校, 合爲一圖. 其遼水以東及本國疆域, 澤民之圖亦多闕略, 方特增廣本國地圖, 而附以日本, 勒成新圖, 井然可觀, 誠可以不出戶而知天下也. 夫觀圖籍而知地域之遐邇, 亦爲治之一助也."

[2] 강문식 외 지음, 『15세기: 조선의 때 이른 절정』(민음사, 2013), 52~64쪽 참조.

었을지, 궁금하다. 그 단서는 지도에 감춰져 있다. 현재 일본에 소장되어 있는 지도의 원본을 보면, 벽걸이 형태로 제작되어 있다고 한다. 어찌 보면 당연하겠지만, 이 지도는 큰 벽면에 걸어두고 보았던 것이다. 문제는 그 지도를 어디에 걸어두었는가 하는 점이다. 아마도 국왕이 집무하는 공간인 편전에 걸어두거나 외국 사신을 접견하는 예조의 어떤 공간에 걸어 놓았을 가능성이 높다.³ 군주와 신하, 그리고 조선을 찾은 외국 사신은 이 지도를 보고 또 보면서 중국을 중심으로 한 천하와 그 동쪽에 위치하고 있는 신생국가 조선의 위상을 인상 깊게 인식할 수 있었을 터다. 중국보다는 작지만 그래도 그 절반쯤은 되는 막강한 나라, 조선은 그렇게 동방의 작은 중화로 자부할 수 있었던 것이다. 아닌 게 아니라 지도가 제작된 지 70년쯤 지난 성종 9년(1478), 홍문관 대제학 서거정(徐居正, 1420~1488)은 그런 자부를 다음과 같이 토로하고 있었다.

> 명나라가 천하를 통일하여 삼광오악(三光五岳: 해, 달, 별과 태산, 화산, 형산, 항산, 숭산)의 기운이 온전해지고, 우리나라 역대 성군이 서로 계승하며 인재를 길러 온 지 어느덧 100년이 되었다. 그동안에 태어난 인물들이 정수(精粹)를 뒤섞어 문장을 지어서 역동적으로 발휘한 것이 옛날에 비해 전혀 손색이 없다. 이것은 바로 우리 동방의 문장이다. 한나라·당나라의 문장도 아니며 송나라·원나라의 문장도 아닌, 바로 우리나라의 문장인 것이다. 당연히 역대 문장과 더불어 천지 사이에 나란히 유행해야 한다. 어찌 민멸되어 전해지지 않아서야 되겠는가.⁴

---

3 최창모, 「〈혼일강리역대국도지도〉(1402년)의 제작 목적 및 정치-사회적 배경에 관한 연구」, 『한국이슬람학회논총』 제23-1집(한국이슬람학회, 2013), 125쪽.
4 서거정, 『四佳文集』 권4, 〈東文選序〉. "皇明混一, 光岳氣全, 我國家列聖相承, 涵養百年, 人物之生於其間, 磅礡精粹, 作爲文章, 動盪發越者, 亦無讓於古. 是則我東方之文, 非漢唐之文, 亦非宋元之文, 而乃我國之文也. 宜與歷代之文, 幷行於天地間,

혼란하던 중원 지역의 안정, 곧 원-명 교체라는 세계사적 변화에 발맞춰 건국된 신생국 조선의 인재양성 정책이 효과를 거두어 중국의 문장과 방불하면서도 그것과 구별되는 우리 동방만의 독자적인 문장 수준을 구가하게 되었다는 자부가 인상적으로 다가온다. 당대의 문형을 잡고 있던 서거정만 그러했던 것이 아니다. 동시대의 후배인 김종직(金宗直, 1431~1492)과 홍귀달(洪貴達, 1438~1504)도 "연(燕, 하북성 북부) 땅은 옛날의 연나라가 아니라 이제 제왕의 도읍이 되었고, 동방은 옛날의 동방이 아니라 이제 예의의 나라가 되었다."[5]거나 "하늘이 낸 만물은 내외·원근의 구별이 없다. 그러므로 좋은 물건이 중국의 기(冀)·연(兗)·청(靑)·서(徐)·형(荊)·양(楊)·예(豫)·양(梁) 지역에서만 나는 것이 아니다. 머나먼 변방에서도 많이 난다."[6]면서 조선의 문명에 대한 자부심을 한껏 드러내고 있었다.

성종대의 훈구관료를 대표하는 서거정과 신진사류를 이끌었던 김종직·홍귀달이 한목소리를 내고 있는 이런 발언은 조선후기 홍대용이 중국과 조선이 각각 자기 나라를 친히 여기고 자기 임금을 높이며 자기 나라를 지키고 자기 풍속을 편히 여긴다는 것을 근거로 삼아 "화이(華夷)가 한 가지[華夷一也]"[7]라고 주장했던 것보다 훨씬 생동하게 다가온다.

胡可泯焉而無傳也哉!"

5 김종직, 『佔畢齋集』 문집 권2, 〈跋成磬叔觀光錄後〉. "蓋燕非舊日之燕也, 今爲帝王之都. 東非舊日之東也, 今爲禮義之邦." 『점필재집』의 번역문은 부산대 점필재연구소, 『역주 점필재집』(점필재, 2016)을 참조하되, 약간 다듬었다. 이하 같다.

6 홍귀달, 『虛白亭集』 권2, 〈送安公子珍赴京序〉. "蓋天之生物, 無內外遠近之殊. 故其物之良者, 不獨冀兗靑徐荊楊豫梁之産, 而亦多出於遐荒絶域之中." 『허백정집』의 번역문은 부산대 점필재연구소, 『허백정집』(점필재, 2014)을 참조하되, 약간 다듬었다. 이하 같다.

7 홍대용, 『湛軒書』 內集 권4, 〈毉山問答〉. "是以各親其人, 各尊其君, 各守其國, 各安其俗, 華夷一也."

성리학적 이념이 강화되기 시작한 16세기 이전 조선전기 문인지식인들이 간직하고 있던 유연한 정신세계와 활달한 세계인식을 보여주는 하나의 단면이다.[8]

그런데 흥미로운 점은 성종대의 이들이 자부하고 있는 이런 문명의식은 극복의 대상으로 여겼던 고려후기 문인지식인이 지니고 있던 그것과 매우 닮아있다는 사실이다. 고려 말의 최고 지성으로 꼽히는 이색(李穡, 1328~1396)도 원나라의 성세 아래에서 중화와 오랑캐가 하나가 되었고, 그로 말미암아 우리의 문명이 찬연하게 밝아졌다고 자부한 바 있다.

> 원나라가 천하를 차지하여 사해가 통일되자, 삼광오악(三光五嶽)의 정기가 함께 뭉치어 넓고 크게 움직이고 뻗치어 중화와 변방의 차이가 없게 되었다. 이러므로 뛰어난 재주 있는 인물이 그 사이에 섞여나서 젖어들고 무르익어 정수를 모아 펼쳐서 문장을 만들어 한 시대의 성세(聖世)를 빛나게 했으니 참으로 훌륭하다 하겠다.[9]

공민왕 12년(1363), 이색이 스승 이제현의 문집 『익재난고』에 적은 서문이다. 그해는 원나라와 천하의 패권을 다투던 주원장(朱元璋)이 오왕(吳王)으로 자립을 선언한 때였고, 그로부터 5년 뒤에는 명나라 초대 황제로 즉위하게 된다. 동아시아의 질서가 완벽하게 전복되던 즈음이었다. 그럼에도 불구하고 원나라든 명나라든 혼란스럽던 중원이 통일되는 것을 계기로 삼아 동방의 문명도 발흥하게 되었다는 논리는 고려후기의

---

8 김남이, 「조선전기 士의 해외체험과 문명의식: 성종 質正官을 중심으로」, 『이화어문논집』 제32집(이화어문학회, 2014), 27쪽.

9 이색, 『牧隱文集』 권7, 〈益齋先生亂稿序〉. "元有天下, 四海旣一, 三光五嶽之氣, 渾淪磅礴, 動盪發越, 無中華邊遠之異. 故有命世之才, 雜出乎其間, 沉浸醲郁, 攬結粹精, 敷爲文章, 以賁飾一代之理, 可謂盛矣."

이색과 조선전기의 서거정 사이에 큰 차이가 없었다. 한 세기가 넘는 시간적 거리를 뛰어넘어 이색이 품고 있던 동국문명의 비전이 서거정에 의해 재현되고 있었던 것이다. 중국과 우리가 분리하여 생각하기 어려운 문명공동체의 일원으로 함께 소속되어 있었다는 사실의 반증이다.

우리는 이와 같은 두 시기의 공명(共鳴)을 단서로 삼아 동아시아의 질서가 전면적으로 전환되었다고 평가되는 '원명교체기'[10]에 조선의 문명의식이 어떻게 전개되어갔는지를 '단절과 지속' 또는 '계승과 변주'에 유념하여 살펴보고자 한다. 물론 이런 시각이 전혀 새로운 것은 아닐뿐더러 흥미로운 기존의 성과도 적잖게 제출된 바 있다.[11] 고려 말의 권문세족과 조선 건국의 주역인 신흥사대부 사이에 사회경제적인 차별성이 거의 없을 뿐만 아니라 조선의 건국을 계기로 지배 권력의 전면적 교체도 없었다는 사학계의 최근 연구도 그런 관점을 뒷받침하고 있다.[12] 또한 고려왕조와의 정치적 결별을 상징적으로 보여주는 정도전의 『조선경국전』(태조 3, 1394)과 같은 법전조차 『주례(周禮)』라든가 『대명률(大明律)』을 본받아 제정했다는 선언적 구호와 달리, 실제로는 원나라 『경세대전

---

10 여기에서 말하는 원명교체기는 제1대 洪武帝가 南京에서 즉위한 홍무 1년(1368)부터 제3대 永樂帝가 북원 세력을 제압하고 수도를 北京으로 옮긴 영락 19년(1421)까지 약 50여 년간을 가리킨다. 이때는 고려 공민왕 17년부터 조선 세종 3년에 해당한다. 이런 시기 구분의 근거는 논의를 전개하는 과정에서 밝히기로 한다.

11 조동일은 고려후기와 조선전기를 '중세후기문학'으로 묶어서 다루어야 한다고 제안했고, 임형택도 여말선초 문인지식층의 의식을 연계의 관점에서 깊이 있게 다룬 바 있다. 조동일, 「문학사는 어떻게 이해할 것인가?」, 『문학연구방법론』(지식산업사, 1980); 임형택, 「고려 말 문인지식층의 동인의식과 문명의식: 목은 문학의 논리와 성격에 관한 서설」, 『실사구시의 한국학』(창작과비평사, 2000); 임형택, 「신숙주의 시대와 문학: 사대부적 문명의식의 현실화와 관련해 논함」, 『어문연구』 제30권 제4호(한국어문교육연구회, 2002 겨울).

12 대표적인 성과로는 존 B. 던컨 지음, 김범 옮김, 『조선 왕조의 기원』(너머북스, 2013)을 꼽을 수 있다.

(經世大典)』(원 문종 2, 충혜왕 원년, 1331)의 영향을 크게 받고 있다는 실증적 연구도 흥미롭다.[13]

유사한 사례는 거기에 그치지 않는다. 한족(漢族)의 부흥과 한당(漢唐)의 회복이라는 기치를 내걸고 건국한 명나라도 실제로는 원나라의 정치제도와 기구를 거의 대부분 따르고 있었다. 원나라와 명나라는 지배 민족의 교체에도 불구하고 사회의 저변에서는 일관된 흐름이 존재했다. 주원장은 원 지배에 의한 오랑캐의 관습을 혁파하여 중화 본연의 문명으로 되돌리려고 했지만, 그런 노력과는 별개로 원 세조인 쿠빌라이 칸[忽必烈汗]의 중국 통일과 원 나라 중심의 조공체제를 긍정적으로 이어받고자 했던 것이다.[14] 예나 지금이나 과거와의 단절은 정치적 격변이라든가 선언적 구호만으로 일거에 이루어지지 않는 법이다. 우리가 원명교체-여말선초라는 역사전환기에 공존하거나 길항관계에 있을 수밖에 없는 '단절과 지속' 또는 '계승과 변주'의 지점을 면밀하게 살펴보지 않으면 안 되는 까닭이다.

2. 화이질서華夷秩序와 성교자유聲敎自由의 길항관계

1) '조선朝鮮'이란 국호, 단군 또는 기자

명 태조 주원장(朱元璋, 1328~1398)은 '오랑캐를 몰아내자[驅逐胡虜]'나 '중화를 회복하자[恢復中華]'와 같은 구호를 내걸고 원명교체를 성사시켰다.

---

13 정긍식, 「『조선경국전』과 조선 초기 법제 정비」, 『법학』 제56권 제2호(서울대학교, 2015).
14 미야자키 이치사다(宮崎市定), 「洪武에서 永樂까지: 初期明朝政權의 성격」, 『동양사학연구』 제27권 4호(동양사학회, 1969); 김경록, 「여말선초 홍무제의 고려·조선 인식과 외교 관계」, 『명청사연구』 35집(명청사학회, 2011) 참조.

그로 말미암아 명나라는 몽골이라는 이민족이 세운 원나라와 모든 분야에서 선명하게 구분되는 것처럼 간주되곤 한다. 중국사에서 송·원 시대를 근세전기, 명·청 시대를 근세후기로 나누는 시대구분이 통설처럼 받아들여지고 있는 것도 그 때문이다. 그럼에도 불구하고 원·명을 한 시기로 묶어보아야 한다는 견해 또한 만만치 않게 제기되고 있다. 그 이유는 생활과 풍습의 측면에서 지속적인 면모를 보이고 있다는 사실에 국한되지 않는다. 보다 결정적인 이유가 있다. 원나라 세조는 유례없이 강화된 화이질서의 체제에 기초하여 이른바 '쿠빌라이의 성세(盛世)'를 이룩할 수 있었다. 그런데 새로운 왕조인 명나라의 창업주 홍무제(洪武帝)와 그의 아들 영락제(永樂帝)도 '쿠빌라이의 재림'을 꿈꾸며, 중화제국을 건설하기 위해 온힘을 기울이는 동질성을 보여주고 있었던 것이다.[15]

그렇게 명나라 초기 황제들이 원나라의 쿠빌라이를 능가하는 화이질서를 구축하는 데 매진하고 있을 즈음,[16] 태조 이성계는 원나라와 혈맹관계를 맺고 있던 고려를 무너뜨리고 새로운 국가 조선을 건국했다. 그리하여 개성의 수창궁(壽昌宮)에서 즉위한 지 열하루가 지나 즉위교서를 반포하게 된다. 그 교서의 제1조는 다음과 같았다.

---

15 단죠 히로시 지음, 한종수 옮김, 『영락제: 화이질서의 완성』, 아이필드, 2017, 214~241쪽. 실제로 하버드대학 출판부에서 기획한 〈중국사시리즈〉에서 티모시 브룩은 원·명을 하나로 묶어 다루면서, 그 시기를 '곤경에 빠진 제국'으로 명명하고 있다. 4세기 동안 존속했던 원·명의 시대가 이른바 '小氷下期'를 모두 겪었다는 이유에서였다. 열악한 자연환경은 전례 없이 강력한 전제체제를 구축하게 만든 것은 물론 두 왕조를 하나로 묶어볼 만한 여건을 조성했다는 것이다. 티모시 브룩 지음, 조영헌 옮김, 『하버드 중국사 원명: 곤경에 빠진 중국』, 너머북스, 2014, 15~18쪽.

16 원나라에 이어 명나라가 구축했던 화이체제에 대한 자세한 논의는 피터 윤, 「서구 학계 조공제도 이론의 중국 중심적 문화론 비판」, 『아세아연구』 제45권 3호, 2002; 토마스 바필드, 윤영인 역, 『위태로운 변경: 기원전 221년에서 기원후 1757년까지의 유목제국과 중원』(동북아역사재단, 2009) 참조.

천자는 칠묘(七廟)를 세우고 제후는 오묘(五廟)를 세우며, 궁궐 왼쪽에 종묘를 세우고 오른쪽에 사직을 세우는 것은 오래된 제도이다. 그런데 지난 조정에서는 소목(昭穆)의 순서와 당침(堂寢)의 제도가 법도에 부합하지 않았고, 게다가 종묘를 성 밖에 두었다. 사직은 비록 오른쪽에 있었으나 그 제도는 오래된 예법과 어긋남이 있었다. 예조에 부탁하여 상세히 구명하고 의논하여 합당한 제도를 만들도록 하겠다.[17]

『고려사』를 편찬한 집현전대제학 정인지(鄭麟趾, 1396~1478)의 증언에 의하면, 고려는 제6대 성종 때에 이르러 원구(圓丘)에서 제사 지내고 적전(籍田)을 경작했으며 종묘를 건립하고 사직을 세워 국가의 전장제도를 완비했다고 한다.[18] 하지만 천자는 칠묘를 세우고 제후는 오묘를 세운다는 『예기』의 규범[19]에 비추어볼 때, 그건 크게 어긋나는 것이었다. 고려의 역대 군왕에게 제사하는 제도를 살펴보면, 그런 사실을 확인할 수 있다. 태조의 신위를 남향이 아니라 동향으로 배치하고 있었을 정도였다. 따라서 소(昭)의 위차인 혜종·문종·예종은 남향을 하고 있고, 목(穆)의 위차인 현종·순종·선종·숙종·인종은 북향을 하고 있었다.[20] 소목 순서와 당침 제도가 법도에 부합하지 않는다는 즉위교서에서의 비판은 이런 사실을 가리키는 것으로 보인다. 뿐만 아니라 천자가 하늘에 제사

---

17 『태조실록』 태조 1년 7월 28일. "天子七廟, 諸侯五廟, 左廟右社, 古之制也. 其在前朝, 昭穆之序, 堂寢之制, 不合於經, 又在城外. 社稷雖在於右, 其制有戾於古. 仰禮曹詳究擬議, 以爲定制."

18 『고려사』 권59, 志 권13, 「禮一」. "高麗太祖, 立國經始, 規模宏遠, 因草創, 未遑議禮. 至于成宗, 恢弘先業, 祀圓丘, 耕籍田, 建宗廟, 立社稷."

19 『禮記』 王制 第五. "天子七廟, 三昭, 三穆, 與大祖之廟而七. 諸侯五廟, 二昭, 二穆, 與大祖之廟而五."

20 『고려사』 권60, 志 권14, 「禘祫親享儀」. "太祖位, 在西東向, 惠宗·文宗·睿宗爲昭, 在北南向, 顯宗·順宗·宣宗·肅宗·仁宗爲穆, 在南北向."

지내는 장소인 원구를 도성 남쪽의 회빈문(會賓門) 밖에 만들어 놓고 때때로 교사(郊祀)를 지내기도 했다.

이런 고려의 제도는 모두 제후국으로서 지켜야 할 예법에 어긋나는 것이었다. 이에 새로 건국된 조선은 명나라의 제후국임을 천명하기 위해 즉위교서 제1조에 종묘와 사직의 제도를 배치했던 것이다. 대외적으로는 제후국을 표방하고 대내적으로는 천자의 나라로 자처했던 고려의 참람한 제도를 바로잡겠다는 의지의 표현이다. 이성계는 곧바로 명나라에 사신을 보내어 이런 사실을 아뢰었고, 새로운 국호를 정하는 일도 빠뜨리지 않았다. 조공과 책봉으로 이루어지는 화이질서의 준수를 다짐해보여주었고, 그리하여 홍무제로부터 '조선'이라는 국호를 승인받았다. 조선에서 올린 두 개의 국호, 곧 '조선'과 '화령(和寧)' 가운데서 홍무제가 조선을 선택한 이유는 동이(東夷)의 지역에 존재했던 역대 국가 가운데 조선이 이름도 가장 아름답고 유래도 매우 오래다는 이유에서였다.[21]

국호가 조선으로 결정되던 바로 그날, 문하좌시중 조준(趙浚)은 새로운 나라를 열어 '기자'의 봉토(封土)를 다스리게 되고, '조선'이란 이름까지 이어받게 된 사실을 축하하는 글을 지어 바쳤다.[22] 혁명의 동지 정도전도 『조선경국전』의 두 번째 항목인 〈국호(國號)〉에서 새로 세운 나라의 이름이 '조선'인 것을 무척 자랑스럽게 기록해 두었다. 그들이 그리도 조선이라는 국호를 반겼던 데는 이유가 있다. 고구려·신라·백제 및 고려와 같은 국가는 중국 몰래 한 지역을 차지하여 국호를 사사롭게 정한 데 반해, 기자만 유일하게 주 무왕(周武王)에 의해 정식으로 조선후(朝鮮

---

21 『태조실록』 태조 2년 2월 15일. "東夷之號, 惟朝鮮之稱美, 且其來遠, 可以本其名而祖之."
22 『태조실록』 태조 2년 2월 15일. "聖人啓統, 奄臨箕子之舊封; 帝命用休, 申錫朝鮮之美號."

候)에 봉해졌기 때문이다. 정도전은 그 사실을 이렇게 밝혔다.

지금 명나라 천자가 "조선이란 칭호가 아름다울 뿐만 아니라 유래가 매우 오래되었으니, 이를 근본으로 삼아 계승하는 좋겠다. 하늘을 본받아 백성을 다스리면 후손이 길이 창성할 것이다."라고 하였다. 대개 주 무왕이 기자에게 명하던 방식으로 전하에게 명하였으니, 그 이름이 바르고 말도 순하도다. 기자가 무왕에게 홍범(洪範)을 진술하고 그 뜻을 부연하여 팔조(八條)의 가르침을 만들어 나라 안에 시행하니, 정치와 교화가 성대하게 행해지고 풍속도 지극히 아름다웠었다. 조선이란 이름이 천하와 후세에 알려지게 된 것이 이와 같았다. 지금 조선이라는 아름다운 국호를 그대로 사용하게 되었으니, 기자의 좋은 정치도 마땅히 강구해야 할 것이다.[23]

여기에서 주목해야 할 대목은 정도전이 상고시대의 여러 조선 가운데 환웅의 아들 단군이 세운 조선이 아니라 주 무왕이 봉해준 조선, 곧 기자 조선을 계승하겠노라 천명하고 있다는 사실이다. 그건, 기자를 단군의 존재보다 앞세우는 조처였다. 실제로 조선이 개국한 지 1년이 지난 뒤, 예조전서 조박(趙璞)은 동방에서 처음으로 천명을 받은 '단군'과 처음으로 교화를 펼친 '기자' 모두에게 제사를 올려야 한다는 제도를 정한 바 있었다.[24] 하지만 명나라로부터 조선이란 국호를 승인받은 이후 사정은

---

23 정도전, 『三峯集』 권7, 〈朝鮮經國典 上〉, 國號. "今天子命曰: "朝鮮之稱美, 且其來遠矣, 可以本其名而祖之. 體天牧民, 永昌後嗣." 蓋以武王之命箕子者, 命殿下, 名旣正矣. 言旣順矣. 箕子陳武王以洪範, 推行其義, 作八條之敎, 施之國中, 政化盛行, 風俗至美. 朝鮮之名, 聞於天下後世者如此. 今旣襲朝鮮之美號, 則箕子之善政, 亦在所當講焉."

24 『태조실록』 태조 1년 8월 11일. "朝鮮, 檀君東方始受命之主, 箕子始興敎化之君, 令平壤府以時致祭."

달라졌다. 조선이라는 국가의 정체성을 전적으로 기자조선으로부터 찾고자 했던 것이다.

이런 변화에서 감지할 수 있듯, 건국 직후 지배층 사이에서 조선이라는 국호가 갖는 함의는 동일하지 않았다. 우리 민족사에서 단군과 기자의 위계를 모두 중시하던 전통적 인식[25]과 유교적 정치체제를 도입하고자 했던 지배세력이 단군보다 기자를 우위에 두는 새로운 인식[26] 사이에서 각축이 벌어지게 되었던 것이다.[27] 물론 충분히 예견할 수 있듯, 단군이 차지하는 무게는 급속하게 약화되어 갔다. 왕자의 난으로 정도전이 죽은 뒤, 태조 이성계의 왕위를 이어받은 정종이 반포한 즉위교서를 보더라도, 종묘사직을 비롯하여 공자와 기자 그리고 고려의 시조 왕건에

---

25 『고려사』 地理志를 보면, 평양부는 단군이 도읍으로 삼은 이후 기자와 위만이 이어간 곳으로 소개되고 있다. 우리 고대사에서 단군조선과 그 이후 기자조선·위만조선이 차지하고 있는 위계는 이렇듯 분명했다. 『고려사』 권58, 志 권12, 地理 3. "平壤府本三朝鮮舊都. 唐堯戊辰歲, 神人降于檀木之下, 國人立爲君, 都平壤, 號檀君, 是爲前朝鮮. 周武王克商, 封箕子于朝鮮, 是爲後朝鮮. 逮四十一代孫準時, 有燕人衛滿, 亡命聚黨千餘人, 來奪準地, 都于王險城, 是爲衛滿朝鮮."

26 기자의 사당이 평양에 세워지게 된 것은 숙종 7년(1102) 私學十二徒의 일원인 鄭倍傑의 아들 鄭文의 건의에 의해서였다. 우리나라의 교화와 예의가 기자로부터 시작되었다는 이유에서였다. 이후 충숙왕과 공민왕이 사당을 수리하여 제사를 지냈다는 기록이 보인다. 『고려사』 권36, 志17, 禮5. "十月壬子朔, 禮部奏, 我國教化禮義, 自箕子始, 而不載祀典. 乞求其墳塋, 立祠以祭. 從之."

27 유교를 국시로 내세워 건국된 조선 초의 유학자들에 의해 편찬된 『고려사』에 단군보다 기자의 기록이 월등하게 많은 것은 쉽게 이해되는 현상이다. 그럼에도 불구하고 기자가 주무왕에 의해 이 땅에 봉해진 이후로 예의의 풍속을 갖추게 되었다는 노래 〈西京〉과 〈大同江〉이 지어질 수 있었던 것에서 기자가 고려중기 이래 차지하고 있었던 문명사적 큰 위상에 대해서는 의심할 바가 없다. 『고려사』 권71, 지 권25, 樂 2, 西京. "古朝鮮卽箕子所封之地, 其民習於禮讓, 知尊君親上之義, 作此歌, 言仁恩充暢, 以及草木, 雖折敗之柳, 亦有生意也."; 大同江. "周武王, 封殷太師箕子于朝鮮, 施八條之教, 以興禮俗, 朝野無事. 人民懽悅, 以大同江, 比黃河, 永明嶺, 比嵩山, 頌禱其君. 此入高麗以後所作也."

대한 제사만 언급하고 있을 뿐 민족의 시조 단군은 그 대상에서 빠져버렸을 정도였다.[28]

그런 단군에 대한 인식이 새로운 전환의 계기를 마련한 것은 태종 12년에 이르러서였다. 예조참의 허조(許稠)가 중국에 사신으로 가서 명나라 이부상서 건의(蹇義)에게 기자의 제사를 어떻게 지내고 있느냐는 질문을 받았던 것이다. 그 사실을 보고받은 태종은 부랴부랴 요임금을 제사하는 명나라의 예법에 맞추어 기자에게 제사 지내도록 명한다. 그리고 제사의 절차를 평양부윤에게 맡겨두지 않고 조정에서 관리를 직접 파견하여 주관하게 함으로써 격식도 한층 높였다. 이런 논의가 오고 가는 와중에 단군에 대한 제사 문제도 불거져 나왔다.

> 허조가 상서하였는데, 그 대략은 이러하다. "…(전략)… 신은 생각건대 우리나라에 기자가 있는 것은 중국에 요임금이 있는 것과 같습니다. 바라건대 기자 사당은 조정에서 요임금에 제사 지내는 예에 의거하여 제사하소서." 예조에 상서문을 내리라고 명하였다. 일찍이 하륜은 조선의 단군에게도 제사 지낼 것을 건의하였다. 예조에서 상세하게 살펴 보고하기를 "기자의 제사는 마땅히 사전(祀典)에 싣고, 봄가을로 제사를 지내어 덕을 숭상하는 의의를 밝혀야 합니다. 또한 단군은 진실로 우리 동방의 시조이니, 마땅히 기자와 함께 한 사당에서 나란히 제사 지내야 합니다."라고 하니, 그대로 따랐다.[29]

이런 과정을 거쳐 단군은 기자와 함께 '나란히 제사[竝祀]'를 받을 수

---

28 『태조실록』 태조 7년 9월 12일.
29 『태종실록』 태종 12년 6월 6일. "禮曹右參議許稠上書, 書略日: … 臣竊謂本國之有箕子, 猶中國之有帝堯. 乞於箕子之廟, 依朝廷祀堯之例祭之. 命下禮曹. 河崙亦嘗建議, 請祀朝鮮檀君. 禮曹參詳: '箕子之祭, 宜載祀典, 春秋致祭, 以昭崇德之義. 且檀君, 實吾東方始祖, 宜與箕子竝祀一廟.' 從之."

있게 되었다. 제사의 시기는 봄과 가을로 정해졌고, 그에 따른 의식의 절차도 갖춰지게 되었다.[30] 사관의 증언에서 확인되듯, 조선의 건국 이후 한동안 단절되어버린 단군에 대한 제사는 정도전을 이어 태종대의 국정을 주도하게 된 하륜(河崙)이 품고 있던 오랜 소망이기도 했다. 하지만 하륜조차도 단군 제사의 복원을 손쉽게 실현시키지 못하고 있었다. 단군에게 제사 지낸다는 것은 중화질서로부터 이탈하고자 하는 의도로 간주될 수 있는 사안이었기 때문이다. 하륜의 적통을 이어받은 변계량(卞季良, 1369~1430)[31]의 발언에서 그런 정황을 엿볼 수 있다.

우리 동방은 단군이 시조인데, 하늘에서 내려왔지 천자가 봉해준 것이 아닙니다. 단군이 하늘에서 내려온 것은 요임금 때의 무진년이었으니, 오늘날에 이르기까지 3천여 년이 되었습니다. 하늘에 제사하는 예의가 어느 시대에 시작되었는지 알 수 없습니다만, 천여 년이 되도록 아직 고친 적이 없었습니다. 태조 강헌대왕(康獻大王)께서도 이 때문에 매우 공손하고 부지런히 제사를 드렸던 것입니다. 때문에 하늘에 제사하는 예를 폐지하는 것은 불가하다고 생각합니다.[32]

---

30 단군 제사와 관련된 사실은 『태종실록』 태종 12년 7월 17일, 태종 13년 11월 4일, 태종 14년 9월 8일 기사 참조.
31 변계량은 태종 이방원과 同年으로 우왕 8년 진사에 급제한 뒤, 고려 우왕 11년 문과에 급제하여 관료로 진출했다. 그리고 태종 7년에 치러진 重試에서 장원을 차지하며 태종대를 이끌어가는 인물로 발탁된다. 그때 중시의 독권관이 바로 하륜과 권근이었다. 변계량의 태종·세종대 활동상황과 학문세계에 대해서는 본서 1-3장에서 자세하게 다루어진다.
32 『태종실록』 태종 16년 6월 1일. "吾東方, 檀君始祖也, 蓋自天而降焉, 非天子分封之也. 檀君之降, 在唐堯之戊辰歲, 迄今三千餘禩矣. 祀天之禮, 不知始於何代, 然亦千有餘年, 未之或改也. 惟我太祖康獻大王亦因之而益致謹焉. 臣以爲, 祀天之禮, 不可廢也." 『춘정집』 권7에도 〈永樂十四年丙申六月初一日封事〉라는 제목으로 그 전문이 실려 있다.

극심한 가뭄이 들어 하늘에 기우제를 지낼 수밖에 없다고 강력하게 건의하고 있는 변계량의 상소문 한 대목이다. 여기서 말하고자 하는 바는 명확하다. 동방의 시조인 단군은 하늘에서 내려온 신성한 존재이고, 그런 까닭에 우리 동방은 중국 황제가 봉해준 중국 안의 제후국과 다르다는 것이다. 때문에 천 년 넘게 이어져온, 곧 유사 이래 내내 받들어온 단군 제사에 대한 오랜 전통을 일거에 끊어서는 안 된다고 주장한다. 태조가 제사를 지낸 전례도 끌어오고 있다. 부왕 이성계도 정성을 다해 치렀던 단군에 대한 제사를 부활하고자 했던 변계량의 시도는 거기서 멈추지 않았다. 주나라 무왕이 기자를 조선에 봉해주었다는 역사 기록도 전혀 다른 맥락에서 읽어내고 있다.

어떤 사람은 말하기를 "단군은 해외에 나라를 세워 질박하고 문재(文才)가 부족해 중국과 통하지 못해 군신의 예를 차리지 못했다. 주나라 무왕에 이르러 은나라의 태사(太師, 곧 기자)를 신하로 삼지 아니하고 조선에 봉하였으니, 그 뜻을 알 수 있다. 이로 인해 하늘에 제사하는 예를 행할 수 있었다. 하지만 그 뒤에는 중국과 교류하여 군신의 나뉨이 확연하게 질서 지워지게 되었으니 법도를 넘을 수가 없다."라고 합니다. 신은 말합니다. "천자가 천지에 제사하고 제후가 산천에 제사하는 것, 이것은 예의 대체가 그러한 것입니다. 그러나 제후로서 하늘에 제사한 경우가 또한 있었습니다."[33]

위의 인용문에 이어지는 변계량의 발언 내용이다. 어떤 사람, 곧 건국의 주역이던 정도전과 같은 부류의 인물은 조선의 기원에서 단군의 위상

---

33 『태종실록』 태종 16년 6월 1일. "或曰: '檀君國於海外, 朴略少文, 不與中國通焉, 未嘗爲君臣之禮矣. 至周武王, 不臣殷太師, 而封于朝鮮, 意可見矣. 此其祀天之禮, 得以行之也. 厥後通於中國, 君臣之分粲然有倫, 不可得而踰也.' 臣曰: '天子祭天地, 諸侯祭山川, 此則禮之大體然也. 然以諸侯而祭天者, 亦有之矣.'"

을 대폭 약화시켰다. 뿐만 아니라 기자가 조선에 봉해졌다는 이른바 '기자동래설(箕子東來說)'에서도 기자가 무왕에게 가르쳐준 바 있는 홍범구주(洪範九疇)를 동쪽으로 가지고 와서 직접 교화를 펼쳤다는 사실에 주목했다. 우리 동방은 기자로부터 주나라와 동등한 문명의 교화를 매우 이른 시기부터 받았었고, 새로 건국된 조선은 그런 기자조선의 문명을 재현하겠노라 선언했던 것이다. 하지만 변계량은 달랐다. 기자동래설의 최초 발원지인 『사기』의 "武王乃封箕子於朝鮮而不臣也"[34]라는 구절에서 '신하로 삼지 않았다[不臣]'는 구절에 보다 주목했다. 주나라 무왕은 하늘에서 내려온 환웅과 단군이 나라를 열었던 독자적인 강역에 기자를 봉한 이후, 감히 신하로 여기지 않았다는 것이다.[35]

돌이켜 보면, 변계량의 이런 독법은 고려 말 이색의 관점을 이어받고 있는 것이기도 했다. 이색(李穡) 또한 "조선씨(朝鮮氏, 곧 단군)가 나라를 세운 것은 실로 요임금 무진년의 일이었다. 중국과 대대로 교류하긴 했지만 중국에서 일찍이 신하로 대한 적이 없었다. 그래서 주 무왕이 은나라 태사(太師, 곧 기자)를 봉하고도 신하로 삼지 않았던 것이다."[36]라고 역설한 바 있다. 사정이 이러하다면 변계량이 이색의 견해를 이어받아 단군과 기자 모두는 중국과 군신관계에 있지 않았다고 주장하려는 의도

---

34 사마천, 『史記, 宋微子世家』.
35 명나라 사신과의 수창시를 집성하고 있는 『皇華集』을 보면, 양국 문사들이 '기자동래설'을 소재로 삼고 있는 작품은 총 96수에 달한다. 그 가운데 箕封(23수)의 사실을 가장 많이 주목했고, 그 다음으로 洪範(18수)·仁賢(14수)·佯狂(17수)·不臣(11수)이 이어진다. 변계량은 이들이 가장 적게 주목했던 '不臣'에 초점을 맞추고 있는 것이다. 박춘섭, 「조선과 명나라 문사들의 기자 담론 전개」(박문사, 2018), 55쪽 참조.
36 이색, 『牧隱集』 文藁 권9, 〈送偰符寶使還詩序〉. "予惟朝鮮氏立國, 實唐堯之戊辰歲也. 雖世通中國, 而中國未嘗臣之. 是以, 武王封殷太師而不之臣." 이색은 다른 글에서 당태종이 "삼한은 기자가 신하 노릇하지 않았던 땅[三韓箕子不臣地]"인데, 부질없이 무력으로 침범했다가 곤욕을 치르고 돌아갔다는 시를 읊기도 했다. 『牧隱詩藁』 권2, 〈貞觀吟〉 참조.

는 명확하다. 인용문 말미에서 보듯 조선은 중국 내의 제후국과 달리 천 년 넘도록 독립적으로 하늘에 제사 지내왔던 나라였고, 그런 까닭에 제천(祭天)의 의식을 완전히 폐지하는 것은 옳지 않다는 것이다. 명나라를 중심으로 한 화이질서가 시대정신으로 자리 잡아 가고 있을 즈음, 국가의 전례(典禮)를 책임지고 있던 변계량의 이런 주장은 시대착오라는 비판을 받을 만했다. 실제로 그때도 그러했고, 그 이후에도 많은 비판을 받았다. 하지만 변계량은 자신의 주장을 결코 굽히지 않았다. 이처럼 고려로부터 물려받은 전통을 둘러싸고 단절-지속의 논쟁이 치열하게 벌어지고 있던 것이 조선 건국 직후의 실상이었던 것이다.

2) 제천의 논리, 지성사대至誠事大와 성교자유聲教自由

단군이 천명을 받아 나라를 세우고 기자가 신하로 자처하지 않았다는 전설을 근거로 삼아 제천의식을 거행할 수 있다는 변계량의 주장은 당시 명나라와의 관계를 고려할 때 복잡한 문제를 불러일으킬 소지가 있었다. 실제로 명나라 홍무제는 북원(北元) 세력을 견제하기 위해 국호는 바로 정해주었지만, 정작 중요한 고명(誥命)과 인신(印信)은 이러저러한 핑계를 대며 내려주지 않아 오랫동안 전전긍긍하기도 했었다. 심지어 명나라에 올린 표전(表箋)의 문구를 트집 잡아 조선을 순치시키려는 기미(羈縻)의 책략도 종종 활용하고 있었다. 그러던 홍무제가 죽고 황위계승을 둘러싸고 조카[건문제]와 숙부[영락제] 간에 벌어진 명나라 내전 상황을 이용하여 건문제 3년(태종1, 1401) 6월에야 겨우 황제의 고명(誥命)과 조선 국왕의 금인(金印)을 받을 수 있었다. 그때, 건문제는 조선이 그동안 보여 온 지성사대에 대한 보답이란 사실을 들어가며 자기편에 서줄 것을 에둘러 부탁하기도 했다.

그처럼 긴장된 대명관계를 유지해가고 있던 상황에서 변계량이 펼친 주장은 많은 논란을 불러일으키기에 충분했다. 태종 12년에 단군과 기자의 신위를 나란히 모셔놓고 제사[並祀] 지내라는 분부가 내려졌음에도 불구하고, 실제로는 오랫동안 시행되지 않고 있었다. 단군은 여전히 기자의 종향(從享)으로 모셔지고 있었던 것이다.[37] 기자와 동등한 자격으로 대우하기를 주저했기 때문이다. 그런 상황을 감안할 때, 변계량이 단군에 대한 제사의 전통을 근거로 삼아 제천의식을 행할 수 있다고 주장했다가 적지 않은 비판에 직면했으리라는 것은 짐작하고도 남음이 있다. 실제로 태종은 변계량의 건의를 받아들여 제천의식을 행하게 되면서, 그가 지어올린 제문에 매우 흡족해 했다. 하지만 당시 사관의 평가는 다음과 같이 싸늘했다.

> 변계량이 지어 바친 제문이 마음에 들어 구마 한 필을 하사했다. 변계량은 부처에 미혹되고 귀신에게 아첨하며, 하늘과 별에 제사 지내는 등 하지 못하는 일이 없었다. 심지어 우리나라[東國]에서는 하늘에 제사 지낼 수 있다는 설을 힘써 주장했다. 이처럼 분수를 범하고 예에 어긋난 것을 알지 못했을 뿐만 아니라 억지의 글로 정대한 이치까지 빼앗으려 했다.[38]

이처럼 전통의 선택적 수용을 주장했던 변계량은 마침내 세종 12년, 63세를 일기로 생을 마쳤다. 자신이 그토록 강력하게 주장했던 단군의 복위가 결실을 맺어 단군과 기자에 대한 위패의 이름이 '조선 단군'과

---

37 단군이 기자와 동등하게 모셔지게 되는 것은 변계량의 嫡傳弟子인 鄭陟의 건의가 받아들여진 세종 7년에 이르러 가능할 수 있었다. 그때서야 비로소 단군 사당을 지어 기자로부터 독립된 별도의 장소에서 제사를 모시게 되었던 것이다. 『세종실록』 세종 7년 9월 25일 기사 참조.

38 『태종실록』 태종 16년 6월 1일. "季良製進稱旨, 賜廐馬一匹. 季良惑佛諂神, 拜天禮星, 無所不爲. 至於力主東國祀天之說, 非不知犯分失禮, 徒欲以强詞, 奪正理耳."

'후조선 시조 기자'로 확정된 것도 바로 그해였다.[39] 조선의 문물제도를 마련하기 위해 매진했던 세종대에 그 업무를 총괄했던 변계량의 삶을 상기해본다면, 절묘한 인연이 아닐 수 없다. 물론 그 기간 동안 그는 인재양성에도 많은 노력을 기울였다. 집현전의 초대 대제학을 맡았는가 하면, 사가독서(賜暇讀書)의 제도를 도입하기도 했다. 그리고 과거시험 초장(初場)에서 강경(講經)을 폐지하고 제술(製述)을 부활하자는 주장도 끈질기게 펼쳤다. 유교문명을 국시로 삼았던 건국이념에 비추어 볼 때, 경학 공부보다 문장 능력의 배양을 강조하는 것처럼 보이는 그의 주장은 선뜻 납득하기 어렵다.

더욱이 부처와 귀신을 섬겼던 것은 물론이고 우리나라에서는 하늘에 제사하는 제천의식도 행할 수 있다는 주장은 더욱 이해하기 힘들다. 노나라 계씨(季氏)가 태산(泰山)에서 제사를 지내려 하자 공자가 "태산이 임방(林放)만 못하다더냐?"라고 꾸짖은 이래,[40] 제후가 하늘에 제사 지낼 수 없다는 것은 불변의 진리에 가까웠다. 조선 초기 20년 가까이 문형을 잡고 있던 변계량이 그런 기본적인 예법을 모를 리 없다. 그럼에도 불구하고 자기주장을 굽히지 않았던 데는 나름 근거가 있었다.

변계량이 아뢰었다. "우리나라는 멀리 바다 바깥에 있어 중국 안의 제후와 같지 않습니다. 그 때문에 명 태조가 조서를 내려 '천조지설(天造地設)하였으니 스스로 성교(聲敎)를 하라.' 명하였고, 지난 조정의 왕씨도 이미 이런 예를 행하였습니

---

39 처음에는 기자전과 단군전의 神位에 '朝鮮侯箕子之位'와 '朝鮮侯檀君之位'라고 적었었다. 그러다가 세종 12년에 이르러 '後朝鮮始祖箕子'와 '朝鮮檀君'이라 고쳐 쓴다. 중국에서 봉해준 제후가 아니라는 점을 천명하기 위해, 둘 모두에게서 '候'라는 글자를 삭제했던 것이다. 『세종실록』 세종 12년 8월 6일 기사 참조.
40 『논어, 八佾』. "季氏旅於泰山, 子謂冉有曰: '女不能救與?' 對曰: '不能.' 子曰: '嗚呼, 曾謂泰山不如林放乎.'"

다. 다만 성상께서는 사대의 정성이 예에 어긋나지 않아야 한다고 여기시어 행하려 하지 않았던 것입니다. 비록 전하가 덕을 닦아 하늘을 감동시키는 정성이 이미 지극하다 하더라도 반드시 하늘에 기도하는 일이 있은 연후에 하늘이 감동하는 법입니다."[41]

태종 17년에 올린 변계량의 상소이다. 기실, 태종이 지난해에 변계량의 건의를 받아들여 제천의식을 치렀던 것은 전례 없이 극심한 가뭄으로 부득이했기 때문이다. 하지만 변계량은 거기에 만족하지 않고, 제천의식의 정례화를 요구하기까지 했다. 국가의 전례를 맡고 있는 예조판서의 주장인 만큼 가볍게 물리치기 어려웠다. 그래서 "천자는 천지에 제사하고 제후는 경내의 산천에 제사한다."라는 법도를 들어 완곡하게 거부하기도 했다. 그러자 변계량은 전혀 새로운 근거를 들고 나왔다. 일찍이 명나라 황제가 조선에게는 '성교의 자유[自爲聲教]'를 허락했다는 것이다. 그의 주장에는 근거가 있었다. 이성계가 왕위에 오른 직후 파견했던 밀직사 조림(趙琳)이 돌아와서 바친 명나라 예부(禮部) 자문(咨文)의 한 대목이 그것이다.

우리 중국은 강상의 윤리가 있는 곳에서 여러 천자들이 서로 전해가며 굳게 지켜 바꾸지 않았다. 고려[조선]은 산이 경계를 이루고 바다로 막혀 있어 하늘이 동이(東夷)를 만들었으니 우리 중국이 통치할 곳이 아니다. 너희 예부에 회답하는 문서에 "성교를 자유로이 하라[聲教自由]. 만약 하늘의 뜻을 따르고 사람의 마음에 합하여 동이의 백성을 편안하게 하고 변방에서 사단을 일으키지

---

41 『태종실록』 태종 17년 12월 4일. "季良曰: '本國邈在海外, 不與中國諸侯同, 故高皇帝詔曰: 天造地設, 自爲聲教. 又前朝王氏已行此禮. 但以上事大之誠, 禮無違貳, 故不欲行. 雖殿下修德格天之誠已至, 然必有祈天之事, 然後乃格也.'"

않는다면, 사절단이 왕래할 것이니 진실로 그대 나라의 복이다. 문서가 도착하는 날, 국호를 어떻게 고칠 것인지 빨리 달려와서 보고하라."라고 하였다.[42]

명 태조 주원장이 예부를 통해 분부한 내용이다. 고려, 곧 조선이 터 잡고 있는 지역은 산과 바다로 가로막힌 먼 곳이니, 중국의 통치를 받지 않아도 된다고 했다. 자유롭게 독자적인 교화를 펼쳐도 좋다는 것이다.[43] 명나라가 조선을 대하는 이런 태도는 홍무제에 이어 건문제 때에도 그대로 유지되었다. 정종 1년, 사신으로 갔던 김사형·하륜·설장수 등이 가져온 명나라의 자문에도 "이미 선군 태조 황제가 본국에 조서를 내려 깨우쳐준 바 있다. 의례는 본국의 풍속을 따르고, 법은 예전의 제도를 준수하며, 스스로 교화하는 것[自爲聲敎]를 허락한다. 지금부터는 그대 나라의 사무 또한 스스로 하는 것을 허락한다."[44]라고 적혀 있었다.

명나라 황제의 말을 액면 그대로 받아들인다면, 변계량의 주장처럼 하늘에 제사 지내는 것이 불가능한 일은 아니었다. 본국의 풍속 및 예전의 제도를 준수하는 일이었기 때문이다. 하지만 명나라가 허락한 '성교 자유'를 오늘날 통용되는 이른바 '조선의 자주성'과 같은 맥락에서 받아들이면 안 된다. 당시 명나라와 조선의 관계를 규정하고 있던 화이질서

---

42 『태조실록』 태조 1년 11월 27일. "然我中國綱常所在, 列聖相傳, 守而不易. 高麗限山隔海, 天造東夷, 非我中國所治. 爾禮部回文書, 聲敎自由, 果能順天意合人心, 以妥東夷之民, 不生邊釁, 則使命往來, 實彼國之福也. 文書到日, 國更何號, 星馳來報."
43 하지만 홍무제가 말한 내용은 이와 조금 달랐다. 홍무제는 "고려는 산과 바다가 가로막힌 구석진 東夷로서 우리 중국이 통치할 곳이 아니다[高麗限山隔海, 僻處東夷, 非我中國所治]."라고 말했다. 그런데 변계량은 '僻處東夷'라는 명나라 천자의 발언을 '天造東夷'로 슬쩍 바꾸어 놓았다. 이런 사실은 문중양, 「15세기의 '風土不同論'과 조선의 고유성」, 『한국사연구』 162집(한국사연구회, 2013)에서 밝혔다.
44 『정종실록』 정종 1년 6월 27일. "已先太祖皇帝, 詔諭本國. 儀從本俗, 法守舊章, 聽其自爲聲敎. 今後彼國事務, 亦聽自爲."

는 오복도(五服圖), 곧 "전복(甸服) - 후복(侯服) - 수복(綏服) - 요복(要服) - 황복(荒服)"이라는 다섯 단계로 구분되는 차별적 세계관에 기초하고 있었다. 세계의 중심에 위치한 전복은 천자가 직할하는 기내(畿內)로서 그곳에 거주하는 주민은 경작에 종사하며 천자에게 필요한 물품을 마련하는 역할을 맡는다. 그 다음의 후복과 수복은 제후의 영지(領地)로서 천자국의 방위를 담당하는 역할을 맡는다. 끝으로 가장 바깥에 위치한 요복과 황복은 만이(蠻夷)·융적(戎狄)과 같은 이민족이 거주하고 있는 오랑캐의 땅이다. 요복에 위치한 오랑캐는 1년에 한 번씩 공물을 가지고 인사를 드리러 오면 되고, 황복에 위치한 오랑캐는 임금이 바뀔 때마다 책봉을 구하러 오면 그뿐이다.[45]

그런 맥락에서 보면 산하로 가로막혀 중국이 통치할 바가 아니라는 홍무제의 말은 조선이 가장 변방에 위치한 요복이나 황복의 어름, 곧 오랑캐가 사는 미개의 나라라는 인식에 근거한 것이었다. 실제로 그러했다. 명나라는 조선의 처사에 심기가 조금이라도 틀어지게 되면, 사신을 3년에 한 번씩만 보내라는 협박 아닌 협박을 하곤 했다. 그건 심각한 외교 문제였다. 중화질서 체제에서의 배제 또는 소외는 문명세계와의 단절을 의미하는 것에 다름 아니었기 때문이다. 그런 까닭에 조선은 명나라를 지성사대로 섬기지 않을 수 없었다.[46] 이런 사실을 모를 리 없었을 변계량이 성교자유의 의미를 자의적으로 해석 또는 변조해가면서까지 제천의식을 거행하려 했던 것은 예사로운 일이 아니다.

물론 변계량이 제천의식을 주장했던 것도 대부분 인력으로는 해결 불

---

45 단죠 히로시 지음, 한종수 옮김, 앞의 책, 20~22쪽.
46 제2대 건문제가 즉위한 이후 誥命·印信이 내려지면서 비로소 賀正使·聖節使·千秋使라는 一年三使의 관례가 정착한다. 정상적인 사대관계가 마련된 것이다. 이후 중종 26년(1531)에 冬至使가 추가되었는데, 그건 반정으로 교체된 왕위를 공인받은 것과 함께 중국과의 사대관계가 보다 공고해졌다는 간접적 증거이기도 했다.

가능한 천재지변을 이용해서였다. 극심한 가뭄이 들어 어찌해볼 도리가 없을 경우, "우리나라가 하늘에 제사 지내는 것이 비록 예에 어긋난다고 하지만, 일이 절박하니 원구단에서 기도하소서."[47]라는 식으로 자기 의사를 개진했던 것이다. 그리하여 태종과 세종이 마지못해 하늘에 제사 지내는 것을 허락하기도 했고, 어느 때는 정말 제천의식 후에 비가 내린 적도 있었다. 그럼에도 그에 대한 비판을 숱하게 들어야 했지만, 변계량은 그때마다 이렇게 반문했다. "하늘에 빈다고 비가 내린다는 보장은 없다. 하지만 빌지도 않고 비 내리기를 바라는 것은 이치에 맞는가?"라고.

우리는 변계량의 그런 반문에서 오래된 전통이 담고 있는 '관습'과 시대의 변화로 인해 불가피하게 받아들이지 않을 수 없는 '현실' 사이에서 발생할 수밖에 없는 곤혹스런 딜레마를 생각해보지 않을 수 없다. 돌이켜 보면 변계량은 조선이 건국되던 1392년에 스물네 살을 맞이한 젊은이였다. 유년시절과 수학시절은 물론 과거급제를 통해 관료생활에 발을 처음 들여놓은 것도 고려왕조 때였다. 유교를 국시로 내건 조선의 시대정신에 십분 동의했다고 해도 어린 시절부터 체화되어온 고려적 관습까지 일거에 바꾼다는 것은 가능하지 않았다. 뿐만 아니다. 굳이 그렇게 과거를 청산해버릴 필요가 있는가를 진지하게 반문할 정도로 정신적으로도 성숙해 있었다. 돌이켜 보면 현실정치는 유교가 담당하고, 종교세계는 불교가 나눠 맡았던 전통은 삼국시대 이래로 별무리 없이 받아들여지고 있었다. 신랄한 비판에도 불구하고 변계량이 부처와 귀신을 섬기고, 제천의식까지 쉽게 버리지 않으려 했던 내력이다.

그렇다면 많은 동료들이 처음에는 우활하다고 의심하기도 했지만 끝내 그 견해의 탁월함에 복종했다는 직계 제자 정척(鄭陟)의 증언처럼,[48]

---

47 『세종실록』 세종 12년 4월 23일. "本國祭天, 雖云非禮, 事旣迫切, 請禱圓壇."
48 鄭陟, 『春亭集』 부록, 〈行狀〉. "公學識高明, 揆事柝理. 故凡處大事決大疑, 出人意

시대의 조류에 쉽게 휩쓸리지 않으려 했던 그의 태도는 깊이 곱씹어볼 만하다. 어쩌면 화이질서의 강제와 성교자유의 전통이 팽팽하게 맞섰던 시대, 변계량이 견지하고 있던 시대정신은 현실상황의 급변에도 불구하고 팽팽한 균형감각을 잃지 않으려 했던 건국 초기 유교지식인의 지적 분투이기도 했던 것이다. 그런 점에서 세종과 나누었던 다음의 대화는 흥미롭게 읽힌다.

> 대제학 변계량을 불러 이르렀다. "옛날 노인이 점점 드물어가니 문적으로 남기지 않을 수 없다. 우리나라의 지지(地志)와 주부군현(州府郡縣)의 고금연혁을 편찬하여 살펴보고자 한다. 그러나 지금 춘추관에 일이 많아서 지지는 편찬하기 어려우니 우선 주부군현의 연혁만 편찬하여 보고자 한다. 또한 주공(周公)의 〈빈풍(豳風)〉과 〈무일(無逸)〉은 감계로 삼을 만하다. 하지만 우리나라의 풍습이 중국과 다르다. 그러하니 민간에서 농사짓는 어려움과 부역하는 고생을 달마다 그림으로 그리고 거기에 경계하는 말을 적어서 보는데 편하게 하여 영구히 전하고자 한다."[49]

세종은 부왕인 태종으로부터 두터운 신임을 받았던 변계량을 국가 원로로서 매우 존중했고, 그 자신 경연에서 가르침을 직접 받아 사신(師臣)으로 모시기도 했다. 그런 까닭에 두 사람 사이에는 깊은 시대적 공감이 형성되어 있었다. 변계량이 오랫동안 이어온 제천의식을 화이질서에 떠밀려 쉽게 폐지해버려서는 안 된다고 여겼던 것처럼, 세종도 중화문명의

表. 同列始疑其迂遠, 終服其所見之卓異."

49 『세종실록』 세종 6년 11월 15일. "召大提學卞季良曰: '故老漸稀, 不可無文籍. 本國地志及州府郡縣古今沿革, 俾撰以觀. 然今春秋館事劇, 地志則不可爲也. 姑撰州府郡縣沿革而觀之. 且周公, 豳風之詩, 無逸之書, 亦可以鑑. 然本土之俗, 異於中國, 欲民間稼穡艱難, 徭役疾苦, 逐月作圖, 仍述警戒之語, 以便觀覽, 庶傳不朽."

수용에 매우 적극적이었으면서도 그걸 자국의 전통에 맞게 고쳐 수용해야 한다고 굳게 믿고 있었다. 실제로 변계량의 건의를 받아들인 세종은 즉위 초반에 태종보다 더 자주 제천의식을 거행하기도 했다.[50]

그런 점에서 세종이 "조선의 풍습이 중국과 다르다[本土之俗, 異於中國]"라고 말하는 대목은 흥미롭다. 뒷날, 훈민정음을 창제하면서 밝힌 "나랏말씀이 듕귁에 달아 [國之語音, 異乎中國]"라는 정신과 일맥상통하고 있기 때문이다. 명나라와 풍습도 다르고 언어도 다른 조선의 현실은 선험적으로 주어진 존재의 조건이다. 때문에 변계량이 대제학 - 예조판서를 맡고 있던 세종의 치세 전반에는 화이질서와 성교자유 사이의 길항관계가 한층 팽팽한 형태로 공존할 수밖에 없었다. 그 관계를 보다 섬세하게 들여다보지 않을 수 없는 까닭이다.[51]

3. 중화문명中華文明과 동국문명東國文明의 이율배반

1) 중화문명의 확장과 그 편입에의 노력

태종은 재위 18년(1418) 8월 8일, 갑작스럽게 교체된 세자 충녕대군에게

---

50 세종 1년 6월 7일, 세종 2년 5월 2일, 세종 7년 7월 11일 등 세 차례 圜丘壇에서 제천의식을 거행한 사실이 확인된다. 하지만 세종 12년 변계량의 사후, 제천의식은 더 이상 치러지지 않는다. 뒷날 세종은 "사람의 일이 순리대로 된다면, 제사 지내지 아니해도 하늘이 어찌 재변을 내리겠는가?"라며 폐지에 대한 자신의 의지를 분명하게 밝히기도 했다. 『세종실록』 세종 25년 7월 10일 기사 참조.

51 변계량은 태종 9년 藝文館提學과 同知經筵事에 임명된 이래 태종 17년 藝文館大提學과 禮曹判書에 올라 문단권력의 정점에 오르게 되었다. 그로부터 세종 12년에 사망할 때까지 줄곧 文衡을 잡고 있으면서 문물과 예악을 정비하는 일을 주관해갔다. 여기에 대해서는 정경주, 「춘정 변계량의 典禮 禮說에 대하여」, 『한국인물사연구』 제8호(한국인물사연구회, 2007) 참조.

왕위를 물려주었다. 몇 번이나 사양했지만 결국 즉위하게 된 세종은 그로부터 사흘 뒤에 경복궁의 정전 근정전에서 즉위교서를 반포하게 된다. 그리고 그곳에서 "일체의 제도는 태조와 부왕[태종]께서 이루어 놓으신 법도를 따라 할 것이며, 아무런 변경이 없을 것이다."[52]라고 선언했다. 하지만 그 다짐은 지켜지지 않았다. 아니, 지켜질 수 없었다. 세종에게 주어진 과업은 조부 태조는 물론 부친 태종의 시대와 사뭇 달라졌기 때문이다. 변계량이 창작한 악장 〈화산별곡(華山別曲)〉에서 그런 변화를 확인할 수 있다.

화산 남쪽, 한강의 북쪽, 조선의 아름다운 땅,
백옥 같은 서울, 황금처럼 빛나는 대궐, 사통팔방의 거리.
용봉이 날아오르듯, 하늘이 만든 형세, 경전 씨줄 삼은 음양의 조화.
아, 한양 도읍의 승경, 그 어떠합니까.
태조와 태종, 창업하고 물려준 계책. [재창한다]
아, 유지하고 지켜나가는 광경, 그 어떠합니까.

華山南漢水北, 朝鮮勝地.
白玉京黃金闕, 平夷通達.
鳳峙龍翔, 天作形勢, 經經陰陽.
偉 都邑 景 其何如?
太祖太宗, 創業貽謀, [再唱]
偉 持守 景 其何如?[53]

---

52 『세종실록』 세종 즉위년 8월 11일. "一切制度, 悉遵太祖及我父王之成憲, 無有變更."
53 이 악장은 세종 7년 4월 2일, 대제학 변계량이 지어 바친 〈華山別曲〉 7장 가운데 제1장이다. 세종은 이를 樂府에 올려 宴饗할 때 쓰게 하라고 분부한다.

세종 7년(1425) 4월 2일, 대제학 변계량이 지어 바친 악장이다. 그때는 상왕으로 있던 부친 태종의 삼년상을 치르고 난 이듬해였으니, 세종의 친정이 본격적으로 시작되던 즈음이었다. 실제로 세종은 자신의 새로운 치세를 열어가기 위해 부왕의 시대에는 거의 방치되어 있던 경복궁을 중건하게 되는데,[54] 〈화산별곡〉은 그런 일련의 조처를 기념하기 위해 지어진 악장이다. 전반부 네 구절에서는 새롭게 건설된 조선의 도읍인 한양의 약동하는 모습을 감격 어린 어조로 노래한 뒤, 후반부 두 절에서는 태조와 태종이 창업한 유지를 이어받아 수성(守成)하고 있는 세종의 치세를 칭송하고 있다. 세종이 감당해야 할 시대적 과제는 건국 초기의 어수선한 정국을 대내외적으로 안정시켜 가는 것이었던 것이다.

그런 상황은 조선과 지정학적으로 불가분의 관계를 맺고 있던 명나라도 크게 다르지 않았다. 조선에서는 제4대 임금 세종이 즉위하던 바로 그때, 명나라는 제3대 황제 영락제(永樂帝)가 몽골의 잔존 세력을 진압하기 위해 제3차 북방순행[영락 15년 5월~영락 18년 12월]을 하고 있었다. 그처럼 북원 세력의 공략을 마친 영락제는 수도 남경으로 돌아가지 않고, 지금의 북경 자금성에 머물고 있다가 천도(遷都)의 사실을 공표하게 된다. 조카 건문제(建文帝)와의 내전으로 혼란하던 정국이 안정되고 위협적이던 북방 세력을 제거한 명나라가 명실상부한 세계 제국으로서의 위엄을 선포하던 순간이었다. 그리고 그건 세종의 치세가 세계 제국을 강력하게 표방하던 명나라와 보다 직접적인 관계 위에서 전개될 수밖에

---

54 경복궁의 중건 과정과 관련된 간단한 내력은 다음과 같다. 중건 작업은 세종 1년 8월 8일, 경복궁 내전을 수리하자는 건의를 받은 세종이 명나라 사신을 접대하는 외전만 수리하자고 하면서 시작되었다. 그리고 세종 8년 10월 26일, 집현전수찬에게 경복궁 근정전의 각 문과 다리의 이름을 짓도록 한다. 『국조보감』 권6에도 세종 8년 勤政殿이 중수된 것으로 기록되어 있다. 『춘정집』 권4에 수록되어 있는 〈勤政殿 2수〉도 이것을 기념하여 창작된 작품으로 보인다.

없었다는 것을 의미하는 사건이기도 했다. 그런 맥락에서 볼 때, 다음의 장면은 무척 시사적이다.

> 황제[영락제]가 이비(李裶, 敬寧君)를 매우 후하게 대접했으니, 예부에 분부하여 세자 이제(李禔, 讓寧大君)가 조회 왔을 때의 예에 의하여 접대하도록 했다. 하루는 이비를 전각 위에 오르게 하고는 황제가 어좌에서 내려와 이비가 꿇어앉아 있는 곳까지 다가왔다. 그리고 한 손으로는 모자를 벗기고, 다른 한 손으로는 상투를 어루만지면서 말했다. "네 아비[태종]와 네 형[세종]이 모두 왕이니, 너는 걱정 없는 처지에 있다. 그러니 평소에 힘쓰는 바가 없어서는 아니 될 것이다. 학업을 하겠느냐, 활쏘기를 배우겠느냐? 마땅히 자중하고 근신하면서 독서를 해야 할 것이다." 그러고는 직접 지은 서문이 붙어 있는 새로 편수한 『성리대전(性理大全)』과 『사서오경대전(四書五經大全)』 및 황금 1백 냥, 백금 5백 냥, 채색 비단[色段羅]과 채색 명주[彩絹] 각 50필, 생명주[生絹] 5백 필, 말 12필, 양 5백 마리를 하사하며 특별하게 총애하였다.[55]

세종 1년 1월 사은사(謝恩使)의 자격으로 명나라에 갔던 경녕군[태종의 서자]이 영락제를 자금성에서 만나던 장면이다. 태종이 세자인 양녕대군을 폐하고 셋째 충녕대군에게 선위한 일을 허락해 준 것에 대해 감사를 드리러 갔을 때였다. 사신에게 부과된 임무가 정치적으로 민감했던 사안이니만큼, 적잖이 걱정했던 터였다. 그럼에도 황제는 이를 전혀 문제 삼지 않았다. 오히려 위에서 보듯 과분한 대접을 받고 돌아왔던 것이다.

---

55 『세종실록』 세종 1년 12월 7일. "皇帝待裶甚厚, 命禮部照依世子禔朝見時例接待. 一日, 詔裶陞殿上, 帝降御座, 臨立裶所跪處, 一手脫帽, 一手摩髻曰: '汝父汝兄皆王, 汝居無憂之地, 平居不可無所用心. 業學乎? 業射乎? 宜自敬愼讀書.' 特賜御製序新修性理大全·四書五經大全及黃金一百兩·白金五百兩·色段羅彩絹各五十匹·生絹五百匹·馬十二匹·羊五百頭以寵異之."

얼마나 환대를 받고 돌아왔던지, 태종은 다시 사은(謝恩)하고 세종은 진하(進賀)하는 특별사신을 보내는 게 좋겠다는 논의가 있었을 정도였다. 어쩌면 명나라 창업주 주원장의 4남으로 어린 조카 황제를 몰아내고 제3대 황제가 된 주체(朱棣)가 조선 창업주 이성계의 5남으로 어린 이복동생 세자를 죽이고 제3대 임금에 오른 이방원(李芳遠)에 대해 가지고 있던 '각별한' 신뢰[56]가 그 아들까지 후하게 접대한 이유였을지 모른다.

하지만 그 실제가 어떠하든 제국의 황제가 번방(藩邦)의 사신을 마치 어린 자식 대하듯 쓰다듬던 그날의 장면은 향후 전개될 명나라와 조선의 관계를 암시하는 상징처럼 읽힌다. 실제로 경녕군이 그때 받아온 서적, 곧 『성리대전』(70권)과 『사서대전』(36권)・『오경대전』(117권)은 조선의 학술지형도를 완전히 바꿔버리는 일대사건이 되었다. 그 방대한 서책들은 영락제가 한림학사 호광(胡廣)・시독 양영(楊榮) 등에게 편찬하게 하여 영락 13년(1415) 완성을 본 것들이었다. 편찬의 목적은 유교경전에 대한 분분한 해석에 통일성을 부여하기 위해서였는데, 그 판단의 주요한 기준은 주자학이었다. 황제의 칙명에 의해 국정교과서로 지정된 이들 서책은 중앙의 국자감과 전국의 학교로 배포되어 나갔다. 그리고 불과 4년 만인 세종 1년(1419)에 이역만리의 조선에까지 직접 전달되기에 이르렀던 것이다.

이때부터 명나라는 물론 조선에서 경전에 대한 제가의 학설은 일체 배제되기 시작했고, 모든 학문권력도 주자학을 중심으로 재배치되기 시작했다. 돌이켜 보면 영락제의 이런 작업은 유교 이념을 기치로 내세워 건국한 부친 홍무제의 과업을 이어받은 것이기도 했다. 영락제는 즉위

---

56 태조 3년 6월 1일 명나라 사신으로 갔던 이방원이 돌아왔을 때, 燕王으로 북경에 있던 朱棣가 靖安君 이방원을 몹시 후하게 대접했다는 기록이 실록에 실려 있다. 그리고 그 만남은 뒷날, 그들이 무력으로 지존의 자리를 빼앗게 되는 의기투합의 계기가 되었다고 전해지기도 한다. 『태조실록』 태조 3년 11월 19일 기사 참조.

직후부터 역대 서적을 수집·망라하여『문헌대성(文獻大成)』(영락 2, 1404)을 완성한 뒤, 그 뒤로도 대대적인 보완 작업을 펼쳐갔다. 총 2,169명의 인력이 투입되었던 그 작업의 대원칙은 역대의 모든 서적을 부친 홍무제가 편찬한『홍무정운(洪武正韻)』(홍무 8, 1375)에서 정한 운에 의거해 분야별로 배치하는 것이었다. 그리하여 마침내 22,877권 11,095책에 달하는 거대한『영락대전(永樂大全)』(영락 5, 1407)이 탄생하게 된다. "대통일의 시대에는 반드시 대통일의 제작이 있어야 한다."고 서문에서 밝힌 것처럼,『홍무정운』의 자운(字韻) 체계에 의거하여 편찬된『영락대전』은 홍무제-영락제 부자가 꿈꾸었던 중화문명의 성세를 세상에 드날리는 것을 넘어서서 천하에 존재하는 모든 지식에 통일된 제국의 질서를 부여하는 작업이기도 했다.[57]

부친 홍무제가 건설한 통일제국의 창업정신을 이어받아 중화문명으로 완성한 영락제의 이런 치적은 세종에게 깊은 인상을 주기에 충분했다. 세종 또한 조부와 부친이 이룩한 창업정신을 완성시켜야 하는, 곧 수성 군주로서의 시대적 과업을 떠안고 있었기 때문이다. 그런 맥락에서 생각할 때, 세종 즉위 초에 하사받은『사서대전』·『오경대전』·『성리대전』이 갖는 의미는 예사롭지 않다. 경녕군에게 "자중하고 근신하면서 독서를 해야 한다."라고 했던 영락제의 당부는 세종에게도 지엄한 분부로 들려왔을 터다. 그것은 화이질서를 준수해야 한다는 정치적 요구의 차원을 넘어서서 사상적·문화적으로 확대된 중화문명으로의 편입을 강제하고 있는 것에 다름 아니었다.[58]

---

57 단죠 히로시 지음, 앞의 책, 204~206쪽.
58 영락제가 추구했던 중화문명의 확대 정책을『明史』,〈西域傳〉에서는 "북으로는 사막에 닿고, 남으로는 대해에 이르고, 동서로는 태양이 뜨고 지는 지점까지 이르러 배와 마차가 갈 수 있는 곳이라면 모두 成祖[영락제]의 위광이 미치지 않는 곳이 없었다."라고 기록하고 있다. 단죠 히로시 지음, 앞의 책, 235~236쪽 재인용.

본래부터 주자학에 내재되어 있던 중화-이적의 엄격한 위계질서는 이런 과정을 거쳐 중국 내부를 넘어서서 주변국으로까지 확대되기 시작했다. 실제로 홍무제와 건문제가 조선에 구사하곤 했던 '성교자유(聲敎自由)'라는 발언은 영락제의 시대에 이르러서는 자취를 감추게 된다. 가능한 한 많은 변방의 오랑캐를 중화문명의 영향권 안으로 끌어들이고자 했고, 그런 만큼 화이질서의 체계는 보다 강력하게 주변국을 옥죄어갔다. 그런 상황에서 조선은 중화문명을 거부한다거나 외면할 수 있는 선택의 여지가 거의 없었다. 대신, 보다 능동적인 자세로 변화되고 있는 국제질서 속에 편입해 들어가고자 하는 길을 선택했다. 성교자유를 종종 거론하던 변계량조차 밀려드는 중화문명의 공세에 적극적으로 대처할 것을 주문하기도 했다. 세종이 경연에서 반 년 넘게 읽어오고 있던 『자치통감강목』을 중단하고, 강독 텍스트를 『대학』으로 바꾸게 한 것도 영락제가 보내온 『사서대전』을 빨리 숙지해야 한다는 인식의 소산이었다.[59]

기실, 세종은 즉위하자마자 박은·이원·유관·변계량과 같은 원로 학자들과 경연에서 진덕수(陳德秀)의 『대학연의』를 두 번이나 읽었었다.[60] 그럼에도 『대학』을 다시 읽어야 했던 까닭은 영락제가 제정한 주자학 중심의 시각을 '다시' 숙지하기 위해서였다. 그 이후로 세종은 사서오경을 몇 차례나 되풀이하여 읽었고,[61] 마침내 세종 14년 2월 6일 성리학을

---

59 세종은 "내가 『資治通鑑綱目』을 보고자 했으나 변계량이 性理의 학문에 관한 글을 보기를 청하므로 오늘부터 四書를 강하게 했다. 경들은 이를 알 것이라."라고 한 뒤, 『대학』을 학습하기 시작했다. 『세종실록』 세종 3년 11월 7일 기사 참조.
60 세종은 즉위하던 10월 7일부터 『대학연의』을 강하기 시작해 세종 1년 3월 27일 마치고, 3월 30일부터 다시 읽기 시작했다. 『대학연의』를 두 번 읽은 뒤에 비로소 『春秋胡氏傳』·『高麗史』·『通鑑綱目』과 같은 역사서를 읽기 시작했다.
61 세종이 『대학』을 다시 읽은 이후 『성리대전』에 들어가기까지 경연에서 읽은 텍스트는 대략 다음과 같다. 세종 4년 1월 23일 『중용』, 세종 4년 12월 25일 『상서』, 세종 4년 윤12월 20일 『통감강목』, 세종 6년 3월 14일 『대학』, 세종 6년 3월 22일 『논어』,

집대성한 『성리대전』을 공부하기 시작한다. 『성리대전』을 이처럼 늦게 읽기 시작한 까닭은 워낙 거질이라 인쇄 제작하는 데 많은 시간이 소요된 탓도 있지만,[62] 읽고 싶지만 제대로 가르칠 만한 스승을 구하기 어려웠기 때문이기도 하다.[63] 이렇게 어렵게 시작했던 만큼, 그것을 읽어내는 시간도 꼬박 2년이나 걸릴 정도로 진지했다.

이런 지난한 과정을 거쳐 『사서오경대전』과 『성리대전』을 독파하고 난 세종은 다음 작업으로 이들 서책을 간행하여 전국 고을에 보급하는 일에 착수했다. 세종이 전국 관찰사에게 보낸 전지를 직접 읽어보기로 한다.

세종 6년 4월 23일 『중용』, 세종 6년 7월 28일 『맹자』, 세종 6년 8월 20일 『시전』, 세종 7년 1월 22일 『춘추좌전』, 세종 7년 5월 17일 『춘추호씨전』, 세종 7년 12월 12일 『주역』, 세종 8년 7월 18일 『대학연의』, 세종 8연 12월 3일 『통감강목』, 세종 10년 7월 15일 『사기』, 세종 11년 1월 13일 『서경』, 세종 11년 10월 22일 『시경』, 세종 12년 4월 20일 『자치통감 속편』, 세종 12년 8월 23일 『율려신서』, 세종 12년 11월 5일 『통감속편』.

62 세종 8년 11월 24일 명나라에 정식 요청하여 『사서오경대전』·『성리대전』·『통감강목』을 하사받은 뒤, 관찰사들을 동원해 간행 작업에 착수했다. 세종 10년 윤4월 1일 경상감사가 『성리대전』 50부를 바치고, 세종 11년 4월 22일 강원감사가 『사서대전』 50부를 바쳤다. 이와 관련된 성과로는 다음과 같은 연구가 있다. 권중달, 「『성리대전』의 형성과 그 영향」, 『중앙사론』 4집(중앙대 중앙사학연구소, 1984); 지부일, 「조선초의 대명 문화교류와 『성리대전』의 수용」, 『동양학연구』 3집(동양학연구학회, 1997); 우정임, 「조선 전기 『성리대전』의 이해과정: 節要書의 편찬·간행을 중심으로」, 『지역과역사』 31호(부경역사연구소, 2012).

63 그런 상황은 다음의 대화를 통해 확인할 수 있다. "윤대를 행하고 경연에 나아갔다. 임금이 집현전 응교 金墩에게 이르기를, '『성리대전』이 지금 인쇄되었다. 내가 시험 삼아 읽어보니 의리가 정미하여 궁구하기에 쉽지 않더구나. 그렇지만 그대는 정밀하고 상세하게 살피는 사람이니 마음을 써서 읽어 보는 것이 좋겠구나.' 하였다. 김돈이 아뢰기를, '스승에게 배우지 않으면 쉽게 궁구할 수 있는 것이 아니지만, 신이 마땅히 마음을 다해보겠습니다.'라고 하였다. 임금이 말하기를, '비록 스승을 얻고자 한들 진실로 얻기 어렵다.' 하였다." 『세종실록』 세종 10년 3월 2일 기사 참조.

각도 감사에게 전지하기를 "『성리대전』, 『사서오경대전』은 중국의 여러 선비들이 황제의 명령을 받들어 찬술한 책이다. 선유(先儒)의 여러 학설을 채집하여 절충한 것이므로 진실로 이학(理學)의 연원(淵源)이 되니, 학자들은 마땅히 먼저 강구해야 된다. 태종 황제께서 내려 주신 이후 이미 판목에 새겨 주자소에 두었다. 지난번 인쇄하여 신료들에게 나눠주어 널리 펴기를 기필했지만, 지방의 여러 향교와 궁벽한 고을에는 한 권도 소장하고 있지 않다. 시골의 뜻 있는 선비가 비록 열람하고자 하더라도 얻어 볼 길이 없을 터 진실로 염려가 된다."[64]

영락제로부터 『성리대전』과 『사서오경대전』을 받아온 것이 세종 1년이었으니, 무려 17년에 걸쳐 이를 저본 삼아 판각·인쇄하여 조정에 있는 신료부터 시작하여 전국 향교를 통해 보급하기 시작했다. 태조 이성계가 즉위교서에서 사서오경을 과거시험의 과목으로 삼겠다고 공표한 바 있었지만, 세종대에 이르러 중국에서 편찬된 『사서오경대전』에 입각하여 인재를 선발하는 명나라-조선의 과거시험 제도가 통일되었던 것이다. 이처럼 인재선발의 시스템을 명나라와 동일하게 마련했다는 사실은 중화문명을 공유할 수 있는 교두보를 마련한 것이었지만, 중화문명을 향한 세종의 꿈은 거기에서 멈추지 않았다.

그 무렵 성절사(聖節使) 남지(南智)에게 적어준 사목(事目)이 남아 있는데, 그곳에서 『사서오경대전』·『성리대전』은 물론이고 『영락대전』과 같은 거질의 수입에까지 관심을 두고 있었음을 확인할 수 있다. 대전의 판본이 북경에 보관되어 있으면 종이와 먹을 가지고 가서 사사로이 인쇄

---

[64] 『세종실록』 세종 17년 10월 25일. "傳旨各道監司: '性理大全·四書五經大全, 中朝諸儒承命撰述之書. 採輯先儒諸說而折衷之, 實理學之淵源, 學者當先講究者也. 太宗皇帝賜與以後, 已曾板刊, 置于鑄字所. 向者印頒臣僚, 期於廣布, 但外方各官鄉校與窮村僻巷, 曾無一本之藏. 鄉邑有志之士, 雖欲考閱, 無由得見, 誠爲可慮.'"

해올 수 있는지, 그리고 『영락대전』 전질이 간행되었는지의 여부 등 세종의 관심사는 중국에서 발간되고 있는 서책 현황과 인쇄 기술 등에 쏠려 있었던 것이다.[65] 명나라에서 발간된 서적의 수입과 그것의 수용·보급을 통해서만이 조선이 변방의 오랑캐로 취급받지 않고 문명국가로서 중화문명에 동참할 수 있다고 믿었던 까닭이다.

2) 동국문명의 완성과 그 절정의 지점

세종은 명나라에서 편찬된 서적의 수입에 깊은 관심을 보이는 데 그치지 않고, 서적의 편찬과 보급에도 남다른 열의를 보였다. 한 연구자의 조사에 의하면, 세종시대에 발간된 책은 무려 22개 분야에 걸쳐 360종에 달할 정도라고 한다.[66] 지금도 크게 다르지 않지만, 전근대 시대에 문명국가로 발돋움하기 위한 수단 가운데 서적이 차지하는 비중은 거의 절대적이라 할 수 있다. 하지만 세종은 명나라의 선진문물을 받아들이기 위한 노력을 서적이란 통로에 한정하지 않았다. 보다 효율적인 방법, 곧 인적 교류의 길을 모색하기도 했다. 조선의 젊은 인재를 명나라에 보내 중화문명을 직접 배워올 수 있기를 희망했던 것이다. 유학을 통한 중화문명의 습득은 멀리는 삼국시대의 당나라 유학으로부터 가까이로는 고려후기의 원나라 유학에 이르기까지 오랫동안 행해오던 방식이었다.

하지만 쇄국정책, 곧 중국 중심의 강고한 화이질서 체계를 추구하던

---

65 『세종실록』 세종 17년 8월 24일 기사 참조.
66 손보기 교수의 조사 결과에 의하면 천문분야 54종, 유학·철학분야 45종, 중국 역사 29종의 순으로 간행되었다고 한다. 손보기, 『세종시대의 인쇄출판』(세종대왕기념사업회, 1986) 실제로 세종은 많은 서책을 편찬했고, 그 책들은 또다시 세종이라는 걸출한 군주를 만들어냈다. 이와 관련된 깊이 있는 연구 성과로는 박현모 외 지음, 『세종의 서재: 세종이 만든 책, 세종을 만든 책』(서해문집, 2016)을 참고할 수 있다.

명나라는 이런 전례를 따르지 않았다. 책봉-조공이라는 폐쇄적인 통로로만 자국과의 교류를 허락했던 것이다. 명나라는 세종이 요청한 유학 요청[67]에 대해서도 다음과 같은 이유로 받아들이지 않았다. "몹시 가상하게 생각하지만 산천이 멀고 기후가 같지 아니하여 자제들이 온다 해도 객지에 오래 머물기 어렵거나 부자가 서로 그리워하는 정을 이기지 못하게 될 것이 염려된다. 그러니 본국에서 편하게 학업에 힘쓰는 것만 못할 것이다."[68]라고. 이유 같지 않은 이유였다. 그리고는 예전에 내려 주었던 『사서오경대전』・『성리대전』・『통감강목』을 다시 주면서 자신의 뜻을 이해하여, 자제 교육에 힘쓰라며 타일러 보냈다. 그 소식을 접하고 크게 낙담한 세종은 조정 신료들과 함께 향후 대책을 다시 논의했다.

의정부와 육조를 불러 의논하였다. "지금 온 칙서에 우리 자제들의 중국 학교 입학을 허락하지 않는다고 하였으니, 이제 중국에 유학 보내려는 바람은 끊어졌다. 그러나 중국의 어음(語音)은 사대하는 데 관계가 있는 일로서, 염려하지 않을 수 없다. 나는 이 자제들을 의주(義州)로 보내어 요동을 오고 가면서 중국말을 배우게 하고자 하는데 어떻겠는가?" 모두 아뢰었다. "요동은 중국의 일개 지방으로 발음이 바르지 않습니다. 신 등은 전에 선발했던 자제들을 사역원(司譯院)에 근무하게 하여 항상 중국어로 된 여러 책을 익히게 하고, 매년 우리나라 사신이 북경에 갈 때마다 함께 가게 했으면 합니다. 이렇게 계속 돌려가

---

67 세종이 명나라와의 원활한 문명 교류를 위해 젊은 자제들을 북경에 유학 보내 漢語와 吏文을 습득하려는 논의는 세종 15년 윤8월 29일에 시작되었다. 북경의 국자감, 또는 요동의 향학에 입학할 수 있도록 허가해 달라는 내용을 奏本에 적어 보냈던 것이다. 『세종실록』 세종 15년 윤8월 29일 기사 참조.

68 『세종실록』 세종 15년 12월 13일. "覽奏, 欲遣子弟, 詣北京國學或遼東鄕學讀書. 且見務善求道之心, 朕甚嘉之. 但念山川脩遠, 氣候不同, 子弟之來, 或不能久安客外, 或父子思憶之情, 兩不能已, 不若就本國中務學之便也."

며 파견한다면, 중국말을 자연히 깨우쳐 능통하게 될 것입니다."[69]

중화문명을 향한 세종의 꿈은 집요했다. 북경 유학의 계획이 무산되자 중국에 유학을 보내기 위해 미리 선발해 두었던 스무 명의 젊은 자제들을 중국과 국경을 접한 의주로 보내 공부시키고자 했다.[70] 필요할 때마다 수시로 압록강을 건너 요동을 오가며 중국어를 배울 수 있다고 생각했던 것이다. 세종의 그런 대안은 여러 신하들의 반대로 실현되지 못했다. 요동 지방은 사투리를 써서 그 효용성이 크게 떨어진다는 이유에서였다. 대신, 선발한 젊은이를 사역원에 모아 한문과 중국어를 강습하게 하고 북경 가는 사신이 있을 때마다 종사관으로 삼아 보내기로 했다.

비록 불발로 그치고 말았지만, 이때 있었던 이 사건은 세종이 중화문명을 배워오기 위해 얼마나 노력했는가를 여실하게 보여주는 동시에 그 방법이 좌절되었을 때 차선책으로 택할 대안이 무엇이었을까를 짐작케 하는 단서를 제공한다. 흔히 중세 보편문명의 특징을 동문동궤(同文同軌)라는 말로 표현하곤 한다. 같은 문명권에서는 같은 문자와 같은 제도를 사용한다는 의미이다. 명나라와는 한문이라는 보편문어과 유교적 이념에 부합하는 문물제도를 공유하고 있었으니, 동문동궤를 실천하고 있었던 셈이다. 하지만 세종은 여기에서 한 걸음 더 들어가 동어(同語), 곧 언어의 막힘없는 소통까지 도달해야 한다고 생각했다. 세종이 그런 생각

---

69 『세종실록』 세종 15년 12월 13일. "召議政府六曹議曰: '今來勅書, 不允子弟入學之請, 自今入學中國之望則已絶. 然漢音有關事大, 不可不慮. 予欲遣此子弟于義州, 使之來往遼東, 傳習漢語, 何如?' 僉曰: '遼東乃中國一方, 語音不正, 臣等以爲前所選子弟, 使之仍仕司譯院, 常習漢音諸書, 每於本國使臣赴京時, 並差入送. 如此循環不已, 則漢音自然通曉.'"

70 세종은 중국에 유학 보내 중국어를 배우게 할 젊은이의 자격을 15세 이상 25세 이하의 사대부집 자제로 하되, 평민의 자제라도 취할 만하면 선발하라는 기준을 정한 바 있다. 『세종실록』 세종 15년 9월 17일 기사 참조.

을 하게 된 계기를 추정해볼 만한 일화가 하나 있다.

> 서울[남경]에 이르니 천자[홍무제]가 평소부터 이색(李穡)의 명성을 들은 바 있어 조용히 말하였다. "그대는 원나라의 한림원에서 벼슬했으니, 응당 중국말[漢語]을 알겠구나." 이색이 중국말로 대답했다. "왕[昌王]이 친히 조회하기를 청합니다." 천자가 이해하지 못하여 물었다. "무슨 말을 했느냐?" 예부의 관원이 번역하여 아뢰었다. 이색이 오랫동안 중국에 들어와 조회하지 않았으므로 말이 자못 서툴렀다. 천자가 웃으며 말했다. "그대의 중국어는 꼭 나하추[納哈出]와 같구나."[71]

고려 창왕 1년(홍무 21, 1388), 이색이 당시 명나라의 수도 남경에 가서 주원장을 만났던 때의 일이다. 원나라에서 유학을 하고 원나라 과거에 급제해 한림원에서 근무한 경력이 있는 이색은 누가 뭐래도 고려 공민왕 이후 최고의 학자로 일컬어지고 있었다. 물론 중국어에도 능통했었다. 하지만 주원장과 만났을 때의 대화는 단 한마디로 끝나고 말았다. 이색이 하는 말을 전혀 알아들을 수 없었기 때문이다. 그때, 이색이 구사하는 중국어를 나하추의 말에 견주고 있는 주원장의 평가는 모멸에 가까운 언사였다.[72] 천하를 통일하고 나서 곧바로 『홍무정운』(홍무 8, 1375)을 편

---

71 『태조실록』 총서 95번 기사. "至京師, 天子素聞穡名, 從容語曰: '汝仕元爲翰林, 應解漢語.' 穡遽以漢語對曰: '請親朝.' 天子未曉曰: '說甚麼?' 禮部官傳奏之. 穡久不入朝, 語頗艱澁. 天子笑曰: '汝之漢語, 正似納哈出.'" 이색은 귀국한 뒤에 여러 사람들에게 홍무제와의 만남에 대해 불만을 토로했다. 하지만 사관은 이런 불만에 대해 "大聖人[홍무제]의 도량을 俗儒[이색]가 평론할 수 있겠는가[大聖人度量, 俗儒可得而議乎]?"라고 혹평하고 있다. 여말선초의 대학자였던 이색의 학문적 권위가 시대에 뒤떨어진 중국어를 한다는 이유로 한없이 희화되는 시대가 되었던 것이다.
72 주원장이 이색의 중국어를 듣자마자 나하추를 연상한 데는 나름 근거가 있다. 이색이 사신으로 오기 1년 전인 홍무 20년(1487) 9월, 요동지역에 웅거하며 명나라를 괴롭히

찬해 중국어의 음운체계를 새롭게 제정했던 홍무제는 발음만 가지고도 나하추든 이색이든 오랑캐로 싸잡아 무시했던 것이다.

대학자 이색이 주원장에게 오랑캐 취급을 당하고 돌아온 일화가 가감 없이 그대로 『태조실록』에 실리게 된 것은 그때 동행했던 이방원이 소문을 퍼뜨렸던 것으로 보인다.[73] 나아가 이방원이 왕위에 오르고 난 뒤, 중화문명과 화이질서 체제로 편입하기 위해 그토록 열성적으로 노력했던 까닭은 이때 목도한 언어·문화적 충격이 상당한 영향을 주었을 것으로 보인다. 그런 시대적 분위기를 염두에 둘 때, 중화문명과 동등한 문명의 수준을 꿈꾸었던 세종이야 말할 나위도 없다. 남조 양(梁) 나라의 심약(沈約)이 제정한 『사성운보(四聲韻譜)』에 남방의 음이 섞여 잘못된 것이 많다는 이유로 중원(中原)의 음으로 고쳐 제정한 『홍무정운』에 대해 세종이 그토록 비상한 관심을 가졌던 것도 이런 상황과 무관하지 않다. 이제, 그것은 명나라와 문명을 교류하고자 한다면 모든 나라가 준수하지 않으면 안 되는 절대적 표준으로 작동하고 있었다. 신숙주(申叔舟, 1417~1475)도 그런 사실을 다음과 같이 증언하고 있다.

우리 세종대왕께서 운학(韻學)에 뜻을 두시고 깊이 연구하셔서 훈민정음(訓民正音) 약간의 글자를 창제하시니, 사방 만물의 소리 가운데 전하지 못

던 원나라 출신의 북원 장수 나하추가 결국 명나라에 투항하게 된다. 주원장은 그때 나하추를 직접 만났는데, 서로 대화를 나누면서 언어불통의 실상을 경험했던 것이다.

[73] 당연한 사실이지만, 태종 13년에 하륜·변계량 등에 의해 편찬된 『태조실록』은 태종 대의 시대적 요구가 강하게 반영될 수밖에 없었다. 그 무렵이 되면, 대명외교에 있어서 중국어 구사능력이 차지하는 비중은 절대적이었다. 홍무제는 태조 6년 3월 8일 자문을 통해 "금후로는 사신을 보낼 때에 漢人의 말을 할 줄 아는 사람을 보내고, 한인의 말을 모르는 사람은 오는 것을 허락하지 않겠다."고 겁박했던 것이다. 『태조실록』 태조 6년 3월 8일.

하는 것이 없었다. 우리 동방의 선비가 비로소 사성(四聲)과 칠음(七音)을 알고, 스스로 갖추지 못한 것이 없게 되었으니 비단 자운(字韻)에만 그칠 뿐이 아니었다. 이에 우리 동국이 대대로 중화를 섬겼으나 언어가 통하지 않아서 반드시 통역에 의지해야 했으므로, 가장 먼저 『홍무정운』을 번역하도록 명하였다. 성삼문·조변안·김증·손수산 및 신숙주에게는 옛것을 참고하여 고증하게 하고, 수양대군·계양군에게는 출납을 관장하게 하고, 모든 일은 친히 결정하시었다.[74]

신숙주가 『홍무정운역훈(洪武正韻譯訓)』의 편찬을 마치고 쓴 서문이다. 완성을 본 것은 세조 1년이었지만, 위의 인용문에서 밝히고 있듯 작업에 착수한 시기는 세종 25년(1443) 훈민정음을 창제한 직후였다. 편찬을 주도했던 신숙주는 성삼문과 함께 여러 차례 요동을 드나들며 한림학사 황찬(黃瓚)에게 질정을 받아오는 등 10여 년이 걸려 완성한 작업이었다.[75] 그런 작업에 참여했다고 밝히고 있는 성삼문·조변안·김증·손수산·신숙주 등은 『동국정운(東國正韻)』(세종 29)의 편찬에도 참여했다. 세종은 훈민정음을 창제하자마자 중국 한자음과 우리 한자음의 표준을 정하는 작업에 가장 먼저 착수했던 것이다. 중화문명의 일원으로 참여하기

---

74 신숙주, 『保閑齋集』 권15, 〈洪武正韻譯訓序〉. "我世宗莊憲大王, 留意韻學, 窮研底蘊, 創制訓民正音若干字, 四方萬物之聲, 無不可傳. 吾東邦之士, 始知四聲七音, 自無所不具, 非特字韻而已也. 於是, 以吾東國世事中華, 而語音不通, 必賴傳譯, 首命譯洪武正韻, 令今禮曹參議臣成三問·典農少尹臣曺變安·知金山郡事臣金曾·前行通禮門奉禮郎臣孫壽山及臣叔舟等, 稽古證閱, 首陽大君臣諱·桂陽君臣璔, 監掌出納, 而悉親臨課定."
75 이때의 일화는 뒷날 李昌臣이 경연에서 "세종조에 신숙주·성삼문 등을 요동에 보내어 黃瓚에게 語音과 字訓을 質正 받아 『洪武正韻』과 『四聲通考』 등을 만들어 우리나라 사람들이 여기에 의지해 漢訓을 대강 알게 되었습니다."라고 말할 정도로 오래토록 회자되던 일이었다. 『성종실록』 성종 18년 2월 2일 기사 참조.

위해서는 선진문물인 중화문명을 공유하고, 인재선발의 시스템을 통일하고, 나아가 중국어 발음까지 원어민처럼 정확하게 구사해야 한다고 믿었던 까닭이다.

이러한 맥락을 염두에 둘 때, 훈민정음을 창제한 이유 가운데 하나가 완벽하고도 정확한 중화문명의 수용을 이루기 위해서였다는 사실을 부정하기 어렵다.[76] 훈민정음을 활용하여 이룩한 최대 작업으로 『홍무정운역훈』과 『동국정운』과 같은 운서(韻書)의 편찬을 꼽을 수 있는 것처럼, 실제로 훈민정음을 창제하고 불과 두 달 만에 집현전교리 최항, 부교리 박팽년, 부수찬 신숙주 등에게 『운회(韻會)』를 언해하도록 한다.[77] 하지만 세종이 훈민정음을 창제하면서 처음부터 의도했던 것인지, 아니면 전해지는 속설처럼 창제하는 과정에서 정의공주(貞懿公主, 세종대왕 차녀)에 의해 '우연히' 개발된 것인지, 우리말을 기록하거나 한문을 번역하는 도구로 활용되면서 상황은 보다 복잡한 양상으로 번져갔다. 현재 훈민정음 창제 직후의 언해 작업으로는 〈용비어천가〉(세종 27)와 〈석보상절〉(세종 29)·〈월인천강지곡〉(세종 30), 〈월인석보〉(세조 5)가 전부인 것처럼 알려져 있다. 하지만 미처 빛을 보지 못한 다음과 같은 언해 작업은 오늘 우리의 논의에서 보다 각별한 의미를 지닌다.

[1] 임금이 말하였다. "지난번에는 김문(金汶)이 '언문 제작은 불가함이 없습니다.'라고 하였는데, 지금에 와서는 도리어 불가하다고 하고 있다. 또한 정창손(鄭昌孫)이 '『삼강행실』을 반포한 뒤에도 충신·효자·열녀의 무리가 배

---

76 세종이 훈민정음을 창제한 목적에 대한 주목할 만한 견해로는 정광, 『한글의 발명』(김영사, 2015)을 꼽아야만 한다. 아울러 '언문'은 우리말을 표기하는 우리의 글자를 뜻하고, '훈민정음'은 한자의 音價를 표기하는 발음기호였다고 주장하는 논의도 경청할 만하다. 이근우, 『훈민정음은 한글인가?』(어문학사, 2016) 참조.
77 『세종실록』 세종 26년 2월 16일 기사 참조.

출되는 것을 볼 수 없는 까닭은 사람이 행하고 행하지 않는 것은 사람의 자질 여하에 달려있기 때문입니다. 어찌 반드시 언문으로 번역한 후에야 사람이 모두 본받을 것입니까?' 라 하고 있다. 이따위 말이 어찌 이치를 아는 선비의 말이겠느냐? 아무짝에도 쓸데없는 속된 선비로구나."[78]

[2] 상주목사 김구(金鉤)를 역마(驛馬)로 불러올렸다. 김구가 상주목사에 부임한 지 아직 반년도 못 되었을 때였다. 그때 집현전에서는 어명을 받들어 언문으로 사서(四書)를 번역하고 있었는데, 직제학 김문(金汶)이 그 작업을 주관했다. 그런데 김문이 죽자 집현전에서 김구를 천거하였으므로 특명으로 불러올린 것이다. 곧 판종부시사에 제수했다.[79]

세종 26년(1444)과 세종 30년(1448)의 일이다. 세종은 훈민정음의 창제 직후 『운회』·『홍무정운』·『동국정운』과 같은 운서(韻書), 그리고 〈용비어천가〉·〈월인천강지곡〉과 같은 악장(樂章)과 함께 세종 14년에 편찬했던 『삼강행실도』와 세종 1년 영락제로부터 하사받은 『사서대전』와 같은 경서(經書)를 언해하는 작업에 착수하였다. 흔히 『삼강행실도』는 성종 12년(1481) 언해되었다고 알려져 있지만 훈민정음을 창제한 세종 당대에 이미 이루어지고 있었다.[80] 그리고 사서의 언해도 선조 18년(1585)에 시

---

78 『세종실록』세종 26년 2월 20일. "上曰: '前此金汶啓曰: 制作諺文, 未爲不可. 今反以爲不可. 又鄭昌孫曰: 頒布三綱行實之後, 未見有忠臣孝子烈女輩出, 人之行不行, 只在人之資質如何耳, 何必以諺文譯之, 而後人皆效之? 此等之言, 豈儒者識理之言乎? 甚無用之俗儒也.'"
79 『세종실록』세종 30년 3월 28일. "驛召尙州牧使金鉤, 鉤爲尙州未半年. 時, 集賢殿奉敎以諺文譯四書, 直提學金汶主之. 汶死, 集賢殿薦鉤, 故特召之, 尋拜判宗簿寺事."
80 정우영, 「『삼강행실도』언해본에 나타난 한자음 표기의 양상: 잘못 注音된 한자음의 분석과 번역 연대」, 『동악어문논집』제34집(동악어문학회, 1999); 김유범, 「중세국

작되었다고 알려져 있지만, 그보다 무려 140년 전인 세종 30년에 진행되고 있었던 것이다. 물론 두 책의 언해 목적과 독서 대상은 동일하지 않다. 전자가 평민 남성과 부녀자를 대상으로 삼강(三綱)이라는 유교 이념을 전파하기 위해서였다면, 후자는 사대부의 자제를 대상으로 국가에서 표준화한 유교 이념을 체득한 지식 계층을 길러내기 위해서였다.

여기에서 선진유학(先秦儒學) 본연의 정신이었던 '오륜(五倫)'을 한당유학(漢唐儒學)의 핵심인 '삼강(三綱)'으로 대체했던 것, 그리고 다양한 해석 가능성을 지닌 유교경전을 주자학으로 획일화했다는 사실을 간과해서는 안 된다. 훈민정음 창제와 유교서적 언해의 목적에 이미 학문권력의 장악과 정치세력의 교체 의도가 내재되어 있었지만,[81] 『삼강행실도』와 『사서대전』을 텍스트로 선정하여 언해하고자 했던 세종의 의도는 자신이 구축하고자 했던 절대군주체제의 강화정책과 긴밀한 연관 관계를 맺고 있었다. 하지만 지식의 수용과 보급이 국가주도로 전환·관리되는 순간, 그것이 국가권력으로 작동되기 마련이라는 것은 정해진 수순에 가깝다. 영락제가 편찬했던 『영락대전』이라든가 『사서오경대전』이 그런 사실을 웅변한다.[82]

그런 차원에서 본다면 중국의 서책을 국가적 차원에서 수입·편찬한 뒤, 전국에 보급하고자 했던 것도 크게 다르지 않다. 원나라의 농서인 『농상집요(農桑輯要)』를 우리의 풍토에 맞게 정리한 『농사직설(農事直

어 문법 교육과 언해본 『삼강행실도』」, 『새얼 어문논집』 제18집(새얼어문학회, 2006).
81 이에 대해서는 본서 2-3장에서 자세하게 다루어질 것이다.
82 물론 언문은 세종의 창제 의도와는 전혀 엉뚱한 방향으로 활용되어, 절대 권력에 대항하는 무기가 되기도 했다. 가장 이른 사례 가운데 하나는 河演이 황희에 이어 영의정에 제수되었을 때 "하 정승아, 장차 공사를 망령되게 하지 말라[河政丞, 且休妄公事]."라는 언문 벽서가 거리에 나붙었던 것이 아닐까 한다. 『세종실록』 세종 31년 10월 5일 기사 참조.

說)』(세종 11), 당나라의 역법인 『선명력(宣明曆)』과 원나라의 역법인 『수시력(授時曆)』을 참작하여 조선의 역법으로 종합한 『칠정산내편(七政算內篇)』(세종 24), 그리고 그때그때 상황에 맞게 치러지던 각종 국가의례를 유교 이념에 맞게 정리한 『국조오례의(國朝五禮儀)』(성종 5) 등은 세종이 조선 최고의 성군(聖君)이었음을 뒷받침하는 주요 업적으로 거론되고 있다. 하지만 그 서책이 표방하고 있는 '선한' 의도와 관계없이 농업·천문·예악의 제도를 국가에서 독점적으로 제정·관리함으로써 그것이 절대군주체제를 강화하는 도구로 이용되고 있다는 사실에 대해서는 이론의 여지가 있을 수 없다.

돌이켜 보면 이들 모두는 조선전기에 이룩된 이른바 '때 이른 절정'을 구가했다는 동국문명의 증거이자 자부의 근거이기도 했다. 하지만 그런 자긍심과 함께 영락제가 국가권력을 통해 학문을 장악하고, 그것을 중화와 이적을 구분하는 기준으로 확장시켜 갔던 위계적 질서가 조선과 그 주변국의 관계에서도 재생산되는 단계에 이르렀다.[83] 명나라가 구축한 화이질서 체계는 주변국 조선으로 하여금 동국문명을 구축하게 만드는 동력으로 작용하는 한편 여진·일본·유구처럼 조선을 둘러싼 주변 국가를 위계화하는 또 다른 차별의 기제로 작동하기 시작했던 것이다. 중화문명과 동국문명은 그렇게 운명적으로 이율배반적인 관계에 놓일 수밖에 없었다. 어떤 문명이든 그것의 중심을 상정하는 순간, 문명의 위계질서는 피할 수 없는 운명과도 같은 것이다.

---

83 명나라 건국 이후 문물제도를 정비한다는 명목으로 각종 의례가 대대적으로 제정되었는데, 그런 작업의 효과는 중국 내에 국한되지 않고 국제질서에서도 그대로 적용되었다. 명나라 중심의 국제질서에 편입된 조공국은 그 법제를 준용해야만 했다. 명나라가 제정한 법제는 곧 국제질서의 기준으로 기능하게 되었던 것이다. 김경록, 「홍무제의 대외인식과 조공제도의 정비」, 『명청사연구』 37호(명청사학회, 2012).

4. 추후의 행로: 동국문명의 실질에 대한 갈림

나라를 다스리신 지 33년 동안	垂衣三十又三年
우리의 문명을 한양 땅에 여시었네.	開我文明漢水陽
사람들에게 끼쳐준 그 성덕은 얼마일까,	盛德在人知幾許
신민들은 영원토록 가슴 아파 하옵니다.[84]	臣民沒世尙神傷

세조는 자신이 잠저(潛邸)에 있을 때 부왕 세종을 그리워하며 지었던 시를 신숙주에게 보여주며 화답을 요구했다. 하지만 곧바로 지어 바치지 못하고 있었다. 그러던 중 세조는 조맹부(趙孟頫)의 서첩을 판각하여 배포하면서 신숙주에게도 한 부 내려주었다. 신숙주는 이처럼 세조가 부왕 시대의 문물을 이어받으면서 부왕을 무궁하게 애모하는 모습에 감격하여 비로소 세 편의 칠언절구를 화답하여 올렸다.[85] 세조가 계유정난을 통해 권력을 장악하여 왕위를 찬탈한 뒤, 다시 단종의 복위를 도모하던 수많은 충절을 참혹한 죽음으로 몰아가던 즈음의 일이었다.[86]

위에 인용한 시는 그런 격변의 시대에 지어올린 작품이다. 여기에는 조선전기 문인지식층이 세종시대에 구가하고 있던 동국문명에 대한 자

---

84 신숙주, 『保閑齋集』 권4, 〈和御製詩韻〉.
85 신숙주, 『保閑齋集』 권4, 〈和御製詩韻 幷序〉. "嘗出御製詩一聯示臣叔舟, 傳曰: '予在潛邸時, 慕世宗有作, 忘其下聯. 爾其足之.' 臣辭不敢卽續進. 尋命集趙子昻書刊印, 就賜臣第. 臣伏覩主上殿下奮厥神武, 光復舊物, 而哀慕無窮, 至形於詩, 舜之大孝, 武王之達孝, 實無與讓. 臣不勝感激, 稽首稽首, 謹依韻和三篇以進."
86 세조가 趙孟頫의 〈證道歌〉·〈紫芝歌〉와 같은 서첩을 간행하라는 분부를 내린 사실은 『세조실록』 세조 3년 1월 23일 기사에서 확인된다. 그렇다면 화답시를 지어 바친 시기는 단종 1년 계유정난 때 황보인·김종서 등을 죽이고, 단종 2년 병자사화 때 성삼문·박팽년 등을 죽인 뒤, 세조 3년 6월 단종을 영월에 유배 보내었다가 마침내 그해 10월 죽임을 당하던 무렵이었다.

부심이 담겨 있는 것이긴 하지만, 그보다는 피비린내 나는 정치 투쟁을 거쳐 왕위에 오른 세조에게 그런 문명의 성세를 재현해야 한다는 당부가 보다 무게감 있게 실려 있는 것으로 보아야 옳다. 그것이 자부이든 아니면 당부이든 세조를 절대 권력의 자리에 오르도록 부추기고 도모했던 신숙주와 그의 동료들, 곧 훈구관료는 성종의 시대에 그런 임무를 마침내 이루어냈다고 자신했었다. 우리가 이 글을 『동문선』 서문에서 서거정이 천명하고 있는 그런 자부로부터 논의를 시작한 까닭이다.[87]

역대 문장만을 가지고 그들의 자부가 정말 실상에 부합했다고 말할 수 있는 것인지, 또는 오늘날의 안목으로 볼 때 과연 그런 기준이 타당한 것인지에 대해서는 논란의 여지가 있을 수 있다. 하지만 문장으로 국가의 문명을 만방에 드러내고 있다는 이른바 '문장화국(文章華國)'을 문인 지식인의 최고 사명으로 여기고 있었던 세조-성종대의 상황을 고려해 본다면, 굳이 그걸 크게 트집 잡을 일만은 아니다. 앞서 살펴보았던 것처럼, 명나라와의 긴박한 국제관계라든가 문명국가로서의 자기 존재를 증명하기 위해 문장만큼 요긴한 것이 없었다고 이해할 만한 여지가 충분하기 때문이다.

하지만 이런 자부를 토로하고 있는 신숙주와 서거정이 세종 20년 부활된 진사시 동년(同年)이자 집현전 동료(同僚)였다는 사실은 또 다른 차

---

87 본고는 고려 말 이색의 자부와 조선전기 서거정의 자부가 거의 동일한 논리구조를 갖는다고 전제하고 논의를 펼쳤다. 하지만 두 사람의 발언이 달라지고 있는 미묘한 지점을 간과해서는 안 된다. 이색은 중원이 통일된 결과 "元有天下, 四海旣一, 三光五嶽之氣, 渾淪磅礴, 動盪發越, 無中華邊遠之異"라고 했지만, 서거정은 "皇明混一, 光岳氣全, 我國家列聖相承, 涵養百年, 人物之生於其間, 磅礴精粹, 作爲文章, 動盪發越"라고 했다. 이색은 오랑캐인 원나라가 중국을 통일하자 삼광오악의 기운이 '渾淪'되었다고 표현한 반면, 서거정은 한족인 명나라가 중국을 통일하자 삼광오악의 기운이 '完全'해졌다고 표현했다. 그런 차이로부터 말미암은 동국문명의 실질적 내용과 그 차이에 대해서는 뒤에서 자세하게 다루도록 한다.

원에서 주목할 필요가 있다. 앞선 논의에서 종종 언급된 바 있는 변계량은 이색과 권근·하륜으로 이어지는 학문 전통을 계승하고 있는 인물이다. 역사학계에서는 여말선초라는 격변기에 정도전·조준과 다른 정치지향을 가진 온건개혁파의 일원으로 분류되기도 한다. 과거의 전통과 현재의 상황을 균형 있게 조화하며 점진적으로 문명의 전환을 도모해야 한다고 믿었던 부류이다. 실제로 권근을 이어 20년 가까이 문형을 잡고 있던 변계량이 추진했던 정책들은 정도전이 추구했던 급진적인 유교문명화에 대한 견제론 또는 속도조절론으로 이해할 만한 대목이 많다. 그리고 변계량은 그런 자신의 학문적 전통을 신장(申檣), 곧 신숙주의 부친에게 물려주게 된다.[88]

그런 점에서 볼 때, 신장의 아들 신숙주와 권근의 외손 서거정은 모두 이색으로부터 이어져온 학통을 계승하고 있다고 말할 수 있다. 보다 면밀한 고찰이 필요하겠지만, 정도전이 폐기했던 국자감시(國子監試), 곧 진사시를 정도전의 사후에 부활시키고 세종이 추진했던 언해 작업을 세종의 사후에 중단시킨 것도 그런 학통의 인물이 정치권력과 문단권력을 장악했기 때문이었는지도 모른다. 실제로 신숙주와 서거정은 세조-성종의 시대를 주도하며 세종의 시대와는 상당히 다른 방향의 동국문명을 만들어나갔다.[89] 그들이 문장화국을 마치 동국문명과 동의어처럼 여기고 있는 것도 그런 까닭이다. 이처럼 동국문명은 시대에 따라 또는 성향

---

88 변계량은 자신이 맡고 있던 문형의 자리를 尹淮가 훨씬 적임자라는 세간의 평판에도 불구하고 申檣에게 넘겨주었다. 그 일로 인해 변계량은 윤회와 사사건건 어긋나게 되었다고 세종이 직접 지적할 정도였다. 『세종실록』세종 5년 6월 23일 기사 참조.
89 세종대와 성종대의 동국문명이 갖는 차이에 대해서는 보다 면밀한 고찰이 필요하다. 세종대는 여러 학문분야에서 그 문명을 일궈갈 雜學·通儒의 역할이 중요했다면, 성종대는 예악문물을 완정하게 정비할 官人·文士의 역할이 중요했다. 하지만 무엇보다 중요하게 고려해야 할 대목은 동국문명을 이끌어가는 주체가 세종대에는 강력한 왕권이었던 반면, 성종대에는 강고하게 구축된 신권이었다는 사실일 것이다.

에 따라 그 실질적 함의가 적지 않게 달랐다.

실제로 신숙주과 서거정의 시대를 거쳐 다음 세대를 이어가게 되는 성종대의 신진사류인 김종직과 성현도 그러했다. 그들 둘은 절친한 관계라고 알려져 있기도 하다. 하지만 김종직이 죽고 난 뒤, 성현이 가한 다음과 같은 비판적 태도는 이후에 전개될 동국문명이 또다시 어디로 향할 것인지를 암시하는 하나의 예언처럼 읽힌다.

> 김종직이 성삼문의 『동인문보(東人文寶)』를 좇아 완성하여 『동문수(東文粹)』라고 했다. 김종직은 번다하고 화려한 문장을 몹시 싫어해 너그럽고 온화한 문장만 취했다. 비록 규범을 세우는 데 뜻을 다한 것이지만, 글이 메마르고 기상이 없으니 진실로 볼 만한 것이 못 된다. 그가 편찬한 『청구풍아(靑丘風雅)』는 시이므로 문장 같지는 않다. 그렇지만 조금이라도 시에 호방한 점이 있으면 수록하지 않았으니 이 무슨 융통성 없는 편견인가? 서거정이 편한 『동문수(東文選)』 같은 것은 바로 종류별로 모은 것일 뿐 선집은 아니다.[90]

성현은 김종직의 시문관(詩文觀)을 좁은 편견에 사로잡혀 있다고 신랄하게 비판하고 있다. 김종직은 서거정이 편찬한 『동문선』에 불만을 느껴 『동문수』와 『청구풍아』를 새롭게 편찬했다. 하지만 성현은 다시 김종직의 편찬 태도에 불만이 많았다. 화려한 문장은 싫어하고 호방한 시들도 모두 배척하여 볼 만한 것이 없다는 것이다. 그것은 무엇을 말하는가? 김종직은 "시란 성정을 도야하는 도구[詩陶冶性情]", 또는 "문은 도로 들어가는 도구[沿文派道]"로 여기고 있었다. 그리고 그렇게 배운 김종직의 제자들, 곧 성종대의 신진사류는 또 다른 형태의 문명을 만들어가고자 했다. 그때, 그들이 추구했던 동국문명은 신숙주·서거정과 같은 선

---

90 성현 지음, 김남이·전지원 외 옮김, 『용재총화』(휴머니스트, 2015), 502~503쪽.

배들이 자부하고 있던 그것과 전혀 달랐다. 거칠게 말한다면, '도학(道學)의 세계'라고 부를 수 있을 것이다. 활달했던 문명의식이 국축(跼縮)되어갔다고 탓할 수도 있겠지만, 그것이 성종 이후의 젊은 신진사류가 선택했던 동국문명의 새로운 비전이었다는 사실을 부정하기 어렵다.[91]

---

91 서거정이 〈東文選序〉에서 "이것은 우리 동방의 문장이다. 송·원의 문장도 아니고 또 한·당의 문장도 아니며 바로 우리나라의 문장인 것이다[是則我東方之文, 非宋元之文, 亦非漢唐之文, 而乃我國之文也]."라고 우리의 문장을 자부했던 데 반해, 김종직은 〈跋成磬叔觀光錄後〉에서 "東方은 옛날의 동방이 아니라 이제 禮儀의 나라가 되었다[東非舊日之東也, 今爲禮義之邦]."라고 우리의 예의를 자부하고 있다. 우리가 중국과 대등한 문명을 구가하고 있다는 판단의 기준이 서로 달랐던 것이다. 그런 그들 두 사람의 태도를 문학론에 적용시켜본다면, 文章華國에서 性情陶冶로 바뀌었다고 말할 수도 있겠다.

/ 제2장 /

궁궐의 건설,
관각문자의 제작과 동국문명의 비전

1. 접근의 시각: 궁궐 또는 권력상징의 공간

조선전기에 대한 관심은 조선후기에 비해 무척 한산한 편이다. 정치사, 사상사, 그리고 문학사 모두 그러하다. 지금 우리가 살고 있는 시대와 시간적 거리가 멀어 공감의 정도가 덜한 탓도 있겠다. 하지만 그런 이유보다는 연구방법론의 부재에 더 큰 이유가 있다고 생각된다. 물론 조선전기를 파악하는 데 있어 관건이 될 만한 논쟁적 과제가 없는 것은 아니다. 지금까지도 강한 영향력을 발휘하고 있는 훈구-사림의 대립적 구도는 여전히 유효한 분석의 틀인가, 조선 건국 이후 이전 왕조였던 고려와 지속-단절의 실상은 과연 어떠했는가, 그리고 동아시아의 차원에서 전개된 원명교체의 역사적 격변이 여말선초 문명전환의 지평과 어느 정도의 조응관계를 갖고 있는가, 등등. 여기에서는 이런 과제들을 염두에 두고, 태조 때부터 성종의 시대까지 건설된 궁궐에 아로새겨진 문명전환의 자취를 살펴보고자 한다.

잘 알려진 것처럼, 조선의 건국은 절대 권력이 왕씨에서 이씨에게로 넘어갔다는 왕조교체의 의미를 넘어선다. 그것은 천 년 가까이 이어져온 불교문명 국가로부터 유교문명 국가로의 전환을 도모해간 문명사적 일대 사건이었다. 흔히 사용되는 '문명전환'이라는 용어는 아름답게 들리기도 하지만, 그 실제에 있어서는 '불의 연대기'라 부를 정도로 극심한 갈등과 대립을 수반하기 마련이다. 그리고 그 과정에서 벌어지는 무자비한 강압과 무고한 희생을 은폐하기 위해서 승자, 곧 건국의 주역들은 장밋빛 미래를 선전하기 위해 많은 노력을 기울이기 마련이다. 조선을 건국한 권력의 승자들이 제시한 목표는 유교문명에 기초한 중화문명을 아득히 먼 변방이었던 조선의 이 땅에서 구현해보겠다는 야심찬 것이었다. 그런 과정에서 중화문명은 자국의 전통과 팽팽한 긴장관계를 형성하기도 하고, 그런 과정을 거치면서 중화문명과는 일정하게 구분되는 동국문명의 성취를 이뤄내기도 했다.

관련 자료를 검토해보면, 제3대 임금 태종대부터 중국에 견줄만한 동국문명이 이뤄지고 있다는 자부의 발언을 만나게 된다. 물론 그것은 당대의 실상이라기보다는 권력을 무력으로 장악한 지배계층이 발산하고 있던 '희망고문'으로 보는 것이 실상에 부합할 지도 모른다. 그럼에도 불구하고 그들이 내건 국가 비전을 통해, 그 시대의 밝음과 어둠을 함께 조망해보는 작업은 필요하다. 희망은 그들의 욕망이 짙게 투영되어 발산하는 것인 동시에 그 시대의 어두운 그림자를 역설적으로 반증하는 것이기도 한 까닭이다. 이런 문제의식에서 바라볼 때, 조선의 건국 이후 궁궐의 건설과 함께 제작되고 있는 각종 교서(敎書)와 책문(策問) 그리고 악장(樂章)을 통해 수행되던 '상징조작'은 각별한 주목을 요한다.

왕조 사회에서 군주와 신하는 미묘한 협력-긴장의 관계를 만들어가며 자기 시대의 정치 비전을 대소신료 및 일반백성에게 끊임없이 발산해야만 했다. 그리고 그 발산의 중심적 공간은 궁궐일 수밖에 없었다. 태조 이성계가 건국 직후 한양으로의 천도와 경복궁 건설을 그토록 서둘렀던 까닭을 거기에서 찾을 수 있다. 그 이후에도 임진왜란 이후 흐트러진 민심의 복구를 도모했던 광해군의 인경궁(仁慶宮) 건설, 치열하게 벌어지던 당파의 폐단을 극복해보고자 했던 정조의 화성(華城) 축성, 그리고 세도정치와 이양선(異樣船)으로 상징되는 안팎의 위기로 흐트러진 왕실의 위엄을 다시 세워보고자 했던 대원군의 경복궁 중건이 모두 새로운 궁궐의 건설을 통해 자기 시대의 혁신과 그 비전을 천명하기 위한 정치적 역할을 수행했다는 사실은 의심의 여지가 없다.[1]

물론 조선전기 임금들은 새로운 궁궐의 건설이나 중건을 통해서만이 아니라 궁궐 안의 특정한 정전(正殿)과 편전(便殿)을 애호하는 것으로도 자기 치세의 정치적 색채를 분명하게 드러내곤 했다. 태조의 근정전(勤政殿), 태종의 인정전(仁政殿), 세종의 근정전과 사정전(思政殿), 세조의 선정전(宣政殿), 성종의 명정전(明政殿)이 그런 목적을 수행했던 공간들이다. 나아가 궁궐을 주목하는 의의는 역대 군주의 정치적 지향을 읽어내는 데만 그치지 않는다. 자기의 궁궐에서 자신의 정치 비전을 제시하는 것을 넘어서서 자신의 국정 파트너로 삼았던 정치세력과 문단권력의 성쇠, 그리고 궁궐과 관련된 시문의 제작을 통해 장엄하게 선보이게 되는 문장화국(文章華國)의 구체적 실상도 가시적으로 확인시켜주고 있다. 그런 까닭에 궁궐은 당대 건축문화의 총체적 역량뿐만이 아니라 그 시대의 정치권력이 작동되는 상징적 공간으로서의 의미라든가 관각문자가 발휘하는 미학적 공효를 가늠해보는 관건이 되기도 한다.

---

[1] 조선전기 궁궐에 대한 연구는 경복궁에 집중되어 있기는 하지만, 그 성취는 무척 볼 만하다. 대표적인 성과는 다음과 같다. 홍순민, 『우리 궁궐 이야기』(청년사, 1999); 임석재, 『禮로 지은 경복궁: 동양미학으로 읽다』(인물과사상사, 2015); 장지연, 『경복궁: 시대를 세우다』(너머북스, 2018).

2. 교서 – 책문의 반포와 정치 비전의 제시

1) 한양으로의 천도와 경복궁 건설

태조 이성계는 1392년 7월 17일 고려 공민왕 때 연경궁(延慶宮)이 불에 타버려 우왕부터 정전(正殿)으로 사용하고 있던 수창궁(壽昌宮)에서 즉위식을 치렀다. 새로운 왕조의 개창자로서는 어울리지 않았지만, 별도의 장소를 마련할 만한 여유가 없었던 것이다. 게다가 그때까지는 고려의 마지막 임금 공양왕을 계승한다는 의미에서 고려국왕을 자처하기도 했으니 명분상으로도 그게 타당하게 보였다. 하지만 즉위 직후 곧바로 천도를 준비한다. 그 이후 새로운 도읍을 물색하는 과정에서 적지 않은 우여곡절을 겪었지만, 한양으로 최종 결정되자마자 아직 착공하기도 전에 자신의 거처부터 먼저 옮겨왔다. 태조 3년 10월 25일의 일이다. 새로운 도읍에서 새로운 정치를 펼치고 싶었던 이성계의 마음은 그 정도로 바빴던 것이다. 그로부터 한 달 뒤쯤에 착공을 하면서, 정도전에게 하늘의 신과 땅의 신에게 제사를 지내도록 한다. 그때, 정도전은 천신과 지신에게 다음과 같이 착공 사실을 아뢰었다.

> 조선 국왕 신 이단(李旦)은 문하좌정승 조준과 우정승 김사형 및 판삼사사 정도전 등을 거느리고서 한마음으로 재계와 목욕을 하고, 감히 황천(皇天)과 후토(后土)에 고하나이다. …(중략)… 신 단(旦)은 외람되게도 어리석고 못난 자질로서 하늘이 내려주는 음덕을 입었습니다. 고려가 망하려는 때를 당해 조선을 유신(維新)하라는 명을 받은 것입니다. 돌아보건대 너무 무거운 짐을 지게 되어 항상 두려운 마음으로 편히 지내지 못하고 있습니다. 길이 아름답게 마무리를 하려고 하였지만, 그 요령을 얻지 못하였습니다. 그런데 일관(日官)이 고하기를 "송도의 터는 땅의 기운이 오래 되어 쇠해 가나 화산(華山)의 남쪽은 형승도 좋고 점괘도 길하니 여기에 새 도읍을 정하라." 하였습니다. 이에 신 단은

여러 신하들에게 묻고 종묘에 청하여 10월 25일 한양으로 천도하였습니다.[2]

이성계는 자신이 부족한 자질인데도 불구하고 쇠락해가는 고려를 유신(維新)하라는, 곧 완전히 새로운 조선을 만들라는 명을 받았노라 아뢰고 있다. 그 말투는 겸손하기 그지없다. 하지만 그런 태도는 제사를 지켜보고 있는 만조백관에게는 조선의 건국이 감히 거역할 수 없는 천명에 의한 것임을 선포하는 하늘의 소리처럼 들려왔다. 실제로 정도전이 지은 고유문으로는 하늘과 땅의 신에게 위에서 보듯 공경한 마음으로 아뢰는 한편, 다시 김입견(金立堅)을 파견하여 국내의 여러 산천(山川)의 신들에게 별도의 제사를 드리게 했다. 그런데 그곳에서 보여주고 있는 이성계의 태도는 사뭇 달랐다.

> 왕은 이르노라! 그대 백악산(白岳山)과 목멱산(木覓山)을 비롯한 여러 산신과 한강 및 양화나루 등 여러 수신이여! 옛날부터 도읍을 정하는 자는 반드시 산(山)을 봉하여 진(鎭)이라 하고, 물[水]을 표(表)하여 기(紀)라 하였다고 한다. … (중략) … 이번에 궁궐 공사를 일으킨 것은 내 한 몸의 안일을 구하려는 것이 아니다. 이번 제사로 백성들이 무궁하게 천명을 맞아들이게 하고자 함이다. 그대들 신령이 있거든 나의 지극한 마음을 알아주어 음양으로 탈이 없고 질병이 생기지 않고 변고가 없이 공사가 마무리되어 대업이 정해지도록 하라. 그렇게 하면 변변치 못하지만 감히 나 혼자만 편히 지내지 않고 후세에 이르기

---

2 『태조실록』 태조 3년 12월 3일. "朝鮮國王臣[上諱], 率門下左政丞趙浚·右政丞金士衡·判三司事鄭道傳等, 一心齋沐, 敢明告于皇天后土. … 竊念臣[上諱], 猥以庸愚之質, 獲荷陰騭之休. 値高麗將亡之時, 受朝鮮維新之命. 顧以付畀之甚重, 常懷危懼而未寧, 永圖厥終, 不得其要. 日官告曰: '松都之地, 氣久而向衰; 華山之陽, 形勝而協吉, 宜就是處, 庸建新都.' 臣[上諱]詢諸臣僚, 請于宗廟, 乃以十月二十五日, 遷于漢陽."

까지 때에 맞춰 제사를 지낼 것이다. 그러면 신도 또한 영원히 제사를 받을 수 있을 것이다. 이에 교시(敎示)하는 바이다.³

한양으로 천도한 뒤, 궁궐을 착공하기 전에 여러 신들에게 제사를 올리는 의식은 오랜 관행을 따른 것이었다. 하지만 황천과 후토에게 제사를 지내기 위해 지은 고유문과 국내 산천에 제사를 지내기 위해 지은 고유문은 그 내용과 어투의 측면에서 완전히 달랐다. 물론 천신과 지신은 그 사이에 줄지어서있는 명산대천의 신격과 감히 동등한 차원에서 논의되기 어렵다. 그런 만큼 그들을 대하는 태도는 각각 다를 수밖에 없고, 위에 인용한 두 개의 고유문에서 그 차이를 확인할 수 있다. 하지만 태조 이성계가 보여주고 있는 태도의 현격한 차이가 지닌 의미는 예사롭지 않다. 하늘에 제사를 지낼 수 있는 천자와 산천에만 제사 지내야 했던 제후(국왕)의 위계질서를 상징적으로 보여주는 것이기 때문이다.

조선의 건국 직후부터 발견되는 차별적 존재라는 자기 정체성의 설정에서부터 우리의 주된 관심사인 중화문명과 동국문명의 길항이라는 탐구 과제도 가능하게 된다. 그런 점에 대해서는 다각도로 살펴보아야 할 터, 여기서는 궁궐의 건설에 초점을 맞춰보고자 한다. 이성계가 정도전과 김입견을 시켜 황천과 후토, 그리고 전국 산천의 신들에게 궁궐의 착공을 고하고 난 이듬해인 태조 4년 9월에 사당과 신궁의 건설이 마무리된다. 그렇다고 사당과 신궁, 곧 종묘와 경복궁만 지은 것이 아니다. 사방으로 드나들 수 있는 성문을 갖춘 도성을 쌓아 궁궐을 위엄 있게

---

3 『태조실록』 태조 3년 12월 3일. "王若曰: 咨爾白岳·木覓之神·諸山之神, 漢江·楊津之神·諸水之神! 蓋聞古之定都者, 必封山以爲鎭, 表水以爲紀. … 今玆興作, 非欲求一己之安, 其自是祀神, 人民以迓天命於無窮. 惟爾有神, 諒予至懷, 俾陰陽不愆, 疾疫不興, 變故不作, 以底成大役而定大業, 則予不穀, 亦不敢自暇自逸, 洎于後世, 以修時祀, 神亦永有所享食矣. 故玆敎示."

둘렀을 뿐만 아니라 남문인 광화문 남쪽에는 좌우로 의정부, 삼군부, 육조 등 관청 건물까지 갖추었다. 그리고 경복궁의 좌우에는 종묘와 사직단을 각각 배치했다.[4]

그리고 정말 놀라운 것은 그와 같은 대공사를 불과 10개월 만에 마쳤다는 사실이다. 경복궁 건설이 이처럼 빠른 속도로 진행된 점을 통해 이성계와 건국 주도세력이 천도와 궁궐 건설을 통해 새로운 국가 건설의 비전을 얼마나 가시적으로 보여주고 싶어 했는가를 짐작할 수 있다. 역대 모든 건국의 주역들도 그런 마음이었을 것이다. 하지만 과거 왕조들과 비교할 때, 이성계의 천도와 궁궐 건설은 보다 각별한 의미를 갖고 있다. 역대 건국의 주체세력들은 거의 모두 자신의 정치적 근거지를 도읍으로 삼았다. 고구려·백제·신라가 그러했고, 고려를 건국한 왕건도 그러했다. 하지만 조선의 건국 세력들은 달랐다. 자신의 주요 활동무대인 개경을 버리고 낯선 남경(南京, 곧 한양)으로 내려와 도읍지를 삼았던 것이다.

함경도 출신 이성계라든가 경상도 출신 정도전으로서는 개경에 오랫동안 근거지를 두고 있던 고려의 기성권력들과 결별하겠다는 강력한 의지를 표현한 것이기도 했다. 한양으로의 천도 과정에서 그 많은 우여곡절을 겪어야 했던 이유이기도 하다. 정도전조차도 처음에는 천도에 미온적인 입장을 취했던 것으로 전해지고 있다.[5] 하지만 천도가 한번 결정된 이후, 고려와 단절하겠다는 의지는 단호하고도 결연한 방식으로 진행되지 않으면 안 되었다. 태조 이성계는 이미 즉위교서 제3조를 통해 사서

---

4 『태조실록』 태조 4년 9월 29일. "是月, 太廟及新宮告成. … 南曰: 光化門. 樓三間有上下層, 樓上懸鍾鼓, 以限晨夕警中嚴. 門南左右, 分列議政府·三軍府·六曹·司憲府等各司公廨."

5 개경에서 한양으로의 천도과정에 대한 상세한 고찰은 이승한, 『개경에서 한양까지 1-2: 권력투쟁으로 본 조선 탄생기』(푸른역사, 2020) 참조.

오경의 이념을 체화하여 불교국가와 단절하고 유교국가로 전환하겠다고 천명한 상태였다. 그런 만큼 새로운 국가건설의 이념을 구현하기 위해서는 개성을 버리고 서울로 도읍을 옮겨 경복궁을 건설해야 했고, 인의예지의 사단(四端)을 표방하는 흥인(興仁) - 돈의(敦義) - 숭례(崇禮) - 홍지(弘智)의 문으로 드나들 수 있는 도성을 쌓아 한양을 둘렀다. 인의예지에 충만한 자, 곧 선한 본성을 구현하고 있는 백성들로 가득 찬 나라를 만들어보겠다는 원대한 비전을 담아냈던 것이다.

2) 근정전과 유교문명 국가로의 길

건국 직후, 한양 천도와 경복궁 건설을 통해 유교문명 국가를 건설하겠다는 의지를 강력하게 표방했음에도 불구하고 이후 펼쳐지는 정치적 격변과 즉위한 군주의 성향에 따라 그 의지는 크고 작은 부침과 조율의 과정을 거치지 않을 수 없었다. 실제로 제1차 왕자의 난으로 태조가 물러나고 난 뒤, 갑자기 왕위에 오르게 된 제2대 정종은 경복궁의 근정전에서 즉위한 지 반년 만에 개경으로 되돌아갔다. 뭇 까마귀가 모여 울고 들까치가 날아와서 묵는다는 등 흉흉한 일이 자주 일어난다는 핑계를 댔다. 하지만 실제로는 형제간의 살육으로 피비린내가 나는 그곳에 더 이상 머물 마음이 없었던 것이다. 개경으로 환도하기로 하자 한양에 이주해왔던 사람들도 환호작약했다고 한다.[6] 제2차 왕자의 난을 진압하고 제3대 임금의 자리를 물려받은 태종도 부왕인 태조 이성계와 마찬가지로 개경 수창궁에서 즉위식을 치렀다.[7]

---

6 『정종실록』 정종 1년 2월 16일. "會宗戚及功臣, 議移都. 書雲觀上言: '群烏聚噪, 野鵲來巢, 災異屢見, 宜修省消變, 且宜避方.' … 遂定議還于松京. 初, 都人皆懷舊都, 聞欲還都, 相與喜悅, 提携負戴, 絡繹于路, 使守城門以止之."

예나 지금이나 천도란 매우 어려운 일이다. 기존의 관습과 기득권을 버리고 낯선 지역으로 이주한다는 것은 결코 쉬운 일이 아니기 때문이다. 즉위하여 5년 동안 개성에 머물러 있던 태종은 마지못해 한양으로 돌아오게 된다. 하지만 한양으로 돌아왔으면서도 경복궁으로 들어가지 않았다. 대신 새로운 궁궐 창덕궁(昌德宮)을 지어 거기에서 자신의 치세를 시작하고자 했다. 형제들 사이에서 자행된 살육의 현장이라 꺼려한 것이겠지만, 부왕 이성계와는 구별되는 자신만의 정치를 펼치겠다는 의지의 표현이기도 했다. 건국 직후부터 경복궁과 창덕궁이라는 양궐(兩闕) 체제를 시작하게 된 정치적 배경이다. 궁궐 건설의 사례는 거기에서 그치지 않았다. 성종은 신하들의 많은 반대에도 불구하고 정희왕후, 안순왕후, 인수대비 등 삼전(三殿)을 모시겠다는 효행을 명분으로 내걸고 창경궁(昌慶宮)을 건설하게 된다.

뒤에서 다시 살피겠지만, 겉으로 내건 명분과는 달리 세조대의 훈구공신이 여전히 장악하고 있는 정치적 그늘에서 벗어나 신진사류들과 함께 자신의 새로운 정치를 펼쳐보고자 했던 의지의 소산으로 보인다. 이처럼 경복궁-창덕궁-창경궁으로 이어지는 궁궐의 건설 과정에서 짐작할 수 있듯, 역대 임금들은 자신이 선호하는 특정한 궁궐과 전각에 나아가 정사를 보곤 했다. 그것 역시 자기만의 정치적 색깔을 드러내기 위한 계산된 행동처럼 여겨진다. 이런 점을 보다 분명하게 드러내보기 위해, 역대 임금이 새로 건설하거나 중수하여 자주 활용했던 궁궐의 공간을 도표로 정리해 보이면 다음과 같다.

---

7 『정종실록』 정종 2년 11월 13일. "世子詣闕, 具朝服受命. 御輦至壽昌宮卽位, 受百官朝賀, 頒宥旨."

구분	景福宮 (태조 4년 건설, 세종 7년 증축)		昌德宮 (태조 5년)		昌慶宮 (성종 15년)
	勤政殿	思政殿	仁政殿	宣政殿	明政殿
태조	22회	–	–	–	–
태종	14회	–	14회	–	–
세종	562회	260회	89회	–	–
세조	125회	533회	15회	16회	–
성종	30회	34회	254회	382회	36회

※ 바탕에 음영으로 처리된 것은 해당 임금이 창건/증축하여 사용한 전각을 의미함.

위의 횟수는 『조선왕조실록』에서 단순하게 키워드로 검색한 결과이기 때문에 그 실질적 내용은 보다 면밀하게 살펴볼 필요가 있다. 하지만 역대 임금이 자신의 정치활동 거점으로 삼은 궁궐 또는 전각이 어디였는가는 대략 가늠해볼 수 있다. 물론 특정 공간을 자주 선택했던 데는 나름의 특별한 계기나 목적이 있었을 것이겠지만, 여기서는 가장 중심적인 궁궐 공간인 경복궁의 '근정전'과 창덕궁의 '인정전'에 초점을 맞춰보기로 한다. 역대 임금이 그러했던 것처럼, 태조 이성계는 국가의 주요한 행사가 있을 때면 으레 특별한 정치적 메시지를 작성해 반포했다. 수창궁에서 즉위했을 때는 총 17조에 달하는 즉위교서를 반포한 바 있다. 제후국으로서의 격에 부합하는 사전(祀典) 제도를 마련하겠다, 전조(前朝)의 왕실을 두텁게 대우하겠다, 사서오경 중심으로 과거제도를 개혁하겠다, 등등. 화이질서를 존중하고 유교문명에 근거한 정치를 펼치겠다는 것이 교서의 골자였다.

그로부터 4년이 지난 뒤에 태조 이성계는 새로운 도읍지 한양에 도성을 건설한 뒤, 『주례(周禮)』에서 정한 규범에 맞게 지은 종묘에서 첫 번째 제사를 올린다. 너무나도 가슴 벅찬 행사를 거행한 그날, 제례를 마친 태조는 운종가(雲從街)에서 성균관 유생들로부터 송축하는 노래를 듣고 전악서(典樂署)에서 펼치는 놀이를 구경하며 경복궁 앞에 이르렀다. 하지만 바로 궁 안으로 들어가지 않고, 오문(午門, 광화문) 앞에 설치된 임시 장소에서 교서를 반포했다. 즉위교서보다 훨씬 간략하지만, 보다 정돈된 거기에는 총 여섯 조항의 국정 목표가 담겨 있었다. 첫째 예의와 풍속을 배양하는 일[禮俗培養], 둘째 나라의 근본인 백성을 구휼하는 일[民本優恤], 셋째 실상을 살펴 부세를 감소해 주는 일[量減租賦], 넷째 건장한 자들만 숙위를 하게 하는 일[强壯宿衛], 다섯째 백성들의 일을 편하게 해주는 일[便民事宜], 여섯째 농사와 길쌈에 힘쓰고 학교를 일으키는 일[勸農桑興學校]이 그것이다.

이날에 이루어진 제례와 연회를 모두 마치고 난 뒤, 태조는 정도전에게 특별히 금으로 아로새긴 각띠[金角帶]를 하사했다. 교서를 작성한 사람이 다름 아닌 정도전이었음을 말해주는 장면이다. 즉위교서에 이어 천도교서까지 작성한 정도전은 이번에는 민생의 안정을 국정의 최우선 과제로 제시하고 있다. 화이질서의 준수와 유교문명의 표방이 강조되던 즉위교서에 비해 매우 많이 달라진 내용이다. 돌이켜 보면 한양으로의 천도와 경복궁의 건설, 계속 이어지고 있는 축성 사업 등을 미루어 볼 때 그럴 수밖에 없었을 것이다. 그런데 그런 힘겨운 시대 상황에서도 그 첫 번째 조항을 '예속배양'으로 삼고 있어 눈길을 끌고 있다.

> 국맥(國脈)을 배양하는 것은 예의와 풍속을 배양하는 것에 달려 있다. 고려 말기에는 정치와 교화가 어지럽고 예의와 제도가 무너져 선비의 관습과 백성의 풍속이 모두 좋지 못하게 되어 망국에까지 이르렀다. 이제부터 사대부는 그 몸을 신칙하고 그 직책을 부지런히 하며, 서민은 그 본분을 지키고 부역을 제공해야만 한다. 요행으로 구차하게 얻으려 해서는 안 되고, 제멋대로 행동하여 혼자만 편하고자 해서도 안 된다. 이러한 것들을 지켜 예의의 풍속을 이루도록 하라.[8]

---

8 『태조실록』 태조 4년 10월 5일. "培養國脈, 在於養禮俗. 前朝之季, 政敎陵夷, 禮制大

건국 직후에 반포한 즉위교서에서는 올바른 풍속의 제정이 네 번째 순서로 배치되어 있었다. 그것도 관혼상제에 한정하여 인륜의 도리를 지키면서 잘못된 풍속을 잡을 것을 당부하는 데 그쳤을 따름이다.[9] 그런데 4년이 지난 지금, 그 풍속의 문제는 최우선 과제로 부각되어 있었다. 또한 그를 위해 사대부가 해야 할 일, 백성이 해야 할 일이 구체적으로 제시되고 있다. 경복궁을 둘러싼 사대문의 명명을 통해 인의예지에 충만한 유교문명국가를 실현해보겠다는 국가 비전을 도성 안팎에 살고 있는 일반백성들의 구체적인 일상생활에서까지 관철시켜보겠다는 목표가 분명해졌다는 사실의 반증이다.

하지만 그와 같은 문명전환의 비전은 너무 원대했고, 실제로 그들 스스로도 일상생활에서 제대로 실천하지 못하고 있었다. 유교적 이념과 이상을 완벽하게 구현하고 있는 건축물로 평가받고 있는 경복궁 근정전의 어좌(御座)를 비롯하여 천장 위에도 진언(眞言)을 적어놓고 불교의 힘에 의지하고자 했을 정도였다. 세종 8년 경복궁을 대대적으로 중건하는 때가 되어서야 비로소 제거될 수 있었던 것이다.[10] 그처럼 갈 길은 무척 요원했지만, 그렇다고 유교문명의 구현을 위한 노력과 실천을 과소평가해서는 안 된다. 한양으로의 천도와 새로운 궁궐의 건설을 주도했던 정도전은 도성의 곳곳에 유교문명을 목표로 삼는 이름을 짓고, 그 의미까지 자세하게 밝혀두기도 했다.

壞, 士習民風, 俱爲不美, 以至於亡. 自今爲士大夫者, 飭乃身勤乃職; 爲民庶者, 守乃分供乃役, 毋僥倖以苟得, 毋放僻以自逸, 以成禮義之俗."

9 『태조실록』 태조 1년 7월 28일. "冠婚喪祭, 國之大法. 仰禮曹詳究經典, 參酌古今, 定爲著令, 以厚人倫, 以正風俗."

10 『세종실록』 세종 8년 10월 13일. "戶曹判書安純啓曰: '勤政殿御座, 曾書眞言, 以似佛座, 旣命改之. 御座上屋中, 亦有眞言八字, 請幷去之.' 從之."

천하의 일이 부지런하면 다스려지고 부지런하지 않으면 황폐되는 것은 필연의 이치입니다. 작은 일도 오히려 그러하거늘 하물며 정사처럼 큰 것은 어떠하겠습니까? …(중략)… 그러나 임금이 부지런해야 한다는 것만 알고 부지런히 해야 하는 까닭을 알지 못한다면, 그 부지런함은 번쇄하고 까다로운 데로 흐르고 마니 볼 만한 것이 못 됩니다. 선유(先儒)가 "아침에는 정사를 처리하고, 낮에는 어진 이를 방문하고, 저녁에는 조령(朝令)을 만들고, 밤에야 몸을 편히 쉰다."라고 하였으니, 이것이 바로 임금의 부지런함입니다. 또한 "어진 이 구하는 데 부지런하지만, 어진 이에게 맡긴 뒤에는 편안하다."라고 하셨습니다. 그래서 신은 이런 근정(勤政)이란 이름을 올리는 것입니다.[11]

『춘추』에서 소공(昭公)이 했던 말과 『서경』에서 공영달(孔穎達)이 했던 말을 인용하며, 임금이 정사에 임하는 자세를 매우 힘주어 강조하고 있다. 아침·점심·저녁 잠시도 편히 쉬어서는 안 되는 임금의 부지런함, 그렇지만 그런 부지런함으로 찾은 어진 인재에게 모든 일을 관장하게 함으로써 비로소 편안함을 누릴 수 있다는 논리는 상반되는 것으로 보인다. 하지만 그런 모순에도 불구하고, 두 선현의 말을 이끌어온 이유는 명확하다. 어진 이를 구하는 데 부지런해야 한다는 점이다. 그런 뒤에야 나라가 평안해질 수 있다는 것이다. 정도전이 이상적인 정치체제로 주장했던 재상 중심의 정치이상을 근정전이라는 이름에 못 박아 두고자 했던 것이다.

이런 사례에서 보듯 정도전은 한양을 두르고 있는 도성의 여러 성문들, 경복궁 안에 세워진 다양한 용도의 전각들, 그리고 도성 안에 바둑판처럼 질서 있게 구획된 마흔아홉 개의 동네[坊] 이름도 이런 방식으로

---

11 정도전, 『三峯集』 권4, 〈勤政殿, 勤政門〉. "天下之事, 勤則治, 不勤則廢, 必然之理也. 小事尙然, 況政事之大者乎? … 然徒知人君之勤, 而不知所以爲勤, 則其勤也流於煩碎苛察, 不足觀矣. 先儒曰: '朝以聽政, 晝以訪問, 夕以修令, 夜以安身.' 此人君之勤也. 又曰: '勤於求賢, 逸於任賢.' 臣請以是爲獻."

분명한 이유를 담아 명명했다. 하지만 한양을 건설하며 곳곳에 새겨둔 정도전의 원대한 꿈은 그리 오래가지 못했다. 그를 역모의 주모자로 몰아 제거한 태종은 정도전과 구별되는 또 다른 비전을 지니고 있었던 까닭이다. 의정부를 중심으로 하는 정치체제가 육조직계제(六曹直啓制)로 바뀌었던 것을 비롯하여 정도전이 기획한 유교문명으로의 프로젝트는 크고 작은 수정은 물론 완전 폐기되는 운명을 맞기도 했던 것이다.

3) 인정전과 신진 문단권력의 발탁

태조 이성계의 다섯 번째 아들 이방원은 이복동생 방번(芳蕃)과 방석(芳碩), 그리고 정도전과 그의 일파들을 제거하고 난 뒤에 둘째 형 방과(芳果)를 왕위에 추대했다. 제2대 정종(正宗)이다. 하지만 그는 골육상잔으로 얼룩진 경복궁을 버리고 개경으로 되돌아가버렸다. 그리고 불과 2년 만에 정종에게 왕위를 물려받은 태종도 한양으로 돌아오지 않았다. 개경을 그대로 도읍으로 삼되, 고려의 별궁이었던 연경궁(延慶宮) 건덕전(乾德殿) 옛터에 새로운 궁전을 지어 사용하자는 의정부·사평부·승추부 삼부(三府)의 절충안을 채택하기까지 했다. 태종으로서도 어린 시절부터 익숙한 개경에 그대로 머무르고 싶었던 것이다.

하지만 그런 결정을 내리고 난 뒤, 두 달 만에 분위기가 돌변했다. 명나라 사신으로 갔던 하륜(河崙)이 돌아올 때, 영락제로부터 조선 국왕의 고명(誥命)과 인장(印章)을 받아온 것이다. 이성계가 역성혁명을 통해 왕위에 오른 조선의 건국은 승인해주었으면서도 정작 국왕책봉의 증서와 옥새를 내려주지 않음으로써 그토록 애를 태우게 만들었던 오랜 숙원이 해결된 것이었다. 이런 쾌거에도 불구하고 고려의 옛 도읍을 그대로 사용하는 것은 새 왕조의 개창에 어울리지 않는 일이었다. 뿐만 아니라 왕위를 내놓고 태상왕(太上王)으로 물러나 있는 부친 이성계가 한양으로

되돌아가기를 강력하게 희망하고 있다는 사실도 외면하기 어려웠다.[12]

마침내 새로 책봉된 세자 양녕대군이 한양에 내려가 종묘에서 알현하던 날, 태종은 한양으로의 환도를 전격적으로 선언한다. 그러고는 이직(李稷)·신극례(辛克禮)를 이궁조성도감제조(離宮造成都監提調)에 제수했다. 이궁, 곧 경복궁이 아닌 별궁의 건설에 착수한 것이다. 태종 4년 9월 1일의 일이다. 태종은 한양이 태상왕이 창건한 땅이고 종묘사직도 그곳에 있어 오래 비워둘 수 없다며 환도의 의사를 밝혔다.[13] 그리하여 태종은 이듬해 10월 새롭게 만들어진 궁궐로 들어가게 된다. 부왕 이성계가 경복궁을 지어 성대한 연회를 열었던 것처럼, 태종도 그 신궁을 창덕궁(昌德宮)이라고 명명하고는 성대한 잔치를 열었다.

창덕궁의 건설은 부왕의 시대와는 구별되는 자신만의 치세를 열어가겠다는 태종의 정치적 선언이기도 했다. 그런 의지를 가장 선명하게 보여주는 최초의 정사(政事)는 태종 7년 4월 22일부터 24일까지 창덕궁의 정전인 인정전(仁政殿)에서 치러진 중시(重試)였다. 당하관 이하 문무관원을 대상으로 치르는 이 시험에서 장원을 차지하게 되면, 품계를 파격적으로 올려주는 영예가 주어졌다. 독권관을 맡은 좌정승 하륜과 대제학 권근은 조말생·김구경·유사눌·정초·이지강 등 총 열 명을 선발했다. 태종의 시대를 이끌어가는 주역으로 성장하게 될 그들이었지만, 그때 발탁된 인물 가운데 가장 주목할 만한 인물은 장원을 차지한 변계량(卞季良)이었다. 뒷날, 중종의 시대에 문형으로 활약했던 남곤(南袞)은 그날의 중시를 이렇게 회고한 바 있다.

---

12 이승한, 앞의 책, 2권, 325~332쪽.
13 『태종실록』, 태종 4년 9월 1일. "以星山君[李稷]·鷲山君[辛克禮]爲漢京離宮造成提調. … 上下旨議政府曰: '漢城, 我太上王創建之地, 社稷宗廟在焉. 久曠不居, 殆非繼志之孝. 明年冬, 予當徙居, 宜令修葺宮室.' 遂有是命."

국초에 태종이 하륜을 불러 "그대가 죽은 뒤에 그대를 대신할 만한 자는 누가 있는가?" 하고 물었습니다. 하륜이 대답하기를 "재상의 반열에 있는 사람 가운데는 합당한 자가 없습니다. 신이 변계량의 〈유산시(遊山詩)〉를 보니 참으로 놀라운 솜씨였습니다. 그런데 이 사람은 직위가 낮으니 반드시 발탁해서 등용해야 할 것입니다."라고 하였습니다. 이렇듯 중시(重試)는 변계량을 위해 만들어진 것입니다.[14]

중시는 10년에 한 번씩 임금의 품의를 얻어 당하관이 치를 수 있는 과거시험으로 『경국대전』에도 규정되어 있었다. 그런 중시라는 특별한 제도를 만들 만큼, 태종은 자신과 함께 치세를 이끌어갈 인재발탁에 관심이 많았다. 새로운 치세를 열어가기 위해 한양으로 환도를 결심하고, 그 결심을 펼쳐나갈 새로운 궁궐을 완공한 직후에 중시라는 시험을 새로 만들어 실시했던 까닭이다. 그런 뒤에 변계량을 발탁했다.

하륜이 자신의 후계자로 변계량을 추천하는 계기가 되었다는 〈유산시〉는 현재 전하지 않는다. 하지만 태종이 창덕궁으로 옮긴 뒤에 여러 공신들에게 베푸는 연회 자리에 변계량이 참석하여 자신의 존재감을 문장으로 드러낸 사례는 자주 확인된다. 창덕궁에서 처음 맞이하게 된 동지(冬至)를 축하하는 잔치에서도 그러했다. 개국공신이자 좌명공신이기도 했던 성석린(成石璘)이 시를 지어 올리자 태종은 "경의 시가 이와 같으니, 경의 마음을 알 수 있도다[卿之詩如此, 卿之心可知也]"라며 한껏 추켜세웠다. 그러고는 그 글자, 곧 '차(此)' 자를 운으로 삼아 모든 신하들에게 화운하게 했다.[15] 변계량도 그때 〈득차자(得此字)〉라는 장편의 시를 지어

---

14 『중종실록』 중종 15년 2월 22일. "國初太宗召河崙, 問曰: '卿沒之後, 誰可代卿者?' 崙對曰: '宰相之列, 無其人. 臣但見卞季良遊山詩, 眞大手也. 但此人, 職位卑下, 須擢用.' 其設重試之法, 爲季良設也."

바쳤다. 거기에는 자신이 태종에게 발탁되어 지근의 거리에서 모시게 된 내력이 감격스런 어조로 묘사되어 있다.[16]

이렇듯 태종은 한양으로의 환도 이후 가장 시급한 과제를 차세대 인재 발탁으로 삼았고, 그 행사를 막 완공된 창덕궁의 인정전에서 거행했던 것이다. 그것은 태종의 정치적 파트너가 이색의 제자 그룹(곧 하륜, 권근 등)으로부터 재전제자(再傳弟子) 그룹(곧 변계량, 조말생 등)으로 넘어가는 것을 의미했다. 이른바 세대교체였다. 동시에 자신이 왕위에 오르는 과정에 도움을 준 공신그룹에서 새로운 정치를 펼쳐나갈 만한 능력을 갖춘 젊은 문사들로 교체되는 것을 의미하기도 했다.

그처럼 그때 치러진 중시는 중요한 의미를 지닌 행사였고, 그런 만큼 그날에 진행된 사건의 전말을 주의 깊게 살펴볼 필요가 있다. 첫날에는 초장(初場)으로 논(論)과 표(表)를 시험 보였고, 이틀 뒤에 치러진 둘째 날에는 종장(終場)으로 시무책(時務策)을 제출하게 했다. 그때의 중시가 자신의 치세 후반부를 함께 할 새로운 인재를 발탁하겠다는 태종의 의지를 담고 있었던 만큼, 논과 표의 시제(試題)는 물론이고 책문(策問)의 내용도 면밀하게 살펴볼 필요가 있다. 당시 태종이 가장 관심을 갖고 있던 중요한 정치 이슈를 출제했을 가능성이 많기 때문이다. 실제로 그러했다. 태종이 제출한 책제(策題)는 이렇게 시작한다.

지금 우리나라는 창업한 지가 오래되지 않아 법제가 아직 갖추어지지 못했다. 그리고 천도한 지 얼마 되지 않아 힘을 써야 하는 일들도 아직 마치지 못했다. 그런 까닭에 정치의 잘되고 못됨과 민간의 이롭고 이롭지 못함에

---

15 『태종실록』 태종 5년 11월 22일. "且曰: '卿之詩如此, 卿之心可知也.' 石璘扣頭謝. 賜石璘·河崙內廐馬各一匹. 後, 群臣韻其字以爲詩, 崙作序以進."

16 변계량, 『春亭集』 권3, 〈得此字〉.

대해서 할 말이 많을 것이다. 우선 그 대략만 들어보면 이런 것들이다.[17]

태종은 건국한 지 오래되지 않아서 불가피하게 겪어야 하는 어려움이 많을 것이라고 전제한 뒤, 다음 여섯 가지에 대한 방책을 물었다. 첫째 인재선발을 위한 공정한 평가의 제도[考績之法], 둘째 토지제도를 바르게 하기 위한 방안[踏驗之事], 셋째 공정한 부역을 매기기 위한 구체적 방안[隣保之制와 號牌之說], 넷째 세곡을 안전하게 운반해올 수 있는 방법[海運之謨와 陸運之策], 다섯째 우리나라의 실정에 맞는 여성의 복장제도[女服尙仍舊俗, 是果不得而盡革者歟?], 여섯째 우리나라의 실정에 맞는 관혼상제의 제도[冠婚喪制, 亦可盡從華制歟?]가 그것이다.[18]

태종이 내린 책문에 담긴 인재등용, 민생안정, 국고증대, 조운제도, 여성 의복제도, 관혼상제와 같은 것은 충분히 예견되는 정책적 사안이다. 특히, 의관제도와 관혼상제와 같은 예악문물 제도는 일찍이 정도전이 작성했던 태조의 즉위교서에서든 경복궁 창건을 기념하는 축하교서에서든 빠지지 않았던 시대적 과제였다. 하지만 이번에 내건 책문의 내용은 예전의

---

17 『태종실록』 태종 7년 4월 18일. "今我國家, 創業未久, 而法制尙未備. 遷都未幾, 而力役尙未弭. 政治之得失, 田里之休戚, 可言者多. 姑擧其大者言之."

18 태종 7년에 치러진 중시에는 종삼품 이하 총 108명이 응시했다. 초장에서는 論과 表의 제작 능력을 테스트했다. 試題는 각각 '闢四門'과 '賀平安南'이었다. 『書經, 舜典』의 "순임금이 四岳에게 자문을 구하며 사방의 문을 활짝 열어 놓아, 사방의 눈을 통해 자신의 눈이 잘 보이게 하고 사방의 귀를 통해 자신의 귀가 잘 들리게 하였다[詢于四岳, 闢四門, 明四目, 達四聰]."라는 구절을 통해 언로의 중요성을 묻고, 명나라 영락제가 안남을 평정한 역사적 사실을 축하하는 표문을 지어보도록 시험했던 것이다. 흥미로운 사실은 중시가 치러진 지 며칠 뒤인 태종 7년 5월 1일 명나라 사신이 안남을 평정했다는 조서를 가지고 왔다는 것이다. 이에 태종은 그 일을 하례하기 위해 咸傅霖을 사신으로 삼아 명나라로 보냈다. 분명 중시에서 장원을 차지했던 변계량의 표문을 가지고 갔을 것이다. 변계량이 그때 지은 〈賀平安南表〉는 『춘정집』에는 물론 『동문선』에도 뽑혀 실려 있다.

그것들과 조금 달랐다. 태종은 "유능한 사람과 함께 정사를 하고 싶어서 내가 친히 대궐의 뜰에서 그대들에게 대책(對策)의 시험을 보여 다스리는 방법을 듣고자 한다."고 밝히면서 던진 마지막 두 질문은 이러했다.

> 의관 제도는 모두 중국의 제도를 따르고 있으나 여자 복장만은 여전히 옛날의 풍속을 따르고 있다. 이것은 모두 개혁할 수 없는 것인가? 관례, 혼례, 상례, 제례를 모두 중국의 제도를 그대로 따라 해도 되겠는가? 이러한 일들을 시행하는 데는 반드시 적합한 방법이 있을 것이다. 옛날의 도리에도 어긋나지 않고 지금의 사람들도 놀라지 않게 하려면 어떤 방법을 사용해야 하겠는가?[19]

태종이 묻고 있는 요지는 명확하다. 의복제도라든가 관혼상제에 있어 그 모두 중국의 제도를 그대로 따라야 하는가, 아니면 자국의 전통과 관습에 맞도록 일정하게 조정해도 좋은가를 듣고자 했다. 조금 확대해서 말한다면, 중화문명을 받아들이되 그것과 조화된 동국문명이 나아갈 길을 고민하고 있었던 것이다. 이에 변계량은 "성인(聖人)이 세운 법의 내용을 탐구하고 인심과 풍속에 맞는지 살피고 시중(時中)을 참작한 뒤에 시행한다면, 옛날의 제도에 어긋난다거나 지금 사람들을 놀라게 한다는 일이 없겠다."[20]는 내용의 답안을 제출했다.

태종은 그런 변계량을 장원으로 뽑고, 예문관직제학(정4품)이던 변계량에게 예조참의(정3품 당상)로 초배(超拜)한다. 그리고 얼마 지나지 않아 의례상정소(儀禮詳定所)를 설치하여 변계량을 제조(提調)에 제수한다. 태

---

19 『태종실록』태종 7년 4월 18일. "衣冠法度, 悉遵華制, 而獨女服尙仍舊俗, 是果不得而盡革者歟? 冠婚喪制, 亦可盡從華制歟? 凡此數者, 施爲之道, 必有其宜. 伊欲使其不戾乎古而不駭於今, 其術安在?"
20 변계량, 『春亭集』권8, 〈殿試對策 幷題: 存心出治之道立法定制之宜〉. "究求聖人立法之詳, 察乎人心風俗之宜, 酌乎時中, 從而行之, 何戾古駭今之有哉?"

종은 까다롭기 그지없는 예악제도를 정비하는 사업에 착수했고, 그 일을 변계량에게 맡겼던 것이다. 그로부터 64년이 지난 성종 5년에 이르러 마침내 『국조오례의(國朝五禮儀)』를 완성하게 된다. 그 작업은 『경국대전』의 편찬과 함께 성종의 시대에 조선의 예악전장의 제도가 완비되었다고 평가하는 근거가 된다.

이처럼 변계량이 태종 후반부터 세종 전반에 이르기까지 자신의 역량을 한껏 발휘할 수 있었던 모습은 조선전기 동국문명의 건설 과정에서 매우 중요한 의미를 차지한다. 태종 17년 예문관대제학과 예조판서를 맡은 이후 세종 12년 삶을 마칠 때까지 조선의 예악문물을 총괄하면서 건국의 주역인 정도전과 확연하게 구별되는 시대정신으로 동국문명의 성세를 이끌어갔던 것이다. 실제로 그는 조선의 국가적 정체성을 기자조선의 문명적 재현에서만 찾지 않고, 단군조선의 민족적 계승과의 결합에서 구하고자 했다. 뿐만 아니라 창업군주와 다른 수성군주로서의 정치비전과 세부정책을 태종과 세종에게 자주 제안했다. 집현전을 설치하여 절대군주제의 정치적 기반을 확립하고, 과거시험에서 강경(講經)과 제술(製述)을 겸비한 인재선발 제도의 도입을 주장하고, 성교자유(聲教自由)의 정신에 입각하여 하늘에 제사를 지내는 의식도 여러 차례 실시했다. 창덕궁 건설을 계기로 발탁된 변계량은 태종에게는 진사시 동년(同年)의 신하로서, 세종에게는 경연(經筵)에서의 스승으로서 조선전기 동국문명을 이끌어가는 주역으로 크게 활동할 수 있었다.

3. 전각殿閣의 명명과 문단권력의 교체

1) 궁궐의 건설과 전각 명명의 의미

태조 3년 12월에 시작된 경복궁 건설은 태조 4년 9월 29일 종묘와 함께 완공된다. 불과 10개월이 걸린 역사였다. 정도전은 궁궐과 전각의 이름을 하나하나 지었다. 그는 착공의 고유문부터 완공된 건물의 명명 과정을 통해 자신이 경복궁 건설의 주역이라는 사실을 역사에 길이 남기고자 했다. 건물의 이름을 누가 어떻게 지었는가는 그래서 사사롭게 보아 넘길 일이 아니다. 정도전도 자신이 맡은 그 작업의 중요성을 잘 알고 있었고, 그래서 그 의의를 다음과 같이 밝혔다.

> 신이 상고해보건대 궁궐이란 임금이 정사를 펼치는 곳이요, 사방이 우러러 보는 곳이요, 신하와 백성이 함께 나아가는 곳입니다. 그러므로 그 제도를 장엄하게 하여 존엄한 위엄을 보이고, 그 이름을 아름답게 지어 보고 듣는 자로 하여금 감동하게 해야 합니다. 한나라와 당나라 이래로 궁전의 호칭은 예전 이름을 그대로 사용하기도 하고 고쳐 짓기도 하였습니다. 하지만 그 존엄함을 드러내고 보고 느끼는 것을 일으키게 하는 점에 있어서 그 의의는 동일했습니다.[21]

궁궐의 장엄한 규모를 통해 군주의 위엄을 드러내고, 아름다운 이름을 지어 조선 건국의 감동을 불러일으키는 것이 필요했다. 새로 지은 궁궐의 이름을 경복궁(景福宮)으로 명명하고, 그 정전을 근정전(勤政殿)으로 명명하며 간직하고자 했던 마음가짐이다. 태종이 창건한 창덕궁(昌德宮)과 인정전(仁政殿), 성종이 창건한 창경궁(昌慶宮)과 명정전(明政殿)도 다르지 않다. 거기에도 그 궁궐을 창건한 임금의 통치이념이 담겨 있기 마련이고, 당시 문한을 쥐고 있던 인물들은 그것을 장엄하게 드러

---

21 정도전, 『三峯集』 권4, 〈景福宮〉. "臣按宮闕, 人君所以聽政之地, 四方之所瞻視, 臣民之所咸造. 故壯其制度, 示之尊嚴, 美其名稱, 使之觀感. 漢唐以來, 宮殿之號, 或沿或革, 然其所以示尊嚴而興觀感, 則其義一也."

내는 이름을 짓기 위해 고심을 거듭했다. 창덕궁과 그 전각은 태종 당시 대제학으로 있던 권근(權近)이 명명했고,[22] 창경궁과 그 전각은 성종 당시 대제학으로 있던 서거정(徐居正)이 명명했다.

당시 대제학에 의해 명명되고, 그것을 통해 군주의 위엄이 천하에 드러나게 되는 전각의 이름은 그래서 예사롭지 않다. 근정 – 인정 – 명정이라는 이름에는 그것을 지은 군주가 추구하던 국가 비전이 담겨있게 마련이다. 순임금과 우임금, 그리고 문왕의 부지런함[勤]을 본받겠다는 태조의 정치이념, 주 문왕이 보여준 어짊[仁]의 정치를 실천하겠다는 태종의 정치이념, 그리고 온갖 정사를 밝게[明] 살펴 문명의 정치를 이뤄보겠다는 성종의 정치이념이 그것이다.[23] 그 이름들은 태조와 태종, 그리고 성종으로 이어지며 유교문명이 심화되는 과정과 정확하게 조응하고 있다. 그런 점에서 대제학 변계량이 세종의 즉위 직후에 올린 다음과 같은 권계의 내용은 흥미롭다.

우임금은 나라 일을 부지런히 하였고, 문왕은 아침부터 저녁까지 식사할 겨를도 없이 만민을 융화시켰습니다. 세상을 소강(小康)의 상태로 끌어올린

---

22 창덕궁의 전각을 명명한 인물이 누구인지는 명확하게 밝혀져 있지 않다. 다만 그때의 정황을 알려주는 일화가 『태종실록』에 실려 있는데, 분위기가 조금 묘하다. 창덕궁이 완성되고 동북쪽에 정자를 세운 뒤, 권근은 淸寧亭이라는 이름을 지어 올렸다. 대제학이었던 만큼, 당연히 그의 몫이었다. 하지만 태종은 권근이 지어올린 그 이름이 마음에 들지 않았다. 그리하여 자기가 解慍亭으로 이름을 고쳐지었다. 물론 승지와 신하들, 나아가 당사자인 대제학 권근에게 동의를 구해야만 했다. 권근이 창덕궁의 명명을 맡았으리라 추정되는 근거이다. 하지만 그것 모두를 권근에게 일임하지 않았던 태종의 태도도 보여준다. 『태종실록』 태종 6년 4월 9일 기사 참조.
23 '勤政'은 『春秋左氏傳』, 〈昭公元年〉에 나오는 "朝以聽政, 晝以訪問, 夕以修令, 夜以安身"의 부지런함을 본받으라는 뜻을 담은 것이다. 그리고 '仁政'은 『맹자』, 〈梁惠王章句 下〉에 나오는 "文王, 發政施仁, 必先斯四者."에서 가져오고, '明政'은 『周易傳義』, 〈賁〉에 나오는 "(君子)以修明其庶政, 成文明之治"에서 가져온 것으로 보인다.

한나라와 당나라 임금도 또한 모두 부지런하여 그걸 이루어낼 수 있었습니다. '인(仁)'이란 왕덕(王德)의 체(體)이고, '명(明)'이란 왕덕의 용(用)입니다. 그런데 '부지런함[勤]'은 체용의 전부를 극진하게 하는 것입니다. 그런 까닭에 예로부터 치세와 난세의 구분은 당시 임금이 부지런한가, 부지런하지 않은가의 여부에 달려 있을 따름이었습니다.[24]

세종 즉위 직후, 유례가 없는 가뭄이 닥쳐왔다. 세종은 어떻게 하면 좋을지를 묻는 구언(求言)의 교지를 내렸는데, 그때 변계량이 지어 바친 봉사(封事)의 한 대목이다. 변계량은 여기에서 〈부지런함[勤]〉-〈어짊[仁]〉-〈밝음[明]〉이라는 세 가지 글자의 뜻을 마음에 새기고 그것의 실천으로 재해를 극복하는 방법을 삼으라고 권고했다. 사부였던 변계량의 이런 간곡한 당부는 세종이 자신의 치세를 펼쳐가는 데 있어 지대한 영향을 주었던 것으로 보인다. 실제로 세종의 시대를 최고의 이상적인 모범으로 여기고 있던 성종이 자신이 창건한 창경궁의 정전 이름에 '밝음[明]'의 글자를 사용한 것은 결코 우연한 일이 아니다. 유교문명 국가로서의 문물제도를 완정하게 구비했던, 그리하여 사후에 성종(成宗)이라는 묘호를 받게 되는 임금이었다. 그러한 성종의 치세는 유교 이념의 기본에 해당할 법한 '어짊[仁]의 정치'에 그치지 않고, 덕성을 밝게 닦아 모든 정사를 환하게 살피는 '밝음[明]의 정치'를 통해 유교문명의 정점에 도달해야 하는 시대정신이 요구되고 있었다.

---

24 변계량, 『춘정집』 권7, 〈永樂十七年七月日封事〉. "大禹克勤于邦, 文王自朝至于日中昃, 不遑暇食, 用咸和萬民. 漢唐之君, 躋世小康者, 亦莫不以勤而致之也. 仁者, 王德之體, 明者, 王德之用. 而勤則所以盡體用之全者也. 從古以來, 治亂之分, 顧其君之勤不勤如何耳."

2) 전각의 명명과 문단권력의 부침

이상에서 살펴본 것처럼, 궁궐 전각의 명명에는 당대의 치세이념이 담겨 있을 뿐만 아니라 그 주체 세력이 누구인가를 보여주기도 한다. 태종 5년 완성된 창덕궁 후원의 정자 이름을 지어 올렸다가 거부되는 수모를 겪은 대제학 권근이 저물어가는 문단권력이라면, 그로부터 2년 뒤인 성종 7년에 열린 중시에서 장원을 차지한 변계량은 떠오르는 문단권력이라 할 수 있다. 실제로 변계량을 후임으로 발탁하고 나서 1년 반쯤 지났을 무렵, 권근은 생을 마쳤다. 그리하여 변계량은 경복궁의 정문인 광화문 앞에 걸어둔 종명(鍾銘)을 짓는 등 권근이 담당해온 문장화국의 역할을 고스란히 이어받게 된다. 세대교체는 그런 방식으로 이루어지게 되는데, 궁궐 전각의 이름을 명명하는 과정에서 보다 선명하게 드러난다. 그런 사실을 확인해보기 위해, 조선전기에 건설된 궁궐의 명명과 관련된 사실들을 정리해보면 다음과 같다.

궁궐	연대	명명 인물	전각의 이름
경복궁	태조 4년 10월 7일	판삼사사(判三司事) 정도전	宮殿과 諸門의 命名(疏註 포함) 都城 8門과 都城內外 49坊의 명명
창덕궁	태종 5년 10월 25일	대제학 권근	[참고] 권근 淸寧亭 → 태종 解慍亭
경복궁 (門橋)	세종 8년 10월 26일	집현전수찬 김빈(金鑌)	弘禮門, 光化門, 日華門, 月華門, 建春門, 迎秋門, 永濟橋
창덕궁 (宣政殿)	세조 7년 12월 19일	세조	宣政殿, 昭德堂, 寶慶堂, 兩儀殿, 麗日殿, 淨月殿, 澄光樓, 凝福亭, 玉華堂, 光世殿, 廣延殿, 求賢殿
창경궁	성종 15년 2월 11일	대제학 서거정	明政殿, 文政殿, 壽寧殿, 觀慶殿, 景春殿, 仁陽殿, 通明殿, 養和堂, 麗暉堂, 思誠閣

위의 표에서 눈에 띄는 사실 가운데 하나는 창덕궁의 편전인 선정전의 경우이다. 세조는 선정전을 수리하여 자신의 편전으로 사용한다. 그리고 전각의 이름을 직접 지었다. 세조 개인의 문한 능력이 뛰어나거나 개성이 두드러진 결과로 볼 수 있는데, 당시에 문단권력을 장악하고 있는 절대 강자가 부재했던 현실을 반증하는 것일 수도 있다. 세조대에 대제학으로 확인되는 인물을 꼽아보면 세조 1년 윤6월 권맹손(權孟孫), 세조 1년 10월 신숙주, 세조 2년 5월 박중림(朴仲林), 세조 2년 11월 이변(李邊), 세조 8년 최항(崔恒), 세조 9년 박원형(朴元亨), 그리고 세조 13년 서거정이다. 교체도 매우 빈번했고, 대제학으로서의 존재감도 그리 두드러지지 않아 보인다. 심지어 선정전을 수리하던 그때, 누가 대제학으로 있었는지조차 확인되지 않는다.

물론 세조는 선정전을 수리하여 자신의 편전으로 사용하는 것을 계기로 정치권력을 교체하겠다는 의지는 분명하게 드러냈던 것으로 보인다. 이제는 세자에게 선위하는 것도 좋겠다는 의중을 드러냈던 정창손을 영의정에서 파직시킨 뒤, 자신의 최측근들로 그 자리를 대신하게 했다.[25] 영의정에 신숙주, 좌의정에 권람, 우의정에 한명회를 앉혀 자신의 치세 후반부를 강력하게 이끌어가고자 했던 것이다. 그때 영의정에 오른 신숙주는 세조-예종대를 거쳐 성종 6년 죽기 직전까지 그 자리에서 내려오지 않았다.

우리의 추측처럼 절대적 권위를 지닌 문한이 없어 세조가 직접 선정전을 명명했던 것이라면, 세종 8년 10월에 완공된 경복궁의 여러 대문과 다리에 대한 명명 과정도 주목해볼 만하다. 앞서 살펴본 것처럼, 궁궐 전각의 명명은 최고 문장으로 존중받고 있는 대제학이 맡는 게 상례이다. 하지만 세종은 정6품에 불과한 집현전수찬에게 그 일을 맡겼다. 대

---

25 『세조실록』 세조 8년 5월 20일.

제학 변계량이 아직 버젓이 살아있을 때였다. 실록에는 그 수찬이 누구인지조차 밝혀놓고 있지 않다. 그만큼 미미한 존재였기 때문이었을 것이다. 다만 집현전의 관직 이동을 따져가며 헤아려보면, 아마도 그는 김빈(金鑌, ?~1455)이었던 것으로 보인다. 예상했던 대로 생소한 이름이다. 하긴, 태종 11년 급제한 문과방목을 찾아보아도 부모, 조부모, 외조부모 모두 이름이 밝혀져 있지 않다. 본인의 생년과 거주지조차 미상이다. 현달하지 못한 가문 출신이 분명한데, 자기 스스로도 '한미한 유생'으로서 임금의 은총을 과분하게 입었다며 종종 감격해 하곤 했다.

　김조(金銚)가 졸하였다. 김조의 본래 이름은 김빈이었고, 자는 자화(子和)이다. 세종이 지금의 이름을 내려주었다. 호는 졸재(拙齋)이고, 김해 사람이다. ①사람됨이 단정하고 화려하지 않았으며, 청렴 공평하고 정직하였다. 젊어서부터 역사서를 좋아하고 산업을 일삼지 않았다. ②학문이 높고 깊었는데, 특히 역법(曆法)에 정통하였다. 과거에 급제하여 예문관검열에 보임되었다가 중시(重試)에 합격하였다. ③여러 관직을 거쳐서 인동현감(仁同縣監)이 되었는데, 임기가 차기 전에 집현전수찬으로 전보되었다. 직제학을 거쳐 간의대(簡儀臺)를 만드는 일에 참여하여 관장하였고, 자격루(自擊漏)를 만들어 세종의 은총이 날로 높아갔다. 마침내 승지에 발탁되고 뒤에 예조판서에 제수되었다. ④관직에 임명될 때면 반드시 북향하여 머리를 조아리며 "한낱 한미한 유생이 외람되게도 임금의 지우를 입어 벼슬이 재상에까지 이르니, 성은이 망극하여 보답할 길이 없습니다."라고 하였으며 눈물을 흘리기까지 했다.[26]

26　『세조실록』 세조 1년 10월 11일. "金銚卒. 銚初名鑌, 字子和. 世宗賜今名. 號拙齋, 金海府人也. 爲人端介無華, 廉平簡直. 少好書史, 不營産業. 學問高邃, 尤精於曆算. 登第補藝文檢閱, 中重試, 累官至仁同縣監, 秩未滿, 補集賢殿修撰. 歷直提學, 參掌簡儀臺, 自擊漏製造, 世宗寵遇日隆. 擢承旨, 後拜禮曹判書. 每除一官, 則必北向稽首曰: '一介寒儒, 濫蒙主知, 位至宰輔, 聖恩罔極, 無由上報.' 至或流涕."

간략한 인적 사항을 소개한 뒤, 품행 → 학력 → 관력 → 특행(特行)의 순서로 기술되고 있는 김빈의 졸기이다. 그는 뒷날 김조(金銚)로 개명하게 되었는데, 세종이 직접 하사한 이름이다. 좌부승지로 발탁하여 항상 자신의 곁에 있게 했는데, 처음 이름인 '빈'은 궁중의 여관(女官)을 부르는 호칭과 혼동된다는 이유에서 '조'로 바꿔주었다는 것이다.[27] 세종이 김빈을 얼마나 자주 불러들였는지를 보여주는 단적인 사례이다. 김빈이 이처럼 세종의 은총을 받을 수 있었던 것은 대제학 변계량이 그를 추천했기 때문이기도 하다. 사연인즉 이러했다. 세종은 경복궁을 대대적으로 중건하여 자신의 치세를 본격적으로 펼쳐가려고 할 즈음, 변계량에게 사학(史學)에 능한 인물을 추천하라는 분부를 내렸다. 이에 변계량은 집현전의 정인지와 설순(偰循), 그리고 인동현감으로 있던 김빈을 천거했다. 그러자 세종은 김빈을 즉시 집현전수찬으로 불러올려 『사기(史記)』를 읽으면서 자신의 고문에 대비하도록 했다.[28]

이후, 김빈은 눈부신 활약을 통해 세종의 총애를 한 몸에 받게 된다. 세종 15년에는 혼천의(渾天儀)를 만들어 올리고, 세종 16년에는 자격루(自擊漏)를 만들어 그 명(銘)과 서(序)를 지어 바쳤다. 장영실이 활자를 주조하는 작업에도 함께 참여하게 된다. 마침내 세종 21년 집현전부제학에 제수되어 집현전을 관장하고, 세종 23년에는 집현전에서 좌부승지로 발탁된다. 그 이후 충청도관찰사, 형조참의, 병조참판을 거쳐 단종 1년 호조판서와 예조판서에까지 올랐다. 가계조차 확인되지 않는 한미한 가문의 유생이 임금의 지우를 크게 입어 재상의 반열에까지 오르게 되었다

---

27 『세종실록』 세종 23년 5월 12일. "銚初名鑌, 與宮中女官號聲相近, 故特賜今名."
28 『세종실록』 세종 7년 11월 29일. "命大提學卞季良, 擇可讀史學者以聞. 季良以直集賢殿鄭麟趾·集賢殿應敎偰循·仁同縣監金鑌薦. 上卽除鑌爲集賢殿修撰, 令三人分讀諸史, 以備顧問."

며 감읍했다는 졸기(卒記)의 기록이 납득될 만하다.

다만 세종 7년에 사학에 뛰어난 인물로 발탁된 그는, 이미 변계량이 대제학으로 있으면서 치른 태종 16년의 중시에서 발군의 능력으로 선발된 바 있었다. 다섯 명을 선발한 그때의 시험에서 김빈은 2등을 차지할 정도로 발군의 능력을 발휘했었다.[29] 그럼에도 변변치 않은 가문으로 인해 인녕부승(仁寧府丞)과 같은 한직과 인동현감과 같은 외직을 전전하고 있다가 변계량의 추천으로 주목받는 신진으로 발탁되었던 것이다. 변계량 자신도 하륜과 권근에 의해 발탁되어 두각을 드러낼 수 있었던 것처럼.

돌이켜 보면, 변계량은 노년에 접어들며 김빈 외에도 자신의 후계자를 여러 명 추천했다. 문형의 자리를 이어받을 후계자로는 신장(申檣), 표전문과 같은 사대문서를 제작할 인물로는 권채(權採), 국가의 의례와 제도를 주관할 인물로는 정척(鄭陟)과 안지(安止)를 추천하여 세종 후반의 치세를 보좌하게 했던 것이다. 그리고 세종은 중건한 경복궁의 대문과 다리의 명명을 무명의 존재였던 김빈에게 맡기는 것에서 볼 수 있듯, 과감한 세대교체를 통해 자신의 강력한 절대왕권을 구축하고자 했다. 부왕 태종이 버려두었던 경복궁을 대대적으로 중건하는 것을 계기로 삼아 자신이 꿈꾸던 동국문명의 기반을 신진세력들과 탄탄하게 다져나가기 시작했다.[30]

---

29 김빈은 태종 16년 8월 17일에 치러진 重試에서 2등으로 선발되어 藝文檢閱에서 仁寧府丞에 제수된다. 仁寧府는 태종이 上王 정종의 비에 대한 供御를 관장하던 관아이니, 중시에서 합격한 그가 갈 만한 자리는 아니었다. 참고로 장원을 차지한 金赭는 세종 2년 申檣과 함께 집현전 직제학에 제수되어, 초기 집현전을 이끌어가다가 代言으로 발탁되었다. 하지만 세종 10년에 일찍 사망하면서 두드러진 활약을 펼쳐 보이지 못했다.

30 물론 세종과 집현전 학사가 함께 만들어간 '동국문명' 건설의 과정이 순탄하게 진행되지만은 않았다. 많은 논란과 이견에 부딪쳤고, 그리하여 끊임없는 조정과 타협의 과정을 거치고서야 봉합되는 경우가 적지 않았다. 세종대 문명 건설의 과정과 성취를 세심하게 읽어야 하는 까닭이다. 그런 문제의식을 담은 최근의 성과로는 김남이, 「입법과 창제의 시대, 문장의 책무와 한계: 집현전 학사들이 官撰書에 부친 文字들을

참고로 김빈[김조]의 사례에서 보듯, 현재 제대로 조명 받지 못한 채 방치되어 있는 조선전기의 지성들은 매우 많다. 연구자의 발굴 노력이 부족하거나 관심이 특정한 인물 몇몇에 집중되어 있는 까닭이다. 또는 후배 세대들에 의해 의도적으로 은폐되거나 평가절하되어 점차 잊혀져 간 경우도 적지 않았다. 특히, 세조 말년부터 성종대에 걸쳐 정치권력과 문단권력을 장악하고 있던 서거정을 비롯한 훈구관료 집단의 평가는 결정적인 역할을 했다. 세종대에 우대받던 문인과 성종대에 우대받던 문인은 사뭇 달랐다. 유교문명이 성숙되어 가면서 모범적인 문인의 상도 달라졌던 것이다.

거기에 더해 문집의 존재 여부가 당대의 문단권력을 과도하게 대표하고 있다는 사실도 깊이 유념할 필요가 있다. 조선전기 동국문명을 일궈갔던 지성을 문장의 능력에만 초점을 맞춰서는 당대의 실상을 제대로 파악하기 어려운 경우가 많다. 김빈[김조]와 같은 인물이야말로 협애한 문학사를 넘어 드넓은 문명사의 지평에서 조망해야 비로소 그 존재의 의의가 뚜렷하게 드러나는 인물이다. 우리가 지금 동국문명의 역량이 집결된 상징물인 '궁궐'에 주목하고 있는 까닭이기도 하다.

4. 악장樂章의 제작과 관각문자의 공효

1) 궁궐의 건설과 악장제작의 의미

조선의 건국 직후에 전개된 천도 확정, 궁궐 건설, 전각 명명으로 이어진 일련의 과정은 군주와 신하 사이의 견제-협력에 기초하여 국가의 비전이 결정되는 정치적 행위와 불가분의 관계를 맺고 있었다. 그리고 그와

중심으로」, 『진단학보』 135호(진단학회, 2020) 참조.

함께 그런 과정을 기록하고 기념하는 관각문자의 제작도 필수적으로 수반되게 마련이다. 그때, 그 역할을 담당했던 관각문인의 공공적 글쓰기가 지니고 있는 문장화국의 공효가 극명하게 발휘된다. 태종이 개경에서 한양으로 환도하여 새로 지은 창덕궁에 들어와 축하연을 벌이던 날, 대제학 권근은 송축의 노래를 지어 바쳤다. 그러면서 송축의 노래가 지닌 역할을 이렇게 부연 설명했다.

> 엎드려 생각하옵건대, 옛날 제왕이 나라를 세우고 도읍을 옮길 때에 각기 가영(歌詠)의 노랫말을 지어 그 공업을 찬미하고 음악에 얹어 길이 전하지 않은 적이 없었습니다. 주나라를 상고해 보면, 공류(公劉)가 빈(豳) 땅으로 옮기고, 태왕(太王)이 기산(岐山)으로 옮기고, 문왕이 풍(豐) 땅으로 옮기고, 무왕이 호경(鎬京)으로 옮길 적에 모두 시를 지어 아송(雅頌)으로 엮었습니다. 그리하여 수천 년이 지나도 당시 임금이 다스린 성대한 공적과 신하가 임금을 사랑하여 아름다움을 돌린 정성을 상상해 볼 수 있어 모두 감발하여 흥기하는 바가 있게 하였습니다. 그러하니 시가(詩歌)의 힘이 과연 적지 않다 하겠습니다.[31]

발언의 요점은 분명하다. 송축하는 노래의 제작을 통해 군신이 거둔 공업을 영원히 기억하게 하고, 그리하여 후대인으로 하여금 깊이 감발하도록 만들어야 한다는 것이다. 관각문자의 역할과 효용에 대한 적확한 지적이다. 실제로 건국 초기에는 수많은 관각문자가 지어지게 되는데, 그것 모두를 군주에 대한 낯간지러운 송축이라든가 아부로만 치부해버려서는 안 된다. 그보다는 자기 시대에 부합하는 치세의 비전과 군주가 감계해야

---

31 권근, 『陽村集』 권1, 〈進嵩華詩 幷序〉. "伏惟念古昔帝王, 建國遷都, 莫不各有詠歌之詞以美其功, 被諸律呂, 垂示罔極. 考之周詩, 公劉遷豳, 大王遷岐, 文王遷豐, 武王遷鎬, 靡不有詩, 編爲雅頌. 遂使數千載下得以想見當時君上治功之盛與夫臣子愛君歸美之誠, 而皆有所感發而興起焉, 則詩歌之力爲不淺矣."

할 만한 내용을 구체적으로 담아내기 위해 애썼기 때문이다. 그런 까닭에 악장을 당대의 시대정신이라든가 문명의식과 관련지어 읽어보려는 노력이 절대적으로 요구된다. 그런 점을 살펴보기 위해 궁궐의 창건이라든가 중건을 기념하여 제작된 주요한 관각문자를 정리해보면 대략 다음과 같다.

시대	계기	담당 인물	창작 가영-기문
태조	경복궁 창건	정도전과 권근	태조 4년, 정도전의 악장 〈文德曲〉 태조 4년, 정도전의 한시 〈新都八景〉 권근의 화답시 〈新都八景〉 태조 4년, 권근의 〈鑄鐘銘 幷序〉 태조 5년, 권근의 〈新都城開基文〉
태종	창덕궁 창건	권근과 하륜 → 변계량	태종 5년, 권근의 한시 〈華嶽詩〉[32] 하륜의 화답시 〈漢江詩〉[33] 태종 12년, 변계량의 〈敦化門樓閣 鍾銘〉 태종 13년, 하륜의 〈慶會樓記〉
세종	경복궁 중건	변계량 → 정초와 정인지	세종 7년, 변계량, 악장 〈華山別曲〉 세종 14년, 정초·정인지, 악장 〈文明之曲〉, 〈武烈之曲〉
성종	창경궁 창건	김종직	성종 14년 3월, 김종직(홍문관응교)의 〈昌慶宮上樑文〉[34] 성종 15년 3월, 김종직(우부승지)의 〈昌慶宮記〉 성종 15년 7월, 김종직(좌부승지)의 〈環翠亭記〉[35]

---

32 권근, 『陽村集』 권1, 〈進嵩華詩 幷序〉.
33 하륜, 『浩亭集』 권1, 〈漢江詩 幷序〉. "謹和贊成事權近所進歌詩, 爲漢江詩一篇, 繕寫以獻."
34 홍문관교리 김흔이 지은 〈壽康宮上樑文〉이 있는데, 이는 김종직이 지은 〈昌慶宮上樑文〉의 초고로 보인다.
35 〈환취정기〉는 김종직 외에 서거정, 홍귀달, 어세겸, 손순효, 김흔 등도 지었다. 성종은 이들 문사들에게 모두 짓도록 한 뒤, 김종직의 작품을 뽑아 환취정에 내걸었던 것이다.

위의 표에서 보듯, 경복궁의 창건과 중건을 송축하는 관각문자는 가영(歌詠), 곧 악장(樂章)이 주된 역할을 맡았다. 역대 임금들은 국가적 행사를 대부분 법궁(法宮)인 경복궁에서 거행했고, 그런 국가의례에서 악장은 필수적인 관각문자였기 때문이다. 실제로 태조 이성계가 개경의 수창궁에서 즉위한 지 한 돌이 되는 태조 2년 7월 26일, 정도전은 여러 편의 악장을 지어 바쳤다. 노랫말은 행사의 용도에 따라 각각 달랐다. 천명을 받아 조선을 건국했다는 내용을 담고 있는 〈몽금척(夢金尺)〉·〈수보록(受寶籙)〉, 무력과 위엄으로 나라 안팎의 오랑캐를 진압했다는 내용을 담고 있는 〈납씨곡(納氏曲)〉·〈궁수분곡(窮獸奔曲)〉·〈정동방곡(靖東方曲)〉, 그리고 건국 이후 임금이 성취한 업적과 계속 힘써야 할 덕목을 당부하고 있는 〈문덕곡(文德曲)〉이 그것이다. 정도전은 그때 창업주 이성계의 성스러운 덕을 노래에 담아 전파하고 음악에 실어 후세에 전해야 한다는 취지를 다음과 같이 밝혔다.

고려왕조의 말기에 정치가 퇴폐하고 법도가 무너져서, 토지 제도가 바르지 못하여 백성이 그 해를 받게 되고 예악(禮樂)이 일어나지 않아 관원이 그 직책을 잃게 되었습니다. 전하께서 일체 모두 바로잡아 정하였으므로 천도(天道)는 저와 같았고 인도(人道)는 이와 같았으니, 공덕을 비교하고 헤아려 보매 감히 비할 데가 없습니다. 이것을 마땅히 악가(樂歌)로 지어 전파하고 악기에 올려 길이 전해 듣는 사람으로 하여금 성스러운 덕을 만분의 일이라도 알게 해야 할 것입니다. 신이 비록 불민하나 태평성대를 만나서 개국공신의 말석에 참여하고, 다행히 문필로 한림의 직책을 겸하고 있으니, 뛸 듯이 감격스런 마음을 견딜 수가 없습니다. 삼가 천명을 받은 상서로움과 정치를 펼치시는 아름다움을 기록한 악장 세 편을 지어 전문(箋文)과 함께 바치옵니다.[36]

---

36 『태조실록』 태조 2년 7월 26일. "前朝之季, 政廢法壞, 經界不正, 民受其害, 禮樂不

그로부터 세 달 뒤에 마련된 이성계를 위한 연회의 자리에서 〈문덕곡〉, 〈무공곡〉, 〈몽금척〉, 〈수보록〉이 최초로 연주되며 올려졌다.[37] 그 짧은 기간 동안 작지만 주목할 만한 변화도 있었다. 전에 지은 〈납씨가〉, 〈궁수분곡〉, 〈정동방곡〉을 하나로 묶어 〈무공곡〉으로 명명하고 있다는 사실이다. 앞서 만들었던 〈문덕곡〉과 짝을 맞추기 위해서였다. 정도전은 산만하게 늘어놓은 듯한 악장의 작품을 문덕과 무공의 두 축으로 묶어 균형을 맞추었던 것이다. 그리고 실제로 한양으로 천도하여 경복궁을 지을 때도 그런 문무 균형의 정신을 십분 발휘했다. 근정전의 좌우에 누각을 나란하게 두 개 지은 뒤, 그 이름을 각각 융문루(隆文樓)와 융무루(隆武樓)로 명명했던 것이다. 문무를 고루 일으키겠다는 의지의 표현이었다.

그뿐만이 아니다. 경복궁 앞에 늘어선 많은 관서들 가운데 가장 권위 있는 도평의사사(都評議使司)와 의흥삼군부(義興三軍府)를 광화문 바로 앞에 좌우대칭으로 배치한 것도 그런 뜻에서였다. 정도전은 한양으로 천도하여 경복궁을 건설하기 전에 이미 "예로부터 나라를 다스리는 사람은 문(文)으로 다스림을 이루고, 무(武)로 난리를 평정해야 합니다. 문과 무라는 두 직분은 사람의 두 팔과 같아서 한쪽만 두고 다른 한쪽을 버릴 수 없습니다."[38]라는 신념을 확고하게 가지고 있었다. 그처럼 문무의 균형 잡힌 정치 이념이 경복궁의 건물 배치로는 물론이고 악장의 두 유형으로도 완벽하게 구현되고 있었던 것이다.

興, 官失其守. 殿下一皆正而定之, 以天道則如彼, 以人道則如此, 較功度德, 無與爲比. 是宜播之聲詩, 被之絃歌, 傳之罔極, 俾聞者知聖德之萬一焉. 臣雖不敏, 遭遇盛代, 得與開國功臣之末, 幸以文筆兼太史之職, 不勝感激踊躍之至. 謹記受命之瑞 · 爲政之美, 撰樂詞三篇繕寫, 隨箋以獻."

37 『태조실록』 태조 2년 10월 27일. "都評議使司享上. 慣習都監判事鄭道傳 · 王康 · 副判事鄭士倜率典樂署武工房, 進文德 · 武功 · 夢金尺 · 受寶籙等新樂."

38 『태조실록』 태조 3년 2월 29일. "判義興三軍府事鄭道傳等上書曰: 自古爲國者, 文以致治, 武以勘亂, 文武兩職, 如人兩臂, 不可偏廢."

2) 악장의 교체와 시대정신의 대응

정도전의 잘 짜인 기획에 의거하여 창작된, 그리하여 군주에 대한 송축을 균형 있게 담아내고 있는 악장은 한번 만들어지면 추가 제작이 필요하지 않을 것처럼 생각하기 쉽다. 기존에 만들어진 악장을 국가 의례가 있을 때마다 그대로 사용하면 될 법하다. 물론 그런 경우도 있지만, 그렇지 않은 경우도 많다. 그 때문에 시대정신의 변화에 따라 새로운 내용의 악장이 추가 제작되었고, 그럴 경우 기존에 제작되었던 악장은 무용지물이 되거나 폐기되기도 했다. 창업의 군주와 수성의 군주가 안고 있는 시대적 과제는 다를 수밖에 없고, 그에 따라 악장에서 노래하고 있는 내용도 달라질 수밖에 없는 것이다. 이를테면 정도전이 태조의 문무 공업을 송축하기 위해 제작한 〈문덕곡〉과 〈무공곡〉, 변계량이 세종의 문무 공업을 송축하기 위해 제작한 〈화산별곡(華山別曲)〉, 그리고 정인지·신장 등이 태조와 태종의 문무 공업을 동시에 송축하기 위해 제작한 〈문명지곡(文明之曲)〉과 〈무열지곡(武烈之曲)〉에서 그 실제의 내용이 어떻게 달라지는지 확인할 수 있다.

그럼에도 기존의 연구에서는 그런 변화에 크게 주목하지 않았다. 하지만 궁궐이 새롭게 지어지는 과정에서 악장도 새롭게 제작되는 것처럼, 미묘하게 갈라지는 그 분기의 지점에 주목하지 않으면 안 된다. 그것은 역대 군주들이 즉위 교서에서 선왕의 정치이념을 충실하게 계승하겠다고 천명하면서도 얼마 지나지 않아 조금씩 자신의 치세를 새롭게 펼쳐가고자 했던 것과도 조응하는 현상이다. 그런 의지가 '궁궐'을 둘러싸고 드러나게 되는 사실은 앞서 살펴본 바와 같다.

그렇다면 여기서는 궁궐과 관련되어 새롭게 제작되는 악장을 통해 그 실제의 양상을 보다 깊이 살펴보기로 하자. 정도전이 지은 악장 작품이 특별하게 각인된 순간은 태조 4년 경복궁의 창건을 축하하는 연회에서였다. 이성계는 개국공신들과 성대한 연회를 마련하여 밤새도록 즐기다가 문득 〈문덕곡〉을 연주하고 노래하도록 분부했다. 그러고는 정도전에게도 춤을 추게 했다.

정도전이 대답하여 말하기를 "제나라 환공(桓公)이 포숙(鮑叔)에게 '어떻게 해야 나라가 다스려지오?' 하고 물으니 포숙이 '공께서는 거(莒) 땅에 계셨을 때를 잊지 마옵시고, 중부(仲父, 곧 管仲)께서는 함거(檻車)에 있을 때를 잊지 마소서.' 하였다고 합니다. 신이 원하옵건대, 전하께서는 말 위에서 떨어지셨을 때를 잊지 마시옵소서. 신도 역시 항쇄(項鎖)했을 때를 잊지 않겠습니다. 그러면 자손만대를 기약할 수 있을 것입니다." 임금이 옳게 여겼다. 사람을 시켜서 〈문덕곡(文德曲)〉을 노래하게 하고, 정도전에게 눈짓을 하며 "이 곡은 그대가 지어 바친 것이니 그대는 일어나서 춤을 추도록 하라." 하였다. 정도전이 즉시 일어나 춤을 추었다. 임금이 웃옷을 벗고 춤을 추라 하더니, 드디어 거북 껍질로 만든 갖옷[龜甲裘]를 하사하고는 밤새도록 심히 즐기다가 파하였다.[39]

위의 장면은 조선을 건국한 이성계가 가장 기쁘게 보낸 하룻밤의 연회로 기억할 만하다. 천도를 마무리하고 새로운 궁궐 경복궁을 완공하여 공신들과 벌인 그 기쁜 날의 주인공은 단연 정도전이었다. 그리고 궁궐 건설을 진두지휘하고, 군주의 덕업을 칭송하는 악장을 지어 바쳤던 그였다. 그런 날 이성계는 〈문덕곡〉을 부르게 하며, 자신의 마음가짐을 새롭게 했다. 이성계는 그 악장을 그때만 사용한 것이 아니다. 새 왕조 건설에 비협조적이었던 이색(李穡)을 초청하여 잔치를 베풀어주며 환심을

---

39 『태조실록』 태조 4년 10월 30일. "道傳對曰: '齊桓公問於鮑叔曰: 何以治國? 鮑叔曰: 願公無忘在莒時, 願仲父無忘在檻車時. 臣願殿下無忘墜馬時, 臣亦無忘鎖項時, 則子孫萬世可期矣.' 上曰: '然.' 使人歌文德曲, 目道傳曰: '此卿所撰進, 卿宜起舞.' 道傳卽起舞, 上令脫上衣以舞, 遂賜龜甲裘. 歡甚徹夜乃罷."

사고자 했을 때도 〈무공곡〉과 함께 〈문덕곡〉을 연주했다.

이들 두 곡의 연주가 끝난 뒤, 이성계의 낯빛이 붉어졌다고 실록은 전하고 있다. 자신의 공덕을 칭송하고 있는 가사가 실상보다 지나쳐 겸연쩍었기 때문이다. 작품을 읽어보면, 실제로 그렇게 느낄만하다. 하지만 정도전이 "그런 부끄러운 마음을 갖게 되기 때문에 이런 칭송의 노래를 지은 것입니다"[40]라고 했던 답변은 의미심장하다. 이런 칭송의 가사를 항시 잊지 말고 실천하라는 경계의 의도가 담겨 있었기 때문이다.[41] 악장이 임금의 성대한 덕에 대한 송축만을 일삼는 아유문학으로 치부되기도 하지만, 그 이면에 담긴 도덕적·정치적 권계의 의도를 간과해서는 안 되는 까닭이다.

조금 더 적극적으로 해석해본다면, 완성형의 예찬 속에 담겨 있는 당위론적 권계는 왕권의 전제적인 폐해를 견제하는 한편 군주에 대한 순치(馴致)의 기능을 가지기도 하는 것이다.[42] 사정이 이러하다면, 정도전은 과연 〈문덕곡〉에서 이성계를 어떤 내용으로 칭송하고 어떤 내용으로 경계했는지 궁금하다. 그 악장은 이성계의 네 가지 공업을 노래하고 있다. 그 가운데 제1장은 다음과 같다.

대궐이 우람하고 구중으로 깊으니	法宮有儼深九重
하루에도 만 기가 무더기로 쌓이누나.	一日萬機紛其叢

---

40 『태조실록』 태조 4년 12월 25일. "上宴韓山伯李穡, 判三司事鄭道傳亦與焉, 上聞文德·武功二曲曰: '歌頌功德, 實惟過情, 每聞此曲, 予甚愧焉.' 道傳對曰: '殿下有此心, 歌所以作也.'"

41 신태영, 「조선 태조조 창작 呈才의 악무와 예악사상」, 『동방학문학』 59집(동방한문학회, 2014), 165쪽.

42 김흥규, 「선초 악장의 天命論的 상상력과 정치의식」, 『한국시가연구』 7권(한국시가학회, 2000), 140쪽.

임금님은 백성의 실정과 통해야 하는 것이니	君王要得民情通
언로를 활짝 열어 사방의 소리를 들으시네.	大開言路達四聰
언로를 활짝 여셨으니, 신의 소견으로는	開言路臣所見
우리 임금 성스런 덕이 순임금과 같으시네.	我后之德與舜同

정도전은 〈문덕곡〉에서 이성계의 가장 큰 업적으로 크게 네 가지를 꼽아 노래하고 있다. 첫째 언로를 크게 여신 것[開言路], 둘째 공신을 안 보하고 계신 것[保功臣], 셋째 토지의 경계를 바로 잡으신 것[正經界], 넷째 예악을 바르게 정하신 것[定禮樂]이 그것이다. 이런 내용들은 즉위교서에서도 밝히고 있는 국둔전(國屯田) 폐지와 고려 전법의 준수, 개국공신에 대한 녹권의 발급, 종묘사직의 완비, 관혼상제의 개혁, 충효윤리의 권장 등으로 실제로 실천되고 있는 것들이었다.[43]

하지만 엄밀하게 말해 그것들은 완성된 것이 아니라 앞으로 꾸준하게 추진되어야 할 국정의 목표라고 보는 것이 옳다. 악장이 송축을 넘어 권계의 의미를 지닌다는 것은 이런 의미에서다. 〈문덕곡〉에서 노래되고 있는 이런 내용들은 세 달 뒤, 완성된 경복궁에서 반포하게 되는 국정쇄신의 교서(敎書)와 상당 부분 겹친다. 물론 삭제되어버린 내용도 있다. 〈문덕곡〉에서 두 번째로 강조되고 있던 '공신의 보호[保功臣]' 항목은 슬그머니 사라져버리고 말았던 것이다. 조선이 건국된 지 4년이 지난 그때, 한양 천도와 궁궐 건설이 마무리되던 즈음에는 창업 과정에서 보여준 공업보다는 다가올 미래의 과제에 보다 전념해야 한다는 의지의 반영일 터다.

그런 만큼 악장은 시대정신에 부합하는 방향으로 새롭게 제작되지 않

---

[43] 악장의 본령은 實德에 대한 송축이고, 정도전이 제작한 〈문덕곡〉도 그러하다는 사실을 실록에서 입증해보고자 한 연구로는 박현숙, 「정도전의 〈문덕곡〉 연구」, 『한국어와 문화』 9권(숙명여대 한국어문화연구소, 2011)이 있다.

을 수 없었다. 정도전의 〈문덕곡〉과 〈무공곡〉 가운데 시대적 유효성을 상실한 내용은 점차 도태되어갔다. 그리하여 태조대의 정도전을 이어 태종대에는 권근과 하륜, 세종대에는 변계량이 악장 제작의 주역으로 등장한다. 그리고 그들은 모두 자기 시대에 부합하는 내용의 악장을 제작하게 된다. 실제로 악장 제작에 있어 변계량의 활약은 단연 돋보인다. 세종 즉위년에는 〈초연헌수지가(初筵獻壽之歌)〉·〈천권동수지곡(天眷東陲之曲)〉, 세종 1년에는 〈하황은곡(賀皇恩曲)〉·〈하성명가(賀聖明歌)〉, 세종 7년에는 〈화산별곡(華山別曲)〉 등 무려 21편에 달하는 많은 악장을 제작했다.[44] 그리하여 권제(權踶)는 〈춘정집 서문〉에서 "선생은 일찍이 새 곡조를 지어 양궁(兩宮)의 효성을 노래하고, 한 시대의 치적을 형용하였다. 이를 악보에 올려 후세에 남겼으니 어찌 음풍농월하는 시인묵객이 따라갈 수 있는 것이겠는가. 선생의 문장 사업은 매우 위대하다고 하겠다."[45]라며 극찬했던 것이다.

그럼에도 불구하고 세종은 변계량이 지어 바친 〈화산별곡〉을 그 이듬해에는 "다음부터 이 노래를 연주하지 말라"는 분부를 내린다. 역대 조종(祖宗)의 공덕을 송축하는 악장만 연주하고, 당대 임금인 세종 자신의 덕을 기리는 악장은 연주하지 말라는 취지였다.[46] 세종은 이처럼 당대

---

44 변계량이 제작한 악장에 대한 성과로는 조규익, 「文章輔國의 이상과 治者階級의 이념적 동질성 추구: 변계량의 악장」, 『조선조 악장의 문예미학』(민속원, 2005); 김승우, 「경기체가 〈華山別曲〉의 제작 배경과 구성」, *Journal of Korean Culture*, vol.32(2016.01)이 있다.

45 권제, 〈春亭集 舊序〉. "先生嘗作新調, 歌詠兩宮之慈孝, 形容一代之治功, 被諸律呂, 垂之無窮, 又豈騷人墨客吟風詠月者之可及也. 先生文章事業, 亦可謂卓卓矣."

46 『세종실록』 세종 8년 5월 6일. "傳旨禮曹: 今後宴享罷宴曲, 用〈靖東方天眷曲〉·〈盛德歌〉, 勿用〈應天曲〉·〈華山別曲〉. [〈盛德歌〉以上, 頌美祖宗功德,〈應天曲〉以下, 歌詠主上之德]."〈天眷東陲之曲〉은 변계량이 세종 즉위년 11월에 태종을 송축하기 위해 제작한 악장이고, 〈盛德歌〉는 하륜이 태종 2년 8월 26일 지어 바친 12장의 악장이다.

임금을 송축하기 위한 악장을 제작하지 않는 관례를 만드는 대신, 국가 의례에서 항구적으로 사용할 수 있는 '범용의 악장'을 제작하도록 했다. 그리하여 세종 14년 대제학 정초(鄭招)와 예조참판 신장(申檣), 집현전제학 정인지(鄭麟趾)는 정도전의 〈문덕곡〉과 〈무공곡〉을 대체하는 악장으로 〈문명지곡(文明之曲)〉과 〈무열지곡(武烈之曲)〉을 제작하여 바쳤다. 태조와 태종의 공덕을 찬양하기 위해서였다.[47] 이들 내용을 보면 세종의 분부대로 세종에 대한 송축의 내용은 없고, 오로지 선왕 가운데 태조에서 태종으로 이어진 문무의 공업을 송축하는 내용만을 담고 있다. 송축하고 있는 핵심은 각각 다음과 같다.

〈文明之曲〉: ①태조의 文治: 武威旣戢 文治以隆
②태종의 仁治: 德由敬明 治以仁隆
〈武烈之曲〉: ①태조의 安民: 耆定武功 東民以安
②태종의 功德: 四方無虞 惟功之德

정도전이 지은 태조대의 〈문덕곡〉·〈무공곡〉과 정초·정인지가 지은 세종대의 〈문명지곡〉·〈무열지곡〉은 두드러진 차이를 가지고 있다. 태조-태종의 문무 공적을 구체적으로 열거하는 대신 문덕과 무공의 보편적 가치를 함축적으로 송축하는 방식으로 바뀐 것이다. 문덕(文德)의 경우, 태조의 문치(文治)를 이어받은 태종은 인치(仁治)로 심화시켰다. 그리고 무열(武烈)의 경우, 동방의 백성을 안정시킨 태조의 무공(武功)을 이어받아 태종이 덕화(德化)로 외침의 우환을 잠재웠다는 것이다.

송축의 대상이 되는 대상을 태조-태종과 같은 창업군주로 한정하고,

---

47 『세종실록』 세종 14년 12월 10일. "命大提學鄭招·參判申檣·提學鄭麟趾, 製會禮文武樂章, 歌詠太祖·太宗功德."

그들이 펼친 문무의 궁극적 이상을 제시함으로써 후대 임금들로 하여금 그것을 계승하도록 의도했다. 그렇게 해서 당대 임금의 치적을 면전에서 송축하는 민망함을 피하는 한편 임금이 바뀔 때마다 악장을 새로 제작해야 하는 번다함도 없애고자 했던 것이다. 그런 노력의 결과, 의례상정소(儀禮詳定所)에서 확정한 회례악(會禮樂)의 세 번째 과정에서 연주되는 〈문명지곡〉과 다섯 번째 과정에서 연주되는 〈무열지악〉이 만들어지게 되었다. 그리고 세종 15년 정월 초하루 경복궁 근정전에서 열린 회례연에서 그것들이 처음으로 연주되기에 이른다.[48] 물론 세종의 기대와 달리, 자신이 확정한 회례악에서 사용되는 악장은 세조와 성종을 거치면서 시대의 요구에 맞게 조금씩 변화해갔다.[49] 아무리 완벽한 전범을 만든다고 해도 시간의 흐름과 무관한 고정불변의 전범은 존재할 수 없는 법이다.

5. 추후의 행로: 궁궐을 통한 화이질서의 재현

만 개 성가퀴의 황성 담장 두른 도성 웅장하고	萬堞皇垣壯上都
날아갈 듯한 누각들은 성문을 압도하고 있네.	瓊樓翼翼壓閶闔
새벽빛에 처음 황금 용마루가 보이기 시작하더니	曙光初辨黃金額
아침 햇빛은 먼저 백옥의 지도리를 환히 밝히네.	日色先明白玉樞
천자께서 곤룡포 입고 보좌에 임하시는 걸 우러를 제	仰見袞衣臨寶座
문득 천상에서 내려오는 행차 소리 들려오네.	忽聞淸蹕下雲衢

---

48 『세종실록』세종 15년 1월 1일. "上御勤政殿, 設會禮宴如儀, 始用雅樂."

49 성종 때 편찬된 『악학궤범』을 보면 〈문명지곡〉은 初獻할 때 樂生 50명이 추는 〈文舞〉와 함께 연주되고, 〈무열지곡〉은 亞獻과 終獻할 때 樂生 58명이 추는 〈武舞〉에 맞춰 연주된다. 『악학궤범』 권2, 〈雅樂陳設圖說〉 참조.

시립한 신하들은 섬돌 앞에 고개 쳐들고 섰다가	侍臣鵠立階前地
서로 다투어 선물을 바치며 성인의 법을 돕네.⁵⁰	競進絲囊翊聖謨

성종 3년 성현(成俔)은 맏형 성임(成任)이 진하사(進賀使)가 되어 연경으로 가는 사절단에 끼어 한훈질정관(漢訓質正官)의 자격으로 동행했다. 명나라 황태자의 책봉을 하례하기 위해서였다. 그런 만큼 북경 자금성의 정전인 봉천전(奉天殿)에서 치러지는 그때의 의식은 장엄하기 그지없었다. 성현의 눈에 비친 광경은 너무도 놀라웠다. 웅장하게 둘러쳐진 자금성의 높은 성벽, 즐비하게 솟아있는 화려한 궁궐과 전각, 아득히 올려다보이는 황제의 보좌, 장중한 음악소리에 맞춰 위엄 있게 등장하는 황제의 거동, 머리를 조아리고 가득 늘어선 만조백관과 그들이 앞 다투어 바치고 있는 진귀한 선물들. 이런 광경이 시의 전편에 생생하게 묘사되고 있다. 변방 오랑캐의 사절단 말석에서 그 장면을 훔쳐보았던 조선의 젊은 지식인 성현이 전하고 있는 장면이다.

그는 그때의 여정과 감동을 시편에 적어 『관광록(觀光錄)』이라는 시집으로 묶어냈다. 그러고는 문단의 대선배 서거정과 동료 김종직에게 서문과 발문을 부탁했다. 서거정은 그 서문에서 자신도 그곳에 가서 "한없이 넓은 산하와 국토, 웅장하고 화려한 성곽과 궁실, 분명하게 완비된 예악과 전장, 사방에서 모여든 의상과 수레"⁵¹를 직접 보았던 시절을 회상하면서, 자신이 그때 그랬던 것처럼 성현의 견문도 이번 사행으로 매우 넓어졌을 것이라며 추어주었다. 김종직도 그러했다. "제왕의 도읍을 유람하면서 그 산하와 성곽의 웅장함, 수레와 인물의 풍부함, 예악과 문헌

---

50 성현, 『虛白堂詩集』 권4, 〈早朝奉天殿〉 중 제1수.
51 서거정, 『사가문집』 권4, 〈觀光錄序〉. "觀夫山河土宇之緜曠也, 城郭宮室之壯麗也, 禮樂典章之明備也, 衣裳舟車之會同也."

의 굉장하고 화려함, 풍광과 풍속의 활달하고 광대함"[52]을 보았을 테니, 견문이 훨씬 넓어졌을 것이라며 부러워했다.

명나라의 수도를 직접 목도한 서거정이든 말로만 전해들은 김종직이든 자금성을 둘러싼 드높은 성곽과 궁궐 안에 즐비하게 늘어선 전각은 명나라의 성세를 가장 가시적으로 보여주는 중화문명의 상징물로 각인되어 있었다. 그때, 서거정과 성현은 명나라의 궁궐과 전각을 보며 머릿속으로 조선의 그것과 비교해보며 중화문명의 위대함을 실감했을 것이다. 하지만 그런 감회에만 그친 것은 아니었다. 반대로 조선에 하례를 드리러 찾아오고 있는 북방의 야인(野人)과 남방의 왜인(倭人)을 떠올리기도 했다. 아마 자신이 지금 자금성을 목도하며 느낀 바를 지금 조선을 찾아오고 있는 사방 오랑캐들도 똑같이 느끼고 있으리라 생각했다. 그래서 당시 조선의 문단을 대표하고 있던 서거정은 다음과 같은 글을 지어 일본 사신에게 전해주었다.

상인(上人)이 바다를 건너올 때에 구름 같은 파도와 안개 같은 물결이 끝없이 펼쳐져 아득히 한없는 데를 지나왔으니, 상인은 여기에서 한없는 바다의 거대함과 천지의 넓고 큼을 알았을 것이다. 우리나라에 도착해서는 성곽과 궁실의 장엄하고 화려함, 예악과 제도의 명확하고 완비됨, 산하의 공고함과 백성과 물산의 많고 풍부함을 보았을 것이다. 상인은 여기에서 또한 제왕의 성대한 공덕과 융성한 법도를 알았을 것이다.[53]

---

52 김종직, 『佔畢齋集』 문집 권2, 〈跋成磐叔觀光錄後〉. "遊歷乎帝王之都, 其山河城郭之壯, 舟車人物之富, 禮樂文獻之宏麗也, 光景風俗之融侈也."
53 서거정, 『四佳文集』 권6, 〈送日本球上人詩序〉. "然上人浮海而來, 雲濤烟浪, 浩浩湯湯, 渺莫涯涘, 上人於是, 知九九瀛海之鉅, 天地之博大矣. 及至我國, 覩城郭宮室之壯麗, 禮樂制作之明備, 山河之鞏固, 民物之殷富者, 則上人於是, 而亦知帝王功德之盛, 治道之隆矣."

서거정이 중국 명나라의 궁궐을 목도하고 받았던 경이로운 감동은 조선을 찾아온 왜인 사신에게도 유사한 형태로 투사되고 있다. 명나라를 중심으로 한 화이질서의 문명관은 조선을 중심으로 한 작은 화이질서의 형태로 재현되고 있었던 것이다. 문명은 항상 중심과 주변을 만들어내고, 그런 문명의 위계질서는 때론 강제적으로 때론 자발적으로 아류의 수직 질서를 만들어내기 마련이다. 그런 까닭에 또 다른 중화문명, 이른바 동국문명을 이룩했다고 자부하던 당대 조선의 관각문인들은 자기 문명의 상징으로 여기던 궁궐을 아름다운 문장으로 장식하기 위해 부단히 노력했다. 앞서 간략하게 살핀 악장만으로 그치지 않았다. 경복궁 건설에는 정도전과 권근이 〈신도팔경(新都八景)〉을 지어 송축했고, 창덕궁 건설에는 권근과 하륜이 〈화악시(華嶽詩)〉와 〈한강시(漢江詩)〉를 지어 송축했다. 그리고 창경궁 건설에는 김종직이 〈창경궁상량문(昌慶宮上樑文)〉, 〈창경궁기(昌慶宮記)〉, 〈환취정기(環翠亭記)〉를 지어 송축했다. 이런 일련의 관각문자들이야말로 군주의 정치권력을 상징하는 궁궐이라는 거주공간을 성군의 덕화가 발산되는 숭고한 정치공간으로 꾸며내기 위해 고안된 문학적 실천이었다. 그처럼 문장화국을 담당하고 있던 그들은 유교문명 국가를 자부하던 신생국가 조선의 성취와 자부를 나라 안팎과 경향 각지로 열심히 발신(發信)하고 있었던 것이다.

/제3장/

전례의 정립,
의례문장의 전범과 유교문명의 이면

1. 접근의 시각: 문집의 산삭과 문명의 실상

태종 7년 하륜과 권근의 후계자로 발탁된 변계량은 태종대 후반부터 세종대 전반에 이르는 동안 예문관대제학·집현전대제학과 예조판서와 같은 최고의 문한으로 활동하며 조선 초기의 의례문장과 문물제도를 정비하는 데 주도적 역할을 담당했다. 그 결과 신생국가 조선이 유교문명 국가로서의 규모를 갖추게 되었으니, 자신의 시대를 "하늘이 조선을 돌보아 백성의 주인을 내셨으니, 혁혁한 대운(大運)으로 문명이 열렸네."[1]라고 자부할 수 있었다. 태종 6년 평양부윤에 제수된 연성군(延城君) 김로(金輅)를 전송하는 자리에서였다. 하지만 그런 자부와는 달리, 그때는 아직 유교문명 국가로서의 내실을 채워가야 할 과제가 산적한 시대라고

---

[1] 변계량, 『春亭集』 권4, 〈題延城君金輅巡問西京詩卷〉. "天眷朝鮮作民主, 赫哉泰運開文明."

말해야 옳다. 하륜(河崙)·이조(李慥)와 함께 의례상정소 제조(儀禮詳定所提調)를 맡아 유교문명에 부합하는 국가적 전례(典禮)를 정비하는 데 온 힘을 기울였지만, 건국된 지 불과 20년 남짓 되었던 그때로서는 온전한 구현이 아득해보였다.

실제로 유교적 통치방식의 기본인 예악형정(禮樂刑政)의 부문에서 예치(禮治)가 차지하는 비중은 막중했다. 그런 점에서 태종 때부터 시작된 국가의 예제(禮制) 정비 작업은 성종 때 『국조오례의(國朝五禮儀)』로 완결되기까지 치열한 논쟁을 거쳐야 했던, 유교문명 건설의 최대 난관의 프로젝트라고 명명할 수 있다. 그 지난한 과정을 시작한 태종대에는 의례상정소와 예조가 주관이 되어 명나라의 『홍무예제(洪武禮制)』를 준거 삼아 국가적 전례를 제후국에 맞도록 조정해가는 방식으로 진행되었다.[2] 그랬던 만큼 태종대에 의례상정소제조, 예조참의·예조판서·예문관대제학·성균관대사성의 직임에 있었던 변계량의 역할은 지대했다.

하지만 스물넷의 장성한 나이에 고려인에서 조선인으로 귀속된 변계량 자신조차 예전에 체득한 삶의 방식으로부터 쉽게 벗어나지 못하고 있었다. 그가 죽던 날, 사관이 달아둔 다음과 같은 졸기를 통해 그런 단면을 보게 된다.

> 변계량은 거의 20년 동안 문형을 맡았으므로 사대교린에 필요한 사명(詞命)이 대부분 그의 손에서 나왔다. 과거시험을 관장하면서 선비의 선발이 지극히 공정하게 하여, 전조(前朝)의 나쁜 습관을 모두 혁파했다. 국사를 의논하고 의문스런 일을 해결하는 데 있어 보통 사람의 상상을 종종 뛰어넘

---

2 조선전기 禮制가 정립되어 가던 과정에 대한 고찰은 한형주, 「15세기 祀典體制의 성립과 그 추이: 『국조오례의』 편찬과정을 중심으로」, 『역사교육』 89집(역사교육학회, 2004) 참조.

곤 했다. 그러나 문(文)을 주관하는 대신(大臣)으로서 삶을 탐하고 죽음을 두려워하였으며, 귀신을 섬기고 부처를 받들었다. 심지어 하늘에 제사를 드리는 것까지 하지 않는 바가 없어 식자들이 그를 기롱했다.[3]

조선의 건국 과정에 비협조적이었던 것으로 보이는 변계량이었던 만큼, 건국 초기에는 두드러진 활약을 거의 보이지 않았다. 은둔과 부친상으로 자취를 감추고 지냈다. 그러했던 그는 태종의 즉위와 함께 본격적인 관료로서의 활동을 펼치기 시작했다. 특히, 태종 7년 4월에 치른 친시문과(親試文科)와 그해 8월에 하륜·권근이 주관한 중시문과(重試文科)에서 연달아 장원을 차지하면서 예조참의와 예문관제학에 발탁되어 학술문단의 주목을 받기 시작했다. 그 뒤로는 태종 17년에 예문관대제학·예조판서, 세종 즉위년에 집현전대제학을 맡아 태종 후반~세종 전반의 학술활동과 학문진작을 주도해갔다. 사관은 변계량의 졸기에서 그런 그의 업적을 크게 세 가지로 집약하고 있다. 첫째, 사대교린에 필요한 표전(表箋)과 같은 외교문서 작성을 전담했다는 점. 둘째, 과거제도를 혁신하여 고려시대 좌주-문생의 폐습을 근절했다는 점. 셋째, 보통 사람이 생각해내기 어려운 기발한 발상으로 국가적 난제를 종종 해결했다는 점. 태조대의 '정도전'과 태종 전반의 '권근'에 이어 태종 후반부터 세종 전반의 시대를 변계량에 초점을 맞춰 읽어볼 필요가 있는 이유이다.

물론 조선 초기 유교문명으로의 전환과정에서 변계량이 거두었던 성취에 대해서는 경청할 만한 연구들이 이미 제출된 바 있다.[4] 하지만 졸기

---

3 『세종실록』 세종 12년 4월 23일. "季良典文衡幾二十年, 事大交隣詞命, 多出其手. 掌試取士, 一以至公, 盡革前朝冒濫之習. 論事決疑, 往往出人意表. 然以主文大臣, 貪生畏死, 事神事佛, 至於拜天, 靡所不爲, 識者譏之."

4 신태영, 「춘정 변계량의 상소문으로 본 조선초기의 제천의식」, 『인문과학』 36집(성균관대 인문학연구원, 2005); 정경주, 「춘정 변계량의 典禮說에 대하여」, 『한국인

의 마지막 부분에서 언급하고 있는 대목, 곧 "삶을 탐하고 죽음을 두려워하여, 귀신을 섬기고 불교를 믿었다."는 비판과 그 의미에 대해서는 자세하게 살펴보지 않았다. 중세지성인으로서의 자기 정체성이 거의 확립되었을 20대 중반에 고려에서 조선으로 국적을 바꿔야 했던 변계량이고 보면, 그는 고려와 조선이라는 두 국가체제에 걸쳐 살았던 '경계인'이라 말할 수 있다. 그리고 그때는 불교에서 유교로의 전환을 도모하던 문명 교체기였던 만큼, 그가 두 문명의 의례와 관습 사이에서 종종 부유(浮游)했던 것은 일견 당연한 일이기도 했다.

실제로 고요한 산사에서 읊은 청정한 내면이라든가 고승과 무심하게 주고받던 깊은 정회는 그의 시세계에서 발견되는 두드러진 정조이기도 했다.[5] 그리고 독실한 불교신자였다는 사실도 여러 기록에서 확인 가능하다. 세종은 자신이 목도했던 경험에 근거하여 변계량은 독실한 불교신자라고 증언하기도 했다. 그 회고를 직접 들어보자.

예전에 태종을 모시고 연회를 하는 자리에 변계량도 참여하고 있었다. 태종께서 말씀하기를 "경(卿)은 어찌 고기를 먹지 않는가?" 하니, 변계량은 얼굴빛이 변하면서 끝내 실정을 고하지 않았었다. 태종이 말씀하기를 "이미 경이 나한(羅漢)에게 제사하고자 하는 것을 알았노라." 하면서, 이내 고기 먹기를 권하였다. 변계량이 부처를 좋아함은 사람들이 모두 알고 있는데, 오히려 숨기고 알리지 않은 것은 남이 비난할 것을 두려워한 때문이다.[6]

물사연구』 8집(신지서원, 2010); 이종묵, 「변계량의 인재 양성 정책」, 『진단학보』 105집(진단학회, 2008); 박병련, 「춘정 변계량의 정치사상과 정치적 활동」, 『한국동양정치사상사연구』 8집(한국동양정치사상학회,. 2009).

5 변계량을 비롯한 조선 초기 관각문인의 불교적 내면을 다룬 논의로는 김윤섭, 「조선전기 관료문인들의 불교적 내면의식에 관한 연구: 권근·변계량·김수온·서거정·성현의 시문을 중심으로」, 『禪文化研究』 20집(한국불교선리연구원, 2016) 참조.

세종이 죽은 소헌황후(昭憲王后)를 위해 불경을 만들겠다고 하자 이를 반대하고 나선 대신들과 논란을 벌이는 도중에 나온 회고담이다. 불교신자로 널리 알려진 변계량조차 그러했던 것처럼,[7] 모두들 몰래 온갖 불사를 하고 있으면서도 겉으로 드러내지 않고 있는 위선적인 태도를 꾸짖고자 했던 것이다. 하지만 불교를 믿었다는 사실 하나만 가지고 실록이라는 정사(正史)의 줄기에 대서특필하지는 않았을 것이다. 그런 사실 자체보다는 귀신과 부처를 섬기는 행위를 예문관대제학이라든가 예조판서와 같은 자리에 있으면서도 서슴지 않았다는 사실에 방점을 찍었던 것이다. 유교문명의 예제(禮制)를 바로 세워 다른 사람의 모범이 되어야 하는 직책임에도 불구하고 국가의 여러 무불(巫佛) 행사를 직접 주관한 것에 대한 날선 비판이었다.

실제로 변계량의 이런 활동은 관료생활을 하는 도중에 곤혹을 치르기도 했다. 세종 8년 변계량이 판우군부사(判右軍府事)에 제수될 때 그러했다. 변계량은 유림의 종장으로서 선도(仙道)를 닦고 제사 지낼 귀신이 아닌 귀신에게 제사 지내고 수륙재까지 지냈다는 이유로 오랫동안 고신에 서명을 하지 않았던 것이다.[8] 현재 전하고 있는 『춘정집』을 보면, 그런 비판의 정황들을 충분히 납득할 수 있다. 상당수의 청사(靑詞)와 제문(祭文)이 실려 있다. 청사는 소격전(昭格殿)에서 거행하는 초제(醮祭)에

---

6 『세종실록』 세종 28년 3월 26일. "昔侍太宗宴, 卞季良亦與焉. 太宗曰: '卿何不食肉?' 季良色變, 終不告情. 太宗曰: '已知卿欲祭羅漢也.' 因勸肉. 季良好佛, 人皆知之, 猶諱不以聞者, 恐人譏也."

7 물론 변계량도 성리학을 공부하던 젊은 시절, 불교가 백성을 미혹시키고 있다며 불경을 모두 불태워버려야 한다는 강경한 태도를 취한 적도 있다[변계량, 『춘정집』 권1, 〈夜坐有感 六首〉]. 그러했던 변계량이 독실한 불교신자로 자처하게 된 생애사 실에 대해서는 면밀한 고찰이 필요하다.

8 『세종실록』 세종 8년 6월 21일. "季良以儒宗, 修仙道·祀非鬼·設水陸, 故臺諫久不署告身."

사용하는 축문이고, 제문도 일반인의 죽음을 애도하는 제문이 아니었다. 모두 종묘, 환구단, 북교단 등에서 재해를 없애기 위해 기도를 드리기 위해 제작된 제문이다. 유교문명의 지향과는 결이 다른 이른바 도교 의식에서 사용되는 의례문장이었던 것이다.

물론 그런 의식은 『국조오례의』, 「길례(吉禮)」에 올라 있는 만큼, 당대에는 크게 문제될 일은 아니다.[9] 그렇다면 이것만 가지고는 비판의 근원지를 정확하게 이해하기 어렵다. 그렇다면 우리가 쉽게 접할 수 있는 『춘정집』만 가지고는 이해하기 어려운 변계량의 또 다른 면모, 곧 그가 애써 감추고 싶어 했다던 그 이면의 실상을 추적해볼 필요가 있다. 그 단서는 바로 세종 24년(1442)에 편찬된 『춘정집』 초간본에 실려 있다. 그것은 순조 25년(1825)에 경상남도 거창 지역에 살고 있는 후손과 유림이 병암서원(屛巖書院)에서 『춘정집』을 중간하며 삭제해버린 면모이기도 하다.[10] 그들은 여기저기 수소문해서 어렵게 얻은 초간본을 저본으로 삼아 다시 판각하면서 적지 않은 작품을 산삭했는데, 무불(巫佛) 행사에서 사용하기 위해 제작한 의례문장이 주된 대상이 되었다.

그 결과 초간본과 중간본에 수록된 작품은 상당히 달라질 수밖에 없었다. 초간본이 간행된 세종대와 중간본이 간행된 순조대의 시대상을 확연하게 체감할 수 있는 대목이기도 하다. 물론 그런 차이는 쉽게 예상된다. 초간본이 간행되고 400년이 지난 뒤, 서원에서 간행된 문집에 무불과 관련된 문장이 실리기 어려우리라는 것은 충분히 예견되는 바다. 그럼에도 불구하고 중간본에서 삭제된 의례문장, 곧 초간본에서는 버젓이 수록

---

9 『國朝五禮儀』의 「吉禮」에 등록된 의례로는 風雲雷雨壇祈雨儀, 祭海嶽瀆儀, 時旱北郊望祈嶽海瀆及諸山川儀, 雩祀壇祈雨儀 등이 있었다.

10 순조 25년 『춘정집』의 중간본 발간 이후, 17세손 卞斗星은 시문 약간을 수습하고 年譜를 편찬하여 속집 4권 2책을 石印本으로 간행했다. 한국고전번역원에서 편찬한 『한국문집총간』에는 초간본 대신 중간본과 속집이 합본되어 실려 있다.

되어 있던 그 무불 관련 의례문장들이 지니고 있는 의미는 결코 예사롭지 않다. 새롭게 건국된 유교문명 국가 조선에서 각종 국가적 의례를 주관하던 변계량이라는 공인(公人)이 지은 공적 의례문장은 조선 건국 직후 유교문명 전환의 정도를 보여주는 바로미터가 되기 때문이다.

실제로 세종 24년(1442)에 『춘정집』 초간본을 편찬한 변계량의 제자들은 스승이 지은 무불과 관련된 의례문장을 버리지 않고 당당히 문집에 수습해 실었다. 그에 반해 단종 2년(1454) 『세종실록』을 편찬한 사관들은 앞에서 읽어보았듯, 그런 변계량의 행적을 신랄하게 비판하고 있다. 불과 10여 년의 시차를 두고 달라진 양상이다. 우리는 그것을 유교문명으로의 전환이 가파르게 진행되고 있던 시대적 변화로 이해할 수도 있고, 변계량으로 대변되는 구세대와 사관으로 대변되는 신세대 사이의 세대 논쟁으로 이해할 수도 있다. 하지만 그 무엇이든 유교사상과 무불사상의 공존 또는 길항이라는 문명사적 차원의 접근이 필요하다는 사실에는 이견이 있을 수 없다. 그런 점을 해명하기 위해서 우리는 세종의 분부를 받아 변계량의 제자들이 『춘정집』을 편찬했던 시대적 상황, 일반적인 문집과 달리 『춘정집』의 편찬이 의도하고 있었던 독특한 목표, 그리고 초간본 『춘정집』에 당당하게 실려 있던 무불 의례문장의 의미를 살펴보고자 한다.[11]

---

11 참고로 여기에서 사용하는 '文章'이란 말은 한 개인의 생각을 글로 표현하는 것이라는 근대적 의미를 넘어서서 한 국가의 문명을 드러내는 예악과 제도라는 전통적 의미로 사용하는 경우가 더 많을 것이다. 『論語, 泰伯』에 나오는 "巍巍乎其有成功也, 煥乎其有文章."에 대해 주자는 集注에서 "文章, 禮樂法度也."라고 해석한 바 있다.

2. 『춘정집』 편찬과 공적 문장의 전범

1) 『춘정집』의 편찬 과정과 그 시대적 맥락

1️⃣ 조선 초기는 천 년 가까이 이어져온 불교문명을 유교문명으로 전환해야 하는 국가적 과제를 안고 있던 시대였다. 그런 문명전환의 과정에서 크고 작은 진통과 갈등이 불거져 나오는 것은 충분히 예견되는 일이었다. 변계량은 바로 그런 시대를 살아가면서 유교문명 건설이라는 국가적 책무와 불교신자로서의 개인적 믿음을 함께 지켜보고자 했던 인물이다.[12] 이율배반적 삶처럼 여겨지기도 하는데, 어찌 보면 그렇지도 않았다. 유학이 들어온 이래 유학과 불교는 오랜 시간 함께 공존하며, 정치와 종교의 영역을 나누어 맡아 조화롭게 지내왔기 때문이다.

문제는 조선이다. 불교를 정신과 종교의 영역에서 완전히 축출하겠다고 강제했던 것이다. 하지만 오랜 시간 동안 정신계를 지배해온 그것들을 1392년 어느 날, 조선의 건국과 함께 일거에 바꾼다는 것은 사회구성원 그 누구에게서도 가능한 일이 아니었다. 그런 점에서 "삶을 탐하고 죽음을 두려워하며, 귀신을 섬기고 부처를 받들었다."는 사관의 비판은 오히려 변계량이 지극히 상식적인 인간의 면모를 가지고 살았다는 의미로 읽히기도 한다.

실제로 변계량은 유교문명이라는 과제에 부합하는 국가의례를 만들어야 하는 책임을 맡고 있으면서 매우 창발적인 태도를 취해 온 인물로 기억되고 있었다. "국사를 의논하고 의문을 해결하는 데 있어 보통 사람의 상상을 뛰어넘곤 했다."는 사관의 평가도 시류(時流)에 쉽게 편승하지

---

12 조선 초기 유교-불교의 이원적 사상체계가 공존하는 상황에서 변계량은 유불의 조화를 모색했고, 그것이 궁극적으로 사회 안정을 위해 필요하다고 생각했던 면모에 대한 논의로는 오연정, 「춘정 변계량의 불교인식」, 『역사와교육』 15집(역사와교육학회, 2012)이 있다.

않았던, 그의 독창적이면서도 완고했던 태도를 에둘러 표현한 것에 다름 아니다. 서거정이 변계량의 성품을 '고집'[13]이란 단어로 규정했던 것도 마찬가지다. 그리고 그 고집은 대부분 유교적 예법을 지고지순한 잣대로 상정하고 있던 젊은 관료들에 맞서 자신이 유년기부터 친숙하게 행해왔던 전조(前朝), 곧 고려의 전통을 새 왕조의 예법에 접목시키고자 했던 데서 빚어졌던 것으로 보인다.

돌이켜 보면 건국 직후부터 역대 임금들은 명나라의 『홍무예제(洪武禮制)』와 같은 예서를 참조하면서 조선의 실정에 맞는 의례를 제정하기 위해 많은 노력을 기울였다. 특히 세종은 그 작업의 완수를 일생일대의 과업으로 삼고 만년에 이르기까지 온힘을 기울였다. 하지만 그건 자신의 치세에 마감하지 못하고 성종 5년이 되어서야 일단락될 정도로 지난하기 그지없던 사업이었다. 거의 한 세기에 걸친 그 과정에서 수많은 중세 지성들은 치열한 논쟁을 벌였는데, 그 가운데 세대 사이의 이견은 간단하게 봉합될 문제가 아니었다. 그 작업을 진두지휘한 두 핵심적 인물, 곧 군주 세종과 의례상정소제조 변계량 사이에서도 이견이 노정되곤 했다. 고려-조선의 경계인이던 변계량과 달리 세종 이도(李祹, 1397~1450)는 건국 이후에 태어난 온전히 조선인이었던 것이다.

때문에 세종은 부친 태종과 진사시 동년의 벗이자 자신에게는 엄친 같은 사부(師傅)였던 변계량을 진심으로 존중하고 많은 가르침에 공감하고 있었지만, 그럼에도 불구하고 적지 않은 사안에서 종종 부딪쳤던 것이다. 그런 변계량이 세상을 떠난 지 10년 정도 지났을 즈음, 세종은 변계량의 부재를 실감하고는 그의 문집을 간행하라는 분부를 내린다. 조선 건국기의 문물제도를 관장했던 변계량의 문장을 영원히 보존·전승해야 한다고 여겼던 것이다. 그런 정황을 그 서문에서 엿볼 수 있다.

---

13 서거정, 『筆苑雜記』 권1. "卞文肅公季良性固執."

우리 태종 전하께서 선생을 재상으로 발탁하여 건의와 계획을 받아들이니 도움이 크고도 많았다. 지금 주상 전하[세종]께서도 특별히 우대하여 경연 가까이에서 모시게 하였다. …(중략)… 전하께서 정무를 보시고 난 여가에 사신(師臣)을 추모하다가 그의 유고가 인멸될 것을 애석히 여겼다. 이에 문집을 집현전에 내려주어 교정하게 하고 경상도에 분부하여 판각해 널리 전하도록 했다.[14]

당시, 성균관대사성으로 있던 권제(權踶)가 쓴 『춘정집』 서문이다. 세종이라는 유학군주, 집현전이라는 학술기관, 그리고 대사성이라는 학문권위가 함께 어우러져 만들어낸 문집이 바로 『춘정집』이었던 것이다. 세종은 태종을 지근의 자리에서 보좌했던 변계량을 부왕의 배신(陪臣)이자 자신의 사부(師傅)로서 극진하게 존중했다. 변계량은 양녕대군이 세자 책봉될 때부터 사부를 맡았거니와 세종이 즉위한 뒤에는 경연에 들어가서 세종의 치세를 이끌어갔다. 세종대의 수준 높은 학술장(學術場) 역할을 하던 집현전 설립에 결정적인 역할을 했고, 초대 집현전대제학을 맡아 학사의 선발부터 후진 육성에 이르기까지 지대한 영향을 끼쳤다. 아들에게 왕위를 넘겨주었지만 상왕으로 있으면서 중요한 국정 현안을 처결하던 부왕 태종이 죽어 삼년상을 마친 뒤에야 세종은 자신의 치세를 본격적으로 열어갈 수 있었다. 그처럼 자신의 치세를 펼치기 시작하던 세종 7년, 경복궁 중건을 기념하기 위해 변계량이 창작한 〈화산별곡(華山別曲)〉은 세종 치세에 대한 축하의 의미를 넘어서서 자신이 보좌하여 이룬 성취에 대한 자부이기도 했다.

그런 상황을 곁에서 지켜본 세자[뒷날의 문종]는 변계량을 치제(致祭)

---

14 權踶, 〈春亭集 舊序〉. "我太宗殿下擢置宰輔, 言聽計從, 而神益弘多. 今我主上殿下尤加眷待, 昵侍經幄. … 我殿下萬機之暇, 追念師臣, 惜其遺藁湮沒, 下集賢殿讐校, 命慶尙道鋟榟, 以廣其傳."

하는 제문에서 부왕 세종이 국가의 중요 현안을 묻는 시귀(蓍龜)로 여겼 다고 밝히기도 했다.[15] 세종이 직접 문집의 편찬을 분부하고, 집현전에 서 작업을 전담할 정도로 변계량이 차지하고 있던 당대 학술계에서의 위상은 막중했던 것이다. 그런 만큼 변계량의 문집 편찬 작업도 전국적 차원에서 조직적으로 진행되었다. 대표적 제자였던 판승문원사(判承文 院事) 정척(鄭陟)은 유고를 선별·편찬하고, 또 다른 제자 경상도관찰사 권맹손(權孟孫)은 문집의 간행·제작을 책임졌다.[16] 그리고 집현전직제학 유의손(柳義孫)과 저작랑 김서진(金瑞陳)은 교정을 담당하고, 경상도사 권지(權枝)를 비롯하여 밀양부사 안질(安質), 밀양교수 공종주(孔宗周), 성균관 유학 박학문(朴學問)과 박정지(朴楨之)는 문집을 간행하는 데 필 요한 실무를 맡았다. 판각하는 데 동원된 각수(刻手) 이영춘(李英春) 등 45인의 이름도 간기(刊記)에 하나하나 적어두었다.

이처럼 임금의 명을 받들어 서울의 집현전학사들은 편찬을 담당하고, 지방관으로 내려가 있는 제자들은 판각과 간행을 담당했다. 그리하여 자신의 고향 밀양에서 문집이 출간되게 되었으니 변계량으로서는 참으 로 감개무량한 일이 아닐 수 없었다.

그런 과정을 거쳐 완성된 『춘정집』은 전체 12권 4책의 규모였다. 변계량의 위상이나 문집 편찬의 과정에 비추어보면, 예상 밖으로 소략한 편이다. 게다가 문집 전체의 1/3에 해당하는 권1부터 권4까지만 한시일 뿐 권5부터 권12까지 총 8권은 전부 산문이다. 한시가 절대적 비중을

---

15 『세종실록』 세종 12년 6월 16일. "肆我至尊, 倚若蓍龜. 待遇益隆, 事必疇咨."
16 정척(1390~1475)은 세종 때 『國朝五禮儀』·『兩界地圖』를 맡아 편찬하였고, 권맹손 (1390~1456)은 『通鑑訓義』의 편찬과 宮中樂章 사업에 참여한 인물이다. 모두 儀禮와 典故에 밝았던 것으로 보인다. 다만 이들의 문집이 전하지 않아 구체적인 활동을 파악하기는 쉽지 않다. 정척의 경우, 세종 21년 여름 가뭄이 극심해지자 스승 변계량이 주장하여 관철한 바 있었던 원구단에서의 제천의식을 다시 주장한 사실이 확인된다.

차지하던 당대 다른 문인의 문집과는 사뭇 다른 양상이다. 주목을 요하는 대목이다. 그 가운데 서발(序跋), 기문(記文), 봉사(封事), 상서(上書), 대책(對策), 교서(敎書), 표전(表箋), 청사(靑詞), 책문(冊文), 제문(祭文), 축문(祝文), 비지(碑誌), 명문(銘文) 등 거의 모든 한문산문 양식이 망라되어 있다는 사실은 특히 중요하다. 그것들 대부분은 자신의 사적 필요에 의해 지은 것이 아니라 국가적 요구에 부응하여 지은 작품들이다. 모두 공적 기능을 가진 공용문장에 가깝고, 그런 만큼 담고 있는 내용도 형식적·의례적인 성격이 두드러질 수밖에 없다. 이런 공적 글쓰기는 지나친 장식성으로 인해 이해하기 어렵다거나 상투적인 내용으로 일관하고 있다는 비판을 받기 십상이다. 실제로 그러하다. 하지만 일상에서 쉽게 접할 수 없는 글인 동시에 누구에게나 그런 글의 제작 기회가 주어지지 않는다는 점에서 그런 문장은 일종의 모범적 글쓰기, 나아가 범접하기 어려운 권위를 갖게 된다.[17]

그런 까닭에 『춘정집』은 예사로운 문인의 문집과는 다른 각도에서의 접근이 필요하다. 일반적으로 문집은 한 개인의 사적 정감과 사유를 담은 시문이 주종을 이루기 마련이다. 하지만 『춘정집』은 20년 가깝게 문형으로 있던 변계량이 여러 가지의 국가적 행사에서 사용하기 위해 제작한 의례문장의 집성이라 할 수 있다. 권제가 서문에서 유고(遺稿)가 인멸될 것을 우려한 나머지 세종이 직접 문집을 편찬하라고 분부했다는 증언은 그래서 중요하다. 변계량이라는 한 문인의 시문을 수습해주겠다는 사적인 목적보다 그가 지은 공적 글쓰기를 국가적 문장의 교본으로 활용하려는 의도가 강했던 것으로 보이기 때문이다. 실제로 세종은 변계

---

17 김풍기, 「권위를 생성하는 글쓰기와 변계량의 문장의 문학사적 의의: 조선의 전통과 중화주의의 길항」, *Journal of Korean Culture*, vol.53(한국어문학구제학술포럼, 2021), 278쪽.

량이 질병으로 대제학을 사퇴하려 할 즈음, 변계량에게 그를 대신할 만한 후임자를 부탁한다. 또는 기존에 사용하던 제문과 축문을 변계량으로 하여금 전체적으로 수정하게 한다. 그리고는 그것들을 의궤(儀軌)에 올리도록 한다. 변계량이 국가의례에서 사용되는 문장을 거의 독점하고 있던 사정을 보여주는 사례들이다.[18] 세종은 그런 변계량의 사후를 대비하고자 했던 것이다.

[2] 『춘정집』이 간행될 무렵, 세종은 변계량이 살아 있을 때 펼쳤던 주장을 자주 거론하며 현안을 결정했다. 그중 몇 가지만 열거해보면 다음과 같다. 젊은 승지들이 여악(女樂)을 폐지해야 한다고 하자 세종은 변계량의 견해를 들어 수용하지 않았으며,[19] 과거시험에서 강경(講經)을 존치 또는 복설해야 한다는 의례상정소의 건의도 변계량의 주장을 환기시키며 받아들이지 않았다.[20] 즉위 초기에는 임금 한 사람을 위한 기도라며 폐지했던 연종환원(年終還願)이라는 불교의식을 변계량의 상소를 근거로 삼아 부활시켰다.[21] 그 외에도 정몽주·길재·이숭인·최영 등 추숭할

---

18 『세종실록』 세종 5년 6월 23일; 10월 14일 기사 참조. 심지어 세종은 변계량에게 城隍과 山神에게 제사 지낼 때 太王·太后와 같은 작호를 붙이는 것이 타당한가, 또는 忌晨齋에 사용하는 佛疏에 임금을 '弟子'라고 쓰고 있는데 '朝鮮國王'으로 써야 옳은 것이 아닌가, 등에 대한 의견까지 물었다. 이런 세세한 문제들에 대한 의견은 분분했고, 그때마다 변계량에게 의견을 물어 결정했던 것이다.『세종실록』 세종 6년 2월 11일; 3월 12일 기사 참조.

19 『세종실록』 세종 12년 7월 28일. "上曰: '卿等之論至當. 然太宗時, 已有此議, 一二大臣以謂: 不可無土風. 卞季良亦以爲: 書云: 四海遏密八音. 古昔盛時, 豈無如此之樂乎?' 因此不革."

20 『세종실록』 세종 12년 8월 13일, 10월 25일; 세종 19년 9월 3일, 9월 14일 기사 참조.

21 『세종실록』 세종 12년 10월 24일. "上謂代言等曰: '曾因卞季良上疏, 以年終還願之事, 議于政府六曹. 予意以爲只爲予之一身祈福, 宜罷之. 後更思之, 非爲予一身,

만한 고려의 인물을 선정할 때도 변계량이 주장했던 근거를 절대적으로 참고했고, 역대 임금의 묘호(廟號)를 정하는 방법을 논의할 때도 그의 평소 견해가 기준점이 되었다.[22] 외교문제에 있어서도 그러했다. 모든 신하들은 사신으로 들어온 야인(野人)을 임금이 직접 접견하는 것은 부당하다고 했지만, 세종은 직접 만나보겠다고 했다. "오랑캐라도 친히 접견하시어 멀리서 온 노고를 위로하는 것이 옳다."라고 했던 변계량의 조언을 옳게 기억하고 있었기 때문이었다.[23]

변계량의 사후, 세종에게 변계량의 부재는 시간이 아무리 지나도 쉽게 해소되지 않았다. 특히, 예문관대제학으로 있으면서 그가 보여주었던 공적 글쓰기는 쉽게 대체될 수 없는 역할이었다. 변계량이 노쇠해지면 노쇠해질수록 세종의 걱정은 더욱 커져만 갔다. 그리하여 변계량과 의논하여 마련한 대책 가운데 하나는 두고두고 전범으로 삼을 만한 공적 문장의 선집(選集)을 제작하여 후학들로 하여금 수시로 익히게 하는 방법이었다.

> 임금이 대언 등에게 이르기를 "유생이 사서오경과 『삼장문선(三場文選)』 · 『원류지론(源流至論)』 등의 책을 공부했다면 제술(製述)로 과거에 응할 수 있었을 것이다. 그런데 이것은 서두르지 않고 오로지 동년배가 제술한 것만

乃爲國家求福, 稽之古典, 有告焉有祈焉. 又云: '祈洪休也.' 又云: '祈天永命.' 以此觀之, 祈告之事, 肇自上古, 可令仍舊勿革." 참고로 세종이 연말에 부처에게 복을 비는 年終還願 의식을 폐지한 것은 세종 3년 12월 13일이다. 이때는 세종이 변계량에게 눈짓을 하여 반대하지 못하게 한 뒤, 전격적으로 폐지했었다. 그만큼 변계량은 전통적으로 행해오던 그 불교의식을 계속 이어가야 한다고 굳게 믿고 있었다.

22 『세종실록』 세종 13년 5월 22일. "高麗之時, 旣稱廟號, 又稱諡, 未知何據? 卞季良據高麗之制, 請行祧廟朔望之祭, 此法不見於經傳."

23 『세종실록』 세종 13년 1월 6일. "上曰: 然! 往者大臣等皆云: 君上不宜親見野人. 惟卞季良云: 親見慰其遠來之勞, 可也. 故野人來, 予嘗親見, 今亦欲見之."

모아 초집(抄集)하여 쓰고 있다. 그러므로 혹시 비슷한 제목을 만나게 되면 표절하여 써서 하나의 풍속이 되었다. 얼마 전 성균관에 행차하여 전문(箋文)을 제술하게 했는데, 모두 권맹손이 도시(都試)에 장원을 차지한〈진빈풍도전(進豳風圖箋)〉을 표절하여 적은 까닭으로 내가 이를 취하지 않았다. 비록 평상시 제술일지라도 초집(抄集)을 표절하는 것은 도리를 아는 유생이 할 바가 아니다. 하물며 내가 친히 선비를 시험하는 때이겠는가? 내가 엄격히 금하고자 했지만, 대간(臺諫)으로 하여금 금지시킬 일이 아니니 어떻게 해야 하겠는가? 판부사 변계량에게 의논하라. 내가 생각하기에 사서오경 외에도 중국의 유명한 선집과 우리나라 명유가 제술한 표전·책문 따위의 글들을 인쇄하여 반포하라. 그리고 비루하거나 졸렬한 문장을 모두 금지하여, 부정한 방법으로 과거에 합격하는 길을 막도록 하라. 만약 간사한 무리들이 예전의 행동을 고치지 않는다면, 치지도외하는 것도 옳을 것이다. 이를 아울러 의논하라." 하였다.[24]

변계량이 죽기 1년 전의 일이다. 평소 질병이 많던 변계량은 그 무렵 자신의 집에서 그리 멀지 않은 흥덕사(興德寺)에서 요양하며 지낼 정도로 쇠약해진 상태였다. 세종은 변계량의 사후가 걱정이었다. 젊은 유생에게 사서오경과 같은 경전을 공부시키는 것도 급했지만, 변계량의 뒤를 이어 대명외교는 물론 국내정치에도 필요한 공적 문장을 담당할 만한 인재를 구하기가 어려웠기 때문이다. 현실은 갑갑하기 그지없었다. 성

---

24 『세종실록』세종 11년 5월 28일. "上謂代言等曰: 儒生能治四書五經及『三場文選』·『源流至論』之類, 亦可能製述, 而應擧矣. 不此之急, 專聚儕輩所述, 以爲抄集, 或遇疑似之題, 剽竊書之, 靡然成風. 近日視學, 令製箋文, 皆竊用權孟孫都試居魁〈進豳風圖箋〉, 故予不取之. 雖平時製述, 竊用抄集, 固非識理儒生所爲也. 況予親臨試士之時乎? 予欲痛禁, 然非所以令臺諫禁止之事也, 爲之乃何? 其議于卞判府事. 予心以爲四書五經之外, 抄錄中朝有名抄集及東國名儒所製若表箋策問之類, 印出頒行, 悉禁鄙拙之文, 以杜詭遇之門. 若其譎詐之徒, 不悛前行, 則置之度外, 亦可也, 幷此議之."

균관 유생들은 『삼장문서』에 실려 있는 중국 과거시험의 명문장을 공부하는 것이 아니라 기껏해야 동료의 답안을 모아두고 베끼는 데 급급할 따름이었다.

그리하여 변계량과 상의하여 중국의 유명한 선집과 우리나라의 명망 있는 선배가 지은 문장을 모아 편찬하는 일을 상의하도록 했다. 전범이 되는 문장을 통한 올바른 문장 교육을 시키고자 했던 것이다. 이렇듯 변계량의 부재는 국제적 난관, 곧 명나라에 보낼 표전을 쓰는 일이 생길 때마다 더욱 크게 느껴졌다. 세종은 자신이 지어 내려준 제문(祭文)에서도 변계량이 화려한 문장으로 다듬은 사명(詞命)을 잘 지어 명나라로부터 매번 칭찬받았던 사실을 가장 먼저 기록할 정도였다.[25] 그랬던 만큼 변계량이 죽고 난 뒤, 그가 했던 말들이 자주 떠오르곤 했다.

> 우리나라에서 임금에게 올리는 전문(箋文)에 '하늘을 쳐다본다[瞻天], 성인을 우러러본다[仰聖]'라고 쓰고 있는데, 이는 칭찬이 너무 지나친 것으로 나는 이를 매우 부끄럽게 생각한다. 옛적에 변계량이 말하기를 '중국에서는 황제를 하늘이라 여기고, 일국에서는 임금을 하늘이라 여기고, 한 집안에서는 아버지를 하늘이라 여기고 있습니다. 또한 하늘과 성인이란 말은 예로부터 지금까지 통하여 써 내려온 말이오니, 무슨 상관이 있겠습니까?' 하였다. 또한 유정현(柳廷顯)과 박은(朴訔)도 변계량의 말이 옳다고 했기 때문에 나는 잠시 그대로 사용하고 고치지 못하였다. 그대는 옛 제도를 함께 조사하여 아뢰라.[26]

---

25 『세종실록』 세종 12년 6월 15일. "善爲詞命, 常加潤色之華, 祗事朝廷, 獲紓褒嘉之寵."

26 『세종실록』 세종 12년 11월 29일. "本朝進箋云: '瞻天仰聖.' 稱美太過, 予甚愧之. 昔卞季良以爲: '在中朝則以帝爲天, 在一國則以君爲天, 在一家則以父爲天. 且天與聖字, 古今通稱, 何嫌乎?' 柳廷顯・朴訔亦以季良之言爲是, 予姑從之, 因循不改. 卿其幷稽古制以聞."

임금에게 올리는 전문(箋文)을 쓸 때, 세종 자신에게 '하늘을 쳐다본다[瞻天]'라거나 '성인을 우러러본다[仰聖]'라고 쓰고 있는데, 그것이 괜찮은 건지 의논해서 올리라고 했다. 변계량이 살았을 때 괜찮다고는 했지만, 너무 과분한 것이 아닌지 궁금했던 것이다. 사실, 공적 문장에서는 한 글자 한 글자가 조심스러웠다. 중국 황제와 주고받는 문장의 경우에는 더욱 조심스러웠다. 내관이 입으로 황제의 명령을 전달하는 경우, 그 답하는 표문에 '선유하신 말씀[宣諭聖旨]'이라고 해야 할지, 아니면 '선유에 의거하여[據宣諭]'로 해야 할지 정하기가 쉽지 않았다.[27] 사신으로 갔다 온 내관이 황제의 지시를 전하기를 해동청(海東靑)과 삽살개[狗兒]를 보내라고 한 적이 있는데, 그걸 바치면서 함께 보낼 표문을 작성하는 과정에서 불거나온 문제였다. 사소한 문제처럼 보이지만, 결코 그렇지 않은 것이었다.

변계량은 살아생전 그럴 경우 '황제의 분부[聖旨]'라고 써야 한다고 세종에게 말해준 적이 있다. 그렇게 써야 중국 조정에서 황제의 이름을 빙자하여 함부로 매, 개, 처녀를 요구하지 못할 것이기 때문이라는 이유였다. 자신도 그 말에 동의해 그렇게 쓰고 있지만, 황제가 직접 글로 적어 보낸 것이 아닌데도 그렇게 써도 되는지 걱정이 되었던 것이다. 표전의 문자는 그처럼 까다로운 것이고, 그래서 대외문서를 오랫동안 주관했던 변계량의 판단은 항상 중요한 고려의 대상이 되었던 것이다. 특히, 변계량은 문장을 짓는 데 있어서 자신의 견해를 굽히지 않는 것으로 유명했었다.[28]

---

27 『세종실록』 세종 15년 윤8월 24일. "上曰: 本朝使臣之赴京也, 內官尹鳳, 口傳聖旨於闕庭. 令進海靑狗兒, 今當進獻, 稱宣諭聖旨乎? 前日聖旨, 不用宣諭, 今據宣諭, 無乃不可乎?"

28 변계량이 살아생전에 표문을 작성하면서 '惟玆白雉'라는 구절을 두고 논란을 벌였을 때, 모든 문신은 물론 세종까지 그르다고 하는데 변계량 혼자만 자신의 의견을

그랬던 변계량이었기에 변계량이 죽고 없자 "요즘에는 표문을 쓰는데 능숙한 인물이 없다"[29]던 그의 생전 한탄이 새삼 되살아났다. 그러던 즈음 세종이 변계량의 독창적인 발상과 국가적 행사의 필요로 지어진 의례문장을 묶어 교본처럼 사용하면 좋겠다는 생각을 했을 법하다. 그의 유고를 수습하는 데서 그치지 않고, 국가의 전범으로 삼아야 하는 문집인 만큼 철저한 교정을 거치도록 집현전의 고급 인력을 대거 투입했다. 그렇게 하여 세종 24년 『춘정집』의 편찬 작업을 마치게 되었던 것이다. 대략 추정컨대 문집 편찬은 그보다 몇 년 전에 시작되었으리라 짐작된다. 흥미로운 것은 변계량의 유고를 수습해 문집으로 편찬하라는 명을 내리던 그 무렵, 세종이 "판부사 변계량이 적자가 없으니 첩자(妾子)인 영수(英壽)를 부사정(副司正)에 제수하여 그로 하여금 제사를 주관하게 하라."[30]는 명도 함께 내리고 있다는 사실이다. 자신이 크게 의존했던 스승 변계량에 대한 부재를 절감하여 문집을 편찬하도록 하고, 그의 제사를 받들어줄 후사를 정해주었던 것은 국가의 시귀(蓍龜)에 대한 특별한 배려였던 것이다.

그런 조처가 내려진 세종 20년 무렵, 집현전에서는 주목할 만한 작업이 펼쳐지고 있었다. 세종과 집현전 학자들은 중국 진한(秦漢)으로부터 명나라에 이르기까지 황제의 제고(制誥)와 조칙(詔勅)을 모은 책을 편찬하고 있었던 것이다. 『사륜전집(絲綸全集)』이 그것이다. "제왕의 말은 실오라기 같다가도 일단 나오면 굵은 명주실처럼 된다."[31]라는 『예기』의

굽히지 않았다. 그 일화는 문장에 대한 그의 자부심이 어느 정도였는지를 잘 보여준다. 서거정, 성백효 역주, 『四佳名著選』(이회, 2000), 283~284쪽.
29 『세종실록』세종 13년 2월 5일. "尹粹曰: 卞季良每嘆儒者無工於表章者曰: 唯權採稍工."
30 『세종실록』세종 20년 8월 17일. "判府事卞季良無嫡子, 拜其妾子英壽副司正, 令主其祀."

구절에서 따온 제목이다. 그 책이 국가적으로 얼마나 중요한 것이었는지는 편찬을 마치자마자 예문관대제학 정인지로 하여금 초선(抄選)한 『사륜요집(絲綸要集)』을 다시 만들게 했던 데서 확인된다.[32]

집현전의 설립 목적이 고제(古制) 연구를 통해 유교문명 국가로서 갖추어야 할 각종 의례와 전장제도의 전범을 정립하는 것이었던 만큼, 역대 황제의 유명한 제고와 조칙을 군신이 숙지하고 있는 것은 매우 중요한 과제였다. 아닌 게 아니라 『사륜요집』은 편찬되고 나자 곧바로 세자(곧, 문종)가 서연에서 신하들과 함께 강론하는 텍스트로 채택될 정도였다.[33] 그런 시대적 맥락에 볼 때, 『춘정집』의 편찬은 『사륜전집』·『사륜요집』과 같은 공적 문장의 서책 편찬과 궤를 같이하는 작업으로 볼 여지가 충분하다.

『춘정집』의 절대 다수를 점하고 있는 산문들, 이를테면 봉사, 책문, 교서, 표전, 청사, 책문, 제문, 축문, 계문, 비명, 능지, 묘지명, 신도비명 등은 모두 국가를 운영하는 차원에서 없어서는 안 될 조령문(詔令文)이거나 의례문이다. 그리고 그것은 변계량을 이어갈 후배 관각문인들이 그와 유사한 국가적 의례를 행할 때마다 참고하지 않을 수 없는 공적 글쓰기의 전범이기도 했다.[34] 『사륜전집』·『사륜요집』에 수록된 역대 황제의 유명한 제고와 조칙을 배우고 익혀야 하는 것처럼, 『춘정집』에 실려 있

---

31 『禮記, 緇衣』. "王言如絲, 其出如綸."
32 『세종실록』 세종 24년 9월 30일. "上命集賢殿集錄秦漢以降迄于皇明凡制誥詔勅, 編訖, 賜名『絲綸全集』. 又命藝文大提學鄭麟趾, 就加抄選, 別爲『絲綸要集』."
33 『세종실록』 세종 28년 10월 5일. "世子於書筵, 講『絲綸要集』, 以王后喪停講, 至是始御書筵, 欲復講. 左輔德金汶·右輔德李季甸·左弼善魚孝瞻·左正字李芮等申曰: 古人居喪讀喪禮, 請於期年內, 姑停『要集』, 講『禮記』. 東宮曰: 上問看何書, 我啓以『絲綸要集』, 上曰: 是好書也. 以是欲講之, 今爾等所言是, 當讀『禮記』."
34 변계량의 다양한 문장이 제도적 글쓰기로서의 면모를 보여주고 있다는 것에 대해서는 김풍기, 앞의 논문, 278~283쪽에서도 지적된 바 있다.

는 우리나라의 교서와 표전도 전범으로 삼아 쓸 줄 알아야 하는 것이었다. 그런 점에서 『춘정집』은 건국 이후 세종 중반까지 거행된, 곧 유교문명 국가를 자처한 조선 초기의 의례 현장을 직접 조망해볼 수 있는 생생한 거울이기도 했다.

2) 문장전범으로서의 『춘정집』과 그 구성의 실제

① 조선의 건국 직후에 명나라 홍무제가 벌인 이른바 '표전문 사건'은 외교문서의 제작이 대명외교에 있어 최대 관건으로 떠오르도록 만들었고, 그로부터 격식에 맞으면서도 수준 높은 문장을 제작하는 데 많은 노력을 기울이기 시작했다는 사실은 잘 알려진 바다. 중화문명을 발 빠르게 도입하고 화이질서의 준수를 그 누구보다 중시하던 세종은 특히 그러했다.[35] 앞서 살펴보았듯이 집현전 학사들로 하여금 중국의 유명한 표전과 책문, 그리고 우리나라 명현이 지은 표전과 책문을 엄선하여 편집·배포하도록 했는가 하면, 외교문서를 전담하고 있던 변계량의 사후에는 그를 대신할 만한 문사 육성의 노력을 백방으로 기울였다.

> 경연에 나아가 검토관 권채(權採)에게 일렀다. "경연에 소장되어 있는 『송파방(宋播芳)』의 권질이 갖춰져 있느냐?" 대답하기를 "결락이 많습니다." 하였다. 임금이 말했다. "다시 조사하여 아뢰어라. 예조로 하여금 구매하도록

---

35 세종대에 집단 제작 방식을 통해 표전의 전범을 수립하기 위해 전개한 노력은 이은영, 「조선 表箋의 典範을 찾아서: 『세종실록』과 『동문선』의 역할을 중심으로」, 『동양한문학연구』 51집(동양한문학회, 2018)에서 살핀 바 있다. 그리고 표전은 물론 세종대에 기획된 관찬서를 편찬하는 과정에서 임금과 집현전 학사 사이에서 벌어진 협력과 갈등의 양상에 대해서는 김남이, 「입법과 창제의 시대, 문장의 책무와 한계: 집현전 학사들이 官撰書에 부친 文字들을 중심으로」, 『진단학보』 135집(진단학회, 2020)을 참조할 것.

하겠다. 그대는 평소 표전을 잘 짓는다는 명성을 얻고 있다. 더욱 경사(經史)를 많이 보고, 『송파방』을 익힌다면 짓는데 어려움이 없을 것이다. 우리나라의 사대는 전적으로 표전에 의지하고 있다. 그러니 기서(記序)와 같은 글은 사대하는 데 긴요하지 않은 문장의 지엽에 불과할 뿐이다. 또한 우리나라는 평소 문한(文翰)의 나라로 일컬어지고 있다. 그러니 표전의 제작에 있어 반드시 정밀하고 절실해야 할 것이다. 그대는 명심하라."[36]

위의 인용문은 변계량을 이어 표전을 제작할 만한 인물로 추천된 권채에게 세종이 『송파방』을 텍스트로 삼아 열심히 익히라고 신신당부하는 대목이다. 변계량은 스승 권근의 조카이자 자신의 절친 권우(權遇)의 아들인 권채를 후임자로 추천했던 것이다. 더욱이 권채는 변계량이 주관한 태종 17년 생원시에서 장원급제하여 좌주-문생의 관계를 맺기도 했다. 그런 권채는 세종 7년 신석견·남수문과 함께 사가독서인(賜暇讀書人)으로 선발되는데, 그때도 세종은 그들에게 변계량을 찾아가 글 읽는 법을 배우라고 특별히 당부하기도 했다.[37] 권채를 표전 작성의 전담자로 집중 육성하고자 했던 것이다.

세종은 권채 한 명으로는 불안했는지 3품 이하로부터 9품에 이르기까지 문예에 능한 관원 수십 명을 선발하여 집현전에 겸직하게 하고 중국에 보내는 표전과 본국에서 소용되는 문서를 지제교의 예에 의거하여

---

36 『세종실록』 세종 13년 2월 8일. "御經筵, 謂檢討官權採曰: '經筵所藏『宋播芳』, 帙具乎否?' 採對曰: '多脫落.' 上曰: '更考以聞, 當令禮曹購求矣. 爾素得善述表箋之名, 益觀經史, 且熟『播芳』, 則製述無難矣. 本國事大, 專用表箋, 若序記之類, 不緊於事大, 特文章餘事耳. 又我國素稱文翰之邦, 表箋之作, 要須精切, 爾其念之.'"

37 『세종실록』 세종 8년 12월 11일. "召集賢殿副校理權採·著作郎辛石堅·正字南秀文等, 命曰: '予以爾等除集賢官者, 以其年少有將來, 祗欲其讀書有實效也. 然各緣職事早暮, 未暇專心讀書. 自今勿仕本殿, 在家專心讀書, 以著成效, 以副予意. 其讀書規範, 當受卞季良指畫'."

제술하도록 했다.[38] 변계량의 부재는 그럴 정도로 대명외교에 있어 커다란 손실로 다가왔던 것이다. 그의 존재감을 보여주는 다음과 같은 일화도 전한다.

> 좌의정 황희, 우의정 맹사성, 판부사 변계량과 허조, 예조판서 신상, 총제 정초, 예문제학 윤회에게 명하여 흥덕사에 모이게 하였다. 그리고 지신사 정흠지에게 거기에 참여하여 명나라에 금·은 세공의 면제를 청하는 일을 함께 의논하게 하였다. …(중략)… 이때 변계량이 병들어 흥덕사에 있었기 때문에 황희 등에게 그곳으로 가서 의논하게 명한 것이다.[39]

조선에서 많이 생산되지 않는 금은을 공물로 바쳐야 하는 어려움을 토로하며, 그것의 면제 또는 대체를 요청했던 유명한 표문 〈청면금은표(請免金銀表)〉를 지어보내기 직전의 장면이다. 그 난제를 해결하기 위해 조정의 주요 대신들이 흥덕사에 집결했다. 세종은 자신의 최측근인 지신사(도승지)도 참여하여 거들도록 했다. 서대문 밖에 위치했던 그 사찰은 태조 이성계가 자신이 살던 집을 희사하여 세운 일종의 원찰(願刹)이었다. 태종 이후에는 교종(敎宗)의 도회소(都會所)로 쓰이고 있었다. 그러한 사찰에 내로라하는 정승과 재상이 모두 모여 국사를 의논하니, 별도의 조정(朝廷)이 열린 형국이었다. 굳이 절에까지 가서 국사를 의논하게 했던 까닭은 변계량이 바로 그곳에 머물며 요양하고 있었기 때문이다.

---

38 『세종실록』 세종 12년 5월 27일. "集賢殿將文臣勸學條件以啓: '文臣三品以下至九品除臺諫, 擇有文藝數十人, 隨品兼集賢殿, 凡事大表箋及本國文書, 依知製敎例製述.'"

39 『세종실록』 세종 11년 7월 18일. "命左議政黃喜·右議政孟思誠·判府事卞季良·許稠·禮曹判書申商·摠制鄭招·藝文提學尹淮, 會于興德寺, 令知申事鄭欽之往議, 請免金銀貢. … 時, 季良病在興德寺, 故命喜等就而議之."

그만큼 대명외교의 관건인 표전을 제작하는 데 있어 변계량이라는 존재는 막중한 비중을 차지하고 있었다.[40] 실제로 변계량에 의해 제작된 그 표전으로 말미암아 명나라로부터 금은의 공물을 영구히 면제받는 성과를 거두게 된다. 때문에 그 표전은 화국문장(華國文章)의 가장 모범적인 사례가 되어, 중국은 물론 우리나라 문사들 사이에서도 널리 회자되었다.[41] 이와 같은 사례를 통해 확인해보듯, 조선 초기의 문형을 20년 동안 맡아온 변계량은 그때 거행된 국가 행사나 의례에서 사용되는 문장을 거의 전담하다시피 했고, 그것은 의례문장의 전범으로 두고두고 활용되게 된다. 실제로 세종 때 간행된 『춘정집』은 중종의 시대까지 『응제시』・『동인시집』・『사가집』・『보한집』 등과 함께 홍문관에서 보관하고 있다가 수시로 참고했던 국가문헌의 하나였다.[42] 선조 때는 조선 초기의 문물제도를 검증해보기 위해 참고해야 하는 전거로 새삼 주목받기도 했다.

얼마 전 어떤 사람이 말하기를 "영락(永樂) 연간에 변계량이 상소하여 전법(錢法)을 혁파하도록 청했는데, 이에 관한 자초지종이 그의 문집에 갖추어져 있다."고 하였습니다. 이에 신이 권질(卷帙)이 빠진 문집 두 권을 구해 조사해 보니, 과연 변계량이 의견을 내어 혁파한 적이 있었습니다. 그러나 봉사(封事)에서는 이 일

---

40 변계량의 위상을 보여주는 비슷한 사례가 또 있다. 변계량의 사후, 세종은 변계량이 주관하고 있던 『태종실록』의 감수를 좌의정 황희와 우의정 맹사성에게 분부한다. 그러면서 史局을 흥덕사에서 의정부로 옮기라고 한다. 변계량은 본래 병이 많아 자기 집 근처에 있는 흥덕사로 史庫를 옮겨 『태종실록』을 수찬했던 것이다. 변계량이 있는 곳이 바로 실록의 사고가 될 정도였다. 『세종실록』 세종 12년 4월 26일 기사 참조.

41 安止, 〈春亭集 舊跋〉. "況邇來事大表箋, 皆出其手, 尤爲精切, 中朝文人, 亦見而歎之, 可謂華國之文章, 宜爲後人之楷範." 뿐만 아니라 왕세자(문종)가 변계량을 致祭하는 제문에서도 "文擴國華, 德孚人心."이라는 말로 그가 문장화국을 실천한 면모를 특기하고 있다.

42 『중종실록』 중종 7년 9월 6일 기사 참조.

을 간략하게만 언급하고 있고, 자초지종의 곡절은 자세히 언급하지 않았습니다. 혹 자세한 내용이 신이 보지 못한 다른 권에 들어있었는지는 모르겠습니다.[43]

『춘정집』의 이런 역할을 입증하는 보다 분명한 사례가 바로『동문선』이다. 우리나라의 역대 문장 가운데 전범으로 삼을 만한 작품을 문체별로 선별[44]해 놓은 그곳에는 변계량의 작품이 매우 많이 실려 있다. 그런데 선별된 작품의 비율이 흥미롭다. 변계량의 한시는 총 442수 가운데 13수가 선별되고 있는 데 반해, 산문은 그보다 훨씬 많은 92편이 실려 있다. 숫자도 숫자이지만, 선별된 문체도 무척 다양하다. 교서 3편, 책 4편, 표전 25편, 명 3편, 찬 2편, 기 3편, 서 3편, 설 1편, 발 2편, 잡저 4편, 제문 3편, 축문 1편, 소 19편, 청사 12편, 비명 7편 등 총 15개의 문체가 망라되어 있다. 물론 이들은 거의 모두 공적인 요구에 의해 제작된 문장이다.[45] 『동문선』이 탁월한 명문장을 모은 선집이라기보다는 문장의 전범을 보여주기 위해 편찬된 창작 교본으로서의 성격을 지니고 있다고 할 때,[46] 조선 초기 변계량이 차지하고 있던 문한으로서의 위상을

---

43 『선조실록』 선조 36년 5월 23일. "頃有人言: '永樂年間, 卞季良上疏, 請罷錢法, 其事之首末, 具載於季良文集中.' 臣求得不秩文集二卷査見, 則季良果爲獻議罷之, 其封事中, 略及此事, 而不言終始曲折, 未知其詳在於臣所未見他卷否也."
44 성현, 『慵齋叢話』. "達城所撰東文選, 是乃類聚, 非選也."
45 물론 선별된 변계량의 문장 가운데는 절친 成石因의 서재에 지어준 〈四佳亭記〉처럼 사적으로 창작한 記文도 있다. 하지만 그런 작품은 거의 무시해도 좋을 정도로 적다. 참고로『동문선』가운데 산문의 문체는 詔勅, 制誥, 敎書, 冊, 批答, 表箋, 啓, 狀, 露布, 檄書, 箴, 銘, 頌, 贊, 奏議, 箚子, 文, 書, 記, 序, 說, 論, 傳, 跋, 致語, 辨, 對, 志, 原, 牒, 議, 雜著, 上梁文, 祭文, 祝文, 疏, 道場文, 齋詞, 靑詞, 哀詞, 誄, 行狀, 碑銘, 墓誌 등 총 44종에 달한다. 『춘정집』에 수록된 문체보다 3배 많기는 하지만, 공적인 목적으로 제작된 주요 문체는『춘정집』에 거의 모두 망라되어 있다고 보아도 좋다.

객관적으로 보여주는 지표라고 할 수 있다.[47]

② 공적 문장의 전범을 마련하기 위해 『춘정집』을 편찬한 뒤, 세월이 흐르면서 그 전승은 온전하게 이어지지 못했다. 조선전기 문집의 대부분이 그러하듯, 임진왜란을 거치면서 선조 말엽에 이미 그 전질을 구하기 어려울 정도가 되었다. 문집의 실전을 안타깝게 여기던 경상도 거창의 병암서원(屛嚴書院)[48]에서는 여기저기 수소문한 끝에 흥해향교(寧海鄕校)에 보관되어 있던 『춘정집』 한 질을 찾아냈다. 그리하여 그것을 저본으로 삼아 순조 25년(1825) 중간본을 발간하게 된다. 문집의 규모는 초간본과 같이 12권으로 맞추었지만, 수록 작품에는 적지 않은 변화가 있었다. 초간본에 실려 있던 63편을 중간본 편찬 과정에서 산삭해버렸던 것이다.[49]

중간본에서 삭제된 작품을 살펴보면, 불교 관련 작품이 절대 다수를

---

46 이은영, 앞의 논문, 102쪽.

47 변계량은 국가적 차원에서 文章의 전범을 정립하는 것 외에 科詩 부문에서도 결정적인 역할을 담당했다. 정조와 함께 역대의 典章制度를 상세하게 고찰했던 정약용은 유배지에 내려와서도 과거제도를 고찰하며 여러 병폐를 지적하고 있다. 변계량의 이름은 그때 다음과 같이 소환된다. "우리나라 과거제도는 雙冀에서 시작되어 春亭에게서 갖추어졌네."(『다산시문집』 권17, 「爲李仁榮贈言」). "변계량이 처음으로 科詩를 지으면서 〈襄陽歌〉의 성률을 모방하였다."(『목심심서, 禮典』, 제6조 「課藝」). "지금에 이르도록 식자들, 옛날 변계량을 탓한다네. 격조 낮은 시로, 엄청난 해독을 끼쳤다고[于今識者論, 追咎卞李良, 詩格本卑陋, 流害浩茫洋]."(『다산시문집』 권3, 「夏日對酒」) 등이다. 조선 초기에 변계량이 확립했던 과거제도는 조선 말기에 이르기까지 科詩體의 형식으로 계속 이어지고 있었던 것이다.

48 병암서원은 숙종 33년(1707) 변중량·변계량 형제를 추숭하기 세운 서원이다. 하지만 고종 6년(1869) 대원군의 서원철폐령으로 훼철되어 이후 복원되지 못했다.

49 작품 전체가 삭제된 경우 외에 작품 일부가 결락된 것이 4편, 작품 편차가 바뀐 것이 3편 더 있다. 저본 상태가 훼손되어 어쩔 수 없이 결락되었거나 큰 의미 없는 편차의 이동으로 보인다. 한편 새로 수습된 작품도 2편 있는데, 그 가운데 〈小簡儀銘〉도 있다. 하지만 이는 鄭招의 작품이다. 『동문선』에 변계량의 작품으로 잘못 기재되어 있어 빚어진 오류이다.

차지하고 도교 관련 작품도 일부 포함되어 있다. 조선이 국시로 삼고 있는 유교문명의 시각에서 볼 때, 적절하지 않다고 판단되는 내용을 대거 삭제해버린 것이다.[50] 물론 삭제의 기준은 그것만이 아니었다. 한 인물의 죽음을 애도하는 제문들도 상당수가 삭제되었다. 전근대 문인의 문집에서 비지전장(碑誌傳狀)이 차지하고 있는 막대한 비중을 생각할 때, 납득하기 어려운 현상이다. 초간본의 발굴 번역한 천혜봉 교수는 저명하지 않은 인물을 대상으로 지은 제문이기에 삭제되었을 것이라 추정했지만,[51] 사실은 그렇지 않다. 삭제된 제문을 정리해보면 다음과 같다.

[표 1] 중간본 간행 때 삭제된 제문

구분	작품명	발신자	수신자	비고
1	平壤府院君妻氏祭文	平寧君 趙大臨 (조준의 아들)	모친 (趙浚의 처 李氏)	雲菴寺
2	金承霆母氏開土祭文	병조판서 金承霆 (佐命功臣)	모친 (金惟精의 처 朴氏)	開土祭
3	李稑大祥祭父文	대사간 李稑	부친 (平昌郡 李天驥)	大祥(淸凉寺)
4	鄭摠制鎭祭松堂文	공조판서 鄭鎭 (조준의 사위)	장인 (개국공신 趙浚)	朗月寺

---

50 『춘정집』 초간본과 중간본의 문헌학적 고찰은 천혜봉, 「춘정집 해제」, 『국역 춘정집』(민족문화추진회, 1998)에서 자세하게 이루어졌다. 초간본을 재구하려 노력했던 천혜봉 교수는 성암문고에서 제1권(낙질본)을, 동국대도서관에서 제4~8권과 제11~13권을, 한국정신문화연구원에서 제5~7권을, 고려대 만송문고에서 제10~13권을, 山氣文庫와 雅丹文庫에서 제11~13권을 찾아냈다. 하지만 초간본의 제1권 후반부와 제2~3권은 아직 찾아내지 못했다. 참고로 『동문선』에는 변계량의 한시가 총 13수 실려 있는데, 그 가운데 〈題僧舍〉라는 작품도 있다. 하지만 현전 중간본 『춘정집』에는 이 작품이 실려 있지 않다. 불교적 내용을 담고 있어 중간하는 과정에서 삭제해버린 것으로 보인다.
51 천혜봉, 「춘정집 해제」, 『국역 춘정집』(민족문화추진회, 1998).

5	朴少尹皐禫祭文	미상	부친 (朴皐, 권근의 조부)	禫祭
6	權持平踐等祭祖文	持平 權踐 (권근의 맏아들)	조부 (權僖, 권근의 부친)	
7	李正郎安直祭先塋文	정랑 李安直	부친 (경상감사 李擇之)	先塋
8	祭先考文	평안도관찰사 某	부친(미상)	
9	金漢誠謙祭先考文	한성부윤 金謙	부친 (月城君 金需)	開菴寺
10	淸平君祭先考文	淸平君 李伯剛 (貞順公主 남편)	부친 (좌명공신 李居易)	
11	徐承旨選祭弟宗浚文	승지 徐選	아우 (徐宗浚)	文修寺
12	金益精祭母氏文	이조참판 金益精	모친 (金休의 처 金氏)	
13	失題	미상	公(미상)	長佛寺
14	朴知申事錫命焚黃祭文	知申事 朴錫命 (좌명공신)	모친 (朴可興의 처)	焚黃(追爵)

위의 표에서 보듯, 제문의 대상이 된 인물은 우리에게 그다지 익숙지 않다. 하지만 조선 초기 인물에 대한 우리의 관심이 부족해서 그렇지 그들의 면면을 자세히 살펴보면 전혀 그렇지 않았다. 개국공신 조준과 그의 부인, 권근의 부친과 조부, 그리고 그들처럼 태종의 즉위에 결정적으로 기여한 정사공신(定社功臣)과 좌명공신(佐命功臣) 등 쟁쟁한 인물의 친족들이 대다수다. 그런데 그보다 더 눈여겨보아야 할 대목이 있다. 위의 작품은 개국공신, 부마, 판서, 관찰사, 지신사, 승지, 정랑, 부윤, 소윤, 지평과 같은 유력한 관원이 자신의 부모, 조부모, 장인, 아우 등에게 제사를 지내는 제문인데, 그 모두 변계량이 대신 지어준 대작(代作)이라는 사실이다. 대작이었기 때문에 중간하는 과정에서 삭제의 대상이 되고 말았던 것이다. 변계량 본인의 진솔한 애도의 감정이 담겨 있다고 보기 어려웠고, 그런 점에서 삭제의 대상이 된 것은 일견 당연해 보인다.[52]

하지만 삭제된 제문과 관련된 질문은 다음과 같이 바뀌어야 옳다. 병암서원의 후학들은 『춘정집』을 중간할 때 "왜 멋대로 변계량이 지은 제문을 삭제해버렸는가?"가 아니라 초간본을 편찬한 정척 등 적전제자들은 "왜 변계량이 다른 사람을 위해 지어준 대작을 버젓이 문집에 수록하고 있는가?"라는 물음으로 말이다. 그리고 그 답변은 다양한 인적 관계와 다양한 상황에서 사용되는 제문의 전범을 많은 사람에게 보여주기 위해서라는 데서 찾아야 할 듯하다.

실제로 제문의 대상은 부친에게, 모친에게, 조부에게, 장인에게, 그리고 아우에게 등 매우 다양하다. 뿐만 아니다. 어느 제문은 초혼제를 지낼 때, 어느 제문은 개토제(開土祭)를 지낼 때, 어느 제문은 대상(大祥)을 지낼 때, 어느 제문은 담제(禫祭)를 지낼 때 지어졌으며, 어느 제문은 무덤에서 분황(焚黃)하기 위해 지어졌다. 심지어 무덤에 사용된 제문도 있었지만, 더 많은 경우는 사찰에 모시면서 사용된 제문이다. 어찌 보면 제문의 모든 유형을 망라하고 있다고 말해도 좋을 정도였다. 앞서 살펴본 것처럼 국가적 차원에서 요구되는 공적 문장의 해범(楷範)으로서는 물론 보통 관인으로서는 익숙하지 않은 유교적 의례에서 사용되는 사적 제문(祭文)에 이르기까지 『춘정집』은 문장의 교본으로서의 역할을 충실하게 감당하고 있었던 것이다.

---

52 물론 중간본 『춘정집』에서 삭제되지 않은 제문도 있다. 〈祭先妣贈貞淑夫人曺氏文〉, 〈祭先舅文〉, 〈祭亡耦吳氏文〉처럼 변계량이 자신의 모친, 장인, 그리고 아내를 위해 지은 제문들이다. 또한 자신을 후계자로 키워준 스승 하륜과 권근, 그리고 정몽주의 부인을 위해 쓴 제문도 삭제되지 않았다. 특기할 만한 사항으로 대작 제문 가운데 삭제되지 않은 작품이 있다. 總制 柳濕을 대신하여 써준 권근에 대한 제문 〈柳摠制習, 祭陽村文〉이 그것이다. 아마도 그 까닭은 제목 아래 부기된 "양촌이 일찍이 柳濯 정승의 碑銘을 지었다. 그 아들 濕이 미처 사례를 하지도 못했는데, 그만 공이 돌아가셨다. 이에 제문을 대신 짓게 되었다."라는 데서 찾아야 할 듯하다. 변계량과 각별한 사연이 있는 글이어서 차마 삭제하지 못했던 것으로 보인다.

3. 『춘정집』의 중간과 산삭된 의례문장의 특징

1) 제문祭文 유형별 산삭과 보존의 의미

①『춘정집』을 중간하던 19세기 지방사족의 눈으로 볼 때, 불교라든가 도교와 관련된 내용을 담은 작품이 문집에서 배제되어야 하는 것은 결코 이상하지 않았다. 그때 그들에게 유교적 의례는 절대불변의 진리처럼 지켜져야 했다. 그렇다면 되물어보아야 할 질문은 중간 과정에서 대거 산삭된 그런 작품들이『춘정집』을 처음 편찬한 변계량의 적전제자들에 의해 왜 전혀 배제되지 않았느냐, 하는 점이다. 문집 편찬을 명한 세종도 마찬가지였다. 집현전 학자들이 정밀하게 편찬하여 바친 그 문집을 직접 보았음에 불구하고 전혀 문제 삼지 않았다. 그렇다면『춘정집』에 담긴 그런 모습이 오히려 조선 초기의 국가의례를 주관하고 있던 문형 변계량의 진면목일 수 있다. 뿐만 아니라 유교문명을 내걸고 세운 조선에서 국가적으로 용인하고 있었던 실제적 모습이기도 했다.

그런 사실을 뒷받침하기 위한 고찰의 일환으로 세조대부터 성종대에 이르기까지 20년 넘게 문형을 잡았던 서거정이 편찬한『동문선』과 비교해볼 필요가 있다. 조선 초기 문인 가운데 그곳에 가장 많은 작품이 실린 인물은 권근이다. 무려 178편에 달할 정도였다. 그 다음은 변계량으로 105편이 실렸다.『양촌집』이 40권에 달하는 거질의 문집인 반면『춘정집』은 불과 12권이라는 점을 고려하면, 선정된 비율에 있어서는 변계량이 권근보다 훨씬 높다고 할 수 있다. 특히 수록된 문체의 다양성에 있어서는 단연 권근을 압도한다. 이와 같은 작품의 선별 양상은『춘정집』이 조선 초기의 국가행사에 소용되는 공적 문장의 전범으로 활용하기 위한 목적에서 편찬되었으리라는 우리의 추론을 보강해주는 유의미한 증거이다.

뿐만 아니라 전체 총량으로 보면 권근에 비해 적은 작품이 뽑혔지만,

불교 및 도교와 관련된 의례문장의 경우에는 변계량의 작품이 월등하게 많아 별도의 설명이 필요하다. 권근의 경우 선별된 178편 가운데 소문(疏文)과 청사(青詞)는 각각 12편과 4편에 불과하다. 이에 반해 변계량은 105편 가운데 소문 19편과 청사 12편 등이 총 31편에 달해, 수록된 전체 작품의 대략 1/3 정도를 차지하고 있다.[53] 우리는 앞서 변계량이 문형의 지위에 있으면서 귀신을 섬기고 부처를 받들었으며, 심지어 하늘에까지 제사를 지내어 식자의 조롱을 받았다는 줄기를 읽어본 바 있다. 위와 같은 비유교적인 의례문장을 다수 남기고 있는 것을 통해 그 평가가 사실이었음을 확인하게 된다.

널리 알려져 있듯, 조선 초기는 유교문명에 부합하는 국가의 문물제도를 제정하고 실행하는 데 전력을 기울였다. 그리고 그런 문명전환의 과정에서 불교·도교사상은 물론 전래의 무속신앙은 배척의 대상이 될 수밖에 없었다. 비록 과거의 관습과 완벽하게 결별하기 어렵다고 해도 공공연하게 드러내고 행할 경우에는 비판의 대상이 되는 것을 감수해야만 했다. 관직에 몸담고 있는 경우라면 더욱 그러했다. 그런 상황을 보여주는 일화가 실록에 실려 전한다.

①집현전직제학 이선제에게 명하여 〈흥천사리각경찬소문(興天舍利閣慶讚疏文)〉을 지어 올리게 하였다. 이때 이선제가 임금을 호종하던 중이라 서울에 남아 있는 동료 직전 남수문과 응교 신석조에게 편지를 했다. "괴이한 일이 있다. 상감께서 소신에게 〈흥천경찬소(興天慶讚疏)〉를 지으라고 하시네. 부탁건대, 이런 종류의 옛날 글을 뽑아서 편지로 보내주게." ②남수문이

---

53 불교나 도교 관련 산문만이 아니라 표전도 변계량의 작품이 월등하게 많다. 권근의 표전이 10편인데 반해 변계량의 표전은 25편에 달할 정도이다. 이상의 통계자료는 박창희, 「동문선 저자명별 작품 목록」, 『아세아연구』 12(4)집(고려대 아세아문제연구소, 1969)을 활용하였다.

웃으며 말했다. "이제 나는 이 소문(疏文) 짓는 책임을 면했으니 매우 기쁘도다." 그때 서울에 남아 있던 승지 김요·강석덕이 남수문을 불러 전지(傳旨)가 내렸다며 〈흥천경찬소〉를 지으라고 했다. 남수문이 말하기를 "지난번에 집현전에서 경찬회의 혁파를 두 번이나 상소를 올려 청했었다. 그런데 지금 만약 그 글을 짓는다면 후세 사람이 나를 어떤 인간으로 여기겠는가? 원컨대 다른 사람에게 지어 올리도록 하시게."라고 했지만, 김요 등은 불가하다고 했다. 이럴 즈음 남수문이 이선제의 편지를 보고 이렇게 말한 것이다.[54]

위의 일화는 두 가지 점에서 흥미롭다. 하나는 〈흥천사리각경찬소문(興天舍利閣慶讚疏文)〉의 제작을 분부 받은 이선제가 그런 의례문장을 어떻게 지어야 하는지 몰라 허둥대면서 집현전 동료들에게 그런 종류의 문장을 소개해달라고 부탁하는 대목이다. 남수문은 아마도 『춘정집』에 실려 있는 변계량의 불교소문(佛教疏文) 가운데 한 편을 뽑아 보내주었을 것이다. 실제로 그로부터 닷새 뒤에 이선제는 그 글을 지어 바치고, 행사도 무사하게 치러졌다.[55] 또 다른 하나는 남수문이 보여준 태도이다. 처음에는 남수문이 그 문장을 짓게 되어 있었다. 이선제에게 시키기 전, 세종은 승지를 시켜 남수문에게 짓도록 했던 것이다. 하지만 남수문은 짓지 않겠다며 이리저리 둘러댔다. 불교의례에 사용되는 소문을 짓게 될 경우, 뒷사람에게 받을 비판이 두렵기 때문이었다. 그렇게 버티고

---

54 『세종실록』 세종 24년 3월 12일. "命集賢殿直提學李先齊, 撰興天舍利閣慶讚疏文. 時, 先齊扈駕, 通書於留都同僚直殿南秀文·應教辛碩祖曰: '有怪事! 上俾小臣撰興天慶讚疏, 請抄相類古作書送.' 秀文笑曰: '予免製疏, 深可喜也.' 時, 留都承旨金銚·姜碩德曾招秀文, 使製興天慶讚疏曰: '已有傳旨.' 秀文曰: '前者本殿請罷慶讚, 再進封章. 今若讚疏, 則後世謂我何如人也? 願使他人製進.' 銚等不可. 至是, 秀文見先齊書云然."

55 『세종실록』 세종 24년 3월 17일. "直提學李先齊製進興天寺慶讚疏文, 上遣判中樞院事成達生及宦者崔濕于京都, 監掌其事, 仍以達生爲行香使."

버틴 결과, 그 곤혹스런 문장의 제작이 이선제에게 넘어갔던 것이다.

이처럼 그 누구도 불교행사에 사용되는 의례문장 짓는 것을 내켜하지 않았다. 이선제는 그런 제작 맡는 것 자체를 '괴이한 일[怪事]'이라 표현할 정도였다. 내켜하지 않았을 뿐만 아니라 어떻게 지어야 하는지도 잘 몰랐다. 집현전의 직제학에 오르기까지 그는 그런 부류의 글을 아예 가까이하지도 않았던 것으로 보인다. 그리고 보면, 그런 글을 지으면 뒷사람들에게 형편없는 인간으로 취급받을 것이라는 남수문의 걱정은 괜한 걱정이 아니었다. 변계량의 졸기에서 보듯, 실록에까지 실려 두고두고 비판받을 사안이었다. 실제로 변계량은 사후에만 그런 것이 아니라 태종 당대에 이미 혹독한 비판을 받고 있었다.

> 이에 변계량에게 〈제천문(祭天文)〉을 짓게 하고, 자책하는 뜻을 매우 자세하게 유시하였다. 변계량이 지어 바친 글이 뜻에 맞아 구마(廐馬) 1필을 하사했다. 변계량은 부처에 미혹되고 귀신에 아첨하며, 하늘과 별에 제사까지 드리며 하지 못하는 일이 없었다. 심지어 동국(東國)에서 하늘에 제사할 수 있다는 말을 힘써 주장하기도 했다. 그것이 분수를 넘어서고 예의에 어긋남을 모르지 않았는데도 한갓 억지의 문장으로 올바른 이치를 빼앗으려 했을 뿐이다.[56]

태종 16년 여름, 유례를 찾아보기 힘들 정도의 극심한 가뭄이 들었을 때였다. 비를 기원하는 모든 일을 해보았지만, 비는 내리지 않았다. 변계량은 마지막 수단으로 하늘에 기우제를 지내야 한다고 태종에게 간곡

---

56 『태종실록』 태종 16년 6월 1일. "於是, 命季良製祭天文, 諭以自責之意甚悉. 季良製進稱旨, 賜廐馬一匹. 季良惑佛諂神, 拜天禮星, 無所不爲, 至於力主東國祀天之說, 非不知犯分失禮, 徒欲以强詞, 奪正理耳."

하게 건의했다. 태종은 머뭇거리다가 마침내 어렵게 허락을 하여, 변계량은 제문을 지어 하늘에 기우제를 지낼 수 있었다. 그 장면을 기록하는 젊은 사관의 평가는 혹독하기 그지없었다. 태종은 변계량이 지은 제문의 내용을 흡족해하며 상을 내려주었지만, 사관의 눈에는 전혀 다르게 보였다. 부처와 귀신에게 미혹되어 아첨하는 것은 물론이고 제후국가의 지위에서 제천의식까지 치르는 처사를 도저히 용납할 수 없었던 것이다. 억지의 글을 지어 바른 이치를 빼앗으려 했을 뿐이라는 평가는 대제학 변계량에게는 참으로 모욕적인 비판이었다. 더욱이 당대의 예법을 모르지 않았을 최고 지위에 있으면서 참례(僭禮)를 서슴지 않고 있는 변계량은 사관의 눈에는 유교문명으로의 전환은 물론 화이질서의 준수라는 시대정신을 따라가지 못하는 '낡은' 구세대로 보일 수밖에 없었다.

② 변계량은 유교문명과 배치되는 무불 행사는 물론 제천의식을 올려도 된다고 주장하고 실제로 직접 주관한 적도 많았다. 문형의 직임에 어긋난 처사라는 비판을 감수하면서까지 그런 의례를 여러 차례 치러낸 것이다. 예조판서로 있는 그 자신이 제후국으로서 하늘에 제사 지낼 수 없다는 유교문명의 예법을 모를 리 없었다. 하지만 변계량은 유교적 명분을 준수하는 일도 중요하지만, 현재 맞닥뜨리고 있는 엄청난 재난을 극복하기 위해서는 그런 예법을 잠시 유보하는 변통을 택해도 좋다고 여겼다. 그런 태도를 이해하기 위해서는 제천의식이 처음 거행된 태종 16년 당시로 거슬러 올라가볼 필요가 있다. 그해 가뭄은 정말 엄청났다. 전통적으로 비를 기원하는 의례로는 종묘·사직·산천·북교(北郊)에서 기도하는 방법, 그리고 용의 형상을 그린 그림[畵龍]·지렁이[土龍]·도마뱀[蜥蜴]에게 기도하는 방법 등이 있었다. 태종은 그 모든 방법을 써보았고, 변계량은 그때마다 거기에 소용되는 제문을 지어 바쳤다.[57]

그럼에도 비는 내리지 않았다. 얼마나 다급했던지 조정의 대신들까지 부처에게 비를 빌어보기를 청하여, 흥천사에 승려 100명을 모아 놓고 기우정근(祈雨精勤)의 불사를 치렀을 정도였다. 심지어 어떤 승려 하나는 자신의 손가락을 불태우는 정성을 보이기까지 하였다.[58] 그런 비상한 상황을 맞이하여 변계량은 최후의 방법으로 하늘에 제사를 드려보자고 건의했던 것이다. 독실하게 중화문명을 받들고자 했던 태종도 그런 절박한 상황에 마지못해 허락을 했다. 물론 제문은 변계량이 지었다. 『춘정집』에 실려 있는데, 그 서두는 이렇게 시작한다.

아, 생각하건대, 하늘은 만물의 어버이입니다. 그리하여 필부도 제 살 곳을 잃게 되면 반드시 하늘에 호소하는데, 하물며 일국의 임금의 자리에 있는 자야 어떠하겠습니까? 비록 그렇지만 옛날 성인이 제정한 예법에는 천자만이 하늘에 제사를 드릴 수 있고, 작은 나라의 임금은 감히 제사를 지내지 못하게 하였습니다. 근년에 들어 원단(圜壇)에서의 제사를 정지했던 것은 이런 까닭이 있었기 때문입니다. 어찌 털끝만큼이라도 불경스런 생각이 있어서 그러했겠습니까?[59]

조선이 건국된 이래 하늘에 제사를 지내지 못했던 사정을 간곡하게 해명하는 것으로 글머리를 삼고 있다. 하늘을 아버지로 인격화한 뒤,

---

57 『춘정집』에 실려 있는 〈北郊祈雨諸海神祭文〉, 〈北郊諸山神祈雨祭文〉, 〈朴淵畫龍祈雨祭文〉, 〈開城大井德津祈雨祭文〉, 〈宗廟祈雨祭祝文〉, 〈天地壇祈雨祭文〉 등은 모두 그때 지어진 제문이다.

58 『태종실록』 태종 16년 6월 4일. "命判左軍都摠制府事崔迤, 祈雨於興天寺舍利殿, 造草龍一身九頭十餘, 聚僧一百, 設祈雨精勤, 有一僧燒指. 上謂有誠, 賜紵麻布各二匹."

59 변계량, 『춘정집』 권11, 〈祈雨雩社圓壇祭文〉. "嗚呼! 惟天, 萬物之父也. 故匹夫失所, 亦必號天, 況於君臨一國者乎? 雖然, 古昔聖人之制禮也, 惟天子得以祭天, 小國之君, 不敢以祭. 近歲停圓壇之祀者, 蓋以此也, 安有一毫不敬之念哉?"

마치 큰 잘못을 저지른 자식이 머리를 조아리고 용서를 구하는 것처럼. 그동안 하늘에 제사를 지내지 않은 것은 제후국이기에 불가피해서 그러했다는 사정을 널리 이해해 달라는 간곡한 호소였다. 그렇게 용서를 빌고 나서는 이렇게 비를 내려주지 않을 정도로 노했을 것으로 짐작되는 이유를 하나하나 적어나갔다. 아마도 그것은 태종이 변계량에게 사전에 알려준 내용을 그대로 기록한 것이라 짐작된다. 그런데 태종 자신의 자책과 해명으로 가득 찬 그것들은 매우 민감한 당대의 정치 현실을 있는 그대로 밝히고 있는 것이어서 놀라울 정도이다. 유례를 찾기 힘들었던 그때의 기근 해소는 그만큼 절박했던 것이다.

　　지난번 민무구와 민무질은 모두 기록할 만한 선행이 한 가지도 없었는데, 다만 정비(靜妃, 太宗의 妃)의 친동생이라는 이유로 공신의 반열에 들어 재상의 지위에 들었던 것입니다. 의당 조심하는 마음으로 근신하며 부귀를 보전했어야 했습니다. 그런데 도리어 나라의 정치를 자기 욕심대로 하지 못하는 것을 한스럽게 여겼습니다. 그리하여 불충한 마음을 품고 장차 도모하려는 계획을 세워 골육을 이간질하여 종묘사직을 도모하려 하였습니다. 이는 왕법(王法)으로 반드시 죽여 용서할 수 없는 것이었습니다. 그러나 차마 처형할 수 없어 스스로 목숨을 끊게 하였습니다. 민무휼과 민무회도 …(중략)… 형들의 죽음을 원망하며 다시 전철을 밟아 오랫동안 품고 있던 불충을 말에 드러내어 자진하게 되었습니다. 이것은 모두 그들이 자초한 것이지, 제가 일부러 악한 마음을 내었던 것이 아닙니다. 제 말이 거짓이 아님은 상제께서 알고 계실 것입니다.[60]

60　변계량, 『춘정집』 권11, 〈祈雨雩社圓壇祭文〉. "曩者, 閔無咎·無疾, 皆無一善之可錄, 徒以靜妃之親, 與於勳盟之列, 立於宰執之行. 宜其小心謹愼, 共保富貴, 顧以不得自專國政, 以逞其欲爲恨, 乃懷不忠之心, 而有今將之計, 離間骨肉, 以圖宗社, 此王法所必誅而不可宥者也. 然且不忍加以顯戮, 但令自盡而已. 其無恤·無悔, …

제3장 _ 전례의 정립, 의례문장의 전범과 유교문명의 이면 161

태종은 자신을 왕위에 오르게 만들어준 일등공신이자 처남지간이었던 민무구·민무질 형제를 자진(自盡)하게 한 데 이어 남은 처남 민무휼과 민무회도 같은 방식으로 제거했다. 자신의 뒤를 이어 왕위에 오르게 될 세자의 안정적인 통치 환경을 만들어주기 위해 외척세력을 사전에 제거했다고 평가되는 정치적 사건이다. 그 참극은 태종 10년에 이어 태종 16년에 자행되었다.[61] 그리고 바로 그해 여름 극심한 가뭄이 찾아왔던 것이다. 태종은 그런 극심한 재난이 자신이 몇 달 전에 벌인 반인륜적 행위 때문이 아니었는지, 너무나 마음에 걸렸다. 그리하여 변계량의 탁월한 문장력을 빌려 하늘에 그 변명을 고해 용서를 구하고자 했다. 태종의 마음에 걸리는 일은 그것만이 아니었다. 두 차례에 걸친 왕자의 난을 통해 자신의 즉위를 도운 공신 가운데서 적지 않은 공신을 죽이거나 쫓아낸 일도 마음에 걸렸다. 그보다는 덜하지만, 최근 토목공사를 일으켜 백성을 고생시키고 있는 일도 마음에 걸렸다. 그런 일들을 고해성사하듯 하나하나 변명하고 난 뒤, 마지막으로 다음과 같이 용서를 빌었다.

이제 변변치 못한 제수를 늘어놓고 또 자책하는 말을 서술하였으니, 신명께서는 굽어 살피시기를 바라나이다. 엎드려 생각건대 하늘에 계시는 상제께서는 나의 정성을 헤아리고 나의 말을 들으시고 특별히 긍휼히 여기소서. 죄와 허물을 용서하시고 세찬 비를 내려주시어 말라 죽고 있는 만물을 소생하게 해주소서. 무지한 억조창생이 구렁텅이에서 나뒹굴지 않게 하시고 배부르게 먹는 즐거움을

深怨其兄之死, 復踵前轍, 久蓄不忠而見諸言語, 以就自盡也哉. 斯皆自取之耳, 非予故有作惡之心也. 予言非誣, 帝心所知."
61 『태종실록』 태종 10년 3월 17일. "乃遣巡禁司護軍李繩直·刑曹正郎金自西如濟州, 賜無咎·無疾自盡."; 태종 16년 1월 13일. "乃遣義禁府都事李孟畛于原州, 宋仁山于清州, 傳旨于其州守令, 堅守毋使逃亡, 如欲自盡者, 勿禁. 戊申, 孟畛還, 己酉, 仁山還啓: '無恤·無悔皆自盡.'"

얻게 해주소서. 하늘 위와 물속의 동식물과 크고 작은 만물들도 모두 그 삶을 이루게 해주소서. 지극한 바람을 감당하기 어렵습니다.⁶²

자신의 잘못으로 인해 무고한 백성이 고통 받지 않게 해 달라는 것으로 제문은 마무리된다. 변계량이 지어 바친 그 제문을 읽어본 태종은 자신의 마음을 잘 표현했다고 흡족해 하며 구마(廏馬) 한 필을 상으로 내렸다. 태종이 늘어놓은 변명의 정당성 여부를 차치하고 읽어볼 때, 그 제문은 하늘도 감동할 정도로 진정성 있게 읽히는 것만큼은 사실이다. 그런 까닭이었을까? 변계량이 지은 제문을 가지고 좌의정 유정현(柳廷顯)으로 하여금 우사단(雩祀壇)과 원단(圓壇)에 가서 다시 하늘에 제사를 하게 한 그날, 정말 놀랍게도 큰비가 내렸다.⁶³ 기적처럼 비가 내리자 태종은 우의정 박은(朴訔)에게 명해 하늘에 보답하는 제사를 다시 원단에서 거행하며 소를 통째로 바치는 태뢰(太牢)를 지내며 기뻐했다.⁶⁴

이처럼 그때의 일은 기적처럼 회자되며, 태종의 기일에는 반드시 비가 온다는 '태종비[太宗雨]의 전설'⁶⁵을 만들어내기도 했다. 뿐만 아니라.

---

62 『춘정집』 권11, 〈祈雨雩社圓壇祭文〉. "今陳菲薄之儀, 且敍自責之辭, 仰干神明之鑑. 伏惟昊天上帝, 諒予積誠, 聽予敍辭, 特賜矜憐, 赦宥過咎, 霈然下雨, 以蘇群槁, 致令無知赤子億兆之衆, 免於溝壑之轉, 而得含哺之樂. 以至飛潛動植洪纖萬類, 皆遂其生, 不勝至願."

63 『태종실록』 태종 16년 6월 7일. "復行雩祀圓壇祭. 命左議政柳廷顯爲獻官, 是日大雨."

64 『태종실록』 태종 16년 7월 15일. "命右議政朴訔祭圓壇, 報得雨也. 舊例, 祈報皆序於小祀, 至是以祈711盛樂, 報亦如之, 用太牢."

65 李裕元, 『林下筆記』 권16, 文獻指掌編, 「太宗雨」. "음력 5월 10일은 太宗의 忌辰이다. 태종이 만년에 노쇠하여 앞날이 얼마 남지 않았을 무렵에 날씨가 오래 가물어서 내외의 거의 모든 산천에 두루 기우제를 올릴 정도였다. 상이 이를 근심하여 이르기를, '날씨가 이와 같이 가무니 백성들이 장차 어떻게 산단 말인가. 내가 마땅히 하늘에 올라가서 이를 고하여 즉시 단비를 내리게 하겠다.' 하였는데, 과연 이튿날

그때 비를 내리게 만들 만큼 감동적으로 지어진 제문은 물론 그때 지어진 여러 제문도 『춘정집』에 고스란히 실려 있다. 여러 바다의 신에게 제사를 지내는 〈북교기우제해신제문(北郊祈雨諸海神祭文)〉, 여러 산신에게 제사를 지내는 〈북교제산신기우제문(北郊諸山神祈雨祭文)〉, 박연폭포의 용을 그린 그림에 제사를 지내는 〈박연화룡기우제문(朴淵畫龍祈雨祭文)〉, 개경의 대정과 임진의 덕진에 제사를 지내는 〈개성대정덕진기우제문(開城大井德津祈雨祭文)〉, 종묘에서 제사를 지내는 〈종묘기우제축문(宗廟祈雨祭祝文)〉, 천지단에서 제사를 지내는 〈천지단기우제문(天地壇祈雨祭文)〉, 원구단에서 제사를 지내는 〈기우우사원단제문(祈雨雩祀圓壇祭文)〉 등이 그것이다. 이때 변계량이 지은 의례문장은 국가에서 기우제를 지낼 때마다 전범으로 참고가 되었을 것은 의심의 여지가 없다.

2) 신불제문神佛祭文에 담긴 군주의 내면 풍경

① 『춘정집』에는 앞서 살펴본 기우제문 외에 능묘와 전각에 올리는 제문, 왕과 왕후의 빈전에 드리는 제문, 그리고 가까운 사람의 죽음을 애도하는 제문 등 총 32편이 실려 있다. 이들 가운데 연말에 사찰과 산천에 기도하는 연종환원(年終還願)의 제문 한 편이 포함되어 있기는 하지만, 대부분 『국조오례의』에 규정되어 있거나 유교적 의례에서 사용이 명기된 공적 문장들이다. 그런데 중간본 『춘정집』을 초간본과 비교해 보면, 적지 않은 차이가 있다. 본래 초간본에는 이들보다 63편이 더 실려 있었는데, 중간하는 과정에서 이들 모두 산삭되어 버렸던 것이다. 폐기된

상이 승하하였다. 그리고 이어서 경기 일원에 큰비가 와서 마침내 풍년이 들었다. 이후로 매년 이날에 비가 오지 않은 적이 없었으므로 사람들이 이를 일러 太宗雨라고 하였다."

작품을 문체별로 정리해보면 다음과 같다.

[표 2] 중간본 『춘정집』에서 삭제된 전체 작품 현황

구분	漢詩	序	跋	銘	敎書	表	靑詞	疏	祭文	祝文	願文	緣化文	立賓文	합계
작품	5편	1편	1편	4편	3편	2편	3편	19편	20편	1편	2편	1편	1편	63편

위의 표에서 보듯, 삭제된 한시는 5편에 불과하다. 삭제된 이들 다섯 편의 공통된 특징은 확인하기 어렵다. 아마 특별한 이유가 있어서가 아니라 판각하는 과정에서 실수로 누락된 것일 가능성도 있다. 그 외에 삭제된 58편은 모두 산문이다. 그 가운데는 앞서 살펴보았듯이 다른 사람을 대신하여 지어준 제문(祭文)이 13편이 포함되어 있다. 또한 교서·표전·서발과 같이 중요한 문장도 11편이나 산삭되었다. 그런 가운데 가장 많이 산삭된 작품은 34편에 달하는 의례문장이다. 부처나 명부전 앞에서 죽은 이의 명복을 빌거나 산 자의 복록을 기원하는 불교의식의 소문(疏文)이 절대 다수를 차지한다. 그 가운데 태종이 부친 이성계와 막내아들 성녕대군(誠寧大君)이 죽자 그 명복을 기원하기 위해 지은 의례문장이 가장 많다.

[표 3] 중간본 『춘정집』에서 삭제된 불교소문 현황

대상	작품	내용	동문선
太宗이 太祖에게	貞陵行太上王救病藥師精勤疏	태조가 세 달간 병석, 스님 100명의 예불로 치유 기원[66]	수록
	太上殯殿法華三昧懺法席祭文	殯殿, 사후 21일 뒤에 염을 마치고 제사	
	太上王眞言法席祭文	殯殿, 술잔을 올리며 제사	
	開上祭祝文	山陵, 良日을 받아 무덤을 여는 날	
	疏文	忌日, 『般若經』 600권 인쇄, 승려 강론으로 피안을 기원	
	開慶寺觀音殿行法華法席疏	忌日, 산릉에 전각을 짓고, 金字 『妙法蓮華經』 제작	수록

	演慶寺法華法席疏	부처 탄일, 演慶精舍 보수, 金字『法華經』, 兩親의 왕생	수록
	演慶寺法華法席祭文	연경사 중건, 『蓮華經』 2부 인쇄, 승려에게 연화경 권장	
	太上王忌晨齋般若法席祭文	태조 사후 3년, 『반야경』 인쇄, 흥덕사 승려에 5일간 법회	
	彌勒會圖跋	태종 9년, 誠妃가 태조 명복을 위해 그림, 승려 釋超 제작	
	三淸靑詞	昭格殿 아닌 별도의 집, 태조 7년 부친 마음을 풀기 위함	수록
	北斗靑詞	권신이 어린세자를 끼고 벌인 역모를 제거, 하지만 부친의 마음을 잃게 됨	수록
太宗이 誠寧에게	卒誠寧大君法華法席疏	사후 100일, 무덤 옆 암자, 『法華經』과 『梵網經』을 강론	수록
	王大妃薦誠寧大君百齋疏	사후 100일, 왕대비(정종의 비)가 천도	수록
	誠寧大君法華法席疏	사후 1년 뒤, 새 사찰에 승려 모아 『법화경』 5일간 강론	수록
	毗盧畫像	모친 원경왕후가 의복·보물 내어 그려 정사에 걸어놓음	수록
	釋迦畫像	모친 원경왕후가 그리게 한 비로화상의 그림	수록
	金書法華經序	원경왕후가 짓던 전각을 태종이 완성, 원경왕후 명복 기원	

위의 표에서 보듯 『춘정집』을 중간하는 과정에서 삭제된 작품은 불교 행사에서 사용되는 의례문장이 대부분을 차지한다. 태종 7년 태상왕(太上王) 이성계의 죽음, 그리고 태종 18년 태종의 막내아들 성녕대군의 죽

---

66 태종은 위독한 부친 태조의 문병을 위해 덕수궁을 여러 번 찾았다. 특히 두 번째 찾았을 때는 "父王의 병이 낫지 않고 있다. 부처를 섬기는 것이 비록 非禮이지만, 不忍之心을 어찌하지 못하겠다. 僧徒를 불러 精勤祈禱를 행하는 게 좋겠다."며 변계량에게 佛疏를 짓게 한다. 그리고 덕수궁 옆에서 승려 100명을 모아 藥師精勤의 의식을 거행했다. 심지어 태종 자신도 藥師像 앞에서 팔뚝에 향을 사르는 불교의식인 燃臂를 직접 행하기도 했는데, 그 이후 태조의 병에 약간의 차도가 있었다는 기사가 실려 있다. 『태종실록』 태종 8년 1월 28일 기사 참조.

음과 관련된 글들이다. 태종에게 자기 부친과 자식의 죽음은 매우 충격적으로 다가왔고, 그로 인한 슬픔은 상상을 초월할 정도였다. 왕자의 난 이후 부자간의 불화에 대한 죄책감, 그리고 노년에 막내아들을 갑자기 잃은 슬픔은 태종을 비정한 군주가 아닌 한 나약한 인간이었음을 실감하게 만들어줄 정도였다.

평소 불교를 극력 배척하고 불사를 극도로 자제했던 태종으로서도 그들의 죽음을 애도하는 데 있어서는 모든 의식을 다 사용해보고자 했다. 하나는 유교적 규범에 의거한 공식적인 의식 절차였고, 다른 하나는 불교라든가 도교와 같은 비공식적인 의식 절차였다. 유교문명의 기틀을 세우기 위해 "이단을 물리치고 음사(淫祀)를 금지"[67]했던 군주로 널리 알려져 있지만, 자기 부친과 자식의 죽음 앞에서는 무력하게 무너져 내렸던 것이다.

태조와 성녕대군의 명복을 기원하는 의식에는 반드시 의례문장이 있어야 했고, 그런 종류의 문장은 변계량이 도맡아서 지었다. 변계량은 유교적 의례이든 불교·도교적 의례이든, 그 모든 국가의식을 감당할 수 있는 능력을 갖추고 있었기에 가능했다. 실제로 중간본 『춘정집』 권11에는 〈태상빈소소렴제문(太上殯所小斂祭文)〉, 〈태상빈전대렴제문(太上殯殿大斂祭文)〉이라든가 〈교졸성녕대군모서(教卒誠寧大君某書)〉, 〈유명조선국대광보국성녕대군변한소경공신도비명(有明朝鮮國大匡輔國誠寧大君卞韓昭頃公神道碑銘)〉처럼 태조와 성녕대군을 위해 지은 유교적 의례문장도 여럿 실려 있다.[68] 실록에서는 성녕대군의 장례를 전적으로 『주자가

67　변계량, 『춘정집』 권12, 〈有明贈諡恭定朝鮮國太宗聖德神功文武光孝大王獻陵神道碑銘 幷序〉. "闢異端而禁淫祀".
68　태조 이성계의 신도비명은 권근이 썼다. 임금의 평생 행적을 담은 신도비명을 짓는다는 것은 문형의 권위를 상징적으로 드러내는 것이었다. 그런 만큼 태조의 신도비명은 당시 문형인 권근의 몫일 수밖에 없다. 마찬가지로 태종이 죽었을 때, 그의 신도비명

례』에 의거하여 치렀다고 적어놓았지만,[69] 실상은 완전히 달랐다. 위의 표에서 보듯, 공식적으로 치러진 유교적 장례 절차 외에 불교적 의례가 훨씬 많이 행해졌던 것이다. 중간본 『춘정집』에서는 삭제되어 버린, 아니 초간본 『춘정집』에는 실려 있던 그런 의례문장만 해도 태조 이성계 관련 12건과 성녕대군 관련 6건 등 총 18건에 달할 정도였다. 그 외에 전하지 않는 경우까지 감안해보면, 훨씬 많은 불교와 도교의 의례가 실행되고 그에 소용되는 문장이 지어졌으리라는 것은 의심의 여지가 없다. 그것이 변계량의 삭제된 의례문장들이 보여주고 있는 조선 초기 유교문명의 진행 상황, 또는 유교문명의 이면에 감춰진 실상이라 할 수 있다.

② 전근대 사회에서 한 인간의 삶을 마무리하는 장례 절차는 불교식이든 유교식이든 매우 까다롭고 복잡한 의식 절차를 갖추게 마련이다. 그 예사롭지 않은 의식이 빚어내는 장엄함, 그리고 그런 분위기는 의례를 주관하고 있는 자의 절대적인 권위로 전화되기 마련이다. 국가적 차원에서 거행되는 행사에서 군주의 이름으로 울려 퍼지는 의례문장과 그것을 제작한 작자는 의례를 주관하는 절대 권력의 분신과 같은 존재로 여겨지기도 했다. 그런 점에서 아들[태종]의 이름으로 부친 태조에게 올리는 제문을 작성한다거나 아버지[태종]의 이름으로 막내아들 성녕대군의 죽음을 애도하는 제문을 작성한 변계량은 태종의 분신처럼 받아들여지기도 했다.

　　은 당시의 문형 변계량이 썼다. 다만 태종의 경우에는 신도비명 외에 불교 및 도교의 의례문장은 한 편도 남아있지 않다. 불법을 싫어했던 군주답게 자신이 죽은 뒤에는 山陵 옆에 절을 세우거나 返魂을 위한 原廟도 세우지 말라고 했는데, 그 유언이 제대로 지켜졌던 것으로 보인다. 『세종실록』 세종 2년 7월 17일 기사 참조.

69 『태종실록』 태종 18년 2월 4일. "上輟膳痛悼, 停朝市三日. 命禮曹參判申商·工曹參判李迹護喪, 以副正尹昇主喪. 立殯葬都監, 使副使·判官各二員治其喪, 喪制一依 『文公家禮』."

물론 그와 같은 분신으로 인정받기 위해서는 독특하고 까다로운 의례 문장을 능숙하게 지을 줄 알아야 하는 것은 물론, 군주 태종의 깊은 내면을 누구보다 정확하게 헤아릴 수 있는 특수 관계에 있어야 했다. 의례를 주관하는 자와 의례문장을 작성하는 자 사이에 정서적 일체감이 없다면, 그 의례문장은 형식적이고도 상투적인 글로 전락할 수밖에 없다. 하지만 변계량은 여러 차례 태종과의 탁월한 공감능력을 발휘해 보여주었고, 그래서 태종으로부터 두터운 신뢰를 획득할 수 있었다. 그런 면모를 보여주는 장면을 직접 읽어 보자.

네가 처음 병이 났을 때 어린아이에게 예사로 있는 일로 여겼었다. 그런데 병이 이미 깊어졌으니 비록 후회한다한들 무슨 소용이 있겠는가? 기도를 하지 않아서 그런 것인가, 치료를 잘못하여 그런 것인가? 깨끗한 너의 얼굴이 아직도 눈앞에 삼삼하고 낭랑한 너의 목소리가 아직도 귓가에 쟁쟁하다. …(중략)… 내가 너의 아비가 되어 염할 때 옷과 이불을 보지도 못하고, 초빈할 때 관을 어루만져 보지도 못하고, 묻을 때 묘 구덩이[壙]도 지켜보지 못하였다. 그러니 천승(千乘)의 임금으로서도 도리어 일개 필부가 자식을 사랑하는 것보다 못하게 되었다. 내가 정을 잊어서 그런 것이 아니라 형세가 그렇게 만들었을 따름이다. 너의 한이 어찌 끝이 있겠는가? 아, 가슴 아프도다![70]

죽은 성녕대군을 위해 한양 도성 서쪽에 있는 진관사(津寬寺)에서 수륙재를 베풀게 했는데, 그 의식에 내려 제사하게 하는 교서였다. 태종의 이름으로 변계량이 지은 그 교서를 읽다 보면 마치 변계량 자신이 자기

---

[70] 변계량, 『춘정집』 권8, 〈教卒誠寧大君某書〉. "汝始病矣, 謂爲童穉之常事. 病旣篤矣, 雖悔何及? 禱祀之闕歟, 醫療之誤歟? 皎皎汝面, 尙在目傍, 琅琅汝言, 尙在耳備. … 我爲汝父, 斂旣不得視衣衾, 殯旣不得撫其棺, 窆又不得臨其壙. 以千乘之主, 反不如匹夫之愛子, 非我忘情, 勢使然爾. 汝之爲恨, 其又何極? 嗚呼, 慟哉!"

자식을 잃은 양, 읽는 사람으로 하여금 구구절절 깊은 슬픔을 자아내게 한다. 특히, 마지막 대목은 아들 잃은 아비의 슬픔을 너무나도 탁월하게 그려내고 있다. 비록 만인지상 또는 무소불위의 권력을 지닌 군주였건만, 오히려 그런 지엄한 지위에 있었기 때문에 지켜야 하는 예법은 매우 엄격했다. 그래서 태종은 여염집의 아비처럼 어린 자식의 마지막 가는 길에서조차 자신의 슬픔을 마음껏 드러낼 수 없었다.

변계량은 위의 글에서 태종의 그런 마음을 마치 자기가 직접 태종의 마음속에 들어갔다 나온 듯이 생생하게 표현했던 것이다. 그 글을 받아 읽어보던 태종의 마음이 어떠했을까는 충분히 짐작할 수 있다. 실제로 위의 교서는 『태종실록』에 전문이 그대로 실려 있다. 그리고 태종이 그 교서를 읽던 장면을 지켜본 사관은 그 기사 끝에 다음과 같이 기록해 두었다. "임금이 변계량이 지은 교서를 읽다가 반쯤 이르렀을 때, 자신도 모르게 흐느껴 울며 끝까지 읽지를 못했다. 이에 물리치며 말하기를 '나의 정의(情意)를 다하였도다.'라고 하였다."[71]라고.

부친 이성계의 죽음 뒤에 지은 일련의 의례문장 또한 그러했다. 우리는 앞서 우사단과 환구단에서 기우제를 치를 때, 태종이 자신의 처남 네 명을 모두 죽일 수밖에 없었던 사정을 진술하게 털어놓으며 상제에게 용서를 구하는 장면을 읽어본 적이 있다. 거기에서도 변계량은 태종의 깊은 내면을 잘 헤아려서, 그걸 감동적인 언어로 구사하는 능력을 십분 발휘했었다. 그런데 그런 감동은 『춘정집』을 중간하면서 존속시킨 제문보다는 폐기해버린 일련의 제문들에서 훨씬 실감나게 발휘되고 있다. 태조 이성계가 죽고 난 뒤, 태종은 공식적으로는 종묘라든가 산릉에서 유교 의례를 경건하게 치렀다. 소격전에서도 의례를 거행했다. 하지만

---

[71] 『태종실록』 태종 18년 3월 3일. "卞季良之辭也. 兩殿悲哀之極, 凡薦導誠寧之事, 無所不至. 上覽敎書至半, 不覺歔唏, 不忍終篇, 乃却之曰: '予之情意盡矣.'"

거기에 그치지 않았다. 이들과는 다른 별도의 사적 공간을 조성하여, 거기에서 부친 이성계에게 자신의 내밀한 속내를 털어놓았던 것이다. 그곳에서 사용한 다음의 청사(靑詞)는 그런 정황을 잘 보여준다.

> 위대한 태을(太乙)의 도움을 받아 저의 소원을 이룩해 보고자 소격전을 건립하니 기도의 의식이 엄숙해졌고, 참성단(塹城壇)이 있어 봄가을로 초제(醮祭)를 경건하게 지낼 수 있게 되었습니다. 그러나 이는 나라에서 정한 제전이므로 저의 마음에는 흡족하지 않았습니다. 이에 제가 거처하는 곳에 작은 집을 지어 우러러 예배드리는 곳으로 삼고, 그 가운데 초상을 나열하여 모셨습니다. 고요한 밤에 정적이 흐르면 엄연히 좌우에 강림해 계신 것 같았고, 향불이 향내를 풍기면 늘연히 신명을 대하는 것과 같았습니다. 이것이 어찌 미래의 도움을 받기 위해서이겠습니까? 지난날의 음덕에 대해 사례하고자 하는 것입니다.[72]

청사란 도교의 초제(醮祭)에서 읽는 축원문이다. 푸른 종이에 붉은 글자로 적는 데서 유래한 이름이다. 그런 의례문장을 지어 소격전이나 참성단에서 제사하는 의례는 고려 때는 물론이고 조선이 건국된 이후에도 공식적으로 치러졌다. 하지만 변계량이 제작한 위의 청사는 그런 공식적인 장소에서 기도할 때 사용된 의례문장이 아니다. 태종이 밝히고 있듯, 그곳에서 치러지는 의례는 국가적 차원에서 공식적으로 치러지는 것이기에 자기 내면을 모두 털어놓기에 꺼려지는 바가 있었다. 그리하여 마음에 미진함이 남는 때가 많았다. 이에 태종은 자신이 거처하는 궁궐의 내원(內院)에 별도의 공간을 만들어 두고 남몰래 은밀하게 기도를 올렸던 것이다.

---

72 변계량, 『국역 춘정집 1』, 追補 〈三淸靑詞〉.

태종이 일컫고 있는 '작은 집'이란 태조 이성계가 죽은 뒤, 태조와 그 부인 신의왕후(神懿王后)를 모신 문소전(文昭殿)을 가리킨다. 태종은 대상과 담제를 치르고 나서 신주를 종묘에 모시고 나서는 태조 부부의 진용(眞容)을 여기에 별도로 봉안했던 것이다. 그리고 그 은밀한 공간에서 드리는 제사의 헌관은 관료가 아닌 환관(宦官)과 내시관(內侍官)이 맡도록 했다.[73] 그 의도를 잘 알고 있는 변계량은 태조와 신의왕후의 명복을 비는 기신재(忌晨齋)를 사찰에서만이 아니라 이곳 문소전에서도 지내야 한다고 주장했다. 예조참의 허조(許稠)와 지신사 김여지(金汝知)를 비롯한 많은 사람의 반대가 있었지만, 태종의 의중을 꿰뚫고 있는 변계량은 자신의 주장을 끝내 관철시켰다.[74] 그처럼 어렵게 확보한 사적인 추모의 공간에서 태종은 누구에게도 발설하기 어려운 은밀한 속내를 털어놓곤 했다.

[1] 삼가 생각건대 지난 홍무(洪武) 말엽 무인년(태조 7)의 변란을 당했을 때, 종사(宗社)가 위태로워질까 염려되고 사생은 경각에 달려 있었습니다. 그러나 묵묵히 가호해 주신 음덕에 힘입어 저는 피해를 입지 않았습니다만, 어버이 [태조]의 마음을 상하게 하여 결국 종신(終身)의 통한을 안고 말았습니다. 매양 눈물 흘렸지만 무슨 소용이 있겠습니까?[75]

[2] 삼가 생각건대 지난날 우리 태조께서 오랫동안 병석에 누워 계시자 어떤 권신(權臣)이 어린 세자를 끼고 난리를 꾸미려고 하였습니다. 그때 다

---

73 『태종실록』 태종 10년 7월 29일. "奉安太祖康獻大王及神懿王后之眞于文昭殿, 親祭之. 文昭殿朝夕獻官, 以入番宦官及內侍官爲之."
74 『태종실록』 태조 17년 9월 17일. "初定太祖及神懿王太后忌晨, 原廟之祭. … 參議許稠不可, 判書偰眉壽·詳定所提調李橤依違, 季良強之, 乃上啓目. 知申事金汝知沮之, 不得行. 至是季良上言, 乃行之."
75 변계량, 『국역 춘정집 1』, 追補〈三淸靑詞〉.

만 저의 목숨이나 보존하고자 곧바로 그들을 제거하였습니다. 비록 이로 인해 종사는 안정되었지만, 어버이의 마음을 잃고 말았습니다. 항상 가슴에 한이 서려 있었는데, 더구나 어버이께서 승하하신 뒤에야 말할 것이 있겠습니까?[76]

태종이 아무도 모르는 깊은 밤에 부모의 초상 앞에 꿇어 엎드려 흐느끼며 털어놓은 회한은 무엇이었던가? 그건 태조 7년 자신이 일으켰던 제1차 왕자의 난에서 어린 이복동생 방번(芳蕃)과 방석(芳碩)을 무참히 살해하고, 부왕의 총신 정도전과 그 일파를 제거한 일이었다. 태조가 죽고 난 뒤, 태종은 부친의 극락왕생을 위해 불사를 벌였고, 소격전과 참성단에서 초례도 치렀다. 하지만 스스로 밝히고 있듯, 그것은 국가적 차원에서 거행되는 의례이므로 자신의 내밀한 마음을 털어놓기에 적합한 장소가 아니었다. 그리하여 자신이 거처하는 내원에 작은 별묘(別廟)를 만들어 이렇게 부모에게 진심으로 용서를 빌었던 것이다.

그런 태종은 태조 이성계의 살아생전에도 자신이 죽인 세자 방석을 위한 특별 조처를 여러 차례에 걸쳐 단행했다. 홀로 된 세자빈에게 음식을 내리기도 하고, 능묘를 잘 관리하도록 당부하는 분부를 내리기도 했다. 태조가 죽기 1년 전에는 방번과 방석에게 소도군(昭悼君)과 공순군(恭順君)이라는 시호를 내리고 제사를 지내줄 정도였다.[77] 그렇지만 한번 떠나버린 부왕 태조 이성계의 마음을 되돌리기에는 역부족이었다. 그런 사실을 잘 알고 있는 태종은 공식적인 의례를 치르고 난 뒤, 그 뒤편에서

---

76 변계량, 『국역 춘정집 1』, 追補 〈北斗靑詞〉.

77 『태종실록』 태종 6년 8월 3일. "追諡故世子芳碩爲昭悼君, 撫安君芳蕃爲恭順君."; 태종 6년 8월 27일. "遣判宗簿寺事鄭節, 祭昭悼君芳碩; 奉常令李揚, 祭恭順君芳蕃." 이런 태종의 분부가 있었을 때, 변계량은 교서를 지었다. 하지만 중간본을 간행하는 과정에서 그 교서는 삭제되어 버렸다. 『국역 춘정집』 1권의 追補에 실려 있는 〈敎故世子芳碩書〉가 그것이다.

자신의 진정을 담아 참회의 기도를 드릴 수밖에 없었던 것이다.

물론 그때의 의례문장도 태종의 속내를 가장 잘 헤아리고 있는 변계량이 지었다. 다만 위의 청사가 언제 지어진 것인지는 확실하지 않다. 아마도 가뭄이 극심하여 원구단을 지어 하늘에 제사를 지냈던 태종 16년이었으리라 추정된다. 그때 태종은 우사단과 환구단에서 치러지는 공식적인 의례에서 민무구·민무질 등 처남 4형제를 모두 자진하게 한 것에 대한 변명을 구구절절 털어놓은 바 있다. 자신의 그런 고백은 비록 비정하게 보일지언정 만조백관이 들어도 좋을 내용이었다. 정도전을 비롯한 몇몇 공신을 제거했던 처사도 마찬가지다. 종사를 안정시키기 위한 정치적 결단이라 강변할 수 있었던 것이다. 하지만 세자였던 이복형제까지 살해하고, 그로 인해 "어버이의 마음을 잃고 말았다"는 사실만큼은 차마 신하들이 지켜보는 앞에서 털어놓기란 쉽지 않았을 터다. 그리하여 내원에 마련된 은밀한 공간에서 남몰래 흐느끼며 속죄하는 수밖에 없었다. 누구에게도 털어놓기 힘든 태종의 통한이고, 그런 통한을 누구보다 잘 헤아리고 있던 인물이 바로 변계량이었다.

3) 탄일불소誕日佛疏에 담긴 정치사적 맥락

① 태종이 내원에 위치한 은밀한 별사(別祠) 공간인 문소전에서 부친 태조에게 속죄의 기도를 드리던 그때, 제문을 작성한 변계량은 그 장면을 곁에서 지켜보고 있었을지 모른다. 그럴 만큼 변계량과 태종의 관계는 매우 각별했다. 그런 사실은 조정에 공공연하게 알려져 있던 바이기도 하다. 다음 인용은 태종의 탄신일에 있었던 보기 드문 장면의 하나이다.

> 주상[세종]이 상왕[태종]의 탄신일이므로 면복(冕服) 차림으로 백관을 거느리고 수강궁에 나가 하례하였으나 상왕이 받지 않았다. …(중략)… 밤늦게

까지 실컷 놀다가 연회를 파했다. 상왕과 주상이 함께 노상왕[정종]을 부축하고 대궐문을 나가다가 두 상왕이 마주보며 춤을 추었다. 주상이 노상왕의 가마를 받들고 궁문까지 모셔 드리고 돌아왔다. 중문 내정(內庭)에 이르러 주상이 효령대군과 함께 상왕을 좌우에서 부축했다. 상왕이 춤추며 변계량과 허조에게 마주보고 춤추게 하고, 한참 놀다가 내전으로 들어갔다. 사람들은 두 신하가 군왕과 마주하여 춤추는 것은 세상에서 보기 드문 영광으로 여겼다.[78]

세종 1년 5월 16일이었다. 아들 세종에게 왕위를 물려주고 상왕으로 물러앉은 태종으로서는 첫 번째 맞이한 생일이었다. 그런 만큼 마음이 편했던 모양이다. 형인 노상왕 정종과 서로 마주보고 덩실덩실 춤을 추는 일이야 그렇다 치고, 신하들과 그렇게 춤을 추며 노는 장면은 보기 드문 모습에 분명했다. 그 신하는 바로 변계량과 허조였다. 그럴 수 있을 만큼 변계량은 태종과 스스럼없는 관계였다. 이는 무엇보다도 두 사람이 고려 우왕 8년(1382)에 치러진 진사시의 동년(同年)이었기 때문이다.[79] 그런데 주목할 만한 사실은 『춘정집』 중간본을 간행하는 과정에서 삭제된 의례문장 가운데는 그 진사시 동년들이 태종의 생일이 되면 절에 모여 은밀하게 탄일축수재(誕日祝壽齋)를 지내면서 사용한 소문(疏文)이 다수 포함되어 있다는 점이다.

---

78 『세종실록』 세종 1년 5월 16일. "上以上王誕辰, 冕服率百官, 詣壽康宮賀, 上王不受. … 極歡夜深乃罷. 上王與主上扶老上王出殿門, 兩上王對舞. 上手捧老上王肩輿, 送至宮門而還. 至中門內庭, 上與孝寧扶上王左右. 上王舞, 命卞季良·許稠對舞, 良久入內. 人以二臣對舞君王, 爲罕世之榮."
79 참고로 許稠는 이들보다 1년 뒤인 우왕 11년(1385) 진사시에 급제했다. 문과 급제도 공양왕 2년(1390)으로 조금 더 늦었다.

[표 4] 중간본 『춘정집』에서 삭제된 탄일축수 소문 현황

대상	작품	내용	동문선
太宗	開慶寺立寶文	태종 9년 4월, 진사동년이 포 250필 모아 탄일축원의 재원	
	誕日祝壽疏	우왕 8년 同榜으로 전하를 모시고 맹약	수록
	誕日祝上疏	盟約과 恩惠, 탄신일에 불사를 열어 장수와 복록을 기원	
	誕日疏	雁塔에서의 맹약과 천지보다 큰 은혜	수록
	又	맹약과 발탁, 健元陵의 개경사에서 三寶에 귀의함	수록
	又	맹약과 은혜, 箕子의 洪範九疇와 같은 복록 기원	수록
	誕日祝上齋疏	맹약과 총애, 周公의 당부와 韓愈의 바람처럼 되기를 기원	수록
	誕日祝上齋疏	맹약과 은혜, 먼지 같은 존재라 華嶽에 보탬이 되지 못함	
	誕日祝壽齋疏	여래가 도와주고 보살이 가호하기를 기원	수록
城隍	城隍祭文	부친은 七旬을 넘기고, 자신은 仕板에 오름, 무탈과 천수	
	又	端午節, 선친의 은혜, 후사를 얻기 위해 權氏와 결혼	

    변계량이 진사시 동년 모임을 결성하여 탄일축수재를 지내기 시작한 것은 태종 9년부터였다. 그리고 남아 있는 축수소문(祝壽疏文)으로 미루어 보건대, 치세를 마친 태종 18년까지 한 해도 거르지 않고 그 의식은 꼬박꼬박 치러졌다. 지금도 같은 해에 입학한 동기끼리 남다른 친분 관계를 유지하는 경우가 많지만, 전근대 시대의 사족사회에서는 더욱 그러했다. 과거에 함께 급제한 동년은 정치적으로도 평생 같은 길을 가는 경우가 매우 많았는데, 특히 진사시 동년의 결속력은 더할 나위 없이 돈독했다. 『춘정집』에는 변계량이 동년과의 모임을 소재로 삼아 지은 시가 두 편 전한다.

오늘 저녁 신선이 자하주에 취하니	今夕神仙醉紫霞
비단 방석 아름다운 촛불 소녀를 비추네.	錦筵銀燭映靑娥
야심토록 달빛 따라 너울너울 춤을 추니	夜深踏月婆娑舞
모자에 꽃 그림자 반쯤이나 기울었네.[80]	滿帽花枝影半斜

변계량의 동년들이 개성 송악산에 있는 왕륜사(王輪寺)에 모여 잔치를 벌이는 장면이다. 창작시기는 밝혀져 있지 않지만, 고려 때로 보인다. 젊은 시절부터 변계량과 그 동년들은 자신들을 신선에 견주면서, 밤늦도록 덩실덩실 춤을 추며 놀았던 것이다. 그들의 동년 모임은 왕조가 바뀌고 수도가 개성에서 한양으로 바뀐 뒤에도 계속 이어졌다. 물론 장소는 개성의 왕륜사로부터 다른 곳으로 옮겨졌다. 현재 확인되는 것으로는 절친했던 벗 권우(權遇)의 부친인 영가군(永嘉君) 권희(權僖)의 집에서 열린 동년 모임이 있었다. 그들은 그때 도성[개성]을 떠들썩하게 만들었던 지난 시절 자하동에서의 풍류를 무척이도 그리워했다.[81]

그때 참석했던 멤버가 누구누구였는지 밝혀져 있지는 않다. 그렇지만 조선이 건국되고, 우여곡절 끝에 왕위에 오르기 전까지는 태종도 그 동년 모임에 참여했을 것이 분명하다. 그리고 흥이 무르익으면 함께 춤을 추며 어울렸을 터, 앞서 살펴본바 생일잔치에서 태종과 변계량이 마주보며 춤을 추고 놀았던 것은 젊은 시절에 즐기던 흥겨운 놀이의 재현이었던 것이다. 그런데 『춘정집』에는 동년 모임 외에 변계량이 젊은 시절의 벗들과 맺은 두 편의 계문(契文)이 실려 있다. 하나는 동경계(同庚契)이고, 다른 하나는 금란계(金蘭契)의 계문이다.

같은 나라에서 나서	生共一邦
아침저녁으로 어울리고	從遊晨夕
더구나 동갑의 나이로	矧是同庚
의가 골육과 같음에랴.	義重骨肉

80　변계량, 『춘정집』 권3, 〈同年會于王輪設宴, 余有故不赴, 以詩寄〉.
81　변계량, 『춘정집』 권3, 〈同年携壺會于永嘉君宅, 僕與焉〉. "當時此地會耆英, 紫洞風流動玉京. 少壯懽娛誠未易, 盍簪今夕鬢俱青."

서로 좋아하길 다짐하여	誓相好矣
아교와 옻처럼 친밀하고	惟膠與漆
사생에는 반드시 구제해 주고	死生必救
환난에는 반드시 도와야 하리.	患難必恤
…(중략)…	
태산이 닳고 바다가 마를 때까지	山砥海塵
시종 변함이 없을지니	終始無易
이 맹약을 저버리면	所渝此盟
신명이 벌을 내리리라.[82]	神明其殛

　서로 같은 나이끼리 동갑계를 결성하며 지은 〈계맹문(契盟文)〉이다. 그들은 과거에 함께 급제했다며, 또는 나이가 서로 동갑이라며, 또는 뜻이 서로 맞는다며 인적 네트워크를 촘촘하게 묶어주는 모임들을 자주 결성했다. 〈금란계〉도 그중 하나였다.[83] 그들은 그런 모임의 결속력을 더욱 공고하게 만들기 위해 계문을 지어 맹세의식을 거행했고, 거기에는 사생을 함께 하며 서로 도와준다는 조항도 반드시 포함시켰다. 그것은 개인적 차원에서는 물론이고 정치적으로도 동지의 관계를 영원히 이어가겠다는 다짐을 의미했다.

　이방원이 지존의 자리에 즉위했지만, 그들의 돈독했던 관계는 계속 유지되었다. 현재 고려시대의 『사마방목』은 온전하게 남아 있지 않다. 그런 가운데에서 우왕 8년 진사시에 급제한 인물 일곱 명의 이름은 확인된다. 이승상(李升商), 민수산(閔壽山), 태종(李芳遠), 이맹유(李孟畷), 변계량, 김명리(金明理), 오승(吳陞)이 그들이다. 그리고 태종이 이들을 동

82　변계량, 『춘정집』 권11, 〈契盟文〉.
83　변계량, 『춘정집』 권11, 〈金蘭契文〉.

년으로서 각별하게 배려했던 사실은 실록에서 종종 확인된다. 이달충(李達衷)의 손자였던 이승상은 제2차 왕자의 난에 참여하여 공신에 책봉되었다. 그의 졸기에는 "주상이 잠저에 있을 때 성균시에 함께 급제했는데, 이승상이 장원을 차지하여 매우 후하게 대우해주었다."[84]라고 특기하고 있다. 민수산의 경우는 여러 차례 죄를 저질렀지만, 번번이 용서해주는 특혜를 베풀어주었다. 그러면서 그의 사면이 동년이기 때문이라는 사실을 숨기지 않았다. 나의 옛 친구인데 별로 큰 죄가 아니니 고신을 돌려주고 별시위에 임명했다거나 두 명의 처를 두는 죄를 범해도 동년동경(同年同庚)인 까닭에 용서한다며 대놓고 이야기할 정도였다.[85]

세종도 부왕 태종의 동년인 경우는 특별히 배려를 해주었다. 중국으로 사신을 갔다가 죄를 범해 삭탈관직 된 이양(李揚)에게 직첩을 도로 내준 적이 있다. 부왕 태종과 맺은 동경서문(同庚誓文)에 "사생(死生)을 같이 한다."라고 했기 때문에 용서한다는 것이었다.[86] 81세의 나이로 죽을 때까지 온갖 요직을 거쳐 판중추원사에까지 올랐던 오승의 경우도 태종과 진사시와 문과 모두 동년이었던 관계가 든든한 배경으로 작용했을 것임은 의심의 여지가 없다.[87]

---

84 『태종실록』 태종 13년 2월 6일. "歲壬戌, 以成均試第一, 遂中同進士科, 累歷華要. 上在潛邸, 同中成均試, 以升商狀元, 待之厚."

85 『태종실록』 태종 11년 9월 8일. "命還給閔壽山告身. 上命承政院曰: '壽山, 予之故人, 別無大罪, 宜給告身, 屬別侍衛.'"; 태종 17년 12월 5일. "司憲府請知价川郡事閔壽山有妻娶妻, 擅自離任之罪. 上以壽山同年同庚, 特原之."

86 『세종실록』 세종 13년 12월 5일. "命還給李揚職牒."; 세종 13년 12월 10일. "許誠啓: '李揚職牒, 不宜還給, 願收成命.' 上曰: '卿等之意美矣, 然非欲復用揚也. 太宗誓文有曰: 患難相救.' 故還給耳."

87 榜目에서는 확인되지 않지만, 朴尙衷의 아들 朴블도 동년이었다. "박은이 同年이라 하여, 여러 차례 추천하여 判典祀로 제수되었다가 얼마 되지 않아 禮賓寺로 옮기고 知兵曹까지 겸임하게 되었다. 한 달 사이에 높은 벼슬에 올라 물의가 들끓었다."는 내용이 『세종실록』 세종 즉위년 10월 3일 기사에 보인다.

② 태종은 고려 때 인연을 맺은 교유관계를 소중하게 생각했지만, 진사시 동년이었던 변계량을 그 누구보다 끔찍하게 챙겨주었다. 조선을 건국할 당시 이방원은 스물여섯의 젊은이였고, 변계량은 그보다 두 살 적은 스물넷이었다. 변계량이 본격적으로 역사의 전면에 부각되기 시작한 것은 태종 7년부터이다. 그해 인정전에서 치러진 문과중시(文科重試)에서 장원을 차지하면서 예조참의에 초배(超拜)되고, 세자시강원 좌보덕에 제수되며 눈부신 활약을 하게 된다. 물론 변계량은 열네 살과 열다섯이라는 최연소 나이로 진사-생원시에 연달아 급제할 만큼 비범한 능력의 소유자이기는 했다. 하지만 문과 좌주인 정몽주의 정치노선을 좇으면서 이성계의 역성혁명에 가담하지 않아 현실정치에서 소외되어 있었고, 제1차 왕자의 난이 일어났을 때는 정도전을 따르던 중형 변중량(卞仲良)이 죽임을 당하면서 그의 정치적 입지는 더욱 좁아질 수밖에 없었다. 심지어 정종 1년에는 의안공(義安公) 이화(李和)를 추대하려 했다는 역모에 휘말려 생사의 갈림길에 서기도 했다.

하지만 태종은 심행(心行)이 부정한 형과 달리 아우 변계량은 마음가짐이 바르다고 비호하며 세자의 빈사(賓師)에 제수해주었을 뿐만 아니라,[88] 역모를 꾸미고 있다며 고변한 누이는 무고죄로 목숨을 잃게 되지만 변계량은 혐의가 없다며 풀어주었다.[89] 태종과의 특수 관계가 아니었다면, 가능하지 않았을 특혜였다. 거기에 그치지 않았다. 태종 10년에는 조카딸 소비(小婢)가 간통을 하다가 발각이 되어 자결하는 사건에 연루되기도 하고, 태종 12년에는 본처가 있는데 또 다른 아내를 얻었다는

---

88 『태종실록』 태종 18년 5월 10일. "予謂卞仲良心行不正, 謂弟季良爲心直, 使居世子賓師之位."
89 『정종실록』 정종 1년 8월 19일. "今元吉及季良, 與養蒙·養中等, 潛謀搆亂, 事將發矣. 盍早圖之! … 於是, 盡釋養蒙等, 其卞氏及包大處斬."

이유로 사헌부의 탄핵을 받기도 했다. 하지만 그럴 때마다 태종은 변계량에게 죄를 묻지 않고 사건을 무마해주었다.

태종이 변계량을 비롯한 진사시 동년에 대해 베풀었던 배려는 이처럼 특별했다. 그런 차원에서 변계량이 장원을 차지했던 태종 7년의 중시에 선발된 인원을 모두 자세하게 살펴볼 필요가 있다. 변계량 외에 합격한 멤버는 조말생(趙末生), 박서생(朴瑞生), 김구경(金久冏), 박제(朴濟), 유사눌(柳思訥), 정초(鄭招), 황현(黃鉉), 윤회종(尹會宗), 이지강(李之剛) 등 총 10명이었다. 이들은 모두 그로부터 태종을 최측근에서 보좌하여 치세 후반부를 이끌어가는 주역으로 활동하게 된다. 그런데 그들 대부분은 변계량처럼 고려시대에 이러저러한 인연으로 끈끈하게 맺어진 관계이기도 했다. 태종이 변계량을 비롯한 고려시대 동년과 내밀하게 맺고 있는 인적 네트워크의 실상을 『춘정집』의 중간 과정에서 삭제해버린 의례 문장을 통해 확인할 수 있다. 태종 9년, 43세가 되는 생일을 한 달 앞두고 변계량이 제작한 〈개경사입보문(開慶寺立寶文)〉이 그것이다. 입보(立寶)란 어떤 목적의 일을 항구적으로 행할 수 있는 재물을 모아 보관하는 것을 말한다. 요즘에 재단(財團)을 설립하는 것과 비슷한데, 그 취지를 밝힌 전문은 이러하다.

영락 기축년(태종 9년) 4월에 개경사에 포(布) 약간을 모아 두니, 대개 주상을 위해 축원하려는 것이다. 주상께서 잠저에 계실 때 임술년(우왕 8년) 감시(監試)에 합격하셨는데, 신들도 함께 그 명단에 들었다. 즉위하시기에 이르러 그 은혜를 입은 것이 지극히 두터웠다. 그럼에도 생성(生成)의 크나큰 은혜에 털끝만 한 보답도 하지 못했으니, 신들이 어찌 하루라도 마음속에 잊었겠는가? 함께 합격한 사람 가운데 서울에 사는 이들이 서로 포를 내어 모두 250필을 모았다. 개경사에 두고 승려 1명을 정해 주관하게 했다. 때로 사람들에게 나누어 주었다가 거두어들여 본필(本匹)은 보존하고 이식(利殖)을 사용함으로써 해마다 탄신일에 주상을 위해 축원할 밑천을 삼도록 하였으니, 신들의 구구한 정성이 무궁하게 깃들기를 기약하고자 함이다.[90]

참가자는 태종의 진사시 동년 가운데 서울에 사는 사람들이었다. 그리고 이들이 모인 개경사는 태조 이성계를 모신 건원릉(健元陵)의 재궁(齋宮)으로 사용되던 절이다. 그들은 포를 갹출하여 모두 250필의 기금을 마련했다. 그것을 밑천으로 삼아 매년 맞이하는 탄신재를 치르고자 했던 것인데, 위의 인용문은 그런 다짐을 적은 일종의 서약서였다. 실제로 태종의 생일인 5월 16일이 되면, 그들은 매번 개경사에 모여 태종의 장수를 축원하는 재를 올렸다.

그 모임에 참석했던 "서울에 사는 동년"이란, 태종의 발탁에 힘입어 벼슬살이를 하고 있는 관원이라는 뜻일 터다. 그렇게 보면, 이들의 모임은 태조의 축수를 위한 불사를 빌미로 삼아 모인 일종의 '정치결사'라고 불러도 좋다. 초간본에 실려 있다가 중간하는 과정에서 삭제되어버린 이런 〈탄일축상재소(誕日祝上齋疏)〉는 무려 여덟 편에 달할 정도로 많다. 거의 매년 거르지 않고 베푼 불사에 사용된 의례문장은 다음과 같았는데, 그 내용은 거의 달라지지 않은 채 되풀이되고 있다.

삼가 생각건대, 신 등이 일찍이 임술년에 모두 성균관의 시험을 보러 갔을 때, 우매한 자질이 주상 전하를 뒤따라 합격할 줄 어찌 예상이나 하였겠습니까. 그 당시 주상 전하를 모시고 맹약한 일을 더듬어 생각해 볼 때, 마치 꿈속에 구천에서 노닌 것 같았습니다. 더군다나 주상 전하께서 즉위하신 이래로 특별한 총애를 거듭 받았는데 말할 것이 있겠습니까. 보답하려고 하였으나 창해처럼 끝이 없어 오직 간절히 비는 바는 남산처럼 장수하시는 것뿐입니다. …(중

---

90 변계량, 『국역 춘정집 2』, 追補 〈開慶寺 立寶文〉.

략)… 삼가 바라건대, 여래께서는 자비를 베풀고 보살께서는 가호해 주소서. 그리하여 하는 일마다 길하여 영원히 복록을 받아, 만년토록 하늘을 공경하여 경건히 주공(周公)의 가르침을 따르고, 억만년까지 부모가 되어 한결같이 한유(韓愈)의 시처럼 되게 하소서.[91]

매년 반복되는 그 의례문장에서 빠지지 않는 내용은 두 가지이다. 하나는 지난 잠저 시절 동년으로서 이방원과 맹약했던 사실을 환기하는 것, 다른 하나는 주상으로 즉위하여 베풀어준 은혜에 보답하겠다는 것. 태종대에 은밀하게 존재하고 있던 이너서클(inner circle)의 충성 서약 장면을 생생하게 보여준다 하겠다. 왕조 사회에서 군주의 탄일을 맞이해 성대한 의례가 치러지는 것은 당연하다. 실록에서 확인되는 최초의 탄일 행사는 태조 5년에 열렸다. 이날의 행사는 승려 108명을 불러 모아 궁중에서 밥을 먹이고 『금강경』을 읽게 하는 불교식으로 치러졌다. 그리고 죄가 가벼운 죄수를 풀어주고, 조선의 건국에 반대한 우현보(禹玄寶)에게는 적몰했던 가산을 되돌려주는 은혜도 베풀었다. 각도에서는 방물장(方物狀)을 바치고, 태조도 신하들에게 성대한 잔치를 베풀어주었다.

하지만 태종이 즉위하자마자 사헌부에서는 축수재(祝壽齋), 곧 탄일재를 없애자는 상소를 올렸다. 처음에는 윤허하지 않았다. 많은 비용이 든다는 이유로 폐지하자는 논의가 고려 때부터 있어왔지만, 지금도 기신재, 추천재 때 승려들에게 밥 먹이는 행사가 지속되고 있다며 거절했던 것이다.[92] 이런 불교의례들을 먼저 금하게 한 뒤에 축수재도 없애겠다는

---

91 변계량, 『국역 춘정집 2』, 追補 〈誕日祝上齋疏〉.
92 이런 불교의식 가운데 절에서 死者를 추모하는 忌晨齋는 중종 때 가서야 폐지된다. 명종 때 잠시 부활하기도 하지만, 사림정권이 들어선 宣祖 이후에는 더 이상 설행되지 않았다. 그리고 임진왜란으로 文昭殿이 소실된 이후에는 山陵에서 유교적 기신재를 지냈다. 이에 대한 자세한 논의는 이현진, 「조선 왕실의 忌晨祭 설행과 변천」,

것이었다. 하지만 의정부까지 사헌부의 의견을 거들고 나서면서 탄일재는 공식적으로 폐지된다.[93] 얼마 뒤에는 의정부의 요청을 받아들여 군신이 헌수하는 의식조차 거행하지 않겠다고 선언할 정도였다.[94]

그렇지만 실제에 있어서는 탄일재를 폐지하라는 명령이 지켜지지 않았다. 위에서 인용한 불소(佛疏)에서 확인할 수 있듯, 태종의 생일이 되면 개경사에서는 은밀하게 축수재가 치러지고 있었던 것이다. 그리고 그 자리에서는 진사시 동년으로서의 의리를 지키고 죽음으로 임금의 은혜에 보답하겠다는 다짐이 매년 되풀이되었다. 그렇게 볼 때 변계량이 중시에서 장원급제하여 발탁된 것, 예조판서와 예문관대제학에 올라 권근을 이어 태종 후반부의 학문권력을 장악하게 된 것에는 진사시 동년으로서의 집단의례가 지대한 역할을 했을 가능성이 높다.

어찌 보면 태종이 진사시 동년을 이처럼 우대했던 것은 고도의 정치적 의미를 지닌 것이기도 했다. 잘 알려진 것처럼, 태종은 자신의 즉위에 결정적 도움을 준 두 차례의 공신(功臣) 그룹과 함께 치세의 전반기를 이끌어갔다. 이화, 이방의, 조준, 김사형, 하륜, 조영무 등이 그들이다. 하지만 그 이후 이방간, 박포, 이무, 조박, 이거이, 민무구, 민무질 등 많은 공신들이 이러저러한 이유로 삭훈되거나 축출되게 된다. 태종 집권 후반기로 넘어가면서 공신세대는 자연적·인위적 소멸의 단계를 밟아갔던 것이다. 그러면서 고려 때 진사시 및 문과 동년들이 태종의 정치적

『조선시대사학보』 46집(조선시대사학회, 2008) 참조.

93 『태종실록』 태종 1년 5월 10일. "司憲府大司憲柳觀等上書: '一, 禁動樂宴飮. 二, 除誕日朝賀. 三, 除誕日齋行醮禮.' … 下政府擬議申聞. 政府議得: '請如憲府所上書', 故誕日齋停罷."

94 『태종실록』 태종 11년 5월 12일. "命停誕日獻壽. 上曰: '卽位以來, 群臣獻壽之禮不行, 且當其日有齋戒, 宜止之.' 議政府請之, 故有是命." 하지만 그런 다짐은 제대로 지켜지지 않았다. 매년 탄일마다 의정부 대신과 공신이 벌이는 헌수와 잔치를 확인할 수 있다. 심지어 예조에서는 '臣同宴儀註'를 詳定하여 공식화하자고 청할 정도였다.

파트너로 새롭게 부상하게 된다. 이런 지배세력의 교체는 태종 후반부의 치세가 강력한 중앙집권제를 유지하면서도 문치(文治)를 위한 정치체제로 발 빠르게 변화하는 계기가 되었다. 유명무실하던 고려 때의 집현전이라는 기구가 변계량의 건의로 세종 즉위 직후 확대 개편되면서 강력한 왕권을 뒷받침하는 학술자문기관으로 자리 잡게 된다. 또한 정도전이 즉위교서를 통해 제정했던 강경(講經)을 제술(製述)로 대체하자고 꾸준하게 주장함으로써 마침내 세종대에 진사시를 부활시키게 된다. 그런 점에서 볼 때, 『춘정집』 중간본에서 삭제된 탄일축수 의례문장은 태종대의 정치사적 부침과 그 이면의 동향을 보여주는 일종의 은밀한 프리즘과도 같은 역할을 담당하고 있다.

4. 추후의 행로: 전통의 지속과 전환의 과정

우리는 지금까지 조선 초기 초대 문형을 맡았던 변계량의 문집을 세종의 분부로 편찬하게 된 시대적 맥락, 그리고 그렇게 만들어진 『춘정집』이 당시 국가에서 치러지던 국가 전례(典禮)의 실상을 보여주고 있다는 사실에 대해 자세하게 살펴보았다. 특히, 집현전 학자들이 편찬한 초간본에는 실려 있다가 19세기 거창에 있는 병암서원 유림들이 중간하는 과정에서 삭제해버린 각종 의례문장들은 조선 초기에 전개된 유교국가의 이면을 엿볼 수 있었던 것은 소중한 성과이다. 잘 알려진 것처럼 조선은 건국 직후부터 유교문명으로의 전환을 최대 과제로 상정하고, 그를 위한 방안을 다각도로 추진하고 있었다. 태조 이성계가 즉위한 지 한 달도 되지 않았을 때, 예조판서 조박(趙璞)이 올렸던 다음의 건의에서 그런 정황을 확인할 수 있다.

예조전서 조박 등이 상서하였다. "신 등이 삼가 역대의 사전(祀典)을 보건대, 종묘·적전(籍田)·사직·산천·성황·문선왕석전의 제사는 고금에 널리 통행된 국가의 상전(常典)입니다. 지금 월령의 규식에 의거하여 갖추어 기록하였습니다. 유사에 내려 보내어 때에 맞게 거행하옵소서. 환구(圜丘)는 천자가 하늘에 제사 지내는 의례이니, 폐지하기를 청합니다. …(중략)… 춘추장경(春秋藏經), 백고좌법회(百高座法席), 칠소친행도량(七所親幸道場), 그리고 여러 도전(道殿)·신사(神祠)·초제(醮祭) 등은 고려의 군왕이 사사롭게 자신의 소원을 빌기 위해 때때로 설치한 것입니다. 후세의 자손이 관습에 매여 혁파하지 못했지만, 지금 바야흐로 천명(天命)을 받아 새로 시작함에 있어 어찌 예전의 폐단을 답습하며 상법(常法)으로 삼겠습니까? 모두 혁파해버리기를 청합니다.[95]

유교문명의 정신에 부합하는 의례만 국가의 상전(常典)으로 삼고, 원구단에서 행하는 제천의식을 비롯하여 불교와 도교의 각종 의례를 일괄 폐지하자는 요청이다. 나라의 예법을 책임지고 있던 조박의 단호한 의지가 생생하게 느껴진다. 그때 그는 지금이 바야흐로 천명을 받아 모든 것을 강력하게 갱신(更新)하는 시기임을 환기시키고 있었다. 건국한 지 아직 한 달이 안 되는 시기였던 만큼, 태조 이성계든 그를 왕으로 추대한 조정의 신하든 개혁의 의지로 불타오르고 있을 때였다. 더욱이 그날의 조회가 갖는 의미는 각별했다. 태조 이성계가 앉아서 조회를 받은 첫날이었던 것이다. 그 이전까지는 겸양의 뜻을 표하기 위해 조회를 받을 때 서서 받았는데, 이날에는 신하들이 앉아서 조회받기를 강력하게 청하

---

95 『태조실록』 태조 1년 8월 11일. "禮曹典書趙璞等上書曰: '臣等伏覩歷代祀典, 宗廟·籍田·社稷·山川·城隍·文宣王釋奠祭, 古今通行, 有國常典. 今將月令規式, 具錄于後, 請下攸司, 以時擧行. 圓丘, 天子祭天之禮, 請罷之. … 春秋藏經·百高座法席·七所親幸道場·諸道殿·神祠·醮祭等事, 前朝君王各以私願, 因時而設, 後世子孫, 因循不革. 方今受命更始, 豈可蹈襲前弊, 以爲常法? 請皆革去!'"

여 앉아서 받았던 것이다.[96]

그런 위엄을 보이기 위해서였을까? 태조는 춘추장경(春秋藏經), 백고좌법회(百高座法席), 칠소친행도량(七所親幸道場) 등 세 개의 불교의례에 대해서는 그 설치한 까닭을 상고해보라며 완곡하게 거부했다.[97] 결국 조박의 결연한 혁신적 건의는 받아들여지지 못했고, 설사 국가적 차원에서 받아들였다고 해도 실제 현장에서는 쉽게 이행될 수 없었다. 오랜 세월 이어져온 전통을 일순간에 폐지한다는 것은 불가능한 일이었다. 실제로 강력한 왕권을 구축했던 태종은 불교의 12종을 양종으로 통합하고 사찰의 토지도 전부 혁파했다. 하지만 그런 조처로도 불교의 유풍은 쉽게 잦아들지 않았다. 왕실로부터 사대부에 이르기까지 자신과 친족을 위해 불공을 드리고, 상을 당하면 으레 빈소에 법석(法席)을 차렸다. 기제(忌祭)를 지낼 때 승려를 불러 음식 대접하는 의식도 빠뜨리지 않았다.

이런 풍속이 크게 바뀐 것은 대략 성종대에 이르러서였던 것으로 보인다. 이때부터 승려가 되는 법을 엄격하게 통제하여 도첩을 발급하지 않았고, 그로 인해 승려의 숫자는 확연하게 줄어들고 도성 안팎의 절들도 점차 비어가기 시작했다. 사족들이 불공(佛供)을 드리거나 승려에게 음식 대접하는 풍습도 점차 사라져갔다고 한다. 성현이 『용재총화』에서 증언하고 있는 내용을 직접 읽어보기로 하자.

우리나라에서 불교를 숭상한 지는 오래되었다. 신라의 옛 서울에서는 민간에서 승려를 부르는 일이 많았는데, 송도도 그러하였다. 왕궁과 큰 집들이

---

96 『태조실록』 태조 1년 8월 11일. "上坐受群臣朝. 自卽位以謙讓, 受朝必立, 是日群臣伏地固請, 乃坐."
97 『태조실록』 태조 1년 8월 11일. "上下敎都堂曰: '春秋藏經・百高座法席・七所道場, 考其始設之原以聞.'"

모두 절과 서로 연결돼 있어 왕이 후궁과 더불어 절에 가서 향을 피우지 않은 달이 없었으며, 팔관회와 연등회와 같은 큰 의례를 베풀되 모두 절에서 하였다. …(중략)… 우리 태종 때에는 12종을 개혁하여 다만 양종(兩宗)을 두고 사전(寺田)을 모두 혁파했으나, 그래도 유풍은 끊이지 않았다. 사대부들이 그 친속을 위하여 모두 재(齋)를 올리고, 빈당(殯堂)에 법연(法筵)을 설치하기도 하였으며, 기제(忌祭)를 행하는 자는 반드시 중을 맞이하여 음식을 먹이었다. …(중략)… 성종 때부터 도첩을 발급하지 못하게 하는 법을 엄하게 세워 도첩의 발급을 허락하지 아니하니, 이로 말미암아 성 안에는 중들이 줄어들고 서울 안팎의 절은 모두 비었으며, 재를 올려 중에게 밥 먹이는 사족이 없어졌다. 이는 임금이 숭상하는 바에 따라 습속도 함께 변한 것이다.[98]

세종 21년에 태어나 연산군 10년까지 살았던 성현이 체감한 바를 기록한 것이니, 그의 말은 신뢰할 만하다. 성종 때부터 점차 한양에 드나드는 승려의 숫자가 현격하게 줄어들고, 절을 찾아가 불공을 드리는 사람들도 점점 줄어들게 되었다. 그건 아무래도 조선전기 최고의 유학군주로 평가받는 성종의 의지가 큰 역할을 했다고 인정하지 않을 수 없다. 조선의 건국 이후 불교문명에서 유교문명으로의 전환은 세조 때 잠시 부침을 겪기는 하지만, 태조-태종-세종대를 거쳐 성종의 시대에 이르면서 급속하게 이루어지고 있었던 것이다.

그런 문명전환의 맥락에서 볼 때 변계량의 『춘정집』은 조선 초기에 국가적 차원에서 치러지던 유교문명의 전례는 물론이고 삭제된 의례문장을 통해 그 이면을 들여다볼 수 있는 '시대의 거울'과도 같았다. 하지만 그처럼 한 시대의 이면을 보여주는 것과 함께 카리스마 넘치던 절대군주 태종의 내면을 들여다볼 수 있는 '개인의 거울'이기도 했다. 태종은

---

98 성현, 김남이·전지원 외 옮김, 『용재총화』 권8(휴머니스트, 2015), 395~396쪽.

무불(巫佛)에 미혹되지 않기 위해 부단히 노력했고, 실제로 그런 국가적 정책과 개인적 다짐을 여러 차례 천명하며 뒷날 우뚝한 유학군주로 기억되고 싶어 했다. 자신의 장례도 유교문명의 예법을 준수하도록 분부했고, 그의 말처럼 장례의 모든 절차는 고례(古禮)에 맞게 치러졌다.[99]

하지만 그러했던 태종도 죽음 앞에서는 무력한 한 인간에 불과하다는 사실을 의례문장을 통해 여러 차례 보여주었다. 특히 왕자의 난을 일으켜 부친에게 마음을 잃은 것에 대한 자식으로서의 한을 평생 품고 살았고, 막내아들의 갑작스런 죽음 앞에서는 철저하게 무너져 내리던 아버지로서의 슬픔을 여지없이 보여주었다. 그때 그에게는 과거의 낡은 관습으로 치부되던 불교의례가 크나큰 위안으로 다가왔음에 분명하다. 물론 그런 의례가 개인적 차원에서만 활용되지는 않았다. 공신세력을 대체할 만한 정치적 파트너로 젊은 날의 동년을 끌어들이기 위해서 그들과의 유대감을 극대화할 수 있는 탄일축수재(誕日祝壽齋)와 같은 불교의례도 적극 활용했다. 어쩌면 그런 모습이 불교에서 유교로의 문명전환이라는 시대적 과제에도 불구하고, 삶의 현장에서는 쉽게 바뀌지 못하고 있던 사정을 생생하게 보여주는 구체적 사례라 할 수 있겠다. 조선 건국 이후 유교문명으로의 전환은 기존의 전통과 팽팽한 길항관계를 보이며 점진적으로 진행될 수밖에 없었고, 성현의 증언처럼 적어도 한 세기 넘는 진통을 겪고 나서야 비로소 가능했던 것이다.[100]

---

99 『세종실록』 세종 4년 5월 10일. "凡喪制一依古禮."
100 조선 초기에 거행된 비유교적 의례 가운데 忌晨祭와 함께 주요하게 거론된 昭格署의 존폐 논쟁은 군주와 관료의 정치사회적 위상과 역할을 새롭게 규정하고자 한 데서 비롯된 것이다. 때문에 그 논쟁은 조선의 국가적 정체성을 규명하는 작업과 맥락을 같이한다. 이에 대한 논의로는 허준, 「朝鮮時代 儒敎化와 國家正體性」, 『역사문화연구』 72집(역사문화연구소, 2019); 허준, 「조선 중종대 소격서 관련 논의의 상징적 의미」, 『석당논총』 78집(동아대 석당학술원, 2020) 참조.

제2부

동국문명의 구현
: 중화문명과 동국문명

제1장

언해의 지평,
중화문명의 번역과 문명의식의 굴곡

1. 접근의 시각: 언해를 읽는 두 가지 전제

하나의 텍스트가 다른 언어로 번역된다는 것, 그것은 번역의 능력과 함께 그것을 받아들일 수 있는 조건이 충족되어야 가능하다. 유교를 국시로 내걸고 건국한 조선에서 유가경전의 번역, 곧 언해 작업도 그러했다. 고려를 무너뜨리고 조선을 세운 건국의 주역들은 왕조교체를 넘어서서 문명의 전환까지 도모했다. 천 년 넘게 이어온 불교문명 국가를 유교문명 국가로 거듭나게 하겠다는 원대한 비전을 제시했던 것이다. 태조 이성계는 조선을 개국한 직후 즉위교서를 반포했다. 새로운 국가 건설을 위한 청사진을 제시하고 있는 그 교서에서 가장 중요한 항목은 아마도 다음과 같은 조처가 아니었을까 싶다.

문무과(文武科) 두 과 가운데 어느 하나는 취하고 어느 하나는 버릴 수 없다. 중앙에는 국학(國學)과 지방에는 향교(鄕校)에서 생도들을 증원하고 강학에 힘쓰도록 하여 인재를 육성할 것이다. 과거제도의 본래 취지는 나라를 위한 인재를 뽑는 것이다. 그럼에도 좌주(座主)니 문생(門生)이니 일컬으며 공적인 선발을 사적 은혜로 여기고 있으니, 법을 세운 뜻과 매우 어긋난다. …(중략)… 사서오경(四書五經)과 『통감(通鑑)』 이상을 통달한 사람을, 그 경서의 많고 적은 것과 알아낸 사리(事理)의 정밀하고 소략한 것으로써 그 높고 낮은 등급을 정하여 제일장(第一場)으로 삼는다. …(중략)… 이런 삼장(三場)의 시험을 거쳐 합격한 자 33인을 이조로 보내어 재주에 맞게 발탁해 쓰도록 하겠다. 감시(監試)는 폐지한다.[1]

1392년 7월 17일, 문무백관이 지켜보는 가운데 태조 이성계가 수창궁(壽昌宮)에서 즉위식을 거행했다. 그리고 그로부터 열하루가 지난 7월 28일, 새로운 국왕의 즉위를 알리는 교서가 반포된다. 거기에는 총 17항목에 달하는 개혁 방안이 담겨있었다. 그 가운데 가장 관심을 끌만한 대목은 위에 인용한 과거제도의 개혁이었다. 여기에는 문과-무과를 차등 없이 존중하겠다는 계획, 중앙-지방의 인재를 고르게 육성하겠다는 방침, 좌주-문생으로 대표되는 고려 시대의 과거제도에 대한 개혁, 그를 위한 조처로 감시(監試)의 폐지가 그것이다. 이런 조처를 통해 공정한 과정을 거쳐 관료를 선발하겠다는 강력한 의지를 천명했다.

그런 계획을 성공적으로 실현하기 위해서는 시험 과정을 투명하게 확정하는 한편 시험 과목으로 사서오경(四書五經)과 『통감(通鑑)』과 같은 유가경전을 명기했다. 그건 유교지식으로 무장된 관료들로 지배계층을 물갈이하겠다는 의지에 다름 아니었다. 그런 점에서 조선의 건국과 이성

---

[1] 『태조실록』 태조 1년 7월 28일. "文武兩科, 不可偏廢, 內而國學, 外而鄉校, 增置生徒, 敦加講勸, 養育人才. 其科擧之法, 本以爲國取人, 其稱座主門生, 以公擧爲私恩, 甚非立法之意. … 通三場相考入格者三十三人, 送于吏曹, 量才擢用, 監試革去."

계의 즉위 과정은 국가권력이 왕씨로부터 이씨에게로 넘어간 것 이상의 의미를 지니고 있다. 천여 년 가까이 이어져온 불교문명이 유교문명으로 넘어가는 문명사적 전환의 순간이기도 했던 것이다. 그렇게 시작된 유교 문명 국가로의 전환이라는 거대한 프로젝트는 이후 약 200년이 지난 선조 18년부터 21년에 이르기까지 교정청(校正廳)을 설치하여 『소학』과 사서삼경을 언해하는 작업으로 일단락된다. 당대 최고의 성리학자로 존중받던 이황과 이이의 제자를 비롯하여 당대의 집단지성이 함께 일구어낸 16세기 후반 최대의 학술적 성취라 할 수 있다.[2] 그럼에도 불구하고 그처럼 막중한 의미를 갖는 경전의 언해가 유교를 국시로 내걸고 건국한 조선에서 이렇게 200년이나 걸린 까닭은, 경전을 완벽하게 소화하기까지 그만큼의 시간이 필요했다고 설명되곤 한다. 실제로 경서 언해의 역사는 "구결(口訣) → 석의(釋義) → 언해(諺解)"라는 시대를 거치며 점점 성숙해진 것으로 규정되기도 한다.[3] 거시적으로 볼 때, 이런 이해의 방식은 설득력이 있어 보인다.

  그럼에도 불구하고 드러난 사실만 가지고 뒤따라가며 현상을 설명하고 마는 것이 아닌가, 라는 불만감을 지울 수 없다. 이제까지 접해보지 못했던 다른 문명의 고전적 텍스트가 다른 언어로 번역되는 과정을 시간의 축적과 이해의 성숙만으로 설명하는 것은 부족하다. 그 고전을 선취(先取)하고 있는 자와 그것을 저지하고자 하는 자 사이의 갈등이 치열했던 역사적 사례를 어렵지 않게 확인할 수 있기 때문이다. 조선후기에 전래된 『성경(Bible)』이 번역되어 널리 읽히기까지 얼마나 많은 사람이

---

2 교정청을 설립하여 이루어진 사서언해에 대한 상세한 연구 성과로는 유영옥, 「校正廳本 四書諺解의 경학적 연구」(부산대 대학원 박사학위논문, 2010)를 꼽을 수 있다.
3 최석기, 「조선 전기의 經書 해석과 退溪의 『詩釋義』」, 『퇴계학보』 제92호(퇴계학연구원, 1996), 64~66쪽.

피를 흘렸는지를 돌이켜 보면, 쉽게 이해할 수 있을 터다. 불교문명을 밀어내기 위해 채택된 유교경전이 조선 사회 구성원들에게 마음 깊이 받아들여지기까지 겪어야 했던 과정 또한 순탄하지 않았다. 건국 이후 채택된 숭유억불 정책이 순탄하게 진행된 것처럼 보이지만, 실제에 있어서는 결코 그렇지 않았다.

더욱이 어떤 고전적 텍스트를 우선 번역할 것인가도 논쟁적 사안이지만, 어떤 언어로 번역할 것인가 하는 문제도 결코 간단하지 않다. 잘 알려진 것처럼, 근대 이전의 여러 문명권에서 이중적 문자생활을 영위했던 것은 동서양을 막론하고 공통적으로 발견되는 현상 가운데 하나이다. 유럽의 라틴어가 그러하듯, 우리의 경우에도 지배층의 문자인 한문은 피지배층의 문자인 언문과 구별되어 쓰였다. 나아가 한문은 중화문명을 공유하는 동아시아 보편문어로 존중받았던 반면 언문은 오랑캐의 문자로 취급받기 일쑤였다. 그런 상황에서 공자와 같은 성인의 말씀을 담고 있는 유교경전을 '야만의 문자'인 언문으로 번역한다는 것은 쉽게 용납될 수 없었다.[4]

실제로 언해 작업의 이면에서 전개되고 있던 정치적·사상적 긴장과 갈등은 우리의 상상을 초월할 정도였다. 난해한 한문 텍스트를 번역·보급하여 고급 지식이 사회 저변으로 확산되는 '지식의 대중화'라는 맥락에서만 언해의 의의를 이해해서는 안 되는 까닭이다. 『삼강행실도』의 언해가 그 대표적인 경우이다. 유교국가인 조선에서의 사대부라면 그

---

4 지금의 우리들에게 언어는 말과 문자의 영역으로만 인식되기 쉽다. 하지만 종교와 경전의 문자로 시야를 돌리거나 시간을 거슬러 올라가 한자·라틴어와 같은 보편언어가 왕성하게 통용되던 시기를 떠올리면 사정은 완전 달라진다. 언어는 '일상·속세'와 '신성·진리'라는 가치가 첨예하게 대립하는 영역이었다. 그런 점에서 19세기까지 '眞書·漢文'과 '諺文·訓民正音'의 대립은 이상적 문화인 雅와 현실적 문화인 俗의 대립이기도 했다. 이경구, 「18세기 후반~19세기 조선의 언어와 문자 의식에 대한 시론」, 『19세기 동아시아를 읽는 눈』(너머북스, 2017) 참조.

누구도 시비를 걸지 않았을 것 같은 그런 텍스트의 언해조차 누가 주체가 되어 작업을 주도하고 있는가에 따라 복잡한 상황이 연출되곤 했다. 유교의 핵심 텍스트인 사서삼경과 같은 경우는 더욱 민감한 논란을 불러일으킬 수밖에 없었다. 다양한 해석 가능성을 가진 경전을 번역하는 과정에서 하나의 해석에 특권적 지위를 부여하고자 할 때, 경전에 대한 절대적 권위를 부여하는 언해는 그것을 번역한 주체의 학문권력으로 고스란히 전이되기 마련이다. 이 점에 유념하여 어떤 고전적 텍스트가 어느 시대에 번역의 대상으로 선택되었고, 그것이 누구에 의해 어떤 언어로 번역되었는가를 학술사적 관점에서 주의 깊게 살펴보고자 한다.

2. 새로운 문자의 탄생과 언해사업의 출발

1) 훈민정음 창제와 신지식인의 등장

이달에 임금이 친히 언문(諺文) 28자를 만들었는데, 그 글자는 옛 전자(篆字)를 본떴다. 초성·중성·종성으로 나뉘는데, 그걸 합해야 글자가 된다. 무릇 문자(文字)와 우리나라의 이어(俚語)를 모두 적을 수 있다. 글자는 간단명료하지만 전환은 무궁무진한데, 이것을 훈민정음(訓民正音)이라 일컬었다.[5]

세종이 언문 또는 훈민정음을 만들었다는 사실을 전해주는 최초의 기록이다. 짧지만, 그런 만큼 많은 해석이 복잡하게 엇갈린다. 여기에서 그 내용을 자세하게 따질 겨를은 없다. 다만, '한자음[文字]'과 '우리말[俚

---

5 『세종실록』 세종 25년 12월 30일. "是月, 上親制諺文二十八字, 其字倣古篆. 分爲初中終聲, 合之然後乃成字. 凡干文字及本國俚語, 皆可得而書. 字雖簡要, 轉換無窮, 是謂訓民正音."

語]'을 모두 표기할 수 있다고 구분하여 말하는 대목에 주목할 필요가 있다. 그러하다, 세종은 어리석은 백성을 어여삐 여겨 그들을 위한 문자를 만들어준 것만은 아니었다.[6] 훈민정음과 언문이 한자음을 정확하게 표기하는 기능과 우리말을 쉽게 적기 위한 기능을 모두 갖추고 있다는 점은, 더 이상 의심 없는 사실처럼 보인다.[7]

하지만 한 걸음 더 들어가 볼 필요가 있다. 훈민정음이 창제된 시기는 바로 조선에서 중화문물을 받아들이려는 움직임이 가장 활발하게 일어나던 시기였다. 그렇다면 명나라의 한어(漢語)와 한이문(漢吏文) 습득에 열중하고 있던 세종대에 조선의 언어를 표기하는 문자가 왜 만들어졌는가, 하는 반문이 가능하다. 거기에 대해서는 조선이 명나라 중심의 동아시아 질서와 가치를 수용함으로써 번국(蕃國)으로 자리매김 될 수 있었던 한편, 이를 통해 조선 왕실 스스로의 통치 권력을 인정받게 되었다는 답변이 제출된 바 있다. 중화라는 제국이 제정한 언어·문자의 표준을 수용하는 동시에 자국 언어·문자의 표준을 제정하려는 과정에서 훈민정음이 만들어졌다는 설명이다. 결국 언문과 훈민정음이라는 새로운 문자는 표준 한어 습득의 도구인 동시에 명나라 중심의 화이질서 속에 위치한 조선이 자신의 강토 내에서 자기 자신의 교화를 실현하는 도구이기도

---

[6] 훈민정음의 창제 목적이 한자음을 바로잡아 표기하는 것까지 포함한다면, '訓民'에서의 '民'을 '愚民'이 아닌 '士民'으로 확대해석할 필요가 있다. 나아가 중국 보편문명을 받아들이기 위한 의도가 보다 크게 작용했다는 견해도 경청할 필요가 있다. 이상혁, 「훈민정음과 한글의 언어문화사적 접근」, 『한국어학』 제41집(한국어학회, 2008), 69~70쪽; 정석태, 「문명번역과 훈민정음: 세종의 창제의도에 관하여」, 부산대 점필재연구소 고전번역학센터 편, 『한국고전번역학의 구성과 모색』(점필재, 2013), 19쪽 참조.

[7] 한글 창제와 관련된 '신화'를 비판적으로 성찰하고 있는 대표적 논의로는 정광, 『한글의 발명』(김영사, 2015) 참조. 그리고 '언문'은 우리말을 표기하는 우리의 글자이며, '훈민정음'은 한자의 음가를 표기하는 발음기호였다는 주장은 이근우, 『훈민정음은 한글인가?』(어문학사, 2016) 참조.

했던 것이다.[8]

그런 까닭에 왕권과 때론 팽팽하게 갈등했던 상층관료들이 새로운 문자를 만들어 독자적인 교화를 펼치려는 세종의 시도에 반대하고 나선 것은 일견 이해가 된다. 최초의 반대는 언문/훈민정음이 창제되고 두 달이 지난 뒤, 집현전부제학으로 있던 최만리(崔萬理)가 앞장을 섰다. 너무나 잘 알려진 그의 상소는 한 개인의 의견이 아니라 당대 최고 학술기관이었던 집현전의 수장(首長)으로서 엘리트 관료집단의 주장을 대변하고 있는 것이었다. 반대한 이유는 모두 여섯 가지였다. 그동안 많은 사람들은 그 상소가 내세우고 있는 사대주의 태도에만 관심을 집중했었다. 중화문명과 동문동궤(同文同軌)를 이루어야 하는 시대정신에 어긋난다는 첫 번째 반대 사유와 언문 사용은 오랑캐를 자처하는 꼴이라는 두 번째 반대 사유는 그렇게 보아도 좋다. 하지만 최만리가 가장 힘주어 반대했던 내용은 그 이후의 항목들, 특히 세 번째에 담겨 있는 것으로 보인다. 반대하는 진심이 은밀하게 감춰져 있어 정독할 필요가 있다.

신라 설총이 만든 이두는 비록 야비한 이언(俚言)이지만, 모두 중국에서 통용되는 글자를 빌려 말을 돕는 데 쓰여 한자와 서로 분리되지 않았습니다. 그러므로 서리나 종의 무리에 이르기까지 이두를 익히고자 한다면 먼저 몇몇 서책을 읽어 문자를 대략 알게 된 뒤에 이두를 사용했습니다. 그처럼 이두를 쓰는 자는 반드시 문자에 의지해야 의사를 통할 수 있습니다. 그러므로 이두를 가지고 문자를 알게 된 자가 자못 많았으니, 그 또한 학문을 흥기시키

---

8 훈민정음 창제 이후 『東國正韻』과 『洪武正韻譯訓』의 편찬은 그런 다층적 상황을 가시적으로 보여주는 결과물이다. 이와 관련된 자세한 논의는 정다함, 「여말선초의 동아시아 질서와 조선에서의 漢語, 漢吏文, 訓民正音」, 『한국사학보』 제36호(고려사학회, 2009); 김풍기, 「조선 전기 언해 사업의 문화적 의미」, 부산대 점필재연구소 편, 『한국고전번역학의 구성과 모색』(점필재, 2013) 참조.

는 데 일조가 됩니다. …(중략)… 만약 언문을 사용하게 된다면, 관리된 자는 전적으로 언문만 익히고 학문하는 문자를 돌아보지 않아 관원이 둘로 나뉘게 될 것입니다. 만약 관리가 언문만 가지고도 현달한다면 후진들은 이와 같은 것을 27자의 언문으로도 족히 세상에서 입신할 수 있는데, 무엇 때문에 힘들게 성리의 학문을 공부하겠는가, 하고 생각할 것입니다. 이와 같이 수십 년이 흐르면 문자를 아는 자가 반드시 줄어들 것입니다.[9]

최만리는 언문이 널리 사용되면 성리(性理)의 학문이 폐해지게 된다는 것으로 반대의 논리를 삼고 있다. 하지만 진정 우려하고 있었던 것은 다른 데 있었다. 한문 지식을 기반으로 삼고 있어야 할 관원의 붕괴 또는 분화 현상이 그것이다. 다시 말해 한문을 모르고도 벼슬할 수 있는 관원이 등장하는 것이 우려의 핵심이었던 것이다. 최만리는 자신의 우려가 얼마 지나지 않아 가시화될 것이라고 확신했다. 거기에는 나름 근거가 있었다. 극심한 흉년으로 시급하지 않은 공무는 모두 보류하고 있는 상황에도 불구하고 『운회(韻會)』[10]라는 책을 언해하는 일만큼은 서두르고 있다는 다섯 번째 이유, 그리고 세자[뒷날의 문종]이 성학(聖學)에는 잠심하지 않고 언문에만 정신을 쏟고 있다는 여섯 번째 이유가 그것이다.

---

9 『세종실록』 세종 26년 2월 20일. "新羅薛聰吏讀, 雖爲鄙俚, 然皆借中國通行之字, 施於語助, 與文字元不相離. 故雖至胥吏僕隸之徒, 必欲習之, 先讀數書, 粗知文字, 然後乃用吏讀. 用吏讀者, 須憑文字, 乃能達意. 故因吏讀而知文字者頗多, 亦興學之一助也. … 若行諺文, 則爲吏者專習諺文, 不顧學問文字, 吏員岐而爲二. 苟爲吏者以諺文而宦達, 則後進皆見其如此也, 以爲: '二十七字諺文, 足以立身於世, 何須苦心勞思, 窮性理之學哉?' 如此則數十年之後, 知文字者必少."

10 실록에서 『韻會』라고 한 것은 원나라 黃公紹가 편찬한 『古今韻會』, 또는 그의 제자 熊忠이 편찬한 『古今韻會擧要』로 짐작된다. 세종 16년 辛引孫이 복각한 元版 『고금운회거요』가 있어 이를 대본으로 삼았던 것으로 보인다. 정광, 「한글: 어떻게 제정되었나?(1)」, 『인문언어』 제20권 2호(국제언어인문학회, 2018), 106쪽.

세종은 물론 왕위를 이어갈 세자도 언문에 깊은 관심을 가지고 있다는 사실은 우려를 넘어 위기감으로 다가왔을 법하다.

사실, 급변하는 시대의 변화에 부응하는 새로운 언어를 구사하는 부류가 새로운 시대의 주역으로 활약하는 사례는 수없이 많다. 원나라에서 자신을 추종하는 세력에게 파스파 문자를 가르쳐 이들을 과거시험으로 뽑아 관리에 임명했던 사실은 여말선초 지식인에게 생생한 기억으로 남아 있었다. 새로운 언어를 통해 지배층의 교체를 이루어갔던 것처럼,[11] 세종에게서도 그런 의도를 간취할 수 있다. 세종은 『훈민정음』을 편찬하고 나서 곧바로 하급관리를 채용하는 시험에 훈민정음을 정식과목으로 포함시키고 있다. 그리고 성리학은 잘 모르더라도 훈민정음의 합자(合字) 원리를 알고 있는 자는 선발하라는 분부를 이조에 내렸다.[12]

최만리가 새로운 문자를 도구로 삼는 새로운 세력의 등장을 예견하여 이를 저지하려 했던 노력이 가시화되는 순간이다. 물론 그도 처음에는 언문/훈민정음이라는 새로운 문자를 세종이 만들어낸 '신기한 하나의 기예[新奇一藝]'쯤으로 치부하고자 했었다. 그러다가 언문/훈민정음을 창제한 지 두 달이 지나서 반대 상소를 올리지 않으면 안 되겠다고 생각한 까닭은 심상치 않은 움직임을 포착했기 때문이다. 의견을 널리 구하지도 않은 채 갑자기 관원 10여 명에게 언문을 가르쳐 옛사람이 만들어 오랫동안 별 탈 없이 사용하고 있던 운서(韻書)를 새롭게 고치고 언문으로 번역하여 간행·반포하려 했던 것이다.[13]

조선시대 사대부의 문장 능력을 평가하는 잣대가 되는 운서의 개정이

---

11 새로운 문자를 통해 지배층의 교체를 도모했던 사례에 대한 논의는 정광, 앞의 책, 448~450쪽, 480~482쪽 참조.
12 『세종실록』 세종 28년 12월 26일. "傳旨吏曹: '今後吏科及吏典取才時, 訓民正音, 並令試取. 雖不通義理, 能合字者取之.'"
13 『세종실록』 세종 26년 2월 20일.

언문을 아는 몇몇 하급관료의 손에 맡겨지고 있다는 사실은 예삿일이 아니었다. 그렇게 진행되고 있는 작업을 방치해 두었다가는, 자신과 같은 기성권력은 새로 바뀐 운서의 내용을 따라가지 못하는 낡은 세대로 뒤처질 게 분명해보였다. 하지만 최만리가 '관리 10여 인[吏輩十餘人]'이라고 매도하고 있는 그들은 결코 만만하게 볼 만한 위인이 아니었다.

    집현전교리 최항, 부교리 박팽년, 부수찬 신숙주·이선로·이개, 돈녕부주부 강희안 등에게 명하여 의사청(議事廳)에 나아가 언문으로 『운회』를 번역하게 했다. 동궁(뒷날, 문종)·진양대군(뒷날, 세조) 이유·안평대군 이용에게는 그 일을 관장하고, 모두 임금의 판단에 품의하도록 하였다. 상을 거듭 내려주고, 물품도 넉넉하고 후하게 하였다.[14]

앞서 인용한 최만리의 발언으로 보건대, 세종은 집현전 학자들을 동원해 운서를 언해하는 작업을 진행하면서 집현전 책임자인 자신과는 일체의 상의도 하지 않았던 것으로 보인다. 사업 파트너는 집현전의 하급관원들이었다. 집현전교리 최항(정5품, 35세)을 중심으로 부교리 박팽년(종5품, 27세), 부수찬 신숙주(종6품, 27세)와 같은 젊은 학자들이 그들이다. 세자와 대군에게는 지휘 감독을 맡긴 뒤, 판단하기 어려운 문제는 세종 자신에게 매번 묻도록 했다. 군주-세자-대군-신진학자의 연대라고 할 만하다. 그런 전교가 내려진 지 나흘 만에 부제학 최만리(정3품, 50대?)는 부랴부랴 직제학 신석조(종3품, 37세)·직전 김문(정4품, 50대?), 응교 정창손(종4품, 43세) 등 집현전의 중견학자들을 규합하여 반대 상소를

---

14 『세종실록』 세종 26년 2월 16일. "命集賢殿校理崔恒, 副校理朴彭年, 副修撰申叔舟·李善老·李塏, 敦寧府注簿姜希顔等, 詣議事廳, 以諺文譯韻會. 東宮與晉陽大君瑈·安平大君瑢, 監掌其事, 皆稟睿斷. 賞賜稠重, 供億優厚矣."

올렸던 것이다.

이처럼 훈민정음의 창제 직후부터 벌써 2~30대와 4~50대의 신구 학자들 사이에 간극이 벌어지고 있었다. 실제로 『운회』의 개정과 언해를 하게 된 신숙주·성삼문과 같은 집현전의 젊은 학자들은 운서의 질정을 위해 중국 요동을 빈번하게 드나들었고, 그렇게 체득한 신지식으로 훈민정음/언문의 매뉴얼이라 할 『훈민정음』 해례본의 완성은 물론이고 『동국정운』이라든가 『홍무정운역훈』과 같은 국가적 차원의 운서 편찬 작업을 주도할 수 있었다. 나아가 정치적 미래가 보장되는 세손(世孫, 뒷날의 단종)의 사부로 발탁되기도 했는데, 젊은 그들에 대한 파격적인 대우는 다음과 같을 정도였다.

> 임금이 승정원에 이르기를 "예전부터 사신이 두 사람이면 맞이하는 관원 역시 두 사람으로 하였다. 그러하니 김하(金何)와 윤형(尹炯)으로 접반사를 삼도록 하라."라고 하였다. 그리고 다시 말하기를 "지금 오는 사신은 모두 유자(儒者)이다. 신숙주 등이 교열한 운서(韻書)를 질정하게 하고자 하니, 사신이 한양에 들어온 뒤에는 신숙주·성삼문 등에게 태평관에 드나들 수 있게 하라. 또한 손수산, 임효선을 통사로 삼도록 하라."라고 하였다.[15]

세종 31년 조선에 온 명나라 사신은 한림원 시강(侍講)을 맡고 있던 예겸(倪謙)과 형과(刑科)의 급사중(給事中) 벼슬을 하고 있는 사마순(司馬恂)이었다. 조선 건국 초기부터 명나라는 황제의 환관을 사신으로 보내왔는데, 세종 말년에 이르러서는 이런 관례를 깨고 처음으로 학식이 높

---

15 『세종실록』 세종 31년 12월 28일. "上謂承政院曰: '前此使臣二則館伴亦二, 將以金何·尹炯爲館伴.' 又曰: '今來使臣, 皆儒者也. 申叔舟等所校韻書, 欲令質正, 使臣入京後, 使叔舟·成三問等往來太平館. 又令孫壽山·林效善爲通事.'"

은 학자를 사신으로 파견하기 시작했다. 조선의 문한(文翰) 수준이 제고된 까닭에 이전과 달리 문한의 역할을 제대로 감당할 수 있는 사신을 보내야 했던 것이다. 그런 소식을 전해들은 세종은 크게 반색했다. 우리 스스로 개정 언해한 『운서』에 대한 중국인의 질정을 받을 수 있는 좋은 기회라고 판단했기 때문이다. 그리하여 그 편찬을 맡았던 젊은 학자들을 명나라 사신이 머물고 있는 태평관에 수시로 드나들 수 있도록 특별 조처를 내렸다.

그 이후 신숙주와 성삼문은 명나라 사신을 만나 『홍무정운』과 같은 운서라든가 두 나라의 과거시험과 같은 제도 등에 대해서 의견을 주고받을 수 있었다. 중국어에 능통하여 명나라와의 외교를 도맡아오던 접반사 김하(金何)는 젊은 두 문신을 사신에게 소개해준 뒤, 자신은 이들의 대화를 옆에서 지켜보는 존재로 전락한 느낌이 들 정도였다. 그뿐만이 아니었다. 중국사신 예겸은 관반사(館伴使) 정인지(鄭麟趾)를 비롯하여 성삼문·신숙주와 함께 시를 주고받느라고 빈 날이 거의 없었다고 한다.[16] 세종 만년에 찾아온 예겸·사마순의 접대 일화는 뒷날 두고두고 회자되었는바, 그날의 그 자리는 신숙주·성삼문과 같은 신진학자가 새로운 학문 주체로 떠오르고 있다는 사실을 알리는 화려한 데뷔 무대이기도 했다.

문명전환의 격변기를 들여다보면, 새로운 언어·문자의 정책은 권력 교체와 불가분의 관계로 엮여져 있다는 사실을 종종 확인하게 된다. 고려 광종 때 도입된 과거제도는 기존의 향찰식 표기를 폐기하고 한문을 전면적으로 사용하도록 압박해 들어갔다. 그리하여 전근대 내내 한문 담당층은 지배 권력의 상층부를 흔들림 없이 점유할 수 있었다. 하지만 갑오개혁을 겪으면서는 정반대의 상황을 맞이했다. 과거제의 폐지와 함

---

16 『세종실록』, 세종 32년 윤1월 3일. "倪謙賦詩一篇, 贈鄭麟趾, 麟趾卽次韻. 自是與麟趾·三問·叔舟倡和無虛日."

께 한문과 언문의 지위는 역전을 맞이했고, 그 결과 국문 담당층은 사회, 경제, 정치, 문화, 학술 전반을 이끌어가는 새로운 지도자로 성장할 수 있었다. 일제강점기에는 일본어, 해방 이후에는 영어 구사 능력이 그 자리를 대체했던 것은 널리 알려져 있는 바다. 우리가 지금 훈민정음/언문의 창제로부터 언해사업에 각별히 주목하고 있는 까닭은, 그것을 통해 학문권력과 정치세력의 교체 과정을 읽어낼 수 있기 때문이다.

2) 세종이 꿈꾼 성교聲敎의 기획과 이월된 과제

신숙주·성삼문과 같은 집현전의 젊은 학자들이 세종의 두터운 신뢰를 기반으로 새로운 학문권력=정치세력으로 급성장하는 계기가 된 언문/훈민정음 창제의 즈음, 그 반대편에 섰던 지식 계층은 용렬한 선비라는 모멸적인 질책과 함께 의금부에 구금되는 고초를 겪기도 했다. 처음에는 언문 제작을 찬성했다가 반대의 입장으로 돌변했다는 이유로 직전(直殿) 김문(金汶)은 '임금에게 거짓으로 고한 죄[對制上書事不以實律]'가 적용되어 곤장 100대의 수모를 겪었고, 응교 정창손(鄭昌孫)은 파직되었다가 네 달이 지나서야 겨우 복귀할 수 있었다. 반대 상소를 주도했던 부제학 최만리(崔萬理)는 이듬해에 세상을 떠나 역사의 무대에서 아예 사라져 버리고 말았다. 세종의 방침에 퇴출되거나 순응하는 두 길 가운데 하나를 선택하지 않을 수 없었던 반대 부류의 처지를 보여주는 상징적 사례이다.[17]

---

17 『세종실록』세종 26년 6월 20일. "遂下副提學崔萬理·直提學辛碩祖·直殿金汶·應敎鄭昌孫·副校理河緯地·副修撰宋處儉·著作郞趙瑾于義禁府. 翌日, 命釋之, 唯罷昌孫職. 仍傳旨義禁府, 金汶前後變辭啓達事由, 其鞫以聞." 이들 가운데 가장 무거운 처벌을 받은 정창손과 김문은 얼마 뒤에 복귀해 각각 『삼강행실도』와 四書를 언해하게 된다.

이처럼 훈민정음 창제는 문명전환의 분기점이 되는 만큼, 그 즈음의 기사를 꼼꼼하게 다시 살펴보지 않을 수 없다. 우선, 그날의 역사적 현장으로 돌아가 보자. 최만리의 반대 상소를 접한 세종은 거기에 동조한 집현전 학자를 모두 불러들였다. 그리고는 반대의 이유를 물었다. 실록에는 세종과 최만리 사이에서 벌어진 반론과 재반론만 압축하여 실어놓고 있지만, 의금부로 넘겨진 신석조·김문·정창손·하위지·송처검·조근 모두가 반대 의견을 피력했던 것으로 보인다. "내가 너희를 부른 것은 처음부터 죄주려 한 것이 아니라 상소 안에 들어있는 한두 가지 말을 물어보려 했을 뿐이다. 그런데 사리를 돌아보지 않고 말을 바꿔 대답하니, 너희의 죄는 면하기 어렵다."[18]라는 세종의 말에서 그런 추정이 가능하다. 때문에 그들을 꾸짖던 세종의 다음 언급은 무척 중요하다.

①임금이 말하였다. "지난번에 김문이 아뢰기를 '언문을 제작함에 불가할 것은 없습니다.'라고 하더니, 지금은 도리어 불가하다고 한다. 또 정창손은 말하기를 '『삼강행실』을 반포한 후에 충신·효자·열녀의 무리가 배출되는 걸 아직 보지 못했습니다. 사람이 행하고 행하지 않는 것은 사람의 자질 여하에 달려 있기 때문입니다. 어찌 굳이 언문으로 번역한 뒤에야 사람들 모두가 그걸 본받겠습니까?' 한다. 이따위 말이 어찌 이치를 아는 선비의 말이겠느냐? 아무짝에도 쓸데없는 용렬한 선비이다."

②지난번에 임금이 정창손에게 하교하기를 "내가 만일 언문으로 『삼강행실』을 번역하여 민간에 반포하면, 어리석은 남녀가 모두 쉽게 깨달아 충신·효자·열녀가 반드시 배출될 것이다." 했었다. 그런데 정창손이 이런 식으로 아뢰었기 때문에 지금 이런 하교가 있게 된 것이다.[19]

---

18 『세종실록』 세종 26년 6월 20일. "上又教曰: '予召汝等, 初非罪之也, 但問疏內一二語耳. 汝等不顧事理, 變辭以對, 汝等之罪, 難以脫矣.'"

위에 인용한 세종의 발언과 사관의 부연 설명을 통해 언문을 만들던 즈음의 정황, 그리고 언문을 만들었던 이유를 어느 정도 짐작해 볼 수 있다. 세종은 아무도 모르게 훈민정음을 만든 뒤, 어느 날 느닷없이 내놓은 것이 아니다. 김문과 같은 측근에게 제작의 타당성을 물어본 적이 있었다. 나아가 정창손에게는 언문의 효용성을 『삼강행실』의 언해라는 사례를 가지고 설명한 적도 있었다. 그때 그들은 세종에게 동조했었다. 물론 군왕의 권위에 눌려 그랬던 것일 수 있지만, 그들은 최만리를 비롯한 집현전의 동료들과 함께 돌연 반대 입장으로 돌아섰다. 돌변한 까닭은 무엇이었을까? 앞서 살펴본바, 『운회(韻會)』와 같은 중요한 서적의 언해가 자신들은 배제된 채 몇몇 신진관료들에 의해 진행되는 것을 목도하고 난 뒤, 사안의 심각성을 깨닫게 되었던 것으로 보인다.

이런 상황을 염두에 두고 언문/훈민정음 창제의 과정을 되짚어보면, 집현전 학자들보다는 세종을 비롯한 왕실의 인물이 그 핵심 역할을 담당했던 것으로 추정된다. 『운회』의 번역 장면에서 보듯, 맏아들 세자[문종]와 함께 수양대군·안평대군은 더없이 든든한 동반자였다. 또한 세종의 둘째 딸 정의공주(貞懿公主)가 변음토착(變音土着), 곧 이두로 발음을 바꾸어 토를 다는 방식을 창안함으로써 한자음의 표기만이 아니라 우리말의 기록을 가능하게 했다는 일화도 예사롭게 보아 넘길 수 없다. 뿐만 아니다. 세종 초년 경복궁 후원에 세웠던 내불당(內佛堂)을 무시로 드나들던 승려들도 우리의 상상 이상으로 중요한 역할을 수행한 것으로 보인다. 세종 당대는 물론이고 세조 때의 불경 간행과 언해를 도맡아했던

---

19 『세종실록』 세종 26년 2월 20일. "上曰: '前此金汶啓曰: 制作諺文, 未爲不可, 今反以爲不可. 又鄭昌孫曰: 頒布三綱行實之後, 未見有忠臣孝子烈女輩出. 人之行不行, 只在人之資質如何耳, 何必以諺文譯之, 而後人皆效之? 此等之言, 豈儒者識理之言乎? 甚無用之俗儒也.' 前此, 上敎昌孫曰: '予若以諺文譯三綱行實, 頒諸民間, 則愚夫愚婦, 皆得易曉, 忠臣孝子烈女, 必輩出矣.' 昌孫乃以此啓達, 故今有是敎."

승려 신미(信眉)의 존재는 그래서 새삼 주목된다. 훈민정음/언문의 창제가 왕실의 사적 공간이던 내전(內殿)에서 은밀하게 진행된 일종의 비밀 프로젝트처럼 읽히는 까닭이다.[20]

이런 추정이 가능하다면, 언문 제작을 어느 정도 감지하고 있던 주변의 신하들조차 그것이 담지하고 있는 문명전환의 의미보다는 왕실 내부의 필요성 때문에 만들어지고 있는 것이라고 이해했을 가능성이 높다. 세종은 언문 창제 사실을 신하들에게 공개하기 1년 전인 세종 24년 3월 1일, 〈용비어천가(龍飛御天歌)〉의 제작을 준비하고 있었다. 그리하여 언문을 창제한 이듬해인 세종 27년 4월 5일 권제·정인지·안지 등이 〈용비어천가〉 10권을 편찬하고, 2년 뒤인 세종 29년 악장으로 만들어 연주하게 했다. 우리말을 기록하는 도구인 언문/훈민정음의 창제와 조선 개국의 정통성을 천명하는 〈용비어천가〉 창작은 궤를 같이하며 추진된 왕실의 일대 성사(盛事)였던 것이다.[21] 세종은 〈용비어천가〉를 강녕전(康寧殿)에서 처음 연주하게 한다.[22] 그곳은 경복궁의 내전으로 임금이 거처하며 일상생활을 영위하는 사적 공간이다. 그런 장소에서 창기(娼妓)와 재

---

20 세종은 세자를 비롯한 아들과 딸과 같은 왕실의 가족, 왕실 주변에 포진해 있던 불교계의 學僧, 그리고 親揀八儒로 일컬어지고 있는 신숙주·성삼문과 같은 젊은 학자의 도움으로 언문/훈민정음을 만들었을 것으로 추정되고 있다. 정광, 『훈민정음과 파스파 문제』(역락, 2012), 193~225쪽 참조.

21 뒷날, 모종의 사건에 연루된 李賢老가 처벌을 받게 되자 세종은 애써 그를 두둔했다. 그러면서 이렇게 반문하고 있다. "내가 본디 이현로를 알지 못했었는데, 처음 諺文廳을 열었을 때 그도 참여하게 되어 알게 되었다. … 지금 모두 환관과 사귀고 있는 것으로 허물을 삼고 있지만, 그 시절 언문청에 있던 자 가운데 사귐을 갖지 않은 사람이 누가 있는가?"라고. 언문청에 근무하는 官員과 내전에 속한 宦官은 언문 작업을 통해 친밀한 관계를 맺고 있었던 것이다. 『세종실록』 31년 3월 26일 기사 참조.

22 『세종실록』 세종 29년 5월 5일. "禮曹進香醞五十瓶·牛羊雁鴨等物. 上御康寧殿, 令娼妓工人奏龍飛御天歌, 只以鄕唐樂, 被之管絃而已, 不令唱歌. 世子及大君以下, 皆不入侍."

인(才人)에게 연주하게 해본 뒤, 국가적 차원의 공식 악장(樂章)으로서 의례와 연향에서 사용하도록 하였다.

하지만 〈용비어천가〉의 사용은 거기에서 그치지 않았다. 세종 29년 10월 16일, 550본에 달하는 많은 양을 간행하여 신하들에게 하사한다. 그리고 보면 세종 29년(1447) 수양대군이 모후인 소현왕후(昭憲王后)의 명복을 빌기 위해 석가의 일생을 다룬 〈석보상절(釋譜詳節)〉을 지었다든가 세종 31년(1449) 세종 자신이 직접 석가의 공덕을 기리는 〈월인천강지곡(月印千江之曲)〉을 지었던 것을 언문/훈민정음 사용의 실험으로 이해하려는 태도는 재고되어야 한다. 왕실의 안녕을 기원하는 찬불(讚佛)의 작품 창작은 왕조의 정통성을 천명하고 있는 〈용비어천가〉와 목적을 함께 하는 왕실 프로젝트의 하나였던 것이다. 그런 점에서 세종 즉위 초기의 다음 기사는 무척 흥미롭다.

> 예전에 태조는 석가여래의 재세(在世) 때의 이[齒]에서 나온 사리(舍利) 네 개와 두골(頭骨), 그리고 패엽경(貝葉經)과 가사(袈裟) 등을 흥천사 석탑 속에 두게 하였다. 그러다가 이때 이르러 내시 김용기에게 명하여 밤에 석탑에서 가서 가지고 와 내불당에 옮겨 안치했다. 대신 석가의 두골에서 나온 사리 네 개를 석탑 속에 바꿔 두게 하였다.[23]

세종은 즉위하자마자 태조·태종의 위패를 모신 문소전(文昭殿) 뒤편에 내불당을 짓고, 태조가 살아생전 소중하게 여겼던 사리를 비롯한 불교 물품 등을 흥천사 석탑에서 가져와 보관하도록 했다. 경복궁의 내전

---

23 『세종실록』 세종 1년 8월 23일. "初, 太祖以諺傳釋迦在世時, 齒生舍利四枚及頭骨·貝葉經·袈裟, 置于興天寺石塔. 至是, 命宦官金龍奇夜就石塔, 移置內佛堂, 以釋迦頭骨所生舍利四枚, 換置於塔."

에는 선조의 위패를 모신 문소전과 부처의 사리를 모신 내불당이 나란히 세워져 있었던 것이다. 이런 건물 배치에서 목조로부터 태종으로 이어지는 역대 왕통의 정당성을 천명하는 〈용비어천가〉와 같은 악장과 부처에게 역대 선조로부터 왕실 전체의 무한한 복록을 희구하는 〈월인천강지곡〉과 같은 찬불가는 별개의 사안이 아니었다. 그리고 내불당에서 추진되고 있던 악장과 찬불가의 창작 작업은 내원에 설치된 정음청(正音廳)에서 전담하고 있었다. '왕실'-'문소전과 내불당'-'정음청과 언문청'은 서로 긴밀하게 연결되어 있었던 것이다.[24]

하지만 언문 창제의 목적이나 그 사회적 파급력은 내전이라는 폐쇄적인 공간 안에 머물러 있지 않았다. 앞서 강조했듯, 거기에는 '중화문명의 수용'과 '성교자유의 구현'이라는 목표가 이중적으로 작동하고 있었다. 그리하여 왕실의 언어문자로만 알았던 언문/훈민정음의 파장이 내전의 비원(秘苑)을 타고 넘어 조정의 대소신료에게까지 전해졌다. 조정에 불어 닥칠 변화도 두려웠지만, 그것이 대궐의 높은 담장을 넘어 경향각지로 퍼져나갈 때 일어날 사회적·문화적 충격은 상상을 초월했다. 그것은 지존의 목소리가 조정대신의 손을 거치지 않고 곧바로 천상에서 지상으로 울려 퍼지는 것과 같은 위력을 발휘하게 될 것이었다. 실제로 세종은 대간의 죄를 묻는 교지를 자신이 언문으로 직접 작성하여 환관을 통해 의금부에 내려 보내기도 했다.[25]

---

24 언문청과 정음청은 별도의 기구였으리라는 추정, 그리고 "壬申, 命太祖實錄入于內, 遂置諺文廳, 考事迹 添入龍飛詩."라는 기록에서 '遂置諺文廳'을 언문청 설치가 아니라 "『태조실록』을 내전으로 들여와 언문청에 두도록 하고, 운운"으로 해석함으로써 언문청의 설립 시기를 세종 28년 11월 8일 이전으로 올려 잡고 있는 견해는 이근우, 앞의 책, 140~173쪽 참조.

25 『세종실록』 세종 28년 10월 10일. "上數臺諫之罪, 以諺文書之, 命宦官金得祥, 示諸義禁府承政院."

이상의 과정에서 확인할 수 있듯, 언문은 그것이 창제되던 세종 당대에는 비하적인 의미보다 군왕의 목소리가 조정 관료라는 중간 단계를 거치지 않고 곧바로 대소신민에게 전달되는 강력한 도구로 받아들여졌다. 세종이 『삼강행실도』를 언문으로 번역하여 반포하게 되면, 전국에서 충신·효자·열녀가 쏟아져 나오리라 확신했던 근거도 여기에 있었다. 세종은 자신이 만든 왕실의 언어로 직접 타이르는 교화에 큰 기대를 걸고 있었던 것이다. 이런 방식으로 조선을 유교문명 국가로 거듭나게 하려던 세종의 기획은 『삼강행실도』의 언해 외에도 다양한 방식을 통해 전개되었다. 어릴 때부터 유교적 인간으로 만들어가는 기본 매뉴얼인 『소학』의 중요성을 알고 있던 세종은 다양한 주해와 그림으로 이해하기 쉽게 만들어진 『소학집성(小學集成)』을 중국에서 100권이나 구입하여 배포했다.[26] 또한 문장왕국의 기본이 되는 시학(詩學)을 진흥시키기 위해 그 전범인 두시(杜詩)를 주해한 『찬주분류두시(纂註分類杜詩)』를 편찬하기도 했다.[27]

그뿐만이 아니다. 유교문명의 기본 경전인 사서(四書)를 언해하는 작업에도 착수했다. 세종 30년(1448)의 일이다.[28] 사서삼경의 언해가 선조

---

26 『세종실록』 세종 7년 12월 23일. "禮曹啓: '(前略) 本朝刊本小學, 音訓註解未備, 唯集成小學, 音訓註疏·名物圖象, 極爲明備, 童蒙之輩, 可以易知. 請以濟用監苧麻布, 授入朝使臣, 買來集成小學一百件.' 從之." 세종대의 『소학』에 대한 관심과 관련된 논의는 정호훈, 「조선전기 『소학』 이해와 그 학습서」, 『한국계보연구』 6집(한국계보연구회, 2016) 참조.

27 『세종실록』 세종 25년 4월 21일. "命購杜詩諸家註于中外. 時, 令集賢殿參校杜詩諸家註釋, 會粹爲一. 故求購之." 세종대의 杜詩에 대한 관심과 관련된 논의는 심경호, 「조선조의 두시집 간행에 관하여」, 『한국학보』 38집(일지사, 1985)을 비롯하여 노요한, 「『찬주분류두시』의 편찬과 주해방식」, 『어문연구』 47권 3호(한국어문교육연구회, 2019) 참조.

28 『세종실록』 세종 30년 3월 28일. "驛召尙州牧使金鉤, 鉤爲尙州未半年. 時, 集賢殿奉敎以諺文譯四書, 直提學金汶主之. 汶死, 集賢殿薦鉤, 故特召之, 尋拜判宗簿寺事."

18년(1585) 교정청(校正廳)을 설치하기 140년 전에 이미 시작되었던 것이다. 지방관으로 내려간 지 반년도 안 된 김구를 다시 불러와야 할 만큼, 세종은 그 작업을 중요하게 여기고 있었다. 사서언해는 경전을 통한 유교문명의 확산도 중요했지만, 그보다 더 많은 관심을 기울였던 것은 국가 표준의 경전 해석을 제정하는 일이었다. 앞서 지적했듯, 태조 이성계는 즉위교서에서 과거 시험을 사서오경에서 출제하겠다고 천명한 바 있다. 그렇다면 그것의 모범 답안, 곧 번역의 표준을 정할 필요가 있었다. 과거 시험의 공정성을 담보하기 위해서, 아니 학자에 따라 분분한 해석들을 통일하기 위해서도 국가 공인의 모범답안이 절실했던 것이다. 그것은 주자성리학이라는 새로운 학문권력의 정립을 위해 절실한 과제였다.

이 대목에서 명나라의 영락제가 주자의 해석으로 사상적 통일을 기하기 위해 『사서대전』・『오경대전』・『성리대전』을 편찬했던 전례를 환기해도 좋다. 이들 삼부작은 세종 1년 조선에 도입된 이후 전국적인 보급과 함께 과거시험의 필수 교재로 자리 잡게 되었다. 세종 26년에 착수되었던 사서의 언해 작업은 바로 과거 교재에 표준 정답을 제공하려는 목적도 있었던 것이다. 그처럼 중대한 작업이었지만, 그런 만큼 반발 또한 만만치 않았다. 돌이켜 보면 세종은 사서에 대한 표준 해석의 필요성을 훈민정음 창제 이전에 이미 피력한 바 있다. 세종은 당시 예문관대제학으로 있던 변계량에게 사서를 비롯한 유가경전에 현토를 달아야 할 필요성을 역설한 바 있다.

임금이 변계량에게 말했다. "옛날 태종께서 권근에게 명하여 오경(五經)에 토를 달라고 하니, 권근이 사양하였다. 하지만 허락을 얻지 못하고 드디어 『시경』・『서경』・『역경』의 토를 달았으나 오직 『예기』와 사서에는 토가 없다. 나는 후학들이 혹시 본래의 뜻도 잘 모르고 여러 생도들을 가르칠까봐 염려된다. 만약 현토한 것을 가지고 가르친다면, 유익하지 않겠는가?"[29]

하지만 변계량은 『예기』는 잘 모를 뿐만 아니라 여러 가지 해석 가능성이 있어 하나로 확정하기 어렵다는 이유를 들어 완곡하게 거절했다. 세종은 그에 대해 수긍했다. 하지만 우의정 맹사성은 아예 현토하는 작업 자체를 반대하고 나섰다. 현토가 있으면 배우는 자가 힘써 연구하지 않을까, 두렵다는 것이었다. 세종은 그런 논리에 대해서는 바로 반박을 했다. 주자 같은 분도 경서의 깊은 뜻을 깨닫지 못할 것을 염려하여 주해(註解)를 달아 알기 쉽게 했던 것처럼, 지방의 교도(敎導)가 현토된 교재를 가지고 가르친다면 도움이 많으리라는 것이었다. 물론 지금도 한문의 문리가 빨리 나려면 번역본을 보지 않고, 또는 표점이 되지 않은 백문(白文)으로 한문 공부를 해야 한다고들 한다. 하지만 배우는 자들 스스로 깊이 연구하지 않을 것이라는 이유로 현토의 필요성 자체를 부정하는 태도는 한문 지식 독점의 욕망을 교묘하게 은폐하는 구실이었을 가능성이 높다.

훈민정음 창제 직후, 세종의 언해 작업을 반대하는 논리도 마찬가지다. 앞서 살펴보았던 집현전 학자들은 세종이 그토록 강조했던 사서와 『삼강행실도』를 언해하는 작업에 그리 관심을 보이지 않았다. 오히려 회피하거나 반대했다. 그리하여 노쇠해진 세종은 유교문명을 향한 자신의 원대한 기획에 박차를 가하지 못한 채 자신의 치세 말년을 보내야 했다. 마침내 사서의 언해는 그의 죽음과 함께 중단되고 말았고, 『삼강행실도』의 언해 작업도 마찬가지였다. 세종의 꿈은 자신의 뒤를 이어 즉위한 아들 문종에게 이월될 수밖에 없었다. 하지만 세종-문종-단종-세조로 이어지는 왕위계승 과정은 뜻하지 않게 파란을 겪어야 했고,

---

29 『세종실록』 세종 10년 윤4월 18일. "上語卞季良曰: "昔太宗命權近, 著五經吐, 近讓之不得, 遂著詩書易吐, 唯禮記四書無之. 予慮後學, 或失本意, 以訓諸生, 若因此而敎, 豈不有益?"

그런 혼란을 틈타 세종의 절대적인 권위에 숨죽이고 있던 기성 정치권력의 반발은 점차 머리를 추겨들기 시작했다.

3. 유교문명 언해의 중단과 구결로의 회귀

1) 정음청正音廳 혁파와 언해사업의 중단

부친 세종과 함께 언문/훈민정음을 만드는 작업에 적극적으로 참여했고, 그 결과 최만리와 같은 신하로부터 언문에 너무 빠져있다는 비판을 받기도 했던 세자가 왕위에 올랐다. 즉위 당시 37세였고, 세자 시절만 30년을 보낸 문종이다. 부친을 이어 훌륭한 임금이 되기에 조금의 부족함도 없었다. 더욱이 세종은 언문을 창제한 이후 치세의 마지막 8년 정도 정무의 대부분을 세자였던 그에게 맡겼으니, 자신이 마무리하지 못한 과업을 완수해줄 것이라 기대해도 좋았다. 게다가 세종의 여러 작업을 함께 수행했던 수양대군·안평대군과 같은 능력 있는 아우들도 든든한 후원자로 버텨주고 있었다. 하지만 상황은 전혀 다르게 흘러갔다. 문종이 즉위한 바로 그해 10월 27일, 대사헌 안완경(安完慶) 이하 사헌부 관원은 일괄 사직을 청했다. 이유는 다음과 같았다.

> 이제 전하께서는 성스러운 성품에 너그럽고 어지시지만 은혜가 백성에게 미치지 못해 백성의 힘은 이미 곤핍해졌는데 건설 공사는 그치지 않고 있습니다. 구언(求言)이 비록 절실하긴 하지만, 간언을 따르는 실상은 없습니다. 대신들은 영합하여 고식적인 계책만 쓰고, 좌우의 세력은 커져 임금의 총명을 가리는 조짐이 있습니다. 벼슬을 함부로 제수하고 있으니, 청탁의 조짐이 일어나고 있습니다.[30]

자질이 용렬하여 거룩한 정치에 조금의 도움도 되지 못한다며 사직을 청하고 있지만, 실제 내용은 임금의 정사를 혹독하게 나무라는 것이었다. 건축 공사를 계속 벌이는 점, 간언을 존중하지 않는 점, 대신들이 고식적인 계책만 쓰는 점, 좌우의 환관들이 총명을 가리고 있는 점, 청탁으로 벼슬이 내려지고 있는 점, 등등. 백성을 피폐하게 만들었다고 열거하는 항목들은 아프기 그지없다. 하지만 그런 지적이 구체적으로 무엇을 가리키는 것인지 애매모호했다. 이에, 문종은 다음날 바로 상소를 올린 대사헌 이하 사헌부 관원을 전부 불러들였다. 그들 가운데는 세종의 총애를 흠뻑 받았던 사헌부장령 신숙주도 끼어 있었다.

문종은 상소에서 열거한 내용을 하나하나 캐물었다. 불분명하던 이유가 하나씩 드러나기 시작했다. 북한산 기슭의 진관사(津寬寺) 짓는 공사를 일으켰다는 사실, 정음청(正音廳)을 혁파하고 대자암(大慈庵)의 불사를 정지할 뿐만 아니라 요승 신미(信眉)의 작호를 고치라고 여러 번 청했지만 윤허하지 않았다는 사실,[31] 대신은 이런 일들에 대해 입을 다물고 있다는 사실, 환관이 정음청·잠실·군기감 등을 맡고 있어 임금의 눈과 귀를 가릴 조짐이 있다는 사실, 사찰을 짓고 불상을 만든 장인은 물론 이를 감독한 관원에게 분에 넘치는 관직을 제수했다는 사실이 그것이다. 문종은 이에 대해 하나하나 해명하며, 직무로 복귀하라며 돌려보냈다. 표면적으로는 여러 사안을 들고 있었지만, 핵심적 사안은 임금 주변의

---

30 『문종실록』 문종 즉위년 10월 27일. "今殿下, 聖性寬仁, 而惠不及民, 民力旣困, 而興作不息. 求言雖切, 而無從諫之實. 大臣迎合, 而爲姑息之計. 左右勢張, 而有蒙蔽之漸. 除授猥濫, 而有干謁之兆."

31 문종은 즉위한 지 얼마 되지 않아 의정부의 반대에도 불구하고 信眉를 禪敎宗都摠攝 密傳正法 悲智雙運 祐國利世 圓融無礙 慧覺尊者로 삼는다는 官敎를 내렸다. 일찍이 이런 僧職이 없기에 이런 封爵의 조처에 모두 놀라 많은 반대를 했다. 하지만 문종은 부왕 세종이 일찍이 정한 것이라며 자신의 결정을 철회하려 하지 않았다. 『문종실록』 문종 즉위년 7월 6일, 7월 8일 기사 참조.

환관에 있었다. 이날의 사태를 목도했던 사관의 설명은 이러했다.

> 세종은 환관을 매우 엄하게 규제했으니, 그들은 죄를 두려워하여 감히 방자하게 행동하지 못했다. 금상(今上)은 너그럽고 어질어서 환관이 점점 교만 방자해져 조사(朝士)를 능멸하고, 임금을 넘보는 조짐까지 있었기 때문에 상소에서 언급한 것이다.[32]

그렇다고 사헌부에서 올린 상소가 일으킨 파장이 환관의 발호를 어떻게 제어할 것인가에 국한되는 것이 아니었다. 이번에는 사헌부에서 제기한 문제점을 방치한 책임을 지겠다면서 의정부의 원로대신이 사퇴를 청하고 나섰다. 그러자 사간원의 젊은 관원들도 사헌부의 상소에 동조하고 나섰다. 조정이 발칵 뒤집힌 것이다. 소동의 원인은 대소 관원들이 모두 나서서 새로 즉위한 문종의 행동을 제어하겠다는 것으로 보이는데, 그 중심에 세종이 설치한 정음청이란 기관이 자리 잡고 있었다. 처음 상소를 올린 지 며칠이 지난 뒤, 대사헌 안완경은 정음청 혁파를 정면에서 거론하고 나섰다. 그 내용은 매우 충격적이다.

[1] 경연에 나아갔다. 강(講)이 끝나자, 동지경연사 대사헌 안완경이 아뢰었다. "주상께서 신 등에게 이르시기를 '정음청의 주자(鑄字)를 이미 주자소에 돌려보냈다.'고 하시어 매우 기뻤습니다. 그러나 다시 들어보니 아직도 그 반을 정음청에 남겨 두고 긴요하지도 않은 책을 인쇄하고 대군에게 감독을 시켰다고 합니다. 이에 신 등은 의아하게 여기고 있습니다. 예로부터 임금은 사사로움이 없고 반드시 관리에게 분부하여 이루게 할 따름입니다. 지난번 교지를 가벼이

---

32 『문종실록』 문종 즉위년 10월 28일. "世宗檢制宦官甚嚴, 宦官懼罪, 不暇不敢肆橫. 今上寬仁, 宦竪稍驕恣, 陵蔑朝士, 頗張威福之漸, 故疏及之."

고치는 것은 불가하니, 청컨대 빨리 혁파하소서."

[2] 임금이 말하였다. "정음청은 내가 설치한 것이 아니다. 대군들이 서적을 인쇄하고자 하여, 이로 인해 가서 감독하는 것이다. 나는 예사로운 일이라고 여겨 금지하지 않았다. 최근 사헌부와 여러 대신이 자주 불가하다고 해서 혁파하려 했다. 지금 『소학』의 인쇄를 아직 마치지 않았으니, 마치는 대로 혁파하겠다."[33]

백성을 궁핍하게 만드는 여러 폐단의 시정을 요구하며 사직을 청했던 대사헌 안완경은 경연을 마치자마자 막 즉위한 문종을 거세게 몰아쳤다. 정음청이 소장하고 있는 활자를 모두 주자소로 돌려보낸다고 했는데, 아직도 그 반은 남겨두어 서책을 제작하고 있다는 것이 이유였다. 국가에서 서책을 간행하는 것을 왜 그리 문제 삼고 있는지 납득하기 어렵다. 더욱이 그때 그들은 정음청에서 '긴요하지 않은 책[不緊之書]' 곧 불경을 인쇄하고 있다며 비판하고 있지만, 그곳에서 간행하고 있는 서책은 『석보상절』과 『월인천강지곡』과 같은 불교경전뿐만 아니라 『소학』과 같은 유교경전도 있었다. 부왕 세종이 유교문명 국가를 만들기 위한 기본서로 여겨 중국에서 수입해 간행·배포했던 '긴요한 책'을 제작하고 있었던 곳도 바로 정음청이었다.

하지만 조정의 대신과 사헌부 관원들이 관철시키고자 하는 진짜 의도는 서책 발간 자체가 아니었다. 그것은 겉으로 내세운 명분에 불과하고, 실제로 노리고 있는 목표는 정음청의 혁파였다. 사헌부집의로 있으면서

---

33 『문종실록』 문종 즉위년 11월 1일. "御經筵, 講畢, 同知經筵事大司憲安完慶啓曰: '上嘗謂臣等曰: 正音廳鑄字, 已還付鑄字所, 聞命實喜. 復聞, 留其半於正音廳, 摸印不緊之書, 令大君監之, 臣等竊惑焉. 自古人君無私, 必付有司, 責成而已. 且前日之敎, 不可輕改, 請亟革罷.' 上曰: '正音廳, 非予所設也. 大君輩欲印書籍, 因往監之, 予以爲常事, 而不之禁, 近者憲府與諸大臣, 屢言不可, 予欲革之. 然今印小學未畢, 待畢革之.'"

이때의 상소에 동참했던 어효첨(魚孝瞻)은 그런 일이 있기 열흘 전쯤, 훈민정음의 무용론까지 제기했던 바 있다. 장차 왕위를 이어갈 세자, 곧 뒷날의 단종이 의리의 학문에 전념하지 않고 훈민정음만을 익히고 있으니 문제라는 것이었다. 직접, 그의 비판을 들어보자.

> 사헌부집의 어효첨이 아뢰었다. "제왕의 학문은 모름지기 이치로 의리를 깨닫고 본원(本源)의 함양을 귀하게 여기는 법입니다. 지금 세자가 서연(書筵)에서 정음(正音)으로 진독(進讀)하고 있으니 의리를 정밀하게 하는 데 전념하지 못하고 있습니다. 또한 혈기가 아직 안정되지 않았는데, 한낱 정음만 익히고 있으니 보호하고 양육하는 도리가 아닐까 합니다. 속운(俗韻)을 따르는 것이 마땅합니다." 임금이 말하였다. "선왕이 이미 세워놓은 법이니, 내가 감히 고칠 수 있겠는가?"[34]

세종은 훈민정음을 창제한 직후부터 우리의 한자음을 표준화하는 『동국정운』의 편찬을 시작했다. 그로부터 4년 뒤인 세종 29년 9월 29일, 집현전응교 신숙주는 서문을 지어 완성을 알렸다. 이에, 세종은 그걸 전국의 각도를 비롯하여 성균관과 사부학당에 반사하도록 했다. 그러면서 이미 많은 사람들이 속운(俗韻)에 익숙할 것이니, 배우기 희망하는 자들만 가르치라고 명했다.[35] 반대를 의식한 발언이었다. 하지만 실제로는 『동국정운』이 과거 시험에 점차 적용되기 시작했다. 과거 응시자가 압운(押韻)의 자료로 사용하도록 권장되었고,[36] 나아가 『훈민정음』·『홍

---

34 『문종실록』 문종 즉위년 10월 18일. "執義魚孝瞻啓: '帝王學問, 須以理會義理, 涵養本源爲貴. 今世子於書筵, 以正音進讀, 不專精於義理, 且血氣未定. 而徒習正音, 恐非保養之道, 宜隨俗韻.' 上曰: '先王已立之法, 予敢擅改?'"

35 『세종실록』 세종 30년 10월 17일. "頒東國正韻于諸道及成均館・四部學堂, 仍敎曰: '本國人民, 習熟俗韻已久, 不可猝變, 勿强敎, 使學者隨意爲之.'"

36 『문종실록』 문종 2년 4월 4일.

무정운』과 함께 문과 초장에서 강하는 규정까지 만들었다.[37]

그럼에도 불구하고 과연 그런 규정이 과거시험에서 철저하게 지켜지고 있었는지, 매우 회의적이다. 과거시험에 『동국정운』을 사용하라는 교지를 내린 적이 있지만, 아직 인쇄되지 않아 기존의 『예부운(禮部韻)』을 그대로 쓰겠다는 허락을 의정부에서 받아냈다.[38] 왕명을 내려도 미적미적 지연시키고 있었던 것이다. 오랜 뒤, 장악원(掌樂院)을 맡고 있던 이수복(李壽福)이 『동국정운』을 다시 되살려 사용하자는 건의를 올렸다.[39] 한자의 음이 잘못 전해지고 있는 풍습을 걱정한 세종이 『동국정운』을 만들어 영원한 법으로 삼게 했지만, 오래 전에 폐지해버린 것에 대한 안타까움이었다. 하지만 메아리 없는 하소연에 불과했다.

국어학계에서는 그 이유를 『동국정운』은 이상적인 교정음에 가까워 오래가지 못한 것으로 설명하고 있다. 그럴 수도 있다. 현실을 고려하지 못한 이상은 실패하기 마련이다. 하지만 기성세대의 반대를 잠재우고 『동국정운』을 계속 밀고 나갈 만한 추동력을 상실했던, 당시 왕실의 상황도 고려할 필요가 있다. 물론 오랫동안 사용해 익숙해진 한자의 속음을 버리고 새로 제정한 『동국정운』의 방식으로 익히는 것은 어렵고 불편하다. 하지만 훈민정음을 창제하고, 『동국정운』식으로 표기할 것을 제정했던 세종이 더 오래 살면서 자신의 정책을 강력하게 밀어붙였으면 전혀 다르게 진행되었을 수 있다. 하지만 기성세대의 반발은 거셌고, 세종-문종-단종-세조로 이어진 불안정한 왕실에서 추진하고자 했던 정책은 점차 힘을 잃어갔다. 그런 상황을 틈타 언문/훈민정음으로 서책을 언해하는 작업을 주도했던 정음청의 폐지를 강력하게 건의했던 것이

---

37 『세조실록』 세조 6년 5월 28일.
38 『단종실록』 단종 즉위년 12월 24일.
39 『명종실록』 명종 6년 3월 21일.

고, 애써 제정한 『동국정운』도 폐기해버려야 한다고 주장할 수 있었던 것이다.

훈민정음 창제와 그 이후의 전개를 보다 깊이 이해하기 위해서는 정음청에서 인쇄하고 있다던 문종의 『소학』 관련 발언을 다시 주목해볼 필요가 있다. 정음청에는 언문 활자만이 아니라 한문 활자까지 구비하고 있었다. 훈민정음에 관련된 서책만이 아니라 언문-한문의 활자를 가지고 있으면서 모든 서책의 제판·인쇄·장정 작업까지 담당한 부서였던 것이다. 심지어 책판(冊板)까지 소장하고 있었다. 정음청은 당시 국가 지식생산 및 저장의 거점이었다고 해도 과언이 아니다. 예나 지금이나 서책을 관장한다는 것은 당시의 지식, 곧 학문권력을 장악하고 있다는 의미와 다르지 않다. 그리고 전근대 조선 사회에서 학문권력은 곧 정치권력과 거의 동등한 지위를 갖고 있었다.

그처럼 중요한 역할을 담당하고 있는 정음청은 왕실과 그 측근에 포진한 환관이 관장하고 있었다는 사실이 문제였다. 조정의 대소신료들에게 그곳은 마치 '비밀의 화원'과도 같이 느껴졌다. 세종이라는 절대 권력이 사라지자마자 한목소리로 정음청의 혁파를 주장하고 나서게 된 까닭이다. 문종은 신하들의 거센 비판을 견디지 못하고 『소학』의 간행을 마치면 보관하고 있는 모든 활자를 주자소로 보내겠다고 약속했다.[40] 그러나 작업을 마치고 나서도 이러저러한 이유를 들어가며 그 약속을 지키지 않으려 했다. 하지만 신하들의 공세는 수위를 더욱 높여갔다. 대사헌으로 새로 제수된 정창손은 전임자보다 훨씬 강경했다. 정음청의 존폐에만 그치지 않고, 내전에 설치되어 있는 모든 기구의 혁파를 주장하고 나섰던 것이다.

---

40 『문종실록』 문종 즉위년 11월 9일.

대사헌 정창손이 아뢰었다. "수성(守成)하는 때에는 편안함에 빠지기 쉬우므로, 옛사람도 '너의 융병(戎兵)을 다스리라.'라고 경계하였습니다. …(중략)… 지금 군기감(軍器監)에서 군기를 관장하고 있는데 궐내에서 군기를 수리하고 만들면서 그것을 유사에게 책임지우지 않고 환관에게 감독하게 하고 있습니다. 이는 문왕이 겸직하지 말라는 뜻[罔兼之意]에 어긋나는 듯하니, 환관의 세력도 이로 인해 활개를 치게 될 것입니다. 뿐만 아니라 궐내에 설치된 정음청·책방(冊房)·사표국(司豹局)도 모두 환관에게 장인들을 부리게 하였습니다. 하지만 주자소가 활자를 전담하고 있으니, 책방과 정음청은 없어도 됩니다. 군기감에서 염초(焰硝)를 관장하고 있으니, 사표국도 필요 없습니다. 청컨대 새로 설치된 기구를 파하여 모두 해당 관서에 맡기소서."[41]

정음청을 비롯한 책방과 사표국 등 경복궁의 가장 깊숙한 금내(禁內)에 설치된 모든 기관의 혁파를 요구했다. 절대왕권의 강화를 위해 작동하고 있는 왕실-훈민정음-환관이라는 비정상적인 정치권력의 연결고리를 끊어내고자 했던 것이다. 그것은 정도전이 애초에 기획한 재상 중심의 정치체제 복원을 위해 반드시 쟁취해야 할 사안이었다. 문종은 신하들의 이런 요구를 외면하기 어려워 몇 차례 정음청의 혁파를 시사했던 적도 있다. 하지만 죽을 때까지 혁파하지는 않았다. 그걸 설립한 부왕의 의도를 너무나 잘 알고 있던 그로서는 차마 그럴 수 없었던 것이다.

그처럼 차일피일 미루던 문종이 죽고, 어린 아들 단종이 즉위하게 되자 사정은 급박하게 돌아갔다. 결국 즉위한 지 다섯 달 만에 정음청은

---

41 『문종실록』 문종 1년 6월 8일. "大司憲鄭昌孫啓 : '守成之時, 多溺宴安, 故古人亦戒以詰爾戎兵. … 今軍器監, 旣專掌軍器, 而又於禁內修造軍器, 不責之有司, 而命宦官監督, 恐違文王罔兼之意, 宦寺之勢, 亦由此而鴟張也. 非特此耳, 又於禁內, 設正音廳·冊房·司礮局, 皆使宦寺任之, 多役工匠. 鑄字所專任書字, 則冊房·正音廳可無也. 軍器監旣掌焰焇, 則司礮局亦可無也. 請罷新設, 竝付有司.'"

혁파되고 말았다. 그날의 기사는 전후사연의 설명도 없고, 다만 "정음청을 혁파했다[罷正音廳]"[42]라는 네 글자에 그쳤다. 한편 정음청과 같은 기관인가, 아닌가를 두고 논란이 일기도 하는 언문청(諺文廳)은 그 뒤로도 오래 존속했다. 하지만 그 역시 중종 때 "언문청을 혁파했다[革諺文廳]"[43]라는 네 글자의 기사가 전부이다. 하긴, 세종 이래 한 번도 언급되지 않았을 만큼 무용지물로 명맥만 유지하고 있었다. 언문/훈민정음을 창제하여 중화문명을 정확하고도 발 빠르게 번역하여 받아들이는 한편 자국의 문자로 독자적인 성교자유(聲敎自由)를 펼쳐보고자 했던 세종의 동국문명 프로젝트는 그런 좌초를 겪으며 다음 시대를 맞이하게 되었다.

2) 간경도감刊經都監 설치와 유교경전 구결口訣로의 회귀

왕위계승의 불안정으로부터 왕실의 위기를 구해야 한다는 명분으로 어린 조카로부터 왕위를 찬탈한 세조는 부왕의 유훈을 계승하고자 했던 것으로 보인다. 세종이 만년에 깊은 관심을 갖고 시작한 불교 경전의 언해와 간행을 활발하게 이어갔다. 앞서 대사헌 안완경이 정음청 혁파를 요청하면서 '긴요하지 않은 책[不緊之書]'의 간행을 대군에게 감독하도록 했다는 비판[44]은 이런 사실을 지적한 것이다. 세조는 수양대군 시절, 모후인 소헌왕후(昭憲王后)가 죽던 해인 세종 28년(1446) 착수한 『석보상절』·『월인천강지곡』의 언해를 비롯하여 간행 작업을 문종 즉위년(1450)까지 주도적으로 이끌어갔다.[45] 그리고 왕이 된 뒤에도 자신이 편찬한

---

42 『단종실록』 단종 즉위년 11월 2일.
43 『중종실록』 중종 1년 9월 4일.
44 『문종실록』 문종 즉위년 11월 1일 기사 참조.
45 이근우, 「석보상절의 간행과 정음청의 역할」, 『인문사회과학연구』 제22권 제2호(부경대 인문사회과학연구소, 2021) 참조.

『석보상절』과 그걸 보고 세종이 지었던 〈월인천강지곡〉을 다시 편집하여 세조 5년(1459) 목판으로 간행하기도 했다.

이와 같은 세조의 관심은 불경을 안정적으로 언해-간행할 수 있는 간경도감(刊經都監)이라는 기관을 설치하는 것으로 나아갔다.[46] 무력으로 왕권을 거머쥔 세조의 위세를 실감할 수 있는 대목이다. 하지만 간경도감의 설치는 세종대의 정음청이 애당초 의도하고 있던 유교문명의 구현이라는 원대한 비전과는 거리가 먼, 일종의 이탈에 가까워보인다. 유교국가 조선에서 그토록 배제하려 했던 불교 경전을 국가에서 주도적으로 간행한다는 것은 아이러니가 아닐 수 없었다. 그런 맥락에서 볼 때, 그것은 정음청을 혁파한 대가로 얻은 훈구공신들과의 타협처럼 읽히기도 한다. 흔히 세조는 강력한 절대왕권을 행사한 군주로 인정받고 있지만, 실제로는 훈구공신들이 정교하게 짜놓은 인적 네트워크에 포획되어 있었다는 견해도 만만치 않다.

세조 말년에 설치된 원상제(院相制)는 그런 판단의 설득력을 높여주는 근거 가운데 하나이다. 원상제는 이시애의 난을 겪고 난 세조가 마침 몸이 편치 않아 명나라 사신의 접대가 어렵게 되자 승정원의 지휘 감독을 훈구공신들에게 위임하면서부터 시작된 것으로 알려져 있다.[47] 세조대의 정국은 표면적으로 세조의 강력한 왕권이 작동되고 있는 것처럼 보이지만, 훈구공신의 절대적 지지가 없었다면 결코 왕권의 찬탈과 지속은 가능할 수 없었다. 실제로 대소신료의 위세는 세종이 설치한 정음청을 문종-단종 때 곧바로 혁파할 수 있을 정도였으니, 자신들이 왕으로

---

46 『세조실록』 세조 7년 6월 16일. "初設刊經都監, 置都提調·提調·使·副使·判官."

47 『성종실록』 성종 6년 10월 2일. "院相鄭麟趾等啓曰: '院相之設, 世祖適違豫, 而天使又至, 慮承政院有錯誤事, 命韓明澮·具致寬, 坐院指揮, 因命名曰院相, 蓋權設耳. 睿宗在位未久, 今上幼年卽位, 因循不罷, 今則親斷萬機.'"

추대한 세조의 치세에서는 보다 막강하게 발휘될 수 있었을 것이다.

그런 상황에서 세조는 간경도감을 설치하여 불경 37건을 간행하고, 부왕 세종이 창제한 훈민정음/언문으로 10건에 달하는 불경을 언해하는 성과를 거두었다.[48] 하지만 부왕 세종이 살아생전 그토록 소망했던 『삼강행실도』라든가 사서를 언해하는 작업은 시도조차 되지 않았다. 뒤에서 밝혀지겠지만 『삼강행실도』의 경우, 세종 때 이미 언해 작업을 마쳤음에도 불구하고 간행되지 못했다. 교서관에 판목이 그대로 방치되어 있었던 것이다. 김문(金汶)이 죽자 김구(金鉤)가 이어받아 집현전 학자들과 진행한 바 있던 사서의 언해와 관련해서는 한마디 언급조차 없다.

물론, 부왕 세종이 착수한 유교 경전 및 관련 서적을 간행하여 보급한다거나 언해해야 할 필요성을 그 아들 세조가 모를 리 없다. 실제로 단종 즉위년에 정음청이 혁파된 뒤, 수양대군은 사신이 되어 요동을 지나면서 강맹경(姜孟卿)에게 다음과 같은 서신을 보내기도 했다.

세조[수양대군 시절]는 요동에 이르러 강맹경에게 편지를 보내 말했다. "내가 비록 멀리와 있지만 『병요(兵要)』·병서(兵書)·『삼강행실』 등은 선조(先朝) 때 맡은 일이기에 차마 잊을 수 없다. 내가 서울에서 출발할 때 이미 상세히 아뢴 바 있다. 또한 『병요』는 속히 반포하여 선왕께서 여러 장수들을 가르치고자 했던 뜻을 이루도록 해라. 병서는 먼저 『손자(孫子)』를 인쇄하고, 그 나머지는 내가 돌아가기를 기다려라. 『삼강행실』은 먼저 〈효자도〉를 반포하는 것이 좋겠다."[49]

---

48 정우영, 「불전언해의 국어사적 의의: 중기국어 불전언해를 중심으로」, 부산대학교 점필재연구소 고전번역학센터 편, 앞의 책, 162~167쪽.

49 『단종실록』 단종 즉위년 11월 12일. "世祖在遼東, 寄書姜孟卿曰: '我雖在遠, 而『兵要』·『兵書』·『三綱行實』, 受任先朝之事, 故不忍忘也. 吾發京時, 已詳啓焉. 又『兵要』則速頒賜, 以成先王欲敎諸將之志. 兵書則先印孫子, 其餘待我回還. 『三綱行

수양대군은 명나라 사신에 제수되자 자신이 책임지고 있던 서책들의 간행을 서둘러줄 것을 형 문종에게 간곡하게 아뢰고 출발하기는 했다. 하지만 미처 마무리하지 못한 채 먼 길을 떠나게 되는 미진한 마음을 달래기 어려웠다. 그리하여 요동을 지나며 도승지로 있는 강맹경에게 서찰을 보내, 문종에게 재차 환기시켜달라고 당부했던 것이다. 명나라와 각축을 벌이고 있던 요동의 너른 들판을 바라보며 국방의 중요성이 새삼 떠올랐고, 부왕을 그리는 마음이 새삼 솟구쳐 『삼강행실』 가운데 〈효자도〉를 가장 먼저 떠올린 것으로 보인다. 하지만 수양대군의 이런 바람은 『역대병요』를 제외하곤 훨씬 지체되었다.[50] 『손자』는 세조 6년에 이르도록 그 주해(註解)를 교정하는 단계에 머물러 있었고,[51] 〈효자도〉는 작업의 향방조차 알 길이 없었다. 그러다가 성종 12년이 되어서야 비로소 〈열녀도〉부터 언해본의 간행과 배포가 이루어졌다.[52]

이처럼 각종 서책들이 앞서거니 뒤서거니 간행되던 즈음, 세조는 부왕 세종이 추진하던 유교 경전을 언해하는 사업을 계승하려는 의지를 보이지 않았다. 앞서 지적했듯 불경을 간행하고 언해하는 데는 열심이었지만, 유교경전을 언해하는 데는 전혀 관심이 없었던 것이다. 대신, 한문에 토를 다는 구결(口訣) 작업에 집중했다. 세조 8년 신숙주·권람·최항 등과 함께 『무경(武經)』에 구결을 달고 교주하는 작업을 마쳤는가 하

實』則先頒孝子圖, 甚可.'"

50 세종 때 시작되어 문종 1년 마무리된 『병요』는 수양대군이 다시 주해를 맡게 되었다. 그렇게 하여 주해를 갖추게 된 『新撰兵要』는 세조 2년 각도에서 나누어 간행하라는 명이 내려진다. 『세조실록』 세조 2년 2월 2일 기사 참조.

51 『세조실록』 세조 6년 2월 12일, 3월 29일 기사 참조.

52 『성종실록』 성종 12년 3월 24일. "傳旨禮曹曰: '國家興亡, 由於風俗淳薄, 而正風俗, 必自正家始. 古稱東方貞信不淫, 近者士族婦女, 或有失行者, 予甚慮焉. 其印諺文三綱行實列女圖若干帙, 頒賜京中五部及諸道, 使村婦巷女, 皆得講習, 庶幾移風易俗.'"

면, 세조 11년부터는 많은 신하들과 함께 『주역』에 구결을 다는 일에 연일 매달리고 있었다. 그러면서 선유(先儒)가 정한 사서오경 구결과 정몽주의 『시경』 구결을 구해 바치라는 분부를 내리기도 했다.[53]

마침내 세조는 성균관에 가서 알묘한 뒤, 자신이 친히 정한 『주역구결』을 반포한다. 그리고 이튿날 그걸 축하하는 문과 중시(重試)를 거행했다. 독권관(讀券官)으로는 신숙주·정창손·한계희·노사신·임원준·성임·강희맹·서거정·신면·이파 등 쟁쟁한 원로들이 총망라되었다. 시제(試題)도 예사롭지 않았다. 세조가 친히 지은 〈반궁(泮宮) 역재(易齋)〉 5장을 지어 내걸었던 것인데, '역재'란 대학재(大學齋)로부터 시작해 사서오경을 가르치는 구재(九齋) 가운데 최고 교육 과정이다.[54] 자신이 편찬한 『주역구결』을 그곳의 교재로 사용하고자 했다. 그런 뜻을 담고 있는 시제의 마지막인 제5수는 다음과 같았다.

국운이 천년을 흐르도록 밝고 어진이 많으니	運流千載明賢衆
친히 여러 신하들과 나누어 구결을 정했도다.	親與諸臣分定訣
북소리와 종소리가 성균관에 울려 퍼지니	鼓鍾聲播泮宮裏
자자손손 대대로 널리 퍼지고 이어가리라.[55]	子子孫孫敷時繹

제2구에서 보듯, 이날은 자신이 맡았던 『주역구결』만이 아니라 나머

---

53 『세조실록』 세조 11년 11월 12일. "令禮曹, 廣求本國先儒所定四書五經口訣, 與鄭夢周詩口訣."
54 성균관에 九齋를 두게 된 것은 세조 12년 2월 23일이었다. 매년 봄가을에 사서오경을 강하게 하여, 구두가 정숙하고 의리에 능통한 자는 차례로 九齋를 거치게 된다. 그리하여 마지막 易齋에 이르는 자는 식년시의 會試에 바로 나아갈 수 있도록 정했다. 『세조실록』 세조 12년 2월 23일 기사 참조.
55 『세조실록』 세조 12년 3월 6일.

지 유교경전의 구결도 완성을 본 날이었다. 그 방대한 작업은 최항(崔恒)이 총괄했는데, 세조는 『소학』과 『주역』, 이석형은 『논어』, 성임은 『맹자』, 홍응은 『대학』, 강희맹은 『중용』, 정인지는 『시경』, 정창손은 『서경』, 신숙주는 『예기』를 맡았다. 그런 구결 작업의 의의를 최항은 다음과 같이 적었다.

> 무릇 책을 보려는 사람은 먼저 유가의 경전을 깨우쳐야 하고, 유가경전을 깨우쳤다면 제자백가의 해설은 도구가 된다. 책을 읽으려는 사람은 먼저 구결을 바로잡아야 하고, 구결이 바로잡히면 다른 길로 빠지는 미혹은 절로 사라진다. 그렇다면 경전에 구결이 있는 것은 진실로 유자(儒者)에게 달을 가리키는 손가락인 것이다.[56]

최항은 누구인가? 앞서 살펴보았듯 세종이 언문/훈민정음을 창제한 직후 곧바로 착수했던 『운회(韻會)』의 언해 사업을 총괄했던 인물이다. 그뿐 아니다. 세종은 그 이후에도 〈용비어천가〉를 비롯하여 『동국정운』·『훈민정음해례』 등을 찬진하는 일도 그에게 맡겼다. 세종대에 두각을 나타낸 신지식인의 선두주자였던 셈이다. 하긴, 『훈민정음』 편찬의 일등공신인 신숙주도 구결 작업에 참여했다. 그러했던 그때의 인물들이 지금은 '언해'가 아닌 '구결'을 경전 공부의 가장 요긴한 도구라며 극찬하고 있다. 세조의 비위를 맞추기 위한 공치사가 아니라면, 세조가 언해 작업을 포기하는 대신 구결로 경전의 세계로 인도하고 있는 것에 대한 진정어린 찬사였을 터다. 어쨌거나 세종의 훈민정음 창제와 그를 통한

---

56 최항, 『太虛亭集』 문집 권2, 〈經書小學口訣跋〉. "大抵欲觀書者, 須先曉正經, 正經旣曉, 則諸家之解已蹄. 欲讀書者, 須先正語訣, 語訣旣正, 則他岐之惑自祛. 然則正經之有口訣, 誠儒者指月之指也."

경전 언해 프로젝트는 중단된 채, 그 이전의 정몽주·권근 등이 여말선초에 수행한 바 있던 '구결의 시대'로 되돌아가고 있는 것만큼은 분명하다.

구결의 시대를 주도했던 세조는 부왕 세종을 도와 새로운 문자를 만들어 집현전의 신지식인들과 함께 유교문명 국가를 만들어보려던 지난날의 꿈을 기억하고 있었을까, 궁금하다. 하지만 지금은 중견-원로가 된 집현전의 그들과 함께 사서오경의 구결을 정한 것을 자기의 최고 업적으로 자부하고 있다. 그건 경전의 번역 과정에서 볼 때 과거로의 회귀라고 부를 수 있겠는데, 세조가 『소학』과 『주역』의 구결을 직접 맡고 있는 것도 예사롭지 않게 보인다. 『소학』의 구결을 맡은 것은 정음청에서 이 책을 편찬하는 작업에 참여한 경험 때문이었을 것이다. 그리고 『주역』은 그 자신 병적으로 심취했던 만년의 고질이기도 했다. 죽음을 앞둔 그는 『주역』의 세계에 깊이 빠져 들어갔고, 그런 까닭에 신하들을 모아 놓고 『주역』의 구결에 대해 논하는 것을 최고의 즐거움으로 삼았다. 특히, 자신이 지금 단 『주역』의 구결과 권근이 전에 달았던 구결 가운데 어느 것이 나은지를 비교하는 데 매우 집착했다. 그와 관련된 한 장면을 보자.

임금이 여러 재상과 이영은·김수녕·구종직·정자영·김예몽·안효례·최호원 등을 불러 술자리를 열고 『어정주역구결(御定周易口訣)』을 의논하게 했다. 「환괘(渙卦)」에 이르러 정자영은 권근의 구결을 따를 것을 청했다. 그러자 구종직이 청했다. "『어정구결』은 선성(先聖)도 밝히지 못한 바를 확충한 것으로서 진선진미합니다. 그러나 뒤에서 잘못되었다고 논하는 자가 있으니, 이런 무리를 베어 버린다면 구결은 저절로 행해질 것입니다. …(중략)… 지금 『어정구결』을 비방하는 자는 정자영이니, 청컨대 성상께서는 정자영을 베어 버리소서." 하였다. 임금이 오랫동안 대답을 하지 않고 있다 나가라고 명하였다.[57]

세조가 죽기 한 달 전에 있었던 일이다. 읽어보면 참으로 가관이다. 권근의 제자였던 정자영은 스승의 구결이 더 낫다고 하고, 세조의 구결을 한도 끝도 없이 추켜세우던 구종직은 정자영을 죽이라는 극언조차 불사하고 있다.[58] 세조가 오랫동안 망설였던 걸 보면, 내심 죽이고 싶은 생각이 들었던 듯하다. 그럼에도 불구하고 거기까지는 나가지 않았다. 하지만 위의 일화가 뜻하는 바는 예사롭지 않다. 경전 해석을 둘러싼 그들의 논란을 통해, 경전 해석의 다툼이 학문권력 나아가 정치권력의 향배와 밀접한 관련을 맺고 있다는 사실을 반증하기 때문이다.

그들은 구결의 우열을 가지고도 목숨을 다툴 정도였다. 그렇다면 임금이 왕실의 성교(聲敎)를 표상하는 언문을 가지고 경전 해석의 표준을 독점하고자 했을 때, 기존의 학자들이 느꼈을 위기의식이 얼마나 컸을지는 상상하고도 남음이 있다. 왕위찬탈에 협조한 대가로 정치권력과 학문권력을 독점할 수 있었던 훈구공신 세력들이 세조의 불경 간행과 언해를 묵인하는 대신 유교 경전만큼은 구결의 시대로 되돌리려 노력했던 까닭이다. 구결의 시대로 경전 번역의 시계를 되돌렸던 세조도 그런 의도를 내심 알고 있었던 것일까? 죽음을 몇 달 앞둔 세조는 사정전(思政殿)에 거둥하여 종친을 비롯한 많은 신하들과 술을 마시다가 문득 기녀들에게 언문가사를 주며 노래 부르도록 했다. 부왕 세종이 지은 〈월인천강지곡〉

---

57 『세조실록』 세조 14년 8월 10일. "上召諸宰及李永垠·金壽寧·丘從直·鄭自英·金禮蒙·安孝禮·崔灝元等, 設酌, 論『御定周易口訣』. 至渙卦, 自英請依權近口訣, 從直作而請曰: '『御定口訣』, 擴前聖所未發, 盡善盡美. 然有退而非議者, 若斬此輩, 口訣自行矣. … 今誹謗『御定口訣』者, 自英是也, 請上斬自英.' 上良久不應, 命出去."

58 세조의 『주역구결』을 둘러싼 두 사람의 논란은 이때만이 아니었다. 닷새 전에도 조정의 신하는 두 패로 나뉘어 다투었는데, 그때도 가장 대립한 인물은 그들이었다. 그런 모습을 지켜본 사관은 "구종직과 정자영은 모두 經學으로 현달하였다. 그러나 구종직은 아첨하되 학문은 박식하였으며, 정자영은 마음이 곧되 학문은 고루하였다."라고 평가하고 있다. 『세조실록』 세조 14년 8월 5일 참조.

이었다. 세조는 그 노래를 들으며 부친을 그리는 눈물을 흘렸다. 그곳에 모인 모두는 숙연해졌다.[59] 세종이 직접 지은 그 노래가 전달하는 절절함은 놀라울 정도였다. 우리의 정감을 온전하게 담아낼 수 있는 우리말로 지어진 노래의 힘을 실감하는 순간이다. 세조도 죽기 직전, 그런 우리의 문자를 창제했던 부왕의 업적을 제대로 계승하지 못한 것에 대한 죄스러움에 사무치게 슬펐을 지도 모른다. 그토록 애지중지하던 부왕의 손자[곧 단종]을 죽음으로 내몬 것에 대한 죄책감까지 더해지면서.

4. 신진사류의 등장과 언해사업의 재개

1) 언해본 『삼강행실도』 간행과 지연의 내막

세조의 치세 14년이 끝난 뒤, 왕위의 승계는 다시 위태롭게 이어졌다. 세조의 장남 의경세자가 요절하는 바람에 왕위에 오를 수 있었던 차남 예종도 즉위한 지 불과 1년 4개월 만에 세상을 뜨고 말았다. 우여곡절 끝에 즉위한 의경세자의 차남 성종은 열두 살 어린 나이였다. 때문에 성종의 시대는 할머니인 정희왕후(貞熹王后)의 수렴청정과 신숙주·한명회·구치관·최항 등 9명의 훈구공신으로 구성된 원상제(院相制)라는 비정상적 정치체제로 출발할 수밖에 없었다. 왕실의 위기였다. 아닌 게 아니라 성종이 즉위하자마자 대소신료들은 불경의 간행과 언해를 위해 세조가 설치한 간경도감(刊經都監)의 혁파를 주장하고 나섰다. 세조 때는 감히 입도 뻥끗하지 못하던 그들이었다. 결국 성종 2년 간경도감은

---

59 『세조실록』 세조 14년 5월 12일. "上御思政殿, 與宗宰諸將談論, 令各進酒. 又命永順君溥, 授八妓諺文歌詞, 令唱之, 卽世宗所製『月印千江之曲』. 上慕世宗默然, 呼戶曹判書盧思愼與語, 良久墮淚. 思愼亦伏俯泣下, 左右皆變色. 命厚饋衛士及妓工人."

폐지되고 말았다.⁶⁰

세조의 비 정희왕후와 성종의 모친 인수대비가 어떻게 해서든 존속시켜보려 했지만, 유교정치의 구현이라는 명분을 견뎌내기 어려웠던 것이다. 간경도감의 혁파에서 예견되듯, 성종의 시대는 유교문명 국가로 거듭나기 위한 사업이 활기를 띠고 일어났다. 성종 7년『팔도지리지(八道地理志)』, 성종 9년『동문선(東文選)』, 성종 12년『동국여지승람(東國輿地勝覽)』, 성종 16년『경국대전(經國大典)』과『동국통감(東國通鑑)』, 성종 17년『동국여지승람(東國輿地勝覽)』과 같은 국가 주도 대규모 편찬사업이 착착 마무리되어갔던 것이다. 동국문명을 상징적으로 보여주는 이른바〈동국시리즈〉의 완성이라 할 수 있다.

이런 편찬 작업과 함께 잠자고 있던『삼강행실도』와『소학』도 재조명 받기 시작했다. 성종의 즉위 직후에 대사헌 한치형(韓致亨)은 이른바〈시의(時宜) 17조〉의 상소문을 올렸는데, 거기엔 정국 운영 전반의 방향이 조목조목 적시되어 있었다. 선비의 기풍을 아름답게 만들고 풍속을 돈독하게 만들기 위해 팔도의 관찰사로 하여금『소학』과『삼강행실도』를 간행해서 가르치게 해야 한다는 내용도 포함되었다.⁶¹ 그 상소에 의거해 성종도 곧바로 각도 관찰사들은『소학』·『삼강행실도』를 간행하여 백성에게 전파하라는 전교를 내렸다.⁶² 하지만 효과는 기대에 미치지 못한 듯하다. 그로부터 5년이 지났을 때, 성종은 불같이 화를 내며 재차 다음과 같은 명령을 내렸다.

---

60 『성종실록』성종 2년 12월 5일. "命罷刊經都監."

61 『성종실록』성종 2년 6월 8일. "下教各道觀察使, 廣刊『小學』·『三綱行實』, 人無大小, 皆令學之."

62 『성종실록』성종 2년 6월 18일. "傳旨禮曹曰:民風·士習, 在上之人, 崇獎而激勵之. 其令中外, 搜訪忠臣·烈婦·孝子·順孫, 啓聞旌別. 又令諸道觀察使, 廣刊『小學』·『三綱行實』等書, 令民講習."

모든 관찰사에게 분부하였다. "내가 생각건대 나라를 다스리는 도리로는 교화보다 앞서는 것이 없고, 교화의 실행은 학교로부터 시작되는 것이다. 나라에서 학교를 설치하고 선비를 양성하는 것이 지극하지 않은 것이 아닌 데도, 배우는 사람들이 허망하고 먼 곳으로만 내달려 효제충신(孝悌忠信)으로 근본을 삼지 않고 있어 걱정스럽다. 일찍이 여러 도에 분부하여 『소학』과 『삼강행실』을 널리 간행하여 대소신민이 모두 배우고 익혀 효과를 거두기를 바랐다. 그런데 식견 없는 관리들이 태만하여 받들어 실행하지 않아 실효를 거두지 못하고 있으니 참으로 한탄스럽다. 그대들은 내 마음을 잘 헤아려 다시는 전철을 밟지 않도록 하라."[63]

성종의 목소리는 예전에 비해 매우 단호해졌다. 그도 그럴 것이 그때는 성종이 수렴청정과 원상제에서 벗어나 친정(親政)을 막 시작했던 때였다. 자기 나름의 정치를 펼치기 시작했던 것이다. 성종은 단순히 호통을 치는 것에 그치지 않았다. 이틀 뒤에는 서울의 사학(四學)에 다니는 유생들에게도 『소학』 교육을 시키라고 강조하고, 이듬해에는 『소학』 교육에 태만한 수령을 색출해내는 업무를 관찰사에게 부과하기도 했다. 『소학』 공부를 거의 방치하다시피 했던 세조대와는 그 분위기가 확연하게 달라졌다. 그런 일련의 조처가 불러일으킨 사회·정치적 파장은 상당했다. 과거시험을 준비하는 성균관의 젊은 유생들이 '소학계(小學契)'를 결성하여 강독을 했는가 하면, 그렇게 『소학』의 정신으로 무장한 젊은 신진사류들은 노성한 훈구공신들과 날카롭게 부딪치기 시작했다. 성종 9년 4월 1일에 내린 흙비의 재이(災異)를 물리치기 위한 성종의 구언(求

---

63 『성종실록』 7년 7월 23일. "諭諸道觀察使曰: '予惟治國之道, 莫先於敎化, 敎化之行, 必始於學校. 國家設學養士, 非不至也, 而慮恐學者騖於虛遠, 不以孝悌忠信爲本. 故嘗下諭諸道, 廣刊『小學』·『三綱行實』, 人無大小, 皆令學習, 以冀成效. 第俗吏慢不奉行, 實效未聞, 誠可嘆也. 卿體予懷, 毋蹈前轍.'"

言)에 대해 스물다섯 살의 이심원(李深源)과 남효온(南孝溫)이 올린 상소가 조정을 발칵 뒤집어 놓았던 것은 그 대표적인 사건이다.[64]

이처럼 성종대의 신진사류들 사이에 『소학』이 점차 확산되고 있던 즈음, 성종 11년 희대의 간통 사건이 일어났다. 왕족 태강수(泰江守) 이동(李仝)의 아내 어을우동(於乙于同)이란 여인이 왕실의 인물을 비롯하여 수많은 대소신료들과 복잡하게 얽혀있었던 섹스스캔들은 당시 조정을 뒤흔들고 있었다. 결국 어을우동은 교형(絞刑)에 처해지게 되지만,[65] 사태는 그것만으로는 종결되지 않았다. 성종은 이 사건을 계기로 삼아 풍속을 일신하고자 했다. 조부 세종이 진주에 사는 김화(金禾)라는 자가 자기 부친을 살해한 사건을 빌미로 삼아 『삼강행실도』를 편찬하여 대대적인 이념적 공세를 펼쳤던 것처럼, 성종도 그렇게 만들어진 『삼강행실도』를 언해하여 간행·배포하는 계기로 활용하고자 했던 것이다.[66]

예조에 전지하였다. "국가의 흥망은 풍속의 두텁고 각박한 데서 말미암는 법이고, 풍속을 바르게 하는 일은 반드시 집안을 바르게 하는 것으로부터 시작해야 한다. 예로부터 우리나라는 곧고 믿음이 있어 음란하지 않았다고 일컬어졌다. 그런데 최근 선비 집안의 부녀자 가운데도 행실을 잃는 자가 있으니, 내가 깊이 우려하는 바다. 언문 『삼강행실열녀도』 약간 질을 인쇄하여, 서울의 오부(五部)와 지방의 각도에 반사하여, 시골과 도시 부녀자들로 하여금 강습하게 하라. 그러면 아마도 풍속이 바뀌게 될 것이다."[67]

---

64 이때부터 불거지기 시작한 훈구관료와 신진사류의 갈등 양상은 정출헌, 「조선전기 잡록과 『추강냉화』, 남효온의 깊은 슬픔과 시대정신」, 『민족문학사연구』 54집(민족문학사학회, 2014) 참조.
65 『성종실록』 성종 11년 10월 18일 기사 참조.
66 강명관, 『열녀의 탄생』(돌베개, 2009), 213~221쪽.
67 『성종실록』 성종 12년 3월 24일. "傳旨禮曹曰: '國家興亡, 由於風俗淳薄, 而正風俗,

세종이 훈민정음을 창제하고 곧바로 언해하여 보급하고자 했던 『삼강행실도』가 40년 만에 비로소 빛을 보게 되는 순간이다. 하지만 위의 인용문에서 눈여겨보아야 할 점은 성종이 전지를 내리면서 "언문『삼강행실도』약간 질을 간행하라[其印諺文三綱行實列女圖若干帙]"라고 분부하고 있는 대목이다. 『삼강행실도』는 이미 언해되어 있었던 것이다. 그럼에도 불구하고 세종 이래 정국을 이끌어왔던 세조대의 훈구대신들은 언해본『삼강행실도』를 간행하지 않고 있었던 것이다. 『경국대전』에도 다음과 같이 『삼강행실도』를 언해하여 가르쳐야 한다고 명문화되어 있음에도 불구하고 지키지 않고 있었기에 더욱 놀랍다.

> 『삼강행실』을 언문으로 번역하여 서울과 지방 사족의 가장(家長)·부로(父老) 혹은 교수(敎授)·훈도(訓導) 등으로 하여금 부녀자와 어린아이를 가르쳐 이해하게 한다. 만약 대의에 능통하고 행실이 뛰어난 자가 있으면 서울은 한성부가 지방은 관찰사가 임금에게 보고하여 상을 준다.[68]

위의 규정은 지키지 않고 있었다. 앞서 살펴본 바 있듯, 훈민정음 자체는 물론 언해를 통한 교화를 탐탁지 않게 여기고 있던 세조대의 훈구공신들이 성종의 시대에도 여전히 정치권력과 문단권력을 장악하고 있었기 때문이다. 새로운 시대가 되었음에도 불구하고 최만리와 함께 반대상소를 올렸던 정창손이 『삼강행실도』 언해의 필요성을 부정하며 했던 말,

---

必自正家始. 古稱東方貞信不淫, 近者士族婦女, 或有失行者, 予甚慮焉. 其印諺文『三綱行實列女圖』若干帙, 頒賜京中五部及諸道, 使村婦巷女, 皆得講習, 庶幾移風易俗.'"

68 『경국대전』, 「禮典」 '奬勸'. "『三綱行實』飜以諺文, 令京外士族家長父老, 或其敎授訓導等, 敎誨婦女小子, 使之曉解, 若能通大義, 有操行卓異者, 京漢城府·外觀察使 啓聞行賞."

곧 "사람이 행하고 행하지 않고는 사람의 자질 여하에 달려 있다. 어찌 반드시 언문으로 번역한 후에야 사람들이 본받을 것입니까?[人之行不行, 只在人之資質如何耳. 何必以諺文譯之而後人皆效之?]"는 믿음은 여전히 변하지 않았던 것이다. 더욱이 훈민정음이 창제될 때 집현전응교였던 정창손은 성종의 치세에는 영의정이 되어 있었다. 그런 영의정이 버티고 있는 정치 상황에서는 이미 『삼강행실, 열녀도』가 언해되어 있었음에도 불구하고 간행·배포되기란 쉽지 않은 일이었다. 실제로 그런 분부가 내려진 지 10년이 되도록 『삼강행실도』 언문본과 관련된 언급을 찾아볼 수 없다. 여전히 실행에 옮겨지지 않고 있었던 것이다. 우연의 일치일지 모르지만, 언해본 『삼강행실도』가 거론되기 시작하는 것은 정창손이 86세라는 긴 삶을 마치고 난 이후에서였다. 성종 20년 경기관찰사 박숭질(朴崇質)은 세종 때 편찬된 『삼강행실도』는 너무 방대하여 백성들이 모두 읽기 어려우니 특이한 절행(節行)만을 골라 반포하는 게 좋겠다고 아뢰었다.[69] 성종은 참으로 옳은 건의라며 흔쾌히 허락하고서는 시강원보덕 허침(許琛)과 이조정랑 정석견(鄭錫堅)에게 『삼강행실도』의 산정(刪定)을 명했다. 그렇게 해서 충신·효자·열녀 각각 110명 가운데 35명씩, 총 105명을 간추려 지금까지 널리 유통되고 있는 『삼강행실도』가 만들어지게 되었다.[70]

『삼강행실도』를 이렇게 산정하는 일은 결코 어려운 작업이 아니었다.

---

69 『성종실록』 성종 20년 6월 1일.
70 『성종실록』 성종 20년 6월 18일. 뒤에서 다시 살피게 되겠지만, 허침과 정석견은 성종대 신진사류의 종장으로 일컬어지는 金宗直과 깊은 관련을 맺고 있는 인물들이다. 허침은 藏義寺에서 사가독서를 하던 시절에 김종직으로부터 두터운 장려를 받았고, 정석견은 김종직의 벗으로서 문집인 『점필재집』을 간행했다는 이유로 연산군의 무오사화 때 고초를 겪었다. 다음에 살필 杜詩의 언해를 주도한 인물 金訢과 曺偉도 김종직의 제자들이었다. 성종대에 유교문명의 기본 서적들이 언해되는 작업을 김종직과 관련된 동류·제자들이 수행하고 있었던 것이다.

세종 때 언문으로 번역하여 만들어둔 판본이 교서관(校書館)에 보관되어 있었는데, 한 사람의 행실이 각각 한 장씩 만들어져 있었다. 그러니 거기에서 105인을 선별해서 구본(舊本) 그대로 간행하면 되는 일이었다. 실제로 간행하는 데 걸린 시간은 불과 열흘 남짓이었다.[71] 그렇다면 교서관에 소장되어 있던 언문본 『삼강행실도』가 언해된 것은 정확히 언제일까? 시기를 특정해서 말하기는 어렵다. 하지만 국어학계의 성과에 의하면, 그 언해는 세종대의 표기법과 언어 사실을 반영하고 있다고 한다.[72] 훈민정음이 창제된 직후 언해도 이미 이루어졌다고 볼 수 있는 근거이다. 『삼강행실도』의 언해를 반대하다가 파직되어 4개월 만에 복직했던 정창손이 세종의 명을 어길 수 없어 언해했던 것이 바로 이 판본이었을 가능성도 있다. 애써 언문으로 번역하기는 했지만, 교서관에 방치되어 있었다. 정창손과 같은 '완고한' 기성세대들이 자연 도태될 때까지, 세종이 기획했던 언해 작업과 그를 통한 유교문명의 교화 프로젝트는 하염없이 지체되고 있었던 것이다.

2) 두시杜詩의 언해 작업과 새로운 주체의 출현

열두 살 어린 나이에 즉위한 성종은 스무 살이 되어가면서 수렴청정과 원상제로부터 벗어나 자신의 친정(親政)을 펼치기 시작했다. 하지만 그

---

71 『성종실록』성종 20년 6월 18일. "且祖宗已成之書, 似不宜增損. 校書館所藏『三綱行實』板本, 以一人之事, 各爲一張. 今所抄一百五人, 稟旨取捨, 用舊本印出, 粧爲一冊, 廣布何如? 傳曰: 可."

72 김유범, 「중세국어 문법 교육과 언해본『삼강행실도』」, 『새얼 어문논집』 제18집(새얼어문학회, 2006), 200~202쪽; 정우영, 「『삼강행실도』 언해본에 나타난 한자음 표기의 양상: 잘못 注音된 한자음의 분석과 번역 연대」, 『동악어문논집』 제34집(동악어문학회, 1999); 정우영, 앞의 논문, 부산대 점필재연구소 편, 앞의 책, 168쪽.

제1장 _ 언해의 지평, 중화문명의 번역과 문명의식의 굴곡 235

즈음부터 기존의 훈구관료 세력과 새롭게 부상하는 신진사류들도 날카
롭게 대립하기 시작했다. 노성한 훈구대신은 자신들이 이끌어온 시대를
전례 없는 성세(盛世)라 자부하고 있었던 반면, 신진사류는 젊은 임금과
함께 기존의 일그러진 과거를 바로잡고 유교문명의 기틀을 튼실하게 만
들어야 하는 시대로 인식하고 있었다. 그것은 단순하게 정치권력 교체의
차원에 한정되지 않았다. 보다 근본이 되는 것은 학문권력, 곧 문학의
전범을 정립하고 그에 부합하는 문풍을 혁신하는 방안에 대해서도 자주
맞섰다. 그 한복판에는 두시를 전범으로 삼는 시학(詩學)이 자리 잡고
있었다. 그 즈음 경연에서 오고 간 대화의 한 대목을 들어보자.

> 주강(晝講)을 마치고, 시독관 이창신(李昌臣)이 아뢰었다. "사장(詞章)이
> 비록 치국(治國)에 관계되지 않는 것처럼 보이지만, 중국에서 장녕(張寧)이
> 나 기순(祁順) 같은 사신이 나오면, 반드시 더불어 창화를 해야 합니다. 그러
> 니 사장을 여사로 여겨 익히지 않는 것은 불가합니다. 두시는 시가(詩家)의
> 근본인데, 전 성균관사성 유윤겸(柳允謙)이 그 아비 유방선(柳方善)에게 전수받아
> 자못 정통하고 능숙합니다. 청컨대 젊은 문신으로 하여금 수업하게 하소서." 임금
> 이 "옳다."라고 했다.[73]

이창신은 주강을 마치고 성종에게 젊은 문신들에게 두시를 가르쳐야
한다고 아뢰었다. 중국의 문신이 사신으로 오게 되면, 불가불 시를 주고
받아야 하는데 두시를 몰라서는 안 된다는 것이었다. 이창신의 말대로
두시는 시가의 근본이고, 그 근본을 제대로 아는 사람은 그리 많지 않았

---

73 『성종실록』 성종 11년 10월 26일. "講訖, 侍讀官李昌臣啓曰: '詞章雖若不關於治國, 中朝使臣, 如張寧・祁順輩出來, 則必與唱和, 詞章不可視爲餘事, 而不習之也. 杜詩, 詩家之祖. 前司成柳允謙, 傳受其父方善, 頗精熟, 請令年少文臣受業.' 上曰: '可.'"

다. 유방선의 아들 유윤겸이 선생으로 추천되고 있는 까닭이다. 사장의 필요성을 잘 알고 있었고, 그 자신 사장을 무척 즐겼던 성종으로서는 마다할 이유가 없었다. 사실 세종 때 이미 두보의 시는 한유·유종원의 산문과 함께 힘써 공부하지 않을 수 없다고 강조된 바 있었고,[74] 한 걸음 더 나아가 두시의 주해서(註解書)들을 중국에서 구입해오도록 했다. 이들을 참고 교정하여 완벽한 두시의 주해서를 만들기 위해서였다.[75] 그리하여 이색·이숭인에게 배워 시학(詩學)으로 이름이 높던 회암사(檜巖寺) 주지 만우(卍雨)를 흥천사(興天寺)로 불러와 수시로 자문에 응하도록 했다. 두시를 주해하기 위한 조처였는데, 두시는 그만큼 일찍부터 시가의 전범으로 받아들여지고 있었던 것이다.

실제로 세종 13년(1431) 두보의 시집이 경상도 밀양과 황해도 해주에서 간행되었다. 두시가 이처럼 지방 곳곳에서 간행될 수 있었던 것은 원나라에서 이어받은 종당(宗唐)의 분위기는 물론 과거시험의 제도와 밀접한 관련이 있었다. 시학을 중시한 세종은 문과의 중장(中場)에서 십운시(十韻詩)를 시험 보게 했을 뿐만 아니라 시문을 중요하게 평가하는 진사시(進士試)를 복설하기도 했다. 물론 시학을 중시하는 세종의 조처에 대한 반발도 만만치 않았다. 사헌부에서는 이백과 두보를 공자와 맹자처럼 여기는 나쁜 학풍을 조장한다면서, 진사시의 복설을 강력하게 반대했다. 하지만 세종은 반발을 무릅쓰고 신석조(辛碩祖)를 비롯한 최항·신숙주·박팽년·성삼문·양성지와 같은 집현전의 문사들을 동원해 『찬주두시(纂註杜詩)』를 편찬했다.[76]

---

74 『세종실록』 세종 12년 5월 18일. "上曰: '若杜詩則吟風詠月, 非儒者正學. 然亦不可不涉, 若等尤加勉學. 如杜詩·韓柳文等書, 靡不熟看可也.'"

75 『세종실록』 세종 25년 4월 21일. "命購杜詩諸家註于中外. 時, 令集賢殿參校杜詩諸家註釋, 會稡爲一, 故求購之."

76 김남이, 「조선 전기 두시언해와 고전번역의 문화적 지평」, 부산대 점필재연구소

세종의 이런 태도를 미루어본다면 『삼강행실도』·사서(四書)와 함께 두시의 언해 작업도 착수했을 법하다. 하지만 세종은 그러지 않았다. 그럴 여력도 없었겠지만, 아직 언해해야 할 필요까지 느끼지는 않았던 것으로 보인다. 소수 문인에게 소용되는 시문까지 언해할 시대는 아직 아니었던 것이다. 그래서 두시의 여러 주해를 모은 집주(集註)에 만족했다. 하지만 성종대의 상황은 이와 달랐다. 이창신의 건의가 있은 지 1년이 지난 성종 12년(1481) 가을, 두시를 언해하라는 분부가 내려졌다. 언해 작업의 주체는 집현전의 후신으로 만들어진 홍문관이었다. 책임자는 두시에 정통하다는 평가를 받고 있던 전한(典翰) 유윤겸(柳允謙)이 맡았다. 그리고는 언해의 작업을 직접 수행할 문신으로 수찬(修撰) 김흔(金訢)과 조위(曺偉)가 뽑혔다. 그때 그들의 나이 34세와 28세였다.

서거정·이승소와 같은 대가들이 즐비했건만, 시의 근본이라는 두시를 언해하는 주체는 젊은 문사들이었던 것이다. 두시에 능통한 홍문관부제학 유윤겸과 신진사류인 김흔·조위의 조합은 세종대에 시승(詩僧) 만우(卍雨)의 자문을 받아 최항·신숙주·박팽년·성삼문·양성지와 같은 젊은 학사들이 『찬주두시(纂註杜詩)』를 편찬하던 모습과 방불했다. 또는 집현전 소장 학자들이 『운회』를 언해하고 『동국정운』·『홍무정운역훈』을 편찬하던 장면을 재현하고 있는 듯했다. 그리하여 신진사류의 선두주자였던 김흔과 조위는 작업에 착수한 지 불과 서너 달이 지나지 않아 첫째 권을 언해하여 성종에게 바쳤다. 그때 그들은 두시를 언해하면서 느낀 소회를 다음과 같이 밝혔다.

[1] 삼가 생각건대 주상 전하께서는 유학에 잠심하여 날마다 경연에 나가 육경(六經)과 사서(史書)를 끝까지 궁구하지 않음이 없었습니다. 게다가 시

고전번역학센터 편, 앞의 책, 206쪽.

도(詩道)가 세속의 교화와 관계가 있다는 사실에 유념하여 특별히 문학하는 신하에게 명하여 두보의 시집을 우선 번역하게 하였습니다. 그리하여 천년 동안 전해지지 않았던 비밀이 하루아침에 손바닥에 올려놓고 가리키듯 명백해져 사람들마다 그 마루에 오르고 고기를 맛볼 수 있게 하였습니다. 아, 두보시의 모호하여 분명하지 않았던 것들이 천여 년이 지난 오늘에 이르러 크게 드러났으니, 어찌 시의 명암이 세도의 고하에 따라 달라지는 것이 아니겠습니까?[77]

[2] 아, 시 삼백 편이 공자에 의해 한 번 산정된 뒤, 주자의 집주(集註)로 크게 밝아졌습니다. 지금 두보의 시가 다시 성상으로 말미암아 발양하게 되었습니다. 시를 배우는 자들이 진실로 이를 모범으로 삼아 사무사(思無邪)의 경지에 이르러 삼백 편의 울타리에 도달할 수 있다면, 어찌 언해(諺解) 작업의 오묘함이 백대만 뛰어넘을 뿐이겠습니까? 우리 성상의 온유돈후한 교화가 또한 한 세대를 도야하였으니, 풍속의 교화에 도움이 있을 것입니다.[78]

위의 두 인용문은 성종 12년 가을 임금의 명령을 받아 언해 작업을 시작하여 그해 12월 상순에 그 첫째 권을 마치고 지어올린 서문들이다. 불과 서너 달 만에 성과를 내기 시작하는 데서 볼 수 있듯, 언해 작업은 무척 빠른 속도로 진행되고 있었다. 그런 언해를 하면서 두 사람이 밝히고 있는 소감은 매우 비슷하다. 두보의 시는 음풍농월하는 여타의 시와

---

77 김흔, 『顏樂堂集』 권2, 〈飜譯杜詩序〉. "恭惟主上殿下潛心聖學, 日御經筵, 六經諸史, 靡不畢究. 又能留意於詩道有關世教, 而特命詞臣, 首譯子美之集. 而千載不傳之祕, 一朝瞭然如指諸掌, 使人人皆得造其堂而嘗其胾也. 噫, 子美之詩晦而不明者, 歷千有餘年而後, 大顯于今, 豈非是詩之顯晦, 與世道升降?"

78 조위, 『梅溪集』 권4, 〈杜詩序〉. "噫! 三百篇, 一刪於孔子, 而大明於朱氏之輯註. 今是詩也, 又因聖上而發揮焉. 學詩者, 苟能模範乎此, 臻無邪之域, 以抵三百篇之藩垣, 則豈徒制作之妙, 高出百代而已耶! 我聖上溫柔敦厚之教, 亦將陶冶一世, 其有補於風化也."

는 달리 세교(世敎)에 깊이 관계되어 있다는 점, 그런 두시를 언해함으로써 모든 사람이 시교(詩敎)의 도움을 받게 되었다는 점이 그것이다. 으레 하는 언사처럼 들릴 법하다.

하지만 세조 이래 유교경전의 언해 작업이 침체되어 있었던 상황을 목도해온 우리에게는 결코 범상하게 들리지 않는다. 두시의 언해를 통해 문단의 분위기가 과거와 달리 교화의 지평으로 전환되기 시작한 면모는 말할 것도 없고 언해가 가지고 있는 사회적 효용성이 다시금 주목받게 된 것이다. 김흔은 언해를 통해 천 년 동안 감춰져 있던 두시의 비밀이 손바닥에 올려놓고 손가락으로 가리키듯 명확하게 되었다고 자부했고, 조위는 언해의 오묘한 성과가 백대를 뛰어넘을 만큼 놀라운 것이었다고 감탄했다.

여기서 잠시, 두시와 함께 언해의 대상으로 거론되고 있었던 다른 문장 전범과 비교해 볼 필요가 있다. 『연주시격(聯珠詩格)』과 『황산곡시집(黃山谷詩集)』이 그것이다. 김흔과 조위와 같은 홍문관의 젊은 문사들이 두시를 언해하고 있을 즈음, 성종은 서거정·노사신·허종·어세겸·유순·유윤겸과 같은 노성한 대가들에게는 이것들을 언해하도록 했다. 이들 또한 이백·두보와 함께 세종 때부터 시법(詩法)의 전범으로 여겨지던 텍스트였다.[79] 하지만 이들의 언해 작업이 실제로 완성을 보았는지는 확인되지 않는다. 다만 언해하는 작업이 제대로 진행되고 있지 않았던 것만큼은 분명하다. 판단의 근거는 이러하다. 언해의 명령이 내려진 지 세 달쯤 지났을 때, 서거정은 경연에서 이런 청을 드리고 있었다.

---

79 조선 초기 문단에서 황정견이 중시되었던 사실에 대해서는 이종묵, 『해동강서시파 연구』(태학사, 1995), 9~33쪽 참조.

경연에 나아갔다. 강하기를 마치자 지사(知事) 서거정이 아뢰었다. "신이 바야흐로 문신 두어 사람과 『연주시격』을 주해하고 있는데, 청컨대 『동국통감』도 함께 편찬하게 해 주소서. 우리나라 사람들은 비록 선비라 하더라도 자국의 사적(事蹟)을 알지 못하고 있으니, 『동국통감』을 편찬하게 되면 모든 사람이 알게 될 것입니다." 임금이 대답했다. "그렇게 하라."[80]

말하는 어투로 추측해보건대 『연주시격』의 언해는 『동국통감』 편찬의 뒷전으로 밀려나 있는 느낌이다. 의아한 사실은 그런 현상만이 아니다. 성종은 분명 『연주시격』과 『황산곡시집』을 언문으로 번역, 곧 "언해"하라고 분부했었다.[81] 그런데 서거정은 그로부터 두 달 뒤에 이르러 『연주시격』을 "주해(註解)"하고 있다고 말하고 있다. 아닌 게 아니라 서거정은 이듬해에 『연주시격』을 필사하여 바쳐 술 다섯 병을 하사받게 된다.[82] 자세한 내막이 밝혀져 있지는 않지만, 성종의 언해하라는 분부는 주해하는 작업으로 바뀌어버린 것이다. 아마도 그것은 세종 때 정창손이 『삼강행실도』의 언해를 불필요한 작업으로 여기도 있었던 것처럼, 그리고 세조 때 사서의 언해 작업을 구결로 되돌려 놓았던 것처럼, 성종대의 문형을 잡고 있던 서거정도 시학서(詩學書)나 시집(詩集)의 언해를 부정적으로 보고 있었던 것이다.

사실, 언해되지 않은 한문 원본이야말로 문단권력을 장악하고 있는

---

80 『성종실록』 성종 14년 10월 8일. "御經筵. 講訖, 知事徐居正啓曰: '臣方與文臣數人註『聯珠詩格』, 請兼撰『東國通鑑』. 我國人, 雖號爲儒士, 於本國事蹟, 茫然不知, 若撰成『東國通鑑』, 則人皆知之矣.' 上曰: '然.'"

81 『성종실록』 성종 14년 7월 29일. "命徐居正·盧思愼·許琮·魚世謙·柳洵·柳允謙以諺文飜譯『聯珠詩格』及『黃山谷詩集』"

82 『성종실록』 성종 15년 6월 23일. "上命達城君徐居正寫『聯珠詩格』以進, 仍賜內醞五甁."

기성세대의 기득권을 지속가능하게 만들어주는 원천이었다. 그런 정치
-사회사적 시각에서 바라볼 때, 언해본『삼강행실도』를 산정·간행했
던 허침·정석견은 물론이고 두시를 젊은 문사에게 가르쳐야 한다고 건
의했던 이창신, 그리고 실제 언해 작업을 맡아 수행한 김흔·조위와 같은
인물의 면면은 새롭게 주목될 필요가 있다. 그들 모두는 세조 때부터
정치권력과 학문권력을 장악하고 있던 기성세대, 곧 왕위찬탈에 협조한
대가로 성종대에 이르기까지 최고 정점을 차지하고 있던 훈구관료와는
사뭇 다른 성향의 신지식인 그룹이었다. 성종대의 신진사류라고 일컬어
지고 있는 그들은 점필재 김종직(金宗直)의 문하에서 시학(詩學)과 도학
(道學)을 배운 젊은 세대이기도 했다.

사부(詞賦)로 분분하게 저마다 자웅을 겨루었지만,	詞賦紛紛各鬪雄
예로부터 두보의 시만이 있을 뿐이라네.	古來只有杜陵翁
그대들에게 부탁하노니 무사송을 반복해 읽게나	憑君三復無邪頌
음풍농월의 시는 안중에서 사라질 것이니.[83]	月露風花眼底空

김종직의 제자 이창신이 경연에서 두보의 시를 시가의 근본이라며 추
천하기 몇 해 전인 성종 7년(1476) 늦봄에 김종직이 지은 시이다. 함양군
수를 마치고 5년 만에 중앙에 복귀한 그는 홍귀달과 함께 장의사(藏義寺)
를 찾아가 사가독서(賜暇讀書)하고 있는 여섯 명의 젊은 제자-후배를 격
려했다. 조위·채수·권건·허침·유호인·양희지 등 6인이 그들이다. 그
들에게 총 7수의 시를 지어주며 격려했는데, 위에 인용한 작품은 그 가
운데 한 편이다. 여기에서 김종직이 당부하고 있는 바는 명확하다. 역대
의 시인 가운데 두보가 단연 으뜸이라는 점, 두시를 공부하면 음풍농월

---

83 金宗直,『점필재집』시집 권12,〈呈藏義寺讀書諸公〉.

하는 시와 결별하게 될 것이라는 점이다. 앞에서 김흔과 조위가 두시를 언해하면서 느낀 소회와 일맥상통한다.

전후의 사정을 종합해 보면, 성종의 분부로 시작된 것처럼 보이는 『두시언해』의 편찬은 실상 두보의 시적 위상이 제고되던 문단의 상황에서 젊은 임금 성종과 홍문관의 젊은 문신이 협력하여 이룩한 성과에 다름 아니었다. 그리고 언해의 주역으로 등장한 김흔·조위와 같은 신진사류들은 스승 김종직과 함께 "임금이 용인해주고 젊은 문신이 주동이 되어 사장(詞章)만 일삼는다."는 비판을 받아가며 두보의 시를 시학의 전범으로 만들어가는 여정을 함께했던 미더운 사우(師友)였던 것이다.[84] 그들은 성종의 시대를 거치면서 학문과 정치의 주역으로 성장해갔지만, 연산군이 일으킨 두 차례의 사화로 젊은 나이에 거의 모두 참혹하게 스러져갔다. 그럼에도 불구하고 이들이 '연문소도(沿文泝道)'[85]로 집약되는 김종직의 문학관과 세계관, 곧 시학과 도학이 함께하는 새로운 길을 개척했던 것은 물론 언해의 역사에서도 선구적인 위치를 차지하고 있는 새로운 역사적 주체였음을 간과해서는 안 된다.[86]

---

84 김남이, 앞의 논문, 217~218쪽.
85 김종직이 제자를 기르는 방식, 곧 그의 학문관을 '沿文泝道'로 규정한 것은 李滉이다. 그는 「閒居」 제12수에서 다음과 같이 읊었다. "佔畢師門百世名, 沿文泝道得鴻生. 成功未半嗟蒙難, 喚起群昏尙未醒." 여기에 대한 본격적인 논의는 뒤에 자세하게 하기로 한다.
86 그런 점에서 김종직의 제자였던 김굉필에게 수학한 金安國과 金正國 형제가 중종 때 『소학』을 언해하여 가르치고, 『警民編』과 같은 언문책을 편찬해 향촌의 교화사업에 활용했던 것은 우연이 아니다.

5. 추후의 행로: 언문과 언해, 그 이율배반의 힘

세종은 언문/훈민정음을 창제한 직후, 『운회』·『동국정운』·『홍무정운역훈』과 같은 운서를 언해/편찬하는 것으로부터 〈용비어천가〉와 〈월인천강지곡〉과 같은 송축/찬불의 우리말 악장을 여럿 창작했다. 그리고 『삼강행실도』·『소학』과 같은 교화서적뿐만 아니라 두시와 같은 시학의 전범과 사서와 같은 유교경전도 언해 또는 언해를 위한 준비 작업에 착수했다. 위로는 왕실로부터 아래로는 서민에 이르기까지, 그리고 중앙으로부터에서 지방 곳곳에 이르기까지 유교문명의 빛으로 가득 찬 나라를 꿈꾸었던 세종은 그 꿈이 서책과 그것의 언해로 가능하다고 믿었던 것이다. 그의 기획은 실로 놀라울 정도로 방대하고 원대했다. 이중 언어라는 언어체계로 규정되기도 하는 전근대 시절, 중세 보편문어로 쓰인 경전을 다른 언어로 번역한다는 것은 결코 쉬운 일이 아니다.[87]

어쨌거나 언문/훈민정음이 창제된 세종 자신의 당대에는 만족할 만한 성과를 거두지 못했고, 그 이후 극심한 혼란과 침체를 겪기도 했다. 하지만 성종–중종–선조의 시대를 거치며 그가 기획했던 고전/경전의 언해 작업은 하나하나 결실을 맺어나갔다. 성종대의 『삼강행실도』와 『두시』 언해, 중종대의 『소학』언해, 그리고 선조대의 사서삼경 언해가 그것이다. 세종이 기획한 유교문명국가 프로젝트는 그런 과정을 거쳐 일단락되었다고 할 수 있다. 그럼에도 불구하고 그 과정에서 겪어야 했던 굴곡과 지체의 실상을 간과해서는 안 된다. 만약 세종과 함께 언문의 창제 목적과 언해의 사회적 효용성을 정확하게 알고 있던 학술 파트너이자 정치적 계승자였던 문종의 시대가 강건하고도 오래 지속되었다면, 그 완성의 시간은 훨씬 빨랐을지 모른다.

---

87 이경구, 앞의 논문, 173쪽.

그러나 상황은 그렇지 못했다. 문종의 짧은 치세를 이어받은 어린 임금 단종도 곧바로 축출되고, 피의 숙청으로 권력을 거머쥔 세조와 그의 협력자들은 세종이 기획했던 언해사업을 의도적으로 지체하거나 폐기시켜 버렸다. 그리하여 서거정과 같은 세조대의 훈구관료 문인들은 전혀 다른 방향으로 중화의 꿈을 실현하고자 했다. 동아시아 보편문어로서의 권위를 누리고 있던 한문을 통해 '그들'만의 꿈을 이루었던 것이다. 김종직으로부터 시학과 도학을 배운 성종대의 신진사류가 언해의 효용성에 깊이 공감하여 적극적으로 언해의 주체로 나섰던 것과는 확연하게 구분되는 지점이다.

지금, 언해 작업의 지연에 얽힌 공과를 따진다는 것은 부질없는 일이다. 다만 그 과정에서 불거져 나오기도 했던 언해 작업이 지닌 급진적·파괴적 속성에 대해서는 보다 예각적인 시각으로 분석해볼 필요가 있다. 앞서 살펴본 것처럼 언해하고자 하는 주체는 자신이 생각하는 이상적 준거를 상정한 뒤에 거기에 부합하는 텍스트를 선정하고, 그걸 번역하여 독자에게 제공한다. 대부분의 독자들은 왜 그 텍스트가 번역되고 그 과정에서 어떤 의미의 변주가 일어났는지, 심지어 어떤 오역이나 왜곡이 일어났는지 제대로 알지 못한다. 그럼에도 불구하고 중화문명의 고전을 번역한 언해본은 조선의 문명을 이전 시대와는 완전히 다른 방식으로 조직하고 생성하는 데 있어 결정적인 역할을 했다.[88] 사정이 그러하다면 새로운 문자인 훈민정음의 창제, 그리고 그것을 통한 언해 작업이 한문을 독점하고 있던 기득권층에게 불안의 요소로 작용했던 것은 너무나도 당연하다. 문자 권력의 분산은 자신의 독점적 지위에 심각한 손상

---

88 앙트완 베르만, 윤성우·이향 옮김, 『번역과 문자: 먼 것의 거처』(철학과현실사, 2011); 김풍기, 「조선전기 언해사업의 문화적 의미」, 부산대 점필재연구소 고전번역학센터 편, 앞의 책, 40쪽 재인용.

을 줄 것이 분명했고, 실제로 그에 대항하는 반발의 징후는 곳곳에서 감지된다. 그뿐만이 아니었다. 언문/언해는 한문을 중심으로 탄탄하게 유지되어오던 전근대 중화문명권에 균열을 가져오는 불씨가 되기도 했다. 비록 언문이 중화질서를 용인하고 중화문명을 받아들이기 위한 목적으로 만들어진 것이라고 하더라도 결국 그런 균열을 일으킬 수밖에 없는 것은, 탄생과 동시에 잉태되는 언어의 민족주의적 작동을 막아낼 방도가 도무지 없기 때문이다.[89]

---

89 김풍기, 앞의 논문, 48쪽.

/ 제2장 /

관각의 공효,
문장화국의 실천과 동국문명의 절정

1. 접근의 시각: 문장화국과 문명의식의 전환

달성군 서거정이 졸하였다. 철조(輟朝), 조제(弔祭), 예장(禮葬)을 관례대로 하였다. 서거정의 자는 강중(剛中)이며, 경상도 대구 사람인데, 문충공 권근의 외손이다. 어려서부터 총명하여 나이 여섯 살에 처음으로 글을 읽고 글귀를 지었는데, 사람들이 신동이라고 하였다. …(중략)… 서거정은 온량간정(溫良簡正)하고 많은 책을 섭렵했다. 여기에 겸하여 풍수와 성명(星命)의 학문에도 능통하였지만, 불가의 글은 좋아하지 않았다. 문장을 함에 있어 옛사람의 형식에 함몰되지 않고 스스로 일가를 이루었는데, 『사가집(四佳集)』 30권이 세상에 전하고 있다. 『동국통감』·『동국여지승람』·『역대연표』·『동인시화』·『태평한화골계전』·『필원잡기』·『동문선』은 모두 그가 찬집한 것이다.[1]

---

[1] 『성종실록』 성종 19년 12월 24일. "達城君徐居正卒. 輟朝·弔祭·禮葬如例. 居正字

『성종실록』에 적힌 서거정(徐居正, 1420~1488)의 졸기(卒記)이다. 출생과 가계, 품행과 학문, 그리고 문장의 특장과 편찬한 서책을 집약적으로 보여주고 있다. 『삼국사절요』라든가 『연주시격주해(聯珠詩格註解)』와 같이 누락된 서책도 있지만, 여기에 거론된 것만으로도 그가 얼마나 열정적인 저작활동을 펼쳤는지 가늠해보기에 부족함이 없다. 사실, 서거정은 자신의 평생사업을 문장에 걸었다고 해도 과언이 아니다. 물론 16세기 '도학의 시대'에 이르게 되면, 문장이 일종의 여기(餘技)처럼 폄하되는 경향도 생겨났다. 하지만 서거정의 시대에는 전혀 달랐다. 문장과 도학을 아우르는 것이 중세지성의 최고 덕목으로 존중되었던 것이다. 초대 문형(文衡)으로 일컬어지는 권근을 성균관의 대성전에 배향해야 한다고 올린 상소에서 그런 정황을 직접 확인해보기로 하자.

사간원 좌사간대부 정수홍이 상소를 올렸다. "가만히 보옵건대 역대 이래로 무릇 사문(斯文)에 공이 있는 자는 거의 모두 문묘에 배향되었사옵니다. 우리나라 문충공 권근으로 말하면, 순수한 자질로서 성리학을 연구해 『입학도설』을 지어 후학에게 도로 들어가는 길을 열어주고, 『천견록(淺見錄)』을 지어 옛 학자가 알아내지 못했던 이치를 드러내었으니, 과거 성현을 계승하여 미래 후학에게 길을 열어 준 공이 막대하옵니다. 또한 우리 태조께서 창업하신 이래로 국가의 문형(文衡)을 맡아 대국에 보내는 문서는 반드시 그의 손을 거쳤사옵니다. …(중략)… 대개 우리나라 문사로서 학문하는 태도나 마음 다스리는 태도가 모두 정대하며, 도덕과 문장이 모두 온전하여, 우리 유학에 큰 공이 있는 이는 오직 문충공 한 분이 있을 뿐입니다. 그런데도 배향되지 못하였으니, 이

剛中, 慶尙道大丘人, 文忠公權近之外孫也. 幼聰穎, 年六歲始知讀書綴句, 人謂之神童. … 居正溫良簡正, 博涉群書, 兼通風水星命之學, 不喜釋氏書. 爲文章不落古人科臼, 自成一家, 有『四佳集』三十卷行于世. 若『東國通鑑』・『輿地勝覽』・『歷代年表』・『東人詩話』・『大平閑話』・『筆苑雜記』・『東人詩文』, 皆所撰集."

어찌 성명한 시대의 훌륭한 법도에 위배되는 것이 아니겠습니까?"[2]

권근을 문묘에 배향한다고 주장한 근거는 두 가지였다. 첫째는 성리학의 학문세계로 들어가는 저작을 편찬한 공업, 둘째는 대제학을 맡아보면서 명나라에 보내는 사대문자 대부분을 제작한 공업이 그것이다. 그걸 근거로 삼아 학문하는 태도와 마음 다스리는 태도가 모두 정대했으며, 도덕과 문장이 모두 온전한 단 한 사람으로 꼽고 있다. 퇴계 이황이 이른바 '조선의 성리학'을 완성했다는 16세기 이후라면, 명나라에 보내는 외교문서를 도맡아 지었다는 것을 문묘 배향의 조건으로 거론하지는 않았을 것이다.

그렇다면 문장이 이와 같은 높은 위상을 갖고 있던 시대에, 문충공 권근의 외손이자 23년 동안 문형을 맡고 있던 서거정이 문장을 통해 국가사업에 어떤 방식으로 기여했는지를 살펴볼 필요가 있다. 우리는 앞에서 서거정이 매우 방대한 분량의 서책을 편찬한 사실에 대해 주목한 바 있다. 하지만 그 방대함에만 눈길을 주어서는 안 된다. 그것과 함께 그것들 대부분이 서거정 한 개인의 작업이 아니라 당시 국가적 역량을 총집결한 집단지성의 산물이었다는 점에 주목해야 마땅하다. 뿐만 아니라. 그렇게 편찬된 그들 서적에는 유독 '동국(東國)' 또는 '동인(東人)'을 표제로 삼고 있는 것들이 많다는 사실도 유념할 필요가 있다. 『동문선』・『동국통감』・『동국여지승람』은 물론 서거정 개인의 시화집인 『동인시화』

---

2 『세종실록』 세종 1년 8월 6일. "司諫院左司諫大夫鄭守弘等上疏曰: '竊觀, 歷代以來凡有功於斯文者, 率皆從祀文廟. 我朝文忠公權近以純粹之資, 窮性理之學, 作『入學圖』, 以開後學入道之門; 著『淺見錄』, 以發先儒未盡之蘊, 繼往開來, 功莫大焉. 自我太祖創業以來, 典國文衡, 凡事大之文, 必更其手. … 蓋我朝文士學術心術之俱正, 道德文章之兼全, 大有功於斯文者, 一文忠公耳, 而從祀不登, 豈不有虧於明時之盛典哉? …'" 조선 초기 문장이 차지하는 중요성에 대한 논의는 오세현, 「문장의 역할을 통해본 15세기 斯文의 성격」, 『사학연구』 127집(한국사학회, 2017) 참조.

도 그와 같은 제목을 내걸고 있다.

물론 그 이전에도 그런 표제로 편찬된 서책이 적지 않았다. 태종 3년 하륜은 권근·이첨과 『동국사략(東國史略)』을 편찬했고, 태종 16년 하륜은 『동국약운(東國略韻)』을 편찬했고, 세종 29년 신숙주는 『동국정운(東國正韻)』을 편찬했고, 문종 즉위년에는 『동국병감(東國兵鑑)』을 편찬했다. 태종과 세종을 이어 세조 9년에도 정척·양성지가 『동국지도(東國地圖)』를 편찬하고, 세조 12년에는 『동국통감(東國通鑑)』을 편찬했다. 이른바 〈동국 시리즈〉로 불릴 만한 국가 주도의 서책이 태종대 이후부터 지속적으로 편찬·간행되고 있었고, 성종대의 서거정은 그런 흐름을 이어받아 최종 완성했던 것이다.

이와 같은 맥락에서 음미해보면, 국가가 주도하여 우리의 역사·문학·지리 등을 통시적으로 편찬하고자 했던 이 일련의 작업은 자기 당대에 부합하는 문명을 정립하고자 했던 시대적 과제였던 것이다. 또한 고려후기 문인지식층 사이에 폭넓게 자리 잡고 있던 '동인(東人)의 문명의식'이 국가적 차원에서 현실화되는 과정이기도 했다. 잘 알려져 있는 것처럼, 고려 중후기 문인지식층은 우리 민족사의 체계를 단군에서 기자로 전환하거나 양자의 결합을 통해 독자적인 동국문명 의식을 발전시켜 나갔다. 원나라 중심의 중화질서 속에서 세계와의 활발한 교류를 통해 고양된 동인의식(東人意識)이 독자적인 동국문명의 구축을 추동시켜 갔던 것이다.[3] 다음 최해(崔瀣)의 발언을 음미해보자.

---

3 이와 관련된 대표적 성과는 다음과 같다. 임형택, 「고려 말 문인지식층의 동인의식과 문명의식: 목은 문학의 논리와 성격에 관한 서설」, 『실사구시의 한국학』(창작과비평사, 2000); 「신숙주의 시대와 문학: 시대부적 문명의식의 현실화와 관련해 논함」, 『어문연구』 116집(한국어문화교육연구회, 2002); 김종철, 「여말선초 시문선집 편찬의식으로서의 '東人의 文明意識'과 '王化意識'」, 『동방한문학』 26집(동방한문학회, 2004); 정선모, 「고려 중기 동인의식의 형성과 시문선집의 편찬」, 『동양한문학연구』 36집(동양한문학회, 2013).

다행히 하늘이 황원(皇元)의 시대를 여시어 훌륭한 황제가 연이어 출현하여 천하가 문명하게 되었다. 과거제도를 설치하여 인재를 선발한 것도 벌써 일곱 번이나 된다. 덕화가 널리 미치고 문명에 차별 없었으니, 나처럼 천박한 재능으로도 과거시험을 보아 합격하여 중원(中原)의 뛰어난 선비들과 서로 함께 할 수 있었다. 그러는 가운데 간혹 우리 동인의 문장을 보고 싶어 하는 자들이 있었는데, 나는 만들어진 책이 없다고 답하며 물러나오는 것이 부끄러웠다. 이에 우리 시문을 분류하여 편찬하려는 마음을 먹게 되었다. 동쪽으로 고국에 돌아온 지 10년 동안 이를 잠시도 잊은 적이 없다.[4]

충숙왕 7년(1320) 원나라에 유학을 가서 그 이듬해 제과(制科)에 급제해 개주판관(蓋州判官) 벼슬까지 하다가 귀국한 최해가 어떤 계기로 『동인지문(東人之文)』을 편찬하게 되었는지 밝혀주고 있는 대목이다. 자국을 벗어나 세계에 나가 생활하다 보면 자국에 대한 인식이 보다 새로워지는 것처럼, 원나라로 유학을 갔던 많은 고려 지식인들도 고려에 대한 인식을 새롭게 하게 되었다. 특히 원나라라는 세계 제국과 같은 문명을 공유하게 되면서부터는 세계적인 안목으로 우리나라의 위상을 가늠해 보지 않을 수 없었다. 그리하여 김태현(金台鉉)이 우리나라 문인의 문장을 모아 『동국문감(東國文鑑)』을 편찬하여 중국의 『문선(文選)』이라든가 『당문수(唐文粹)』와 견줘보고자 했던 것처럼,[5] 최해도 그런 마음으로 충실한 『동인지문』 25권을 편찬하고자 노력했다.

성종대의 문단을 주도했던 서거정도 고려후기 선배들의 이런 작업을

4　崔瀣, 『拙藁千百』 권2, 〈東人之文序〉. "幸遇天啓皇元, 列聖繼作, 天下文明, 設科取士已七擧矣. 德化丕冒, 文軌不異, 顧以予之踈淺, 亦嘗濫竊, 掛名金牓, 而與中原俊士得相接也. 間有求見東人文字者, 予直以未有成書對, 退且恥焉. 於是, 始有撰類書集之志, 東歸十年, 未嘗忘也."

5　崔瀣, 『拙藁千百』 권1, 〈金文正公墓誌〉. "又手集東人之文, 號東國文鑑, 以擬配選粹."

거울삼아 동국의 문장을 집대성하려는 마음을 먹었다. 김태현이 편찬한 『동국문감』은 소략하고 최해가 편찬한 『동인지문』은 많이 산일되어버렸다고 개탄한 뒤,[6] 삼국시대부터 조선전기에 이르기까지 약 500명에 달하는 작가의 시문을 망라하여 130권 45책에 달하는 방대한 선집을 편찬한 것이다. 그리고는 이렇게 자부했다. "이것은 우리 동방의 문장이다. 한나라나 당나라의 문장이 아니고 송나라나 원나라의 문장도 아니다. 바로 우리나라의 문장이다. 당연히 역대의 문장과 더불어 천지 사이에 나란히 유행해야 한다."[7]라고.

 이런 자부가 과연 실상에 부합하는지는 별도로 따져야 할 문제이다. 그것보다는 성종대의 서거정은 자국 문장의 성취를 이렇게도 당당하게 자부하고 있었다는 사실이 중요하다. 서거정의 그런 자부심은 조선시대 최고의 법전인 『경국대전(經國大典)』이 완성된 성종의 시대를 유교문명 또는 동국문명의 완성이라고 일컬을 수 있는 근거가 되었다. 물론 동국문명의 다양한 국면을 집성하고 있었던 〈동국시리즈〉의 서책들이 편찬되는 것은 성종 때였지만, 앞서 지적했듯 그것을 기획하고 진행해온 기간은 건국 직후부터 한 세기가 되었다. 그렇다면 그렇게 오랜 기간을 거쳐 오면서 편찬 주체들 간의 이견이 없을 수가 없었다. 어찌 보면 그런 과정은 동국문명의 비전이 시대적 환경이라든가 세대 간 입장 차이에 따라 갈등과 조정의 국면을 거치는 시간이기도 했다. 그리고 중화문명을 염두에 두고 구축하고자 했던 동국문명의 실천 방식도 거기에 맞게 조율되지 않을 수 없었다.

---

6 서거정, 『四佳文集』 권4, 〈東文選序〉. "奈何金台鉉作文鑑, 失之疎略, 崔瀣著東人文, 散逸尙多, 豈不爲文獻之一大慨也哉."

7 서거정, 『四佳文集』 권4, 〈東文選序〉. "是則我東方之文, 非漢唐之文, 亦非宋元之文, 而乃我國之文也. 宜與歷代之文, 幷行於天地間."

그런 상황에서 서거정은 동국문명의 성취를 가장 가시적으로 보여주는 관건으로 문장의 수준을 상정했다고 말할 수 있다. 조선의 건국 이래 지난 한 세기 동안 구축해 온 동국문명을 문장을 통해 밝게 드러내 보이지 않으면 안 된다는 당위, 곧 자신의 시대적 과업을 문장화국(文章華國)의 실천에 두게 된 까닭이다. 어찌 보면 그에게 있어 동국문명의 실현과 문장화국의 실천은 함께 가지 않으면 안 되는 두 개의 바퀴였던 셈이다. 그런 맥락에서 태종 때 편찬된『동국사략』이 세조대의『동국통감』을 거쳐 성종 때 최종 완성되었다거나 세종 때 편찬된『팔도지리지』가 세조대의『동국지도』를 거쳐 성종 때『동국여지승람』으로 확장되었던 과정은 동국문명의 구현이란 시각에서 새롭게 조망해볼 필요가 있다.

우리가 지금부터 중점적으로 다뤄보고자 하는 서거정은 세종 말년에 집현전 학사로 참여하여 세조대에 두각을 나타냈고, 성종 때 이르러 전성기를 구가했던 당대 최고의 통유(通儒)로 일컬어지고 있다.[8] 서거정은 그런 능력을 바탕으로 세종 이래 진행되어 온 여러 분야의 사업에서 주도적인 역할을 담당할 수 있었다.[9] 그리고 자신이 거쳐 온 이런 경력은 중세지성으로서의 자기 정체성을 확립하는 데 있어 적지 않은 영향을

---

[8] '통유'란 시대에 따라 함의가 조금씩 달라지지만, 이런 유형의 지식인을 가장 높이 평가했던 세조의 말을 빌려보면 천문·지리·의약·卜筮까지 모두 알고 있는 유자를 가리킨다. 통유에 대한 세조의 언급은 "上又論術數之學, 謂右承旨李坡曰: '凡爲儒者, 盡曉天文·地理·醫藥·卜筮而後始可謂之通儒. 汝其能之乎?'"(『세조실록』세조 10년 4월 26일)를 통해 확인할 수 있다. 서거정의 졸기에서 보았듯, 서거정은 이런 여러 방면에 두루 능통한 유교지식인이었다.

[9] 서거정은 세종대에는『國朝五禮儀』주해, 세조대에는 官制 개편, 兵書 교정, 四書五經 口訣 정리, 馬醫書 편찬, 諸書類聚 사업에 참여했다. 성종대에 이르게 되면『三國史節要』,『東文選』,『東國輿地勝覽』,『黃山谷詩集』과『聯珠詩格』,『東國通鑑』과 같은 국가편찬 사업을 총괄하게 된다. 다방면에 걸친 그의 활동에 대해서는 김성우,「15세기 중·후반 훈구관료 서거정의 관직생활과 그에 대한 평가」,『대구사학』83집 (대구사학회, 2006) 참조.

주었다. 어쩌면 동국문명이라는 시대적 정체성을 확립·변화시키는 주역이기도 했다. 그런데 흥미롭게도 그는 태종 후반부터 세종대에 이르기까지 일궈온 동국문명의 성취에 대해 무척 냉담한 태도를 취하고 있는 것으로 보인다.

 그래서 그 까닭이 더욱 궁금해진다. 졸기에서 강조하고 있는 것처럼, 서거정은 권근의 외손으로서 그의 학통을 이어받고 있다는 자부심이 대단했던 인물이다. 그럼에도 불구하고 권근의 바로 후배 세대들이 주도했던 문명의식과 적지 않은 낙차를 보이고 있는 것이다. 특히 권근과 하륜이 직접 자신의 후계자로 발탁하여 오랫동안 문형을 잡은 변계량으로부터 신장(申檣)·윤회(尹淮)·정척(鄭陟)·안지(安止)·양성지(梁誠之)에 이르기까지 축적된 선구적 업적을 애써 외면하거나 비판적으로 평가했다.[10] 심지어 양성지는 서거정 자신을 발탁해준 스승이기도 했다. 여기서는 이런 사실을 단서로 삼아 서거정이 지니고 있던 동국문명에 대한 인식의 실체를 따져보고, 결국 그가 강조했던 문장화국을 통해 그것이 어떻게 구현되고 있는가를 구체적으로 밝혀보고자 한다.

2. 동국문장의 성세와 그 자부의 실상

1) 동국문장의 자부와 그 평가 기준

성종 9년(1478) 서거정은 앞서 지적했듯 역대 우리나라의 시문을 집대성하여 『동문선』을 편찬하고, 그 서문에서 우리의 문장은 마땅히 중국의

---

10 서거정의 선배세대인 이들의 문명의식에 대한 연구로는 정경주, 「春亭 卞季良의 典禮 禮說에 대하여」, 『한국인물사연구』 8집(2007); 김종철, 「조선전기 국가적 편찬사업에서의 양성지의 위상과 역할」, 『동양예학』 16집(동양예학회, 2007) 등이 있다.

문장과 더불어 천지 사이에서 나란히 유행해야 한다고 역설했다. 그런 자신감은 과연 어디에서 비롯되었을까? 그것은 바로 자기 시대에 대한 다음과 같은 확신에서 비롯된 것이었다.

> 명나라가 천하를 통일하여 삼광(三光)과 오악(五岳)의 기운이 온전해지고, 우리나라 열성(列聖)께서 서로 계승하며 인재를 길러 온 지 100년이 되었다. 그 사이에 난 인물들이 천지의 정수(精粹)를 반죽하여 문장을 지어서 역동적으로 발휘한 것이 또한 옛날에 비해 손색이 없다.[11]

너무나 유명한 선언이라 진부하게 느껴질 정도다. 명나라가 천하를 통일하여 하늘과 땅이 제자리를 찾게 되었고, 그런 태평시대를 만나 조선의 역대 임금이 한 세기 동안 인재를 길러온 결과라는 것이다. 그런데 흥미로운 것은 그런 서거정의 자부는 원나라의 시대를 경험했던 고려후기 문인들에게도 거의 유사하게 발현되고 있었다는 사실이다. 고려 공민왕 12년(1363)에 이색은 『익재난고(益齋亂藁)』 서문의 첫머리에서 "원나라가 천하를 차지하여 사해를 하나로 통일하니 삼광오악의 기운이 뒤섞여 사방으로 고동치며 퍼져나가 중화와 변방의 차이가 없게 되었다."[12]라고 말한 바 있다. 서거정은 이색의 논리를 거의 그대로 차용하여 썼던 것이다.

물론 이색의 자부도 원나라의 문인 우집(虞集)이 〈국조풍아서(國朝風雅序)〉에서 "우리나라가 만방(萬方)을 차지하자 삼광오악의 기운이 온전해

---

11 서거정, 『四佳文集』 문집 권4, 〈東文選序〉. "皇明混一, 光岳氣全, 我國家列聖相承, 涵養百年. 人物之生於其間, 磅礴精粹, 作爲文章, 動盪發越者, 亦無讓於古."
12 이색, 『牧隱集』 文藁 권7, 〈益齋先生亂藁序〉. "元有天下, 四海旣一, 三光五嶽之氣, 渾淪磅礴, 動盪發越, 無中華邊遠之異."

지고 순고순후(淳古醇厚)한 기풍이 수립되어 뛰어난 인물이 간간이 나타나고 문물도 찬란해졌다[我國家奄有萬方, 三光五嶽之氣全, 淳古醇厚之風立, 異人間出, 文物燦然]"라고 했던 말을 차용한 것이다.[13] 나아가 "이것은 우리 동방의 문장이다. 한나라·당나라의 문장도 아니고, 송나라·원나라의 문장도 아니다. 바로 동국의 문장이다."라는 자부 또한 원나라의 학자 오징(吳澄)이 "송나라의 문장은 당나라의 문장이 아니고, 당나라의 문장은 한나라의 문장이 아니고, 한나라의 문장은 춘추전국 시대의 문장이 아니고, 춘추전국 시대의 문장은 삼대와 당우 시대의 문장이 아니다."[14]라는 말에서 영감을 얻은 표현으로 보인다.

물론 서거정만 자기 시대를 성세라고 자부했던 것은 아니다. 약간 후배인 김종직과 홍귀달도 "연(燕)은 옛날의 연나라가 아니라 이제 제왕의 도읍이 되었고, 동방은 옛날의 동방이 아니라 이제 예의(禮義)의 나라가 되었다."[15]라거나 "하늘이 낸 만물은 내외원근의 구별이 없다. 훌륭한 인물은 중국의 기(冀)·연(兗)·청(靑)·서(徐)·형(荊)·양(揚)·예(豫)·양(梁)에서만 나는 것이 아니라 변방에서도 많이 난다."[16]며 조선의 문명에 대한 자부심을 한껏 드러내고 있었다. 서거정으로 대표되는 훈구관료와 김종직·홍귀달로 대표되는 신진사류가 성종대에 한목소리로 토로하고 있는 이런 자부는 조선후기 홍대용(洪大用)의 "중화와 오랑캐는 하나이다[華夷一也]"[17]라는 선언보다 훨씬 생동하게 다가온다. 홍대용은 모든

---

13 이종묵, 「조선전기 관각문학의 성격과 문예미」, 『국문학연구』 8집(서울대 국문학과, 2002)에서 재인용.
14 吳澄, 『元文類』 권34, 〈別趙子昂書〉.
15 김종직, 『점필재집』 문집 권2, 〈跋成聲叔觀光錄後〉.
16 홍귀달, 『허백정집』 권2, 〈送安公子珍赴京序〉.
17 홍대용, 『湛軒書』 내집 권4, 〈毉山問答〉. "是以各親其人, 各尊其君, 各守其國, 各安其俗, 華夷一也."

사람은 자기 나라 사람과 친하고 자기 나라 임금을 높이며, 자기 나라를 지키려 하고 자기 나라 풍속을 편하게 여긴다는 것을 그 근거로 삼았을 따름이다. 그래서 서거정, 김종직, 홍귀달의 자부와는 질적으로 차이가 난다. 성리학적 이념이 아직 고착화되지 않았던 조선전기 문인지식인의 유연한 정신세계를 보여주는 단면일 터다.[18]

하지만 고려후기의 이색과 조선전기의 서거정 사이에 존재하는 미세한 분기의 지점을 간과해서는 안 된다. 이색은 자신의 시대를 삼광오악의 기운이 '뒤섞여있다[渾淪]'고 보았던 반면, 서거정은 삼광오악의 기운이 '온전해졌다[氣全]'고 보고 있다.[19] 한족(漢族)이 오랑캐인 몽골족을 중원에서 몰아내어 뒤죽박죽 혼란스럽던 세상을 화이(華夷)의 질서로 바로잡았다고 인식했던 것이며, 그런 인식은 오복도(五服圖)로 집약되는 중국 중심의 천하관념을 기꺼이 용인하는 태도에 다름 아니었다. 이른바 '전복(甸服) - 후복(侯服) - 수복(綏服) - 요복(要服) - 황복(荒服)'으로 차별화된 위계질서의 그 어디쯤에 조선이란 존재를 위치 지우고자 했던 것이다. 사실 조선을 '동인(東人)' 또는 '동국(東國)'으로 명명하는 순간, 자국문명에 대한 자부에도 불구하고 이미 인종적·지리적 화이관념에 포획되고 마는 것이기도 하다.

동국문명에 대한 서거정의 그런 의식은 『동국통감』과 『동국여지승람』과 같은 역사서·지리서의 편찬에도 반영되어 있겠지만, 국가적 차원

---

18 김남이, 「조선전기 士의 해외체험과 문명의식: 성종 質正官을 중심으로」, 『이화어문논집』 제32집(이화어문학회, 2014).

19 명나라의 통일로 삼광오악의 기운이 뒤섞였다고 여기는가, 온전하게 되었다고 여기는가는 사소한 문제처럼 보인다. 그럼에도 서거정의 선배 李石亨은 이색처럼 "三光五嶽之氣, 渾淪磅礴."(〈皇華集序〉)이라고 말한 반면 서거정의 후배 李承召는 서거정처럼 "三光五岳之氣全"(〈皇華集序〉)이라고 말하고 있다. 한족인 명나라의 통일로 천하가 완전해진 것으로 인식했던 것이다. 그것을 뒤섞였다고 보는 것과 질적으로 다른 시대인식이다. 허투로 보아 넘겨서는 안 되는 까닭이다.

에서 공동 편찬한 저작이 아닌 자기 자신의 개인적 저작에서 보다 자유롭게 표출되게 마련이다. 『동인시화(東人詩話)』를 다시 살펴보지 않을 수 없는 까닭이다.[20] 『동인시화』에 대한 기존의 연구는 적지 않았다. 그럼에도 거듭 강조해야 할 두 개의 지점이 있다. 하나는 제목에서 유추할 수 있듯 동국의 시학적 성취를 시종일관 중국의 그것과 대비하고 있는 사실이며, 다른 하나는 동국의 시학이 절정에 도달했다는 자부를 입증하는 사례를 조선전기가 아니라 고려후기에서 찾고 있다는 사실이다.[21]

그런 맥락에서 볼 때, 『동인시화』의 첫 번째로 소개되고 있는 시화는 흥미롭다. 송나라 태조와 조선 태조의 시를 대비하고 있는 것인데, 이런 배치는 군주의 일화를 서두에 배치하는 관례의 차원을 넘어서『동인시화』를 일관하고 있는 그 어떤 상징처럼 읽히기 때문이다. 서거정은 "해가 중천에 떠오르니 온 나라가 밝구나."라는 송 태조의 시를 먼저 소개한 다음, 여기에 "만약 눈에 보이는 곳 모두 내 땅이 된다면, 초나라 월나라 강남인들 어찌 용납하지 못하리[若將眼界爲吾土, 楚越江南豈不容]."[22]라는 이성계의 시를 대비시키고 있다. 두 제왕의 기상이 보통 사람과 달랐다는 것을 보여주고 싶었다는 점에서 공통된다. 하지만 천하를 통일하여 온 세상이 밝아졌다는 송 태조의 '실제적' 자부와 변방에서 태어나서 그러하

---

20 『동인시화』에는 姜希孟과 金守溫의 서문, 崔淑精과 梁誠之의 후서가 붙어있다. 당대 최고의 유력인사들이 서발을 지었다. 그리고 1477년 밀양부사 朴時衡이 간행한 이후 두 차례 더 중간된 것으로 보인다. 한편 조선통신사의 일원으로 일본에 갔던 이명빈이 1655년 일본인 菊池耕齋에게 증여해 일본에서도 간행되었다. 임재완, 「『동인시화』해제」, 『서지학보』18집(한국서지학회, 1996); 오용섭, 「『동인시화』의 간행과 대일본 수출」, 『서지학연구』59집(서지학회, 2014).

21 『동인시화』의 서문을 쓴 최숙정은 동방의 시학은 고려시대에 흥성했고 조선시대에 들어와 그 극에 도달했다고 보고 있다. 최숙정, 〈東人詩話後序〉. "吾東方詩學, 始於三國, 盛於高麗, 極於聖朝."

22 성백효 역주, 『四佳名著選: 東人詩話, 筆苑雜記, 滑稽傳』(이회, 2000), 「동인시화」 권1, 23쪽.

지 만약 중국에서 태어났다면 강남까지 포괄했으리라는 '가정적' 포부가 보여주는 차이는 분명하다.

그렇게 중국과 동국의 위계질서를 분명히 하고 난 뒤에는 중국에까지 이름을 떨친 세 명의 동국문인, 곧 최치원·박인범·박인량의 일화를 차례대로 배치하고 있다. 이들에게 제왕의 바로 뒤에 소개되는 영예를 부여했던 서거정의 선별 기준은 명확하다. 신라의 상인이 중국에 가서 시문을 사오려고 하다가 최치원의 시 〈제윤주자화사(題潤州慈和寺)〉가 시장에서 팔려나가는 것을 보았고, 박인범과 박인량의 시 〈제경주용삭사(題涇州龍朔寺)〉와 〈제사주구산사(題泗州龜山寺)〉가 송나라 때 편찬된 인문지리지 『방여승람(方輿勝覽)』에 실려 있었기 때문이다.[23] 동국 문인의 시문이 중국에까지 전해졌다는 사실, 그것은 서거정에게 있어 문장을 통해 국가를 빛낸다는 문장화국(文章華國)의 최고 전범으로 여겨졌던 것이다.[24] 실제로 그 다음부터는 중국 사행에서의 직접적인 만남, 또는 서책을 통한 간접적인 만남을 통해 중국의 문인과 견줘볼 수 있었던 동국의 문인을 하나하나 소개하고 있다. 그 대상은 주로 고려후기 문인들이다. 그 비교의 과정에서 중국 시학의 우위를 대체로 인정하고는 있지만, 우리 동국 문인의 시가 결코 뒤처지지는 않는다는 사실을 애써 강조하려는 노력은 일관되게 유지되고 있다. 그런데 여기서 갖게 되는 의문은 왜 우리 시학의 높은 성취를 『동문선』 서문에서의 자부, 또는 최숙정이 쓴 『동인시화』 서문에서와는 달리 조선전기가 아니라 고려후기의 문인을 통해 입증하려 하는가, 라는 점이다.

---

23 이들 작품은 서거정이 편찬한 『동문선』 권12, 「七言律詩」에 〈登潤州慈和寺上房〉, 〈涇州龍朔寺閣兼柬雲棲上人〉, 〈使宋過泗州龜山寺〉라는 제목으로 실려 있다.

24 성백효 역, 앞의 책, 「동인시화」 상권, 25쪽. "吾東人之以詩鳴於中國, 自三君子始. 文章祉足以華國如此."

2) 조선전기 문장의 계보와 그 실상

성종 6년 어느 날, 대제학 서거정은 주강(晝講)을 하다가 성종과 문장의 성쇠에 대해 흥미로운 문답을 주고받았다. 성종은 요즘 문장을 예전의 문장과 비교한다면, 그 수준이 어떠한지 궁금했다. 서거정의 답변은 빠르고 명확했다. 지금 조선의 문장은 고려 때보다 못하고, 지금 명나라의 문장도 원나라 때에 미치지 못한다는 것이다. 다소 의외로 읽힌다. 서거정은 『동문선』의 서문에서 "우리 동방의 문장은 삼국시대에서 시작하여 고려에서 성하였고, 우리 조정에서 극에 이르렀습니다. 문장이 천지기운의 성쇠와 관련되어 있다는 사실을 여기에서 상고해볼 수 있습니다."[25] 라고 자부한 바 있었기 때문이다. 그런데 여기서는 지금 조선이 과거 고려보다 못하다고 보고 있으니, 앞뒤가 어긋나는 것이었다. 성종은 그가 내리고 있는 평가의 기준이 궁금했다. 이에, 성종이 묻자 이렇게 대답했다.

> 주강에 나아갔다. 임금이 서거정에게 "후세의 문장은 옛사람의 문장만 한가?"라고 물었다. 서거정이 대답했다. "옛사람 가운데는 삼대라든가 전한·후한의 글이 아니면 읽지 않는 사람이 있었습니다. 문장의 융성함이 삼대·양한만 한 때가 없었던 것입니다. 하지만 동한은 서한에 미치지 못했습니다. 후세의 훌륭한 문장으로 당나라의 한유·유종원과 송나라의 구양수·소식만한 사람이 없지만, 어찌 삼대와 양한 때만 하겠습니까? 신라 시대에 문장을 잘하는 사람이 분명 많았겠지만, 역사서에 전하지 않아서 남은 인물로는 겨우 최치원 등 한두 사람에 불과합니다. 또한 고려 중엽 이전의 문장도

---

[25] 서거정, 『四佳文集』 문집 권4, 〈東文選序〉. "吾東方之文, 始於三國, 盛於高麗, 極於盛朝, 其關於天地氣運之盛衰者, 因亦可考矣."

많이 전하지 않습니다. 하지만 지금[조선]의 문장은 고려에 미치지 못하고, 중국[명나라]의 문장도 원나라의 전성기에 미치지 못합니다."[26]

전근대 동아시아 한자문화권에서 자주 만나게 되는 문명 쇠퇴론의 전형처럼 보인다. 그것은 아득한 고대문명인 하·은·주 삼대 이후 시대가 흐르면 흐를수록 문명은 점점 퇴보했다는 독특한 관점이다. 실제로 지금이 고려 때보다 못한 이유를 묻는 성종에게 서거정은 세상의 도가 쇠퇴해 기상이 점차 천박해졌기 때문이라고 대답했다. 지금의 시대가 고려 때보다 못하다는 서거정의 인식은 크게 유별한 것은 아니었다. 성종대의 문인들이 폭넓게 공유하고 있던 사실이었다. 동시대의 강희맹도 이렇게 말한 바 있다.

우리 동방의 시학(詩學)이 크게 성하여 작자들이 왕왕 스스로 일가를 이루어 여러 시체(詩體)를 두루 갖추게 되었지만 평론하는 자는 전혀 없었다. 그러다가 익재 이제현 선생의 『역옹패설』과 대간 이인로의 『파한집』 등이 편찬되면서 우리 동방 시인의 정수를 고찰할 수 있게 되었다. 그 뒤로 백여 년 동안 계승하는 자가 없었으니, 어찌 시학에 있어 개탄할 만한 일이 아니겠는가?"[27]

서거정과 동년(同年)인 강희맹은 시학의 관점에서 조선 건국 이후 한

---

26 『성종실록』 성종 6년 5월 7일. "御晝講, 上謂知事徐居正曰: '後世文章, 如古文乎?' 居正對曰: '古人有非三代·兩漢之書不讀者, 文章之盛, 莫如三代·兩漢, 東漢又不及西漢. 後世文章之盛, 莫如唐之韓愈·柳宗元, 宋之歐陽脩·蘇軾, 然亦豈能如三代·兩漢乎? 新羅時能文者必多, 史籍不傳, 存者不過崔致遠一二人而已. 高麗中葉以上之文, 亦不多見. 今之文不及高麗, 中朝之文, 亦不及元朝之盛."

27 강희맹, 『私淑齋集』 권8, 〈東人詩話序〉. "吾東方詩學大盛, 作者往往自成一家, 備全衆體, 而評者絶無聞焉. 及益齋先生櫟翁稗說·李大諫破閑集等編作, 而東方詩家精粹, 得有所考. 厥後百餘年間, 莫有繼之者, 豈非詩學之一大慨也."

세기 동안 고려후기의 이제현과 이인로를 계승할 만한 자가 전혀 없다고 개탄했다. 서거정이 창작의 측면에서 말했다면, 강희맹은 시학의 관점에서 말해 개탄의 초점은 조금 다르다. 하지만 창작의 측면에서든 시학의 측면에서든 조선전기가 고려후기의 수준을 넘어서지 못하고 있다는 평가는 동일하다. 다만 그런 평가는 다소 의외처럼 읽힌다. 그들은 고려의 적폐를 청산하기 위해 새로운 문명국가를 세웠다고 자부하던 조선 건국 주역의 직계 후배들이었기 때문이다. 서거정과 강희맹보다 조금 후배인 성현의 인식도 다르지 않았다. 다만 그의 발언에서는 그렇게 판단하는 보다 구체적인 근거를 엿볼 수 있다.

> 삼봉[정도전]과 양촌[권근]이 문형을 관장하고 춘정[변계량]이 그 뒤를 이었다. 그러나 춘정 이후에는 사문(斯文)이 크게 버려져 오랫동안 진작되지 못했다. 세종이 집현전을 설치하여 문사를 모아 양성하니, 일시에 여러 인재가 고려시대를 능가하여 문장에 능한 자가 한둘이 아니었다. 성종은 세종의 뜻을 본받아 학문하는 데 힘을 쏟아 오로지 인재의 성취를 급선무로 삼았다.[28]

성현은 변계량이 문형을 잡은 시대 이후로부터 문장이 버려졌다고 단언한다. 그러다가 세종이 집현전을 설치하여 문사를 기른 뒤로부터 고려시대의 수준을 능가하는 인재가 배출되기 시작했다는 것이다. 한둘이 아니었다는 평가는 집현전학사 출신인 신숙주·최항·서거정과 같은 선배를 염두에 둔 발언이다. 그에 비해 변계량에 대한 평가는 냉담하기 그지없었다. 하지만 변계량은 태종 17년 예문관대제학 겸 성균관대사성

---

28 성현, 『허백당집』 문집 권13, 〈文變〉. "三峯·陽村掌文衡, 春亭繼其躅. 春亭以後, 斯文大廢, 久而不擧. 世宗設集賢殿, 貯養文士, 一時儕輩, 轢駕麗代而能之者非一. 成宗體世宗之志, 力於爲學, 專以成就人材爲急務."

에 오르고 세종 2년 집현전 초대 대제학까지 맡으며 무려 20년 가까이 문형을 잡았던 조선 초기 관각문인의 대표적 인물이었다. 뿐만 아니다. 젊은 인재를 길러야 한다는 시대적 요구에 가장 적극적으로 부응했던 인물도 그였고, 세종대에 구가한 동국문명을 일으키는 데 크게 기여했던 인물도 바로 그였다.

그럼에도 불구하고 성현의 평가가 그토록 혹독한 것은 납득하기 힘들다. 실제로 성현은 변계량이 주도했던 시대의 문단 상황만이 아니라 그의 개인적 역량에 대한 평가에 있어서도 매우 인색했다. 비록 권근으로부터 문형을 이어받기는 했지만, 변계량의 문장은 유약하기 그지없다고 비판했다. 심지어 그런 그가 주도했던 시대의 문풍을 '천박한 선비의 호로지습(胡蘆之習)' 또는 '지난날의 녹록외쇄(碌碌猥瑣)'로 폄하하기까지 했다.[29] 옛사람의 문장을 본뜨기만 할 뿐 새롭게 창안해내지 못했다거나 비루하고 자잘한 문장 수준에 머물러있다고 몰아붙였던 것이다.

물론 성현보다 변계량을 노골적으로 비판한 인물은 성현의 직속 선배 서거정이었다. 그는 자신의 저작에서 변계량을 비하하는 일화를 여럿 소개하고 있다. 변계량은 자신의 시를 나쁘게 평했다는 이유로 김구경(金久冏)을 미워하여 그의 앞길을 내내 막아섰다는 내용을 담고 있는 『동인시화』 제59화,[30] 문형이 되어 문장을 주관하고 있을 때 자신의 단점을 지적하자 받아들이기는커녕 몹시 불쾌하게 여겼다는 내용을 담고 있는 『필원잡기』 제73화[31]가 그 대표적인 사례이다. 심지어 변계량이 표문을 지을 때 모든 문신은 물론 세종 임금까지 잘못되었다고 하는데 자기 혼

29　성현, 『용재총화』 권3. "卞春亭繼陽村掌文衡, 然文章軟弱. … 由是, 業文者皆探古文根本之文, 盡擺俗儒胡蘆之習, 文體大變, 趨於正閫, 非若曩時之碌碌猥瑣也."
30　성백효 역주, 앞의 책, 「동인시화」 하권, 193~194쪽.
31　성백효 역주, 앞의 책, 「필원잡기」 권2, 384쪽.

자만 옳다고 고집을 부렸다는 『필원잡기』 제48화[32]는 두고두고 문단의 놀림감이 되곤 했다.

서거정과 성현은 왜 그리도 변계량과 그가 주도하던 시대를 부정적으로 평가하고 있는지 궁금하기 짝이 없다. 앞서 길게 살폈듯이 변계량은 살아생전 그처럼 낮은 취급을 받은 인물이 아니었다. 서문이라는 점을 얼마간은 감안해야겠지만, 권근의 아들이자 서거정에게 외삼촌이 되는 권제(權踶)는 변계량의 문장을 다음과 같이 높게 평가했었다.

춘정 변계량 선생은 타고난 자질이 명민하고 학문이 정밀하고 넓어서 약관이 되기 이전에 포은, 도은 및 나의 선친인 양촌 문충공을 사사하여 여러 선배들에게 큰 칭찬을 받아 명성이 날로 퍼져나갔다. 이로 말미암아 항상 임금의 곁에서 글 짓는 일을 맡았으므로 당시의 외교문서는 거의 모두 그의 손에서 나왔는데 문장이 전아하고도 고상하였다. 특히 시를 잘 지었는데, 깨끗하면서도 지나치지 않고 담박하면서도 천박하지 않았다. 가히 여러 선배의 경지에 들었고, 고인의 작품과 비교해도 손색이 없다고 할 만하다.[33]

변계량의 시가 정몽주·이숭인·권근과 같은 스승의 반열에 올랐을 뿐만 아니라 고인과 견주어도 부족함이 없다는 최고의 극찬이다. 제자 안지(安止)는 『춘정집』의 발문에서 스승 변계량을 더욱 높였다. "근래 명나

---

32 성백효 역주, 앞의 책, 「필원잡기」 권1, 283~284쪽. 『동문선』 권32에 〈賀白雉表〉, 권33에 〈賀白雉箋〉이 실려 있다. 그 작성자는 尹淮와 趙末生으로 되어 있는데, '惟玆白雉'의 구절은 '致白雉之來獻'과 '惟玆嘉貺之臻'으로 바뀌어 있다. 변계량이 자기 고집을 꺾은 것인지, 아니면 뒷날 고쳐 기록한 것인지 명확하게 밝히기 어렵다.
33 권제, 〈春亭集 舊序〉. "春亭卞先生天資明敏, 學問精博, 年未弱冠, 師事圃隱·陶隱 及我先人陽村文忠公, 大爲諸公稱賞, 華聞日播. 由是優遊侍從, 恒任文翰, 一時辭命, 多出其手, 而文辭典雅高妙. 尤長於詩, 淸而不苦, 淡而不淺, 可謂升諸公之室堂, 而無讓於古人之作者矣."

라에 보내는 표전문은 모두 그의 손에서 나왔는데, 더욱 정교하고 절실하다. 중국의 문인들도 보고 감탄하였으니, 가히 '나라를 빛낸 문장[華國文章]'이라고 할 만하고 후인의 모범이 될 만하다."[34]라고 했던 것이다. 그럼에도 불구하고 서거정은 권근을 이어 오랫동안 문형을 맡아왔던 변계량의 문장 수준과 그를 통한 문장화국의 공적을 그 어디에서도 인정하지 않았다.

대신, 변계량보다 한참 후배로서 문형을 잠시 맡은 바 있던 신숙주와 최항에 대해서는 칭찬을 아끼지 않았다. "선생[신숙주]은 웅장한 국량과 걸출한 재주로 문장을 자신의 소임으로 여겼다. 조정의 제고(制誥)와 전책(典冊)이 모두 그의 손에서 나왔으니, 정인지·정창손·최항 같은 분들이 모두 추중하였다."[35]거나 "대국에 올리는 모든 표전문이 모두 공[최항]의 손에서 나왔다. 중국 사람이 우리의 표문이 정밀하고 간절하다고 칭찬하였으니, 모두 공이 저술한 것이었다."[36]라고 평가했다. 서거정은 "권근-변계량-윤회-권제-정인지-신숙주-최항-서거정"으로 이어져 내려온 조선전기 문형의 계보[37]에서 변계량부터 정인지까지를 삭제해버

---

34 안지,〈春亭集 舊跋〉. "況邇來事大表箋, 皆出其手, 尤爲精切. 中朝文人, 亦見而歎之, 可謂華國之文章, 宜爲後人之楷範."

35 서거정,『사가문집』권5,〈保閑堂集序〉. "先生以雄偉之量, 傑出之才, 文章爲己任, 凡朝廷制誥典冊, 皆出其手. 如河東鄭文成公·蓬原鄭相國·寧城崔文靖公, 皆推重之."

36 성백효 역주, 앞의 책, 「필원잡기」권1, 305쪽. "凡朝廷事大表箋, 皆出其手. 華人每稱, 我國表辭精切, 皆公所著也."

37 이런 계보는 이긍익이『연려실기술』별집 권7, 「官職典故」「대제학」에서 정리한 것이다. 윤회는 세종 16년, 권제는 세종 19년, 정인지는 세종 24년, 최항은 세조 8년에 대제학으로 제수·재직했던 사실이 실록에서 확인된다. 하지만 위의 계보에 없는 인물로 세종 8년 李隨, 세종 8년 吳陞, 세종 10년 柳思訥, 세종 11년 李孟畇, 세종 12년 申檣, 세종 13년 河演, 세종 13년 鄭招도 대제학을 맡았던 것으로 보인다. 변계량 이후 대제학의 계보는 절대적 우위를 차지하는 인물이 없이 혼란스럽게

렸던 것이다. 그런 까닭을 다음과 같은 회고를 통해 짐작해볼 수 있다.

> 나는 문과에 급제하기 전, 권람·한명회와 함께 류방선 선생에게 4~5년 동안 배웠다. 내가 문장의 이름을 도둑질하여 오늘에 이르고 있는 것은 모두 선생이 가르쳐준 은덕 때문이다. 우리나라는 건국한 이후 사장학(詞章學)이 모두 폐해졌다. 그러다가 무오년(세종 20년, 1438)에 처음 진사과를 설치하여 중장(中場)에 사부(詞賦)를 시험했다. 이때부터 시학(詩學)이 크게 이루어졌는바, 이는 모두 두 선생[趙須와 柳方善]이 가르쳐준 공로이다.[38]

서거정은 세종 20년 열아홉 살의 나이로 진사시·생원시 모두 급제했지만, 한동안 대과를 통과하지 못했다. 그러다가 6년이 지나서야 비로소 급제하게 된다. 위에 인용한 서거정의 진술은 그처럼 과거에 낙방하여 침체해 있는 동안 권람·한명회와 함께 류방선을 찾아가 공부했던 일을 회고하고 있는 대목이다. 스스로 밝히고 있듯 문형의 자리에 오를 수 있는 출중한 문장 능력은 그때 축적된 것이었다. 뿐만 아니라 세종 20년 진사시가 부활되는 것을 기점으로 삼아 시학이 발흥하는 시대를 맞이하여, 자신도 문장공부에 매진하여 그 역량을 한껏 드높일 수 있었다.

서거정이 증언하고 있듯, 조선 초기에는 개국의 주역인 정도전이 국자감시, 곧 진사시를 폐지하여 문장 창작의 분위기가 침체되었던 게 사실이다. 하지만 태조 7년 정도전이 제거된 이후, 문단권력을 이어받은 권근은 강경(講經) 제도의 폐단과 사장의 부진을 우려하며 강경을 제술

이어져오다 서거정에 이르러 확고하게 자리를 잡았던 것으로 보인다.
38 성백효 역주, 앞의 책, 「필원잡기」 권2, 383쪽. "居正未釋褐時, 與吉昌權公攬上黨韓公明澮, 受業於先生者四五年, 居正之盜竊文名, 得至今日, 皆先生賜也. 本朝開國以後, 詞學盡廢, 歲戊午, 始設進士科, 中場用詞賦, 自此詩學大成, 皆二先生訓誨之力也."

로 바꾸고자 무진 노력했다. 권근의 그런 노력은 죽음을 앞두고 올린 건의에서도 잘 드러난다.

> 고려 때는 중앙에 구재(九齋)가 있고 지방에는 도회(都會)를 두어 매년 여름에 시 짓는 것으로 과업(課業)을 삼았습니다. 동당감시(東堂監試)에서도 또한 시로 시험을 치렀습니다. 지금은 모두 혁파하고 오로지 경술(經術)만을 힘써 말단은 버리고 근본을 추구하고 있으니 아름다운 제도라 하겠습니다. 그러나 지금 선비가 비록 경서에는 능통하지만 문장에 뛰어난 재주를 가지고 있는 이가 적고, 시도(詩道)에 있어서도 공교롭지 못한 이가 많으니 두 가지를 잃어버린 격입니다. 만일 중국의 사신이 황제의 명을 받들고 와서 서로 더불어 창화한다면 어찌 비웃음을 받지 않겠습니까?[39]

죽기 2년 전에 올린 상소였다. 태종 치세 전반부의 문형을 잡고 있던 권근으로서는 평소 자신이 가지고 있던 권학(勸學)의 방도를 모두 진술하고자 했다. 그 가운데 가장 먼저 강조하고 싶었던 내용은 과거시험의 초장에 경전 외우는 제도를 실시함으로써 경전의 깊은 의리도 깨닫지 못할 뿐 아니라 문장의 법도로 모르게 된다는 점이었다. 그런 폐단을 고치기 위해서는 고려의 법도에 있던 의의(疑義)의 제도를 되돌리는 것이었다. 그리고는 다시 위의 인용문에서처럼 문장과 시학의 필요성을 환기시킨 뒤, 구체적인 방법을 제시하는 것으로 상소를 마치고 있다. 3품 이하의 문신을 매년 춘추의 중월(仲月)에 예문관에 모아 시를 짓게 하여 서용의 기초 자료로 삼게 하고, 모든 학교에서는 매년 춘추의 마지

---

39 『태종실록』 태종 7년 3월 24일. "前朝之時, 內有九齋, 外置都會, 每於夏月, 賦詩爲課. 東堂監試, 亦試以詩. 今皆革罷, 專務經術, 棄末趨本, 可謂令典. 然今儒者, 雖號通經, 鮮有文章傑出之才, 其於詩道, 亦多不工, 蓋兩失之矣. 儻有中國詞臣奉使而來, 相與唱和, 寧不取笑?"

막 달에 시를 짓게 하여 표창하는 법을 만들자고 제안했다.

정도전이 조선을 경전의 왕국으로 만들고자 했다면, 권근은 경전과 문장을 겸비한 왕국으로 만들고자 했다고 할 만하다. 변계량은 그런 스승 권근의 뜻을 이어받아 보다 강력하게 강경 시험의 폐단을 주장했다. 마침내 세종 10년 초장의 시험이 강경에서 제술로 바뀌게 되고, 세종 20년에 이르러 마침내 진사과가 부활하게 된다. 권근-변계량으로 이어져 내려온 숙원이 해결된 것이다. 그런 과정을 거쳐 권근의 사후 35년이 흐른 뒤에 치러진 첫 번째 진사시에서 100명을 뽑았는데, 신숙주가 장원을 차지했다.[40] 현재 그 명단은 남아 있지 않은데, 함께 합격한 인물로는 신숙주 외에 강희안·김수온·서거정·이승소 등이 있었다. 그리고 이들은 모두 세조-성종대의 문단을 주도하는 인물로 성장하게 된다. 그러고 보면 서거정은 자신의 외조부인 권근이 평생의 숙원으로 간직했던 문장의 진흥, 그리고 그것을 뒷받침하기 위해 부활시키고자 했던 진사시를 통해 등장한 조선전기 문장의 계보를 열어간 제1세대였던 셈이다.

3. 서거정이 제기한 동국문명의 비전

1) 문벌가문의 출현과 문형의 조건

세조 후반부터 예종을 거쳐 성종에 이르기까지 20여 년 동안 문형을 잡고 있던 서거정이 태종 후반~세종 전반 동안 문형을 지냈던 선임인 변계량의 문장을 부정적으로 평가한 까닭은 여전히 의문으로 남는다. 변계량은 자신의 스승이자 서거정 외조부가 되는 권근의 의지를 받들어 사장 능력을 배양해야 한다고 믿었다. 그리하여 과거시험 초장의 강경

---

[40] 『세종실록』 세종 20년 2월 7일. "取進士申叔舟等一百人."

테스트를 제술로 바꾸자는 주장과 함께 진사시의 부활을 위해서 매우 적극적으로 노력했다. 실제로 세종 10년 조정의 대소신료들이 모두 모여 일대 토론을 벌였던 강경-제술 논쟁에서 초장에서 제술을 채택하도록 이끌어낸 주역이기도 했다. 뿐만 아니다. 세종 즉위 직후 집현전의 초대 대제학을 맡아 후진양성에 매진했던 것은 그의 삶에서 가장 빛나는 업적으로 기억되고 있을 정도였다.[41]

그럼에도 불구하고 서거정이 변계량을 낮게 평가했던 이유를 이해하기 위해서는 김수온과 나눈 다음의 대화에 주목할 필요가 있다. 어느 날, 서거정은 열 살 선배 김수온에게 이제현과 변계량 가운데 누구의 시가 더 나은지를 물었다. 김수온은 곧바로 변계량이라고 답했다. 서거정으로서는 뜻밖의 대답이었다. 다음으로는 이색과 이첨 가운데 누구의 시가 더 나은지를 물었다. 이첨이 낫다고 답했다. 역시 서거정의 판단과는 달랐다. 이에, 서거정은 자신의 의견을 밝히며 김수온에게 의문을 표했다.

> 이제현은 원나라에 들어가 염복(閻復), 요수(姚燧), 조자앙(趙子昻) 등 여러 학사들과 어깨를 나란히 하고 절차탁마하여 명성이 천하에 진동했고, 이색은 원나라 과거에 급제하여 구양현(歐陽玄)으로부터 '문장의 의발이 해외로 전해졌다'는 칭찬을 받았습니다. 하지만 **변계량과 이첨 두 분은 그 일부분도 맛보지 못했는데, 더 낫다고 할 수 있겠습니까?**[42]

---

41 변계량이 집현전의 설치를 비롯하여 강경과 제술의 균형 잡힌 교육을 강조했던 실상에 대해서는 이종묵, 「변계량의 인재 양성 정책」, 『진단학보』 105집(진단학회, 2008) 참조할 것.
42 성백효 역주, 앞의 책, 「동인시화」 하권, 194~196쪽.

서거정은 변계량과 이첨의 시가 이제현과 이색에 훨씬 미치지 못한다고 생각했다. 그 판단의 기준은 세계 제국인 원나라에 가서 그곳의 쟁쟁한 문장가들과 직접 겨뤄보았는가, 그리하여 그들로부터 문장의 능력을 인정을 받은 적이 있었는가의 여부였다. 판단의 기준이 단순하다면 단순했다. 그런 까닭인지, 김수온은 서거정의 등을 어루만지더니 크게 웃으며 말했다. "그대가 물고기가 아니니 어찌 물고기의 즐거움을 알 수 있겠는가?"라고. 아무리 열한 살 선배라고 해도 김수온이 보인 태도는 모욕적으로 느껴졌을 것이다. 실제로 서거정은 김수온의 평가를 새겨듣지 않았다. 뛰어난 문장가가 되기 위해서는 탁월한 스승으로부터의 가르침과 함께 중국의 우수한 서적을 통한 문학적 수련이 필수적이라고 믿고 있었기 때문이다.

> 내가 일찍이 옛날 분들 가운데 문장으로 명가(名家)를 이룬 분들을 보면 반드시 가법(家法)이 있고, 또 반드시 사우(師友)의 연원이라는 바탕이 있었다. 두보의 시는 할아버지인 두심언을 조종으로 삼은 것이고, 소식의 문장은 아버지인 소순을 조종으로 삼은 것이며, 황정견은 문장으로 세상을 울렸는데 소씨(蘇氏) 일가의 영향을 받지 않았다고는 할 수 없다. …(중략)… 아, 문장을 가업으로 잇는다는 것이 어찌 어렵지 않겠는가?[43]

위의 인용문은 이강(李岡)과 이원(李原) 부자의 시문을 함께 엮은 『철성연방록(鐵城聯芳集)』에 써준 서거정의 서문이다. 두보·소식·황정견과 같은 중국 최고의 시인을 거론하고 있는 까닭은, 문집의 주인공 이강-

---

43 서거정, 『四佳文集』 권5, 〈鐵城聯芳集序〉. "予嘗見古之人以文章名家者, 必有家法焉, 又必有師友淵源之資焉. 杜陵之詩, 祖於審言, 東坡之文, 宗於老泉, 涪翁以文章鳴世, 未必不資於蘇家. … 嗚呼, 文章箕裘, 豈不難哉!"

이원 부자가 그들처럼 명문가의 후예이면서 또한 올바른 사우연원을 갖춰 시학의 정통을 전수받았다는 사실을 강조하기 위해서였다. 그들의 시법(詩法)은 원나라 한림학사에게 크게 칭찬 받은 부친 행촌(杏村) 이암(李嵒)[44]에게 이어받은 것이고, 거기에 더해 고려 말 최고의 학자였던 이색의 제자인 권근에게 가르침을 받기까지 했으니 불후의 문장으로 평가 받기에 손색이 없다는 것이다. 앞서 이제현·이색의 문장을 변계량·이첨보다 월등하다고 판단했던 논리를 떠올리게 하는 대목이다.

이런 평가 태도는 여기 외에도 자주 발견되는데, 그것은 서거정 자신이 권근의 외손자로서 자부하고 있었던 명문의식의 발로로 보아도 좋다. 실제로 서거정은 권근으로부터 이어져온 역사서 편찬의 가학적 전통, 곧 권근의 『동국사략(東國史略)』, 권근의 아들 권제의 『동국연세가(東國世年歌)』, 손자 권람의 『응제시주(應製詩註)』의 기반 위에서 『삼국사절요』·『동국통감』을 편찬할 수 있었다.[45] 그리고 조선전기 문형의 자리가 아들 권제와 손자 권람, 외손자 이계전, 외손서 최항을 거쳐서 외손자인 서거정에 이르기까지 8·90년 동안 권근의 가문에서 독점했던 것은 널리 알려진 사실이다. 그 스스로 그런 사실을 매우 자랑스럽게 생각했다.

나의 외조 문충공 권근 도덕과 문장이 백세의 스승이 될 만하여 일찍이 예문관응교를 역임하고 마침내 문형(文衡)을 맡았다. 문경공 권제는 선업을

---

44 李嵒의 위상에 대해 서거정은 『철성연방록』 서문 말미에 "공민왕을 도와 두 차례 의정부에 들어갔고, 공명과 사업은 당대에 으뜸이었다. 眞書, 草書, 行書 세 書法은 趙子昻과 서로 비견할 만하고, 문장은 高古하고 간결하여 원나라의 여러 한림학사들로부터 대단한 칭송을 들었다[相恭愍, 再入岩廊, 功名事業, 冠冕一時. 眞·草·行三法, 與趙子昻相埒, 文章高古簡潔, 大爲元朝翰林諸學士所嘆賞]."라고 소개하고 있다.
45 강문식, 「세종대 학술·문화에 끼친 권근의 영향」, 『한문고전연구』 37집(한국한문고전학회, 2018), 5~8쪽 참조.

잘 이었고, 문경공은 문열공 이계전에게 전하였으니 문열공은 바로 양촌의 외손이다. 그가 다시 문정공 최항(崔恒)에게 전하였으니, 그는 또한 양촌의 외손서(外孫壻)이다. 나는 무능한 사람으로 빈자리를 채워 최항을 이었는데, 나 역시 불초하지만 역시 양촌의 외손이다. 한집안에서 8·90년 동안에 아버지를 비롯하여 아들 그리고 외손 세 사람이 서로 이어 예문관응교가 되었다가 끝내 문형을 잡고 일품(一品)의 관직에 오른 경우는 천고에 드문 일이다. 이는 실로 우리 외조의 적선(積善)으로 인한 경복(慶福)과 시례(詩禮)를 가르치신 은택으로 말미암은 것이다.[46]

서거정은 권근의 아들과 외손들이 계속해서 문형의 자리를 이어갈 수 있었던 것은 권근의 가르침을 후손들이 잘 이어받았기 때문이라고 자부했다. 하지만 그런 가문의 영광이 어떤 개인 혼자만의 노력과 성취를 통해 이어진 것이라고 볼 수는 없다. 아들 권제가 문형을 물려받은 것은 그렇다 치고, 외손자 이계전과 외손서 최항 그리고 다시 외손자 서거정 자신 등 외손 세 사람에게 이어지는 과정이야말로 안동권씨 가문이 권근의 문단권력을 기반으로 거대한 문벌가문으로 확산-성장해갔던 구체적 증거라고 할 수 있다. 기실 위의 인용문은 새로 예문관응교에 제수된 채수를 축하하는 시에 붙인 병서(幷序)였는데, 그는 바로 권근의 재종외증손이었다. 서거정은 그런 채수에게 다음과 같은 내용의 시를 지어 축하했다.

---

46 서거정, 『四佳詩集』 권31, 〈贈蔡應敎壽〉. "我外祖陽村權文忠公道德文章, 爲百世師範, 嘗經藝文應敎, 終典文衡. 止齋文景公踶, 克承先業, 文景傳之韓山李文烈公季甸, 文烈卽陽村之外孫. 傳之寧城崔文靖公恒, 亦陽村之外孫壻也. 居正承乏, 繼寧城, 居正雖不肖, 亦陽村之外孫也. 一家之內, 八九十年之間, 由父及子外孫三人, 相繼爲藝文應敎, 終秉文柄, 官躋一品者, 千古所罕. 寔由我外祖積善之慶, 詩禮之澤也."

채자의 명성은 천하의 제일로 떨치더니	蔡子聲名斗以南
이제 예문응교의 직함을 받게 되었구나.	藝文應教帶頭銜
재주 없는 내가 감히 의발을 전한다 말하랴	不才敢道傳衣鉢
문생이 청출어람인 것을 기뻐할 따름이네.	只喜門生靑出藍

예문관응교는 예문관대제학에 오르기 위해서 반드시 거쳐야 하는 필수코스였으니, 서거정은 자신이 차지하고 있던 문형의 자리를 외손의 일족에게 넘겨줄 수 있게 되었다고 기대했다. 서거정은 위의 시에서 그런 의도를 분명하게 드러내고 있다. 아니, 그 정도에 그치지 않았다. 채수가 지금 예문관응교에 제수되었으니 뒷날에 우리 집안으로 전해져온 의발을 사양하지 않을 것이라는 기대는 물론이고 그가 과거시험에서 두 번 장원할 때 자신이 주석(主席)으로 참여해 선발했던 사실까지 숨기지 않고 밝힐 정도로 당당했다.[47] 사실, 앞서 인용한 인용문에서도 '무능한' 자신이 문형의 자리에 오를 수 있었던 것은 최항이 자리를 비워주어 대신 차지할 수 있었다는 사실을 감추지 않았다. 서거정은 자신의 선임 문형인 최항이 그 자리에 오를 수 있었던 배경을 다음과 같이 밝히고 있다.

영성부원군 최 선생[최항]은 일찍 큰 뜻을 지녀 여러 서책을 널리 살펴 정통함과 능숙함을 함양하였다. 그리하여 발하여 문장을 지은 것이 더욱 오묘하였고, 명성도 무리들 가운데서 매우 뛰어났다. 세종 16년(1434)에 세종이 성균관에 가서 선비를 뽑았는데, 선생이 당당히 장원을 차지해 집현전에 선발되었다. 경연에 참석하여 모시며 세종의 은총을 입었다. 집현전에 17년 동안 재직하면

---

47 서거정, 『四佳詩集』 권31, 〈贈蔡應敎壽〉. "今授藝文應敎, 他日亦不得辭吾家相傳衣鉢矣. 況蔡君之再擢巍科, 居正皆忝主席, 私竊喜幸, 吟成數絶錄奉云."

서 궁중에 소장된 서적을 모두 열람하고 점차 고금을 꿰뚫어 문장을 집대성하였으니 당시에 독보적이었다.[48]

위의 인용문은 서거정이 자신의 매형인 최항의 문집『태허정집』에 쓴 서문이다. 최항은 어려서부터 여러 서책을 통해 배운 바가 정밀하고도 원숙하여 뛰어난 문장을 짓고 동료들 사이에서 명성을 얻었다. 그리하여 세종 16년에 치러진 알성시에서 장원급제한 뒤, 집현전에 들어가 궁궐에 소장된 방대한 서책을 섭렵하는 기회를 가지게 되었다. 서거정은 그와 같은 박람강기(博覽强記)의 과정을 통해 최항이 독보적인 문장가로 성장할 수 있었다고 믿어 의심치 않았다. 실제로 서문 어디에도 사우의 연원에 대해 밝혀놓지 않았고, 선조 가운데도 두드러진 관력을 지닌 인물이 없는 것을 보면 현달한 가문도 아니었던 듯하다. 이강-이원 부자와는 현격히 달랐던 것이다.

그렇지만 "타고난 자질도 매우 뛰어나 학문의 힘으로 도달했다."[49]라는 세간의 평가처럼, 최항이 집현전에서의 방대한 독서를 통해 수준 높은 문장가의 경지에 올랐다고 판단한 것이다.[50] 하지만 최항이 무명의 가문에서 문단의 권력을 좌우지하는 문형의 자리까지 오르는 것은 자기 혼자만의 능력으로는 결코 가능하지 않았다. 세종 16년 3월 9일 치른 알성시에 뽑힌 25명 가운데 장원을 차지한 그는 곧바로 종6품의 집현전

---

48 서거정,『사가집』문집보유 권2,〈太虛亭集序〉."寧城崔先生, 早有大志, 博檢羣書, 涵養精熟, 發而爲文者, 亦復奧妙, 名聲已挺於諸輩中. 宣德甲寅, 世宗臨雍策士, 先生奜然爲大魁, 擢入集賢殿, 陪侍經幄, 昵被知遇. 在鑾坡者十七年, 盡閱中秘書, 淹貫今古, 集文章之大成, 獨步當時."

49 서거정,『사가집』문집보유 권2,〈太虛亭集序〉."然聞世之評先生之文者曰, 先生天分至高, 學力亦到."

50 서거정,『필원잡기』권1. "世宗設集賢殿, 聚文學之士, 培養數十年, 人才輩出. … 肆意於經史百子天文地理醫藥卜筮, 淹貫該博, 無所不通, 將爲大用之地."

부수찬에 제수된다. 2등 조석문은 세자좌정자, 3등 박원형은 예빈직장에 제수되고, 그 나머지들에게도 차등 있게 벼슬이 내려졌다.[51] 세종이 직접 장원으로 발탁한 최항의 미래는 환하게 열렸다. 하지만 그보다 더 중요한 점은 장원급제한 바로 그해에 서거정의 누이와 결혼하게 되면서 권근의 외손서가 되었다는 사실이다. 권근 가문 외손의 일원이 되어 이계전에게 문형을 이어받고, 처남 서거정에게 이어줄 수 있게 되었던 것이다. 개인의 탁월한 능력 발휘와 거대가문으로의 편입이란 결코 별개의 사안이 아니었던 것이다.

그런 시대를 살고 있던 서거정은 시학적 성취를 개인적 자질 외에 가법의 전승, 사우의 연원, 그리고 서책의 섭렵을 필수적 요건으로 꼽고 있었다. 중요한 요소임에 분명하다. 문제는 그런 조건들이 무관하게 동떨어져 있는 것이 아닐뿐더러 이들을 모두 갖추고 있는 경우는 극소수에 불과하다는 사실이다. 하지만 서거정은 그 모든 조건을 구비하고 있었다. 실제로 자신도 최항처럼 집현전에서의 독서 체험이 뒷날 문단 최고의 자리에 오르는 밑거름이 되었다고 고백한 적이 있다. 집현전에서 유교경전으로부터 제자백가, 천문지리, 의약복서(醫藥卜筮)와 같은 서적까지 마음대로 열람할 수 있어 해박하게 되었고, 그것이 뒷날 크게 쓰이는 계기가 되었다는 것이다. 그에 비한다면, 변계량의 존재란 초라하기 그지없었다. 밀양 향리 출신이던 부친 변옥란(卞玉蘭)이 홀홀단신 상경하여 자기 혼자의 힘으로 입신하였거니와 그 아들 변계량도 어린 시절부터 재능을 발휘하긴 했지만 중화문명을 직접 접해본 경험이 전혀 없었다. 여러 가지 방면에서 서거정과는 비교가 되지 않았다.[52]

---

51 『세종실록』 세종 16년 3월 11일. "以高得宗爲禮曹右參議, 以新及第崔恒爲集賢殿副修撰, 曹碩門世子左正字, 朴元亨禮賓直長. 丙科七人, 拜官有差."
52 변계량은 장인 權總의 제문을 지으면서, 빈한한 가문으로 안동권씨 가문의 일원

전근대 사회에서 한 인간을 평가할 때, 그가 속한 가문이 차지하고 있는 비중은 상상할 수 없을 정도로 막대했다. 그런 점에서 서거정이 시학에서 용사(用事)를 무척 강조했던 것이 그 자체로 문학 권력을 의미한다는 지적,[53] 그리고 원말명초의 문단 동향을 발 빠르게 받아들여 자신의 문화권력을 확고하게 구축할 수 있었다는 지적[54]은 경청할 만하다. 서거정이 구가하고 있는 박학다식한 시적 안목과 그가 배경으로 삼고 있는 거대가문의 학적 토대는 결코 별개가 아니었기 때문이다. 실제로 서거정은 문장의 역할을 무척 중시하였지만, 경전과 사서에 대한 해박한 지식과 그를 기반으로 집필한 저술로도 자신의 학문적 능력을 유감없이 발휘했다. 문장과 경술 모두를 겸비하고 있었다. 그리하여 이제현-이색-권근으로 이어지던 여말선초의 문장의 계보, 곧 문통(文統)이 태종-세종-세조대를 훌쩍 건너뛰어 성종대의 자신에게 곧바로 이어졌다고 자부할 수 있었던 것이다.[55]

이 될 수 있었던 것을 매우 감격어린 어조로 토로한 바 있다. 변계량, 『춘정집』 권11, 〈祭先舅文〉. "… 嗟余小子, 蒙未有知. 寒門孤迹, 踽踽獨行. 何圖一日, 得此爲甥 …."

53 김풍기, 「조선전기 문학론의 위계와 『동인시화』」, 『한민족어문학』 73집(한민족어문학회, 2016), 260~261쪽.

54 구슬아, 「서거정 산문에 대한 새로운 접근」, 『고전문학연구』 53집(한국고전문학회, 2018), 176쪽. 참고로 崔淑精의 사례에서 그런 면모를 보다 명확하게 유추해볼 수 있다. 그가 여주목사로 좌천되던 날, 사관은 옛사람의 시문을 가져다가 자신의 작품처럼 가장했던 일을 들어 비판하고 있다. 아직 『元詩體要』가 널리 전파되지 않았을 때, 그는 홍문관 月課에서 그곳에 실려 있는 詩를 표절하여 수석을 차지할 수 있었던 것이다. 동료들이 옛사람의 시를 보았는가 물었으나 부인했다. 하지만 『원시체요』를 가져다가 표절한 부분을 보여주니 그때서야 우물쭈물했다는 것이다. 최숙정이 최신 서적을 남보다 먼저 열람할 수 있었던 것은 집현전 학사들이 가진 특권 가운데 하나였고, 그래서 표절도 가능할 수 있었다. 『성종실록』 9년 3월 5일 기사 참조.

55 金泮도 권근이 이제현-이색으로 이어지는 斯文의 계보, 곧 文統을 잇고 있다는 이유를 들어서 권근의 文廟從祀를 청하고 있다. 뒷날 도학의 계보, 곧 도통을 계승한

2) 문명의식의 굴곡과 새로운 비전

이제, 서거정이 자기 앞의 선임 문형을 문장의 계보에서 지워버리고 싶어 한 까닭을 대략 짐작해볼 수 있게 되었다. 결론을 앞질러 말하자면 변계량과 같은 선배세대가 제시했던 동국문명의 내용과 그 비전에 대해 동의하기 어려웠기 때문이다. 변계량이 죽던 세종 12년에 사관은 "문형을 맡은 대신으로서 삶을 탐하고 죽음을 두려워하여, 귀신을 섬기고 부처를 받들었다. 심지어 하늘에 제사 지내기까지 하지 않는 바가 없어 식자들의 기롱을 받았다."[56]라며 혹독하게 비판했다. 제후국을 자처하며 건국한 조선으로서는 감히 행할 수 없는 제천의식의 시행을 주장하여 많은 논란을 불러일으켰던 사실을 지목하고 있는 것이다.

변계량은 태종 후반부터 극한의 재해가 발생하게 되면, 제천행사를 드리자고 건의하곤 했다. 그리하여 어느 때는 비가 내리기도 하고, 어느 때는 내리지 않기도 했다. 태종은 극심한 가뭄에 변계량의 요청을 받아들여 성석린은 북교에서 하늘에 기도하게 하고, 자신은 해온정(解慍亭)에서 밤새도록 꿇어앉아 기도한 적도 있었다. 하지만 끝내 비가 내리는 효험을 보지 못했다. 그로 인해 제천의식의 실효성에 대해 극심한 의심을 두고 있었다. 그런 상황이었는데도 변계량은 또다시 제천의식을 거행하자고 아뢰었다. 그때는 가뭄이 드는 계절도 아닌 섣달초나흘이었다. 하늘에 제사하여 장수하기를 기원하는 기천영명(祈天永命)의 의식을 거행하자는 것이었다.

인물만 문묘에 배향될 수 있던 것과는 사뭇 다른 분위기를 엿볼 수 있다. 『세종실록』 세종 15년 2월 9일 기사 참조.
56 『세종실록』 세종 12년 4월 23일. "然以主文大臣, 貪生畏死, 事神事佛, 至於拜天, 靡所不爲, 識者譏之."

고려시대부터 매년 연말에 불사와 산천을 찾아 임금의 복을 빌던 불교식 의례인 연종환원(年終還願)을 절이나 산천에서 하늘로 승격하여 치르자는 요구였다. 태종은 "천자는 천지에 제사하고 제후는 산천에 제사한다."는 선현의 말을 인용하며 거절했다.[57] 하지만 변계량은 물러서지 않으며, 다음과 같은 논리로 태종을 설득했다.

> 변계량이 아뢰었다. "우리나라는 멀리 바다 바깥에 있어 중국 안의 제후와 같지 않습니다. 그 때문에 명 태조가 조서를 내려 '천조지설(天造地設)하였으니 스스로 성교(聲敎)를 하라.' 명하였고, 지난 조정의 왕씨도 이미 이런 예를 행하였습니다. 다만 성상께서는 사대의 정성이 예에 어긋나지 않아야 한다고 여기시어 행하려 하지 않았던 것입니다. 비록 전하가 덕을 닦아 하늘을 감동시키는 정성이 이미 지극하다 하더라도 반드시 하늘에 기도하는 일이 있은 연후에 하늘이 감동하는 법입니다."[58]

하늘에 기도를 드리는 제천의식은 우리나라의 오래된 전통이고, 명나라 황제도 조선은 천지가 만들어낸 독자적 지역이니 스스로 임금의 교화를 펼쳐도 괜찮다고 허락했다는 것이다. 전자의 내용은 사실이다.[59] 하

---

57 태종은 선현의 말로 자신의 반대 논거를 삼았는데, 그것은 주자의 제자인 陳淳의 다음과 같은 발언이다. 『禮記, 曲禮 下』. "北溪陳氏曰: '天子祭天地, 諸侯祭山川, 大夫祭五祀, 士祭其先, 古人祀典, 品節一定, 不容紊亂. 在諸侯不敢僭天子而祭天地, 在大夫亦不敢僭諸侯而祭山川, 如季氏旅泰山, 便不是禮. 故曰: 非當祭而祭之者, 名曰淫祀, 淫祀無福."

58 『태종실록』태종 17년 12월 4일. "季良曰: '本國邈在海外, 不與中國諸侯同, 故高皇帝詔曰: 天造地設, 自爲聲敎. 又前朝王氏已行此禮. 但以上事大之誠, 禮無違貳, 故不欲行. 雖殿下修德格天之誠已至, 然必有祈天之事, 然後乃格也.'"

59 어느 때부터 제천의식을 거행했는지는 정확하지 않다. 다만 『고려사』에는 예종 2년(1107) 3월 9일의 "親祭天地及境內山川神祇於闕庭."이라는 기사를 비롯하여 하늘에 제사 지낸 일이 여럿 확인된다.

지만 후자는 사실과 조금 다르다. 홍무제는 하늘과 땅이 만든 지역, 곧 천조지설(天造地設)이라고 말하지 않았다. 정확히는 '산과 바다로 가로막힌 구석진 지역의 동쪽 오랑캐[限山隔海, 僻處東夷]'라고 말했다. 하지만 변계량은 '벽처동이(僻處東夷)'라는 말을 '천조지설(天造地設)'로 슬쩍 바꿔버렸다.⁶⁰ 보다 엄밀하게 말하면 '천조지설'도 바뀐 말이다. 『태조실록』의 편찬자는 홍무제가 보낸 조서의 '벽처동이'를 '천조동이(天造東夷)', 곧 "고려(조선)는 산과 바다로 가로막혀 있어 하늘이 동이(東夷)를 만들었으므로 우리 중국에서 통치할 지역이 아니다."⁶¹라고 바꾸어 기록했었다.

종합하면 '벽초동이'가 '천조동이'로 바뀌고, '천조동이'가 다시 '천조지설'로 바뀐 것이다. 그리고 그런 변개의 주역은 변계량이었을 것으로 보인다. 태종 13년(1413) 하륜이 완성하여 바친 『태조실록』의 편찬 과정에서 변계량이 주도적 역할을 했던 것은 불문가지의 사실이기 때문이다. 변계량은 하늘[天]의 자리에 '단군'을 넣고, 주나라 무왕이 '기자'를 동이의 터전[東夷]에 봉했다는 기자동래설을 끌고 와서 그 자신만의 독특한 동국문명을 구성해보고자 했던 것이다. 물론 이런 노력에도 불구하고 변계량이 건의한 기천영명(祈天永命)의 의례는 받아들여지지 않았다. 그로부터 이틀 뒤에 창덕궁 광연루에서 세자, 왕자, 부마 등이 차례로 헌수하고, 여러 종친과 대신들에게 잔치를 열어주는 것으로 대신했던 것이다.⁶²

하지만 이런 좌절에도 불구하고 변계량이 기획한 동국문명에 대한 비

---

60 『明太祖高皇帝實錄』 권221, 홍무 25년 9월. "我中國綱常所在, 列聖相傳, 守而不失, 高麗限山隔海, 僻處東夷, 非我中國所治. … 從其自爲聲敎." 홍무제의 발언을 임의로 고쳐서 『태조실록』에 기재했던 사실은 문중양, 「15세기의 '風土不同論'과 조선의 고유성」, 『한국사연구』 162집(한국사연구회, 2013)에서 밝혔다.

61 『태조실록』 태조 1년 11월 27일. "高麗限山隔海, 天造東夷, 非我中國所治."

62 『태종실록』 태종 17년 12월 6일. "世子及王子駙馬, 獻壽于廣延樓下."

전은 살아생전에 상당한 성과를 거둘 수 있었다. 거기에는 태종과 진사시 동년(同年)이자 새로운 정국 운영자로 발탁된 지위, 세자 양녕대군에 이어 세종의 사부(師父)로 있었던 지위, 그리고 권근을 이은 문형으로서 막강한 영향력을 행사할 수 있었던 것이다. 나아가 자신의 문명의식을 지지하는 계보도 일정하게 형성할 정도였다. 신장(申檣, 1382~1433), 안지(安止, 1384~1464), 권제(權踶, 1387~1445), 정척(鄭陟, 1390~1475), 그리고 양성지(梁誠之, 1415~1482) 등이 확인되는 인물이다. 그들이 수행한 역할은 현재 제대로 평가받고 있지 못하다. 하지만 그들이 당시에 제기했던 동국문명의 비전은 경청할 만한 대목이 적지 않다.

변계량의 동국문명 의식을 이어받고 있는 마지막 세대라 할 수 있는 양성지의 주장은 우리의 상상을 훌쩍 뛰어넘는다. 변계량이 그러했던 것처럼, 그도 세조를 설득하여 원구단(圜丘壇)을 설치한 정식의 제천의식을 두 번이나 거행하도록 만들었다. 비록 그의 졸기에는 "상서를 올려 건의하기를 좋아했지만, 모두 우활하여 쓸 만한 것이 없었다."[63]라는 조롱이 있는 것을 미루어 보면, 변계량만큼이나 파격적 주장으로 배척을 받았던 듯하다. 집현전에 재직할 때는 동료들이 더럽게 여겨 배척해 말을 섞지 않았을 정도였다고 한다.[64] 당대의 주류적 담론과 얼마나 어긋나 있었는가를 짐작하기에 충분하다.

하지만 세조는 '사람들은 모두 그대를 우활하다고 하지만 나는 그대를 아낀다.'면서 이조판서에 제수할 정도로 신임하기도 했다. 그러기에 세조 3년부터 환구단(圜丘壇)을 지어 놓고 제천의식을 여섯 번 넘게 치렀던 것이다. 기자로부터 중화문명을 전수받은 제후국을 자처했던 당대의 상황에서는 매우 이례적인 것이었다. 많은 사례 가운데 세조가 단종으로부

---

63 『성종실록』 성종 13년 6월 11일. "好上書建論, 皆迂闊不可用."
64 『성종실록』 성종 13년 6월 11일. "嘗在集賢殿, 同列鄙之, 擯不與語."

터 왕위를 물려받은 직후 변계량이 올린 장문의 상소는 특히 흥미롭다. 모두 11가지 조목으로 이루어진 상소에서 '예법은 본국의 풍속을 따를 것[儀從本俗]'이라는 내용의 여덟 번째와 '사대는 예의에 맞게 할 것[事大以禮]'이라는 내용의 아홉 번째 항목은 우리의 논의와 직결되는 것이기에 특별히 주목할 만하다. 먼저, 풍속의 문제를 보자.

> **여덟, 예법은 본국의 풍속을 따라야 합니다.** 신은 듣건대 서하(西夏)는 그 나라의 예속(禮俗)을 변하지 않았기 때문에 수백 년을 유지할 수 있었으니, 원호(元昊)는 영웅입니다. 그는 '비단옷과 좋은 음식은 번국(蕃國) 사람의 체질에 맞는 것이 아니다.'라고 하였습니다. …(중략)… 우리 동방 사람들은 대대로 요수(遼水) 동쪽에 살아 '만리지국(萬里之國)'이라고 일컬어졌습니다. 삼면이 바다로 막혀 있고 일면은 산을 등지고 있어 구역이 자연적으로 나뉘어졌습니다. 풍토와 기후도 역시 달라서 단군 이래 관아와 고을을 설치하고 독자적인 **성교(聲敎)**를 해왔습니다. …(중략)… 바라건대 의관은 관복 외에는 모두 중국 제도를 따를 필요가 없습니다. 언어도 통사(通事) 이외에는 옛 습속을 변경하려 할 필요 없습니다. 연등회라든가 돌싸움[擲石] 등 옛 습속을 좇아도 불가할 것이 없습니다.[65]

---

65 『세조실록』 세조 1년 7월 5일. "一, 儀從本俗. 蓋臣聞, 西夏以不變國俗維持數百年, 元昊英雄也. 其言曰: '錦衣玉食, 非蕃性所便.' … 吾東方世居遼水之東, 號爲萬里之國. 三面阻海, 一面負山, 區域自分, 風氣亦殊, 檀君以來設官置州, 自爲聲敎. … 乞衣冠則朝服外, 不必盡從華制. 言語則通事外, 不必欲變舊俗. 雖燃燈·擲石, 亦從古俗無不可也." 참고로 양성지가 상소문에서 건의하고 있는 열한 가지의 항목은 다음과 같다. 민심을 얻을 것[得民心], 제도를 정할 것[定制度], 전대를 법으로 삼을 것[法前代], 작은 일을 걱정할 것[慮微], 처음을 근신할 것[謹始], 안정을 숭상할 것[尙安靜], 강명을 무겁게 여길 것[重剛明], 예법은 본국의 풍속을 따를 것[儀從本俗], 사대는 예에 맞게 할 것[事大以禮], 법도 있게 신하를 대할 것[待臣僚有法], 문무를 하나같이 대접할 것[待文武如一].

조선의 건국과 함께 대외관계에서 화이질서를 준수해야 하는 것에는 모두 의견의 일치를 보았다. 그리고 선진적인 중화문명을 받아들이는 데 있어서도 매우 적극적이었다. 하지만 그 과정에서 자국의 전통이라든가 관습과 어긋나는 경우가 발생할 수밖에 없었다. 특히 의례를 정하는 문제가 최대의 난제였다. 그리하여 태종 10년(1410) 변계량·허조를 책임자로 삼아 의례상정소(儀禮詳定所)가 출범한 이래, 그 작업을 이어받은 세종은 당나라 두우(杜宇)의 『통전(通典)』을 기본으로 삼아 국가의례를 상정(詳定)하는 작업에 착수했다. 그 결과 성종 5년(1474) 길례·흉례·군례·빈례·가례 등 3,300가지에 달하는 의례를 담은 『국조오례의』가 완성된다.

편찬 기간도 태종-세종-문종-단종-세조-예종-성종 등 60여 년 동안 일곱 임금을 거칠 정도로 길었지만, 간행하기 위해 최종 찬정(撰定)에 참여한 인물의 면면도 흥미롭다. 작업 총괄은 당시 영의정이던 신숙주가 맡았지만, 그 작업에 참여한 인물 가운데는 지중추봉조(知中樞奉朝賀) 정척(鄭陟)과 같은 국가원로부터 승문원저작랑(承文院著作) 최숙경(崔淑卿)과 같은 젊은 신진까지 망라되어 있었던 것이다. 뿐만 아니다. 참고한 서책 가운데는 『홍무예제(洪武禮制)』와 같은 현재 중국의 예서와 함께 『고금상정례(古今詳定禮)』와 같은 고려의 낡은 예서도 포함되어 있었다. 그럴 정도로 의례를 정한다는 것은 중화와 동국, 현재와 과거를 두루 살피며 정하지 않으면 안 되는 사안이었다.

하지만 당대의 상황은 중화문명이 점차 확산되며 우리의 오래된 전통은 낡은 관습으로 치부되며 점차 밀려나고 있었다. 그리고 그런 도도한 시대의 흐름에 맞서 자국의 전통을 지키려고 했던, 아니 중화문명과 동국문명의 조화를 도모하고자 했던 일련의 세력이 있었다. 변계량은 그런 흐름을 이끌었던 태종-세종대의 대표 인물이다. 그리고 『국조오례의』 찬정에 참여한 최고 원로 정척은 변계량의 수제자였거니와 위의 발언을 하고 있는 양성지도 그런 분위기를 이어받은 인물이었다고 할 수 있다.

그런 그는 변계량보다 한 걸음 더 나아가 동방의 오랑캐 동국(東國)은 자신이 오랫동안 이어온 풍속을 지켜야만 한다고 주장했다. 그런 맥락에서 볼 때, 자신의 문명을 견지하고자 했던 서방 오랑캐 대하(大夏)의 건국주 이원호(李元昊, 廟號 景宗)를 영웅으로 부를 수 있다고 주장한다. 심지어 중화문명의 일원으로 참여하기 위해 그토록 노력했던 화이질서까지 지킬 필요가 없다는 논리를 펼치기도 했다.

> 아홉, 사대는 예법에 맞게 해야 합니다. 작은 나라가 큰 나라를 섬기는 것은 예법의 상도이며 예로부터 모두 그러했습니다. 우리 조선은 실로 동방에 위치한 황복(荒服)의 지역입니다. 멀리 해 뜨는 바닷가에 위치해 있고 산과 계곡의 험준함으로 인해 수나라와 당나라도 신하로 삼지 못했습니다. … 번국(藩國)의 사세는 중국 내의 사세와 다릅니다. 큰 나라를 섬기는 예법을 다하지 않을 수 없지만, 또한 자주 할 수도 없습니다. 고려에서는 종(宗)이라 일컫고 연호까지 정했었습니다. 그러니 오늘날에 있어 소소한 절차를 반드시 예법에 구애받을 필요는 없고, 다만 그 성의를 다하도록 할 따름입니다. 이제부터는 정해진 조공에 표문(表文)을 붙여 치사하고 사신 보내는 일을 번거롭게 하지 말아 평안한 백성을 휴식하게 하시면서 사대의 체통을 보존하시면 다행하겠습니다.[66]

양성지가 막 즉위한 세조에게 건의했던 사대의 예법은 건국 이후 그토록 애써 지켜온 외교의 기본 노선과 사뭇 달랐다. 양성지는 조선이 중국

---

66 『세조실록』 세조 1년 7월 5일. "一, 事大以禮. 蓋以小事大, 禮之常也, 自古皆然. 我國家實東方荒服之地也, 邈處日出之濱, 且有山谿之險, 隋唐之盛, 猶不得臣. … 蕃國之勢, 與畿內之勢異, 事大之禮, 不可不盡, 而又不可以數也. 前朝則稱宗改元矣. 在今日小小節次, 不必拘例, 但盡其誠意而已. 今後例恩附表以謝, 勿煩使命, 以休平安之民, 以存事大之體幸甚."

동쪽의 가장 끝자락에 위치한 오랑캐로서 오복(五服) 가운데 황복(荒服)에 해당하는 나라임을 자처한다. 먼 변방에 위치하고 있지만 기자동래설을 끌어들여 기내(畿內)의 제후국과 크게 차이나지 않는다고 강변했던 기존의 입장과 크게 다르다. 어찌 보면 양성지의 발언이 실상에 부합한다 하겠다. 홍무제도 그렇게 여겼기 때문에 성교의 자유를 허락했던 것이다. 실상이 그러하다면, 양성지의 주장처럼 조선은 중국 안의 제후국의 예로서가 아니라 황복에 속한 번국(藩國)의 예로 사대하면 그뿐이다. 조공을 할 때 표문(表文)을 지어 보내면 되지, 굳이 대규모의 사행인력을 구성하느라 백성의 힘을 낭비할 필요가 없다는 것이다.

하지만 조선의 사대정책은 그와 달랐다. 정조사(正朝使)·성절사(聖節使)·천추사(千秋使)·동지사(冬至使) 등 정례사행을 확립하기까지 무척 많은 정성을 기울여야 했고, 그것만으로도 부족해 사은사(謝恩使)·진하사(進賀使)·진위사(陳慰使)·주청사(奏請使)·진향사(進香使)와 같은 임시 사행을 보내려고 애써왔다. 이렇게 전개되고 있는 대명외교의 현실에서 비춰볼 때, 양성지가 사신 파견을 대폭 축소하자는 주장은 시대의 흐름에 반하는 것이었다. 살아서는 대간에게 "그 마음이 고루하여 취할 바가 없습니다. 관직에 있으면서 일을 맡으면 어리석어 어찌할 줄 모르므로 낭관과 서리가 대수롭지 않게 여겨 무시하고 있습니다."[67]라는 탄핵을 당했고, 죽어서는 사관에게 "상소를 올려 건의하기를 좋아하였으나, 오활하여 쓸 만한 것이 없었다."[68]는 비판을 받았던 것은 이런 이유에서 기인하는 바가 컷을 것이다.

이처럼 양성지는 변계량보다 훨씬 강도 높게, 또한 도도하게 흐르던

---

67 『성종실록』 성종 10년 4월 29일. "司諫院大司諫成俔等, 上疏曰: … 誠之心術, 固陋無取, 居官任事, 則昏庸罔措, 郎僚吏胥, 皆得易而慢之."

68 『성종실록』 성조 13년 6월 11일. "好上書建論, 皆迂闊不可用."

당대 시류에 휩쓸리지 않는 자기만의 독자적인 주장을 견지하고 있었다. 그러고 보면 조선의 시학을 크게 빛내어 문장의 화국을 자신의 소임으로 여기고 있던 인물은 변계량·양성지처럼 동국 중심의 문명의식을 견지하고 있던 세대가 아니었다. 그들은 세종 20년 새로 신설된 진사시에 급제하여 집현전에 들어갔던 신숙주·서거정 등과 같은 젊은 학사들이었다.[69] 건국 3세대쯤에 해당하는 그들은 집현전 학사로 발탁되어 건국 2세대쯤에 해당하는 선배들에게 시학을 공부해가며 새로운 시대의 문명의식을 형성해갔다. 그런 과정을 거치면서 그들은 선배그룹과는 다른 모습의 국가 정체성을 모색해가기 시작했던 것이다. 그리고 그것은 권근·변계량으로부터 양성지에 이르는 선배 세대가 제기한 동국문명의 비전은 물론이고 그것을 구현하는 방식도 무척 달랐다. 이제 중화문명과 견줄 수 있는 수준에 도달했다고 자부하던 동국문명을 대내외적으로 널리 드러내는 작업, 곧 문장을 통해 국가의 문명을 아름답게 빛낸다는 문장화국(文章華國)의 실천이 비상한 주목을 받게 된 것이다. 그런 시대의 학술계를 주도하고 있던 서거정이 태종-세종대의 선배 그룹과 결별하거나 아예 문장의 계보에서 지워버리고자 했던 이유는 바로 여기에 있었다.

4. 서거정이 구현한 문장화국의 실천

1) 화이질서의 재현과 문장화국의 역할

태종 2년(1402) 제작된 〈혼일강리역대국도지도(混一疆理歷代國都之圖)〉는 전근대 동아시아의 화이질서를 가시적으로 보여주는 유력한 근거이다.

---

69 집현전 학사의 삶과 그 시대적 변화에 대해서는 김남이, 『집현전 학사의 삶과 문학세계』(태학사, 2004)를 참조할 것.

지도의 가운데는 중국이 크게 자리 잡고 있다. 그리고 그 오른쪽에는 조선이 실제보다 크게 그려져 있고, 그 아래쪽에는 일본이 실제보다 훨씬 작게 그려져 있다. 확대되어 있는 조선과 축소되어 있는 일본의 크기는 세계지리에 대한 인식의 한계와 함께 지도를 제작한 조선 건국의 주역이 가지고 있던 당대의 대명관계와 대일관계의 인식을 단적으로 보여준다고 할 수 있다. 중국을 중심으로 한 화이질서는 조선을 중심으로 한 또 다른 화이질서로 동심원을 그리듯 퍼져나갔던 것이다.

당시 조선은 그러한 동아시아 화이질서의 체계를 정치적·제도적 측면에서 다각도로 구축해갔다. 명나라 홍무제는 조선과 외교문제가 불거질 때마다 압박의 수단으로 무력을 동원하여 엄포를 놓는가 하면 표전문의 문구를 트집 잡는다거나 사신 파견의 횟수를 제한하는 등의 방식으로 겁박하곤 했다. 그에 대해 조선은 매년 세 차례의 정기 사신을 허락해달라고 끊임없이 요청해야 했다. 그런 긴장관계 속에서 양국의 정치적 상황에 따라 1년에 세 차례를 보내기도 하고 3년에 한 차례 보내기도 하다가 건문제가 즉위한 정종 2년(1400)부터 매년 세 차례가 관례로 정착하게 되었다. 삼년일사(三年一使)를 주장하는 명나라에게 끈질기게 요구하여 일년삼사(一年三使)를 관철시킨 외교적 성과였다. 하지만 그것도 부족하게 여긴 조선 조정에서는 130년 뒤인 중종 26년 정조사가 겸하던 동지사를 독립적으로 파견하게 됨으로써 1년4사의 관례를 확립하게 된다.[70]

이처럼 어렵게 확대시켜 가고 있던 사대의 의례를 무화시키는 것으로 보이는 주장을 펼친 양성지는 주변 사람에게 우활하다고 핀잔을 들을 만했다. 물론 잦은 사행으로 인해 평안도의 백성이 감수해야 했던 피해는 엄청났고, 그로 인해 양성지의 주장은 상당히 합리적인 근거를 갖고 있었다. 그럼에도 불구하고 당시의 상황은 그 어떠한 출혈을 감수하고서

---

70 강문식 외, 『15세기: 조선의 때 이른 절정』(민음사, 2014), 42~47쪽.

라도 명나라와 긴밀한 공조를 유지하는 것이 필요했다.[71] 한편 일본이라든가 야인과 같은 주변국을 대하는 조선의 태도는 전혀 달랐다. 남쪽 일본과 북쪽 야인이 사신을 보내와 조공을 바치면, 조선은 대국으로서의 위엄을 보이며 회사물(回謝物)을 주어 돌려보냈다. 조선전기에 이루어지고 있던 사대교린의 실상이다. 물론 표면적으로는 교린을 표방하였지만, 실제로는 그들을 마치 조선의 번방(藩邦)처럼 취급했다. 명나라가 조선을 대하던 방식처럼 회유와 겁박, 심지어 정벌을 통해 그런 관계를 강제하기도 했다. 태종 10년의 모린위(毛憐衛) 정벌과 세종 1년의 대마도(對馬島) 정벌은 그런 대외정책을 단적으로 보여준다. 조선은 명나라를 세계의 중심에 두는 화이질서를 기꺼이 용인하는 한편, 주변국에게는 소중화의 질서를 강요했던 것이다. 실제로 세종 20년에는 왜인이 와서 머무는 동평관(東平館)과 야인이 와서 머무는 북평관(北平館)을 상설 기관으로 열고, 각각 5인의 관원을 정함으로써 소중화의 질서체계가 제도적으로 갖춰지게 되었다.[72]

이렇게 새롭게 구축되어 가던 동아시아의 화이질서 아래에서 조선이 차지하는 위상을 확정하고, 그 국격(國格)을 정확하게 표현해내는 문장의 역할은 점차 중요해지기 시작했다. 문형을 맡고 있던 서거정이 그에

---

71 신태영, 「조선조의 외국과의 소통: 조선과 명을 중심으로」, 『동방학문학』 65권(동방한문학회, 2015), 8쪽.
72 태종 9년 2월 26일 민무구·민무질 형제를 역모로 유배 보낸 뒤, 그들의 집을 일본 사신이 머무르는 東平館과 西平館으로 개조한다. 그리고 세종 20년 3월 8일 서평관과 동평관을 통합해 동평관 1, 2소로 명명했다. 그리고 열흘 뒤쯤 東部學堂을 北平館으로 만들었다는 기사가 나온다. 세종 20년에 이르러 동평관과 북평관을 완비하여 일본과 여진을 맞이하는 체제를 갖추게 된다. 『세종실록』 세종 20년 2월 19일. "議政府據禮曹呈啓: '倭館·野人館, 依迎接都監例, 設官給印, 常置不罷. 倭館則稱東平館監護官, 野人館則稱北平館監護官.' 從之."; 세종 20년 2월 29일. "議政府據吏曹呈啓: '東平館及北平館官員時散三品以下六品以上, 通稱監護官. 每一館, 各置監護官三人·錄事二人, 其三人內一人, 例義禁府官員兼差.' 從之."

상응하는 표전문을 제작했겠지만, 해당 작품이 모두 유실되어 현재로선 그 면모를 확인하기 어렵다. 그런 이유로 인해 동아시아의 화이질서 체제가 확립되어가던 시대에 서거정이 지니고 있던 대외인식은 그가 지은 송서류(送序類)라든가 시권(詩卷)의 서발문(序跋文)을 통해 추론해볼 수밖에 없다. 현재『사가집』에는 그런 작품이 15편 실려 있다. 사신으로 떠나거나 다녀온 국내의 인물, 또는 우리나라에 왔다가 돌아가는 외국의 사신에게 지어준 글이다. 대상 국가로는 명나라가 다수를 차지하지만, 일본과 그 주변의 작은 섬나라들도 적잖이 남아있다. 이들을 창작한 연대순으로 정리해보면 다음과 같다.

1) 세조 7년, 1461 〈朴判書編集奉使諸賢詩序〉
2) 세조 7년, 1461 〈洪判書譓對馬島賊帥平茂續詩序〉
3) 성종 1년, 1470 〈送議政府左議政金相公奉使朝京詩序〉
4) 성종 1년, 1470 〈送日本國繭上人詩序〉
5) 성종 1년 무렵 〈送日本國京極殿江南藏主詩序〉
6) 성종 5년, 1474 〈送金參校赴京詩序〉
7) 성종 6년, 1475 〈送日本球上人詩序〉
8) 성종 6년, 1475 〈贈張院正序〉
9) 성종 7년, 1476 〈觀光錄序〉
10) 성종 7년, 1476 〈皇華集序〉
11) 성종 8년, 1477 〈送權花川奉使賀正詩序〉
12) 성종 9년, 1478 〈送池先生巨源西遊詩序〉
13) 성종 9년, 1478 〈譯語指南序〉
14) 성종 10년, 1479 〈送李直提學可行奉使日本詩序〉
15) 성종 10년, 1479 〈送李書狀詩序〉

세조 7년부터 성종 10년까지 지어진 작품만이 뜨문뜨문 남아 있다. 그런 한계에도 불구하고 시대에 따라 서거정의 대외인식이 어떻게 변화하고 있는지, 또는 대상에 따라 대외인식이 어떻게 다르게 표현되고 있는지의 대략은 가늠해볼 수 있다. 그 점을 확인해 보기 위해, 가장 이른 시기에 지어진 시권(詩卷)의 서문 두 편을 살펴보기로 한다. 먼저, 박원형(朴元亨)이 명나라 사신들과 수창한 시문을 모은 시권의 서문이다.

우리나라는 아득히 먼 해외에 위치하고 있다. 그렇지만 예악과 문장은 중화에 견줄 만큼 성대하고, 이곳에서 태어난 인물 가운데 예전의 현능한 대부들에 비해 손색이 없는 분들도 적지 않다. 삼가 생각건대, 명나라가 천하를 다스림에 사해 안팎에 이르기까지 신하의 나라가 아닌 곳이 없다. 특히 조선을 돌보심이 중국 안의 제후들과 같이 여겨 황제의 특별한 명을 받드는 조공이 계속 이어지고 있으니, 대부로서 큰일을 해 보기에 정말로 좋은 때이다.[73]

박원형은 세종 21년 서장관으로 명나라에 다녀온 이후부터 명나라 사신의 접대를 도맡아 수행하던 인물이다. 세조 3년 호조판서로서 원접사가 되어 명나라 사신 진감(陳鑑)과 고윤(高閏)을 접대하고, 세조 5년에도 명나라 사신 진가유(陳嘉猷)와 장녕(張寧)을 접대했다. 세조 5년에는 진문겸사은사(奏聞兼謝恩使)가 되어 직접 명나라에 다녀오기도 했다. 그의 졸기에도 사신으로서의 응대를 잘하여 명나라 사신이 오게 되면, 반드시 접대하는 직책을 맡았는데 예의에 맞게 법도를 지켰다고 특기하고 있을 정도였다.[74] 그뿐만 아니라 명나라 사신들과 매우 많은 시문을 주고받기

---

73 서거정, 『사가집』 문집 권4, 〈朴判書編集奉使諸賢詩序〉. "吾東邦, 邈處海外. 樂文章之盛, 侔擬中華, 人物之生於其間, 能不愧古賢大夫者, 亦不乏人. 欽惟皇明馭宇, 薄海內外, 罔不臣妾. 乃眷朝鮮, 比之內諸侯, 錫貢相望, 正爲大夫者可以有爲之時."

도 했다. 박원형은 그런 자리에서 창화했던 시문을 수습해 한 권의 기념 시첩으로 만들고, 후배 서거정에게 서문으로 아름답게 장식해주기를 부탁했던 것이다. 세조 7년의 일이었다.

앞서 살펴본 것처럼 양성지는 아득히 먼 동방의 조선은 중국 내의 제후와 다르다고 여겼지만, 서거정은 전혀 다르게 생각하고 있다. 지리적으로는 변방에 위치하고 있지만, 문명적으로는 예악과 문장 모두 중화에 견줄 만큼 성대해졌다는 것이다. 명나라가 천하를 차지하여 사해 안팎의 모든 나라가 중국의 신하가 되었지만, 그런 가운데서도 명나라 황제는 조선을 중국 내의 제후와 동등하게 대우하고 있다고 자부했다. 정기적인 사신 파견 외에도 황제의 특별한 명을 받들어 수시로 명나라에 오고 갈 수 있게 된 현실은 조선이 중국 중심의 화이질서에 완벽한 일원이 되었다는 분명한 징표로 여겨졌던 것이다. 서거정은 다른 글에서도 자주 그런 사실에 대해 자부심을 가졌다.

내가 생각건대, 명나라가 천하를 통치하자 세계 안팎이 신하로 복종하지 않음이 없어 산 넘고 물 건너 조공하는 나라가 줄을 이었다. 그러나 대대로 조공을 바쳐 성실하고 부지런하게 예의를 다한 나라로는 우리 조선이 최고였다. 명나라 조정의 대우 또한 융숭하여 중국 안의 제후에 비견될 정도였으니, 변방의 여러 나라들이 미칠 바가 아니었다. 아, 영광스럽도다![75]

자국의 민족적 독자성이 강조되고 있는 근대적 시각으로 보면, 서거정

---

74 『예종실록』 예종 1년 1월 22일. "善辭命, 明使至國, 必爲儐相, 儀觀甚度."
75 서거정, 『사가집』 문집 권5, 〈送權花川奉使賀正詩序〉. "予惟皇明御宇, 薄海內外, 罔不臣妾, 梯航相接. 然世修職貢, 恪勤禮意, 我朝鮮爲最. 皇朝眷遇亦隆, 比之內諸侯, 非諸藩所及, 吁榮矣哉!"

의 자부가 한참 뒤떨어진 인식으로 보일 수 있다. 하지만 모든 나라들이 제도와 문자를 통일하여 보편문화를 지향하던 근대 이전 동아시아 문명의 시각에서 본다면 사정은 달라진다. "지금 온 천하가 궤가 같은 수레를 타고 같은 문자를 쓰게 되었다."[76]는 문명의 시대에 동참하고 있다는 반증으로 받아들여졌던 것이다. 서거정은 이처럼 지금 조선의 문명은 중국 명나라의 문명과 견줄 수 있게 되었을 뿐만 아니라 지금의 조선 인물 가운데 중국 고대의 어질고 능력 있는 대부들과 비교해도 손색이 없는 자들도 많다고 확신했다. 박원형이 그런 인물에 포함된다고 여겼던 것은 물론이다. 그렇다면 무슨 근거로 그런 인물로 간주했던 것일까, 궁금하다. 서거정이 주목하고 있는 면모는 이러했다.

> 상국이 좌우에서 임금을 도와 당시의 훌륭한 보좌가 되었다. 어떤 때는 문장과 예의로 천자의 사신을 존중하는 체통을 얻었고, 어떤 때는 시를 읊으며 접대하여 천자의 조정에서 아름다움을 드날리기도 하였다. 그가 교제했던 사람들은 모두 세상에 명망이 있는 자들이고 문장에 탁월했던 자들이다. 세상 사람들에게 우리 동방에 인재가 있다는 사실을 알게 하는 것은 반드시 공으로부터 시작될 것이다. 춘추시대 열국의 대부로서 한갓 회맹(會盟)하는 말단에만 분주할 뿐 천자를 존중할 줄 모르던 자들에 견주어 보매 훨씬 뛰어나다. 참으로 훌륭하지 아니한가. 후세 사람들이 이들 시편에서 징험할 수 있을 것이다.[77]

---

76 『중용장구』 제28장. "今天下車同軌, 書同文, 行同倫."
77 서거정, 『사가집』 문집 권4, 〈朴判書編集奉使諸賢詩序〉. "相國左右贊襄, 爲時良佐. 或文辭禮儀, 得尊王人之體, 或誦詩專對, 揚休天子之庭. 其所與交際者, 皆宇內之名望, 文章之臣擘. 使天下之人, 知吾東方之有人才, 必自公始, 其視春秋列國大夫徒馳騁於會盟之末, 不知尊王者, 抑軼而過之. 顧不偉歟! 後之人, 尙於是編乎有徵."

말하고자 하는 요점은 간단하다. 박원형은 명나라 사신을 여러 차례 접대하기도 했고, 자신이 직접 명나라에 사신으로 다녀오기도 했다. 그 과정에서 중국의 명사들과 교유하며 많은 시문을 주고받았다. 또한 동국 문명의 대표자답게 화이질서의 법도에 맞는 예의와 절차를 갖추기도 했다. 그런 일거수일투족을 통해 동국의 문장과 예의를 천하에 드날릴 수 있게 되었고, 세상 사람들이 동국에 인재가 많다는 사실을 알게도 만들었다는 것이다. 문장을 통해 조선의 문명을 드날리게 되었다는 자부심, 그것은 바로 문장화국의 공효에 다름 아니었다. 서거정의 이런 문명인식이 보다 분명하게 발휘되고 있는 것은 일본 사신을 대하는 자리에서였다.

> 삼가 생각건대 우리 주상전하께서 천명을 받아 시운(時運)을 어루만져 위엄과 덕망이 멀리까지 영향을 미치니, 먼 곳의 외진 지역에서도 산 넘고 바다 건너 신하로 복종해오지 아니하는 데가 없다. 세조 7년(1461) 봄 대마도주 종성직(宗成職)이 적장 평무속(平茂續)을 보내 변경에 일어날 사태를 몰래 고했다. 주상께서는 그것을 가상히 여겨 첨지중추원사(僉知中樞院事)에 제수하였다. …(중략)… 삼가 생각건대, 성스럽고 신묘하고 문무를 갖추신 우리 주상전하께서 내란을 평정하시니, 백성이 편안해지고 사방이 안정되었다. 그리하여 교화가 닿는 곳 가운데 복종하지 않는 자가 없다. 아! 참으로 대단하다.[78]

위의 인용문은 세조 7년 대마도주의 사신으로 내방한 평무속(平茂續)을 위한 연회를 베풀어준 예조판서 홍윤성(洪允成)에게 조정의 신하들이 지어준 시문을 묶은 시권(詩卷) 서문의 한 대목이다. 앞서 박원형이 명나

---

78 서거정, 『사가집』 문집 권4, 〈洪判書讌對馬島賊帥平茂續詩序〉. "恭惟我主上殿下, 膺天撫運, 威德遠被, 遐方絶域, 梯山航海, 罔不臣服. 歲辛巳春, 對馬島主宗成職, 遣其賊帥平茂續, 密告邊聲. 上嘉之, 授僉知中樞院事. … 恭惟我主上殿下, 聖神文武, 削平內亂, 民物乂安, 四方耆定. 聲敎所曁, 無思不服, 吁盛矣哉!"

라 사신과의 수창한 시문을 모아 시집을 만들었던 때와 같은 세조 7년이었다. 그런데 서거정이 거기에서 보여준 태도와 지금 보여주고 있는 태도는 사뭇 다르다. 그곳에서는 명나라의 황제가 천하를 통일하여 천하가 안정되자 사해의 모든 나라가 조공하러 온다는 논리를 폈지만, 여기서는 조선의 임금이 내란을 다스려 백성이 편안하고 사방이 안정되니 교화를 입은 자들이 모두 복종해오고 있다는 논리를 펴고 있다. '전하'를 '폐하'로만 바꾸면 명나라 황제가 조선에 보낸 조서(詔書)로 착각할 정도로 동일한 구조이다. 중국이 사방 오랑캐에 대해 가지고 있는 화이관념을 그대로 가져와서 주변 국가에 똑같이 투사하고 있던 모습을 선명하게 보여준다.

이에 이르러 왕명을 듣고는 더욱 경외하면서, 예조판서[洪允成]의 집에 직접 가서 알현하고 몸소 노예의 예를 행하게 해달라고 아뢰었다. 주상께서 가서 만나보라고 특별히 윤허하시니, 하루는 판서가 잔치를 열어 그를 위로하고 주상께서는 술과 음악을 하사하셨다. 평무속이 주상의 어루만져 주는 은혜와 상국의 성실한 대우에 감동하여, 머리를 조아리며 수없이 절하고 술잔을 올리며 축수하였다. 술이 거나해지자 일어나 춤을 추며 풍악을 즐겼다. 자리에 있던 진신대부들이 모두 서로 경하하며, "성상께서 국내를 엄숙하게 하고 국외를 안정시켰으니, 태평의 기상이 온전히 여기에 있다. 어찌 시를 읊어 후세에 전하지 않을 수 있으리오?" 하였다. 그리고 거정에게 서문을 쓰라고 부탁하였다.[79]

---

79 서거정,『사가집』문집 권4,〈洪判書讌對馬島賊帥平茂續詩序〉."至是聞命, 采增戰慄, 啓請親謁判書私第, 躬行奴隸之禮, 上特許便宜相接. 一日, 判相開讌慰之, 蒙賜酒樂. 茂續感聖上撫綏之恩, 相國待遇之勤, 稽顙百拜, 奉觴稱壽. 酒酣, 起舞爲樂, 搢紳大夫之在座者, 皆相與慶曰:'聖朝邇肅遠安, 大平氣象, 全在此矣. 盍詩之以傳諸後?'屬居正序."

임금 세조와 예조판서 홍윤성이 일본 대마도주의 사신을 대하는 태도, 반대로 대마도주 사신 평무속이 조선의 임금과 예조판서를 대하는 태도에서 그들이 얼마나 화이질서의 관념을 체화하고 있는가를 확인하게 된다. 홍윤성의 집을 찾아가 '노예의 예'[躬行奴隸之禮]를 바치고 싶다고 간청할 정도였다. 그런 평무속에게 조선의 조정에서는 최대한의 후의를 베풀어주었다. 그랬던 까닭이 있다. 계유정란을 통해 왕위에 오른 세조는 단종을 복위하려는 모의를 피로 잠재운 직후, 대내외적으로 자신의 치세가 안정되어가고 있음을 보여줄 필요가 있었다.

그때, 조선을 찾아와 절대적인 복속과 귀화의 의사를 여러 차례 밝힌 대마도주의 사신 평무속은 너무나도 좋은 선전의 도구였던 것이다. 호군(護軍)이라든가 사복(司僕)의 벼슬을 내려 세조 자신을 시위하게 하고, 나중에는 정3품 당상관인 첨지중추원사로 삼을 정도로 이용가치가 높았다. 그도 그럴 것이 그는 고려 말엽에 왜인에게 잡혀갔던 고령현(高靈縣) 여인의 아들이었다.[80] 세조의 성덕과 교화가 먼바다 밖에까지 미쳐 다시 고국으로 돌아온 태평성대를 보여주는 하나의 상징이었던 것이다. 그리고 그런 성세의 기상을 아름답게 장식해주는 최대의 도구는 다름 아닌 문장일 수밖에 없다. 그리하여 잔치에 모인 대소신료들은 시를 지어 그런 성세를 후세에 전하고, 서거정은 그런 당대의 취지를 다시 아름다운 문장으로 갈무리했던 것이다.

하지만 그들이 찬미하고 있는바, 화이질서의 교화가 멀리까지 퍼져 나가 남북의 오랑캐가 스스로 귀화하고 있다고 자부하고 있었다. 하지만 그건 겉으로만 드러난 평온일 뿐이다. 그 밑바탕에는 무력의 힘이 뒷받침되고 있었던 것이다. 복종과 반란을 반복하던 일본과 여진이 진심으로

---

80 『세조실록』세조 11년 3월 8일. "賜平茂續米五石. 茂續, 倭人也, 其母我國高靈縣人也. 前朝之季被擄而去, 乃生茂續. 慕上威德, 來居我國, 故有是賜."

복종하여 남쪽과 북쪽이 마치 한 가족처럼 된 것은 홍윤성이 병조판서 시절에 이룬 공업 덕분이라고 세조가 추켜세웠던 것은 그런 사실을 웅변한다.[81] 조선이 북방의 여진족을 토벌했다는 소문을 듣고 대마도주가 두려워하여 보검과 화살을 바치며 복종의 의사를 표한 바 있었거니와 이번에 평무속을 사신으로 다시 보내온 것도 그 연장선상에서 복종의 뜻을 표하기 위해서였다. 하지만 무력을 자주 동원한다는 것은 불가능하다. 때문에 화이질서의 체제에 자발적으로 편입하게 만드는 내면화의 기제가 필요했는데, 중화문명의 과시가 바로 그것이다. 장수가 무력으로 자국을 보위하고 주변을 억제해야 했다면, 문신은 문장으로 그런 역할을 수행해야만 했다. 문장화국이란 그런 역할을 우아하게 표현한 말에 다름 아닌바, 대국인 명나라에게는 정성을 극진하게 표현해야 했고 주변국인 일본과 야인에게는 넘볼 수 없는 국가의 위엄을 과시해야 했다. 그리고 그런 역할은 온전히 문형을 맡고 있던 서거정의 몫이었다.

2) 사신에게 준 당부의 동질성과 이질성

조선에 보내는 명나라 사신의 위상이 격상하기 시작한 것은 세종 말년에 이르러서였다. 세종 32년(1450) 명나라에서 최초로 한림원시강 예겸(倪謙), 형과급사중 사마순(司馬恂)과 같은 문사를 사신으로 보내기 시작한 것이다. 그 이후로 문관 사신은 24차에 걸쳐 39명에 이를 정도가 되었다. 조선에서도 명나라 사신의 그런 변화에 따라 거기에 상응하는 인물을 선발해야 했고, 접대하는 방식도 바꾸지 않으면 안 되었다. 그리하여

---

81 서거정, 『사가집』 문집 권4, 〈洪判書謙對馬島賊帥平茂續詩序〉. "今南北一家, 日本女眞乍臣乍叛之俗, 皆投誠款附, 周旋一庭, 俯伏主臣, 是豈予所能獨致, 實惟卿等左右之力是賴."

집현전 대제학 정인지를 접반사로 선정하고, 집현전 학사 신숙주와 성삼문이 보좌하도록 했다. 집현전이 임금의 자문에 응하고 고제(古制)를 탐구하는 순수 학술기관으로부터 정치외교 무대의 주역으로 등장하는 순간이었다. 또한 명나라 사신을 접대하는 일은 나라의 위신과 직결된 사안인 만큼, 문장으로 나라를 빛내야 한다던 문장화국(文章華國)의 주장이 현실정치의 무대에서 구체적으로 작동하는 순간이기도 했다. 그 과정에서 명나라 사신에게 조선의 문화적 자존심과 주체성을 한껏 드러내고, 그 인식을 머리에 깊이 각인시켜 돌려보내는 것은 절대적으로 필요했다.[82]

실제로 신숙주와 성삼문은 그런 임무를 성공적으로 수행했다는 평가를 받았고, 그때의 일은 두고두고 대명외교사의 일대성사로 회자되게 되었다. 물론 건국 초기에도 명나라와의 관계에서 문장이 차지하는 역할은 결코 작지 않았다. 하지만 그때는 민감한 정치적 현안을 어떻게 하면 명나라의 심기를 건드리지 않고 원만하게 해결할 것인가, 하는 차원에서 문장이 중요한 역할을 담당했다. 권근이 홍무제의 명을 받아 지어 바친 응제시(應製詩)가 표전으로 비롯된 중대 사건을 해결했다든가 변계량이 간곡한 내용으로 표문과 전문을 지어 바쳐 조공으로 바치던 금과 은을 다른 산물로 대체하게 만든 일은 문장화국의 대표적 사례였다.

하지만 양국의 관계가 안정적으로 유지되면서 상황은 달라지기 시작했다. 그런 가운데 세종 32년 최초로 문관을 사신으로 보낸 까닭은 복잡해진 동아시아 정치질서와 명나라의 내부사정이 얽혀 있었기 때문이다. 예겸이 사신으로 나온 것은 경태제(景泰帝, 代宗)의 즉위 사실을 알리기 위해서였다. 문제는 그것이 정상적인 상태에서의 즉위가 아니었다는 점이다. 정통제(正統帝, 英宗)가 세력을 확장해가는 몽골의 오이라트를 정벌하러 직접 나섰다가 토목보(土木堡)에서 사로잡히게 되자, 두 달 뒤에

---

82 김남이, 앞의 책, 194~215쪽.

이복동생을 급급하게 황제에 옹립했던 것이다. 위기에 빠진 명나라는 조선의 향배에 촉각을 곤두세우지 않을 수 없었고, 무력이 아닌 문화적인 외교로 실추된 명나라의 위신을 세워야 할 필요가 절실했다.[83]

이처럼 명나라가 무력으로만 제압하기 어려운 상황에 처하게 되었다는 사실 외에도 조선의 문화적 역량이 제고되면서 두 나라 사이의 화이질서는 무력이 아닌 문명의 수준으로 가늠하는 시대로 접어들기 시작했다. 그 문명의 수준은 문장으로 표현될 수밖에 없었는데, 그 능력도 표전 중심으로부터 시문의 창화로 확대되기에 이르렀다. 세종 말년부터 명나라 사신과 수창한 시문을 『황화집』이란 이름으로 묶기 시작하여 세조 3년 권근의 손자 권람(權擥)이 서문을 지어 공식 간행했다. 뿐만 아니라 세조 8년에는 전설처럼 회자되던 권근의 응제시에 주석을 달아 『응제시주(應製詩註)』까지 간행했는데, 그것은 이런 시대적 분위기를 반영하는 하나의 사건이었다.

이런 사행 문화의 변화에 따라 누가 명나라에 사신으로 선발되어 가는가, 또는 누가 명나라 사신을 접대하는 접반사로 선발되는가는 많은 사람의 관심을 받는 문제가 되기 시작했다. 『황화집』에 실려 있는 제1차 사행을 접대한 정인지, 제2차~제5차 사행을 접대한 박원형에게는 접반사의 선발 그 자체만으로도 당시 조선 문단을 대표하고 있다는 공적 권위가 부여되었다. 그런 점에서 서거정이 성종 7년의 제6차 사행의 원접사로 뽑혀 기순(祁順)을 접대했던 것은 그가 신숙주의 그늘에서 벗어나 절대적인 문단권력을 행사하는 서막이기도 했다. 물론 서거정은 그 이전부터 명나라 사신을 접대하는 자리에 참석하여 시문도 짓고, 그 장면을 기록하기도 했다. 이를테면 제2차 사행단인 진감(陳鑑)과 고윤(高閏)이 황제의 칙서를 가지고 왔을 때, 서거정은 객관 말석에서 집사를 맡고 있었다.

---

83 신태영, 앞의 논문, 132쪽.

그럼에도 불구하고 사신을 접대하는 도중에 고윤의 시가 형편없는 것을 보고는 발기발기 찢어버려 동료의 환호를 받기도 했다.[84] 서거정은 고윤 이외에도 자신이 경험했던 명나라 사신에 대한 일화를 빠짐없이 남겼다. 하지만 거기에는 그들이 사행을 오게 된 목적과 같은 현안에 대해서는 일체 언급이 없다. 오직 그의 행실이라든가 문장에 대한 능력이 최대 관심사로 기재되고 있을 따름이다. 이런 양상은 시문의 수창이 사신 접대에 있어 최대 관심사로 자리 잡아가고 있던 상황을 보여주는 사례로 기억할 만하다.

명나라와의 외교관계가 민감한 정치적 사건보다 의례적인 화이질서의 확인 차원에서 이루어지게 되었고, 그런 까닭에 공식 행사를 마친 뒤에 이어지는 비공식적인 친교 행사가 주된 화제가 되어갔던 것이다. 명나라 사신과 주고받은 수창시문을 엮은 『황화집』의 간행이 최대 관심사로 자리 잡게 되는 것도 마찬가지 현상이다. 그리고 그처럼 중요하게 여겨지던 작업을 통해 서거정이 궁극적으로 얻고자 했던 바는 다음과 같았다.

> 지금 두 분 선생의 재주와 아름다움은 바로 주나라 소아(小雅)에 나오는 대부와 같았다. 그들의 시는 바로 〈사모(四牡)〉와 〈황황자화(皇皇者華)〉의 유풍이 있었다. 이것이 어찌 명나라 예악의 반열에 들지 않을 수 있겠는가? 두 분 선생이 귀국하여 이 시편들을 천자에게 바쳐 가락에 얹어 연주하고 노래하여 저 주나라 소아의 바름을 잇게 한다면, 우리나라가 비록 작지만 옛 기자 정신의 오묘함이 남아 있으니 그 채록된 시편들은 분명 회풍(檜風)이나 조풍(曹風)에 뒤지지 않을 것이다.[85]

---

84 서거정, 『필원잡기』 권2. "時, 居正執事於館下, 每見高作, 勃然變色, 或手裂擲地, 同列皆笑."

『시경』에 회(檜)나라나 조(曹)나라의 노래가 채집되어 국풍에 기록되어 있는 것처럼, 사신으로 왔다 가는 기순(祁順)과 장근(張瑾) 두 사람이 수창한 시편도 뒷날 명나라의 국풍에 〈조선풍(朝鮮風)〉으로 실리기를 기대하고 있다. 서거정의 이런 인식은 최초의『황화집』의 서문에서는 발견되지 않던 면모였다. 하지만 세조 10년에 쓴 이승소의 〈황화집 서문〉과 성종 7년에 쓴 이석형의 〈황화집 서문〉에 이르게 되면 서거정과 같은 기대는 점차 드러나기 시작한다. 그러다가 서거정에 이르러 그 절정에 이르게 되는 것이다. 화이질서의 체제가 확고하게 구축됨으로써 그 자장 안으로 급속하게 편입되어 가던 상황을 보여주는 유력한 증거이다.[86]

오늘날의 시각에서 보면, 그런 일련의 태도가 비루하게 보이기도 한다. 하지만 불후의 문장을 생명처럼 중시하던 그들에게 있어서는 그것이야말로 동국문명을 가장 성공적으로 드러냈다는 증거로 내세울 만했다. 서거정이 중시하고 있는 그런 동국문명의 척도는 변계량이 지녔던 그것과는 확연하게 달라져 있었다. 물론 그들이 자부하고 있던 동국문명의 실천도 다음 세대에 의해 또다시 부정되고 말지만, 그건 시대의 변화에 따른 자연스런 현상에 다름 아니다. 동국문명의 실질은 시대에 따라 끝없이 바뀌어갔던 것이다. 어쨌든 시문수창을 통해 화이질서에 부합하는 국가의 위상을 제대로 드러냄으로써 문장화국의 역할을 충실하게 실천

---

85 서거정,『사가집』문집 권4,〈皇華集序〉."今兩先生之才之美, 卽周雅之大夫, 詩卽四牡, 皇華之遺響, 是豈可以不列於皇明制作之班乎? 兩先生之還, 其以是篇獻諸天子, 播之絃謌, 以續大周雅之正, 則我國雖小, 有古箕子存神之妙, 其所採錄, 亦不必後於檜曹者矣."

86 『황화집』에 대한 연구로는 김은정,「庚午本『황화집』편찬 경위와 시문수창의 의미」,『한국한시연구』(한국한시학회, 1999); 안장리,「조선 전기『황화집』및 명사신의 조선관련 서적 출판에 대한 연구」,『국어교육』107집(2002); 신태영,「『황화집』연구: 문학적 교유양상과 명사의 조선인식」(성균관대 박사학위논문, 2004) 등이 있다.

해야 한다고 믿은 서거정은 외국으로 가는 국내 사신, 또는 조공하고 돌아가는 외국 사신에게도 다음과 같은 역할을 요구했다.

[1] 우리 동방은 예악과 문헌의 아름다움이 중화와 서로 같다. 인물 가운데는 대부가 되어 외교 임무를 수행하며 응대를 잘해 낼 수 있는 훌륭한 자가 있다. 당당한 천자의 조정에는 제도와 문물이 갖추어지고 밝은 군주와 어진 신하의 만남이 성대하여 아송(雅頌)이 울리고 예악이 빛나리라. 공과 같이 훌륭한 덕과 재주를 지닌 이로서는 보고 듣는 것이 더욱 높고 더욱 탁월할 것이다. 본국에 돌아와서 그 견문으로 군주의 정책을 돕고 조정의 논의를 조율한다면, 그 얻는 바가 어찌 쇠퇴한 시대의 대부[季札]가 빙문하고 교제하면서 세세하게 음악이나 품평했던 것과 같을 뿐이겠는가? 『주역』에 이르기를 "나라의 빛남을 봄이여[觀國之光], 왕에게 손님이 됨이 이롭다."라고 하였다. 나는 또한 공에게 그렇게 되기를 희망한다.[87]

[2] 삼가 생각건대 우리 태조께서 위엄과 덕화를 멀리까지 펴시어 변경이 오래도록 평온하였다. 역대 성군이 서로 계승하여 우리 전하에 이르러서는 더욱 돈독하게 품어 주니, 만 리 먼 변경까지 한집안처럼 되었다. 지금 내방한 이 스님은 고래나 파충류의 위험한 소굴을 지나고 위험을 예측할 수 없는 바다를 건너 우리 대국에 왔다. 그리하여 웅장하고 화려한 성곽과 궁실, 밝고 완비된 예악과 제도, 견고한 산하와 지리를 보았을 터, 틀림없이 마음 가득하게 얻은 것이 있을 것이다. 귀국하여 그 군주에게 아뢰어, 먼 나라 사람까지 위무하는 우리 성상

---

87 서거정, 『사가집』 문집 권4, 〈送議政府左議政金相公奉使朝京詩序〉. "吾東方禮樂文獻之美, 侔擬中華. 人物大夫之能辭命應對者, 彬彬有人矣. 堂堂天朝, 典章文物之備, 明良遭遇之盛, 雅頌制作, 鏗鈜炳燿, 以公之德之才, 所見益高, 所聞益卓, 持以黼黻乎王猷, 調燮於廊廟, 其所得, 又豈衰世大夫規規聘問交際之間而已耶? 易曰: '觀國之光, 利用賓乎王.' 又於公望之."

의 큰 도량을 더욱 넓히고 신의를 더욱 돈독히 하여 만세토록 변치 않는다면, 두 나라의 우호를 닦고 중생에게 주는 이익이 어찌 적겠는가?[88]

인용문 [1]은 성종 1년 명나라 사신으로 선발된 좌의정 김국광(金國光)을 전별하며 지은 시편에 붙인 서문이다. 명나라 황제가 선왕인 예종의 제사와 시호를 내려주는 한편 새로 즉위한 성종에게 고명(誥命)과 관복을 내려준 데 대한 답례를 위해 사신으로 가게 되었을 때, 조정의 최고 원로 신숙주가 전별시를 지어주며 써준 서문이다. 반대로 인용문 [2]는 조선을 찾아온 일본 경극전(京極殿)의 사신이 돌아갈 때 전별하며 지은 시편에 적어준 서문이다. 지어준 대상과 사행의 목적은 다르지만, 그들에게 기대하는 바는 서로 같았다. 김국광에게는 명나라의 당당한 문물제도와 성대한 군신화합을 보고 돌아와서 조선의 정치 현실에 도움이 되도록 이바지해야 한다고 당부하고 있는데, 일본 사신에게도 조선의 웅장한 성곽궁실과 완비된 예악제도를 보았을 테니 돌아가서 군주에게 알려 앞으로도 계속 양국의 신의를 지켜 가도록 당부하고 있었다.

물론 이런 동질적인 내용과 함께 엄연하게 존재하는 차별적인 지점에도 유의해야 한다. 중화문명을 절대적 기준으로 설정한 뒤, 명나라→조선→일본으로 이어지는 수직적인 위계질서로 구축되어 있다는 사실이다. 서거정의 이러한 인식구조는 세조 6년 명나라 사신으로 갔을 때, 이미 명확하게 자리를 잡고 있었다. 명나라의 수도에서 만난 명나라를 비롯한 베트남, 일본, 유구국에서 온 문인과 수창한 시에서 "명나라→

---

88 서거정, 『사가집』 문집 권4, 〈送日本國京極殿江南藏主詩序〉. "恭惟我太祖, 威德遠被, 邊境永謐. 列聖相承, 至于我殿下, 懷綏益篤, 萬里一家. 今茲上人之來, 蹈鯨鯢黿鼉之窟, 涉滄溟不測之險, 直造乎大邦, 覩城郭宮室之壯麗, 禮樂典章之明備, 山河地理之鞏固, 其必充然而有得者矣. 歸語其主, 益恢我聖上招撫遠人之大度, 更敦信義, 萬世不替, 則其所以脩好兩邦, 利益人天, 又豈淺淺哉?"

조선→안남·유구·일본"이라는 중세적 위계가 발견되고 있는 것이다.[89]

그러한 위계질서는 조선전기 당시에 확립된 문명관과 문화지평 위에서 불변의 진리처럼 작동했다. 서거정이 문단을 주도했던 세조대 말부터 성종대의 전반은 이른바 조선의 '때 이른' 성세를 구가하던 시대였다. 그런 시대를 살았기에 그러한 성세를 안정적인 화이질서 속에서 유지·강화시켜 가는 작업은 서거정에게 부여된 시대정신이자 문장화국의 실제였다. 돌이켜 보면 바로 그것이 중화(中華)와 동이(東夷) 사이에서 아슬아슬하게 줄타기를 하며 독자적인 동국문명을 구축하려고 애썼던 변계량의 시대와 결별할 수밖에 없었던 진정한 이유였다. 변계량이 화이질서의 공세 속에서 보편과 특수를 아우르는 동국문명을 꿈꾸었다면, 서거정은 중화문명에 버금가는 보편문명의 달성을 최대 목표로 삼고 있는 소중화문명(小中華文明)을 지향했다. "천하가 혼연일체가 되고 문자와 수레가 동일하게 되는 때"[90]가 그가 구상하고 있는 동국문명의 비전이었던 것이다.

5. 추후의 행로: 문장화국의 구체적 구현 양상

서거정은 중화문명의 수준에 견줄 수 있을 만한 우리 동국문명의 면모를 문장에 담아 널리 알리는 작업을 자신의 공적 사명으로 삼았던 인물이다. 그런 점에서 자신이 평생에 걸쳐 수행했던 문장화국의 실천에 대해

---

89 김풍기, 「『北征錄』에 나타난 서거정의 使行 경험과 훈구문학의 고고학적 탐구」, 『국학연구론총』 24집(택민국학연구원, 2019) 참조.
90 서거정, 『사가문집』 권5, 〈送權花川奉使賀正詩序〉. "此正天下混一, 文軌攸同之時, 列國大夫, 奉使專對, 觀光上國, 豈非美事耶?"

더할 나위 없이 큰 자부심을 갖고 있었다. 동심원적인 위계관계로 구축된 동아시아의 화이질서를 안정적으로 유지·강화시켜야 한다는 문명의식이 사행과 관련되어 작성된 그의 서문에서 상투처럼 반복되어 나타나는 것도 그런 이유 때문이다. 다음의 두 서문에서도 그런 의식이 반복되고 있다.

[1] 명나라가 천하를 다스리니 모두 하나의 중국에 혼융되었다. 이에 조선을 총애하여 중국 내의 제후와 같게 대우하니, 천자의 하사(下賜)와 조선의 조공(朝貢)이 줄을 이었다. 성화 6년(성종 1년) 여름 5월에 천자가 태감(太監) 김흥(金興)과 행인(行人) 강호(康浩)를 보내어 선왕(先王)의 시호와 제사를 하사하고 아울러 전하께 고명(誥命)과 의복(冠服)을 내렸다. 전하께서 공경히 천자의 은총을 받들고 너무나 감사하고 기뻐하여, 좌의정 깅공(金公, 김국광)에게 표문을 받들고 가서 은혜에 사례하게 하였다. 떠날 즈음에 고령(高靈) 신상공(申相公, 신숙주)이 시를 지어 전송하고, 나 서거정에게 서문을 쓰라고 하였다.[91]

[2] 우리 전하께서는 천명을 받아 국운을 일으켜 큰 교화가 외국에까지 미쳤다. 그러므로 유구(琉球)나 남만(南蠻)처럼 먼 지역에서도 사모하는 마음으로 정성을 보내왔으며, 일본은 가장 가까운 이웃 나라로서 사신의 왕래가 계속 이어져 왔다. 지금 상인(上人)이 주군(主君)의 명을 받들고 와서 사신의 임무를 수행하고 주선함에 법도가 있어, 전하께서 가상히 여겨 후하게 대우해 주셨다. 임무를 마치고 돌아갈 즈음에 벼슬하는 군자들이 시를 지어 전송하며, 나 서거정에게 서문을 부탁하였다.[92]

---

91 서거정, 『사가집』 문집 권4, 〈送議政府左議政金相公奉使朝京詩序〉, "皇明御宇, 混一區夏, 乃眷朝鮮, 比之內諸侯, 錫貢相望. 成化六年夏五月, 帝遣太監金興·行人康浩, 賜先王諡祭, 幷賜殿下誥命冠服. 殿下祗承睿渥, 若寵若驚, 遣議政府左議政金公, 奉表謝恩. 將行, 高靈申相公, 詩以爲贐, 屬居正序."

위의 두 인용문은 앞에서 살펴본 두 편의 서문을 쓰게 된 과정을 밝히고 있는 대목이다. 첫 번째 인용문은 좌의정 김국광이 사은사가 되어 명나라로 갈 때 지어준 서문이고, 두 번째 인용문은 일본국 경극전(京極殿)에서 사신으로 보낸 승려가 돌아갈 때 지어준 서문이다. 앞에서 살펴보았듯이 서두를 장식하는 화이질서의 체제는 여기서도 동일하게 제시되고 있다. 명나라가 통일한 뒤에 천하를 후하게 대하여 준 보답으로 조선에서도 정성껏 조공을 하고 있듯, 새로운 조선을 세워 교화를 크게 펼치고 있는 까닭에 일본·유구·남만 등에서 사신을 보내오며 정성을 다하고 있다는 것이다.

그런데 이들 서문에서 눈여겨보아야 할 대목은 이들이 개인적 차원에서 지어주는 송서와 질적으로 상당히 다르다는 사실이다. 명나라로 사신을 갈 때든 일본 사신이 왔다 돌아갈 때든, 조정에서는 공식적인 연회를 베풀어 주었다. 그런 자리에서 전별하는 시문의 수창은 빠질 수 없는 의례였고, 그것을 시권(詩卷)으로 엮어 기념으로 삼는 것도 빠질 수 없는 의례였다. 그때, 시권을 갈무리하는 서문은 문형을 맡고 있는 서거정이 담당해야 하는 공적 글쓰기의 하나였다. 신숙주가 부탁했다든가 참석한 진신군자들이 부탁했다든가 하는 사실을 빠뜨리지 않고 말미에 기록하는 이유이다. 서거정이 지은 서문 가운데 상당수는 이처럼 문장을 통해 화이질서의 체제를 구축하고 동국문명을 대외적으로 드러내는 역할을 담당하고 있었다. 관각문학하면 으레 떠올리게 되는 문장화국의 실체를 확인할 수 있는 것이다.

하지만 서거정이 실천한 문장화국의 실천적 작업은 외국 사행과 관련

---

92 서거정, 『사가집』 문집 권4, 〈送日本國京極殿江南藏主詩序〉. "恭惟我殿下, 受命興運, 大化無外. 雖琉球·南蠻之遐域, 亦皆遠慕輪忱, 日本氏, 於隣最近, 信使相望. 今上人, 又喻主命而來, 從容專對, 周旋甚度, 殿下嘉之, 館待優厚. 事完將還, 薦紳諸君子, 詩以送之, 屬予序."

된 서문에서만 국한되지 않는다. 그가 공적인 건물의 창건이나 중건을 기념하여 지은 기문(記文)에서도 문장화국의 실천을 확인할 수 있다. 그 가운데 적지 않은 경우, 정치적 주체인 그들이 정치적 목적에서 창작한 공적 작품이라는 사실에 주목할 필요가 있다. 그리고 그런 맥락에서 그의 기문을 조망할 때, 거기에 담긴 문명사적 의미 부여가 선명하게 드러난다. 서거정은 스스로 10,000편이 넘는 시를 창작했다고 밝힌 바 있다. 하지만 이처럼 방대한 시뿐만 아니라 산문도 무척 많이 창작했다. 특히 그의 산문 가운데는 앞서 살핀 서문과 함께 기문이 압도적인 다수를 차지하고 있다. 중앙과 지방의 관부(官府) 및 관루(官樓)를 대상으로 지은 기문 32편, 개인누정을 대상으로 지은 기문 16편, 승려 암자를 대상으로 지은 기문 4편, 그리고 기타 5편 등 총 57편에 달한다.

여기서 주목할 점은 보통 문인의 경우는 개인누정 기문이 대부분을 차지하지만, 서거정의 경우는 관공서 관련 기문이 절반을 넘는 32편을 차지한다는 사실이다. 그 가운데 관아 건물의 중건 기문이 15편에 달한다. 이러한 작품은 새롭게 건설한 신흥국가 조선에서의 문물제도 정비라는 차원에서 읽어볼 필요가 있다. 서거정은 기문의 제작을 통하여 당시 중앙과 지방에서 전개되고 있던 문물제도 정비에 문장가로서의 자기 역할을 담당하고 있었던 것이다.[93]

보다 구체적으로 살펴보자. 그의 기문은 관부의 제명기문(題名記文), 관루(官樓)의 창건 및 중수 기문, 그리고 개인 누정기문으로 구분된다. 조선을 건국한 직후, 건국의 주역인 정도전은 한양에 경복궁을 새롭게 건설하고 그 이름과 기문을 작성했다. 창덕궁과 창경궁을 연이어 지으며

---

[93] 김기림, 「서거정 記文과 그 의미」, 『대동한문학』 17집(대동한문학회, 2002); 구슬아, 「조선시대 官廳 題名記 창작의 시대적 맥락」, 『국문학연구』 36집(서울대 국문학과, 2017).

당대의 문형 권근과 서거정도 그러했다. 그렇게 도성을 새로운 국가의 도성답게 건설하고 기문으로 장식한 뒤, 다음의 과제는 무엇이었을까? 서거정은 제명기문을 통해 한양 궁궐에 설치된 각 부서의 역할과 그곳에 근무하는 관원의 자세를 환기시키고, 건물기문을 통해 고려 말 이래 지방의 퇴락했던 관아·객관을 중수하거나 건설하여 새 왕조의 통치체제를 전국적으로 가다듬어 나갔다. 그리고 그런 역할을 맡았던 주역들은 자신의 전장에 누각과 정자를 지어 그 지역을 실질적으로 장악해가며 기문을 통해 자신들의 이상적 자세를 표현해냈다.

그와 같은 맥락에서 볼 때 서거정이 제작한 기문은 단순히 건물을 아름답게 장식해 주는 문자의 행위를 넘어선다. 곧 자연-공간-인문이 어우러져 하나가 된, 다시 말해 새로운 왕조의 통치에 필요한 하드웨어를 중앙에서 전국 단위로 확대해가고 있는 당대적 상황을 실증하는 동시에 동국문명의 새로운 비전을 제시하고 있었던 것이다. 문물제도를 정비하며 동국문명을 완성했다는 충만한 자부심을 대내외적으로 한껏 표방할 수 있었다. 그렇다면 서거정이 제작한 그 많은 서문과 기문은 조선전기 관각문인의 문명사적 비전, 곧 문장화국의 공효를 보여주고 있는 작품으로 그 의미가 오롯이 드러날 수 있다.

/ 제3장 /

사림의 왕화,
유교문명의 보급과 지역교화의 실천

1. 접근의 시각: 훈구-사림의 구도에 대한 질문

조선전기 지배세력의 유형을 훈구파·절의파·사림파·청담파로 분류한 선구적인 논의가 제출된 이후,[1] 훈구파와 사림파는 사회·정치·경제·사상·지역 등 거의 모든 부문에서 뚜렷하게 구별되는 집단으로 설명되어 왔다. 물론 두 집단은 사대부라는 모태에서 태어난 만큼 일란성쌍생아처럼 쉽게 구별되지도 않고 애써 구별할 필요가 없다는 근본적인 문제제기가 없었던 것은 아니다. 또는 '사림'이란 개념과 범주의 불확실성, 사림 집단에 대한 역사적·실증적 존재 증명의 부족, 이분법적 도식의 불합리성에 대한 구체적인 비판이 속속 제출되고 있기도 하다. 그리하여 기존의 훈구-사림의 대립적 구도에 대한 회의적 시각은 학계의 주류적 관점으로 부상해가고 있는 것으로 보인다.[2]

---

1 이병도, 『新修 國史大觀』(보문각, 1956), 381~383쪽.

그럼에도 불구하고 훈구파와 사림파를 변별적으로 이해하는 설명 방식은 그 유효성을 완전히 상실한 것처럼 보이지 않는다. 대중교양서로부터 본격적인 학술논문에 이르기까지 두루 적용되고 있는 사례를 종종 만나게 된다. 단순한 설명의 편의 때문에 그런 것이 아니라면, 두 집단에 대해 아직 명쾌하게 밝혀지지 않은 부분이 남아 있어 그 폐기가 유예되고 있는 것일 수 있다. 모든 시대가 그러하겠지만, 조선전기의 여러 자료를 읽다 보면 개개인들 심지어 동류집단 사이에서조차 미묘한 지향의 차이가 감지되곤 한다. 그들이 맡고 있는 관직의 차이에서 기인하는 경우도 있고, 세대와 세대 사이의 차이에서 비롯되는 경우도 있을 터다. 또는 문명전환이라는 거대한 역사적 교체기를 맞이하며 불거져 나온 균열의 파편일 수도 있다. 어찌 되었든 그와 같은 크고 작은 차이가 감지되는 것이 실상이라면, 훈구와 사림의 구도에 대한 고찰의 필요성은 여전히 유효하다.

점필재(佔畢齋) 김종직(金宗直, 1431~1492)은 그런 문제의식을 가지고 접근할 수 있는 최적의 인물일 수 있다. 전통적으로 도학의 계보에서는 '사림의 종장'이라 일컬어지고 있지만, 그와 달리 현재의 학계에서는 훈구파 또는 사장파와 크게 구별되지 않는 전형적인 관료문인으로 규정하는 주장 또한 상당하기 때문이다.[3] 실제로 훈구와 사림 또는 사장과 도학, 그 사이 어디쯤에 위치하고 있는 인물처럼 보이는 것이다. 이황의

---

2 대표적인 논의는 다음과 같다. 이훈상, 「에드워드 와그너의 조선시대 연구와 이를 둘러싼 논점들」, 『역사비평』 59호(역사비평사, 2002); 김범, 「조선전기 '훈구·사림 세력' 연구의 재검토」, 『한국사학보』 15호(고려사학회, 2003).

3 김영봉, 『김종직 시문학 연구』(이회문화사, 2000); 「조선 전기 문인의 도학파·사장파 구분에 대한 비판적 고찰」, 『동방학지』 110집(연세대 국학연구원, 2000); 송재소, 「점필재 김종직 문학 연구의 몇 가지 문제」, 『대동문화연구』 44집(성균관대 대동문화연구원, 2003).

평가도 대략 그러했다. 우리나라 도학의 계보를 시로 읊는 자리에서 정몽주를 이어받고 있는 인물로 김종직을 꼽고 있으면서도 "점필재는 문장으로 쇠퇴한 시대를 일으켰으니, 도를 구하는 이들이 그 앞에 가득하였네."[4]라고 밝혔다. 도학보다는 문장을 강조했던 것이다. 제자들과 수창하는 자리에서도 "점필재의 사문(師門)은 백세에 이름이 났으니, 문장을 통해 도학으로 거슬러 올라가 큰 선비를 얻었네."[5]라고 읊었다. 이황은 자신이 지은 시의 의미를 보다 분명하게 밝히기 위해 "점필재는 시문을 위주로 하였지만 전아하여 도에 가까웠다. 그 제자들은 흐름을 따라 근원으로 거슬러 올라갔던 것이다."[6]라는 주석을 달아두기도 했다.

이황의 이런 견해는 당시 직접 배운 제자는 물론 재전제자들에게 정론(定論)처럼 받아들여졌다. 김성일은 이황이 말했다고 하며 "김점필(金佔畢)은 학문에 몸담은 사람이 아니다. 종신토록 종사한 일은 단지 문장에 있었을 뿐이다. 그의 문집을 보면 알 수 있다."[7]라는 전언을 남겨 김종직을 사장파의 일원으로 몰아가는 데 있어 결정적인 역할을 했다. 실제로 이황, 서경덕, 노수신, 허엽 등 당대 학계의 거물들과 폭넓은 교유관계를 갖고 있던 홍인우(洪仁祐)는 박순(朴淳)에게 다음과 같은 자신의 견해를 피력하기도 했다.

---

4 이황, 『退溪集』 권1, 〈和陶集飲酒 二十首〉 제16수. "佔畢文起衰, 求道盈其庭."
5 이황, 『退溪集』 권2, 〈閒居十四首〉 제12수. "佔畢師門百世名, 沿文泝道得鴻生. 成功未半嗟蒙難, 喚起群昏尙未醒."
6 이황, 『退溪集』 권2, 〈閒居十四首〉 제12수 원주. "佔畢主於詩文, 而典雅近道, 其門人沿流遡源. 如寒暄諸公, 大有奮志, 大業未究, 而淫禍已及, 爲斯文之阨, 久而愈甚, 可勝嘆哉."
7 김성일, 『鶴峯集』 續集 권5, 〈退溪先生言行錄〉. "先生曰: 金佔畢非學問底人. 終身事業, 只在詞華上, 觀其文集, 可知."

내가 화숙(和叔, 朴淳)에게 말했다. "기자 이후는 전하는 문헌이 없다. 고려 말의 최충과 안향은 단지 문장에 종사하는 사람이었다. 목은은 그보다 나았다고 해도 마찬가지다. 포은은 깨친 바가 약간 있지만, 역시 근원까지는 보지 못한 사람이다. 양촌 같은 경우 견식이 없다고는 못하겠지만, 지엽으로 흘러 근본에 어두웠다. 하물며 신하로서의 절의를 잃었으니 큰 법도가 그르지 않겠는가? 본조에 들어와 점필재는 문장으로 깨달은 바가 있긴 하지만 성현의 출처를 알지 못했다. 정여창과 김굉필 선생이 공맹의 학문에 종사했다는 것에 대해 나는 조금의 이의도 없다. 그러나 저술한 바가 없어 그 깊고 얕음을 논의할 수 없다. 대사헌 조광조는 우리 동방의 호걸스런 선비이다. 그가 학문에 독실했던 것은 두 선생보다 못하지 않을 것이다. 하지만 천수를 누리지 못하고 끝내 화를 당했으니, 학문과 도덕을 크게 이룰 수 없었다. 한스러운 일이다." 화숙이 그렇게 여겼다.[8]

이황은 김종직의 학문을 '연문소도(沿文泝道)'라고 명명했고 이황에게 배운 홍인우는 "인문사유소오(因文詞有所悟)"라고 약간 바꿔 말하고 있지만, 그 말하고자 하는 대체는 다르지 않다. 그리고 김종직의 제자인 김굉필·정여창을 논하는 차례가 되자 홍인우는 갑자기 그들을 '선생(先生)'으로 높여 부르고 있다. 그들이 공맹의 학문, 곧 도학을 얼마나 깊이 체득했는가를 따져볼 그 어떤 자료도 갖고 있지 못한 상태에서 홍인우는 그들을 김종직과는 위상을 달리하는 도덕군자로 떠받들고 있었던 것이다.

---

8 홍인우, 『恥齋集』 권2, 〈日錄鈔〉. "謂叔曰: '箕子以後, 文獻無傳. 至麗季, 有崔冲·安珦, 只是做文章底人也. 牧隱差勝, 亦是一般人. 圃隱稍有見得, 然亦未見源頭底人. 如陽村, 不可謂無所見, 亦流枝葉而昧本根者也. 況臣節已缺, 大綱不正乎? 入本朝, 佔畢齋亦因文詞有所悟, 然不知聖賢出處者也. 鄭汝昌·金宏弼兩先生, 從事乎孔孟之學, 吾無間然矣. 然無所著述, 不可議淺深也. 往者趙大司憲, 是東方豪傑之士. 其用力篤實, 不下於兩先生, 年未天壽, 而終蹈大禍, 學與德, 俱未及大成焉. 可勝嘆哉!' 和叔然之."

조광조의 신원(伸冤)과 추숭을 위해 도학의 학문연원을 절실하게 필요로 했던 중종-명종대 사림들의 정치적 욕망이 그런 '도통(道統)의 신화'를 만들어내고 있었던 것이다.

지금, 도통의 실상 또는 진위에 대한 시시비비를 길게 따질 시간은 없다. 다만 김종직은 물론 그의 제자인 김굉필과 정여창에게도 직접 가르침을 받아보지 못한 것은 물론 확실한 근거조차 갖고 있지 않은 후대인의 판단이나 근거 없는 평판에 좌우되어서는 안 된다. 김종직에 대한 도학사적 평가의 최초의 발원지가 성리학의 대가로 존경받고 있는 이황이라고 해도 사정은 다르지 않다. 이황의 발언을 전가의 보도로 삼음으로써 풍성하고 다양했던 조선전기의 사상사가 얼마나 왜소해지고 왜곡되기도 했는지는 반드시 따져져야 할 과제이다. 오랜 심학(心學)의 전통이 사라졌을 뿐만 아니라 양명학적 사유는 그 싹조차 무참하게 배제되어 갔던 것이다.[9] 실상이 그러하다면 이황으로부터 시작된 후대인들의 평가보다는 김종직과 같은 시대를 살면서 직접 만나고 교유했던 당대인의 증언을 보다 중요한 판단의 근거로 존중해야만 한다.

실제로 이황의 평가와는 사뭇 다른 당대인의 평가들이 무척 많이 존재한다. 가장 대표적인 것은 제자 이원(李黿)의 평가이다. 봉상시에 근무하고 있던 그는 성종 23년 김종직이 죽자 '문충(文忠)'이라는 시호를 올렸다. 도덕이 높고 널리 들어 아는 것이 많은, 곧 도덕(道德)과 박문(博聞)을 갖춘 사람에 내리는 최고의 존칭이다. 그러면서 '마음을 바르게 하는 학문[正心之學]'으로 후학을 인도하였을 뿐만 아니라 사도(斯道)를 자신의 임무로 생각하고 사문(斯文)의 흥기를 자신의 책임으로 삼았으니 그것은

---

9 현재, 도학의 계보에서 크게 주목받고 있지 못한 노수신과 신계성을 새로운 시각으로 조망하고 있는 논의로는 다음의 성과를 참조할 것. 신향림, 『조선 주자학 양명학을 만나다』(심산, 2015); 정출헌, 「'잊혀진' 인물의 재구, 『松溪實紀』 편찬의 정치사회학적 고찰」, 『민족문화』 56집(한국고전번역원, 2020).

공명이 뛰어난 자보다 도리어 낫다는 이유까지 부연 설명했다.[10] 예문관 대제학을 맡고 있던 평생의 친구 홍귀달(洪貴達)도 김종직은 덕행(德行)과 문장(文章)과 정사(政事) 모두 뛰어난 인물이라고 신도비의 첫머리에서 분명하게 밝히고 있다. 행실은 다른 사람의 표본이 되고, 학문은 다른 사람의 스승이 되었다며, 김종직은 문장과 도학 그 어느 한쪽에 귀속시키지 않았던 것이다.[11]

이처럼 시대에 따라 또는 사람에 따라 평가가 엇갈리고 있다면, 김종직의 위상을 세울 때는 이른바 조선성리학이 절정에 달한 16세기 이후의 잣대를 무차별적으로 적용해서는 안 된다. 그보다는 그가 살아간 당대의 맥락 위에서 그의 삶과 학문세계를 객관적으로 평가해야 옳다. 그리고 그런 문제의식에 답하기 위해 우리는 성종이 즉위한 직후, 김종직이 함양군수와 선산부사 등 지방관으로 있으면서 실천했던 행적을 꼼꼼하게 살펴보고자 한다. 그 시절은 지역민이 생사당(生祠堂)을 지어 기렸을 정도로 지방관으로서의 역할을 성공적으로 수행했다고 평가되던 때였다. 게다가 문묘에 배향된 두 명의 제자, 곧 젊은 김굉필과 정여창을 직접 가르치던 시기이기도 하다.

오늘 논의의 출발점이 문장과 도학이라고 할 때, 그 잣대는 이론의 문제가 아니라 실천의 문제가 되어야 한다. 그 실천적 행위를 정밀하게 따져보아야 구체적으로 어떤 삶을 살아갔기에 사후에 봉상시에서 사도

---

10 『성종실록』 성종 24년 1월 9일. "奉常寺奉事李鼉承召問, 書啓曰: '士習之不明, 由於道學之不行, 道學之不行, 源於師道之不傳, 宗直始唱正心之學, 誘掖後進, 以正心爲本, 身任斯道, 興起斯文爲己責, 其功反有賢於功名事業之卓然者矣. 諡法有博文多見曰文, 博聞多能曰文, 道德博聞曰文. 若以多見多能名之, 則宗直正心爲本, 身任斯道之功, 泯滅於後, 故以道德博聞議諡.'"

11 홍귀달, 〈神道碑銘〉. "德行文章政事, 自孔門高弟, 未有騈之者, 況其外者乎! 才優者行缺, 性素者治拙, 乃恒狀也. 若吾文簡公, 則不然. 行爲人表, 學爲人師."

(師道)를 자신의 임무로 삼고 사문(斯文)의 흥기를 자신의 책임으로 삼았다고 평가했는가를 밝혀낼 수 있을 것이다. 다행스럽게도 김종직은 평생에 걸친 자신의 행적과 소회를 시로 읊어 문집에 연대별로 담아놓고 있다. 십 년에 걸친 함양군수와 선산부사 시절에도 날짜별로 시화(詩化)해 놓고 있어 그때의 행적을 일기처럼 읽어볼 수 있다. 이들 시문 작품들은 문장과 도학이라는 이분법적 구도, 또는 훈구와 사림이라는 거대담론의 한계를 보완해주는 생활사적 자료로서의 가치가 충분하다. 그렇다면 성종의 시대부터 역사의 전면에 본격적으로 모습을 드러내기 시작한 신진 사류가 품고 있던 유교문명의 비전과 그 실천적 행위, 곧 왕화(王化)[12]의 실상을 구체적 자료를 통해 확인하고 재구해볼 수 있으리라고 기대해도 좋다.

2. 함양군수 김종직과 생사당生祠堂 재현의 의미

1) 함양군수 김종직과 지방관으로서의 위상

정몽주의 도통을 계승한 김굉필·정여창과 같은 도학자를 배출했다고 거론되는 스승 김종직의 문집을 살펴보면, 도학과 관련된 논설은 거의 없다. 그렇다고 학문에 깊이 침잠했던 것으로 보이는 기간도 찾아보기 힘

---

12 '王化'라는 용어의 사전적 의미는 천자나 군주의 교화인데, 김종직은 함양군수로 부임하면서 자신의 임무를 이 말로 표현하기도 했다[김종직, 〈答晉山君書〉. "聖恩如天, 輒思報效, 凡政教有可以裨補王化者, 則無不力爲之."]. 참고로 왕화의 용례는 『詩大序』의 "周南·召南, 正始之道, 王化之基."에서 확인할 수 있는데, 그때는 규방의 여성이나 변방의 오랑캐를 교화하는 의미로 자주 사용했다. 우리나라에서는 세종 때 지방관의 임무로서 사용되기 시작했음이 확인된다. 본론에서 상술하게 되겠지만, 세종대의 盛世를 재현하고자 했던 성종의 문명 비전을 잘 알고 있던 김종직이 지방관으로 내려가면서 이 표현을 쓰고 있는 것은 결코 우연이 아니다.

들다. 오히려 세조 5년 문과에 급제한 이후 승문원부정자, 사헌부감찰, 영남병마평사, 예문관수찬, 함양군수, 선산부사, 홍문관부제학, 도승지, 이조참판, 전라감사, 형조판서 등 평생 순탄한 관직생활로 일관했다. 다만 세조 10년 사헌부감찰로 있을 때 파직되어 영남병마평사로 복귀하기까지 1년 남짓 정치적 공백이 있었을 따름이다. 더욱이 정2품의 형조판서에까지 올랐으니, 성공한 관료문인으로 분류하는 것도 무리는 아니다. 하지만 제자 표연말(表沿沫)은 무오사화 때 연산군의 모진 고문을 받는 가운데 스승 김종직의 행장(行狀)을 다음과 같이 적었다고 실토했다.

> 신이 김종직의 행장을 편찬하며 다음과 같이 적었습니다. "공[김종직]의 도덕과 문장은 진실로 일찍이 현달하여 여러 사업에 베풀어야 했다. 하지만 어버이를 위하여 외직을 자원하여 오랫동안 낮은 관리로 침체해 있었다. 늦게나마 임금의 알아줌을 입어 빠르게 재상의 지위에 올라 크게 쓰이게 될 즈음, 병이 이미 깊어져 다시 조정에 오르지 못했다. 어찌 우리 도의 불행이 아니랴! 의논하는 자는 조정에서 오랫동안 벼슬하지 못해 비록 대의를 세우거나 대책을 펼치지 못했지만, 한 시대의 사문(斯文)이라는 중망을 짊어지고 사도(師道)를 자임하며 인재를 길러냈으니 근세에 이 한 분이 있을 따름이다."[13]

현재, 김종직의 행장은 『점필재집』에 실려 있지 않아 전편을 읽어볼 수는 없다. 단지, 무오사화 때 공초에서 밝힌 대목을 통해, 제자 표연말이 행장을 적어 내려가던 때의 마음을 짐작해볼 도리밖에 없다. 어버이

---

13 『연산군일기』 연산군 4년 7월 18일. "但臣撰宗直行狀云: '以公之道德·文章, 固宜早致顯庸, 措諸事業, 而爲親乞外, 久淹下吏. 晚遇主知, 驟至六卿, 方欲大用, 公之疾已不可爲, 不得再登于朝, 豈非吾道之不幸耶? 議者以公立朝不久, 雖未得建大議·陳大策, 而負一世斯文之重望, 能以師道自任, 作成人材, 近世一人而已.'"

를 모시기 위해 지방관을 자원하여 오랫동안 낮은 관직에 있었다고 지목한 시기는 함양군수와 선산부사로 있었던 10년의 시간을 가리킨다. 오랜 시간이라 할 만하다. 하지만 40대 전부를 지방관으로 지내던 동안 김종직이 시대의 스승을 자처하며 많은 인재를 길러냈다는 사실을 간과해서는 안 된다. 행장을 적은 수제자 표연말도 함양 사람으로 김종직이 그 고을 군수로 내려오면서 사제관계를 맺었던 인물이다. 그런 만큼 김종직이 지방관으로 있는 동안의 행적을 그 누구보다 가까이에서 지켜볼 수 있었다. 그러기에 조정에서 크게 쓰이지 못하고 있는 스승의 처지를 누구보다 안타까워했고, 그런 상황에 좌절하지 않고 후진육성에 진력하는 모습을 경외의 마음으로 우러러볼 수 있었다.

이렇듯 여러 제자들로 하여금 복잡한 마음을 갖게 만들었던 김종직의 지방관 시절은 성종 1년 12월에 함양군수에 제수되고, 이듬해 봄날 임지에 부임하면서 시작되었다. 마흔한 살이 되던 해였다. 함양은 진주목(晉州牧)에서 관할하고 있던 지리산 자락의 작은 고을이다. 하지만 개간한 전답[墾田]이 2,473결에 이르고, 기존에 있던 사근역(沙斤驛) 외에 제한역(蹄閑驛)이 새롭게 만들어질 정도로 활발하게 개발되고 있는 지역이기도 했다.[14] 궁벽한 고을이긴 했지만, 경상우도의 거점으로 성장해가던 고을의 지방관으로 부임한 것이다. 실제로 "기이한 봉우리와 깊은 골짜기의 명승, 근실하고 질박함을 숭상하는 풍속"[15]으로만 기억되던 함양지역은 17세기 중엽에 이르러 다음과 같은 고을로 바뀌어 있었다.

---

14 『세종실록』 세종 20년 4월 9일, 함양과 인접해 있는 安陰의 臨水驛, 三嘉의 三山驛, 丹溪의 碧溪驛, 草溪의 八鎭驛, 新反의 新興驛도 이때 신설되었다. 이에 대한 자세한 고찰은 정요근, 「조선초기 驛路網의 전국적 재편」, 『朝鮮時代史學報』 46집(조선시대사학회, 2008) 참조.

15 『신증동국여지승람』 권31, 〈경상도 진주목 함양군〉. "[形勝] 奇峯絶壑 [風俗] 俗尙謹愿."

천령(天嶺, 함양의 옛 이름)은 나의 고향이다. 이름난 수령으로 말한다면 한가롭게 지내며 교화를 펼친 학사 최치원과 학교를 일으키고 백성에게 은혜를 베푼 점필재 김종직이 있다. 지형으로 말하면 지리산이 정면에 우뚝 솟아있고, 뇌계(㵢溪)와 남계(灆溪)는 고을 한 복판을 가로세로로 흐르고 있다. 돈독한 풍속, 비옥한 토지, 풍부한 물산, 많은 인재, 성대한 관료는 예로부터 영남우도에서 가장 으뜸이었다.[16]

함양의 최초 읍지인 『천령지(天嶺誌)』(1656)에 소개되고 있는 고을 모습이다. 여기에 그려진 함양은 『세종실록지리지』라든가 『신증동국여지승람』에 그려진 함양의 모습과 확연하게 다르다. '돈독한 풍속' 다음으로 추가되고 있는 함양의 특징, 곧 '비옥한 토지', '풍부한 물산', '많은 인재', '성대한 관료'는 15세기 중반 이후부터 변해간 모습인 것이다. 그리고 그런 변화를 이끌어간 이름난 수령으로 읍지를 편찬한 정광연(鄭光淵)은 최치원과 김종직, 두 사람을 꼽고 있다. 최치원은 상림(桑林)과 학사루(學士樓)에 아득한 시절의 자취를 전하고 있는 상징적 인물이지만, 김종직은 생사당(生祠堂, 곧 吏隱堂)과 백연서원(栢淵書院)이라는 추모의 공간에 현실로 존재하고 있던 인물이었다.[17]

실제로 지방관이 해당 고을에서 수행하고 있는 역할은 대단히 컸다. 특히 함양은 영남우도의 거점으로 부상하고 있는 지역인 만큼, 그에 합당한 유력 인물이 수령으로 계속 내려왔다. 『동국여지승람』에는 함양군수를 지낸 역대 인물 가운데 송희경(宋希璟)·이차약(李次若)·채륜(蔡倫)·최

---

16 鄭光淵,〈天嶺誌序〉. "天嶺吾鄕也. 以言乎名宦, 崔學士之優仰風敎, 金佔畢之興學遺愛. 以言乎形勝, 頭流磅礴於前, 㵢灆經緯乎中. 禮俗之篤, 土地之腴, 物産之豊, 人材之富, 簪冕之盛, 在古蓋甞甲于嶺右矣."
17 함양의 사족 盧禛은 "佔畢風流年過百, 孤雲陳迹歲垂千"이라고 두 사람을 기리며, 현종 11년(1670) 栢淵書院에 나란히 배향했다.

덕지(崔德之)·조상치(曺尙治)·정종소(鄭從紹) 등 여섯 명을 특기하고 있다. 중종 때 증보된 『신증동국여지승람』에는 김종직과 조위(曺偉) 두 명이 추가되고 있다. 이들 모두 문과에 급제한 인물로서 집현전·홍문관에 근무하던 당대 최고의 엘리트이자 임금 최측근으로 있던 사람들이다.[18]

그런 유력한 인물들과 함께 김종직과 조위도 함양군수를 거쳐간 명환(名宦)의 반열에 오를 수 있게 된 것이다. 하지만 그 누구보다 김종직이 함양군수로서 차지하고 있는 위상은 훨씬 각별하다고 할 수 있다. 그의 이름 아래 "고을 사람이 추모하여 생사당(生祠堂)을 세웠다."[19]라는 사실이 특기되어 있는 것이다. 살아있는 사람을 추모하여 사당을 지어 모신다는 것은 참으로 영예로운 일이다. 하지만 많은 의혹과 시비를 불러일으킬 만한 사안이기도 했다. 그럼에도 불구하고 함양군수를 지낸 김종직의 생사당이 함양에 세워졌다는 사실은 특별한 의미를 지니는 사건임에 분명하다.

김종직을 위해 세워졌다는 생사당은 그때 처음 출현한 것이 아니다. 실록을 통해 확인되는 사례가 그 이전에 네 건이 있었다. 고려 공민왕 때 권력을 천단하던 신돈(辛旽)에게 배척을 받아 강릉부사에 좌천된 안축(安軸)의 아들 안종원에게 생사당을 세워주었다는 최초의 사례가 있었다.[20] 그 이후 태조 1년 강릉대도호부사에 제수된 조운흘에게도 세워줬

---

18 송희경의 인적 사항은 자세하지 않고, 이차약은 고려 말 李崇仁의 아들이다. 그 이후에 부임한 채륜은 세종 2년, 최덕지는 태종 5년, 조상치는 세종 1년, 정종소는 세종 29년, 김종직은 세조 5년, 조위는 성종 5년에 문과 급제하여 집현전이나 홍문관에 근무한 이력이 있다. 『신증동국여지승람』에 기재된 이들 외에 함양군수로 재직한 權自弘은 단종의 생모인 현덕왕후의 從兄이고, 鄭穰은 세종대에 박연과 함께 예악문물을 주관한 인물이고, 李甫欽은 함양·대구 등지에서 社倉制를 최초로 실시한 인물이고, 申子橋는 신숙주의 從弟이고, 盧盡卿은 세조의 처남 成奉祖의 孫壻이다. 모두 왕실의 인척이거나 名流로 일컬어지던 인물이다.
19 『신증동국여지승람』 권31, 〈경상도, 함양군〉. "金宗直: 邑人追慕, 爲立生祠."

고,[21] 태종 16년 강릉대도호부사에 제수된 유량에게도 세워줬다.[22] 태종 3년 강릉대도호부사에 제수된 신유정에게도 생사당을 세워주었다는 기록이 있다.[23] 다만 흥미로운 것은 생사당이 세워졌다는 네 건의 사례 모두 강릉도호부에서 있었던 일이다. 아마도 강릉지역에서 이어져온 관례였던 것으로 보인다.

하지만 선정비(善政碑)의 크기를 가지고 가렴주구의 정도를 가늠해볼 수 있다는 말이 생겨날 정도로 선정비는 당대의 대표적 폐단의 상징이었다고 말해도 과하지 않다. 그리하여 조선후기에 이르러 선정비의 설립을 엄격히 금해보려 했지만 그 관행은 쉽사리 근절되지 않았다.[24] 조운흘의 경우 지역민은 선정을 베풀었다고 생사당을 지어 제사를 치러주고 있었지만,[25] 정작 실록을 편찬한 사관은 "사람 접대를 공손히 하고 세상 형편을 따라 자기 몸을 보전하였을 뿐 일에는 서툴러 이르는 곳마다 한 일이 없었다."[26]라며 혹평을 하고 있다. 실상이 이러하다면 생사당의 존재를

---

20 『태조실록』 태조 3년 3월 24일, 安宗源의 졸기. "甲辰, 拜典法摠郞, 辛旽當國, 以不附, 出爲江陵府使, 有惠政, 去後, 民立生祠以祭."

21 『태조실록』 태조 4년 12월 5일, 趙云仡의 졸기. "壬申秋, 太上卽位, 除江陵大都護府使, 有惠愛, 府人爲立生祠."

22 『태종실록』 태종 16년 4월 2일, 柳亮의 졸기. "戊寅起爲江陵大都護府使, 民皆懷之, 爲立生祠."

23 『세종실록』 세종 8년 6월 11일, 辛有定의 졸기. "癸未, 倭寇江原道, 上召有定曰: '事甚急, 不待有司薦, 乃遣卿, 其速行.' 卽日上道. 寇退, 仍判江陵大都護府事, 考滿以左軍同知摠制還朝, 府人慕之, 共立生祠."

24 『숙종실록』 숙종 33년 9월 11일. "侍讀官權詹請禁外方立碑, 建生祠者, 從之."; 숙종 44년 4월 2일. "生祠堂立碑, 尤爲近來痼弊, 則爲方伯守令者, 所當禁斷. 而無人不碑, 無處不祠, 刻石鑄銅, 前後相望, 建宇設祠, 繹騷殆甚, 請加嚴禁, 一幷撤罷."

25 『신증동국여지승람』 권44, 〈江原道, 江陵大都護府〉. "勵節堂, 在客館西北. 府人祀趙云仡於此, 俗號生祠堂."

26 『태조실록』 태조 3년 3월 24일. "接人以恭, 能與世推移, 以全其身. 然拙於應事, 所至無所建."

근거로 선정했다고 섣부르게 판단해서는 안 된다. 김종직의 생사당이라고 해서 예외가 될 수 없다.

2) 성종대의 생사당 재현과 그 시대적 의미

그런 문제적인 생사당이 조정에서 최초로 문제되기 시작한 것은 영산현감 신담(申澹)을 위해 생사당이 세워질 때였다. 성종 20년 경상도 영산현(靈山縣)의 부로들이 그의 생사당을 세우고자 했던 것이다. 태종 3년 강릉부사 신유정 이후 자취를 감추었던 생사당이 86년 만에 재현된 것이라 할 수 있다. 왜 하필 성종대에서 다시 건립하고자 했던 것일까, 그 까닭이 궁금하다. 오랜 관습으로 유지되어온 강원도의 강릉도호부가 아닌 경상도의 작은 고을에서 일어난 사건이기에 그것도 흥미롭다. 그런 이유들 때문인지 신담의 생사당을 둘러싼 논란은 실록에 자세하게 기록되어 있다. 그 시작은 이러했다.

> 주강(晝講)에 나아갔다. 시독관 이의무(李宜茂)가 아뢰었다. "요즘 듣건대 신담(申澹)이 일찍이 영산현감으로 있으면서 백성에게 은혜를 베풀어 백성들이 사모하여 생사당을 세워 제사하고 있다고 합니다. 그 진위를 알아보소서. 만약 이것이 사실이라면, 포상하고 장려하여 뒷사람을 권면하게 하옵소서." 임금이 "그렇게 하겠다."라고 하였다.[27]

성종은 그날 바로 경상감사에게 그 진위 여부를 확인해서 보고하라는

---

27 『성종실록』 성종 20년 2월 22일. "御晝講. 侍讀官李宜茂啓曰: '近聞申澹嘗任靈山縣監, 有遺愛於民, 民慕之, 立生祠而享之. 臣願問其眞僞, 若實有此事, 請令襃獎以勸後人.' 上曰: '然.'"

명을 내렸다. 허위라면 금지해야 할 일이지만, 사실이라면 그에 합당한 국가적 포상이 내려져야 할 사안으로 판단한 것이다. 그로부터 두 달 뒤, 경상감사 김여석(金礪石)이 다음과 같이 사실을 적어 올렸다.

> 신이 전날 하교를 받들고 영산 인근 고을에 가서 널리 수소문해 보니, 사람들이 전 영산현감 신담이 실제로 은혜를 백성에게 끼쳐 백성들이 어버이같이 사랑하고 받들고 있다고 하였습니다. 이제 그가 떠났는데도 끼쳐 준 사랑이 사람들에게 남아 있어 추모함이 더욱 돈독해져 함께 생사당을 세워 제사 드리고 있다 하였습니다. 신이 그 고을에 도착하여 고을 내의 식견이 있는 자를 불러 조용히 염탐해 보았습니다. 그랬더니 신취인(辛就仁) 등 40여 인이 모두 말하기를 "신담이 6년 동안 정사를 하면서 청렴하고 근실한 마음으로 백성들을 제 자식처럼 사랑했다."고 합니다.[28]

그 구체적인 선정의 사례로는 매우 극심했던 성종 16년의 을사년 흉년에 진휼을 잘했다는 사실을 들었고, 거기에 더해 생사당의 기문을 쓴 인물이 그의 치적을 잘 알고 있는 진주향교 교수 김일손(金馹孫)이었다는 것으로 사실의 신뢰성을 보태었다. 보고를 받은 성종도 "김일손은 문학하는 선비이니 망령되게 짓지 않았을 것이다. 신담이 끼친 사랑은 빈말이 아닌 듯하다."라고 십분 수긍하면서도 장차 폐단의 빌미가 될까 염려가 된다며 정1품 영돈녕 이상의 원로들에게 회부하였다.[29] 그리하여 심

---

28 『성종실록』 성종 20년 4월 18일. "臣前奉下書, 到靈山旁邑, 廣行咨訪, 人皆稱申澹前守靈山, 實惠及民, 民愛戴爺孃. 今其去也, 遺愛在人, 追慕益篤, 共立生祠以享之. 臣到其縣, 引邑中有識者從容廉問, 有辛就仁等四十餘人, 共言申澹六載爲政, 廉謹仁恕, 赤心字民."

29 『성종실록』 성종 20년 4월 19일. "傳曰: '馹孫文學之士, 必不妄作. 申澹有遺愛, 似不虛也. 然恐有將來之弊, 示領敦寧以上議之.'"

회, 윤필상, 홍응, 이극배, 노사신, 윤호 등의 원로들은 신담의 선정에 대해서는 대체로 인정을 했지만, 뒷날의 폐단을 우려하여 생사당의 건립에는 회의적 의견을 내놓았다. 성종도 거기에 동의하여 특명으로 자급을 건너뛰어 올려주는 초자(超資)의 포상으로 사안을 마무리했다. 이의무가 문제를 제기한 지 꼭 두 달이 걸려 내려진 결론이었다.

하지만 생사당 문제는 그렇게 종식된 것으로 보이지 않다. 영산현에서 신담의 생사당 건설이 좌절되었던 무렵, 함양에서는 김종직의 생사당이 세워지고 있었던 것이다. 그 당시 조정에서는 문제로 불거지지 않은 채 진행되었는데, 그런 사실이 뒤에 거론된 것은 연산군 4년 무오사화가 일어나던 때였다. 유자광이 〈조의제문(弔義帝文)〉을 빌미로 삼아 김종직의 제자들을 색출하는 과정에서 그의 생사당을 거론하고 나선 것이다. 그의 증언은 이러했다.

> 유자광은 아뢰었다. "신이 듣건대 함양 사람들이 김종직의 사당을 세웠다고 하여 물어보니 표연말·유호인이 사주한 것이지 고을의 부로들이 세우려고 했던 것은 아니었습니다. 함양은 신의 본향이므로 그만두게 하였습니다. 나중에 상을 당하여 남원에서 지내고 있는데, 표연말이 승지가 되어서는 정석견에게 편지를 보내 신에게 부탁하도록 했습니다."[30]

유자광이 밝히고자 했던 핵심은 김종직의 생사당 건립을 추진했던 표연말·유호인은 제자인 반면, 생사당 건립에 회의적인 견해를 지녔던 정석견은 제자로 볼 수 없다는 점이었다. 유자광이 왜 그리도 정석견을 변호하려

---

30 『연산군일기』 연산군 4년 7월 19일. "子光啓: '臣聞, 咸陽人立宗直祠, 乃問之, 蓋表沿沫·兪好仁所嗾, 非父老所欲也. 臣以本鄕, 故止之. 及臣守喪居南原, 沿沫爲承旨, 通書于錫堅令囑臣.'"

했는가를 따져보는 것은 우리의 관심이 아니다. 여기서는 사실의 진위 여부를 떠나 김종직의 생사당 건립을 제자 표연말·유호인이 뒤에서 사주했다고 지목한 발언에 주목하기로 한다. 유자광의 말을 액면 그대로 믿는다면, 승지가 된 표연말은 자기가 금지시킨 생사당 건립 또는 생사당에서의 제사를 재개하려고 백방으로 노력했다. 성종 22년의 일이다. 표연말은 그해에 홍문관부제학에 이어 우승지로 발탁되어 성종의 총애를 한껏 받고 있었으니,[31] 유자광의 증언이 빈말로만 보이지 않는다.

실제로 표연말은 김종직의 행장을 쓰면서 "공의 도덕과 문장은 진실로 현관(顯官)에 등용되어 사업에 쓰였어야 하는데, 어버이를 위하여 외직으로 내려와 오랫동안 하리(下吏)에 머물러 있었다."[32]고 안타까워했던 함양군수 시절의 제자였다. 도덕과 문장 모두에 탁월했음에도 불구하고 함양군수로부터 선산부사에 이르기까지 외직을 전전하고 있는 스승을 직접 지켜보았다. 그런 그로서는 함양군수를 훌륭하게 마친 스승에 대한 존경의 마음을 담아 생사당을 지어서라도 보답해야 한다고 생각했을 법하다. 함양군수 김종직의 가르침을 받아 서울에서 벼슬하고 있는 유호인도 마찬가지였다.

하지만 함양의 사족 표연말과 유호인이 김종직의 생사당 건립에 적극적이었던 것을 유자광처럼 사주로만 몰아붙이는 것은 전혀 근거가 없는 무고(誣告)에 가깝다. 오히려 우리는 김종직의 생사당 건립에 적극적으로 나선 표연말과 유호인, 그리고 신담의 생사당 기문을 지어 적극 격려하고 있는 김일손이라는 인물의 공통된 성향에 유의해야 한다. 성종 후

---

31 표연말, 『藍溪集』, 〈藍溪先生年譜〉. "弘治四年辛亥 成宗大王二十二年 : 拜弘文館副提學. 除承政院右承旨."

32 『연산군일기』 연산군 4년 7월 18일. "但臣撰宗直行狀云 : '以公之道德文章, 固宜早致顯庸, 措諸事業, 而爲親乞外, 久淹下吏.'"

반부의 성세를 이끌어가고 있던 중견 관료였던 그들은 젊은 시절 김종직의 가르침을 받았던 제자들이다. 이른바 성종대의 신진사류(新進士類)였던 것이다. 그런 그들은 뒷날의 폐단이 충분히 예견되는 생사당의 건립에 왜 그리도 열심이었던 것일까, 하는 근본적인 질문이 필요한 지점이다. 김일손은 다음과 같이 답변하고 있다.

> 나는 생각하건대 우리 전하께서 즉위하신 지 20년이 된 지금까지 백성의 일에 정성을 기울여서 매번 백성들을 다스리는 지방관에게 중책을 위임했지만 그 뜻을 받들어 시행하는 사람은 많지 않았다. 지금 신후(申候, 곧 申澹)가 평범한 관리들과는 다른 자질로 그 혜택을 백성들에게 미치게 하여 이처럼 사람들 마음 속 깊숙이 스며들게 했으니, 신후는 참으로 훌륭하다! 이미 화공을 구해서 그의 초상을 그리고, 다시 문사에게 부탁해 기문을 지으니 영산 사람의 마음 또한 부지런하다. 세상에서 우리 임금을 위해 우리 백성을 다스리는 사람들은 보고 느끼는 바가 클 것이다. 그리고 백성들 또한 은덕에 보답하는 도리를 알 수 있을 것이다. 살펴보건대 삼국 이래로 수천 년 동안 관리로 이름이 난 사람은 많았지만, 이른바 생사당에 모셔진 사람이 있다는 말은 들어보지 못했다. 국운이 융성하여 우리 전하의 시대에 비로소 보게 되었으니, 여기에서도 밝은 성군의 시대에 인재와 풍속의 아름다움을 볼 수 있다.[33]

김일손·표연말·유호인과 같은 신진사류들이 적극적으로 추진하고

---

33 김일손, 『濯纓集』 권3, 〈靈山縣監申澹生祠堂記〉. "余惟我殿下卽位二十年于今, 勵精民事, 每委重於親民之官, 而奉承者蓋寡. 今申侯能自拔於恒品, 使惠澤下流, 而入人心之深如此, 申侯賢矣哉! 旣求畫工而圖之, 又倩文士而記之, 靈人之心, 亦勤矣. 世之爲吾君牧吾民者, 可以觀感, 而爲其民者, 亦可以知報德矣. 按東方之故, 自三國以來數千年間, 名於宦者總總也, 而未聞所謂生祠者. 國家之盛, 當我殿下之時而創見焉, 亦見其聖明人才俗化之美也."

있던 생사당 건립은 성종이 즉위한 지 20년이 되도록 지방관으로서의 소임을 제대로 감당하고 있는 자가 많지 않다는 문제의식의 산물이었다. 유교문명 국가의 소임에 부합하는 지방수령의 표상을 세워 최고의 경의를 표함으로써 그 후임자들로 하여금 감발하게 만들기 위해 '생사당'이란 극단의 방법을 고안해냈던 것이다. 그들의 유별난 행위는 유자광처럼 스승-제자라는 사적 관계로 재단하기보다는 지역사회의 유교문명화라는 과제를 떠안고 있던 성종의 시대적 맥락에서 읽어야 한다. 유교문명의 비전을 전국적으로 확산하고 그것을 몸소 실천하는 지방관의 전범을 확립하는 일, 그것은 성종대의 신진사류가 매우 절실하게 설정한 시대적 과제였던 것이다.

실제로 김종직은 함양군수에 제수되었을 때, 지방에서 왕화(王化)에 보탬이 되는 정교(政敎)를 실행해보겠다며 다짐했다. 그의 각오가 얼마나 성공적으로 구현되었는지 확인하기란 쉽지 않다. 물론 지금도 함양에서는 생사당을 세워줄 정도로 훌륭한 지방관이었다고 기억하고 있다. 하지만 그런 당위론적인 믿음에서 벗어나 구체적으로 어떤 행적을 보였기에 생사당을 세워 기렸는가를 객관적으로 밝혀낼 필요가 있다. 그러기 위해서는 함양군수로 있으면서 지은 320수의 작품을 꼼꼼하게 살펴볼 필요가 있다. 이들 시문은 〈수령일지(守令日誌)〉라고 불러도 좋을 만큼, 함양에서 지방관으로 겪은 일상을 생생하게 읊고 있기 때문이다. 그때 김종직이 함양군수로서 보여준 치적들은 당대 젊은 신진사류들이 지향하고 있던 유교문명화의 비전을 보여주는 구체적인 재현이기도 했다.[34]

거기에 더하여 그런 작업은 김종직이 살고 있던 시대적 상황과의 관련

---

34 이 시기에 지은 시문은 『점필재집』 권7에서 권11까지 실려 있다. 김종직의 함양군수 시절에 대한 자세한 연구로는 정경주, 「점필재 김종직의 政敎와 講學의 서정: 함양군수 시기를 중심으로」, 『남명학연구』 39집(경상대 남명학연구소, 2013)이 있다.

아래에서 수행될 필요가 있다. 김종직이 함양군수에 제수된 것은 성종 1년 12월이다. 그때는 왕위의 찬탈이라는 비판으로부터 자유로울 수 없던 세조의 죽음, 즉위한 지 1년 남짓 되었을 무렵 갑자기 들이닥친 예종의 급서, 그리하여 열두 살 어린 나이에 왕위에 오른 어린 성종의 치세, 등등. 정말로 걷잡을 수 없을 만큼 극심하게 요동치던 시대였던 만큼, 조정에도 항상 팽팽한 긴장감이 감돌았다. 뒷날 '사림의 종장'으로 불리게 되는 김종직의 행보도 이런 분위기로부터 자유로울 수 없었다. 조선 전기 신진사류가 훈구관료와 겪던 갈등과 좌절, 그리고 극복의 의지가 매우 민감하게 엇갈리고 있었던 것이다. 김종직의 함양군수 시절을 통해 성종대의 젊은 신진사류가 어떠한 유교문명의 비전을 갖고 지역교화를 수행했는가를 살펴보려는 우리의 논의가 훈구-사림의 대립이라는 실상을 검증해보는 시금석이 될 수 있다고 기대하는 근거이다.

3. 성종의 즉위와 신진사류 김종직의 정치적 행보

1) 중앙 정치무대에서의 좌절과 지방관 선택

성종 1년 12월 함양군수에 제수되기 반년 전쯤, 김종직은 4월 5일 예문관겸관으로 선발되어 6월 4일 예문관수찬에 제수되었다. 예사롭게 보이지만, 예사롭지 않은 일이었다. 그 의미를 이해하기 위해서는 예문관겸관 제도의 맥락을 살펴볼 필요가 있다. 성종은 즉위 직후부터 세종시대의 성세를 재현하기 위해 집현전과 같은 학술기관을 설치하고자 했다. 하지만 단종복위 운동의 거점이 되었다는 이유로 세조가 혁파해버린 기구를 되돌리기는 어려웠다. 그리하여 국왕의 교서 등의 문서를 담당하던 예문관을 학술연구 및 자문기구로 개편하여 집현전의 역할을 이어받고자 했다. 그리하여 거기에 배치할 젊고 유능한 학자를 선발하였는데,

김종직도 선발된 것이다.[35] 김종직은 그때의 상황을 다음과 같이 증언하고 있다.

> 성화 6년은 우리 전하[성종]께서 막 왕위에 오르신 때인데, 경연에 날마다 나가느라 겨를이 없으셨다. 그해 4월에 공경(公卿) 및 관각(館閣)에 명하여 3품 이하의 시강(侍講)하는 사람을 선발하여 예전 집현전을 본떠 예문관에 관원을 배치하도록 하였다. 임금의 자문에 대비한 것일 뿐만 아니라 사명(辭命)을 짓거나 임금의 언행을 기록하거나 경서 서적을 편찬하는 등 여러 가지 일을 모두 집현전의 예전 일처럼 하였다. …(중략)… 열다섯 명이 당번을 정해 교대로 입직하여 하루에 세 차례씩 임금을 접견했으니, 사림들이 이들을 영주(瀛洲)에 오른 것에 비유하였다.[36]

예문관에 선발된 3품 이하의 젊은 관원들은 국내외로 보내는 문서를 작성하고 유교경전을 편찬하는 작업뿐만 아니라 임금의 자문에 응대하고 매일 경연에 들어가서 임금의 곁에서 일거수일투족을 기록하는 임무까지 맡았다. 임금을 지근의 거리에서 모시게 된 그들을 "신선이 사는 영주(瀛州)에 올랐다[登瀛洲]"고 부러워할 정도였다. 매일 세 차례 열리는 조강(朝講)·주강(晝講)·야대(夜對)는 물론이고 상참(常參)·조계(朝啓)에도 참여하게 하고,[37] 윤대(輪對)의 제도를 처음 만들어 독대(獨對)의 형식

---

35 『성종실록』에는 재주와 행실이 겸비된 자 30명을 선발하여 예문관겸관으로 차정했다고 되어 있다[『성종실록』 성종 1년 4월 5일 기사 참조]. 하지만 김종직은 15명이 선발되었다고 회고하고 있다. 30명에서 다시 15명으로 간추려진 것으로 보인다.
36 김종직, 『점필재집』 문집 권1, 〈送金都事潤宗詩序〉. "成化紀元之六年, 我殿下踐祚甫爾, 臨御經筵, 日不暇給. 夏四月, 命公卿及館閣, 選三品以下侍講之人, 倣古集賢殿, 設員于藝文館, 非但備顧問於細氈之上而已, 凡製作辭命, 記注言動, 編摩經籍, 一如集賢故事. … 十有五人者, 分番更直, 日承三接, 士林以比之登瀛洲焉."
37 『성종실록』 성종 1년 11월 26일. "傳曰: '自今後, 令藝文館員, 入常參, 參朝啓.'"

으로 이들을 만났다.[38] 임금과의 독대는 허용되지 않은 것이 원칙이라는 이유로 비록 닷새 뒤에 승지와 사관이 배석하게 되지만,[39] 젊은 예문관 관원에 대한 성종의 대우는 파격 그 자체였다. 거기에 포함된 김종직도 한껏 고무될 수밖에 없었다.

노둔한 내가 어찌 준재들의 틈에 낄 수 있으랴	駑劣那堪厠儁材
유림의 문단을 비추는 풍광이 우뚝함을 깨닫겠네	道山風日覺崔嵬
조정에서 공정하게 인재 선발한 것이 기쁘나니	廟堂喜有懸衡選
경연에서 강론하는 관원의 절반은 초야의 선비라네.[40]	經幄論思半草萊

영광스런 선발에 들었다는 자부, 그리고 중앙과 지방의 인재가 반반씩 선발된 데 대한 기쁨이 넘쳐난다. 실제로 이 무렵에 지은 시문을 읽어 보면, 이전 분위기와 사뭇 다르다. 근정전 좌우의 문무루(文武樓)에 소장하고 있는 진귀한 서적을 마음껏 열람하며 황홀해하기도 하고,[41] 예문관의 월과(月課)로 지어 바친 〈쇄옥두(碎玉斗)〉·〈용산낙모(龍山落帽)〉·〈계림회고(鷄林懷古)〉·〈해시(海市)〉와 같은 작품에서는 어려운 고사를 뒤섞어가며 자신의 학식을 화려하게 장식해 보이기도 했다. 뿐만 아니라 교유하는 인물의 범위도 매우 달라졌다. 우의정에 제수된 상락부원군 김질(金礩)에게 〈서상락군시권(書上洛君詩卷)〉 두 수를 지어 축하하기도 하고, 상당부원군 한명회(韓明澮)의 요청으로 〈압구정(狎鷗亭)〉·〈상당부원군시권(上黨府院君詩卷)〉을 지어 바치기도 했다. 사림의 종장으로 일컬

---

38 『성종실록』 성종 1년 12월 2일. "藝文館直提學柳睊等三人輪對. 輪對, 自此始, 命獨對. 故承旨史官不入侍."
39 『성종실록』 성종 1년 12월 7일. "傳于禮曹曰: '今後輪對時, 承旨·史官各一員入參.'"
40 김종직, 『점필재집』 시집 권6, 〈直廬偶吟〉.
41 김종직, 『점필재집』 시집 권6, 〈文武樓觀書籍〉. "檢秩每登降, 恍如游沆瀣."

어지는 김종직이 정치적·사상적 성향이 다른 세조대의 훈구공신들과 자주 교유했으며, 거기에 담긴 모습은 그들과 별반 다른 점을 찾을 수 없다는 혐의를 받은 시기이기도 하다.

분명 김종직은 예전과 비교할 수 없을 만큼, 득의만만한 시절을 보내고 있었다. 거기에 더해 비록 빌린 집이긴 했지만, 동대문 근처에 새로운 거처도 마련하게 되었다. 그리하여 새집에서 생활하는 즐거움을 "시장 흥정소리 낮잠을 방해하지만, 넉넉한 시흥(詩興)은 바위틈에 넘쳐나네."[42] 라고 읊으며 흡족해하기도 했다. 하지만 불과 몇 달이 되지 않아 김종직은 돌연 예문관수찬을 사직하고 지리산 자락의 함양군수에 제수되어 내려간다. 주변의 만류를 뿌리치고 선택한 결행이다.

성화 6년 경인년은 바로 주상이 즉위한 지 2년 되던 해[성종 1년]이다. 종직이 외람되이 경연에서 임금을 모셨는데, 이때 모친의 나이 71세가 되어 사직하여 돌아가 봉양할 것을 청하였다. **주상이 특명으로 함양군수를 제수하셨다.**[43]

김종직이 모친의 삼년상을 치르며 지은 행장에서 밝힌 이유이다. 노모봉양을 위해 사직을 청하자 성종이 고향 밀양과 멀지 않은 함양군수에 제수하는 특전을 베풀어주었다고 술회하고 있다. 김종직은 여기 외에도 종종 이런 식으로 자신의 사직 이유를 말하고 있다. 하지만 가장 영예롭고 기쁨에 넘쳐흐르던 때 갑작스럽게 지방관을 자원한 선택에는 석연찮

---

42 김종직, 『점필재집』 시집 권6, 〈移居東小門下尹正孝孫家〉. "判斷市聲鐃晝寢, 剩饒詩興漲巖幽"

43 김종직, 『점필재집』, 「彝尊錄」, 〈妣朴令人行狀〉. "成化六年庚寅, 今上卽位之二年也. 宗直忝侍經幄, 時夫人年七十一, 乞辭職歸養. 上特命除咸陽郡守."

은 구석이 많고, 그래서 그 즈음의 정치적 내막을 보다 깊이 들여다볼 필요가 있다. 공교롭게도 김종직은 함양군수의 임기를 꽉 채우고 성종 7년 승문원참교에 제수되어 조정으로 복귀하지만, 그해 여름 다시 선산부사(善山府使)로 내려온다. 김종직은 이번에도 노모 봉양을 위해 자원했다고 말하고 있다.

하지만 그렇지만은 않았다. 권력의 핵심을 틀어쥐고 있는 훈구관료 집단이 합법을 가장하여 불법적인 승진의 수단으로 이용하고 있는 중시(重試) 제도의 폐지를 여러 차례 건의하다가 받아들여지지 않자 지방관을 자원하여 선산부사로 내려왔던 것이다. 우리는 그 내막을 김종직과 함께 중시의 폐지를 요구했던 절친 홍귀달이 쓴 김종직의 신도비에서 확인할 수 있다. "이해[성종 7]에 마침 중시(重試)가 있었는데, 그건 문사(文士)가 빠르게 승진할 수 있는 수단이 된다며 응시하라 권했다. 하지만 끝내 응시하지 않았으니 여론이 고상하게 여겼다."[44]라고 적었다. 승진의 수단을 포기하고 지방관을 자원하여 선산으로 내려간 전말을 은밀하게 보여준다. 여기서 간과해서는 안 되는 대목이 있다. 고상하게 여기지만, 결국 내쳐지고 마는 세상이라는 사실. 그것이 김종직이 발 딛고 서있던 성종 초반의 정치 현실이었다.

2) 함양군수의 자원과 노모봉양 구실의 실제

전근대 유교문화권에서 부모 봉양을 위한 사직 요청은 중국 진(晉)나라 이밀(李密)의 〈진정표(陳情表)〉에서 보듯, 칭송을 받아 마땅한 미덕이었다. 하지만 여의치 않은 정치적 상황을 모면하기 위한 명분으로 활용할

---

44 홍귀달, 〈神道碑銘〉. "是歲, 適重試, 咸勸曰: '重試, 文士驟進之階.' 竟不赴, 物論高之."

수 있는 거의 유일한 수단이기도 했다. 김종직의 경우, 그의 발언만 가지고는 어느 경우에 해당되는지 판단 내리기 쉽지 않다.[45] 그렇다면 그가 처해있던 상황과 관련지어 그 사태의 진실을 유추해볼 수밖에 없다. 그런 가운데 함양군수로 있으면서 강희맹(姜希孟)에게 자신의 심경을 솔직하게 토로하고 있는 다음의 편지는 흥미로운 단서를 제공해 준다.

> 종직이 어리석음을 무릅쓰고 사퇴한 것은 어찌 공연히 그랬겠습니까? 종직이 벼슬길에 나선 이래로 거의 20년이 되었는데, 기질이 편벽되어 세상과 맞지 않았습니다. 비록 관복을 걸치고 있지만 사슴과 같은 성정(性情)에 항상 산골짜기에 있었고 아름다운 산수를 마음속에 그리워하느라 사람들과 함께 나아가고 물러나는 일이 매번 즐겁지 않았습니다. 근자에 노모 봉양으로 물러날 것을 청하니, 조정에서는 종직이 경연에서 모셨으니 한산한 땅에 둘 수는 없다며 영광스럽게도 한 군의 수령을 맡겨 주셨습니다. 한강을 건너 남쪽으로 내려오면서 다시는 이 물을 건너 도성으로 돌아가지 않겠다고 했습니다. 다행히 청명한 시대를 만났으니 이렇게 결별하고 내려와서는 안 되는 일이었지만, 분수와 능력을 헤아려보면 진실로 마땅한 선택이었습니다.[46]

발언의 내용이 무언가 의미심장하게 읽힌다. 평소부터 산수를 그리워하다가 노모 봉양을 위해 낙향을 청하자 함양군수에 제수해준 임금의

---

[45] 정경주도 촉망받던 중년의 관원이 지방관을 자청하는 경우가 드물다는 이유를 들어 진짜 이유가 궁금하다며 판단을 유보한 바 있다. 정경주, 앞의 논문, 180~181쪽.
[46] 김종직, 『점필재집』 문집 권1, 〈答晉山君書〉. "宗直之所以冒昧辭官者, 夫豈徒哉? 宗直自筮仕以來, 幾二十年, 氣質之偏, 無所諧偶. 簪紳雖絆于身, 而麋鹿之性, 恒在丘壑, 佳山秀水, 心想神遊, 旅進旅退之際, 每鬱鬱不樂也. 頃以母老乞歸, 朝廷以宗直猥侍經幄, 不可遽置散地故, 苟以一郡榮之. 旣涉漢江而南也, 將不復渡斯水而入國門. 幸遭清明之代, 不當如是決去, 然揣分量材, 固其宜也."

배려는 참으로 영광스러운 일이었다. 하지만 내려오면서 다시는 한강을 건너 서울로 되돌아가지 않겠다고 다짐했다 한다. 아니, 관직에 있던 지난 20년 동안 세상과 어긋났다고도 한다. 매우 불편한 심기가 감지되는 발언들이다. 자신의 분수와 능력으로 미루어보면, 자신의 선택이 마땅한 것이었다는 자조(自嘲)야말로 뭔가 진한 여운을 남긴다.

그리고 보면 김종직은 예문관겸관에 선발되었을 때, 노둔한 자신이 감히 준재(俊才)의 틈에 끼게 되었다고 말한 바 있다. 겸사였겠지만, 진짜 겸사만은 아닐 수 있다. 그리고 선발된 인물 가운데 반은 초야의 선비여서 기쁘다고 했는데, 밀양에서 올라온 자신도 거기에 속한다. 생각해보면, 서울출신과 시골출신이 반반씩 선발되었다는 것은 당시 조정의 상황에 비추어본다면 엄청난 파격이었다. 능력도 능력이지만 가문이라든가 출신이 절대적인 영향을 행사하던 시절이었기 때문이다.

그런 상황을 염두에 두고 김종직이 예문관에 선발되던 때를 보다 깊숙이 들여다볼 필요가 있다. 김종직은 서울의 명문가문의 자제들과 함께 선발된 것이 무척 자랑스러웠다. 하지만 불편한 심사도 있었다. 또한 선발된 그들에게 과분한 특전이 주어질 때마다 주변의 부러움과 함께 쓸데없는 질투심도 불러 일으켰다. 실제로 선발 이후 온갖 논란이 있었던 것으로 보이는데, 선발 인원과 실제 배치의 사이에서 그런 정황이 감지된다. 『성종실록』에는 총 30명을 선발한 뒤, 그 이름을 하나하나 밝혀놓았다. 하지만 예문관에 배속된 실제 인원은 총 15명이었고, 예문관을 책임질 부제학에는 선발 명단에는 없던 김지경(金之慶)이 등장하고 있다. 선발된 30명을 다시 15명으로 간추려지고, 새로운 인물이 예문관 책임자로 내려온 것으로 추정된다. 그런 과정에서 적지 않은 분란이 일어났고, 결국 김종직은 사퇴를 결심했던 것으로 보인다.[47]

---

[47] 참고로 예문관부제학을 맡은 金之慶은 김종직과 같은 선산 출신으로 본관이 같은

실제로 김종직이 함양군수로 내려가 버린 이후에 예문관원 선발을 둘러싸고 벌어진 첨예한 논란으로 미루어 볼 때, 처음의 선발 상황을 어느 정도 가늠해볼 수 있다. 제1기 예문관관원을 선발하고 1년쯤 지났을 때, 다시 15명을 제2기로 선발했다.[48] 1등은 김종직의 제자 김흔(金訢)이 차지했는데, 사관이 그때 선발 과정에서 빚어진 잡음을 자세하게 적어두었다.

> 사신은 말한다. "유양춘(柳陽春)은 일찍이 그의 외삼촌 현득리(玄得利)가 자신이 지은 시권(試券)을 도둑질했다고 발설하였다가 죄에 연루되었는데, 지금 또한 선발된 명단 가운데 있었다. 이조판서 이극증·겸판서 노사신이 말하기를 '유양춘이 선발된 것은 옳지 않다.'고 지적했다. 하지만 여러 재상은 듣지 않고 이르기를 '비록 선발되었다고 해도 이조에서 벼슬을 주지 않으면 되는데 무슨 문제될 게 있는가?'라고 하였다. 이것은 **실상 그의 죄를 비호하려는 것이었다.**"[49]

유양춘의 선발을 둘러싼 논란은 쉽게 끝나지 않았다. 과거시험장에서 외삼촌-조카 사이에 벌어진 불미스런 일로 인해 영구히 정거(停擧)의 처분을 받았던 사람을 경연관과 춘추관을 겸하는 예문관원으로 받아들

친족이다. 그리고 그의 아들 金應箕는 김종직의 제자일 정도로 가까운 사이였다. 김지경에게 예문관을 총괄하게 하는 직책을 맡기는 과정에서 어떤 사정이 있지 않았을까 짐작되는 대목이다. 참고로 김지경 이후의 부제학은 애초에 예문관겸관으로 선발된 柳睧이 맡았다. 그 이후에도 선발된 순으로 김계창-이극기-임사홍-최경지 등이 계속 이어받았다.

48 『성종실록』 성종 2년 4월 18일. "曾經政丞及議政府·六曹·館閣堂上, 會議政府, 揀選藝文錄金訢等十五人以啓."

49 『성종실록』 성종 2년 4월 18일. "史臣曰: '柳陽春, 嘗發其舅玄得利盜己所作試券事, 坐罪, 至是亦在選中. 吏曹判書李克增·兼判書盧思愼言: '陽春, 不宜在選.' 諸宰相不聽曰: '雖在選, 吏曹自可不敍, 何害?' 其實, 欲庇之也."

여서는 안 된다는 것이다. 이조판서 이극증과 겸판서 노사신의 문제 제기를 원로대신들이 받아들이지 않자 이번에는 해당 부서 책임자인 예문관부제학 김지경이 직접 나서서 개정을 요청했다. 거기에 사헌부까지 가세하면서 그의 선발은 취소되기에 이른다.[50]

예문관원의 선발을 둘러싼 시비는 그때에 그치지 않았다. 다시 그 이듬해인 성종 3년에는 15명이 아니라 윤효손(尹孝孫) 등 총 30명을 선발하게 된다.[51] 이번에도 부제학 유권(柳睠)이 선발의 불공정성을 문제 삼고 나섰다. 원로대신인 원상(院相)들이 수작을 부려 선발의 공정성을 훼손했다는 것이다. 반발의 강도는 그 전에 비해 훨씬 강했다. 개정 요구가 받아들여지지 않자 9월 25일부터 연일 들고 일어났다. 유권의 발언을 직접 들어보자.

> 부제학 유권이 아뢰기를 "예문록(藝文錄)을 지난번에 모두 40여 인을 뽑았는데, 이번에 다시 30인을 더 뽑아서 무려 70여 명이나 되게 되었습니다. 그러니 선발된 인물 모두가 어찌 합당하다고 하겠습니까? 신도 적임자가 아님을 잘 알고 있습니다. 하지만 예문관원은 다시 한번 더 선발해서라도 정밀하게 하지 않을 수 없습니다."라고 하였다.[52]

중국 당나라에서도 학사의 선발은 18명으로 한정했는데, 조선에서 70명이나 되는 인원을 선발한 것은 납득하기 어렵다는 지적도 이어졌다.

---

50 『성종실록』 성종 2년 4월 25일. "司憲府持平金首孫來啓曰: '… 柳陽春, 今與藝文錄, 陽春與其舅爭詰訟庭. 雖有小才, 心行如此, 將安用之? 請削去.' 傳曰: '知道.' 尋命削陽春藝文錄."

51 『성종실록』 성종 3년 9월 24일. "議政府·諸館堂上及六曹參判以上, 會忠勳府, 議選堪爲藝文錄者, 尹孝孫等三十人以啓."

52 『성종실록』 성종 3년 9월 27일. "副提學柳睠啓曰: '藝文錄, 前選四十餘人, 今又選三十人, 凡七十餘人, 豈能盡合於選? 臣亦自知不稱, 藝文重選, 不可不精.'"

많은 인원의 선발도 문제였지만, 자격 미달인 자는 물론이고 장차 성취 가망이 없는 연로자까지 선발된 문제도 불거져 나왔다. 원로대신들의 사사로운 개입이 있었다고 짐작되는 대목이다. 사태가 점점 심하게 전개되자 마침내 영의정 신숙주가 나섰다. 예문관원을 선발할 때 부제학인 유권 자신도 참여했으면서 이제 와서 딴소리를 하는 것은 잘못이라고 반박하는 한편, 많은 인원을 선발해두었다가 궐원(闕員)이 생길 때마다 가려서 채용하면 된다는 방안까지 제시했다. 그러고는 경연관의 신분으로 나라의 사람을 채용하는 데까지 참여하려는 것은 옳지 못하다며, 위압으로 사태를 진정시켰다.[53]

3) 신진사류 김종직의 실천과 지역교화의 비전

부제학 유권과 영의정 신숙주 사이의 팽팽한 대립을 통해, 임금의 최측근인 예문관원을 둘러싸고 훈구대신과 신진사류가 맞부딪치기 시작했던 성종대의 정치지형도를 예감하게 된다. 그때, 김종직은 그런 갈등의 최전선에 위치하고 있었다. 예문관 선발을 좌지우지하고자 하는 원로대신의 개입에 반발하며, 사퇴와 낙향으로 맞섰던 것으로 추정된다. 이런 상황을 지켜보던 성종은 함양군수에 임명하며 사태를 무마하고자 했고, 김종직도 기꺼이 받아들였다. 임금의 곁이 아니라 지방에 내려가서도 왕화(王化)에 도움이 될 수 있다고 판단했기 때문이다. 강희맹에게 서울을 떠나올 때의 심경을 솔직하게 털어놓은 뒤, 함양에 도착하여 갖게 된 다짐을 다음과 같이 이어 설명했다.

---

53 『성종실록』 성종 3년 9월 28일. "且經筵官, 於國家用人之事, 非所當駁也. 傳曰: '柳睠旣參揀擇時, 而反論其不精, 予甚非之.'"

다행히 청명한 시대를 만났으니 이렇게 결별하고 내려와서는 안 되는 일이었지만, 분수와 능력을 헤아려보면 진실로 마땅한 선택이었습니다. 그런데 전임자와 인수인계를 마치고 나서 늙은 모친을 모셔다가 일읍(一邑)으로 봉양을 하니, 마음이 자못 편안하였습니다. 그리하여 하늘 같은 성은에 대해 매번 보답할 것을 생각하고, 왕화(王化)에 도움이 되는 모든 정치와 교화에 대해 힘쓰지 않은 것이 없었습니다.[54]

서울에서의 울울한 기억이 진정되고 난 뒤, 김종직은 지방관으로서 왕화를 어떻게 도울 것인가를 생각하기 시작했다. 그리고 도움이 되는 모든 정치와 교화를 펼쳐냈다. 그리하여 생사당을 세워줄 정도로 많은 성과를 거둘 수 있었다. 그렇게 자신의 마음을 다잡을 수 있었던 것은 아마도 자신의 유일한 스승이던 부친 김숙자(金叔滋)를 어린 시절부터 지켜본 영향이었으리라 짐작된다. 세종 1년 문과 급제한 김숙자는 성균관을 거쳐 예문관 사관으로 제수되려는 참에 출처(黜妻)의 시비로 좌절을 겪었다. 그 이후에도 그 문제는 서연정자(書筵正字)에 제수되거나 집현전주부(集賢殿注簿)에 오르려 할 때마다 걸림돌로 작용하여 평생 지방의 수령이나 훈도로 전전해야 했다.[55] 그리고 김종직은 열 살 무렵부터 그런 부친의 부임지를 따라다니면서 가르침을 받았는데, 그때 지방관으로서의 부친을 다음과 같이 기억하고 있었다.

---

54 김종직, 『점필재집』 문집 권1, 〈答晉山君書〉, "幸遭淸明之代, 不當如是決去, 然揣分量材, 固其宜也. 及夫交龜之後, 迎致老母, 養之以一邑, 心頗安焉. 聖恩如天, 輒思報效, 凡政敎有可以裨補王化者, 則無不力爲之."

55 『세종실록』 세종 5년 7월 4일; 세종 20년 10월 26일; 세종 21년 4월 24일 기사 참조.

선공께서는 두 차례 현감을 지내셨다. 그때마다 이르시기를 "토지가 있고 백성이 있으니, 여기에서도 나의 학문을 실행할 수 있다"라고 하셨다. 그러고는 혁혁한 명성을 구하지 않은 채 오로지 저속한 풍속을 혁신하고 육행(六行)을 일으키는 것을 으뜸의 임무로 삼으셨다. 그리하여 백성들에게 농상(農桑)을 권장하여 봄여름마다 추종하는 자를 간소하게 하고 몸소 밭두렁을 출입하고 방죽[堤堰]을 순시하였다. 곡식의 종자가 없는 백성에게는 종자를 빌려주고, 먹을 것이 없는 백성에게는 식량을 보태주니, 부지런한 백성에게는 위로가 되고 게으른 백성에게는 징계가 되었다. 관청의 빈 땅에도 뽕나무를 심어 백성들로 하여금 와서 묘목을 가져가게 하였다.[56]

부친 김숙자는 세종 24년에 고령현감, 세종 31년에 개령현감에 제수된 바 있다. 김종직이 군수로 있던 함양과 인접한 작은 고을의 수령이지만 김숙자가 오른 최고 고위직이기도 하다. 세종 1년 문과에 급제한 뒤, 명나라에 유학을 보내 제과(制擧)에 응시하게 할 인재를 선발하는 뽑힐 정도의 능력을 지닌 김숙자로서는 참으로 초라한 관직이었다.[57] 그렇지만 부친은 그런 보잘것없는 지방관에 임명되어도, 항상 자신의 학문을 실천할 수 있는 곳은 서울의 조정에 국한되지 않는다는 점을 일깨워주었다. 토지가 있고 백성이 있는 곳이라면, 아무리 작은 고을이라도 배운 학문을 통해 왕화의 실천이 가능하다고 가르쳤던 것이다. 그리고는 풍속을 교화하고 『주례』에 지방관의 소임으로 규정된 육행(六行)의 부흥을 실천했다. 부모에게의 효도[孝], 형제간의 우애[友], 친족 사이의 화목

---

56 김종직, 『점필재집』, 「彝尊錄 下」, 〈先公事業 第四〉. "先公兩爲縣監, 必嘆曰: '有土地有人民, 是亦可以行吾學也.' 不求赫赫名, 專以革汚俗興六行爲首務. 其勸農桑也, 則每春夏, 寡騶從, 躬出入阡陌, 巡視堤堰. 民乏種者貸之, 乏食者賙之, 勤者慰而惰者懲, 栽桑於官之隙地, 令民來取種焉."

57 김종직, 『점필재집』, 「彝尊錄 下」, 〈先公事業 第四〉.

[睦], 인척과의 화목[姻], 다른 사람에 대한 책임[任], 궁핍한 자의 구휼 [恤]이 그것이다.[58]

　김숙자의 가르침은 단순하게 교화의 차원에서 그치지 않았다. 백성들에게 농업과 양잠을 권장하고, 몸소 현장을 찾아 애로사항을 파악하고, 곤궁한 백성이 굶주리지 않고 농사에 종사할 수 있도록 거들었다. 민생의 문제에도 남다른 모습을 보여주었다. 지방관에 제수된 김종직은 부친이 실천적으로 보여주었던 바를 함양군에서 고스란히 재현하고자 했다. 중앙 정치무대에서 유교지식인으로서의 꿈을 실현하기 어려울 경우, 지방에서의 왕화라는 새로운 길을 실천하고자 했던 김종직의 선택은 당대 관료사회와 신진사류에게 신선한 충격으로 다가왔다. 새로운 시대에 부합하는 지방관으로 비춰졌고, 그래서 생사당을 지어 기리고자 했던 것이다. 함양군수로 있으면서 김종직이 지방관으로서 어떤 일들을 어떤 방식으로 처리했는가를 다시금 살펴보아야 하는 까닭이다.

4. 유교문명의 확산과 왕화王化의 실천적 면모

1) 시정施政의 실천: 수령칠사의 책무와 이은吏隱의 추구

①　어린 나이 즉위한 성종의 치세는 할머니 정희왕후(貞熹王后)의 수렴청정과 세조대의 훈구공신들로 구성된 원상제(院相制)라는 비정상적인 정치체제로 시작되었다. 한 치 앞을 내다볼 수 없는 정국은 불안하기 그지없을 법했다. 어린 단종이 겪었던 정치적 참극이 아직 생생하게 남아있던 시절이기 때문이다. 하지만 의외로 안정적인 출발을 보였다. 특히 정희왕후가 보여준 첫 번째 정사 장면은 매우 인상적이다. 지방수령에

58　『周禮, 地官, 大司徒』. "六行, 孝・友・睦・姻・任・恤."

제수된 인물을 직접 불러 만나보고, 지방관으로서 행해야 할 임무를 매우 구체적으로 지시하고 있었던 것이다.

> 함양군수 박수미와 안악군수 허준과 비인현감 김사성이 하직하였다. 대왕대비가 숭문당(崇文堂)에 나가서 이들을 인견하여 말했다. "최근 진언한 사람이 폐단을 논한 것이 매우 많지만, 지금은 그중 심한 것만 들어보겠다. 노루 가죽을 공물로 바칠 때 책임을 민간에 지우는 일, 관가에서 누에를 기르며 뽕잎을 딸 때 백성의 밭을 밟아 손해를 끼치는 일, 매년 견감해준 밀린 세금을 독촉하여 징수하여 백성을 침탈하는 일, 옻나무를 관가에서 키우지 않고 백성에게 바치게 하는 일, 학교에 수령과 교관이 마음을 쓰지 않아 학생들로 하여금 학업을 폐기하도록 만드는 일, 서울로 바칠 노비를 선발할 때 수령이 아전에게 전적으로 위임하는 일, 등등. 이런 일들을 마땅히 직접 살피고 생각하여 지방을 맡긴 뜻을 저버리지 말도록 하라. 승지는 이 여섯 가지 일과 폐단이 있는 일들을 규정으로 만들어 주도록 하라."[59]

정희왕후 자신이 밝히고 있듯, 최근 누군가에게 전해들은 지방의 폐해를 조목조목 열거하고 있다. 이렇게 말로만 당부하고 그치는 것으로는 미진하니, 아예 지방관으로 있으면서 반드시 처리해야 할 일의 사목(事目)을 만들어주라고 분부할 정도였다. 이에 도승지가 정희왕후가 말로 주문했던 당부를 여덟 항목으로 정리해서 바치자 "감옥의 죄수를 빨리

---

59 『성종실록』 성종 1년 1월 20일. "咸陽郡守朴壽彌·安岳郡守許峻·庇仁縣監金嗣成辭. 大王大妃御崇文堂, 引見謂曰: '近日陳言者, 論弊事甚多, 今但擧其尤者言之. 貢物獐皮, 責出民間; 官家養蠶摘桑時, 民田踏損; 各年蠲減逋負, 督徵侵民; 漆木, 官不培養, 責納民戶; 學校, 守令·敎官慢不致意, 令學徒廢業; 選上奴抄定時, 守令專委吏手等事. 宜自省念, 以無負委任之意. 承旨, 將此六事及凡有弊事, 作事目以授.'"

처결하여 오래 가둬두지 말라"는 내용을 추가할 정도로 관심은 촘촘했다. 지방관 파견에 대한 관심을 일회성으로 보여주고 마는 것도 아니었다. 이틀 뒤에는 순창군수와 양구현감을 인견하여 새로 만든 사목을 내려주고,[60] 다시 이틀 뒤에는 삼척부사와 청주목사에게도 똑같은 내용으로 지시했다.[61] 자신이 직접 인견하지 못하는 경우, 반드시 승정원에서 대신 일러주어 보내라는 규정을 만들라고 분부하기도 했다.[62]

성종의 즉위와 함께 지방관 파견에 대한 관심이 매우 고조되고 있음을 보여주는 생생한 사례이다. 유교문명 국가로서의 면모를 제대로 갖추기 위해서는 그 교화가 중앙의 정치무대에서뿐만 아니라 전국 곳곳에서도 이루어져야 한다고 생각한 결과이기도 했다. 유교문명으로의 전환을 보다 넓게 확산해야 하는 단계에 접어들고 있었던 것이다. 그런 목적을 구현하기 위해 정희왕후가 지방관에게 각별하게 강조한 내용은 수령칠사(守令七事)였다. 『경국대전』에 규정된 '농사와 양잠의 번성'[農桑盛], '호구의 증대'[戶口增], '학교의 흥기'[學校興], '군정의 정돈'[軍政修], '부역의 균등'[賦役均], '소송의 간명'[詞訟簡], '교활 아전의 근절'[奸猾息]이 그것이다. 사실 수령칠사는 일찍이 세종이 설정한 지방관의 책무였는데,[63] 그걸 잘 알고 있던 며느리 정희왕후는 그때의 정책을 새롭게 재현

---

60 『성종실록』 성종 1년 1월 22일.
61 『성종실록』 성종 1년 1월 24일.
62 『성종실록』 성종 1년 1월 25일.
63 세종은 지방관의 공정한 평가를 위해 守令七事에 의거해 실적을 적어 올리도록 하는 한편, 2품 이상의 수령을 파견할 때만 인견하던 관례를 2품 이하까지 확대·실시하였다. 『세종실록』 세종 1년 10월 26일. "敎: '自今諸道各官守令褒貶, 春夏等則六月十五日前, 秋冬等則十一月十五日前, 以爲定限. 且於啓本, 將守令七事實迹, 依曾降敎旨, 具錄以聞.'"; 『세종실록』 세종 7년 12월 10일. "前此, 只令二品以上守令接見. 予詳思之, 閭閻遐邈, 予不親往莅之. 選擇良吏, 分憂差遣, 其任不細, 故二品以下守令, 亦令親見以送."

하고 있었던 것이다.

성종도 그런 정희왕후의 뜻을 고스란히 이어받았다. 만약 수령칠사를 제대로 모르고 있을 경우, 그 자리에서 개차해버리고는 이런 인물을 추천한 이조를 심하게 문책할 정도로 그 의지는 단호했다.[64] 때 이른 조선의 문명을 완성했다고 평가되는 세종대의 성세를 재현고자 했던 성종은 그때처럼 인재양성과 함께 지방수령의 파견을 각별하게 여기고 있었던 것이다. 성종 3년에 치른 식년시의 책문에도 수령의 문제를 다음과 같이 내걸었다.

> 수령은 백성의 부모이다. 때문에 임용할 때에 널리 자문하여 신중하게 선택하여 어질고 능력 있는 사람을 얻어 수령을 맡기고자 힘썼다. 그런데 어찌하여 청렴하고 공평한 자는 적고 탐욕하고 비루한 자들만이 자주 들려오는가? 어떻게 하면 모든 고을에 어진 관리를 얻어서 '삼이의 정사[三異之政]'를 오늘날에 다시 볼 수 있겠는가?[65]

성종은 후한 때의 지방수령 노공(魯恭)이 선정을 펼쳐 세 가지 기이한 일이 일어났다는 고사, 곧 해충이 국경을 넘어 들끓지 않고 덕화가 짐승들에게까지 미치고 어진 마음이 어린아이에게까지 생겨났다는 기적을 다시 재현해보고 싶다는 의지를 강력하게 피력하고 있다. 지방관에 대한 성종의 관심이 얼마나 지대했는지 확인하게 되는 대목이다. 대사헌 서거

---

64 『성종실록』 성종 3년 2월 25일. "上問七事, 淑孫不能對, 俛首刮席. 上曰: '雖知七事, 猶不能治民, 況不知乎? 其令改差.' 命承政院問吏曹用人失當之由."

65 『성종실록』 성종 3년 3월 6일. "守令, 民之父母也. 故任用之時, 疇咨愼簡, 務得賢能, 以委字牧. 乃何廉平者寡, 而貪汚者屢聞歟? 若之何, 則列邑皆得其良吏, 而三異之政復見於今歟?" 『문과방목』에는 성종 3년 3월 13일에 치른 그때의 책문 내용은 "中和, 守令, 兵者, 廣土."라고 기재되어 있다.

정이 "전하께서는 굳고 예리한 뜻으로 펼친 첫 정사로 수령의 선발을 매우 중히 여기셨다."[66]고 증언할 정도였다.

김종직이 예문관수찬을 사직하고 지리산 골짜기의 함양군수를 자청하여 내려간 때는 바로 그런 분위기가 고조되고 있었다. 때문에 좌천되는 울울한 마음도 없지 않았겠지만, 새로운 시대에 부합하는 지방관으로서의 책무를 다하겠다는 의지가 솟아나기도 했을 터다. 함양으로 내려가기 전날, 자기와 같은 날 금산군수에 제수된 허혼(許混)에게 다음과 같은 다짐을 했다.

옥당에서 몇 년간 임금님 가까이 모시다가	金馬幾年爲近侍
모친 위해 수령 청하는 글 세 번이나 올렸네.	思親乞郡已三章
동헌 앞엔 송사 해결해 주어 기쁘게 웃고	堂前喜有平反笑
조세 독촉으로 매 맞는 백성 없게 해야겠네.	水上忍照差科瘡
흉년에는 구휼의 계책을 극진히 다해야 하고	歲荒要盡崇安策
정사를 마치고 나면 강가에서 술잔 기울이리.	政擧須揮北海觴
내일이면 한강의 강변길을 지나면서	明日漢江江畔路
버들개지 노랗게 흔들리는 걸 보게 되리라.[67]	共看楊柳眼搖黃

허혼이 성종에게 하직 인사를 드린 날은 성종 2년 1월 5일이다. 내일이면 한강을 건너 남쪽으로 내려갈 참이다. 세 번이나 간청하여 어렵게 얻은 기회이니만큼, 노모를 가까이서 모실 수 있게 되었다는 기쁨과 함께 지방관의 역할도 제대로 수행하겠다는 각오도 새로웠다. 수령칠사가

---

66 『성종실록』 성종 4년 7월 23일. "伏覩殿下銳意初政, 尤重守令之選, 褒獎勸勵, 甚盛擧也."
67 김종직, 『점필재집』 시집 권7, 〈書許金山混詩卷〉.

새롭게 강조되기 시작하던 시대를 맞이하여, 왕명을 받고 부임하는 함양 지역에서 왕화(王化)를 충실하게 펼쳐야 했다. 송사에 억울함이 없게 할 것, 조세를 가혹하게 거두지 말 것, 굶주린 백성을 제대로 구휼할 것을 시로 읊고 있는 까닭이다.

더욱이 당시는 영남 전역이 당시 극심한 가뭄으로 고통을 받고 있던 때였다. 허혼이 하직인사를 드리던 날, 성종은 "금년 기근은 경상도가 매우 심하다. 구휼에 각각 마음을 다하라."[68]고 당부할 정도였다. 얼마나 심각했으면, 성종은 그 직전 치른 전시(殿試)의 책제(策題)를 기근의 구제로 내고자 했다. "금년 가뭄이 심하여 구황(救荒)이 가장 긴요하다. 또한 염치의 도리가 사라져 선비의 습관이 바르지 못하다. 이 뜻으로 책문의 제목을 내도록 하라."[69]고 분부한 것이다.[70] 이런 성종 초년에 지방관으로 제수된 김종직은 그때의 각오와 실천을 이렇게 밝힌 바 있다.

인수인계를 마치고 나서 늙은 모친을 모시고 와서 고을 수령으로서 봉양하니, 마음이 자못 편안해졌습니다. 그리하여 하늘 같은 성은에 보답하고자 왕화에 도움이 되는 정사와 교화를 힘써 하지 않은 것이 없었습니다. 다만 큰 원칙은 올발랐지만 작은 절차가 소루하여 백성이 항상 따르도록 하지 못한 것은 아쉬웠습니다. 하지만 관아의 자질구레한 사무는 향리에게 경계하여 지체되지 않게

---

68 『성종실록』성종 2년 1월 5일. "金山郡守許混·慶州判官金永錘辭. 上引見謂曰:'今年飢饉, 慶尙道尤甚, 其各盡心荒政, 毋好獵以病民.'"
69 『성종실록』성종 1년 10월 20일. "上曰:'今年旱甚, 救荒最緊. 且廉恥道喪, 士習不正, 將此意發策.'"
70 참고로 이 해의 별시는 그 다음날인 10월 21일 열렸는데, 策問은 '廉恥道'였다. 성종은 '救荒策'을 앞에 두었지만, 별시를 관장했던 신숙주·최항·서거정 등 원로대신들은 선비의 습관을 바로잡는 것을 우선에 두었다. 예문관원 선발을 둘러싸고 젊은 사림과 한바탕 갈등을 겪은 늙은 대신들에게는 염치를 아는 선비의 문제가 가장 절실하게 다가왔던 것이다.

했고, 비록 독우(督郵)와 같은 감찰관이 갑자기 이른다고 해도 위의를 갖추고 맞이함에 조금의 부끄럼도 없게 했습니다. 이런 생활이 어느덧 4년이 지났습니다.[71]

강희맹에게 보낸 서찰의 한 대목이다. 말로만 번지르르하게 꾸민 겉치레가 아니었다. 김종직이 〈수령일지〉처럼 기록한 시문에서 모두 확인되는 내용들이다. 교활한 아전의 횡포에 대한 규찰,[72] 까다로운 송사를 처리하다가 병이 들어 고생하는 모습,[73] 부역과 조세를 공정하게 부과하려 애쓰던 조처,[74] 차밭을 조성하여 공물 진상의 어려움을 해결하는 과정,[75] 함양성의 나각(羅閣)을 기와로 바꾸어 해마다 지붕을 잇는 백성의 노고를 줄여준 조처,[76] 가뭄이 들면 용유담(龍遊潭)에 찾아가 기우제를 지내며 간절하게 비를 빌던 모습 등 지방관으로서 노심초사하며 실천하던 행적으로 가득하다. 심지어 농사철을 마치고 팔월 보름을 맞이하여 제자들과 지리산을 유람하는 여정에서도 목민관의 자세를 잊지 않고 있었다.

이때 운무가 사라지고 햇볕이 내리쬐니, 산의 동서 계곡이 활짝 열렸다. 바라보니 잡목은 없고 모두 삼나무 전나무 소나무 녹나무 등인데, 말라죽어

---

71 김종직, 『점필재집』 문집 권1, 〈答晉山君書〉. "及夫交龜之後, 迎致老母, 養之以一邑, 心頗安焉. 聖恩如天, 輒思報效, 凡政教有可以裨補王化者, 則無不力爲之. 第恨其大綱雖正, 而節目疎漏, 民不習服耳. 其於簿書期會, 亦且戒飭小吏, 毋令稽滯, 雖若督郵者, 搗揆而至, 亦束帶逢迎, 殊不以爲愧. 如此荏苒, 四閱寒暑矣."
72 김종직, 『점필재집』 시집 권7, 〈病稍間, 行春〉; 『점필재집』 시집 권8, 〈送克己遊馬川〉.
73 김종직, 『점필재집』 시집 권8, 〈病中 三首〉.
74 김종직, 『점필재집』 시집 권8, 〈允了又作咸陽郡地圖, 題其上 九絶〉.
75 김종직, 『점필재집』 시집 권10, 〈茶園 二首〉.
76 김종직, 『점필재집』 시집 권10, 〈咸陽城羅閣〉.

뼈대만 남은 것이 삼분의 일을 차지하고 간간이 단풍나무가 섞여 있어 그림과도 같았다. 산등성이에 있는 것은 바람과 안개로 인해 가지와 줄기가 모두 왼쪽으로 쏠려 굽어 있고 구름 속 머릿결처럼 바람에 나부끼고 있었다. 잣나무는 더욱 많은데 고을의 백성이 매년 가을이 되면 채취하여 공물의 액수에 충당한다고 한다. 그런데 금년에는 열매를 맺은 나무가 하나도 없으니 억지로 그 액수를 채우게 한다면 우리 백성들 어찌할 것인가? 수령인 내가 마침 보았으니, 이것은 다행이다.[77]

지리산에 가서 보니, 잣나무의 열매가 금년에는 지독히 열리지 않았다. 그걸 감안하여 공물의 양을 부과하겠다고 다짐한다. 언제 어디서든 지방관으로서 자세를 잃지 않았던 하나의 작은 사례이다. 하지만 그처럼 최선을 다하는 자세 때문에 임기를 마쳤을 때 십고십상(十考十上)의 최고 고과를 받을 수 있었다. 수령은 매년 두 차례씩 평가를 받게 되어 있는데, 상·중·하 세 등급이었다. 김종직은 5년 동안 총 10회의 평가를 받았는데 모두 최고의 성적을 받았다. 김종직은 자신의 첫 번째 지방관 시절을 그토록 성공적으로 치러냈던 것이다.

② 김종직이 함양군수 시절을 매우 탁월하게 마칠 수 있었던 것은 단순히 다짐과 능력 때문만은 아니었다. 밀양이란 지역에서 태어나 유년시절을 보내고, 10대부터는 고령·개령 등 부친의 부임 지역을 따라다니며 수령으로서 행한 정치를 지켜보았고, 30대 후반에는 영남병마평사(嶺南兵馬評事)에 제수되어 2년 동안 영남 전역을 구석구석 살펴본 경험이 큰

---

77 김종직, 『점필재집』 문집 권2, 〈遊頭流錄〉. "時, 雲霧消散, 日脚下垂, 山之東西谿谷開豁, 望之無雜樹, 皆杉檜松枏, 槁死骨立者, 居三之一, 往往間以丹楓, 正如圖畫. 其在岡脊者, 困於風霧, 枝榦皆左靡拳曲, 雲髮飄颻. 云: '海松尤多, 土人每秋採之, 以充貢額.' 今歲, 無一樹帶殼, 苟取盈, 則吾民奈何? 守令適見之, 是則幸也."

몫을 담당했다. 경상도 지역의 현실을 누구보다 잘 알고 있었고, 그래서 문제 해결의 방안도 그 누구보다 구체적으로 마련할 수 있었던 것이다.

그런 김종직이 보여준 왕화의 실천은 여러 방면에서 확인할 수 있다. 하지만 가장 대표적인 대목을 들어보라면, 아마도 성종 4년에 제작한 〈함양군지도(咸陽郡地圖)〉를 꼽아야 할 것이다. 지도를 제작하고, 그것을 통치의 자료로 삼았던 것이다. 지도의 제작과 활용은 그가 보여준 탁월한 통치방법이었다. 세조 11년 영남병마평사로 있으면서는 〈경상도지도(慶尙道地圖)〉를 그려서 사용했고, 성종 8년 선산부사로 있을 때도 〈선산지도(善山地圖)〉를 그려 사용했다. 함양군수로 있으면서도 그러했는데, 지도 제작에 이토록 일관된 관심을 보인 까닭은 이러했다.

나는 선산 사람이지만 고향을 떠난 지 오래되었다. 그런데 병신년(성종 7년) 선산부사가 되어 외람되이 관리와 백성을 다스리게 되었으니, 금의환향의 영광이 분수를 지나쳤다. 그래서 고향 부로들의 여망에 보답하는 길이 무엇일까를 밤낮으로 생각했다. 그 결과 그것은 오직 부역을 고르게 하는 데 있고, 부역을 고르게 하는 것은 오직 장부를 분명히 밝히는 데 있다고 여겼다. 그래서 장부를 대략 분명하게 만들어 놓고, 화공(畫工)에게 명하여 산천과 읍내와 촌락, 창고와 역원(驛院)을 한 폭에 그려 넣게 했다. 그리고는 호구·간전·거리의 숫자를 각각의 마을 아래에 적어두게 했다.[78]

현재 김종직이 그린 지도들은 일실되고 없다. 하지만 〈선산지도지〉의 설명을 통해, 제작의 목적과 형태를 대략 추정해볼 수 있다. 우선 지도

---

78 김종직, 『점필재집』 문집 권2, 〈善山地圖誌〉. "宗直, 府人也, 枌楡之不保, 久矣. 歲丙申, 承乏爲府使, 叨莅吏民, 晝繡之榮, 於分已過. 夙夜思念, 所以答故鄕父老之望者, 惟在於均賦役, 欲均之, 惟在於明簿籍. 簿籍已粗明矣, 又命畫手, 悉其山川井落, 倉廨院驛, 繪之于一幅, 戶口墾田道里之數, 亦踈逐村之下."

제작의 목적은 부역을 고르게 부과하기 위해서였다. 그리고 그런 의도를 구현하기 위해 관내의 산천·촌락·창고·역원을 상세하게 그리게 하고, 거기에 호구의 숫자, 개간한 농토, 그리고 도로의 거리까지 적어 두도록 했다. 그렇게 만든 함양 지도를 관아의 동헌에 걸어 두고, 수시로 확인하면서 조세와 부역의 자료로 활용했던 것이다.

> 지도가 완성되어 이를 관아의 벽에 걸게 하니 고을 전체의 영토가 일목요연하게 눈에 들어오게 되었다. 세금을 부과할 때든 인력을 징발할 때든 먼저 장부를 살피고 다음으로는 이 지도를 참고하여 그 정도를 재량하고자 한다. 그리한다면 우리 백성들은 조금이나마 은혜를 입게 될 것이고, 권세를 부리고 교활한 자들이 중간에서 자기 멋대로 속임수를 부릴 수 없게 될 것이다. 그러나 감히 이것을 영원한 규정으로 삼을 수야 있겠는가.[79]

지도를 관아의 동헌에 걸어 놓고, 조세를 부과할 때라든가 부역을 동원할 때 장부와 지도를 비교해가며 균등에 만전을 기하고자 했다. 그것으로 토호의 농단이나 향리의 농간을 제어할 수 있었다. 김종직이 〈선산지도지〉에서 밝힌 것과 같은 목적과 내용으로 〈함양군지도〉가 제작되었을 것임은 의심의 여지가 없다. 현재 그 지도가 전하고 있지 않아 아쉽지만, 다행스럽게도 지도에 적어둔 칠언절구 아홉 편이 『점필재집』에 실려 있어 그 모습을 상상해볼 수 있다. "화공 윤료(允了)가 함양지도를 제작하였으므로 지도 위에 적는다."[80]라는 연작시가 그것이다. 그 가운데

79　김종직, 『점필재집』 문집 권2, 〈善山地圖誌〉. "旣成, 使置之黃堂之壁, 一邑封域, 了了然盡在眼中. 每遇科斂調發之際, 先考其籍, 次按是圖, 而與之裁閣狹, 則庶幾吾民得蒙一分之賜, 而强猾不能行胸臆於其間矣. 然豈敢以是爲永久之規也哉!"
80　김종직, 『점필재집』 시집 권8, 〈允了又作咸陽郡地圖, 題其上 九絶〉.

첫째 수와 둘째 수는 위에서 인용한 〈선산지도지〉와 방불한 내용을 시로 그려내고 있다.

[1]
고향 땅이 변한의 옛터와 닿아 있는데	枌楡地接卞韓墟
산천이 병풍처럼 둘러싼 가운데 별처럼 흩어져 사네.	襟帶中間星散居
사방 백 리도 못 되는 고을이라 아쉬워 마오	莫恨廣輪無百里
그래도 세금 걷는 여가엔 시서를 읽을 수 있다오.	徵科有暇及詩書

[2]
고운 산봉우리와 푸른 하천이 붓 끝에서 생겨나니	玉簪羅帶筆頭生
시골 노인들 멀리 보고서도 그 이름을 말하네.	野老遙看却道名
수령은 창백한 얼굴에 백발까지 겸했으니	太守蒼顔兼白髮
서쪽 시냇가에 의당 취옹정을 지어야겠네.	西谿宜着醉翁亭

제1수는 전라도 운봉과 맞닿아있는 함양의 지리적 위치, 지리산과 같은 험준한 산맥과 남계·뇌계와 같은 시내로 둘러싸인 지형, 그 안에 별처럼 흩어져 무리지어 있는 촌락들, 그리고 지도를 활용하면 세금 거두는 잡무를 줄여 조금은 넉넉해진 여가에 시서를 읽을 수 있으리라는 기대가 담겨있다. 제2수는 눈이 흐릿한 노인도 환하게 볼 수 있을 정도의 〈함양지도〉 제작까지 마쳤으니, 이제 서쪽 냇가에 정자를 지어 쉬어야겠다는 여유까지 부리게 되었다. 시에서는 그 정자를 취옹정(醉翁亭)으로 명명하고 있는데, 김종직이 함양군수 시절에 세웠다고 전해지는 이은대(吏隱臺)[81]가 바로 그곳이다.

---

81 『天嶺誌』에는 김종직이 수령으로 있을 때 정자를 지어 '吏隱堂'이라는 편액을 걸었는

김종직은 북송대의 문인 구양수가 저주지사(滁州知事)에 있는 동안 '취옹정'에서 노닐며 추구했던 '이은'의 심적 경계를 이어받고자 했다. 천자 곁에서 간언하는 지위에 있다가 갑자기 탄핵을 받아 깊은 산으로 둘러싸인 지방 수령으로 좌천된 구양수에게서 예문관검관에 선발되어 임금을 가까이 모시다가 갑자기 지리산 기슭의 함양군수에 제수되어 내려온 자기 자신의 모습을 발견했던 것이다. 그리하여 〈함양지도〉와 같은 수령으로서의 임무를 마치고는 한가로이 산수자연을 즐기면서 유유자적하는 것으로 즐거움을 삼고자 했다. 비록 관직에 있지만 그곳에서 은자의 삶을 추구한다는 뜻의 '이은'이란 지방관으로서의 공적 책임을 우선적으로 수행하고, 그 위에서 지방관으로서의 사적 즐거움을 추구하는 것이 상례였다.[82]

중앙의 정치무대에서 훈구관료들에게 배척당한 지역사족 출신의 김종직이 선택한 지방관의 삶에서도 그런 면모를 자주 발견할 수 있다. 그럼에도 불구하고 〈함양지도〉를 그리고, 함양의 산수와 고적을 대상으로 지은 칠언절구 아홉 편이 갖는 중요성은 보다 깊이 따져질 필요가 있다. 처음 두 수는 〈함양지도〉를 '동헌'에 걸어 놓고 조세와 부역을 공정하게 처리할 수 있게 되었다는 자부, 그런 지방관의 업무를 처리하고 난 여가에는 '취옹정'에서 은자의 삶을 추구하겠다는 의지를 표출하고 있다. 그리고 난 다음부터는 시적 대상이 함양 전체로 확장되어, 그곳의 명승과 고적을 대상으로 삼아 하나하나 읊어낸다. 제3수는 태조 이성계

데, 뒤에 군민들이 生祠堂으로 삼았다고 기록되어 있다. 영조 때 편찬된 『輿地圖書』에도 김종직이 함양군수 시절 지은 뒤, 여기에서 음영하며 노닐면서 吏隱臺로 명명했다고 적고 있다. 『輿地圖書』, 〈慶尙道, 咸陽府〉. "吏隱臺, 在府西一里. 金宗直爲郡時所搆, 公退之暇, 嘯詠於斯, 名曰吏隱. 今遺址尙存."

82 민주식, 「醉翁의 즐거움－歐陽脩의 '吏隱'에 관한 고찰」, 『동양예술』 제27호(한국동양예술학회, 2016).

가 어린 왜장 아지발도(阿只拔都)를 쏘아 죽였다는 전설을 담고 있는 황산(荒山), 제4수는 천왕봉이 정면에서 바라보이는 함양읍성 남문인 망악루(望岳樓), 제5수는 남계 가운데 우뚝 서 있는 대고대(大孤臺), 제6수는 고려 우왕 때 감무(監務) 장군철(張群哲)이 왜구에게 패한 비극적 사연을 간직하고 있는 사근산성(沙斤山城), 제7수는 뇌계의 동쪽 언덕에 길게 펼쳐져 있는 대관림(大館林, 상림), 제8수는 백암산 동쪽의 수지봉(愁智峰) 정상에 있는 월명총(月明塚), 그리고 마지막 제9수는 함양의 토산으로 이름난 은구어(銀口魚, 은어)이다.

김종직이 지은 이들 연작시 가운데 서시(序詩)에 해당하는 첫째 수를 제외하면, 이들 여덟 수는 이른바 '함양팔경(咸陽八景)'으로 불러도 좋다. 사실, 함양의 명승과 고적을 시로 읊고 있는 그의 작업은 몇 년 뒤 선산부사로 있을 때도 그대로 이어졌다. 그때도 〈선산지도〉를 그렸는데, 그 작업도 함양지도를 그린 화공 윤료(允了)를 불러 완성하게 된다. 그리고 거기에도 선산의 명승과 고적을 칠언절구 10수에 담아 적어놓았다.[83] 선산 김씨의 시조인 김선궁의 옛집, 왕건이 견훤과 전투를 벌였던 태조산, 신라에 불교를 전래한 아도 스님이 살았다는 모례의 집, 성을 쌓아 왜적을 막아낸 수령 이득신을 기리는 사당, 남극노인성에게 제사 지내던 수성단, 길재의 교화로 계집종까지 절의를 노래하고 있다는 고을 정공향, 하위지 등 세 명의 장원을 배출한 영봉리, 왜적에게 잡혀간 남편을 8년간 기다렸던 열녀 약가(藥加), 낙동강의 아름다운 곳에 세워진 월파정, 그리고 장삿배로 북적이던 낙동나루인 보천탄 등 '선산십경(善山十景)'도 김종직의 손에 의해 만들어졌던 것이다.

김종직이 지도를 제작하여 공정한 정사를 펼치기 위한 자료로 활용하고, 나아가 해당 지역의 고적과 명승을 시로 갈무리하고 있는 작업은

---

83 김종직, 『점필재집』 시집 권13, 〈允了作善山地理圖, 題十絶其上〉.

전례가 없는 새로운 시도였다. 그건 지리적 공간에 사람의 삶과 숨결을 불어 넣음으로써 살아있는 인문지리로 거듭나게 만드는 작업이기도 했다. 단순히 먹고사는 생계의 터전을 넘어서서 함양 군민의 삶이 하나로 어우러지는 인문의 함양을 구현하고자 했던 것이다. 이런 작업은 양성지(梁誠之)가 만든『팔도지리지(八道地理志)』에 우리나라 문인이 지은 시문을 첨가하라고 분부했던 성종의 기획을 떠오르게 만든다.[84] 지리와 인문이 결합된 인문지리지인『동국여지승람(東國輿地勝覽)』은 그렇게 하여 탄생할 수 있었다. 김종직이 함양군에서 처음 시도했던 '인문지리도'의 제작이 유용한 참조점이 되었다고도 볼 수 있다. 실제로 서거정과 같은 훈구관료가 주도하여 성종 12년 완성된『동국여지승람』을 곧바로 수정·증보의 작업에 들어가게 되는데, 그때 김종직이 젊은 제자들과 함께 그 작업을 떠맡았던 것은 일견 당연했다.[85] 영남병마평사, 함양군수, 선산부사 시절에 이미 인문지도를 제작한 경험이 있던 김종직이야말로 그것을 성공적으로 수행할 만한 최고의 적임자였던 것이다.[86]

---

84 『성종실록』성종 7년 12월 17일. "領敦寧府事盧思愼·右贊成徐居正·吏曹參判李坡撰『三國史節要』, 隨箋以進, 命都承旨玄碩圭饋之. 仍命思愼等裒集東國文士詩文, 添載梁誠之所撰『地理志』."

85 『성종실록』성종 18년 2월 18일. "命賜金宗直草綠段子一匹, 李宜茂·崔溥·兪好仁·李昌臣·申從濩鹿皮各一張, 以撰『輿地勝覽』也." 김종직은 朱熹의 문인 祝穆이 편찬한『方輿勝覽』에 의거하고『大明一統志』의 범례를 본받아서『동국여지승람』의 개편 작업을 마쳤다. 그때 그 작업에 대한 대가로 녹피를 하사받은 이의무, 최부, 유호인, 이창신, 신종호는 모두 김종직의 제자들이다.

86 『세종지리지』에는 함양의 土産으로 "은어·雀舌茶·죽순·감"의 네 가지가 기재되어 있는 데 반해,『동국여지승람』에는 "대[竹]·벌[蜂蜜]·석이버섯[石蕈]·감·은어[銀口魚]·석류·잣[海松子]"의 일곱 가지로 늘어나 있다. 그런데 토산의 숫자는 늘어났지만, '작설차'는 빠져 있어 눈길을 끈다. 함양군수로 있으면서 함양에 차가 나지 않는다는 사실을 직접 확인했던 김종직이 수정·증보의 과정에서 제외시켰던 것으로 보이기 때문이다.

2) 흥학興學, 향교를 통한 지역의 유교문명 확산

1 성종 즉위 이후부터 강조되기 시작한 수령칠사(守令七事)는 『경국대전』에 명시되어 조선이 망할 때까지 계속 강조되던 수령의 책무였다. 그 가운데 '학교의 부흥'[學校興]은 '농상의 번성'과 '호구의 증가'에 이어 세 번째로 제시되던 수령의 중요한 책무였다. 수령칠사 가운데 흥학의 중요성을 가장 설득력 있게 제시한 것은 박지원이다. 정조 15년(1791) 안의현감에 제수되어 내려와 있을 때, 함양군수 윤광석이 지역의 자제들이 안정적으로 공부할 수 있는 학전(學田)을 마련하고 재실까지 단장한 것에 대한 기문을 쓰면서 이렇게 밝혔다.

> 군자가 이 일곱 가지로 정사를 하지만 그 가운데 급히 할 것은 세 가지요, 먼저 할 것은 하나이다. 무엇을 급히 할 것인가? 농상과 부역과 호구이다. …(중략)… 그렇다면 무엇을 먼저 할 것인가? 학교보다 먼저 할 것이 없다. 어떻게 먼저 할 것인가? 몸소 먼저 해야 한다. 농상이 아무리 눈앞에 닥친 급무이지만 부지런히 권면할 따름이지 수령이 몸소 먼저 할 수 있는 일은 아니다. 부역을 고르게 하고 호구를 늘리고 소송을 드물어지게 하고 간활한 자를 사라지게 하는 것도 우격다짐으로 되는 일이 아니다. 그런즉 수령된 자는 오직 학교에 있어서만 몸소 할 수가 있다.[87]

농사와 양잠을 번성하게 하는 것이 수령으로서 가장 긴급한 일이긴

---

87 박지원, 『연암집』 권1, 「煙湘閣選本」, 〈咸陽郡興學齋記〉. "然而君子爲政於七, 所急者三, 而所先者一. 奚急乎? 曰: '農桑也, 賦役也, 戶口也.' … 然則奚先焉? 曰: '莫先於學校也.' 曷先之? 曰: '躬先之也. 農桑雖當務之所急, 勤其勸課已矣, 有非守土者, 所得以躬先之事也. 勻賦增戶簡訟息猾, 文非可以力襲而致之者. 則爲長吏者, 惟於學校而可得以躬焉.'"

하지만, 글 읽는 선비인 수령이 손발 걷고 직접 한다고 해서 될 수 있는 일이 아니다. 박지원이 말했던 것처럼, 김종직도 함양군수로 내려와 왕화를 실천하는 방법으로 가장 먼저 선택한 것은 학교를 일으키는 일이었다. 그가 함양군에 내려와서 가장 먼저 학사루(學士樓)를 둘러보며 시를 읊은 것도 예사롭게 볼 일이 아니다. 함양에 도착하여 한동안 앓아누워 있었다. 서울에서 예문관겸관의 선발을 둘러싸고 빚어진 일로 말미암아 오랫동안 겪은 마음고생의 후유증, 그리고 쌀쌀한 봄바람을 맞고 내려와야 했던 먼 여정의 피로가 겹쳤을 것이다. 겨우 몸을 추스르고 찾아간 학사루에는 마침 매화가 꽃망울을 틔우고 있었다.

학사루 앞에 홀로 서 있는 신선이여	學士樓前獨立仙
서로 만나 한번 웃으니 옛 모습 그대로일세.	相逢一笑故依然
가마 타고 지나려다 다시 붙잡고 위로하노니	肩輿欲過還攀慰
올해는 봄바람이 너무나 거세게 불어대는구나.[88]	今歲春風太劇顚

당나라에 유학을 가서 경륜도 쌓고 문명도 떨쳤건만, 희망을 품고 돌아온 고국 신라에서는 버림을 받아 함양태수로 좌천된 최치원의 처지가 남다르게 다가왔다. 그래서 그냥 지나치지 못하고 그의 자취를 더듬어가며 막 움이 트는 매화를 위로했다. 이젠 괜찮다, 라며. 비록 올해 봄바람이 유난히 거세게 불어대지만 심사를 위로해줄 자신이 곁에 있게 되었다, 라고. 최치원이 울울한 심사를 달래며 지냈을 함양의 학사루, 그와 같은 마음으로 자신도 그곳에 다시 서 있는 사실이 비로소 실감났다.

그리하여 동방유학의 비조로 추앙받고 있는 최치원의 마음을 깊이 간직하는 한편, 조정에서 힘주어 강조하고 있는 학문을 흥기시키는 작업에

---

88 김종직, 『점필재집』 시집 권7, 〈學士樓下梅花始開, 病中吟得二首〉.

바로 착수했다. 그 시작은 지역교화의 거점이 되는 향교를 제대로 갖추는 것이었다. 그리하여 성종 3년 중양절에 문묘(文廟)의 완공을 보게 된다. 그때는 부임한 지 1년 반쯤 지났을 때이니, 부임하자마자 강학공간의 정비 작업에 착수했던 것이다.

옛 고을에 이제는 문묘의 모습 말끔하니	古郡如今廟貌臧
좋은 절기 중양절에 경사스러운 낙성을 하였다네.	慶成佳節屬重陽
울어대는 기러기는 가을바람 너머로 날아가고	一聲過雁西風外
천 리 길 떠나는 나그네는 북두의 곁으로 가네.	千里征人北斗傍
짧은 머리털은 성글어져 검은 두건 기울었고	短髮蕭蕭烏帽側
차디찬 국화는 환히 피어 술동이가 향기롭네.	寒花燁燁瘿樽香
조정에 가면 분명히 친구들이 나의 일을 물을 텐데	趨朝定被交遊問
선정을 베푼 소식 못 들려줘 옥당을 더럽히겠네.[89]	絃誦無聞玷玉堂

중양절에 맞춰 완성된 향교 대성전을 축하하는 잔치가 열렸다. 함양 군민들과 함께 중양절의 국화주를 나누며 자축하는 모습이 눈에 선하다. 서울로 올라가게 된 정보(貞甫)라는 인물을 전송하는 자리도 겸했던 듯하다. 그가 누구인지, 또 무슨 일로 서울에 가는지는 확인되지 않는다. 다만 함께 근무하던 예문관의 동료에게 자신의 근황을 전할 것은 분명했다. 아니, 그들도 물어올 게 뻔했다. 실제로 김종직은 함양군수로 내려와 있으면서 예문관 동료와 종종 소식을 나누었다. 『점필재집』에서 확인되는 인물로는 최숙정, 손비장, 김계창, 성현, 홍귀달 등이 있다. 그들은 안부를 묻는 시편은 물론이고 절기에 따라 앵두·죽순·자두를 부쳐오기도 했다. 함께 작업했던 『예종실록』의 편찬을 마쳤을 때는 양성지가

---

89 김종직, 『점필재집』 시집 권8, 〈重陽, 文廟落成, 仍送貞甫如京〉.

자신의 이름도 올라있는 「수사록(修史錄)」을 보내오기도 했다. 결연하게 예문관겸관을 사직하고 내려가 버린 김종직에 대한 미안함의 표현으로 읽히기도 한다. 김종직은 그때마다 "못난 내가 어찌 회양(淮陽, 함양)을 탐탁찮게 여기겠는가, 대궐에서 성은을 입지 못함이 한스러울 따름이지."[90]라며 함양군수로 있는 자족감과 예문관을 떠난 아쉬움이 뒤섞여 있는 착잡한 심경을 털어놓기도 했다.

하지만 김종직을 돋보이게 만드는 지점은 비록 복잡한 심사에 시달리기도 했지만, 그 궁벽한 함양 고을에서도 지역교화의 실천에 전념을 다했다는 사실이다. 특히 교육의 흥기에 대한 관심은 남달랐다. 실제로 공자를 모시는 문묘를 새롭게 중건했지만, 김종직은 그것만으로는 만족하지 않았다. 가랑비가 내리는 어느 봄날, 향교의 유생에게 지리산에 자라고 있는 노송나무[檜] 수십 그루를 새로 단장한 문묘에 옮겨 심도록 했다. 공자의 고향 곡부현(曲阜縣) 궐리(闕里)에 있는 궐리사(闕里祠)를 함양 향교의 문묘에서 재현해보고자 했던 것이다. 공자가 심었다는 세 그루의 노송나무가 무성하게 자라고 있듯, 함양도 궐리와 같은 성인의 고향으로 만들고자 했다. 유교문명의 교화가 조선의 전역, 아니 깊은 산골인 함양지역에까지 두루 미치도록 만들어야 한다는 소명의식이 발현된 것이라 하겠다. 실제로 노송나무로 문묘를 단장하고 난 날, 김종직은 자신의 다짐을 되새기는 다음과 같은 장편의 시를 지었다.

나는 들으니 귀산과 몽산 곁에는	吾聞龜蒙傍
세 그루 노송나무가 궐리를 덮고서	三檜蔭闕里
공자의 손때 묻은 흔적이 남은 채로	先聖餘手澤
절로 천 년 동안 푸르러 있다 하네.	蒼翠自千禩

---

90 김종직, 『점필재집』 시집 권7, 〈又答國華永叔〉. "疎慵豈是薄淮陽, 只恨花甄未沐芳."

문명의 교화가 바다 동쪽 구석까지 미쳤으니	文教被海隅
받들어 제사함에 멀고 가까움이 없는 법이라네.	崇祀無遐邇
함양은 실로 오래된 고을이라	天嶺實古郡
문묘가 거의 다 허물어졌으니	廟貌幾成毀
집을 지어 비록 새롭게 중수했지만	營構雖重新
언덕은 초목을 다 베어 낸 듯 민둥한지라.	岡阜兀若薙
마땅히 옛집의 나무를 재배하여	宜培舊宅樹
집 안을 아름답게 꾸미게 해야 하리.	用賁戶庭美
두류산의 여러 언덕과 골짜기는	頭流衆崖谷
잘 자란 노송나무가 참으로 즐비하니	檜栽眞櫛比
수십 그루를 캐서 짊어지고 오면	擔致數十本
담장 안에 두루 심을 수 있으리.	庶徧垣墉裏
모름지기 가랑비가 내리는 때에	須及毛空雨
공부하는 유생에게 분부를 하여	分付青衿子
잘 북돋아 심되 소홀히 하지 말아서	封植勿鹵莽
그저 뽕나무 가래나무인 듯 여기라 했네.	聊以當桑梓
몇 년 뒤에 그 본성대로 자라게 되면	數年遂其性
구름 위로 솟는 형세 그침이 없어	凌雲勢未已
향기로운 바람은 제기에 불어오고	香風襲俎豆
녹음은 섬돌과 문지방을 덮을 것이니	綠陰映階址
문묘에만 어울릴 뿐이 아니라	不惟稱閟宮
봉황이 오는 것도 기대할 만하리라.	鳳儀猶可竢
감당 나무도 자르지 말라 했거늘	甘棠尚勿剪
더구나 이 나무는 교화의 시초임에랴.[91]	況玆風化始

---

91 김종직,『점필재집』시집 권9,〈二月日, 有雨, 促世隆植檜于文廟. 世隆郡人, 故用桑

지리산에 들어가 노송나무 수십 그루를 옮겨다 심은 까닭은 문묘의 외양을 단지 아름답게 꾸미고자 했던 것이 아니었다. 거기에 깃들 봉황과 같은 걸출한 인재의 배출을 간절하게 기대했던 까닭이다. 이처럼 문묘를 중건하고 노송나무를 심어 함양향교의 면모를 공자의 고향과 같게 만들려는 노력은 제사에 사용하는 제기를 옛날의 법도에 맞게 다시 제작하는 것으로 마무리된다. 노송나무로 문묘를 단장하던 바로 그해 7월에 새로운 제기를 마련하고 있는 것을 보면, 아마도 가을에 올리는 제향에 사용하려 했던 것으로 보인다. 제기를 만드는 일은 도예공 이륵산(李勒山)에게 맡겼는데, 제작을 마친 그날에도 역시 그를 기념하는 시를 지었다. 벼를 담는 제기[簠]와 기장을 담는 제기[簋], 그리고 술을 담는 술동이와 술잔도 모두 공자가 살았던 시대의 원형 그대로 재현하고자 애썼다.[92]

이처럼 제기의 모양과 무늬까지도 고대의 예법에 맞게 만들려고 노력한 까닭은 공자의 가르침을 본래 모습으로 재현하겠다는 의지의 결과였다. 부임 직후부터 준비하여 중양절에 맞춰 문묘를 중건하고, 이듬해 봄에는 노송나무를 옮겨 심어 공자의 고향과 방불하게 단장하고, 가을에는 공자가 살던 시대와 똑같이 제기를 제작해 가을향사를 치렀다. 동방의 남쪽 끝인 지리산 자락에 위치한 궁벽한 함양 고을에서까지 유교문명의 원형을 재현하고 있었던 것이다. 유교문명의 보급에 대한 김종직의 열의가 어느 정도로 강렬했는가를 보여주는 생생한 사례라고 하겠다.

② 김종직이 함양군수에 제수되어 직무를 시작할 무렵, 조정에서는 대사헌 한치형(韓致亨)이 〈시의17조(時宜十七條)〉라는 장문의 상소를 올렸다. 성종 2년 6월의 일이다. 성종의 즉위교서라고 불러도 좋을 만큼, 담

梓事, 兼勉學子云〉.
92 김종직, 『점필재집』 시집 권10, 〈磁工李勒山, 持新樣祭器來, 詩以紀之〉.

고 있는 내용은 방대하고도 구체적이었다. 게다가 성종의 모친 인수대비와 사촌지간인 한치형의 상소였던 만큼, 거기에는 건의 이상의 무게가 실려 있었다. 실제로 상소 내용에 크게 만족한 성종은 대사헌 한치형은 물론 사헌부 소속의 관원 모두에게 작금의 폐단을 빠짐없이 드러내어 자신의 부족함을 깨우쳐주었다며 한 자급씩 올려주는 상을 내렸을 정도였다.

물론 거기에는 지방관을 우대하여 지방통치가 제대로 이루어지게 해야 한다는 내용도 포함되어 있었다. 뿐만 아니다. 관찰사에게 분부하여 『소학』과 『삼강행실도』를 간행하여 교화의 자료로 삼아야 한다는 방도도 적혀 있었다. 모두 세종이 유교문명의 구현을 위해 가장 강조하던 책들이었다. 앞서 지방관 선발과 파견에 깊은 관심을 보이는 것으로 성종의 치세를 시작했던 것처럼, 지역교화의 방법까지도 세종대에 편찬된 텍스트를 가지고 지역의 교화에 힘쓰고자 했다.

> 각도 관찰사에게 하교하여 『소학』·『삼강행실』을 널리 간행하게 하여, 어른과 어린이가 모두 배우게 하소서. 삼덕(三德)·삼행(三行)·육덕(六德)·육행(六行)을 알게 하고, 재물을 다투고 은혜를 해치는 자에 대해서는 징계하소서. 여기저기 청탁하며 구차하게 승진하려는 자는 파직하여 쫓아내고, 사치를 믿고 의리를 멸하는 자는 억제하시고, 참소하고 아첨하는 자는 물리치소서. 착한 마음을 감발하게 하고 나태한 뜻을 징계하여 백성의 풍습을 바로하고 선비의 습속을 바르게 하며, 교화에 힘쓰는 것을 우선으로 삼으소서.[93]

---

93 『성종실록』 성종 2년 6월 8일. "下敎各道觀察使, 廣刊『小學』·『三綱行實』, 人無大小, 皆令學之. 使知三德·三行·六德·六行, 至於爭財傷恩者懲之, 馳騖苟進者黜之, 怙侈滅義者抑之, 讒謟面諛者退之, 感發人之善心, 懲創人之逸志, 以正民風, 以正士習, 務以敎化爲先."

김종직도 조정의 방침에 적극 호응하여 향교를 일으키거나 교육의 규범을 바로잡는 작업을 적극 실천하고 지원했다. 향교는 백성의 풍습을 바로잡고 선비의 자세를 바르게 만드는 지역교화의 거점이었기 때문이다. 김종직의 그런 실천은 함양향교를 중수하는 과정에서도 확인할 수 있었지만, 인근 고을인 안음현(安陰縣)의 향교가 창건된 것을 기념하기 위해 지은 기문에서 보다 구체적으로 드러난다. 마침, 그곳 향교의 훈도는 중형 김종유(金宗裕)가 맡고 있었다. 중형은 안의현감과 힘을 모아 관아 북쪽에 있던 후암사(厚岩寺)의 옛터에 향교를 새로 지었던 것이다. 조선시대의 향교라든가 객사·정자와 같은 유교공간이 절터에 많이 건설되는 경우를 보게 되는데, 무거운 한옥 건물을 버텨낼 만큼 오랜 시간 토대가 다져진 곳이라는 현실적 목적도 있었지만 불교를 지워가는 문명적 이유도 있었다. 물론 그런 유교적 공간들은 일제 강점기에 들어서면, 대부분 근대적 학교에 의해 지워지는 운명을 맞이하고 말지만.

어쨌든 안음향교의 창건은 김종직에게 매우 각별한 의미를 갖는 일이었다. 그리하여 그걸 기념하는 기문을 다음과 같이 감개어린 마음으로 시작한다.

> 조선은 명나라 황제의 명을 받아 동하(東夏, 동방의 중화)를 맡아 다스리면서 가장 먼저 학교를 개설하여 인재양성을 급선무로 삼았다. 그리하여 아무리 궁벽한 고을의 변방 백성에게도 향교가 없는 곳이 없다. 이로 인해 문명의 정치가 오랜 상고의 시대를 훌쩍 뛰어넘게 되었다. 안음현은 산골짜기에 끼어 있어 작고도 궁벽한 고을이다. …(중략)… 우리 형은 조금의 권력도 없지만 오직 임금의 뜻을 공경히 받들고 후진을 바르게 이끌 것만 마음에 간직하여 두 명의 수령을 도와 시종일관 도모한 결과, 백 년 동안 결여되어 있던 전례(典禮)의 공간이 하루아침에 새롭게 만들어졌다. 그리하여 제군들이 봄가을로 글을 읽을 때에 휴식하고 학문하는 장소가 생기게 되었으니, 학문하는 데에 있어 게으르고

자 하더라도 무슨 핑계를 댈 수 있겠는가?[94]

　글의 서두로 꺼낸 말이 예사롭지 않다. 조선이 다스리고 있는 지경을 '동이(東夷)'가 아니라 '동하(東夏)'로 명명하고 있는 것이다. 이제 이곳은 오랑캐의 땅이 아니라 중화문명과 버금가는 문명의 땅이 되었다는 자부였다. 그런 자부는 아무리 먼 변방이라 하더라도 고을마다 향교를 세워 인재양성에 힘쓰고 있다는 것으로 근거를 삼았다. 김종직은 성종 3년 예문관 동료 성현이 질정관(質正官)으로 중국에 다녀오면서 지은 시를 모은 『관광록(觀光錄)』의 발문을 써 주면서 "연(燕) 땅은 옛날의 연나라가 아니라 이제 제왕의 도읍이 되었고, 동방은 옛날의 동방이 아니라 이제 예의의 나라가 되었다."[95]라고 선언한 바 있다. 중원으로부터 멀리 떨어진 북방의 연나라 지역이 지금은 명나라 천자가 거하는 도읍으로 바뀌었고, 동쪽 오랑캐의 지역도 이제는 예의로 들어찬 문명국으로 변했다는 것이다.

　김종직의 이런 자부는 중앙에서 일어나고 있는 문명전환의 과정을 충분히 목도했고, 지금은 그때의 경험을 바탕으로 지역에 내려와 지방관으로서 그 역할을 충실하게 수행하고 있다는 자신감이 있었기에 가능했다. 실제로 안의향교의 설립은 문명전환의 바람이 중앙에서 함양군, 함양군에서 다시 안의현까지 몰아치고 있던 성종 초년의 상황을 보여주는 증거에 다름 아니다. 지역에서 그런 변화를 주도하고 있던 김종직은 그 기문

94　김종직, 『점필재집』 문집 권2, 〈安陰縣新創鄕校〉. "朝鮮受帝命, 尹東夏, 首以闢庠序, 育人才爲務, 雖窮陬遐裔, 莫不有鄕校. 由是, 文明之治, 度越前古. 安陰爲縣, 介居山谷. … 吾兄無一權力, 惟以祗順上意, 誘導後進爲心, 贊二侯, 終始經度, 百年闕典, 一朝而新. 使諸君春秋弦誦, 有游息藏修之所, 雖欲怠於爲學, 容何辭焉?"
95　김종직 『점필재집』 문집 권2, 〈跋成磐叔觀光錄後〉. "蓋燕非舊日之燕也, 今爲帝王之都. 東非舊日之東也, 今爲禮義之邦."

을 다음과 같이 끝맺고 있다.

나는 학생들에게 고하였다. "학문하는 데는 근본이 있으니, 효제(孝弟)가 그것이다. 효제라는 것은 없는 곳이 없다. …(중략)… 집에는 부모가 있고 향교에는 스승이 있으니, 찾아뵙고 대답하고 일하고 간언할 적에 여기에서 그 공경을 똑같이 해야 한다. 집에는 형제가 있고 향교에는 벗이 있으니, 우애하고 공순하며 학문과 덕행을 서로 돕고 연마할 적에 여기에서 그 신의를 미루어 넓혀야 한다. 진실로 이렇게 한다면 배우는 것이 향교를 벗어나지 않고도 학덕이 이루어질 것이다. 그러면 뒷날 고을에서 추천이 되어 조정에 서게 된다. 그럴 경우 이 가르침을 가지고 적용한다면 가는 곳마다 여유롭지 않을 일이 없을 것이다." 학생들이 응답하였다. "큰 띠에 적어서 선생의 분부를 실추시키지 않도록 하겠습니다." 마침내 이 기문을 벽에 적어 붙여 백록동학규(白鹿洞學規)에 비기고자 한다.[96]

기문의 서두는 매우 장대하게 시작했지만, 그 결론은 매우 구체적이고도 간명하게 마무리하고 있다. 효(孝)와 제(悌), 단 두 글자일 뿐이었다. 하지만 그것은 성인 공자가 『논어』의 첫 장에서 강조했던, 유교문명으로 들어가는 기본이기도 했다. 효제는 바로 유교 이념의 핵심인 인(仁)을 실천하는 근본이었던 것이다.[97] 주자는 아예 "효제는 사람의 일상적

---

[96] 김종직, 『점필재집』 문집 권2, 〈安陰縣新創鄕校〉. "又告之曰: '爲學有本原, 孝弟是也. 孝弟也者, 無所不在. … 在家則有父母, 於校則有師長, 其省謁唯諾, 服勤諫諍, 於是乎比其敬. 在家則有兄弟, 於校則有朋友, 其友愛恭順, 麗澤摩勵, 於是乎推其信. 苟能是, 則學不出於黌序, 而德成藝立. 他日, 興於鄕, 立於朝. 擧此而措之, 無所往而不綽綽然矣.' 諸生復應曰: '敢不書紳, 以毋墜先生之命.' 遂記于壁, 以擬夫白鹿洞規云."

[97] 『論語, 學而』 "孝悌也者, 爲仁之本與!"

행실이다. 만약 이것을 말미암지 않는다면, 일상생활을 하는 중에 발 디딜 곳이 없게 될 것이다."[98]라고 단정할 정도였다.

김종직은 이런 선인의 가르침을 보다 알기 쉽게 부연하여 전달했다. 효제의 정신을 향교에서 스승과 동료에게 미루어나간다면, 굳이 더 넓은 곳으로 가서 배우지 않더라도 학덕이 바로 설 것이며, 그렇게 되면 고을에서 천거되어 조정에 나아가 벼슬하게 된다. 하지만 관료 생활을 하면서도 향교에서 배운 효제의 정신을 가지고 임한다면 그 어떤 난관도 없으리라는 논리였다. 그리고 그런 가르침을 주자가 만든 '백록동학규'에 비긴다고 했다. 함양향교의 문묘를 공자의 고향에 있는 궐리사(闕里祠)처럼 꾸미고자 했던 것처럼, 안의향교도 백록동서원(白鹿洞書院)처럼 되기를 희망했던 것이다.

잘 알려진 것처럼 백록동서원은 주자가 남강군(南康軍)의 지사(知事)로 부임하여 중건한 뒤, 직접 삼강오륜과 『중용』을 가르쳤던 교육공간이다. 조선에서는 중종 37년 풍기군수 주세붕이 그것을 본떠 경북 영주에 백운동서원(白雲洞書院)을 세워 서원교육의 시대를 열었다고 평가하고 있다. 하지만 김종직은 그보다 거의 한 세기 앞선 15세기 중엽, 성종 초년에 이미 주자가 실천했던 유교국가의 이상을 함양에서 그대로 재현하고 있었던 것이다.

실제로 김종직은 함양군수로 있는 동안 참으로 많은 지역의 제자들을 길러냈다. 『점필재집』에 실려 있는 시문을 통해 확인되는 인물만도 20명에 달한다. 조위·조신 형제, 강백진·강중진 형제, 김흔, 표연말, 유호인과 같은 젊은 제자를 비롯하여 박맹지,[99] 임정숙, 한인효,[100] 도영창,[101]

---

98 이현일, 『葛庵集』 권16, 〈答安國華 命夏〉. "朱子嘗有言曰: 孝弟是人之常行. 若不由此, 日用之間, 更無立脚處."
99 박맹지는 생원 朴安敬의 아들로 생원·진사 모두 입격하고, 단종 2년 문과에 급제하

정희소, 변백옥, 정세륭, 정여창, 김굉필, 곽승화와 같은 함양과 그 인근 지역 인물들과 사제의 관계를 맺으며 새로운 학풍을 진작시켜나갔던 것이다. 김종직이 거둔 그 성취를 다음과 같은 증언에서 확인할 수 있다.

> 함양군은 지리산의 산골에 있어 매우 궁벽한 곳이다. 나는 갑자년(1454) 겨울 제계리(蹄界里)의 전장에 우거하고 있었다. 나는 과거공부를 하였는데, 더불어 공부할 선비를 얻고 싶었다. 하지만 당시 지방의 향교는 폐기되어 학적부에 실린 자가 수십 명에 불과했고, 그 사람됨도 어리석고 고루한 무리들뿐이었다. 그 뒤 21년이 지난 갑오년(1474) 여름에 나는 양친의 상을 당하여 그해 겨울 식구를 데리고 영남으로 내려갔다. 그때 선산 출신의 김종직이 군수로 있었는데, 고을 부로들이 너도나도 칭송하여 "사또께서 문교(文敎)를 숭상하여 문교가 크게 일어났다. 이웃 고을의 사족 자제가 양식을 싸들고 배우러 온 자가 무려 수십 명이다. 학술이 성취되어 과거에 응시한 자가 10여 명이고, 사마시에 합격하여 대과를 기다리고 있는 자도 대여섯 명이 된다. 이미 대과에 급제한 창녕의 조위, 고령의 유호인은 모두 사또가 키운 제자인데 대단한 문장으로 남방에서 명성을 떨치고 있다."라고 하였다. 나는 속으로 '함양은 하늘이 버려둔 지역인데, 어찌 이렇게 쉽게 깨뜨릴 수 있겠는가?' 하며 의심하였다. 하루는 사또 김종직이 유호인과 함께 찾아왔기에 내가 맞이하여 앉혀놓고 그의 용모를 보니 침착하면서 말수가 적었고 그의 말을 들어보니 창달하면서도 어눌한 듯하였다. 이에 범상치 않은 인물임을 알고는 김 사또가 가르쳐 길러낸 공력을 충분하게 알게 되었다.[102]

여 승문원교리를 지냈다. 함양군 대수촌에 살았고, 뒤에 龜川祠에 배향되었다.
100 한인효의 자는 百源이다. 함양군 대관림에 살았으며, 생원·진사에 모두 급제했다.
101 도영창의 자는 世隆이고, 함양군 나촌에 살았다.
102 姜希孟, 『私淑齋集』 권8, 〈送兪修撰歸養序〉. "咸陽爲郡, 介在智異衆山之間, 僻陋最甚. 景醇於甲子冬, 寓於蹄界里莊舍. 余方肄業, 思得一儒士與之講論. 時, 鄕學廢

김종직이 그러했던 것처럼, 유호인도 홍문관부수찬을 사직하고 노모 봉양을 위해 고향 함양으로 돌아갈 것을 청했다. 이에 성종은 인근 고을인 거창현감에 제수했는데, 그때 강희맹이 그를 전송하며 지어준 글의 첫 대목이다. 여기에는 강희맹이 양친의 상을 치르기 위해 내려와 있으면서 직접 보고 들은 바를 그대로 기록하고 있다. 김종직이 부임한 지 4년이 지났을 무렵, 함양은 이미 버려져 있던 산골에서 개명한 고장으로 탈바꿈해 있었다. 인근 고을에서 김종직에게 배우러 찾아오는 젊은이들만 헤아려도 수십 명에 달한다고 하였으니, 함양 고을의 자제야 말할 필요조차 없다.

그때 배운 제자 가운데 조위와 유호인은 단연 발군이었다. 함양의 부로들이 지금 조정에서 뛰어난 문장으로 이름을 날리고 있다며 칭찬하고 있는 그들은, 불과 몇 년 전만 해도 함양의 향교에서 김종직에게 배우던 젊은 학생들이었다. 그런 그들은 성종 5년에 나란히 문과에 급제했고, 성종 7년에도 나란히 사가독서에 선발될 정도로 가장 촉망받는 국가 인재로 주목받고 있었다. 지금의 서울 세검정 부근에 있던 장의사(藏義寺)에서 사가독서하고 있는 그들을 김종직은 직접 찾아가 격려했다. 함양군수를 마치고, 잠시 조정에서 재직하고 있을 때였다. 너무나도 각별한 함양군수 시절의 제자들이었기에 더욱 마음이 갔던 것이다.[103]

弛, 赴籍者不過數十人, 而其爲人率皆愚蒙孤陋之徒. 後二十一年甲午夏, 景醇遭養親服, 是年冬, 挈家南歸. 時, 一善金侯宗直爲郡守, 鄕父老交口稱之曰: '使君尙文敎, 文敎大興. 傍近諸邑衣冠子弟嬴粮而就學者, 無慮數十人, 而藝成應擧者十餘人, 中司馬試待正科者不下五六人. 賓興釋褐者, 若夏山曺公偉大虛氏, 高靈兪公好仁克己氏, 皆使君所陶鑄, 而雄文鉅筆, 馳譽南州者也.' 景醇竊疑之, '玆邑天固荒之矣, 安能破之若此其易耶?' 一日, 使君與所謂兪公克己氏偕來, 景醇出迎于座, 目其貌. 沉靜而簡默, 耳其言, 暢達而若訥, 迺知非凡士, 而使君敎養之功萬萬也."

103 김종직, 『점필재집』 시집 권12, 〈呈藏義寺讀書諸公〉 그때 장의사에서 사가독서하던 인물은 총 여섯 명이었는데, 유호인·양희지·조위·채수 등 거의 모두 김종직에게

조위나 유호인처럼 문장으로 이름을 날리고 있는 제자만 배출했던 것이 아니다. 이들 외에 광해군 때 동방오현(東方五賢)이라는 이름으로 문묘에 배향된 김굉필과 정여창과 같은 도학에 밝은 제자들도 여럿 있었다. 문장의 제자도 많고, 도학의 제자도 많았던 것이다. 도학의 열풍이 한창 불어오던 중종 때 함양향교를 찾은 경상감사 김안국(金安國)은 그들을 이렇게 기리고 있었다.

김종직 공이 교화하고 정여창 공이 태어난 고향으로	金公治化鄭公鄕
향교에서 부는 훈훈한 바람으로 모두 선량하게 되었네.	庠塾薰風盡善良
부디 『소학』 공부에 더욱 열심히 힘쓰라	小學工夫須更勉
두 현인이 끼친 규범을 어찌 잊을 수 있으랴.[104]	兩賢遺範詎宜忘

김안국은 시의 아래에 다음과 같은 주석을 달아 자신의 의도를 보다 분명하게 밝혔다. "점필재 김종직 선생은 일찍이 이 고을의 수령으로 있었고, 안음현의 정여창은 고을 사람이다. 두 분 모두 성리학에 정밀하여 유림이 모두 우러르는 스승이 되었다."[105] 중종 때 이미 정여창은 스승과 함께 유학계의 큰 스승으로 불릴 정도로 존중받는 도학자로 성장해 있었던 것이다.

김종직이 문장과 도학에 탁월한 제자를 이처럼 많이 길러낼 수 있었던 것은 단지 가르치는 기술이 뛰어났기 때문이 아니다. 그보다는 지역의 교화를 실천하며 유교지식인으로서의 전범을 보여주었을 뿐만 아니라 젊은 제자들을 자신과 함께 지역의 교화를 통해 왕화를 실천하는 유교문

가르침을 받은 제자들이다.
104 김안국, 『慕齋集』 권1, 〈勸咸陽學者〉.
105 原註, "佔畢齋金先生宗直, 曾宰是邑, 鄭安陰汝昌邑人, 皆精性理之學, 儒林宗師."

명 전환의 동반자로 인정해주었기 때문이다. 실제로 김굉필·신정지와 같은 젊은 제자들을 '우리 무리[吾黨]'[106]라고 부르고 있는가 하면, 유호인·한인효·도영창과 같은 제자들은 '좋은 친구[勝友]'[107]라고까지 불렀다. 김종직과 그의 제자들은 미더운 사제(師弟)이자 사우(師友)의 관계로 조선을 유교문명의 국가로 이끌어갈 동지를 꿈꾸고 있었던 것이다. 젊은 제자들은 스승의 그런 태도에 깊이 감동하지 않을 수 없었다. 그리하여 공자의 고향을 재현하기 위해 향교와 문묘를 단장하고, 주자가 세운 백록동서원을 본받아 교육을 일으키는 지역의 왕화(王化)를 실천하는 길에 기꺼이 동참하고자 했다. 유호인도 거창현감으로 내려오고, 조위도 함양군수에 내려와 스승 김종직이 보여준 지방관으로서의 실천을 이어가기도 했던 것이다.

3) 풍교風教, 지역의 풍속교화와 지방자치의 비전

① 앞서 살펴본 바 있는 김종직이 제작한 〈함양군지도〉는 현재 전하지 않는다. 그렇다고 후대에 그려진 지도만 가지고 그 모습을 온전하게 재구하기란 쉽지 않다. 예를 들어 영조 때 8년여에 걸쳐 완성된 『여지도서(輿地圖書)』의 함양부(咸陽府)의 지도에는 대고대·이은대·대관림처럼

---

106 김종직, 〈贈無比師 與克己同賦〉. "師年七十有五, 與吾黨金大猷·申挺之共登頭流, 宿天王峯. 脚力甚壯, 挺之等亦不及焉." 김종직은 자신이 올랐던 지리산을 오르고 있는 제자들을, 공자가 그러했던 것처럼 '吾黨'이라고 일컫고 있다. 공자가 『論語, 公冶長』에서 "吾黨之小子狂簡, 斐然成章, 不知所以裁之."라고 말한 데서 가져온 말이다.
107 김종직, 〈中秋夜, 與克己·世隆·百源, 翫月望頭流〉. "今宵晴景實邂逅, 遠徵勝友要團圞." 김종직은 추석을 맞이하여 함양성 남문 望岳樓에 앉아 지리산을 함께 바라보고 있던 제자들을 '勝友'라고 일컫고 있다. 당나라 王勃이 〈滕王閣餞別序〉에서 말한 "十旬休暇, 勝友如雲, 千里逢迎, 高朋滿座."에서 가져온 말이다.

그려져 있는 곳도 있지만, 그려지지 않은 곳이 훨씬 많다. 그 가운데 월명총(月明塚)도 사라지고 없다. 하지만 그 유래는 『동국여지승람』에 관련 전설이 자세히 소개되어 있고, 김종직도 거기에 다음과 같은 시로 읊었을 정도로 함양의 대표적 고적이었다.

무덤 위에는 푸릇푸릇 연리지가 자라고	塚上靑靑連理枝
행인들은 화산기의 고사를 노래한다네.	行人爲唱華山畿
지금은 달 밝고 여우 살쾡이 울어대니	如今月白狐狸嘯
응당 청춘의 넋이 나비 되어 날아가리라.	應是春魂化蝶飛

월명총에 얽힌 사연인즉 이러하다. 옛날 경주의 장사꾼이 함양 사근역(沙斤驛)에 사는 월명이란 여인을 사랑하여 며칠을 함께 지냈다. 그러다가 장사꾼이 가버린 뒤에 월명은 상사병이 들어 죽어 경주로 오가는 길이 바라보이는 수지봉(愁智峰) 꼭대기에 묻어주었다. 뒤에 장사꾼이 그 사실을 듣고는 무덤을 찾아와 슬피 울다가 죽어서 함께 묻어주었다고 한다.[108] 유교적 규범으로 보면, 크게 권장할 내용이 아님에도 불구하고 김종직은 버리지 않고 시로 읊어 함양팔경의 하나로 거두었다. 월명의 사연에는 함양지역 백성의 애환이 담겨 있고, 그렇다면 그것은 소중하게 간직해야 할 함양의 정신이라 여긴 까닭이다. 주자학적 세계관에 매몰되어 있지 않았던 김종직의 유연한 정신세계를 엿볼 수 있는 대목이다.

김종직에 의해 주목받은 월명 여인의 죽음은 그 이후 사연이 보다 곡진하게 부연되었을 뿐만 아니라 사랑을 못 다 이루고 죽은 두 남녀가

---

108 『신증동국여지승람』, 경상도 함양군 〈古跡〉. "月明塚, 在愁智峯上. 諺傳昔有東京商人悅沙斤驛女月明, 留數日而去. 月明思念不置, 得疾死瘞于此. 後商人來, 哭其墓亦死, 遂同穴焉. [新增] 金宗直詩: '塚上靑靑連理枝, 行人爲唱華山畿. 如今月黑狐狸嘯, 應是春魂化蝶飛.'"

묻힌 월명총의 지역적 위상도 점점 높아졌다. 심지어 그 월명총은 비를 기원하는 영험을 가진 장소로 격상되기도 했다. 선조 34년(1601) 함양군수로 부임한 고상안(高尙顔)이 직접 목격한 바를 이렇게 전하고 있다.

> 내가 함양군에 내려온 지 4년 동안 두 번 가뭄을 만났다. 고을 부로가 말하기를 월명총을 파헤치면 비가 온다고 했다. 파헤친다는 것은 완전히 파헤치는 것이 아니라 무덤의 흙덩이 10여 개를 허무는 정도를 말한다. 두 해에 흙을 파헤쳤더니, 모두 단비가 내렸다.[109]

하지만 그처럼 함양군민의 존중을 받아오던 월명총은 17세기 중반에 편찬된 『천령지(天嶺誌)』에도 실려 있었지만, 18세기 중반에 제작된 『여지도서』에는 수지봉만 그려져 있을 뿐 월명총은 자취가 사라져버렸다. 굳이 지도에까지 그려놓고 전승할 만한 가치가 없다고 여겨진 까닭이다. 김종직이 가뭄이 들 때마다 찾아가 기우제를 지내고 관련 시편을 여럿 남길 정도로 이름이 높았던 영험의 장소 용유담(龍遊潭)[110]이 『여지도서』에서 사라져버린 것도 같은 경우이다. 여자가 상사병으로 죽고 남자는 그런 연인의 죽음을 슬퍼하다가 따라죽은 남녀의 무덤이라든지 용왕에게 비를 빌었다는 전설과 믿음은 더 이상 미담으로 회자될 수 없는 시대로 변해버렸던 것이다. 대신, 다음과 같은 이야기가 권장되는 시대가 되었다.

---

109 고상안, 『泰村集』 권5, 〈效顰雜記〉 下. "余在郡凡四載, 再遭旱暵. 父老曰: '掘月明塚則雨.' 所謂掘者, 非盡掘也, 不過壤其土十餘塊而已. 兩年掘土, 皆得甘雨."
110 김종직, 『점필재집』, 〈七月二十八日, 禱雨龍遊潭〉; 〈龍遊潭曲 四絶〉; 〈龍遊潭 和大虛〉; 〈遊龍遊潭夕還〉 참조.

김 씨는 이양(李陽)의 아내이다. 이양이 자식도 없이 죽었는데, 사직 여자
근(呂自勤)이 장가들려고 하였다. 김 씨는 지아비의 무덤으로 달려가 사흘
밤을 풀숲에 숨어 지냈다. 그 뒤에 박용덕(朴龍德)이 또다시 아내로 삼고자
했다. 김 씨는 끝까지 응하지 않고 목매어 목숨을 끊었다. 성종 3년 고을
수령으로 하여금 그 무덤에 제사 지내고 정려하게 했다.[111]

『동국여지승람』에 실려 있는 열녀 김 씨의 사연이다. 지아비를 잃고
홀로된 과부에게 집요하게 추근거리는 두 남정네의 겁박을 견뎌내기 힘
들어 결국 스스로 목숨을 끊었다. 그리하여 조정으로부터 국가 열녀로
공인받아 관에서 제사를 지내주고 정려가 내려졌다. 뿐만 아니라 중종
때 편찬된 『속삼강행실도(續三綱行實圖)』에도 〈김 씨가 스스로 자결하다
[金氏自經]〉란 제목으로 실리게 되었다. 이른바 '열녀의 탄생'으로 불릴
만한 시대가 열렸던 것이다. 그런데 위의 기사 말미에 고을 수령에게
제사를 올리게 하고 정려까지 했다는 대목이 눈길을 끈다. 성종 3년에
함양군수로 있던 인물은 바로 김종직이다. 거기에는 성종이 함양군수에
게 일방적으로 지시를 내린 것처럼 기록되어 있지만, 실제로는 함양군수
김종직이 경상감영에 그 사연을 보고하여 국가의 포상을 얻어냈던 것이
다. 그러한 그녀의 포상과정과 행적은 『성종실록』의 해당 기사에 자세
하게 그려져 있다. 김종직이 작성하여 경상감영을 거쳐 예조에 올린 김
시의 행적을 거의 그대로 전재하고 있기 때문이다. 조금 길지만, 해당
기사 전체를 인용해 본다.

---

111 『신증동국여지승람』 권31, 〈경상도 함양군〉 [烈女]. "金氏, 李陽妻也. 陽無子早死,
司直呂自勤欲娶之. 金走至夫墳, 披草宿三夜. 後有朴德龍者亦求爲妻, 金不應,
自經而死. 成宗三年, 令守令祭其墓, 旌其門."

함양 사람 김 씨는 수군 김원의 딸이다. 나이 16세에 같은 고을 이양에게 시집갔다. 이양이 죽자 삼년상을 마쳤다. 시아버지 이순의가 나이 어린 것을 가련하게 여겨 다시 혼인하도록 권유했다. 하지만 김 씨는 죽음으로 맹세하고 홀로 어미와 함께 살았다. 같은 고을 사람 여자근이 그녀의 미모를 듣고 첩으로 삼으려, 많은 종들을 거느리고 그 집을 습격해 데려가려고 했다. 김 씨는 북쪽 창문으로 도망쳐 지아비의 무덤에 가서 풀숲을 헤치고 묵으며 통곡하였다. "낭군께서는 알고 계십니까? 어찌하여 나를 데리고 함께 죽지 않으셨습니까?" 여자근이 강제로 할 수 없다는 것을 알고는 돌아갔다. 그 뒤에 박덕용이 또다시 아내로 삼으려고 찾아가 구혼했다. 김 씨가 분을 내어 꾸짖는데 그 태도가 너무나도 의연해 범할 수 없었다. 김 씨는 그를 피해 거처를 형의 집으로 옮겼다. 그래도 다시 찾아와서 구혼을 하였다. 그 형도 "너를 사모하는 사람이 이리도 많으니, 너는 반드시 면하지 못할 것이다. 가난하게 과부로 사는 것보다는 시집가는 것이 나을 것 같다."라고 하였다. 김 씨는 큰 한숨을 쉬며 슬피 울었다. 어미는 그녀가 죽을까 두려워 항상 지켜보았다. 어느 날 밤에 어미가 조금 해이한 틈을 타서 대들보에 목을 매어 죽었다.[112]

사연이 매우 곡진하다. 김종직은 향교와 문묘를 재건하여 사족의 학풍을 진작시키는 한편 민간의 풍속을 교화하는 역할도 충실하게 수행하고 있었다는 증거이다. 수령은 지역의 아름다운 행실을 조정에 보고하고, 국가에서는 거기에 포상으로 응답했다. 물론 선발의 기준은 세종이

---

112 『성종실록』 성종 3년 2월 29일. "咸陽人金氏, 水軍金源之女也. 年十六, 適同郡李陽. 陽死, 喪畢. 其舅順義, 憐其年少, 諭以更醮. 金氏以死自誓, 獨與母居. 同邑呂自勤聞其美, 欲娶以爲妾, 盛僕從襲其家, 必欲得之. 金從北牖出, 至夫墳, 披草而宿, 號哭曰: '良人有知? 何不携我俱亡?' 自勤知不可强, 遂還. 後有朴德龍者亦欲爲妻, 往求焉. 金奮罵毅然, 不可干. 金避德龍, 移居兄家, 德龍復往求焉. 其兄曰: '人多慕汝, 汝必不免. 與其貧寡而孀居, 孰若從之爲愈?' 金太息悲泣. 母懼其死, 常守之. 是夜, 母稍懈, 金已經於屋梁矣."

편찬한『삼강행실도』를 적용했다. 앞서 지적했듯, 성종은 대사헌 한치형이 올린 시무 17조의 상소문에 의거하여 전국 관찰사에게『소학』·『삼강행실도』를 교육하게 하고, 그에 부합하는 충신(忠臣)과 열녀(烈婦), 효자(孝子)와 효손(順孫)을 조사해 보고하라는 분부를 내린 상태였다.[113] 그런 조정의 정책에 적극 부응하여 함양군수 김종직은 열녀 김 씨와 함께 효자 두 사람도 적어 올렸다. 그리하여 박유효(朴由孝)와 표연말(表沿沫)이라는 효자 두 사람이 새롭게 알려졌고, 국가에서는 그들을 발탁하여 등용하는 은전을 내렸다.[114] 이제, 함양은 효자 두 명과 열녀 두 명을 국가에서 공인한 고을이 되었다.

[효자] 본조: 朴安行,[115] 朴由孝
[열녀] 고려: 宋氏(驛丞 鄭寅의 처),[116] 본조: 金氏(李陽의 처)

---

113 『성종실록』성종 2년 6월 8일. "感發人之善心, 懲創人之逸志, 以正民風, 以正士習, 務以教化爲先."
114 『성종실록』성종 3년 2월 29일. "李陽妻金氏, 貞烈特異, 請令所在官, 致奠·旌門. 白孝元·朴由孝·表沿沫, 孝行可嘉, 請令吏·兵曹, 隨才擢用, 以示勸奬. 從之." "李陽의 처 金氏는 貞烈이 특이하니 所在官으로 하여금 奠을 드리고 旌門하게 하며, 白孝元·朴由孝·表沿沫은 孝行이 상을 내릴 만하니 이조·병조로 하여금 재주에 따라 擢用하여 권장하는 뜻을 보이게 하소서." 하여, 성종의 윤허를 받았다. 그해 가을 박유효가 수박을 선물로 보내자 김종직은 〈朴錄事由孝, 饋西水瓜, 卽進納尙州〉라는 시로 화답했다. 수박을 상주목사에게 전해주는 것을 보면, 함양군수 김종직은 상주목사를 통해 이들 효자와 열녀를 추천했던 것으로 보인다. 한편 표연말은 포상의 분부가 내려진 직후에 치러진 성종 3년의 식년시에 급제해 관직에 나아가게 된다. 그와 관련된 상황은 김종직이 표연말에게 보낸 편지 〈答表小游書〉에 자세하다.
115 『신증동국여지승람』에는 '박안행'이라는 이름만 기재되어 있을 뿐 언제 어떤 효행으로 정려되었는지 밝혀져 있지 않다. 다만『천령지』에는 함양군 羅村 사람으로 어려서부터 효성이 지극하였는데, 병든 어버이가 겨울에 물고기를 먹고 싶다고 하자 울부짖으며 이마로 얼음을 두드리자 고기가 뛰어올랐고 적혀 있다. 鄭慶雲의 일기『孤臺日錄』1603년 3월 6일 자에 "박안행의 정려문을 고쳐 적었다[改書朴安行旌門]"는 기사가 보인다. 구전되던 내용을 추가했던 것으로 보인다.

위의 효자와 열녀 네 사람 가운데 효자 박유효와 열녀 송 씨 두 사람은 김종직이 조정에 보고하여 포상을 받아낸 인물이다. 김종직이 풍속을 교화하기 위해 실천한 구체적인 성과이다. 그리고 그가 몸소 보여준 왕화의 내용들은 빠른 속도로 확산되기 시작했다. 김종직이 처음 물꼬를 튼 이후, 함양에서는 효자와 열녀가 대폭 늘어나게 되었던 것이다. 『천령지』에 이름을 올린 인물만 꼽아보더라도 효자 17명과 열부 10명에 달하고 있다.[117] 이런 지역의 교화가 지금의 시각으로 보면 낡고 고리타분한 행위처럼 보일 수 있다. 하지만 지역의 인민을 효제충신에 충만한 유교적 인간형으로 거듭나게 만드는 것이 시대정신이었던 성종대의 지방관에게 있어 그것은 너무나도 중요한 유교문명 전환의 프로젝트였다. 그는 자신과 같은 지역의 유교지식인이 감당해야 할 책무를 다음과 같이 자각하고 있었던 것이다.

지금은 성스럽고 밝은 주상이 위에 계시어 문치(文治)가 한창 융성한 때이다. 향교의 제군들은 모두 준수한 선비로 초야에서 선발되어 선배의 옷을 입고 가장 먼저 모범을 보여야 하는 위치에 있다. 마땅히 위로는 주상의 인재 기르기 좋아하시는 은혜를 본받고, 아래로는 좋지 못한 풍속을 전환시키는 방도를 생각하여야 한다. 그리하여 효제충신의 도리를 밝게 가르쳐 향리의 선구자가 되어 어리석은 무리를 깨우치게 하고 예전의 더러운 풍속을 깨끗이 씻는 것이 바로 해야 할 일이다.[118]

---

116 宋氏는 태종 때 정려된 열녀이다. 『태종실록』 태종 13년 2월 7일 기사에 "咸陽人前驛丞鄭寅妻宋氏, 歲己巳, 被倭虜掠, 倭欲汚之. 宋氏誓死不從, 倭卽殺之."라는 사실이 보인다.
117 박주, 「조선중기 경상도 함양지역의 효자·열녀」, 『진단학보』 88집(진단학회, 1999).
118 김종직, 『점필재집』 문집 권1, 〈與密陽鄕校諸子書〉. "方今聖明在上, 文治方隆, 諸君俱以秀士, 選于畎畝, 披逢掖之衣, 居首善之地. 是宜上體樂育之恩, 下念轉移之

② 성종 1년 함양군수로 내려온 김종직은 임기를 마친 뒤에 서울에 올라가 성종 6년 한동안 종3품의 승문원참교라는 직책을 맡았다. 승문원은 사대와 교린에 관련된 외교문서를 관장하는 부서인 데다가 세조 5년 과거에 급제하여 처음으로 시작한 부서였던 만큼 적응하는 데 아무런 애로상항이 없었을 것이다. 그런데 불과 몇 달이 지나지 않은 성종 6년 8월 다시 선산부사에 제수된다. 다시, 지방관 생활을 하게 된 것이다. 그로부터 모친상을 당한 성종 10년 12월 모친상을 당할 때까지 선산부사로 있었다. 40세에 함양군수에 제수되어 49세에 모친상을 당해 선산부사를 사직하기까지 40대 전부를 지방관으로 있었던 것이다.

그런 김종직은 삼년상을 마치자마자 성종의 부름을 받아 성종 13년 4월 비로소 조정으로 복귀하게 된다. 장장 13년만이었다. 그로부터 홍문관부제학, 도승지, 이조참판과 같은 조정의 청직-요직을 두루 거치게 된다. 성종 18년 5월 전라도관찰사에 제수되기까지 5년 동안 성종을 지근거리에서 모실 수 있었던 것이다. 그 기간 동안 김종직은 자신이 지방관으로 있던 시절의 경험을 바탕으로 개혁적인 과제를 지속적으로 제출하였다. 특히, 지역의 풍속을 교화하는 데 관심이 많았다.

> 시강관 김종직이 아뢰기를 "신이 일찍이 수령으로 있을 때 향사례(鄕射禮)와 향음주례(鄕飮酒禮)를 마련하여 효제(孝悌)하는 사람들을 가장 우선하고, 재예(才藝)가 있는 자들은 그 다음으로 하고, 불초(不肖)한 자는 참여하지 못하게 했습니다. 이로부터 온 고을 사람들이 발돋움하여 변화하고 부끄럽게 여겨 고치게 되었으니 자못 교화에 도움이 되는 점이 있었습니다. 이것으로 본다면 석채례(釋菜禮)·향음주례·향사례도 폐하는 것은 불가합니다." 하였다. 임금이 말하기를 "이것은 모두 각 도의 관찰사 책임이다. 마땅히 거듭하여 밝히도

術, 講明孝弟忠信之道, 爲閭里倡, 開道群愚, 湔滌舊汚, 乃其事也."

록 하라."라고 하였다.[119]

　김종직이 경연에 참석하여 『전한서(前漢書)』에 실려 있는 상소문 가운데 "교화는 안으로부터 밖으로 미치는 것이니, 폐하께서 모범을 세우고 학교를 일으키소서[風化由內而及外, 陛下建首善, 興學校]."라는 대목을 강하다가 향교의 역할을 증진하는 방안의 하나로 건의했던 내용이다. 지역 사족을 대상으로 한 각종 의례, 곧 향사례라든가 향음주례와 같은 행사를 국가에서 정례적으로 실시해야 한다고 건의하는 대목이다. 일찍이 『주례』와 『예기』에 정리되어 있던 이들 행사는 세종 10년부터 집현전에서 고제(古制)를 참고하여 편찬에 착수한 뒤, 성종 5년(1474) 완성된 『국조오례의(國朝五禮儀)』에도 명문화되어 있는 지역 의례였다. 하지만 실제로는 제대로 시행되지 않았다. 오히려 시행을 둘러싸고 여전히 많은 갈등과 논란을 겪고 있는 사안이었다.

　그런 상황에서 그 제도를 시행해야 한다고 강력한 의견을 개진한 인물이 바로 김종직이었다. 이후 제자 그룹인 정성근·조위 등이 적극 지지하고 나서는 등 적지 않은 진통을 거친 끝에 중종 때 이르러서야 비로소 전국적으로 시행하게 된다. 지역 교화를 위해 거의 이론의 여지가 없어 보이는 이런 문제가 그토록 많은 논란을 거쳐 시행하게 된 데에는 복잡한 이해관계가 얽혀 있었기 때문이다. 지방관 파견을 가능케 하는 권력을 계속 유지하고 싶었던 훈구관료와 지방관의 전횡을 견제하기 위해서라도 재지사족의 역량과 자치 기구를 강화해야 한다고 생각했던 신진사류가 맞부딪쳤던 것이다.[120]

---

119 『성종실록』 성종 14년 8월 16일. "侍講官金宗直啓曰: '臣曾爲守令, 設鄕射·鄕飮之禮, 使孝悌者先之, 才藝者次之, 不肯者不與焉. 由是一鄕之人, 企而化之, 恥而改之, 頗有小補於風化. 以此觀之, 若釋菜·鄕飮·鄕射之禮, 亦不可廢也.' 上曰: '此皆諸道監司之責也. 當申明之.'"

그런 민감한 권력투쟁의 선편을 잡았던 김종직의 주장은 자신의 구체적인 경험을 바탕으로 삼고 있어 매우 설득력 있게 들린다. 고을 사람이 모두 보는 앞에서 효성스럽고 공손한 자, 그리고 재능과 기예를 갖춘 자를 후대하고, 불초한 자는 아예 고을의 의례에도 참여하지 못하게 함으로써 권장과 징계의 효과를 극대화했던 것이다. 김종직은 이런 의례를 선산부사 시절에 보다 본격적으로 거행했던 것으로 보이지만, 함양군수로 있으면서도 그런 종류의 모임을 종종 열었다. 앞서 살펴보았던 것처럼 문묘를 중건하고 베푼 낙성연에서도 그런 원칙에 의거하여 기로연(耆老宴)을 베풀었다.

납일의 거센 바람에 추운 줄을 모르고	臘日獰颷不覺寒
사방 마을의 기로들이 반열에 함께 참여하였네.	四村鳩杖共排班
처음 자리에선 질서 있게 대략 예의를 차리다가	初筵秩秩粗爲禮
술에 취한 뒤에는 떠들썩하게 다투며 즐거워하네.	旣醉喧喧競自歡
눈발은 겨울바람에 어지럽게 술 푸는 국자에 떨어지고	朔雪亂霑浮蟻杓
검버섯 핀 얼굴에 불그레한 술기운이 나직이 오르네.	仙花低襯凍梨顔
정성스레 임금의 은택을 가득 내려주었나니	殷勤爲霈皇恩澤
뒷날에 그림으로 만들어 두고 보리라.[121]	留與他年作畫看

성종 3년 섣달의 납일(臘日)을 맞이하여 열었던 기로연의 모습을 담고 있는 작품이다. 한 해 농사의 형편과 그 밖의 일을 여러 신들에게 고하는

---

120 김훈식, 「15세기 후반기 鄕黨倫理 보급의 배경: 鄕에 대한 인식의 변화를 중심으로」, 『한국사연구』 99·100합집(한국사연구회, 1997); 박사랑, 「15세기 조선 정부의 鄕禮 논의와 향촌 질서 구축」, 『韓國史論』 62집(서울대 국사학과, 2016).
121 김종직, 『점필재집』 시집 권8, 〈臘宴老人是日有風雪〉.

제사를 드리고 난 뒤, 고을의 노인에게 위무의 잔치를 베풀었다. 김종직은 이런 모임을 통해 고을의 원로라든가 사족계층의 결속력을 강화하는 한편 그들을 기반으로 삼아 풍속의 교화를 자체적으로 이끌어갈 주체세력과 해결능력을 키워나가고자 했다. 예의 있게 질서를 지키는 격식, 그리고 음주환담으로 이어지며 지역공동체가 하나가 되는 화합을 자연스럽게 만들어가고 있었던 것이다.

그런 차원에서 볼 때 김종직이 함양군수와 선산부사로 있으면서 선구적으로 시행하고 있는 향사례, 향음주례, 기로연이 당대의 정치사회사에서 차지하고 있는 의미는 결코 적지 않다.[122] 나아가 그런 지역의 의례를 통해 거둔 효과를 근거로 삼아 유향소(留鄕所)의 복원까지 적극 주장하고 나섰다. 해당 지역의 사족집단을 구성하여 지방관과 협력-견제하고 향리를 규제하는 한편 풍속을 교화하는 자치 기구의 설립까지 도모했던 것이다.

> 김종직이 아뢰기를 "예전에는 일가친척 사이에 화목하지 않으면 처벌하는 법이 있었으니, 성인(聖人)이 만든 제도가 매우 정밀했습니다. 하지만 유향소를 혁파한 뒤로는 간사한 향리가 방자하게 풍속을 해치는 일이 있어도 규찰하는 자가 없기 때문에 제멋대로 행동함에 거리낌이 없습니다. 고려 때는 사심관(事審官)이 500년 간 풍속을 유지해왔으니, 이제 유향소를 다시 설치하여 고을에서 이치를 아는 자 한 명을 선발하여 그로 하여금 규찰하게 한다면 부박한 풍속을 종식시킬 수 있을 것입니다."[123]

---

122 김종직은 전라감사 시절에 전주에서 향음주례와 향사례를 거행하고, 그 세세한 절차를 시로 읊어 기록으로 남겨두고 있다. 김종직, 『점필재집』 시집 권22, 〈全州, 三月三日, 行鄕飮鄕射禮〉 참조.

123 『성종실록』 성종 15년 11월 12일. "宗直曰: '古有不睦之刑·不婣之刑, 聖人之制, 至爲詳密. 且自留鄕所革罷後, 奸吏放恣, 雖有傷風敗俗之事, 無有檢察者, 故恣行無忌. 前朝事審官, 維持五百年風俗, 今若復設留鄕所, 擇鄕中識理者一人, 使之檢

제3장_사림의 왕화, 유교문명의 보급과 지역교화의 실천 375

김종직이 유향소의 복설을 주장하고 나선 것은 이조참판에 제수된 직후였다. 인사의 최대 관건 가운데 하나가 교활한 향리의 농간을 제어하고 지방관의 탐학을 견제하는 일임을 잘 알고 있었기 때문에 가장 먼저 유향소의 설치를 들고 나왔던 것이다. 동료와 후배 가운데도 "김종직이 선산부사로 있으면서 향중(鄕中)에 행실이 있는 자를 골라서 향사례와 향음주례에 참여하게 하니, 그 자리에 참여하지 못한 자는 부끄러워하며 권장하는 뜻을 따르려는 자가 많아졌다"[124]면서 그와 같은 지역 의례의 실시를 지지하고 나섰다. 하지만 세조가 이시애의 난을 겪으며 폐지했던 유향소를 다시 설립한다는 것은 쉬운 일이 아니었다. 지방관의 선발 권한을 장악하고 있는 훈구대신의 반발도 만만치 않았지만, 김종직을 절대 신임하고 있는 성종조차 주저했다. 그들의 문답을 직접 들어보자.

임금이 말하기를 "유향소를 다시 세우는 일은 이미 대신들에게 의논하였는데, 모두 다시 세우면 폐단이 반드시 심할 것이라고 하였기 때문에 정지한 것이다." 좌승지 성건이 아뢰기를 "유향소의 검찰로 삼을 만한 사람을 얻으면 가하겠지만, 만일 적당한 사람이 아니라면 폐단을 만드는 것이 더욱 심할 것입니다." 하였다. 이에 이어 성종이 "어찌 고을의 유향소마다 모두 적당한 사람을 얻을 수 있겠는가?"라고 하였다. 김종직이 아뢰기를 "열 집이 사는 작은 고을에도 반드시 충성되고 미더운 사람이 있다고 했는데, 아무리 작은 고을이라도 어찌 이치를 아는 한두 사람이 없겠습니까? 만약 사람을 골라서 규찰하게 하면, 풍속을 해치는 무리가 줄어들 것입니다. 만약 규찰하는 자가 폐단을 일으킨다면 관찰사와 수령이 있지 않습니까." 하였다.[125]

察, 則澆薄之風, 庶可息矣.'"
124 『성종실록』 성종 16년 1월 6일. "臣聞, 金宗直曾爲善山府使, 擇鄕中有行者, 許參鄕射·鄕飮酒之禮, 其不得與選者, 咸愧之, 多懷勸勵之志. 請申明擧行."

지방의 작은 고을에는 이치를 아는 적합한 인물이 없어 유향소가 제대로 효과를 거둘 수 없다는 훈구대신의 방해 논리에 성종조차 포획되어 있었다. 하지만 김종직은 "열 가구쯤 사는 작은 고을에도 반드시 충성되고 미더운 사람이 있다고 하였는데, 아무리 작은 고을이라도 어찌 한두 사람 이치를 아는 자가 없겠습니까?"[126]라며 공자의 말을 가지고 와서 반박의 논리를 폈다. 뿐만 아니라 유향소와 지방관 사이의 상호 권력 감시까지 염두에 두고 있었다. 물론 그때는 유향소의 복설을 관철시키지 못했다. 하지만 유향소를 둘러싼 논쟁의 과정에서 신진사류 김종직의 진면목을 목도하게 된다. 지역의 현실에 대한 실천적 체득과 지역민에 대한 깊은 신뢰감이 없다면, 주장하기 어려운 논리를 펼치고 있었던 것이다. 그것이야말로 오랜 시절 지방관 생활을 하는 동안 깨달은 경륜이며, 세조대 이래 권력의 핵심을 장악하고 있던 훈구관료와 정치적으로 명확하게 분기되는 지점이기도 했다.

이처럼 신진사류의 리더로서 주목을 받기 시작한 김종직은 지역자치제도의 도입을 줄기차게 주장했다. 요즘에도 반대 여론이 있을 만큼의 사안이니 반대의견도 만만치 않았지만, 마침내 성종 19년 유향소의 복설이 이루어지게 된다. 그 파장은 전국적으로 급속하게 퍼져나갔고, 사마시에 급제한 젊은 유생들도 자치 기구를 결성할 정도였다. 유향소와 구별되는 별도의 기구인 사마소(司馬所)를 꾸렸던 것이다. 그 역시 지방관의 읍치를 도와주거나 그들의 전횡을 견제할 목적으로 만들어졌는데, 최초로 설립된 지역이 함양이었다. 그건, 결코 우연이 아니었다. 김종직

---

125 『성종실록』 성종 15년 11월 12일. "上曰: '留鄕所復立事, 已議于大臣, 皆曰: 復立, 則弊必甚, 故寢之.' 健曰: '爲留鄕檢察者, 得人則可, 如非其人, 則作弊尤甚.' 上曰: '州郡留鄕所, 豈盡得人乎?' 宗直曰: '十室之邑, 必有忠信, 雖小邑, 豈無一二識理者乎? 若擇人檢察, 則敗常之輩, 庶可省矣. 若檢察者作弊, 則亦有觀察使·守令矣.'"
126 『논어, 公冶長』. "十室之邑, 必有忠信如丘者焉, 不如丘之好學也."

이 함양군수로 있으면서 가르쳤던 제자들이 그 중심에서 활동하고 있었기 때문이다. 김종직과 그의 제자들이 무오사화로 인해 참혹하게 죽어가고 있을 무렵, 사화를 일으킨 주모자 유자광은 그런 사실을 이렇게 증언하고 있다.

윤필상(尹弼商)이 아뢰기를 "유자광의 말에 의하면 외방의 생원과 진사들이 사마소(司馬所)라 자칭한다고 합니다."라고 하였다. 유자광이 급히 나서며 "내가 마땅히 아뢰겠습니다." 하고 하고는 마침내 아뢰었다. "남원과 함양은 모두 신의 본관이므로 신이 직접 보았습니다. 생원과 진사들이 별도로 한 장소를 만들어 '사마소'라고 이름을 지었습니다. 사사로이 여기 모여서 술을 마시며 방자한 논의를 펼치고, 백성이나 서리가 조금만 마음에 들지 않으면 매질을 합니다. 유향소에 소속된 인물들이 대부분 늙고 저열하여 백성과 향리들이 유향소를 멸시하고 도리어 사마소에 아부하고 있으니 그 폐단이 적지 아니합니다. 그런데도 수령된 자들이 엄금하지 못하고 있을 뿐만 아니라 도리어 노비를 지급하고 이자를 늘일 수 있는 곡식과 재물까지 맡기고 있습니다. 국가에서 설립한 유향소 외에 이런 부류가 사사로이 세운 장소는 것은 매우 옳지 않습니다."[127]

모든 제도에는 순기능과 역기능이 있기 마련이다. 유향소도 그러했다. 수령과 향리를 감시하고 풍속을 규찰하고자 했던 본연의 기능을 제대로 수행하지 못한 채 수령의 자문기구로 전락해버리는 경우가 적지 않았다. 애초의 목적과 멀어진 유향소의 활동에 불만을 품은 젊은 지역

---

127 『연산군일기』 연산군 4년 8월 10일. "尹弼商啓: '柳子光云: 外方生員進士, 自稱司馬所.' 子光遽啓: '吾當啓之.' 遂啓曰: '南原·咸陽皆臣本貫, 故臣親見之. 生員進士別立一所, 名曰: 司馬. 私相聚集, 群飲橫議, 於人吏少有不愜, 輒鞭撻. 留鄕品官多是老劣, 故一邑人吏, 蔑視留鄕所, 反附司馬所, 其弊不貲. 爲守令者, 非徒不能禁之, 反給奴婢, 以典其所殖穀貨. 國家所設留鄕之外, 又有此輩私立一所, 甚不可.'"

의 선비들은 사마소라는 자치 기구를 따로 만들어 유향소가 의도했던 역할을 대신하고자 했다. 지금도 함양향교 옆에 연계당(蓮桂堂)이라는 건물을 통해 그 자취를 확인할 수 있다. 일명 사마소로도 불리던 연계당은 함양을 비롯하여 성주, 선산, 상주 등에도 있는 것을 보면, 애초에는 소과에 합격한 고을의 선비들이 대과를 준비하는 강학공간으로 세워졌던 것으로 보인다. 그러다가 유향소의 기능을 대체하기도 했던 것이다.

이런 의도로 만들어진 젊은 유생의 강학공간이자 자치기구를 나쁜 풍습으로 몰아붙이며 혁파해야 한다고 주장하고 있는 유자광의 의도는 김종직과 그의 젊은 제자들이 꿈꾸고 있던 지방자치 운동을 무력화하고 있는 것에 다름 아니다. 물론 사마소의 공과(功過), 특히 후대에 노정된 폐해에 대해서는 별도의 평가가 필요하다. 하지만 유자광의 발언을 통해 함양군이 유향소와 사마소가 만들어져 지방관과 향리의 횡포를 견제하고 지역의 풍속을 자체적으로 교화하기 시작한 최초의 지역이었던 사실만큼은 분명하게 밝혀졌다. 이와 같은 지역 자치의 교화가 함양에서 가장 먼저 시작될 수 있었던 까닭은 김종직이 지방관으로 있으면서 보여준 유교문명의 원대한 비전이 싹을 틔웠기 때문이라 말해도 좋다.[128]

5. 추후의 행로: 지방관으로의 침체와 새 길의 모색

우리는 지금까지 김종직이 지방관으로 있으면서 펼쳐 보인 왕화의 비전과 그 실천 양상을 구체적으로 살펴보았다. 그런 고찰의 과정에서 그가 재직

---

128 『天嶺誌』에도 司馬齋와 鄕射堂이 각각 별도의 기구로 소개되어 있다. 사마소가 임진왜란 이전에는 사마시에 합격한 사람이 모여 제향도 드리고 춘추로 강학도 하고 길흉사에 서로 돕는 것을 미사로 여겼던 반면, 유향소는 고을의 顯族이 수령을 도와 풍속을 바로 잡고, 봄가을로 강학하며 降神禮를 행하던 곳이었다.

시절 남긴 시문 작품은 일종의 〈수령일지〉처럼, 유용한 근거 자료로 활용될 수 있었다. 물론 일지가 그 성취의 정도까지 보장해주지는 못하겠지만, 적어도 그가 정사·흥학·교화의 책무에 얼마나 충실하고자 노력했는가를 확인하기에는 충분했다. 지도를 제작하여 합리적인 통치를 행하고 지역의 공간에 인문-지리학적 인식을 불어 넣어준 창의적 발상, 공자를 전범으로 삼아 주자의 교육 방식을 통해 지역의 사족 자제를 가르치던 중세지성으로서의 면모, 그리고 풍속을 교화하고 공권력의 남용을 견제하는 자치기구의 모색과 같은 구체적인 성취들을 확인할 수 있었다.

김종직이 보여준 이런 비전과 실천은 그 이전의 지방관에게서는 쉽게 발견되지 않는, 곧 성종 때부터 역사의 전면에 등장하기 시작한 신진사류의 사표(師表)가 되기에 충분한 면모였다. 실제로 김종직은 함양군수 임기를 마쳤을 때, 십고십상(十考十上)이라는 최고의 평가를 받았다. 구중궁궐의 성종까지 지방관으로서의 역할을 훌륭하게 수행했다는 사실을 인지하여 3품직의 승문원참교 겸 지제교에 제수하라고 이조에 직접 분부했을 정도였다. 하지만 김종직은 그런 지우를 입어 6년간의 함양군수 임기를 마치고 조정으로 복귀하기 직전, 왠지 착잡하게 느껴지는 심경을 토로하고 있었다.

볼품없이 늙은 마흔 여섯 나이에	龍鍾四十六
비로소 붉은 도포를 입게 되었네.	身始着紅袍
허리에 찬 금대는 환히 빛나건만	燦燦腰間荔
양쪽 귀밑머리에는 백발이 성성하구나.	星星兩鬢毛
어머니께서 분에 넘치는 복을 걱정하시니	萱闈憂福過
조정 반열에 높이 날아오른 것 깨닫겠네.	鷺序覺飛高
나는 조금도 잘한 것이 없었으니	片善吾無有
도리어 십고십상의 포상이 부끄럽구나.[129]	還慚十考襃

이때는 성종 6년 12월 말이었다. 지방관으로서 최고의 평가를 받은 김종직은 늦은 나이였지만, 정삼품의 당상관으로 승진하여 홍포에 금대까지 차게 되었다. 과분한 복록을 조심하라고 노모가 당부할 정도로 오랜만의 조정복귀는 기뻐하기에 충분했다. 그럼에도 불구하고 귀밑머리가 허옇게 센 마흔 여섯이라는 나이를 거론하고 있는 대목에서 감지되듯, 뭔가 마뜩찮은 심사를 내비치고 있다. 거기엔 까닭이 있었다. 함양군수에 부임하여 2년 반쯤 지났을 때, 성종은 경상감사가 추천한 일곱 명의 모범적인 수령을 포상하고자 했다. 물론 김종직도 문과 동년 김극검(金克儉)과 함께 그 명단 가운데 포함되어 있었다. 하지만 대사헌으로 있던 서거정(徐居正)이 반대하고 나섰다. 경상감사 한 사람의 추천만으로 가볍게 포상해서는 안 된다는 이유에서였다.[130]

대사헌의 반대 논리에 일리가 없는 것은 아니다. 하지만 추천된 면면을 생각해보면, 사림에 대한 견제심리가 작용했을지 모른다는 의구심을 거두기 어렵다. 결국 김종직의 조기복귀는 좌절되고 말았다. 엎친 데 덮친 격으로 그 이듬해에는 아들 둘과 딸 하나를 연이어 잃는 악상(惡喪)을 겪기도 했다. 후사조차 끊긴 김종직은 극심한 슬픔에 빠졌고, 사직서를 올려 벼슬살이를 모두 포기하고자 했다. 조정의 원로 강희맹과 경상감사 김영유의 간곡한 만류로 복귀하긴 했지만,[131] 함양군수 시절의 후반부는 공적으로든 사적으로든 무척 힘든 시기였다. 게다가 함양군수의 임기를 마쳤을 때, 자신의 인사를 둘러싼 조정에서의 논란은 지친 김종

---

129 김종직, 『점필재집』 시집 권11, 〈郡吏延男, 自京捧官敎來, 以十考陞通訓, 特旨拜知承文院事〉.
130 『성종실록』 성종 4년 7월 23일. "今以一人之譽而褒之, 褒不以時, 而待後日, 臣恐賞典之未得其宜也. 臣等願亟收七守令褒賞之命."
131 김종직, 『점필재집』 시집 권10, 〈十月初一日, 再呈辭狀, 還金山農舍, 方伯不受, 促使就職, 初九日, 度消馬峴, 有雪〉.

직을 더욱 힘들게 만들었다. 그때 벌어진 논란의 전말을 사관은 다음과 같이 압축적으로 실록에 적어 역사에 길이 남겼다.

이번 정사(政事)에서는 함양군수 김종직이 만기를 채워 마땅히 옮겨야 했는데, 이조에서는 사재첨정(司宰僉正)으로 보내려는 의견을 올렸다. 이에 임금이 전교를 내렸다. "내가 들으니 김종직은 문장과 학문에 뛰어나고 고을에 선정을 베풀었다고 한다. 그를 3품의 관직에 제수하고, 승문원참교 겸 지제교에 임명하도록 하라."[132]

매우 이례적인 일이다. 이조에서는 김종직을 사재첨정에 임명하고자 했다. 그러자 성종이 직접 반대하고 나섰다. 그것은 부적절한 인사이니, 3품으로 승진시켜 승문원참교에 임명하라고 지시한 것이다. 왜, 그랬을까? 사재감은 궁중에서 사용되는 어류·육류·소금·땔나무 등을 관장하는 부서이다. 학문에 뛰어난 김종직과는 전혀 어울리지 않는 직책이다. 게다가 지방관 시절 십고십상이라는 최고 성적을 받았는데, 6년 동안 지방관으로 있던 함양군수와 같은 종4품을 그대로 유지한 채 사재감으로 보낸다는 것도 납득할 수 없었다. 성종이 직접 나섰던 까닭이다.

이 대목에서 주목해야 할 사실은 조정의 상황이 함양군수에 제수되던 성종 1년보다 결코 나아지지 않았다는 사실이다. 중앙 권력을 장악하고 있는 훈구관료들이 신진사류의 선배로 존중받고 있는 김종직 자신을 배척하는 분위기가 여전했으니, 조정으로의 복귀를 마냥 기뻐할 수 없었던 것이다. 불안한 예감은 틀리지 않았다. 서울로 복귀했던 바로 그해 가을, 선산부사에 제수되어 다시 지방관으로 내려오게 된다. 중시(重試)의 존

---

[132] 『성종실록』 성종 6년 12월 28일. "是政, 咸陽郡守金宗直考滿當遷, 吏曹以司宰僉正注擬. 傳曰: '聞宗直有文學, 善治郡. 其除三品職, 乃拜承文院參校兼知製敎.'"

폐를 둘러싸고 훈구대신들과 다시 심각한 갈등을 빚었고, 결국 노모 봉양을 구실 삼아 또다시 지방관을 자원했던 것이다.

성종 7년(1476) 봄, 함양군수의 임기를 마친 김종직은 성종의 기대를 받으며 서울로 돌아왔다. 무려 6년 만이었다. 성종이 이조의 주장을 꺾으며 직접 승문원 겸 지제교로 불러들였으니 중앙 조정에서의 두드러진 활약이 기대될 법도 했다. 하지만 그렇지 못했다. 제대로 뜻을 펼쳐 보기도 전, 그해 8월 다시 지방관으로 내려가게 된다. 선산부사에 제수되었던 것이다. 만기를 채우고 지방관에서 올라왔다가 불과 서너 달 만에 다시 지방관으로 내려가는 것은 사례를 찾기 힘들다. 무슨 사연이 있었던 것일까? 김종직은 함양군수로 부임할 때와 마찬가지로 모친 봉양을 위해 자청했다고 밝히고 있다. 하지만 선산부사로 내려가면서 지은 시편을 보면, 이번에도 그게 진짜 이유는 아닌 듯하다.

선산부사 인끈 품고 도성을 떠나	懷紱出闉闍
화물 나르는 배에 병든 몸 실었네.	貨舟寄病軀
강 한가운데의 석양빛은 아름답고	半江夕陽好
작은 언덕의 초가 정자는 외롭구나.	小塢茅亭孤
벽불(闢佛) 상소 올려 파직당한 것이 아니라	非爲疏佛骨
단지 늙은 모친 봉양하러 떠나가는 것이라네.	聊將弄鳥雛
산중의 노인에게 물어 보노라	借問山中叟
누가 한가롭게 은거했던 사람을 좇겠는지.[133]	誰踵楊花徒

김종직이 서울을 떠나던 날, 두모포(豆毛浦)에서 배를 타고 삼전도(三田渡) 부근 저자도(楮子島)를 지나면서 지은 시이다. 당나라 한유(韓愈)처럼

---

133 김종직, 『점필재집』 시집 권12, 〈過楮子島〉.

불교를 배척하는 〈불골표(佛骨表)〉를 올렸다가 조주자사(潮州刺史)로 쫓겨 가는 것이 아니라 노모 봉양을 위해 선산부사를 자청해서 내려가는 것이라 며 애써 자위하고 있다. 하지만 전체적인 분위기로 보건대, 진짜 이유는 좌천당해 내려가는 것이었다. 실제로 다음날 여주 청심루(淸心樓)에서 지은 시에서는 "귀양 가게 되어서야 비로소 강산을 감상할 수 있게 되었네 [謫來纔得賞江山]"라고 하면서, 선산부사로의 부임을 '귀양'(謫)이라 적시 하고 있다. 선산부사로 좌천된 사실을 밝힐 결정적 증거는 없지만, 짐작 가는 대목이 있다. 김종직과 절친했던 홍귀달이 경연에서 성종에게 중시 (重試) 폐지를 건의할 때, 김종직의 이름도 거론되고 있는 것이다.

> 시강관 홍귀달이 아뢰기를 "과거시험은 아주 옛날에는 없던 제도입니다. 다만 한나라·당나라에서 선비를 뽑을 때 오직 과거에 의지하였으니 과거를 폐지할 수는 없습니다. 하지만 중시라는 제도는 중국에 없었습니다. 문사들 이 배우는 데 뜻을 두고 있다면 어찌 중시가 있고 없음에 따라 부지런하거나 게을러지겠습니까? 중시가 있음으로 말미암아 선비들 사이에 승진만을 다 투는 폐단이 발생하게 되었으니, 이 제도는 없애는 것이 좋겠습니다." 했다. 임금이 말하기를 "김종직도 윤대(輪對)에서 중시를 폐지하자고 청했다. 비록 그렇 지만 대전(大典)에 실려 있다." 하였다.[134]

김종직이 함양군수를 마치고 서울로 복귀한 직후의 일이다. 사관은 위의 기사 아래에 "홍귀달과 김종직이 서로 의논하여 중시에 응하지 않 으려고 했기에 이러한 건의가 있었던 것이다"라는 사평을 달아두고 있

---

134 『성종실록』, 성종 7년 3월 11일. "侍講官洪貴達啓曰: '科擧上古所無. 漢唐取士, 專倚科擧, 則科擧誠非後世所可廢也. 至若重試, 中朝所無, 文士之志於學者, 豈以 重試之有無爲勤慢哉? 自有重試, 資窮者希堂上, 秩卑者希一級. 由是士風有競進之 弊, 停之爲便.' 上曰: '金宗直於輪對, 亦請停之. 雖然已載大典矣.'"

다. 이들 두 사람이 시험 응시를 거부하며 없애자고 건의했던 중시란 조정의 관리를 대상으로 보이는 일종의 승진시험이다. 물론, 성적이 우수한 관리들에게는 정3품 당상관으로 승진시켜 주는 포상을 내렸다. 하지만 중시는 관리들로 하여금 학문에 정진하게 하는 긍정적인 효과보다는 승진을 위해 악용되는 폐단이 더욱 컸다. 홍귀달과 김종직이 중시를 폐지해야 한다고 주장했던 까닭이다. 다음 기사를 보면 그 폐단이 얼마나 심각했는지 확인할 수 있다.

지금 책문(策問)을 내자 문사들이 모두 승진하기를 희망하여, 다른 사람의 손을 빌려 작성한 자가 절반이나 되었다. 또한 위세가 있는 자들이 시권(試券)의 끝에 이름을 적어 두면, 시관들은 이름을 먼저 보고 위세가 있는 자 가운데 글이 조금이라도 괜찮으면 드러내어 칭찬하여 거두고 위세가 없는 자의 글은 물리쳤다. 마지막에 가서 합격하여 가자(加資)를 받는 자는 권문세가의 친척·친구의 무리들뿐이었다.[135]

위에서 보듯, 중시는 훈구공신이 자신의 권세를 이용하여 자기 자신은 물론 자제·친척·친구를 승진시켜주는 도구로 전락되어 버렸던 것이다. 그렇게 맺어진 강고한 인적 네트워크는 공적인 인사 시스템을 무력화시키는 한편 막강한 훈구공신들이 국가권력을 사적으로 틀어쥐고 온갖 전횡을 일삼는 데로 나아갔다. 영남지역 출신의 신진사류인 김종직과 홍귀달이 건의했던 중시의 폐지 건의는 이렇듯 단순한 일개 시험의 존폐 여부를 둘러싼 문제가 아니라 중앙정계의 훈구공신들에 의해 자행되던

---

135 『세조실록』, 세조 10년 7월 23일. "故今發策而文士皆自希進秩, 假手而作者居半. 且有位勢者, 則於卷末露出姓名, 試官亦先見其姓名, 其有位勢者屬辭稍可, 則輒稱揚而收之, 否則退斥. 及終入格加資者, 果貴勢親故之輩耳."

파행적인 인사권의 핵심 고리를 끊으려 했던 매우 민감한 정치적 사안이었던 것이다. 훈구공신들이 그런 의도를 모를 리 없었고, 그런 상황을 좌시했을 리도 없다. 김종직이 노모 봉양을 명분으로 선산부사를 자원한, 아니 훈구공신의 보복과 배척을 받아 선산부사로 좌천하게 된 진정한 이유이다. 뜻을 같이했던 정치적 동반자 홍귀달은 뒷날 김종직의 신도비명을 쓰면서 그날의 정황을 이렇게 은근하게 내비쳤다.

> 마침내 승문원참교에 임명되었다. 마침 이해(성종 7년)에 중시가 있었다. 모두 공(김종직)에게 말하기를 "중시는 문사들이 빠르게 승진하는 계제(階梯)가 된다."라며 권했다. 그렇지만 끝내 응시하지 않으니, 많은 사람들이 고상하게 여겼다. 그 후, 얼마 안 되어 선산부사가 되었다.[136]

김종직은 성종에게 중시의 폐지를 말로만 건의한 것이 아니라 행동으로 옮겨 응시를 거부했던 것이다. 훈구공신들이 자신들의 권력 재창출을 위해 편법적으로 운용되는 승진제도와 그를 통해 만연한 중앙정계의 검은 권력 네트워크를 근절시키기 위해서는 실천으로 보여주는 것이 필요했기 때문일 터이다. 물론, 결과는 참담한 패배였다. 자신을 불러들인 성종조차도 『경국대전』에 명시되어 있다는 근거를 들어, 중시를 폐지할 수 없다고 강변하는 훈구공신의 압박을 막아 낼 수 없었던 것이다. 훈구공신들이 틀어쥐고 있는 중앙의 정치권력에게 밀려난 김종직은 다시 선산으로 내려가서 긴 지방관 시절을 보내야만 했다.

그리하여 선산부사를 맡아 5년을 더 지방관으로 지내야 했다. 제자 표연말이 김종직의 행장에서 "외직을 자원하여 오랫동안 낮은 지방관에

---

136 홍귀달, 『점필재집』 부록, 〈神道碑銘〉. "遂拜承文院參校. 是歲, 適重試, 咸勸曰: '重試, 文士驟進之階.' 竟不赴, 物論高之. 未幾, 爲善山府使."

침체해 있었다."라고 적은 것은 빈말이 아니었다. 훈구관료와의 갈등과 좌절을 가까이에서 지켜보았고, 그런 암담한 상황에서도 지방관으로서의 과업을 충실하게 실천하고 있는 스승의 모습은 경외의 대상으로 다가오기에 충분했다. 그리하여 그의 젊은 제자들도 정치적 갈등을 겪을 때마다 스승이 선택했던 그 길을 뒤따르기 시작했다. 제자 유호인은 성종 10년 홍문관부수찬을 사직하고 노모봉양을 위해 거창현감으로 내려왔다. 제자 조위도 성종 15년에 부모 봉양을 구실로 홍문관부응교를 사직하고 함양군수를 자원했다. 성종 18년에는 유호인이 지난번에 이어 또다시 노모 봉양을 구실로 홍문관교리를 사직하고 의성현령을 자원하여 내려왔다. 그리고 그해에 제자 김일손도 부모 봉양을 구실로 홍문관정자를 사직하고 진주향교 교수를 자원하여 내려왔다.

김종직의 제자들은 겉으로만 스승의 행적을 따라했던 것이 아니다. 그들은 지방관으로 있는 동안 지난날 자신들을 학문적으로 이끌어준 행적은 물론 지역의 풍속 교화를 성공적으로 이루어낸 자취까지 따라 하고자 했다. 그들이 스승 김종직의 치적을 길이 남기기 위해 생사당을 건립하는 작업에 앞장섰던 이유이다. 김종직은 그렇게 성종대 신진사류의 사표로 자리 잡아가고 있었다. 돌이켜 보면 김종직이 차지하는 학술사적 위상은 도학적 차원에서 논의되고 마는 경우가 대부분이었다. 이른바 정몽주-길재-김숙자-김종직-김굉필·정여창으로 이어지는 도통론(道統論)의 구도에 갇혀 조망하곤 했던 것이다.

하지만 성종 초년에 김종직이 지방관으로서 보여주고 있었던 면모는 그러한 도학사적 시각만으로는 쉽게 설명되지 않는다. 선조가 즉위한 직후에 열린 경연에서 기대승(奇大升)도 "성종이 그의 어짊을 알아 판서로 삼았지만, 오히려 세상과 화합하지 못했다."[137]고 증언하고 있듯, 김

---

137 『선조실록』 선조 즉위년 10월 23일. "成廟知其賢, 以爲判書, 而猶不能與世偕合."

종직은 선배 세대들과 크고 작은 정치적·학술적 갈등을 겪으면서도 유교문명의 새로운 비전을 제시하고 그것을 실천하고자 노력했던 인물이다. 특히 "사방의 학자들이 각각 그 그릇의 크고 작음에 따라 마음에 만족하게 얻어 돌아갔다."는 홍귀달의 증언처럼, 왕화라고 하는 시대적 과제를 함께 만들어갈 만한 후학을 길러내는 데 온힘을 기울였던 것이다.[138] 그러면서 도학과 문장, 그 어느 한쪽에 치우치지 않았다. 그렇다면 김종직을 '훈구와 사림' 또는 '사장과 도학'의 이분법적 구도로만 재단해버리려는 기존의 시각은 재고되어야 한다. 구체적 실천으로부터 그의 면모를 다시금 꼼꼼하게 음미하지 않으면 안 되는 것이다. 이런 작업의 필요성에 유념하여 성종대의 신진사류가 걸어간 발자취를 꼼꼼하게 되짚어가며 그들이 훈구세력과 벌이고 있던 갈등과 공존의 실상, 심지어 스승-제자 사이에서까지 불거지고 있었던 시대정신의 분화와 공존의 실상을 구체적으로 밝혀낼 필요가 있다. 조선전기의 문명사적 전환은 그토록 가파르게 진행되고 있었던 것이다.

---

[138] 19세기의 경화사족을 대표하는 洪翰周는 『智水拈筆』에서 김종직의 위상을 이렇게 평가한 바 있다. "우리나라에서 점필재의 제자들은 성대하기가 퇴계·율곡·우암·동춘 같은 분의 문하라도 따를 수 없을 듯하다. 점필재는 비록 道學으로 자임하지는 않았으나, 문하에 나아간 여러 제자는 각각 배운 바로 성취하였다. 김굉필·정여창은 道學을 얻어갔고, 김시습·남효온은 節義를 얻어갔고, 김일손·조위는 文章을 얻어갔다. 뒷날의 학자 가운데 어찌 이런 名流를 제자로 둔 사람이 있었던가? 참으로 기이한 일이다."

제3부

유교문명의 심화
: 도학창도와 연문소도

/ 제1장 /

도학의 계보,
김종직의 사제관계와 도학사적 위상

1. 접근의 시각: 도통道統의 계보와 의혹

점필재(佔畢齋) 김종직(金宗直, 1431~1492)은 조선전기 유교문명의 전개 과정에서 새로운 전환점이 되는 인물로 평가되고 있다. 정치적으로는 훈구에서 사림으로, 학문적으로는 문장에서 도학의 시대로 넘어가는 과정에서 균형감각을 적절하게 유지하는 한편, 조선의 인문정신을 새롭게 열어간 인물이었기 때문이다. 그리하여 흔히 '사림의 영수' 또는 '도학의 종장'으로 일컬어지곤 한다. 선조의 즉위 초기, 기대승이 우리나라의 도통을 "정몽주 → 길재 → 김숙자 → 김종직 → 김굉필 → 조광조"로 제시한 이래 이 계보는 정론으로 받아들여지고 있는 것이다.[1] 물론 그에 대한

---

[1] 『선조실록』 선조 2년 윤6월 7일. "以東方學問相傳之次言之, 則以夢周爲東方理學之祖, 吉再學於夢周, 金叔滋學於再吉, 金宗直學於叔滋, 金宏弼學於宗直, 趙光祖學於宏弼, 自有源流也."

의문이 제기된 적도 많다. 도학사의 실상을 제대로 반영했다기보다는 후대인의 필요에 의해 재구된 '가상의 계보'라는 비판까지 받았을 정도이다. 실제로 도학의 계보는 이처럼 단선적이기보다 다양하고 복잡하게 얽혀 있기 마련이다.

그 가운데 하나의 사례를 들어보자. 송당(松堂) 박영(朴英, 1471~1540)의 문집인 『송당집(松堂集)』 부록에는 〈도통상승차제록(道統相承次第錄)〉이라는 짤막한 문건이 실려 있다. 정몽주에서 박영에 이르기까지, 우리나라 도학의 계보를 보여주고 있는 내용이다. 그런데 여기에서는 위에서 보았던 것과는 사뭇 다른 도통이 그려져 있다. "정포은(鄭圃隱, 정몽주) → 길야은(吉冶隱, 길재) → 김강호(金江湖, 김숙자) → 김점필(金佔畢, 김종직) → 김한훤(金寒暄, 김굉필) → 정신당(鄭新堂, 정붕) → 박송당(朴松堂, 박영)"으로 도학이 서로 계승되었다는 것이다. 정몽주부터 김굉필에 이르기까지의 계보는 위와 같지만, 그 이후부터는 달라진다. 김굉필의 도학이 조광조가 아니라 다소 낯선 인물인 정붕을 통해 박영에게 이어졌다는 것이다.

어쩌면 처음 접해보는 계보이겠지만, 통설과 다르다고 해서 허구로 만들어진 계보로 치부해서는 안 된다. 『송당집』에 실려 있는 그 도통은 노경임(盧景任, 1569~1620)이라는 선산지역의 유력한 사족이 17세기 초에 편찬된 『숭선지(崇善志)』에 근거하여 작성한 것이다. 근세유학자 장지연(張志淵)도 "송당은 그의 학문을 일재(一齋) 이항(李恒), 용암(龍巖) 박운(朴雲), 진락당(眞樂堂) 김취성(金就成), 구암(久菴) 김취문(金就文), 송계(松溪) 신계성(申季誠), 야천(冶川) 박소(朴紹) 등에게 전했는데, 송당 역시 한훤당의 일파이다."[2]라고 기술했다. 송당 박영이 김굉필의 도학을

---

2 장지연, 『朝鮮儒教淵源』(솔출판사, 1998), 99쪽. 참고로 선산지역의 도통에 대한 논란과 의혹을 몽유록의 형식으로 다루고 있는 작품으로 崔晛의 〈琴生異聞錄〉이

계승했다는 사실을 밝히고 있는 것이다.

우리가 알고 있는 도학의 계보를 보다 엄정하게 검증할 필요가 있다는 사실을 환기시켜주는 대목이다. 하지만 우리가 통설로 받아들이고 있는 도통, 곧 그러한 도학의 수수관계가 진실이라 믿고 있는 것 자체가 문제의 근원일 수 있다. 계보학이야말로 권력을 장악하고 있는 세력이 자신의 주류성을 입증하기 위해 만들어내는 가공의 산물인 경우가 허다하기 때문이다. 물론, 확실한 근거가 남아 있지 않은 현재 상황에서 도통의 진위 여부를 다시금 따져본다는 것 자체가 부질없는 일일 수 있다. 뿐만 아니라 도통의 계보를 재검토하는 것이 오늘 우리의 주된 관심사도 아니다. 다만 성종 대에 활동하던 젊은 신진사류들에게 받아들여지고 있던 유교문명화의 실질을 가늠해보기 위해서는 보다 객관적으로 확인해볼 필요가 있다.

그런 점에서 조선전기 신진사류로부터 존중받고 있던 김종직의 학술사적 위상과 그의 사제관계는 도학의 계보를 탐구하는 과정에서 피해갈 수 없는 과제이다. 다만 훈구와 사림이라는 '이분법적 구도'라든가 우리나라 도학의 '당위론적 계보'에 의존하여 평가되기보다는 그 자신의 행적에 입각하여 당대적 맥락에서 검토되고 이해될 필요가 있다. 실제로 그가 당대에 겪었던 하나의 사건/기록이 후대에 도학의 계보를 설정할 때 무척 민감한 사안으로 작용하기도 했다. 김굉필이 "스승 김종직과 갈라지게 되었다[貳於畢齋]"[3]는 추강 남효온의 증언이 그것이다. 광해군 3년 이른바 동방오현(東方五賢: 김굉필, 정여창, 조광조, 이언적, 이황)을 문묘에 배향할 때, 김종직은 그 자리에서 배제되는 빌미가 되었다. 그리하

있다.
3 남효온,『秋江集』권7,〈師友名行錄〉. "佔畢先生爲吏曹參判, 亦無建明事, 大猷上詩曰: '道在冬裘夏飮氷, 霽行潦止豈全能, 蘭如從俗終當變, 誰信牛耕馬可乘.' 先生和韻曰: '分外官聯可伐氷, 匡君救俗我何能, 從敎後輩嘲迂拙, 勢利區區不足乘.' 蓋惡之也. 自是貳於畢齋."

여 스승 김종직이 빠지는 대신, 그의 제자 김굉필·정여창이 도학을 창도했다는 평가를 받아 조광조-이언적-이황으로 이어지는 도통의 맨 앞자리를 차지할 수 있었다.

사정이 이러하다면 김종직을 수식하는 이른바 '사림의 종장'이란 말은 하나의 상징이거나 예우에 불과한 수식으로 보이기도 한다. 실제로 김종직은 세조 5년 문과에 급제하여 성종 20년 형조판서에 오르기까지 순탄한 관료문인으로서의 길을 걸어왔다. 외견상 당대의 훈구관료들과 크게 구분되지 않는 것처럼 보이고, 그런 까닭에 훈구파의 성향을 가진 인물로 이해되기도 한다.[4] 게다가 "김종직은 학문하는 사람이 아니라 평생 사업은 문장에 있었을 따름이다."[5]라는 이황의 평가는 김종직의 도학사적 위상을 의심하게 만드는 데 결정적 근거로 활용되었다.

하지만 이황은 김종직보다 70년 늦게 태어나 서로 만나보지 못했다. 여러 사람의 전언과 문집을 통해 간접적으로 이해할 수밖에 없었던 것이다. 사정이 이러하다면 한참 뒷세대인 이황의 주관적 판단에 의존하기보다는 김종직과 사제관계에 있거나 직접 교유한 당대인의 증언을 보다 중요한 판단의 근거로 삼아 실상에 접근하는 태도가 필요하다. 실제로 김종직의 사후에 그를 평생 가까이에서 모시며 지켜보았던 제자 표연말(表沿沫)은 스승의 삶을 다음과 같이 증언하고 있다.

표연말이 공초하기를 "신은 함양에 사옵는데, 김종직이 본군의 군수로 와서 비로소 알게 되었습니다. …(중략)… 신이 김종직의 행장을 편찬했는데,

---

4 대표적인 연구로 다음을 꼽을 수 있다. 김풍기, 『조선전기 문학론 연구』(태학사, 1996); 김영봉, 『김종직 시문학 연구』(이회문화사, 2000) 참조.

5 김성일, 『鶴峯文集』續集 권5, 〈雜著〉. "先生曰: '金佔畢非學問底人, 終身事業, 只在詞華上, 觀其文集, 可知.'"

다음과 같이 적었습니다. '공의 도덕과 문장은 진실로 일찍이 현달한 고관에 등용되어 사업을 펼쳤어야 했지만, 모친을 위하여 외직으로 나가 오랫동안 낮은 관리로 침체해 있었다. 늦게나마 임금의 지우를 입어 빠르게 육경의 지위에 올라 바야흐로 크게 쓰이려 할 즈음, 공의 병이 어찌해볼 수 없는 지경에 이르러 다시 조정에 오르지 못했다. 어찌 우리 도[吾道]의 불행이 아니겠는가! 공이 조정에 선 지 오래되지 않아서 중요한 의논을 건의하거나 큰 계책을 펼치지 못했다. 그렇지만 한 시대 사문(斯文)의 중망을 짊어지고서 능히 사도(師道)를 자임하며 인재를 길러내기로는 근세에 이 한 분이 있을 따름이다.'[6]

연산군 4년에 일어난 무오사화 때, 스승 김종직의 행장을 지었다는 이유로 잡혀와 국문을 받은 표연말의 공초 기록이다. 그는 그 자신이 밝히고 있듯, 김종직이 함양군수를 지내던 시절에 직접 배워 출사했던 제자였다. 『점필재집』에는 그때 주고받은 시문이 여러 편 실려 있어, 그들 사이의 돈독했던 사제관계를 확인할 수 있다. 그렇기에 죽음을 눈앞에 둔 혹독한 고문에도 굴하지 않고 김종직을 근세의 최고 인물이라며 추켜세울 수 있었다. 유교문명의 진작을 자신의 사명으로 삼고, 젊은 선비를 유교지식인으로 이끌어주는 것을 자신의 책무로 삼았던 '시대의 스승'으로 김종직을 기억하고 있었던 것이다.

결국 연산군은 그런 제자 표연말을 난언(亂言)의 죄로 얽어매어 곤장 100대를 때려 3,000리 밖으로 내치는 형벌을 내렸다. 그리하여 함경도 경원(慶源)으로 유배를 가는 도중에 죽고 말았다. 위의 공초를 하고 난

---

6 『연산군일기』 연산군 4년 7월 18일. "表沿沫供: '臣居咸陽, 宗直來守本郡, 臣始得相知. … 但臣撰宗直行狀云: 以公之道德文章, 固宜早致顯庸, 措諸事業, 而爲親乞外, 久淹下吏. 晚遇主知, 驟至六卿, 方欲大用, 公之疾已不可爲, 不得再登于朝, 豈非吾道之不幸耶? 議者以公立朝不久, 雖未得建大議·陳大策, 而負一世斯文之重望, 能以師道自任, 作成人材, 近世一人而已.'"

지, 한 달 뒤였다.[7] 연산군이 벌인 무오사화의 참극은 행장을 쓴 표연말에게만 한정되지 않았다. 김종직에게 배웠다는 이유 하나만으로도 많은 제자들이 참혹한 죽음을 당하거나 모진 형장을 맞고 먼 변방으로 내쳐졌다. 그것도 미진하다며 갑자사화 때는 유배지에서 끌려나와 이유도 모른 채 형장의 이슬로 사라져갔다. 하지만 표연말을 비롯한 그 많은 제자들은 제자라는 이유 하나만으로 죽어가면서도 누구 하나 스승을 탓하지 않은 채 담담하게 죽음을 받아들였다.

조선 건국 이후 처음으로 보게 되는 독특한 사제의 관계이다. 물론 연산군이 두 차례의 사화를 일으켜 젊은 신진사류는 물론 성종대의 훈구공신도 상당히 많이 제거했던 참극은 잘 알려져 있다. 하지만 김종직과 그 제자들의 죽음을 역사적 사건으로만 기억해서는 그들이 사제관계를 맺으며 키워나간 행동양식과 의식세계에 온전하게 공감할 수 없다. 그들은 이전의 그 어떤 집단과도 견주기 힘든, 독특하고도 강고한 동류의식을 지니고 있었던 것이다. 그로 인해 살아생전에는 '경상선배당(慶尙先輩黨)'이라는 조롱을 받아야 했고, 죽음의 형장 앞에서는 '김종직당류(金宗直黨類)'라는 죄목을 뒤집어써야만 했다.[8]

물론 그런 동류의식을 형성하게 된 계기와 그 핵심에는 스승 김종직이 자리 잡고 있었다. 그렇다면 도대체 그들은 어떤 방식으로 사제관계를 맺고 있었고 어떤 시대정신을 공유하고 있었기에 죽음 앞에서도 흔들리지 않는 불굴의 자세를 견지할 수 있었을까, 참으로 궁금하다. 이것이 그 경로를 꼼꼼하게 탐색해 보려는 까닭이다.[9] 그런 목적을 성공적으로

---

7 『연산군일기』 연산군 4년 8월 19일. "流人表沿沫道死銀溪驛. 沿沫性醇慤, 通書史, 有文名. 久侍經幄, 累官至同知中樞府事."
8 『성종실록』 성종 15년 8월 6일. "時人譏之曰: '慶尙先輩黨'"; 『연산군일기』 연산군 4년 7월 27일. "不意姦臣金宗直包藏禍心, 陰結黨類, 欲售兇謀, 爲日久矣."
9 성종대의 新進士類가 지니고 있던 時政批判의 자세와 문학세계의 전반에 대한 자세

수행하기 위해서는 후대의 전언이 아니라 김종직 자신의 발언이나 직접 관계를 맺고 있던 당대인의 증언에 가장 무거운 비중을 둘 필요가 있다. 그와 관련된 기록이 도학의 계보에 대한 후대인의 '과도한 추숭' 또는 '부당한 폄훼'의 맥락에서 발화되는 경우가 적지 않기 때문이다.

2. 사제師弟의 연원: 제자의 증언과 도학의 전승

1) 김종직의 도학창도와 그 계승자

김종직 사후, 봉상시봉사로 있던 이원(李黿, ?~1504)은 김종직에게 '문충 (文忠)'이라는 시호를 올렸다. 도덕이 높고 박문한 까닭에 '문', 그리고 청렴하고 공정한 까닭에 '충'이 합당하다는 것이었다. 성종도 옳게 여겨 그 시호를 김종직에게 내렸다. 개국공신 조준을 비롯하여 권근, 하륜, 신숙주, 서거정 등 불과 다섯 명밖에 문충이란 시호를 받지 못했으니, 가히 파격적 우대가 아닐 수 없었다. 아닌 게 아니라 반년 뒤에 훈구대신들의 격렬한 반대에 부딪쳐 시호가 문충에서 '문간(文簡)'으로 낮춰졌고, 이원은 실상보다 과도한 시호를 올렸다는 이유로 파직되고 말았다.[10] 거기서 그치지 않았다. 무오사화가 일어나자 다시 시호 문제가 불거져 나와 곤장을 맞고 평안북도 곽산(郭山)으로 유배되고, 갑자사화 때는 유배지에서 끌려 나와 참형에 처해졌다. 그토록 참혹한 죽음의 빌미가 된, 그때의 시장(諡狀)에서 이원은 김종직의 공적을 이렇게 기록했다.

    한 연구는 정경주, 『성종조 신진사류의 문학세계』(법인문화사, 1993)가 있다.
10 신숙주의 경우, 봉상시에서는 애초에 文成·成憲·文烈의 시호를 올렸다. 그럼에도 불구하고 이조판서 鄭孝常이 사사로이 文忠으로 바꿨다. 그리하여 상당한 논란이 일어났지만, 끝까지 시호를 바꾸지는 않았다. 『성종실록』 성종 6년 9월 6일; 성종 6년 11월 10일 참조.

선비의 습속이 밝지 않은 것은 도학이 행해지지 않는 데에서 말미암은 것이고, 도학이 행해지지 않는 것은 사도(師道)가 전해지지 않는 데 원인이 있는 것입니다. 김종직은 마음을 바르게 하는 학문[正心之學]을 처음으로 제창하고, 후진을 인도하여 정심(正心)을 근본으로 삼도록 가르쳤습니다. 사도(斯道)를 자신의 소임으로 삼고 사문(斯文)의 흥기를 자신의 책무로 삼았으니, 그의 공업은 탁월한 공명사업을 이룬 자보다 뛰어난 점이 있습니다.[11]

이원이 문충이라는 시호를 올린 까닭을 밝히고 있는 대목이다. 핵심 내용은 표연말이 작성했던 행장에서의 내용과 거의 같다. 이원은 표연말이 지은 김종직의 행장에 적극 공감하여 거의 그대로 시장에 옮겨 적었던 것이다. 그러고는 시호를 정하는 법에 "학문을 널리 닦고 견식이 많은 것[博文多見]", "사물을 널리 들어 알고 재능이 많은 것[博聞多能]", "도덕이 높고 사물을 널리 들어 아는 것[道德博聞]" 모두 '문(文)'이라는 시호를 써야 하지만, 만약 견식이라든가 재능이 많은 것으로 시호를 삼는다면 김종직이 바른 마음을 근본으로 삼고 사도를 자신의 임무로 삼았던 공업이 후세에 전해지지 않을 것이다. 그렇기 때문에, "도덕이 높고 사물을 널리 들어 아는 것"으로 시호를 정했다고 재차 밝혔다.[12]

앞서 소개했듯 이황은 김종직을 종신토록 문장에 힘쓴 인물로 평가했지만, 정작 당시에 직접 가르침을 받은 제자들은 정심(正心)을 근본으로 삼도록 만들어준 김종직의 도덕과 학문을 가장 가슴 깊이 새기고 있었

---

11 『성종실록』 성종 24년 1월 9일. "士習之不明, 由於道學之不行, 道學之不行, 源於師道之不傳, 宗直始唱正心之學, 誘掖後進, 以正心爲本, 身任斯道, 興起斯文爲己責, 其功反有賢於功名事業之卓然者矣."

12 『성종실록』 성종 24년 1월 9일. "諡法有博文多見曰: 文, 博聞多能曰: 文, 道德博聞曰: 文. 若以多見多能名之, 則宗直正心爲本, 身任斯道之功, 泯滅於後, 故以道德博聞議諡."

다. 이것은 제자가 스승에게 무조건적으로 바치는 찬사가 아니었다. 김종직은 자신들을 도학의 세계로 이끌어준 스승이었는데, 그 제자들 가운데는 동방오현의 수현(首賢)으로 인정받아 문묘에 배향된 김굉필도 있었다. 남효온의 〈사우명행록(師友名行錄)〉에서도 확인할 수 있듯, 김굉필은 김종직의 사후에 그 도학의 계보를 계승한 수제자로 받아들여졌다. 김종직이 세상을 떠난 지 얼마 되지 않아, 고향 현풍으로 낙향하는 '새로운' 스승 김굉필을 안타까운 마음으로 전송하던 이현손(李賢孫)은 그 사실을 다음과 같이 증언하고 있다.

청구는 문헌의 나라	靑丘文獻邦
옛날로부터 문사가 많았네.	古來多文士
글 다듬는 재주를 다투어 팔았지만	雕蟲競自售
지극한 이치를 찾는 이는 없었다네.	未有尋至理
대도가 끝내 민멸하지 않아	大道終不泯
부자[김종직]께서 남방에 나시어	夫子生南紀
용문에서 도학을 창도하자	龍門倡道學
따르는 자 연이어 일어났다네.	從者相繼起
중간에 각각 나뉘고 흩어져서	中間各分散
이욕에 빠져 스스로 훼손하기가 일쑤였네.	利欲甘自毀
소자[이현손]는 가장 거친 자질로서	小子最鹵莽
위아래 둘러보아도 부끄러운 것 많네.	俯仰多所恥
태산처럼 높고 우뚝하게 솟았더니	泰山高崒崒
이제 우러러보는 자 의지할 곳 잃었네.	仰者失所企
세월이 문득 덧없이 흘러	歲月忽蹉跎
그럭저럭 몇 해나 지내 왔다네.	荏苒流光駃
성광자[이심원]는 골짜기에서 늙어가고 있고	醒狂老丘壑

추강[남효온]은 이미 죽은 지 오래인데,	秋江長已矣
선생[김굉필]께서 이제 다시 가고 나면	先生今又去
소자는 끝내 누구에게 의지하오리까.	小子竟何倚
멀고 아득한 비슬산은	蒼茫琵瑟山
여기에서 거리가 몇 천 리던가.	相去幾千里
이별 앞에서 다시 무슨 말씀 드릴까	臨離復何言
눈물이 흘러내려 멈출 수가 없네.[13]	泪下不能止

이현손의 시는 성종대에 전개된 도학의 흐름을 이해하기 위해 깊이 음미해볼 필요가 있다. 김종직이 성종 2년(1471) 함양군수로 내려가 도학으로 이끈 제자들이 겪어야 했던 복잡다단한 선회와 부침, 그리고 김종직과 남효온이 동시에 세상을 떠난 성종 23년(1492)부터 연산군 1년(1495) 사이에 활동하던 제자들의 실제 동향을 생생하게 보여주고 있기 때문이다. 이현손은 김종직이 남녘에서 도학을 창도하자 따라 일어난 제자가 적지 않았다고 증언하고 있다. 김종직을 부자(夫子)로 지칭하며 공자에 견주었을 정도이니, 그 당시 문하의 성세가 어떠했는지 짐작 가능하다. 실제로 김종직의 손자 김뉴(金紐)도 당시 제자들이 김종직을 '해동부자(海東夫子)'라고 불렀다고 증언하고 있다.

성종이 선생을 문학의 부서에 발탁 임명하여 두터운 은총을 내리시니, 선생은 염락(濂洛)의 도를 제창하여 밝히고 불교와 노장의 학설을 배척했다. 강론을 정밀히 하여 성현의 오묘한 뜻을 깊이 체득하였고, 후학 가르치는 일을 게을리 하지 않아서 인재가 매우 많이 배출되었다. 그래서 후학들이 선생을 태산북두(泰山北斗)처럼 우러러 해동부자(海東夫子)로 일컬었다.[14]

---

13 이현손, 『續東文選』 권3, 〈奉送金先生大猷奉大夫人歸玄風〉.

하지만 김종직 문하의 제자들 가운데 많은 제자가 중간에 흩어져 떠나 버리거나 이욕에 빠져 스스로 도학의 정신을 저버리곤 했다. 그런 가운데 끝까지 변치 않고 김종직이 창도한 도학의 길을 걸었던 제자로는 이심원, 남효온, 그리고 김굉필이 있었다. 그 가운데 남효온은 이미 죽었고, 살아 있는 제자는 이심원과 김굉필 둘뿐이었다. 그런데 이심원은 스승 김종직이 이조참판으로 있으면서 현실정치로 발탁하려고 많은 노력을 기울였지만, 여전히 초야에 버려져 있는 상태였다. 성종 9년 남효온과 함께 올린 구언상소가 훈구공신의 비위를 건드린 까닭에 수십 년이 지난 그때까지도 현실정치에서 철저하게 배제되어 있었던 것이다. 평생 그렇게 지내야 했던 이심원은 갑자사화 때 능지처사되고, 아예 근본을 끊어버려야 한다며 어린 자식들마저 모두 참형에 처해졌다. 태종의 4대손으로 총명하고 유교경전에 해박하여 종실의 영재로 촉망받았던 그였다. 하지만 연산군에 의해 "종친은 녹만 먹고 살면 되는데, 학문을 해서 어디에 쓰겠는가? 이심원은 학문을 알았기에 불초한 사람이 되었다."[15] 라는 이유 같지 않은 이유로 죽임을 당했던 것이다.

---

14 金紐, 『佔畢齋集』 부록, 〈佔畢齋集後序〉. "成廟擢居文昌, 恩顧彌渥, 倡明濂洛之道, 排斥佛老之言, 講論惟精, 深得聖賢之奧, 教誨不倦, 蔚有人才之興, 後學仰之如山斗, 稱之以海東夫子." 우리나라에서 해동부자로 일컬어진 인물로는 고려중기 崔冲과 조선중기 李滉이 있었다. 『동국여지지』 제1권, 「京都」. "우리나라에 私學이 일어난 것이 최충으로부터 시작되었으니, 당시 海東夫子라고 불렸다[東方學校之興, 蓋由冲始, 時謂海東夫子]." 이익, 『성호전집』 권6, 〈追挽李洗馬光庭 二首〉. "해동부자이신 도산의 학맥이요, 영남 명가 중에 우뚝 높은 분이로다[海東夫子陶山脈, 嶺外名家特地尊]." 참고로 일본의 오규 소라이도 자국에서 해동부자로 일컬어졌다. 정약용, 『다산시문집』 제21권 「示二兒」. "日本에는 근래에 名儒들이 많이 배출되고 있다. 호를 徂徠라고 하는 物部雙柏[雙柏은 雙松의 잘못인 듯] 같은 사람은 海東夫子라고 일컬어지고 있으며, 그 제자들도 매우 많다[日本近者, 名儒輩出, 如物部雙柏號徂徠, 稱爲海東夫子, 其徒甚多]."

15 『연산군일기』 연산군 10년 10월 3일. "命盡召王子君以下宗親, 傳曰: '宗親食祿而已, 知學何用? 深源知學爲不肖, 故置之重典, 於爾等意何如?' 僉啓誅之允當."

연산군은 이심원이 학문을 하여 불초하게 되었다고 했는데, 그가 평생 공부한 학문은 사서오경과 같은 유교 경전이었다.[16] 유교를 국시로 삼아 건국한 조선에서 벌어진 아이러니한 상황이 아닐 수 없다. 딱히, 연산군이 폭군이기에 그랬던 것만도 아니다. 유학군주로 일컬어지고 있는 성종의 시대에도 남효온을 비롯한 성균관 유생들이 '소학계'를 맺어 매달 『소학』을 강론했다는 이유로 붕당죄(朋黨罪)에 걸려 국문을 받고 죽을 위기에 처하기도 했다. 유교문명의 핵심을 담고 있는 경전을 깊이 공부하고 거기에 담긴 내용에 부합하는 정치를 실천해야 한다는 요구가 능상(凌上)과 난역(亂逆)의 죄목이 되어 형벌에 처해지던 시대가 바로 김종직과 그의 젊은 제자들이 몸담고 있던 시대였던 것이다.

이처럼 위태로운 시대에 몸을 보전하기 위해서는 위의 시에서 보듯, 김굉필처럼 부모 봉양을 이유로 조정을 떠나 낙향하지 않을 수 없었다. 연산군 1년, 김굉필의 나이 40대 초반 즈음으로 짐작된다. 김굉필은 성종 25년(1494) 5월 경상감사 이극균이 유일(遺逸)의 선비로 천거하여 남부참봉(南部參奉)에 제수되어 처음 벼슬길에 나섰다.[17] 하지만 성종의 뒤를 이어 왕위에 오른 연산군은 즉위 직후부터 젊은 대간들과 날카롭게 대립했다. 부왕 성종의 장례에 수륙재를 비롯한 일체의 불교의식을 행해서는 안 된다는 반대에 부딪쳤기 때문이다. 그리하여 젊은 군주와 젊은 대간 사이에서 팽팽한 힘겨루기가 벌어지며 연산군 초기의 정국은 급속하게 얼어붙었다. 그리고 이런 분위기를 위태롭게 여긴 신진사류들은 외직을 희망하여 조정을 떠나거나 아예 낙향을 선택하기도 했다. 그 무

---

16 남효온, 『추강집』 권7, 〈사우명행록〉. "深源字伯淵, 號醒狂, 又號默齋太平眞逸. 太宗之玄孫, 與余同年生, 日月後於余. 經明有行, 兼通醫術. 性忠孝, 不喜巫佛. 平居冠帶, 手不釋卷. 殿講, 通四書五經, 進階明善大夫, 行朱溪副正."

17 『성종실록』, 성종 25년 5월 20일. "慶尙道觀察使李克均以擧隱逸之士以啓曰: '生員金宏弼, 專精理學, 操履居正, 不曲爲求擧.' 命下吏曹."

렵에 김종직의 제자들이 주고받은 편지 한 통이 남아 있어 그때의 그런 정황을 생생하게 엿볼 수 있다.

> 이목(李穆)의 집을 수색하여 임희재(任熙載)가 이목에게 준 편지를 발견했는데, 그 편지는 다음과 같았다. "나는 벗이 없어 빈집에 홀로 누워 세상의 허다한 일만 보고 있네. ···(중략)··· **지금 여론이 심히 들끓고 있어 착한 사람이 모두 떠나버리고 있으니, 누가 능히 그대를 구원하겠는가? 부디 시를 짓지 말고, 사람을 방문하지도 말게. 지금 세상은 목숨을 보전하기 어렵다네.** 근래에 정석견은 동지성균사에서 파직되었고, 강혼은 사직서를 올려 하동의 수령이 되었고, 강백진도 사직서를 올려 의령의 수령이 되었다네. 권오복도 장차 사직서를 올려 수령이나 도사로 나갈 모양이고, **김굉필은 이미 사직서를 내고 고향으로 내려갔다네.** 그 나머지는 이루 헤아릴 수 없네."[18]

연산군이 즉위한 직후, 임희재가 친구 이목에게 위태로워진 조정의 소식을 전해주며 은인자중하며 지내라고 당부하는 내용의 편지이다. 시문도 남기지 말고, 친지도 방문해서는 안 되는 위험한 시대였다. 물론 연산군은 폭군의 대명사로 알려져 있지만, 즉위 직후에는 조정 안팎에서 많은 기대를 받았던 군주이기도 했다. 유학군주인 부왕을 이어 유교문명을 크게 진작시키는 성군이 되리라는 기대를 걸기에 충분했다. 적장자로 태어나 세자 교육도 충실하게 받았고, 성년이 되어 즉위하여 왕권도 안정된 상황에서 물려받았다. 하지만 기대와 달리 군주와 대간 사이의 양보 없는 갈등과 반목으로 치세가 시작되면서, 실망하고 두려움을 느낀

---

18 『연산군일기』, 연산군 4년 7월 14일. "搜李穆家, 得任熙載與穆書曰: '僕無友生, 獨臥空齋, 看他世上許多事也. ⋯ 今物論甚劇, 而善人皆去, 誰能救君乎? 愼勿作詩, 且勿訪人. 生今之世, 得保難矣. 近日鄭錫堅以同知成均罷, 姜渾呈辭作河東, 康伯珍呈辭作宜寧, 權五福將呈辭, 作守令與都事, 金宏弼已呈辭去鄕, 餘皆難悉.'"

측근의 젊은 신하들은 하나 둘 조정을 떠나갔다. 편지에서 보듯, 강혼·강백진·권오복 등은 이러저러한 구실을 대고 외직으로 나가 있는 상황이었다.[19]

김굉필도 그런 벗들의 도피 행렬에 동참했다.[20] 이들 모두는 김종직의 제자이다. 때문에 그런 상황을 지켜볼 수밖에 없는 후배이자 제자였던 이현손은 안타깝기 그지없었다. 그런 마음으로 김굉필을 전송하는 자리에서는, 김종직이 열어준 도학의 명맥이 영영 끊어질지 모른다는 불안에 휩싸이기도 했다. 김종직의 충실한 계승자였던 이심원과 남효온도 부재한 상황에서, 그나마 버팀목이 되어주고 있던 김굉필마저 떠나버리는 당대 현실은 참으로 참담하게 다가왔던 것이다.

그런 상황은 뒤에서 다시 살펴보기로 하고, 여기서는 김종직의 도학을 이어간 주요한 제자로 이심원·남효온·김굉필 세 사람이 거론되고 있다는 사실에 주목할 필요가 있다. 당대의 현실을 직접 목도했던 이현손의 증언을 기준으로 삼았을 때, 성종대의 도학이 전승된 계보는 김종직으로

---

19 강혼이 하동수령으로 내려간 것은 연산군 1년 정월 무렵이다. 洪貴達의 〈送姜侯渾出宰河東序〉에 부모봉양을 구실로 외직으로 자원한 사실이 상세하게 밝혀져 있다. 권오복도 연산군 2년 부모 봉양을 이유로 영덕의 수령으로 내려갔다. 그때 이목은 〈送權嚮之赴野城〉을 지어 권오복을 전송했다. 위의 편지에서 "권오복도 장차 사직서를 올려 수령이나 都事로 나갈 모양"이라는 구절로 미루어 볼 때, 이 편지는 강혼이 하동수령으로 내려간 연산군 1년 정월부터 권오복이 영덕수령으로 내려간 연산군 2년 사이에 보낸 것으로 보인다.

20 김굉필은 이극균의 천거에도 불구하고 연산군 1년 11월 18일까지 南部參奉으로 침체되어 있었다. 그러다가 사간 李宜茂의 상소로 연산군 1년 12월 28일 北部主簿에 제수되고 곧바로 연산군 2년 1월 5일 軍資監主簿로 옮겨진다. 그 이후 연산군 2년 12월 28일 司憲府監察에 제수되고, 연산군 3년 1월 9일에는 刑曹佐郞에까지 오르게 된다. 그렇다면 그의 낙향은 남부참봉으로 있던 도중, 또는 군자감주부로 발탁된 연산군 2년 직후였을 것으로 추정된다. 반면, 정구는 성종 23년(1492) 40세 때였으리라 추정했다[정구, 「寒岡集」 권15, 「寒暄堂金先生年譜」 참조]. 하지만 시에 담긴 김종직과 그 제자들의 상황을 고려할 때, 잘못된 추정으로 보인다.

부터 이심원·남효온·김굉필로 이어진 것으로 보아야 한다. 그리고 그들 뒤에 이현손을 위치지울 수 있다.[21] 도학의 계보에서 거의 잊혀져버린/지워져버린 남효온과 이심원 등을 새롭게 주목해야 하는 까닭이다.[22]

2) 젊은 신진사류의 삶과 그 전범

앞서 살펴본 것처럼, 이원은 김종직의 사후에 문충(文忠)이라는 가장 명예로운 시호를 올렸다. 그럴 만한 업적으로 "사도(師道)의 부전(不傳) → 도학의 불행(不行) → 사습(士習)의 불명(不明)"이라는 악순환의 고리를 끊고, "마음을 바르게 하는 학문[正心之學]"으로 후진을 이끌어주었다는 이유를 꼽았다. 그런 평가가 성종대의 신진사류들에게 널리 받아들여졌던 사실은 김굉필을 전송하는 이현손의 앞선 시를 통해서도 확인할 수 있었다. 김종직이 창도한 도학은 남효온의 죽음과 이심원의 침체로 인해 김굉필 혼자서 감당해야 하는 상황에 놓여 있었다는 것이다. 그렇게 근근이 이어지던 성종 당시의 도학 전승 상황을 김종직의 만년 제자인 남곤

---

21 남효온은 「사우명행록」에서 김굉필의 제자를 李賢孫, 李長吉, 李勳, 崔忠成, 朴漢恭, 尹信의 순서로 기록하여, 이현손이 김굉필의 守門弟子임을 드러냈다. 뿐만 아니라 그를 독립된 항목에서 다루면서 "매양 법도로써 몸을 다스려서 독실한 행실이 大猷[김굉필]에 버금갔다."라며 극찬했다. 그처럼 김굉필의 독실한 제자였던 이현손은 남효온, 이심원과도 돈독한 사우관계를 맺고 있던 인물이다. 남효온과는 죽림우사의 모임에서 함께 어울렸는가 하면, 이심원의 집안이 갑자사화로 멸문지화를 당하자 그의 遺稿 7권을 갈무리하여 후세에 전하도록 했다(허목, 『기언』, 「朱溪君墓碣陰記」 참조).

22 실제로 중종 때 핵심적으로 활동했던 관료문인의 학맥을 거슬러 올라가보면, 성종대의 김종직·성현·이심원·김굉필 등 네 사람의 제자로 귀결된다. 신용개·김전·강혼·남곤·김흔·이의무 등 6명은 김종직의 제자였고, 김안로·이자·성세창·이희보 등 4명은 이심원의 제자였으며, 조광조·김안국·김정국·성세창 등 4명은 김굉필의 제자였다. 이들 외에 성현의 제자로 김안국·홍언필 등 2명이 있다. 정용건, 「중종대 관료문인의 학적 지향과 문학의식」(고려대 박사학위논문, 2020), 29~35쪽.

(南袞, 1471~1527)에게서도 전해들을 수 있다.

    남곤이 아뢰기를, "신이 글을 배우기 시작한 뒤로는 심학(心學)을 하는 자가 없었습니다. 다만 김굉필·정여창이 김종직에게서 배워 '마음을 닦는 학문[治心之學]'으로 삼고, 끝내 '실천해야 하는 일[踐履之事]'로 삼았다고 합니다. 하지만 신은 그 말을 듣기만 하고, 그 일을 보지는 못하였습니다. 폐조[연산조] 이후로 심학을 전혀 하지 않다가, 근래에는 간혹 하는 사람이 있습니다. 하지만 말로 하기는 쉽지만 마음을 닦기는 어렵습니다. 비록 심학을 닦는 자가 많이 있기는 하나 성현의 길에 곧바로 들어갈 줄 모르니, 밝은 스승이 있어서 바로 잡는다면 가할 것입니다. 송나라 때 주돈이가 성리의 학문을 맨 먼저 밝혔고, 이어서 두 정자(程子)가 그 학설을 밝혔으며, 주희에 이르러서 그 도학이 크게 갖추어졌습니다. 이렇게 오래 지속된 뒤에야 성취가 있게 되는 것입니다."[23]

    위의 인용문은 중종 12년 8월 30일에 대사성 남곤이 임금 앞에서 영의정 정광필, 우의정 신용개 등과 함께 주자의 〈백록동규(白鹿洞規)〉로 교육의 규모를 삼을 것, 노소를 불문하고 『소학』으로 학문의 방도를 계도할 것, 문장과 경술을 균형 있게 연마하게 할 것 등을 건의하는 자리에서 발언한 내용이다. 남곤은 김굉필보다 열여덟 살 어린 후배다. 하지만 그 역시 성종 21년 김종직을 찾아가 직접 가르침을 받은 만년 제자[24]로서 갑자사화

---

23 『중종실록』 중종 12년 8월 30일. "南袞曰: '自臣學文之後, 無爲心學者. 但有金宏弼·鄭汝昌學於金宗直, 以爲治心之學, 終爲踐履之事矣. 然臣但聞其語, 而不見其事也. 自廢朝以後, 專不爲心學, 近來或有爲之者矣. 然徒言則易, 治心則難, 雖多有治心學者, 但不知直入聖賢之蹊逕也, 若有明師而正之則可矣. 宋時周敦頤, 首明性理之學, 繼而有兩程夫子發明其說, 至於朱熹, 其道大備. 如此持久然後, 可以有成矣.'"

24 남곤, 〈佔畢齋集舊序〉. "昔在庚戌歲, 袞以諸生操所業請益於門下, 先生謬加獎譽, 多以不敢及者勖之."

때 유배를 가게 되는 등 '점필재학단'의 막내 동문으로서 학문적·시대적 지향을 상당 정도 공유하고 있었다. 그러한 남곤은 김굉필·정여창이 김종직에게 심학(心學)을 배워서 마음을 닦고 실천했다고 증언하고 있다. 앞서 살핀 이현손의 시에서는 등장하지 않던 정여창의 이름이 함께 거론되고 있는 까닭은, 그때 이들 두 사람에 대한 문묘배향의 논의가 한창 뜨겁게 달아오르고 있었기 때문이다. 그러다가 며칠 뒤인 중종 12년 9월 24일, 문묘배향은 불가하고 각자의 집에 사당을 세워 제사를 올리는 것으로 결론이 났다. 그들을 직접 목도했던 영의정 정광필(鄭光弼, 1462~1538)을 비롯한 의정부 원로대신의 다음과 같은 건의가 결정적으로 작용했다.

> 의정부에서 아뢰기를 "김굉필·정여창은 학문이 넉넉하지는 않으나 어질다면 어질기는 합니다. 신 등은 나이가 조금 아래이기는 하나 한때 이들 두 사람이 이웃 아이들을 모아 가르치는 것을 보았지만, 이른바 도학을 강론했다는 처소는 보지 못했습니다. 그러하니 관에서 제사하지 말고 제수(祭需)만 내려 주어 각자의 집에서 제사하게 하는 것이 마땅하겠습니다.[25]

위의 인용문은 김굉필과 정여창이 도학을 강론하던 장소에 사당을 세워 제향을 드리자는 예조의 요청을 의정부의 원로들이 논의한 의견이다. 그들 두 사람의 집에 사당을 세워 제사 지내는 것을 허락하되, 제수만큼은 국가에서 내려주자는 절충안이었다. 문묘에 배향하자는 건의로부터 관아에서 주관하는 치제(致祭)로 격이 떨어지고, 거기에서 다시 제수만을 내려주는 차원으로 더욱 떨어진 논의 결과였다. 이런 결정이 내려지

---

25 『중종실록』 중종 12년 9월 24일. "政府啓曰: '金宏弼·鄭汝昌, 學問無餘蘊, 賢則賢矣. 臣等年歲雖差下, 猶一時見此兩人, 會隣里兒童, 而教之矣, 所謂講道處則未之見也. 勿以官致祭, 只給祭需, 使祭於其家則當矣.'"

자 젊은 관원은 반발했다. 일찍이 사당을 세워 관에서 제사를 드리기로 결정된 바 있는데, 대신들이 멋대로 이를 바꾸었다는 것이다.[26]

하지만 중종은 의정부에서 올린 결론을 바꾸지 않았다. 기묘사림이 주도했던 김굉필·정여창에 대한 문묘배향의 노력이 좌절되던 순간이다. 그럼에도 불구하고 그런 논란을 거치면서 그들 두 사람의 도학사적 위상은 전과 비교할 수 없을 정도로 한층 격상되었다. 김안국이 경상도 관찰사로 있으면서 노필(盧㻁)·안우(安遇)라든가 노우명(盧友明)을 은일(隱逸)의 선비로 조정에 천거할 때, 그 주된 근거로 김굉필의 칭찬을 받았다거나 정여창과 동향이었다는 사실이 특기될 정도였다.

이처럼 중종반정 이후에는 연산군 때 문란해진 유교문명을 재건하기 위해, 성종대의 성세를 복원하려는 작업이 다각도로 추진되고 있었다. 도통의 정립도 그 과정의 일환이었다. 하지만 김굉필을 비롯한 인물의 문묘배향을 둘러싸고 세대 간에 견해가 날카롭게 갈라지고 있었으니, 불과 2년 뒤에 일어나게 되는 기묘사화(己卯士禍)의 전조를 발견하게 된다. 그 가운데 젊은 기묘사림들이 김굉필의 문묘배향을 강력하게 추진하는 과정에서 근거로 들고 있었던 대목을 주목해볼 필요가 있다. 그때 그들은 "우리 조선이 건국된 뒤에도 선비의 습속이 비루하여 나아갈 바를 몰랐다. 그런데 김굉필이 젊어서 김종직에게 배워 문호를 조금 알고 스스로 송나라 유학자가 남긴 실마리를 얻어 규모를 극진하게 하였다. 그의 행동거지와 행실은 바로 정자·주자와 같았다."[27]라고 김굉필을 평가했다. 김굉필이 김종직에게 배워 문호를 조금 알게 된 것과 송나라

---

26 『중종실록』 중종 12년 9월 29일. "鄭譍曰: '近日金宏弼·鄭汝昌之事, 以立祠宇, 官爲致祭之議, 已定, 而大臣又改此, 甚非矣.'"

27 『중종실록』 중종 12년 8월 8일. "檢討官奇遵曰: '逮乎我朝, 士習卑汚, 不知所向. 而宏弼, 少受業於金宗直, 稍知門戶, 自得宋儒之餘緖, 極盡規模, 其動靜施爲, 直與程朱一體.'"

유학자의 끼친 실마리를 스스로 얻었던 것을 구분하고 있었다. 앞서 읽은 이현손의 증언과는 그 뉘앙스가 조금 달라졌다 하겠는데, 그 점은 잠시 뒤로 미뤄두고 김종직이 열어주었다는 문호의 실질이 무엇이었는가를 우선 살펴볼 필요가 있다.

앞서 인용한바 남곤은 김종직에게 심학을 전해 받았다는 김굉필·정여창을 거론하는 자리에서 "송나라 때에 주돈이가 성리의 학문을 맨 먼저 밝혔고, 이어서 정호·정이가 그 학설을 밝혔습니다. 그리고 주희에 이르러 그 도가 크게 갖추어지게 되었습니다."라고 말한 바 있다. 흥미로운 구도이다. 송나라에서 정립된 성리학이라는 신학문의 계보가 "주돈이 → 정호·정이 → 주희"로 이어졌던 것처럼, 조선에서의 도통도 "김종직 → 김굉필·정여창"으로 이어지는 계보를 상정하고 있는 것으로 보이기 때문이다.[28] 남곤의 발언을 염두에 두고 김종직이 걸어온 자취를 돌아보건대, 성리학의 창시자로 일컬어지고 있는 북송의 주돈이는 김종직에게 있어 매우 강력한 삶의 전범이기도 했다. 때문에 그런 행적을 보다 자세하게 살펴볼 필요가 있다.

세조대에 출사한 이래 전도유망하던 신진사류 김종직은 40대에 들어서면서부터는 함양군수와 선산부사, 그리고 모친상을 치르는 10여 년 동안 지방관을 전전하며 침체의 시간을 지냈다. 그 과정을 거치면서 조정에서 벌어지고 있는 정치 현실에 대해 깊은 회의를 느껴야 했다. 그리하여 마침내 상경을 포기한 채 자신이 태어나 머물고 있는 경상도 지역에서 새로운 삶으로의 전회를 모색했다. 50세를 막 넘겼을 무렵, 김종직은 고향 밀양에서 모친상을 치르고는 처가인 금산(金山)으로 삶의 거처를

---

28 정호·정이의 도학이 주희에게 이어져 완성을 이루었던 것처럼, 김굉필·정여창의 도학을 잇는 자리를 조광조로 두는가 아니면 이황으로 두는가는 도학사의 또 다른 난제이다.

옮겼다. 그리고 거기에 작은 서재를 지어 '주렴계를 사모한다.'는 뜻을 담은 경렴당(景濂堂)을 당호로 내걸었다. 주돈이를 삶의 모델로 삼겠다고 기필했던 것인데, 주돈이가 강조한 바 있는 삼희(三希)[29]를 자신의 처지에 맞게 실천하려는 다짐이기도 했다. 실제로 성종 13년, 52세가 된 김종직은 "금산에 이르러서는 서당을 짓고 그 옆에 못을 만들어 연꽃을 심고 그 집에 편액을 걸어 '경렴당'이라고 하였으니, 대개 무극옹(無極翁)을 사모한 것이었다. 날마다 그 안에서 시를 읊으면서 세상일에는 뜻이 없었다."[30]라고 기록하고 있다. 중앙 정치 현실로 나아가는 것을 포기한 채, 선비는 현인을 희구한다는 주돈이의 말을 실천하고자 했던 것이다.

물론 그런 꿈은 성종의 간곡한 부름으로 상경하게 되어, 끝내 실현되지는 못했다. 그런 까닭에 어린 시절부터 키워왔던 유자로서의 꿈을 제대로 실천하지 못했다고 여기게 된 만년에 이르게 되면, 종종 경렴당의 다짐을 지키지 못한 것을 자책하는 시를 짓곤 했다. 전라도관찰사가 되어 호남 전역을 순찰하다가 만경현(萬頃縣)의 벽골제에 가득 피어 있는 연꽃을 보고는 "경렴당 아래 있던 연꽃을 아득히 생각하노니, 패옥소리 울리며 언제나 성현을 마주할거나[景濂堂下遙相憶, 環佩何時對聖賢]."[31]라며 지방관으로 전전하고 있는 자신을 안쓰럽게 되돌아보았다. 또는 평생 절친한 벗으로 지냈던 동년 최한공(崔漢公)에게 "경렴당 아래의 잔물결 이는 연못에서, 쇠해진 내 얼굴 비춰 보며 어제의 잘못 깨닫고자 한다네[景濂堂下漣漪水, 欲照衰顔悟昨非]."[32]라며 자신의 회한을 토로하기도 했다. 김종직의 나이 58세가 되던 해였다.

29　주돈이, 『通書, 志學篇』. "聖希天, 賢希聖, 士希賢."
30　김종직, 『점필재집』 문집 부록, 〈年譜〉. "旣至金山, 築書堂, 池其傍, 種之蓮, 扁其堂曰景濂, 蓋慕無極翁也."
31　김종직, 『점필재집』 시집 권21, 〈萬頃蓮澤〉.
32　김종직, 『점필재집』 시집 권21, 〈答台甫〉.

김종직이 주돈이를 궁극적으로 희구하는 현인의 모범으로 설정했다거나 그의 인품을 묘사한 광풍제월(光風霽月)을 삶의 궁극적 이상으로 설정했던 시기는 대략 함양군수를 지내던 시절이었던 것으로 보인다. 성종 1년 예문관검관에 선발되어 희망에 부풀어 있다가 돌연 지리산 골짜기의 함양군수로 좌천되어 내려온 김종직은 한동안 깊은 실의에 빠져 있었다. 하지만 그때마다 그는 작은 고을의 수령과 교수를 전전하던 부친 김숙자의 교훈을 떠올리곤 했다. 부친은 김종직에게 항상 이렇게 말하곤 했다. "곤궁하게 되면 자신의 몸에 실천하고, 영달하여서는 남을 다스린다. 하지만 일체 성현을 본보기로 삼아야 한다[一切以聖賢爲法]."[33]라고. 비록 지방관으로 좌천된 처지에 있었지만, 그런 가르침은 성종대에 부과되어 있던 시대적 과제를 실천해보자고 마음을 벼리는 계기가 되었다. 더욱이 주돈이가 보여준 목민관으로서의 치적과 교육자로서의 성취, 그리고 그것마저 여의치 않게 되었을 때 자신의 몸과 마음을 닦는 삶의 모습은 강력한 정신적 충격으로 다가왔다.

그리하여 김종직은 자신이 가장 닮고 싶은 인물에게 바치는 최대의 헌사로서 주돈이의 삶을 시구로 활용했는가 하면, 자기에게 배우기 위해 찾아온 젊은 제자들에게 학문의 궁극적 목표로 주돈이의 마음을 제시해주기도 했다. "새장에 갇혀 항상 떨쳐 날지 못함을 한하면서, 광풍제월과 같은 기상을 꿈속에서 그리워했다."[34]며 동향의 선배인 김지경(金之慶)을 추어올렸는가 하면, 젊은 제자 김굉필이 배움을 청하러 왔을 때는 『소학』을 권하면서 "진실로 학문에 뜻을 둔다면 의당 이 책에서 시작해야

---

33 김종직, 『점필재집』, 〈彛樽錄 下〉. "又曰: 讀書勿謂古人糟粕, 務要體認自家分內事. 窮而行己, 達而治人, 一切以聖賢爲法."
34 김종직, 『점필재집』 시집 권8, 〈奉和金觀察使雲峯所寄韻〉 제2수. "樊籠每恨奮飛難, 霽月光風夢想間."

한다. 광풍제월의 경지 또한 여기에서 벗어나지 않는다."³⁵라고 학문의 방도를 일러주기도 했다. 이런 표현으로 자신의 마음을 담아내던 때가 모두 함양군수 시절이고 보면, 그 무렵부터 주돈이를 자기 삶의 강력한 모델로 가슴 속에 깊이 간직하고 있었다고 추정해볼 수 있다.

3. 수수授受의 실상: 도학의 창도와 후학의 계도

1) 주돈이에 대한 경모와 도학의 창도

잘 알려진 것처럼, '광풍제월(光風霽月)'이란 말은 북송의 시인 황정견이 주돈이의 시집 서문에서 그의 인품을 묘사했던 말이다. 고매한 그를 "흉금이 시원하기가 마치 맑은 바람에 달이 씻긴 듯하다[胸中灑落, 如光風霽月]"라고 칭송했던 것이다. 김종직이 시학의 전범으로 삼았던 시인이 강서시파(江西詩派)를 창도한 황정견이고, 도학의 전범으로 삼았던 학자가 성리학을 창도한 주돈이라는 사실이 우연의 일치만은 아닐 것이다. 김종직이 조선전기 시학사의 전개 과정에서 차지하는 위상은 추후의 과제로 미루기로 하고, 오늘의 논의에서는 그의 도학사적 위상에만 집중하기로 한다.³⁶

황정견이 존중해 마지않았던 주돈이를 좋아한 우리나라 문인들도 매우 많았다. 그 가운데 김종직보다 약간 선배였던 서거정의 주돈이 애호는 유별난 바 있다. 주돈이를 연꽃의 전신으로 일컬었을 정도로, 서거정

---

35 김종직, 『점필재집』 문집 부록, 〈年譜〉. "寒暄請業, 以小學書授之曰: 苟志於學, 宜從此始. 光風霽月, 亦不外此."

36 김종직의 도학사상과 문학세계는 긴밀한 관계 속에서 다루어져야 할 과제이다. 이들 둘을 함께 아우르는 연구가 최근 김기, 「점필재 김종직의 시에 나타난 도학사상 연구」, 『유학연구』 54집(충남대 유학연구소, 2012)에서 시도된 바 있다.

은 주돈이가 애호하던 연꽃도 참으로 좋아했다.³⁷ 자기 집에 연못을 파고 그 곁에 정자를 세워 '정정정(亭亭亭)'이라고 명명했는데, 그것은 주돈이가 지은 〈애련설(愛蓮說)〉 가운데 "향기는 멀수록 더욱 맑고, 꼿꼿하게 깨끗이 서 있다[香遠益淸 亭亭淨植]."라는 구절에서 따온 이름이다. 그러했던 만큼 연꽃을 제재로 삼아 지은 작품도 매우 많다. 그 가운데 두 수만 읽어보자.

정정정 아래 조그마한 한 못의 연꽃과는	亭亭亭下一池蓮
인연을 맺어온 지 지금 사십 년이 되었네.	托契如今四十年
한번 보고 몸이 아픈 것 금방 잊어버리니	一見不知身是病
문아한 풍류는 아직도 그대로구나.³⁸	風流文雅故依然

타고난 성품이 연꽃을 지나치게 사랑하여	性癖於蓮酷愛之
정정정 아래에 연꽃이 못 가득 피었도다.	亭亭亭下開滿池
그 누가 꽃 중의 군자라 말할 줄 알았던가	何人解道花君子
염옹이 〈애련설〉 짓던 때를 조용히 생각하네.³⁹	默想濂翁著說時

위의 시에서 엿볼 수 있듯, 서거정이 주돈이를 그토록 사모했던 이유는 〈애련설〉을 깊이 사랑했던 마음 때문이었다. 그것을 한마디 말로 적시하기란 쉽지 않은데, 서거정 자신의 표현을 빌려 말해본다면 아마 '풍류문아(風流文雅)'쯤이 될 듯하다. 실제로 그러한 정감은 그가 읊고 있는

---

37 서거정, 『사가집』 시집 권9, 〈苦熱. 聞子固新開茅宇於蓮塘上, 乘興欲訪, 病甚未赴, 因吟數絶〉. "濂溪眞箇是前身." 이 작품은 戊申年에 간행된 『사가집』에만 실려 있다.
38 서거정, 『사가집』 시집 권41, 〈病後蓮塘卽事 三首〉 중 제2수.
39 서거정, 『사가집』 시집 권40, 〈濂溪〉.

연꽃시의 전체를 아우르고 있다고 보아도 좋다. 사실, 전근대 동아시아 지식인에게 연꽃이 상징하는 바는 유래가 오래고도 깊다. 저 유명한 '염화시중(拈花示衆)'의 화두에서 보듯, 연꽃은 오랫동안 불교의 정신경계를 드러내는 상징물로 여겨져 왔다. 그러다가 주돈이의 〈애련설〉을 통해, 연꽃은 불교로부터 성리학적인 전유가 이루어지기 시작했던 것이다. 서거정의 연꽃시를 통해 그런 변화의 과정을 실감할 수 있다.

하지만 김종직이 자기 서재 앞의 연못에 연꽃을 심고, 그 서재 이름을 '경렴당'이라 명명했던 내력은 서거정의 '정정정'과는 확연하게 구분된다.[40] 김종직에게 있어 주돈이는 〈애련설〉을 지은 작자로서보다는 천 년 동안 끊어졌던 유학의 도통을 열어주고 광풍제월의 정신경계를 보여주던 현인으로서 다가왔던 것이다. 주돈이가 말한 '삼희(三希)'의 경구를 깊이 간직한 채, 김종직은 현인-군자-하늘을 닮으려는 노력을 다짐했을 것이다. 돌이켜 보면, 그런 마음으로 주돈이를 사모한 우리나라 최초의 인물로는 고려 말의 대학자 이색이 있었다. 이색 또한 자신의 문집에 연꽃에 대한 애호의 자취를 수없이 많이 남겨두고 있다. 비록 유교와 불교가 혼재된 시각을 보여주고 있기는 하지만,[41] 그 역시 주돈이를 〈애련설〉의 작자로서보다는 도통을 열어준 도학자로서 존숭했던 것은 분명해 보인다.

그런데 흥미로운 대목은 김종직도 우리나라 도학의 문호를 열어준 최초의 인물로 이색을 꼽고 있다는 점이다. 영남병마평사로 있던 세조 12년(1466) 여름, 경상도 영해부(寧海府)를 지나다가 김종직은 이색의 생가

---

40 역대 문인들이 〈애련설〉을 너무나 좋아하여 자신이 거주하는 집의 이름으로 삼았던 모습들에 대한 자세한 논의는 이종묵, 「〈애련설〉과 집의 이름」, 『선비문화』 23집(남명학연구원, 2013) 참조.

41 노재준, 「여말선초 주돈이 〈애련설〉 수용의 양상」, 『태동고전연구』 37집(한림대 태동고전연구소, 2016).

에 들른 적이 있다. 거기에서 칠언절구 세 수를 지어 그를 추모했는데, 내용은 천 년 동안 적막하던 동방에 도학의 세계를 열어준 선현 이색이 바로 여기에서 태어났다는 사실을 환기시켜 주는 것으로 요약된다. 그 마지막 수는 다음과 같다.

스승과 제자의 연원은 앞에도 없고 뒤에도 없어	師友淵源絶後前
청구 지역의 인물들을 모두 만들어 내시었지.	靑丘人物盡陶甄
이제야 지내시던 곳 부질없이 지나노라니	如今謾過軒渠地
같은 시대에 태어나서 모시지 못한 게 한스럽네.[42]	恨不同時一執鞭

이색이 고려 공민왕 이후 기라성 같은 성리학의 제자들을 길러낸 사실은 잘 알려져 있는 바다. 정몽주, 정도전, 이숭인, 권근, 길재 등등. 그 가운데 길재는 부친 김숙자가 어릴 때 직접 가르침을 받았던 스승이기도 했다. 김종직은 이색이 거둔 후진양성의 면모를 애써 강조하며, 자신이 그때 태어나 배우지 못했던 사실을 진심으로 안타까워했다. 의례적인 공치사가 아니었다. 그날, 김종직은 영해향교 교수 임유성, 진사 박치강과 함께 이색의 생가를 방문하고, 이색이 노닐었던 관어대(觀魚臺)에도 함께 올라보았다. 그러고는 이색의 〈관어대소부(觀魚臺小賦)〉에 화답하는 〈관어대부〉를 짓는 자리에서 다음과 같이 다짐했다.

구불텅한 가지 부여잡고 크게 한숨을 쉬노라니	攀虯枝而太息兮
물고기들이 모두 편안함에 느꺼워라.	感物類之咸寧
솔개가 나는 것과 아울러 비유되었으니	竝鳶飛以取譬兮
누가 이 지극한 이치를 알지 못하랴.	孰聽瑩於至理

---

42 김종직, 『점필재집』 시집 권3, 「寧海府, 懷牧隱」 제3수.

이는 태극의 이치가 눈앞에 분명한 것이니	斯太極之參于前兮
맹세컨대 가슴에 새겨서 버리지 말아야지.	矢佩服而勿棄
맑고 곧은 두 분을 돌아보노라니	眷二客之脩騫兮
문득 우러러보는 중에 마음에 얻음이 있었네.	忽有得於瞻跂
술잔을 높이 들고 서로 권하노니	崇羽觴以相屬兮
근본이 하나라는 이치가 여기 있음을 깨달았네.	悟一本之在此
목은 옹에게 술 따르고 부를 지어 읊으니	酹牧翁而咏姱辭兮
마치 진기한 음식에 배부른 것 같도다.	若飽飫於珍旨
우리 마음은 초나라 월나라처럼 멀지 않으니	肝膽非楚越之遙兮
함께 명성(明誠)한 군자로 돌아가기 원하노라.[43]	願同歸於明誠之君子

관어대에 올라 물고기들이 노니는 것을 보고서는, 태극의 이치가 분명하게 눈앞에 펼쳐져있으니 함께 오른 세 사람 모두 명성군자(明誠君子)가 되기를 다짐했다. '솔개는 날아 하늘에 이르고 물고기는 연못에서 뛰어 논다[鳶飛戾天, 魚躍于淵].'라고 하는 『시경』의 시구를 가져다가 천지의 도가 상하에서 밝게 드러나 있음을 보여주는 『중용』 제12장을 시로 풀어낸 것이다. 그리고 '성실하면 밝아지고 밝아지면 성실하게 된다[誠則明矣, 明則誠矣].''라고 하는 『중용』 제21장에서 말한 이상적인 인물 명성군자가 되자고 약속한다. 그들이 말한 명성군자의 모델은 바로 이색이다. 지난날 이색이 관어대에 올라 〈관어대소부〉를 지으며, 연비어약의 정신경계를 구가하고 있는 『중용』의 저자 자사(子思)를 본받고 싶다고 토로한 것에 대한 김종직의 화답이었다.

이처럼 이색과 김종직은 '연비어약'이라거나 '광풍제월'과 같은 성리학적 정신경계를 매개로 삼아 자사라든가 주돈이와 같은 선현을 자기

---

43 김종직, 『점필재집』 문집 권1, 〈觀魚臺賦〉.

삶의 모델로 간직하고자 했다. 그들 두 사람은 주돈이를 〈애련설〉의 작자로서가 아니라 성리학을 개창한 최초 학자로 깊이 존모하고 있었던 것이다. 이와 비슷한 맥락에서 주돈이를 사모했던 동시대 인물로는 김시습을 꼽을 수 있다. 김시습도 김종직처럼 주돈이를 성리학의 최초 개창자로서 크게 경모했다. 그의 행적을 담은 〈주돈이전〉을 짓고, 그의 화상에 대해 〈염계선생찬〉을 지었을 정도로 마음 속 깊이 기리고 있었다.

성인(聖人)의 학문 전하여지지 못한 지	聖學不傳
이미 천여 년.	千有餘年
오직 공께서 송나라에 나시어	惟公生宋
성품 홀로 초연하셨네.	性獨超然
옛 사람 계승하여 오는 학자 길러내니	繼往開來
공업이 옛 분들보다 뛰어났네.	功邁古先
관리 되어 법을 지키는 것이	爲官守法
관리 가운데 전에는 없었다네.	舊吏無前
공평하게 처리해 죽을 사람 살려내니	平反出死
사람들이 몹시도 두려워했네.	人慴慴焉
책을 저술하고 성리를 담론하여	著書談理
선천의 학문을 밝혀냈네.	開闡先天
뛰어난 문도로는	門徒之秀
명도와 이천 형제를 두었다네.	明道伊川
연화봉 아래	蓮花峯下
시냇가에 강당 한 채를 세웠더니	築室溪邊
학자들이 모여들어	學者騈集
띠 뽑으면 무더기로 뽑혀 나오듯 했네.	如拔茅連
염계라고 호칭하였으니	號稱濂溪

도덕과 재주가 함께 갖추어졌다네.	德備才全
만약 남은 향기를 알아보려거든	欲邦餘馨
반드시 〈애련설〉을 읽어보아야 하리.[44]	須誦愛蓮

주돈이를 바라보는 김시습의 시각은 서거정과 매우 달랐다. 주돈이의 여향을 느껴보고자 한다면 〈애련설〉을 읽어보라고 했던 데서 보듯, 김시습이 주돈이의 삶에서 가장 주목한 면모는 천 년 넘게 끊어져있던 성학을 열어준 행적이다. 뿐만 아니다. 목민관이 되어서는 공정한 수령으로서의 치적, 많은 저술로 성리의 이치를 천명한 학자로서의 공업, 그리고 뛰어난 제자를 배출한 스승으로서의 소명을 다한 사실도 빠짐없이 기록하고 있다. 성현의 학문을 이어받아 후학의 앞길을 계도해주었다는 계왕개래(繼往開來)야말로 주돈이가 평생 추구한 삶의 자세였고, 김종직과 김시습이 주돈이를 그토록 경모한 까닭이기도 했다. 그리하여 그들도 그러한 '시대의 스승'처럼 살아가려 노력했고, 그 뚜렷한 족적을 후대까지 남길 수 있었던 것이다.[45]

2) 주자의 제자교육과 후학자의 계도

김종직과 김시습이 주돈이의 삶과 그 의미를 새롭게 깨닫게 된 계기는

---

44 김시습, 『매월당집』 권19, 〈濂溪先生贊〉.

45 김시습은 김종직과 거리가 먼 유형의 인물처럼 취급되고 있다. 하지만 김시습은 김종직 못지않은 성리학적 지식과 날카로운 비판정신으로 성종대의 신진사류에게 돌이킬 수 없는 영향을 준 시대의 스승이었다. 다만, 자신의 뜻을 마음껏 펼칠 수 있는 기회가 없었던 김시습으로서는 그 역할을 서울로 복귀한 성종 2년부터 다시 서울을 떠나게 되는 성종 14년 사이에 한정되어 펼칠 수밖에 없었다. 정출헌, 「유교문명으로의 전환과 '시대의 스승', 김종직과 김시습(1)」, 『민족문화연구』 80집(고려대 민족문화연구원, 2018).

『근사록』・『성리군서』를 비롯하여 세종 1년 전래되어 간행・배포된 『성리대전』과 같은 서적을 통해서였을 것이다.[46] 여기에는 성리학의 핵심 개념이 체계적으로 정리・설명되어 있고, 그것을 탐구・전승해 온 도학자의 계보도 정연하게 정리되어 있다. 유교문명을 꿈꾸며 성리학을 본격적으로 공부하기 시작한 세종대의 젊은 유교지식인에게 그것은 새로운 학문의 진경으로 다가오기에 충분했다. 그 무렵 과거공부에 전념하고 있던 10대 후반의 김종직과 김시습도 그런 학문 동향에 발 빠르게 반응하지 않을 수 없었다. 김종직은 그때 성리학에 대한 공부를 본격적으로 하게 된 동기를 이렇게 밝힌 바 있다.

무진년(세종 30년, 1448) 여름 서울에서 나는 홀로 곁에서 부친을 모시고 있었다. 하루는 남학(南學)에서 퇴청하여 식사를 하며 불러 물으셨다. "성균관에서 성리학에 관한 책제(策題)로 시험을 보인다고 들었는데, 너도 그런 글을 지어 보았느냐?" 나는 대답했다. "아직 자세히 이해하여 꿰뚫어 통하지 못해 글을 제대로 쓰기가 어려웠습니다." 부친이 이르기를 "처음에는 너를 가르칠 만하다고 여겼는데, 나의 희망이 끊어졌다."라고 하셨다. 나는 부끄러워 땀이 나서 등을 흠뻑 적셨다. 그 뒤로부터 성리학을 공부했고, 무슨 시제(試題)든 지어보지 않은 것이 없었다. 종종 동료들로부터 과분한 칭찬을 받기도 하였으니, 이는 부끄러운 일이었다.[47]

---

46 『성리군서』에는 程頤가 지은 程顥의 行狀, 그리고 주자가 편찬한 程頤의 年譜가 실려 있다. 김시습은 관서지역을 유람하던 세조 3년 이 책을 구하여 읽었는데, 『매월당집』에 실려 있는 도학자 열전의 기본 자료가 되었을 것으로 추정된다. 김시습의 성리학에 대한 탐구의 과정은 강창규, 「매월당 김시습의 〈感興詩 11수〉 연구」, 『한국문학논총』 90집(한국문학연구회, 2022) 참조.

47 김종직, 『彛樽錄』 下, 〈先公事業〉. "戊辰夏, 余獨侍側在京師. 一日, 自南學退食, 召余曰: '聞大學中試理學策題, 汝亦述否?' 對曰: '未融會貫通, 難於措辭也.' 曰: '始以汝爲可敎, 吾望絶矣.' 余汗出洽背. 自後, 從事性理之學, 且無題不述, 往往於

위의 인용문에서 보듯, 김종직은 세종 30년(1448) 여름부터 본격적으로 성리학을 공부하기 시작했다. 그때, 열여덟의 나이였다. 성균관에서 학습하는 공부의 새로운 경향, 그리고 부친 김숙자의 엄한 질책이 결정적인 계기가 되었다. 그러다가 이듬해인 세종 31년(1449) 정월, 부친이 개령현감으로 부임하게 되자 김종직은 부친을 따라 내려가 그 학문의 진수를 고스란히 이어받게 된다. 그런 학습의 과정을 거친 결과, 마침내 단종 원년(1453) 스물다섯 살에 비로소 진사시에 합격할 수 있었다.[48] 그리하여 성균관에 입학하게 되었을 때, 김종직은 『주역』을 읽으며 동료들에게 성리학의 근원을 터득했다는 인정을 받게 되었다.[49] 그의 회고로 미루어보면, 열여덟에서 스물다섯까지 대략 7년 동안 성리학 공부를 집중적으로 했던 것으로 보인다.

이런 학문 이력에서 보듯, 김종직의 학문세계는 성리학이라는 새로운 학문으로 경도되어 가던 시대적 흐름과 그런 동향에 뒤떨어지지 않도록 다그치던 부친의 가르침으로부터 형성된 것이었다. 특히, 김종직은 학문하는 방법은 물론 관료로서 지녀야 할 태도 또한 부친에게 절대적인 영향을 받았다. 부친은 『소학』으로부터 시작되는 성리학의 기초부터 『주역』처럼 고도로 추상화된 형이상학적 성리학의 세계에 들어설 수 있는 학적 소양을 길러준 최고의 스승이었던 것이다.[50] 김종직이 10대 후반

儕輩中, 暴得過情之譽, 玆可恥也."

48 김종직은 세종 26년 진사시에 응시했다가 낙방한 뒤, 단종 1년에 이르러 비로소 진사시에 합격한다. 그리고 김시습은 이때 처음으로 응시했는데 낙방하고 말았다. 김종직과 김시습이 비슷한 시기에 과거를 준비하고 응시했다는 사실은 그들 둘의 학문적 토대와 시대정신이 유사한 궤적을 그리게 되는 기반이 된다.

49 김종직, 『점필재집』 문집 부록, 〈연보〉. "景泰四年癸酉, 端宗大王元年 先生二十三歲. 春, 中進士. 冬, 行醮禮. 是歲, 始遊太學, 讀周易, 探性理之源, 流輩多敬服."

50 부친 김숙자의 가르침은 도학적 윤리규범을 실천하고 성리학적 학문세계를 터득하는 데 국한되지 않았다. 중앙이든 지방이든 관료생활을 할 때 지켜야 할 유가지식인으

에 지은 다음의 시를 통해 그런 사실을 확인할 수 있다.

사람 마음 단지 방촌일 뿐이건만	人心只方寸
온갖 사물들이 늘 다투어 공격해오지.	百物常交攻
유희는 신체를 나태하게 만들고	游嬉惰其體
성색은 마음을 방탕하게 만드나니	聲色蕩其衷
혹시라도 마음을 잡아 지키지 못하면	苟或不操存
바람 난 말이나 소와 같다 뿐이겠는가.	奚啻馬牛風
공자는 사물(四勿)로 경계하였으니[51]	夫子戒四勿
안회는 게을리 하지 않았으며	回也非悾悾
맹자는 달아난 마음 되찾게 하였으니[52]	孟氏求放心
별과 해가 맑은 하늘에 걸린 듯하네.	星日垂睛空
글을 읽을 때는 반드시 깊이 나아가[53]	讀書必深造
마땅히 백배의 공력을 쏟아야 하는 법이라네.[54]	當輸百倍功

로서의 자세, 그리고 경술과 문장이 겸비된 道文一致의 문학관을 갖게 된 데에도 결정적인 영향을 주었다. 홍귀달이 김종직의 삶을 덕행·문장·정사에 모두 뛰어났다고 집약했는데, 어린 시절 부친에게 배운 학문적 토대가 다양하고도 두터워 가능할 수 있었다. 그럼에도 불구하고 김숙자에 대한 학술사적 조명은 거의 이루어진 바가 없다. 하지만 그는 세종 때 經學에 밝고 행실이 닦아져서 師儒가 될 만한 인물로 선발되어 世子右正字에 제수되고, 명나라의 制擧에 응시할 만한 사람 3, 4인을 선발할 때에도 여기에 포함되었을 정도로 품행과 학술 모두 탁월한 바 있었다. 『점필재집』,〈彝尊錄, 先公事業〉. "世宗命選中朝制擧人, 將請天子遣之. 宰相以先公及三四名應之, 旣而事寢, 不果行. 其名重如此. 金期叟於癸酉年冬, 過余於開寧, 亦曰: '聞之鄭領議政麟趾云.'"

51 『소학·嘉言』. "伊川先生曰, 顏淵問克己復禮之目, 孔子曰, 非禮勿視, 非禮勿聽, 非禮勿言, 非禮勿動."
52 『맹자·告子 上』. "學文之道, 無他, 求其放心而已矣."
53 『맹자·離婁 下』. "君子深造之以道, 欲其自得之也."
54 『중용장구』 제20장. "人一能之, 已百之, 人十能之, 已千之."

그만 두려 해도 그만 둘 수 없게 되면 [55]	欲罷不能已
성현과 같은 경지에 들어갈 수 있으리라.[56]	聖賢其歸同
부친의 가르침이 이 서찰에 있으니	家庭訓在是
이것으로써 어린 나를 가르치려 하신 것이지만	必以養童蒙
소자는 본래 불초한 사람이라	小子自不類
이 말씀을 제대로 실천하지 못했었지.	從事恐或憒
서찰을 펼쳐서 재삼 읽어보니	披緘再三誦
느꺼워 눈물을 주체할 수 없어라.	感淚豈無從
앞으로는 그래도 잘 할 수 있으리니	來者庶可追
이 말씀을 평생토록 마음에 새기리라.[57]	佩服以長終

김종직이 부친의 편지를 받아보고 느낀 바를 적어간 시이다. 영산훈도 시절이었을 것으로 추정된다. 〈점필재연보〉를 보면 세종 28년(1446) 열여섯 살 때 치른 사마시에서 답안으로 제출한 〈백룡부(白龍賦)〉가 너무나도 뛰어나 과거에서 낙방했음에도 불구하고 영산훈도에 제수했다고 한다. 실제로 부친 김숙자가 개령현감으로 있던 세종 31년(1449) 김종직도 영산훈도를 지내고 있던 사실이 확인된다.[58] 위의 시가 말해주듯, 개령현감으로 있던 부친 김숙자는 그리 멀지 않은 영산향교의 훈도로 있는 아들 김종직에게 편지를 보내 공부의 내용과 방도를 세세하게 일러주고 있다. 말하고 있는 내용은 분명했다. 온갖 사물이 끊임없이

---

55 『논어·子罕』. "欲罷不能, 旣竭吾才? 如有所立卓爾, 雖欲從之, 末由也已."
56 『心經附註』, 「四勿箴, 動箴」. "造次克念, 戰兢自持, 習與性成, 聖賢同歸."
57 김종직, 『悔堂稿』, 〈得嚴君書有感〉. 번역은 이상하 외 역, 『역주 회당고』(점필재, 2023)를 참조하였다.
58 김종직, 『悔堂稿』, 〈嚴君, 承監司關行, 電玄風縣. 時, 余自開寧返靈山, 道次問野夫, 認得嚴君在山陳村, 人豆蘭家. 黃昏到是家, 侍宿〉.

침범하는 '사람의 마음[人心]'을 굳게 지키는 것부터 배워야 한다는 것이다. 그걸 효과적으로 수행하기 위해 『소학』-『맹자』-『중용』-『논어』-『심경』으로 이어지는 공부의 절차를 질서정연에게 배치하고 있는 데서 부친의 가르침이 얼마나 구체적이었는가를 확인하게 된다. 김종직이 자신의 호를 점필(佔畢)로 삼고,[59] 자신도 부친처럼 성현의 학문을 가르치는 것으로 유교지식인으로서의 책무를 다하겠다고 다짐했던 계기가 어디에서 비롯되었는지 깨닫게 해주는 대목이다. 실제로 자신이 후학을 가르치고 있는 모습은 부친이 지난날 제자를 가르치던 모습의 재현이기도 했다.[60]

선공은 남을 가르치는 데에 게으르지 않았다. 비록 어리석고 노둔한 자일지라도 반드시 자상하게 일러주어 이치를 깨닫게 해주었다. 아이들을 가르치는 데 있어서는 먼저 『소학』에 들어가서, 어버이를 사랑하고[愛親] 어른을 공경하고[敬長] 스승을 받들고[隆師] 벗들과 서로 친하는[親友] 일에 종사하여, 그 근본을 함양하게 한 다음에야 다른 글로 나아가도록 허락하였다. 그래서 가르치는 데 굳이 회초리를 치지 않아도 사람들이 배움을 즐거워하였다.[61]

---

59 김종직이 자신의 호로 사용한 '佔畢'이란 단어의 최초 용례는 『禮記, 學記』에 나온다. "오늘날 가르치는 자는 눈으로 읽어보기만 한 것을 웅얼거리며 외우고, 질문만 많이 한다. 진도를 빨리 나가되 제대로 이해했는지는 살피지 않으며, 사람들로 하여금 성심에서 말미암도록 하지 않는다[今之教者, 呻其佔畢, 多其訊言, 及于數進, 而不顧其安, 使人不由其誠]."라는 문장에서 따온 것이다. '점필'의 사전적 의미는 '어깨너머로 대략 책을 읽은 정도'로 볼 수 있다. 자기도 제대로 모르면서 후학들에게 경서를 가르치는 선생이라는 겸사로 호를 삼은 것이다.
60 김종직은 『점필재집』의 〈이준록·선공사업〉에서 부친의 삶을 "선공은 세 번 지방의 教授官이 되고, 다섯 번 성균관의 長官이 되어 한 시대의 인재들을 훈도하였다. 그리하여 과거에 급제하여 조정에서 유명해진 사람이 꽤나 많았다."라고 집약한 바 있다.
61 김종직, 『점필재집』, 〈이준록, 先公事業〉. "先公誨人不倦, 雖愚駄撲範者, 必諄諄叩

부친 김숙자가 보여주었던 위의 장면은 김종직이 영산훈도로 있으면서 어린 학생을 가르칠 때나 함양군수로 있으면서 젊은 선비를 가르칠 때의 모습과 흡사하다. 성종 1년 모두가 부러워하던 예문관겸관으로 선발된 직후에 자의반타의반으로 함양군수를 자원하여 내려온 뒤, 김종직은 지방관으로서 수행해야 할 왕화(王化)의 일환으로 '흥학(興學)'을 매우 성공적으로 수행한 바 있다. 그리하여 20대 초반의 김굉필·정여창 등을 처음 만났을 때, 김종직은 성학(聖學)에 도달하는 길을 『소학』에서 이끌어내고자 했던 것이다. 그건 주돈이에게 있어 가장 빛나는 행적, 곧 그가 남안(南安)의 사리(司理)로 있을 때 통판 정향(程珦)이 자신의 두 아들 정호와 정이를 보내 글을 배우게 했던 장면과 흡사하다.[62] 김종직도 김굉필·정여창과 같이 문묘에 배향되는 두 제자를 바로 함양군수 시절에 길러 냈던 것이다. 물론, 그들 외에도 함양군수 시절에 배출한 제자는 많다. 조위·조신 형제, 강백진·강중진 형제, 김흔, 표연말, 유호인과 같은 제자가 바로 그들인데, 그들 모두 성종대 유교문명의 성세를 이끌어간 신진사류로 성장했다.

김종직이 그처럼 많은 제자를 길러내는 교육 기관으로 적극 활용한 장소는 다름 아닌 향교였다. 그때까지 각 고을의 향교는 거의 방치되어 있거나 유명무실하게 운영되고 있었다. 그런 상황에서 지방관으로 내려간 김종직은 지역의 인재를 육성하는 거점인 향교를 중건하거나 새롭게 건설하는 것을 최우선적 과제로 삼았다.[63] 그리고 김숙자-김종직 부자는

兩端, 令開悟而後已. 教童蒙, 先入之小學, 使之從事愛親敬長隆師親友之間, 以涵養其本源. 然後許就他書, 故其教不煩榎楚而人樂於學."

62 김시습, 『매월당집』 권20, 〈周敦頤傳〉. "爲南安司理時, 通判程珦, 以其學爲知道, 因使二子顥·頤往受業焉."

63 부친 김숙자도 학교를 정비하는 데 힘을 썼는데, 실제로 두 고을에서 수령으로 있을 때 모두 공자의 사당을 대대적으로 수리하고 격식에 맞게 정돈하였다. 『점필재

고을 수령으로 있으면서 실제로 다음과 같은 교육의 성과를 거두었다.

[1] 매번 직무를 마치고 나서는 틈을 내어 두 사람씩 번갈아 들어오게 하여 일과(日課)를 강의해 주고, 1개월에 세 번씩 문장으로 시험을 보여 그들의 성적에 따라 상벌을 내렸다. 이에 앞서서는 두 현에서 문과에 합격한 자가 전혀 없었는데, 공이 학교를 진흥시킨 이후로 고령의 박임위, 개령의 최한 같은 이들이 모두 사마시에 합격하는 등 여러 과거시험에 합격자가 끊이지 않았다.[64]

[2] 그때 선산 출신의 사또 김종직이 군수로 있었는데, 고을의 부로들이 너도나도 칭송하여 "사또께서 문교(文敎)를 숭상하여 문교가 크게 일어났습니다. 그리하여 이웃 고을의 선비 자제들이 양식을 싸 가지고 배우러 온 자가 무려 수십 명에 이릅니다. 그 가운데 재능이 성취되어 과거에 응시한 자가 10여 명이고, 사마시에 합격하여 대과를 준비하고 있는 자도 대여섯 명이 넘습니다. 대과에 급제한 창녕의 조위, 고령의 유호인은 모두 사또가 키운 사람인데 웅문거필(雄文巨筆)로 남방에 명성을 날리고 있습니다."라고 하였다.[65]

참으로 괄목할 만한 성과였다. 그것은 주희가 남강군(南康軍)의 지사(知事)로 부임하여 오랫동안 방치되어 있던 백록동서원(白鹿洞書院)을 중

집』,〈彝樽錄, 先公事業〉. "其修學校也, 於兩縣大理孔子廟, 華以髹柒, 栗主率不中式, 悉改製之."

64 김종직, 『佔畢齋集』,〈彝樽錄, 先公事業〉. "每聽事之隙, 輪進二人講課, 一月三試以文, 而隨以賞罰. 先是, 兩縣無以文登試者, 自公興學以後, 高靈若朴霖威·開寧若崔漢, 皆得試司馬, 累牓不絶."

65 姜希孟,『私淑齋集』권8,〈送兪修撰歸養序〉. "時, 一善金侯宗直爲郡守, 鄉父老交口稱之曰:'使君尙文敎, 文敎大興, 傍近諸邑, 衣冠子弟, 贏粮而就學者, 無慮數十人, 而藝成應學者十餘人, 中司馬試, 待正科者不下五六人. 賓興釋褐者, 若夏山曹公偉太虛氏·高靈兪公好仁克己氏, 皆使君所陶鑄, 而雄文鉅筆, 馳譽南州者也.'"

건하여 교육공간으로서의 생명을 되찾게 만들어주었던 사업을 방불케 한다. 실제로 향교에서 이루어지는 교육 내용과 목표도 주희가 가르침을 펼친 백록동서원의 학규를 참고하여 거의 그대로 원용했던 것으로 보인다. 그를 보여주는 자료가 있다.

> 나는 향교 학생들에게 고하였다. "학문을 하는 데는 근본이 있으니, 효제(孝弟)가 바로 그것이다. 효제라고 하는 것은 없는 곳이 없다. …(중략)… 진실로 이렇게 한다면 배우는 것이 향교를 벗어나지 않고도 학덕이 이루어져 후일 고을에서 추천되고 조정에 서게 될 터, 이를 들어 적용한다면 가는 곳마다 이루어지지 않을 일이 없을 것이다." 제생이 응답하기를 "큰 띠에 써서 선생의 분부를 잊지 않겠습니다." 하였다. 마침내 이 글을 벽에 써 붙여 **백록동학규(白鹿洞學規)**에 비기는 바이다.[66]

김종직은 허물어진 함양향교의 문묘를 중건하여 공자의 고향에 있는 궐리사(闕里祠)처럼 꾸며 유교문명의 정통을 지키기를 희망했고, 안음향교를 창건하는 기문을 지어 그곳이 백록동서원처럼 도학 공부의 요람이 되기를 기대했다. 그로부터 전국 고을에 궐리사가 지어져 지금도 진주, 안산 등지에 남아 있게 되었다. 또한 중종 38년(1543) 풍기군수 주세붕(周世鵬)이 백록동서원을 본받아 경북 영주에 백운동서원(白雲洞書院)을 세워 이른바 '서원의 시대'를 열었다. 하지만 김종직은 주세붕보다 한 세기 앞선 15세기 중엽에 이미 주자가 실천한 교육을 함양향교에서 실천하고 있었던 것이다. 일찍이 세종은 남송의 주희와 원나라 허형(許衡)의 전례

---

66 김종직, 『점필재집』 문집 권2, 〈安陰縣新創鄉校〉. "告之曰: '爲學有本原, 孝弟是也. 孝弟也者, 無所不在. … 苟能是, 則學不出於黌序, 而德成藝立. 他日, 興於鄉, 立於朝, 擧此而措之, 無所往而不綽綽然矣.' 諸生復應曰: '敢不書紳, 以毋墜先生之命.' 遂記于壁, 以擬夫白鹿洞規云."

를 본받아 서울의 성균관·사부학당으로부터 지방의 향교에 이르기까지 『소학』을 필수 교과과정에 넣어 전면적인 교육을 실시하고자 했다. 하지만 이러저러한 반대 의견에 부딪쳐 제대로 실현되지 못하고 있던 상황에서,[67] 김종직은 세종이 시도하고자 했던 『소학』 교육을 통한 유교문명의 교화를 지방에서 다시금 재현하기 시작했던 것이다.

4. 추후의 행로: 도학적 인물의 새로운 탄생

김종직은 함양군수의 임기를 꽉 채운 뒤, 우여곡절 끝에 중앙정계로 복귀할 수 있었다. 하지만 그것도 잠시였다. 다시 선산부사로 내보내져 40대 후반도 영남지역에서 지방관으로 지내게 되었던 것이다. 하지만 김종직은 언제 어디에서, 어떤 직임을 맡고 있든지 후학에 대한 가르침을 가장 열심히 실천에 옮기고자 했다. 성종 즉위부터 성종 13년 성종의 부름을 받아 올라가기까지 10여 년 동안 한결 같은 모습이었다. 하지만 그 기간 동안 시대는 정말 빠르게 변화해갔고, 그런 만큼 참으로 많은 사건들이 일어났다. 그 가운데 유교문명의 체화, 곧 성리학이란 신학문에 대한 학습과 이해의 심화에 따른 시대적 과제의 변화라든가 신구세대 간의 갈등은 특기할 만하다. 흔히 훈구파와 사림파의 대립으로 설명되곤 하지만, 그 근저에는 성리학의 심화와 확산이 근저에 자리하고 있었던 것이다.[68]

그런 시대적 변화는 훈구와 사림의 대립을 넘어서서 신진사류의 내부

---

67 『세종실록』세종 21년 9월 29일. "成均館議曰: '伏望依朱文公·許魯齋故事, 成均四部學堂以至鄕校, 皆以「小學」爲學令.' 命令議政府諸曹及藝文館春秋館集賢殿同議以聞. 議政府僉議啓曰: '「小學」乃天下萬世所共尊仰之書, 稱爲學令不可, 請勿擧行.' 從之."
68 마르티나 도이힐러, 이훈상 역, 『한국의 유교화 과정』(너머북스, 2013) 참조.

에도 분화의 양상을 초래했다. 이현손의 말을 빌려 표현하면, '이욕을 따라 흩어진' 다수의 제자와 '도학의 길을 지켜 갔던' 소수의 제자로 나뉘게 된다. 물론 도학사의 계보를 논하는 자리에서 전자는 크게 주목할 필요는 없다. 하지만 후자에 속하는 제자들도 양극단을 오가며 동요하곤 했다. 뒷날 문묘에 배향된 도학자 김굉필·정여창이 한 극단을 대변한다면, 평생 전국을 떠돌며 방황하던 방외인 남효온·홍유손은 다른 극단을 대변한다. 특히, 후자의 부류에게는 성종 치세 초기에 보여주었던 시대적 열정과는 매우 다른 세기말적 퇴영의 그림자가 짙게 드리워져 있어 흥미롭다.

이들 신진사류의 변화와 분화의 양상에 대해서는 다음 장에서 보다 자세하게 살펴보기로 한다. 다만 여기서는 도학의 길을 지켜 갔다는 소수의 제자, 그 가운데서도 거의 알려져 있지 않은 한 인물의 행보에 주목해 보기로 한다. 합천 초계에 살던 안우(安遇)가 바로 그 사람이다. 그는 김종직이 모친상을 치르는 동안 성종 11년 말 밀양으로 찾아와 2년 동안 수업을 받았다. 그런 그를 김종직은 무척이나 아껴 여러 차례 시에 그 뜻을 담아 전했다. 그 가운데 재악산에서 함께 노닐며 지어준 시를 한 편 보기로 한다.

위의도 단정한 창랑정[초계]의 나그네들	擧擧滄浪客
서로 불러 응수[밀양]에 모이었네.	招招凝水涘
벼슬 구하기를 부끄러이 여기니	羞爲干祿學
천명 즐기는 마음 있는 게 반가워라.	喜有樂天心
거친 음식인들 배부른 적 있으랴	蔬糲何曾飽
천석고황은 함께 침을 맞아야 하리.	膏肓擬共針
예로부터 실천을 하지 않아서	古來非實踐
우리 도가 끝내 성쇠를 거듭한다네.[69]	吾道竟浮沈

안우는 노조동과 정세린 등 두 명의 벗과 함께 초계(草溪)로부터 밀양으로 왔다. 그는 여느 젊은 선비와 달리 벼슬에 연연하지 않고 본성을 즐기는 마음이 있어 몹시 반가웠다. 그렇기는 하지만 김종직은 산수자연에 파묻혀 지내는 것을 유교지식인의 능사라고 생각하지 않았다. 그래서 천석고황의 고질이 된 그에게 세상에 나가 실천하지 않으면 안 된다는 충고를 넌지시 하는 것으로 시를 마무리했다. 하지만 안우는 스승 김종직의 조언을 따르지 않았다. 그러기는커녕 점점 벼슬할 생각을 버리게 되어 사제의 관계까지 갈라지는 지경에 이르렀다고 한다. 남효온이〈사우명행록〉에 기록한 증언이다.[70]

김종직에게 수업을 받은 때로부터 40여 년이 지난 뒤, 김안국이 경상도관찰사가 되어 『소학』 공부를 권장하기 위해 영남의 고을을 찾아다니다가 초계에서 바로 그 안우를 만났다. 그리고 그를 조정에 천거하며 다음과 같은 추천의 변을 적어 올렸다. 거기에도 남효온이 증언한 바와 같은 내용이 있다.

유학 안우는 초계(草溪) 사람입니다. 젊어서 김종직의 문하에서 유학하며 경전을 탐구하고 옛것을 좋아했으며, 몸가짐이 매우 높고 행동은 옛사람을 본받았습니다. 김굉필과 뜻을 함께 하여 성리학을 탐구했는데, 김굉필은 그의 독실한 의지와 집념을 칭찬하였습니다. 그는 과거에 나아가지 않았으니, **벼슬에 마음을 두지 않았습니다.** 나이 60세가 넘어 기력은 비록 쇠하였지만

---

69 김종직, 『점필재집』 시집 권15, 〈安時叔與盧祖同, 鄭世獜二秀才遊載岳〉 중 제3수.
70 남효온은 안우가 처음에는 김종직에게 배웠지만 얼마 뒤에는 벼슬할 마음이 없어져서 김종직과 사이가 나빠졌다고 소개하고 있다. 남효온, 『추강집』 2, 〈사우명행록〉. "安遇字時叔, 孝行冠於鄉, 居父喪, 一從家禮. 從佔畢齋受業, 旣而無仕心, 始貳於畢齋. 嘗擧於鄉, 赴京入會試, 四館年少者驕傲, 長老鄉生欲撻之. 時叔曰: '安可以父母遺體, 無罪而自毀, 以求名利乎?' 不入而去, 操節可方東漢云."

정신은 더욱 또렷하여 유림이 존경하고 있습니다.[71]

안우는 김종직이 모친상을 마치고 서울로 올라가 벼슬하고 있는 동안 지역에서 김굉필을 스승으로 모시고 성리학 탐구에 매진했다. 그의 독실한 뜻과 흔들리지 않는 태도는 스승 김굉필으로 하여금 감탄하게 만들었다. 실제로 그는 김종직에게 수업을 받던 젊은 시절부터 벼슬에 마음을 두지 않았었는데, 중종 13년 60세도 훨씬 넘은 70세[72]가 되도록 그런 자세를 여전히 견지하고 있었던 것이다. 그리하여 주부를 거쳐 안음현감에 제수되기에 이르렀다. 『점필재집』의 문인록에도 안우의 그런 행적이 간략하게 기재되어 있다.

안우의 자는 시숙(時叔)인데, 효행이 있어 상을 치를 적에 일체 『주자가례』를 준행하였다. 노공서(盧公緖)와 함께 선생의 문하에 유학하였는데, 벼슬에 뜻이 없었고 절조(節操)는 동한(東漢) 시대의 고사(高士)들에 견줄 만하였다. 호는 노계(蘆溪)이다. 뒤에 유일(遺逸)로 천거되어 안음현감에 임명되었는데, 기묘년에 운봉(雲峯)에 유배되었다.[73]

기묘사림의 핵심 멤버였던 김안국의 천거에 의해 조정에 올라가 주부

---

71 『중종실록』 중종 13년 3월 26일. "幼學安遇, 居草溪, 少遊金宗直門下, 耽經好古, 操履甚高, 動法古人, 與金宏弼同志業, 探究性理之學, 宏弼稱其篤志固執, 不赴科擧, 恬於聲宦. 年過六十, 氣力雖衰, 精神愈明, 儒林推敬."

72 『중종실록』 중종 15년 5월 25일. "正國曰: '上意亦不欲皆除守令, 如安遇·盧瑾引見時, 政院亦召見, 與之言, 安遇果是有學問之人, 但年已至七十, 爲京官, 不可趨走從仕, 可除守令也.'"

73 김종직, 『점필재집』 문집 부록, 〈門人錄〉. "安遇字時叔, 有孝行, 居喪一遵家禮. 與盧公緖, 同遊學先生之門, 無意仕宦. 節操可方東漢, 號蘆溪. 後以遺逸, 拜安陰縣監. 己卯, 謫雲峯."

벼슬에 제수되었다가 곧바로 안음현감에 제수되었다. 물론 김안국의 평가와는 달리 안우에 대해 비판적인 여론도 만만치 않았다. 『중종실록』을 편찬한 사관은 안우가 재물 축적을 일삼고 행실이 비열하며 학술도 부족하여 유향소의 좌수로 있을 때 복종하는 사람이 없었다고 혹평하기도 했다.[74] 위의 인용문 마지막에 안음현감으로 있다가 운봉으로 유배되었다는 것도 기묘사화가 일어나자 안우와 같이 도학을 추구하던 김종직-김굉필의 제자들이 어떤 삶의 경로를 밟아가게 되는가를 보여준다.

김종직이 창도하고 김굉필이 심화시켜 적지 않은 젊은 후배에게 삶에 돌이킬 수 없는 영향을 준 도학은 그렇게 성종대-연산군대-중종대로 이어가며 무오사화-갑자사화-기묘사화의 고난에 찬 시대를 견뎌내야 했던 것이다. 그렇지만 그런 역경에도 불구하고 도학의 세계는 점점 더 많은 신진사류를 자신의 품안으로 끌어들여갔다. 김종직이나 김시습과 같은 스승-선배가 주돈이를 도학사의 시각으로 새롭게 바라보며 삶의 전범으로 삼았던 것처럼, 그들의 젊은 제자-후배들도 자신이 추구하는 새로운 삶의 전범을 발견해가고 있었던 것이다. 동생과 함께 주돈이에게 학문을 배우다가 마침내 과거 시험을 포기하고 결연히 도학의 길을 걸어갔다는 정호,[75] 나이 오십이 넘도록 벼슬에 나아가지 않아 진실한 유자라고 추켜세워진 정이[76]와 같은 도학자가 바로 그들이다.

벼슬에 연연하지 않고 자신의 학문세계에 정진했던 그들의 행적은 중

---

74 『중종실록』 중종 13년 7월 28일. "安遇居草溪, 以貨殖爲事, 其行卑矣. 又短於學術, 嘗爲留鄉座首, 鄉人亦不推服. 江陵府使李允儉, 亦草溪人, 嘗聞遇爲主簿曰: '吾詳知遇之爲人, 年過七十, 又無學術, 無一事異於凡人, 將安用此人?' 以此見之, 遇之爲人可知, 而國家待之如高蹈不市之士, 識者譏之."

75 김시습, 『매월당집』 권20, 〈程顥傳〉. "自十五六歲時, 與弟頤聞汝南周茂叔論學, 遂厭科擧之習, 慨然有求道之志."

76 김시습, 『매월당집』 권20, 〈程頤傳〉. "河南處士程頤, 力學好古, 安貧守節, 言必忠信, 動遵禮度, 年踰五十, 不求仕進, 眞儒者之高蹈, 聖世之逸民."

세지성사의 큰 거인으로 다가왔다. 정호와 정이는 그 이전 그 누구에게서도 발견할 수 없었던 새로운 삶의 모델이었고, 성종대의 신진사류는 그런 그들에게 점차 매료되어 가기 시작했던 것이다. 나아가 입신양명을 멀리한 채 도학의 길을 걷고 있는 그들의 행로는 훈구공신에 의해 현실정치로의 진출이 차단되어 있던 성종대의 젊은이들에게 희망의 새 길처럼 받아들여지기도 했다. 쇠퇴해가던 현실정치와 깊어져가던 도학세계가 서로 맞부딪치며 만들어낸 새로운 시대현상이다. 그리고 그것은 '조선성리학의 시대'로 일컬어지는 16세기에 본격화하게 되는 사상사적 전조로 기억할 만하다.

/제2장/

도학의 발견,
성종대의 신진사류와 도학으로의 전회

1. 접근의 시각: 성종 14년에 주목해야 하는 까닭

조선은 유교를 국시로 내걸고 건설된 나라였고, 태조의 즉위교서에 사서오경을 과거시험 교재로 명시함으로써 그런 의지를 뒷받침했다. 주희가 죽기 직전까지 다듬었다는 『대학』이 포함된 사서를 오경보다 앞자리에 두었던 것은 한당유학(漢唐儒學)으로부터 송원이학(宋元理學)으로의 전회를 예고하는 상징적 사건이었다. 건국의 주역인 정도전이 17세 되던 공민왕 7년(1362)에 민안인(閔安仁)의 권유를 통해 『대학』과 『중용』을 처음으로 공부했다거나 26세 되던 공민왕 15년(1366) 정몽주가 부모의 상을 치르고 있던 자신에게 『맹자』를 보내주어 매일 정독했다는 전언은 그런 사상사적 전환을 보여주는 구체적인 사례이다.[1]

---

[1] 고려 인종 14년(1136)에 확정된 明經科 시험 과목은 『시경』·『서경』·『주역』·『춘추』·『예기』와 같은 五經 중심이었다. 하지만 공민왕 16년(1365) 성균관이 중건되고,

정도전을 비롯한 조선 건국 초기의 정국을 주도하던 지배세력들은 국가권력을 동원하여 성리학에 기초한 유교 국가를 만들어보고자 노력했다. 물론 건국 초기의 불안정한 정치 상황이라든가 고려로부터 이어져온 유제(遺制)와의 길항관계 속에서 크고 작은 부침을 겪어야 했다. 그럼에도 불구하고 조선성리학이 완성되었다고 평가되는 선조 때 이르게 되면, '정몽주→길재→김숙자→김종직→김굉필·정여창→조광조→이언적→이황'으로 이어지는 도통이 정립하게 된다. 물론 이런 도학의 계보에는 적지 않은 의문이 제기되고 있지만, 도통의식이 확립되고 있었다는 사실만큼은 분명하다. 다만 후대인의 기억이나 정파적 이해관계에 의해 가공 또는 재구된 혐의가 적지 않은 까닭에 당대적 실상에 대한 비판적 검토가 필요하다.

이런 문제의식에 공감할 수 있다면, 우선 사림 집단의 정체성을 본격적으로 구축해가던 김종직과 그 제자들이 활동하고 있는, 이른바 성종대 신진사류의 동향을 정밀하게 탐색할 필요가 있다. 이들 그룹에는 문묘에 배향될 정도로 도학적 실천을 선도해간 김굉필·정여창과 같은 인물은 물론 불교나 노장사상에 빠져 방외의 삶을 살았던 김시습·홍유손·남효온과 같은 인물, 그리고 경학에 밝았다고 평가되지만 지금은 거의 잊혀진 이심원(李深源)과 같은 인물들이 혼재되어 있다.[2]

추강 남효온은 이런 그들의 아름다운 행적을 〈사우명행록(師友名行錄)〉이라는 전기(傳記) 형식의 잡록에 간단간단하게 남겨 두었다. 모두

이색을 비롯한 정몽주·김구용·박상충·박의중·이숭인 등이 교관을 맡으면서 四書 중심의 성리학이 흥기하는 계기를 마련했다. 강명관,「고려시대의 책과 인쇄·출판, 고려 말 사대부의 기획」,『조선시대 책과 지식의 역사』(천년의 상상, 2013).

2 성종대의 신진사류에 대한 집단적 성격과 그 동향에 대한 선구적 업적으로는 정경주,『성종조 신진사류의 문학세계』(법인문화사, 1993)를 비롯하여, 이종범,『사림열전 2: 순례자의 노래』(아침이슬, 2008)가 있다.

제2장_도학의 발견, 성종대의 신진사류와 도학으로의 전회 435

54명의 사우들을 추억하며 기록한 이 책의 첫 번째 인물에는 김굉필을 배치했다. 동방오현의 수현(首賢)으로 꼽히는 인물이다. 가장 소중한 사우로 간직하고 있었기에 그랬을 것이다.

　김굉필은 자가 대유(大猷)이다. 점필재 김종직에게 수업하였고, 성종 11년(1480)에 생원시에 입격하였다. 나와 나이가 같으나 생일은 나보다 늦다. 현풍(玄風)에 살았다. 고상한 행실은 비할 데가 없어 평상시에도 반드시 의관을 갖춰 입었고, 본부인 외에는 여색을 가까이하지 않았다. 손에서 『소학』을 놓지 않았으며, 2경이 된 뒤에야 잠자리에 들었고 닭이 울 때 일어났다. 사람들이 국가의 일을 물으면, 반드시 말하기를 "『소학』을 읽는 아이가 어찌 큰 의리를 알겠는가." 하였다.[3]

김굉필이 '소학동자'라고 일컬어진 근거가 되는 자료이다. 그리고 그처럼 『소학』에 전념했던 것은 많은 연구자의 주목을 받은 바 있다.[4] 물론 그의 학문적 여정은 『소학』에만 머물러있지 않았다. 남효온은 그런 면모를 "나이 서른이 된 뒤에 비로소 다른 책을 읽었고, 후진을 가르치는 데에 게을리 하지 않았다."고 증언하면서, 그의 제자로 이현손·이장길·이적·최충성·박한공·윤신 등의 이름을 적시하고 있다. 여기에서 '서른'이라는 나이와 '다른 책'을 읽기 시작했다는 대목에 주목해보자. 김굉

3　남효온, 『추강집』 권7, 〈사우명행록〉. "金宏弼字大猷, 受業於佔畢齋. 庚子年生員, 與余同庚, 而日月後於余. 居玄風, 獨行無比, 平居必冠帶, 室家之外, 未嘗近色. 手不釋『小學』, 人定然後就寢, 鷄鳴則起. 人問國家事, 必曰 : '小學童子, 何知大義.'"
4　이병휴, 「조선전기 사림파의 추이 속에서 본 김굉필의 역사적 좌표」, 『역사교육논집』 34집(역사교육학회, 2005); 정경주, 「한훤당 김굉필 도학의 전승 양상」, 『영남학』 제22호(경북대 영남문화연구원, 2012); 정출헌, 「한훤당 김굉필의 사제·사우관계와 학문세계의 여정」, 『민족문화』 45집(한국고전번역원, 2015).

필이 서른이 되던 해는 바로 성종 14년(1483)인데, 왜 하필 그때부터 다른 책을 읽기 시작했는지가 궁금한 것이다.

아닌 게 아니라 공교롭게도 바로 그해, 남효온의 또 다른 벗이었던 김시습도 새로운 선택을 했다. 성종 2년(1471) 봄 10여 년 간의 전국 방랑 생활을 접고 서울로 복귀하여, 다시 10여 년 간 수락산에 거주하며 서울을 드나들며 지냈던 그였다. 성종 12년에는 환속하여 머리도 기르고 조부의 제사를 지내기까지 했다. 그랬던 그가 불과 두 해가 지난 성종 14년 봄, 다시 두타승(頭陀僧)의 행색으로 서울을 떠났던 것이다. 절친 남효온은 동대문 밖까지 따라가서 전송했다. 그리고 그날의 심경을 "계묘년(성종 14, 1483) 3월 19일에 관동으로 돌아가는 동봉 열경(悅卿)을 전송하다." 로 시작되는 긴 제목의 시에 담았다. 거기에는 도성을 떠날 때 육경(六經)과 문집 및 역사서를 수레에 싣고 갔다는 사실, 관동의 산수 좋은 곳을 찾아 농사를 지으면서 살겠다는 다짐. 그리고 다시는 도성으로 돌아오지 않겠다는 의지까지 구체적으로 담겨 있다.[5]

동방의 도학을 창도했다고 일컬어질 정도로 단정한 삶을 살았던 김굉필과 평생 울울한 마음을 품고 전국을 떠돌아다니는 방외의 삶을 살았던 김시습은 똑같이 성종 14년에 삶의 전회를 시도했다. 돌이켜 보면 이들 두 사람은 남효온과 더할 나위 없이 절친한 벗이었다. 그런 그들이 같은 해에 새로운 삶을 선택했다는 사실은 우연처럼 읽히지 않는다. 정말 그러했다. 남효온도 절친했던 벗들이 떠난 바로 그해, 과거공부를 포기하고 선대로부터 전장(田莊)이 있었던 서울 근교의 행주(幸州)로 들어갔다. 그곳에서 때론 책을 읽고 때론 농사를 짓고 때론 낚시로 소일도 하며

---

5 남효온, 『추강집』 권1, 〈癸卯三月十九日, 送東峯悅卿歸關東. 悅卿載六經子史, 涉關東山水, 求得黍地, 資耕力以活, 無復還鄕之意. 余持薄酒, 握手嗚嗚, 以爲千里無相見期之別〉.

은거의 삶을 시작했던 것이다.

성종의 시대를 대표하는 신진사류 세 사람이 같은 시기에 기존의 생활을 접고 홀연히 도성을 떠나 은거를 선택하고 있는 데는 필연 곡절이 있을 터다. 그들 가운데 나이 서른을 맞이한 김굉필은 『소학』 이외의 서책을 읽기 시작했다 하고, 동갑내기인 남효온은 행주에 있는 자기의 서재의 이름을 경지재(敬止齋)로 명명하며 경(敬)을 통한 마음 공부와 은거의 생활을 시작했다. 김시습은 나이 50이 되기 1년 전인 49세가 되던 그때 경전과 사서를 수레에 가득 싣고 춘천으로 떠나갔다. 이런 행보에서 짐작할 수 있듯, 그들은 뿔뿔이 흩어져 각각 자기만의 새로운 길을 모색하기 시작했다. 우리가 성종 14년 신진사류의 동향, 그리고 도학의 전회라는 지점에 주목하려는 까닭이다.

2. 성종 14년 이전, 죽림우사竹林羽士와 성균관 벽서시壁書詩 사건

1) 성종 9년의 '소학계'와 성종 13년의 '죽림우사' 파동

성종 14년 이전, 도대체 무슨 일이 있었던 것일까? 남효온이 김시습의 행로를 회고하고 있는 데서 그 단서를 찾아볼 수 있다. 우여곡절 끝에 환속했던 김시습은 성종 13년 이후, 세상이 쇠퇴하려는 것을 보고 인사를 돌보지 않고 버려진 사람처럼 행세했다고 한다. 날마다 장예원에 가서 소송을 벌였다거나 길에서 만난 영의정 정창손에게 "네놈은 의당 그만두어야 한다."고 소리쳤다거나 저잣거리의 미치광이들과 어울려 술을 마시다 길에 쓰러져 자거나 바보처럼 웃으며 다니기 시작했다는 것이다.[6] 김시습이 다시 서울을 떠나야겠다고 마음먹은 것이 성종 14년 어느 날의 순간적 충동이 아니었음을 암시한다. 남효온은 김굉필도 그때 세상

이 회복될 수 없고 도가 행해질 수 없음을 알고서는 자취를 숨겼다고 증언한 바 있다.[7]

흔히 태평성대로 일컬어지는 성종의 시대를 당시의 신진사류들은 정반대로 인식하고 있었다. 세상의 도가 추락해버린 말세로 여겼던 것이다. 그를 짐작케 하는 사례가 있다. 김종직의 〈조의제문〉이 빌미가 되어 일어난 무오사화가 마무리되던 무렵, 사화를 일으킨 주역 유자광과 윤필상은 후환을 확실하게 없애고자 했다. 그리하여 김종직의 간악한 무리[姦黨]가 여전히 모여 있는 남원과 함양의 사마소(司馬所)를 혁파해야 한다고 고자질하는 한편 처벌을 피해 숨어 다니고 있는 홍유손(洪裕孫)도 잡아들여야 한다고 일러바쳤다. 젊은 유생들이 모여서 서로 정자라든가 주자라고 부르며 떼 지어 술을 마시고 세상에 대한 비방을 일삼고 있다는 이유에서였다.[8]

윤필상이 아뢰기를 "남양에 사는 홍유손이란 자가 있는데, 시문에 능합니다. 하지만 행동이 심히 괴이하여 나이 젊은 6·7명과 무리를 만들어서 아무개는 정자(程子)이고 아무개는 주자(朱子)라 칭하고 있습니다. 이따금 강가의 인가에 모여 소요건을 쓰고 서로 더불어 떼 지어 술 마시며 비방을 하옵니다. 일찍이

---

6 남효온, 『추강집』 권7, 〈사우명행록〉. "自壬寅以後, 睹世將衰, 不爲人間事, 爲棄人於閭閻間. 日與人爭訟於掌隸院. 一日, 飮酒過市, 見領議政鄭昌孫曰: '汝奴宜休!' 鄭若不聞. 人以此危之, 其嘗與交遊者, 皆絶不往來, 獨與市僮狂易者, 遨遊醉倒於道側, 恒愚恒笑."

7 남효온, 『추강집』 권7, 〈사우명행록〉. "年益高, 道益邵, 熟知世之不可回, 道之不可行, 韜光晦迹, 然人亦知之."

8 『연산군일기』 연산군 4년 8월 10일. "弼商啓: '南陽府有貢生洪裕孫者, 能詩文. 然行己甚怪, 與年少六七輩爲黨, 自稱某也程, 某也朱. 時, 會江上人家, 着逍遙巾, 相與群飮誹謗. 嘗赴試, 不肯製述, 終日沈酣, 或書戱語而出. 此輩久在都下, 必誑誤後生, 請尋捕, 屛諸遐方.'"

과거를 보러 갔는데 제술은 아니 하고, 종일 술에 취하여 희롱하는 말만 쓰고 나오기도 하였습니다. 이런 무리들이 도성에 오래 있으면 반드시 후생을 그르치고 말 것입니다. 청컨대 잡아내어 먼 지방으로 내치시옵소서." 하였다.[9]

윤필상이 체포하여 유배를 보내자고 건의하고 나흘이 지난 뒤, 머리를 깎고 승려의 행색으로 도망을 다니던 홍유손이 의금부로 잡혀왔다. 열흘 가까운 고문을 받은 그로부터 받아낸 진술은 다음과 같았다.

> 홍유손이 공초하되 "지난 임인년(성종 13년, 1482) 봄에 조자지(趙自知)의 집에 갔었는데, 남효온(南孝溫)·수천정(秀泉正) 이정은(李貞恩)·한경기(韓景琦)·우선언(禹善言)·무풍정(茂豊正) 이총(李摠)이 모여 있었습니다. 나는 남효온에게 '지금 세상은 벼슬하기에 적당하지 않으니 죽림칠현이라 이름하고 방랑하게 놀아보세.' 하니, 남효온이 그러자고 하였습니다. 각기 소요건(逍遙巾)을 준비하고 술과 안주를 마련해 동대문 밖에서 모이자고 약속한 뒤, 성 아래 대나무 숲에서 두건을 쓰고 남효온이 우두머리가 되고 나는 다음이 되어 수천정·무풍정·우선언·조자지·한경기와 칠현(七賢)이 되었습니다. 명양정(明陽正) 이현손(李賢孫)·노섭(盧燮)·유방(柳房)이 뒤늦게 참석하여 몇 순배를 돌리고, 도소주(屠蘇酒)를 마시는 예에 의거해 젊은 자로부터 윗사람까지 노래하고 춤추다가 날이 저물어 파했습니다."라고 하였다.[10]

---

9 『연산군일기』 연산군 4년 8월 10일. "弼商啓: '南陽府有貢生洪裕孫者, 能詩文. 然行己甚怪, 與年少六七輩爲黨, 自稱某也程, 某也朱. 時, 會江上人家, 着逍遙巾, 相與群飮誹謗. 嘗赴試, 不肯製述, 終日沈酣, 或書戲語而出. 此輩久在都下, 必詿誤後生, 請尋捕, 屛諸遐方.'"

10 『연산군일기』 연산군 4년 8월 20일. "洪裕孫供云: '去壬寅年春, 往趙自知家, 南孝溫·秀泉正貞恩·韓景琦·禹善言·茂豊正摠亦來會. 吾語孝溫曰: 時世不當仕, 吾等宜號爲竹林七賢, 浪遊耳. 孝溫曰: 諾. 各備逍遙巾, 齎酒殽, 約會東大門外城底竹林間, 着其巾. 孝溫作頭, 裕孫次之, 秀泉正·茂豊正·禹善言·趙自知·韓景琦爲七賢. 明陽

김시습이 말세로 여겼다던 바로 그해, 성종 13년 봄날의 일이었다. 그날의 모임을 주선한 조자지(趙自知)가 누구인지 분명치 않다. 하지만 함께 어울린 인물의 면면으로 미루어보면 개국공신 조준(趙浚)의 후예였을 것으로 짐작된다.[11] 남효온도 개국공신 남재(南在)의 후손이었고, 이정은·이총은 왕족이었으며, 한경기는 한명회의 손자였다. 우선언도 여말선초 명문가문으로 손꼽히던 우탁(禹倬)의 후손이다. 이들 일곱 명 외에 늦게 참석한 이현손도 왕족이고, 노섭과 유방은 노수신과 유자광의 아들이다. 왕실의 후예를 비롯하여 공신의 자제들이 모인 자리였던 것이다.

모임의 우두머리였던 남효온은 무오사화 당시 이미 죽은 상태였기에 처벌할 수 없었고, 아직 살아있던 홍유손만 젊은 부류들과 작당하여 폐풍(弊風)을 조장했다는 이유로 잡혀온 것이다. 홍유손은 남효온보다 나이가 다소 많은 연장자였지만, 출신은 향리로 현격하게 낮았다. 그럼에도 불구하고 남효온을 비롯한 많은 벗들과 나이와 신분을 뛰어넘는 모임을 열고, 설날 아침에 삿된 기운과 질병을 물리치기 위해 마시던 도소주(屠蘇酒)를 돌아가며 마시는 의식을 치렀다. 그건 단순한 의례의 차원을 넘어서서 자신이 살고 있는 지금을 삿된 기운이 가득 차있는 '병든 시대'로 여기고 있었음을 짐작케 한다. 이들과 성향을 달리하여 모임에 함께 하지는 않았지만, 독실하게 도학 공부를 하고 있던 김굉필도 그해 봄에 '지금은 썩을 대로 썩어 고치기 어려운 세상이니 벼슬길에 나아가지 말라'며 스승 김종직의 출사를 간곡하게 만류했었다.[12]

正賢孫·盧燮·柳房後至, 相對酒巡, 依屠蘇飮, 自少達上, 自唱自舞, 日暮而罷.'"
11 남효온은 〈사우명행록〉에서 趙自知를 다음과 같이 소개하고 있다. "본관이 平壤으로 자는 性之이다. 은혜 베푸는 것을 좋아하고 어진 사람을 좋아했다. 산수를 좋아하고 유희를 좋아하였으며, 공명을 좋아하지 않고 침울하여 말수가 적었다. 汝慶[홍유손]에게 배웠는데, 시에 능하였다."
12 김종직, 『점필재집』 시집 권15, 〈和金大猷 5수〉 중 제1수. "白首叨蒙一札頒, 幽居空

제2장_도학의 발견, 성종대의 신진사류와 도학으로의 전회 441

반면에 그 모임에 모인 부류들은 서로를 정자(程子)나 주자(朱子)라 부르며 놀았다는 윤필상의 증언에서 짐작할 수 있듯, 자신들이야말로 성리학을 건국이념으로 삼고 있는 조선에서 학문적 견결성과 도덕적 우월성을 지닌 존재라고 자부하고 있었다. 퇴행적인 성격처럼 보이기도 하는 성종 13년 죽림우사(竹林羽士)의 모임에서 정호·정이 형제와 주희의 이름이 거론되고 있는 것은 그래서 예사롭지 않다. 실제로 그들 모임의 성격과 시대적 맥락을 이해하기 위해서는 잠시 성종 초년에 결성된 신진사류의 또 다른 모임, 이른바 '소학계(小學契, 또는 孝子契)'를 주목해볼 필요가 있다. 성종 9년(1478) 남효온이 올린 상소가 발단이 되어 실체가 드러난 그 모임은 성균관 유생 강응정(姜應貞)이 주희의 사업을 본받아 향약을 만들고, 매달 초하루에 모여서『소학』을 강론하던 스터디그룹이었다. 당시 조정의 고위관료들은 젊은 그들의 모임을 못마땅하게 여겼다. 그래서 갖가지로 험담을 했는데, 그 가운데 하나가 그들은 서로가 서로를 '공자', '사성'(四聖: 堯舜禹湯), '십철'(十哲: 顔淵·閔子騫·冉伯牛·仲弓·宰我·子貢·冉有·季路·子游·子夏)이라는 별명을 부르며 지낸다고 비판했다.[13] 젊은 부류들이 강응정을 공자처럼 떠받들고 있다거나 박연(朴演)을 안연(顔淵)이라고 부른다는 것이었다.[14]

이처럼 소학계를 한나라에서 일어난 '당고(黨錮)의 화(禍)'가 발발할 조짐이라고 비난했던 도승지 임사홍, 그리고 죽림우사를 진나라의 죽림칠

寄讓廉間, 君言醫國太早計, 吾道從來軌骸難" 제3구의 "君言醫國太早計"를 통해 김굉필은 당시 정국을 병든 나라로 표현하고 있다.
13 남효온,『추강집』권7, 〈사우명행록〉. "世之不悅者喧之, 或指爲小學之契, 或指爲孝子之契, 有夫子四聖十哲之譏."
14 『성종실록』 성종 9년 4월 15일. "臣竊聞之, 孝溫之徒有如姜應眞·鄭汝昌·朴演等, 別爲一群, 推應貞爲夫子, 指朴演爲顔淵, 常以行『小學』之道爲名, 相尙異論, 此固弊風也."

현에 빗대어 처벌해야 한다고 주장했던 유자광의 발언은 성종대 신진사류의 동향과 관련된 흥미로운 정보를 제공하고 있다. 성종 7년과 성종 13년에 결성된 두 모임의 성격과 그 지향이 사뭇 달라져 있음을 보여주고 있기 때문이다. 얼핏 보면 건실한 강학 모임에서 질탕한 유흥놀이로의 전락처럼 보일 법하다. 실제로 그렇기도 했다. 시대에 대한 좌절은 종종 퇴폐로 흐르기도 하는 법이다. 성종대의 젊은 사류에게서 그런 사실을 보게 된다. 하지만 그 이면을 더 깊이 들여다볼 필요가 있다. 인간 개개인을 유교적 인간으로 거듭나게 만드는 『소학』의 매뉴얼을 실천하며 공자와 그의 제자처럼 되기를 기약했던 모임으로부터 현실정치로의 진출을 포기하는 대신 정자-주자와 같은 성리학자들이 구축한 도학의 세계에 도달하고자 하는 모임으로 변화해 있었기 때문이다. 그건 원시유학-한당유학으로부터 송나라의 신유학이라는 새로운 학문세계로의 질적 전환을 의미하는 것이기도 했다.

2) 성종 13년 성균관 벽서시 사건과 남효온의 동향

이처럼 성종대 신진사류의 지적 욕구와 시대정신은 변화하고 있었지만, 세조 이래 훈구공신이 틀어쥐고 있던 정치 현실은 여전히 완고하게 유지되고 있었다. 때문에 젊은 그들의 불만은 팽배할 대로 팽배해져갔고, 성균관은 대표적인 불만의 온상으로 떠올랐다. 죽림우사가 결성되던 성종 13년 봄, 마침내 사건이 터지고야 말았다. 성균관 벽에 나붙었던 한 편의 시가 조정에 보고되었는데, 성균관 교수를 비난하고 있는 그 내용은 입에 담기 어려울 정도로 신랄했다.

누가 성균관을 현관이라 말했던가	誰云芹館是賢關
진부하고 용렬한 무리들만 자리 차지하고 있네.	陳腐庸流尸厥官

술잔 들어 입술에 대고 양 볼 벌름거리며	擧酒擬唇掀輔頰
입만 열면 유생을 꾸짖으며 흉악한 성질부리네.	叱儒張口肆兇頑
홍동지[홍경손]는 죽고 임동지[임수겸]만 남았으며,	洪同已逝林同在
이 학관[이병규] 돌아가자마자 조 학관[조원경]이 왔네.	李學纔歸趙學還
늙은 놈은 하루 바삐 산관에 두어 마땅하고,	老漢只應忙置散
버러지 같은 놈들은 하루 속히 한직에 던져야 하리.	蟲餘端合早投閑
남생[남효온]의 상소에 심장이 두근거릴 것이며,	南生疏奏心應悸
이자[이오]의 시편에 간담이 또한 서늘하리라.	李子詩章膽亦寒
의록[미상]·방성[미상]은 어찌 족히 따지랴,	衣綠方成何足算
추량[방강]·송적[송원창]은 볼 가치조차 없구나.	鶖梁宋籍不須看
궁한 누이 구휼하지 않았으니 얼굴 얼마나 두터운가	窮妹不恤顔何厚
아비를 봉양하지 않았으니 행실 또한 잔인하구나.	將父未遑行亦殘
겉으로는 정직한 체하면서 속으로는 거짓을 품었고,	陽爲正直陰懷詐
외양으론 너그럽게 행세하면서 속은 진실로 간사하네.	外示寬柔內實奸
성균관의 여러 제자를 위해 조문하노니,	爲弔芹宮諸弟子
어디에서 학덕 있는 스승을 찾아뵐 수 있을까.[15]	於何考德且承顔

위의 시가 문제된 것은 성종 13년 윤8월이었지만, 성균직강 하형산이 최초로 발견했던 때는 그해 봄에서 여름 사이였다.[16] 남효온의 주도로 죽림우사의 모임이 열렸던 때가 성종 13년 봄이라고 했으니, 그 직후에 일어난 사건이었다. 비난의 대상으로 거론된 인물은 홍경손·임수겸·이

---

15 『성종실록』 성종 13년 윤8월 20일. "仍傳于禮曹: '春夏間, 成均館上下齋有司, 現推間停擧, 以正風俗.'"

16 성종 13년에 발발한 성균관 벽서시 사건에 일찍이 주목한 논의로는 심경호, 『김시습 평전』(돌베개, 2003), 646쪽 참조.

병규·조원경·김석원·방강·송원창·유진·황진손 등 성균관 교수와 관원이다. 거의 전원이 망라되다시피 했다. 그 결과 유생들은 정거(停擧)의 처분을 받고, 유생들 전원이 의금부에 잡혀 들어왔다. 하지만 사건의 진상을 밝혀내지 못한 채, 결국 9월 27일 모두 석방된다. 한 달 넘는 국문에도 불구하고 주모자를 밝혀내지 못했을 정도로 성균관 유생들의 단결은 공고했던 것이다.[17]

이런 풍자시를 내붙인 성균관 유생들의 용기도 대단했지만, 그런 용기는 오래전부터 불만이 누적되어 왔기에 가능한 결과이기도 했다. 여기에서 거론되고 있는 '남생의 상소'와 '이자의 시편'에서 그런 사실을 확인할 수 있다. 이자는 이오(李鰲)로 추정되는데, 예전에 백발에 백마를 타고 출퇴근하던 홍경손·임수겸을 가리켜 "나그네여, 나그네여, 그 말도 또한 희구나. 하얀 사람의 흰 머리가 백마의 흰 털과 다름이 없구나."[18]라는 풍자의 시를 지은 전력이 있는 성균관 고참이었다. 그리고 남생은 남효온이 분명하다. 성종 9년 4월 15일 올린 구언상소 가운데 "내가 저 사람에게서 도를 배우려 하나 저 사람은 도가 없고, 내가 저 사람에게서 학업을 배우려 하나 저 사람은 학식이 없다"[19]는 내용의 상소를 올려 조정을 발칵 뒤집어 놓은 바 있다.[20]

---

17 성현은 이때의 사건을 실록보다 자세하게 소개한 뒤, "조정에서 사건을 추궁하니 삼관과 성균관 생도들 가운데 연루되어 옥에 갇힌 자가 수십 명이고, 국문을 받은 사람도 있었다. 그러나 끝내 실상을 파악하지 못한 채 모두 풀어주었다."라고 후일담을 기록하고 있다. 김남이·전지원 외 옮김, 『용재총화』(휴머니스트, 2015), 293~295쪽.
18 『성종실록』 성종 13년 윤8월 20일. "有客有客, 亦白其馬, 白人之白, 無異於白馬之白."
19 『성종실록』 성종 9년 4월 15일. "我於彼學道則彼無道, 我於彼學業則彼無業."
20 남효온은 성종 11년(1480) 진사과에 합격했고, 이오도 그때의 생원시에서 장원을 차지했다. 성균관 유생의 불만과 요구를 주도적으로 수렴하여 세상에 폭로했던 성균관의 젊은 리더였던 것이다.

성균관 유생의 이런 집단적 행동을 이해하기 위해서는 그 배경을 먼저 살펴볼 필요가 있다. 성종 9년 4월 1일 내린 흙비를 계기로 남효온이 구언상소(求言上疏)를 올리기 직전, 좌부승지 손비장은 임수겸·홍경손이 나이도 많고 존경도 받고 있지 못하다는 사실을 성종에게 보고하는 것과 함께 선산부사로 내려가 있는 김종직이 재주와 행실이 넉넉하니 성균관대사성으로 불러올릴 것을 청한 바 있다. 그리고 김종직 외에 김계창, 최경지, 성현, 유윤겸, 표연말과 같은 인물도 추천했다. 모두 학문에 뜻을 두어 자못 정통하고 능숙한 인물들이었다.[21] 하지만 그 일은 성사되지 못했다. 그러다가 남효온의 상소가 파문을 일으켰던 것이다.

그 일을 겪고 난 뒤, 사헌부에서는 다시 대사성 권륜을 비롯하여 유진·홍경손·임수겸 등이 후진 교육에 성과를 내지 못하고 있으니 경학에 밝고 행실이 단정한 교수로 바꾸는 게 좋겠다는 의견을 재차 올렸다.[22] 하지만 그럼에도 불구하고 성균관 벽서에 이름이 오른 성균관 교수들은 전원 유임되었다. 성종도 성균관 유생들의 팽배한 불만과 새로운 시대에 부합하는 스승에 대한 요구를 알고 있었지만, 학생의 요구로 교수가 바뀌는 전례를 만들어서는 안 된다는 명분에 밀려 유임시킬 수밖에 없었던 것이다. 그때 조정에서 오고 갔던 전말을 요약해서 들어보기로 하자.

성종: "현재는 과연 스승이 될 만한 자가 없는가?"

동지사 홍응: "남효온이 그렇게 말했을 뿐 아니라 신도 지금 성균관에는 가르침을 맡을 자가 한 사람도 없다는 유림의 말을 들었습니다."

---

21 『성종실록』 성종 8년 12월 12일. "比長曰: '今『師儒錄』太煩不精. 金宗直以親老, 今爲善山府使, 爲人才行俱優, 可典敎冑也. 且如金季昌·崔敬止·成俔·柳允謙皆宜此選, 翰林表沿沫亦有志於學, 頗精熟. 前者李克基爲大司成, 敎誨儒生, 講論不倦, 故儒生皆心服.'"

22 『성종실록』 성종 9년 4월 16일.

장령 박숙달: "성균관의 장관으로 가르치기를 부지런히 하는 자는 없습니다. 동지사 홍경손·임수겸, 대사성 권륜 등이 오래 그 직을 맡고 있으나 후학을 성취시킨 공효가 없으니, 경학에 밝고 행실이 단정한 자를 골라서 그 벼슬을 맡게 하면 매우 다행이겠습니다."

동부승지 이경동: "만약 홍경손 등의 벼슬을 교체하면 저들은 반드시 '서생의 상소로 인하여 갈린 것이다.'라고 할 것입니다."

성종: "그렇다. 지금 벼슬을 바꾸는 것은 옳지 못하다."[23]

뿐만 아니라 김종직과 같은 적임자를 배제한 채 성균관 유생의 학문적 욕구에 부합하는 스승을 찾는 것도 쉬운 일만은 아니었다. 비록 적임자로 추천을 받아 임명해도, 젊은 유생들의 지적 욕구를 충족시키기에는 턱없이 부족했다. 벽서 사건이 터졌을 때 대사성을 맡고 있던 노자형도 그런 경우였다. 성종 9년 남효온의 상소가 불러일으킨 파문이 어느 정도 잦아들었을 무렵인 성종 11년 1월 5일, 비로소 신망을 잃고 있는 대사성 권륜을 이칙으로 교체한다. 하지만 이칙은 8개월 만에 전라감사로 내려가고 만다. 성균관 생원 류정수 등이 유임을 바란다는 상소를 올려보았지만 받아들여지지 않았다. 그리하여 정효항이 대사성을 이어 받았는데 그 역시 탐욕하다는 탄핵을 받고 물러났다. 물론 유생들은 그의 죄를 용서하자는 입장이었지만 받아들여지지 않았다. 성종 12년 5월 21일 조지를 다시 임명했지만, 반년만인 성종 13년 1월 14일 노자형으로 대사성을 교체했다. 불과 2년 동안 대사성이 무려 네 명이나 바뀔 만큼 그 당시

---

23 『성종실록』 성종 9년 4월 16일. "上曰: '今時果無爲人師者乎?' 洪應曰: '非徒孝溫言之, 臣亦聞儒林咸言館中無一人自任教誨者也.' 掌令朴叔達曰: '… 館中長官果無教誨不怠者, 如同知事洪敬孫·林守謙·大司成權綸等, 久處其任, 亦無成就後學之效. 擇經明行修者, 使帶其職幸甚.' 瓊曰: '今若改敬孫等職, 則彼必以爲因書生上疏而遞之矣.' 上曰: '然, 今不可改差也.'"

성균관의 상황은 불안정하기 그지 없었던 것이다.[24]

벽서 사건 당시 대사성이었던 노자형의 임명 과정을 다시 한번 자세히 들여다보자. 그를 대사성에 임명하기 사흘 전, 성종은 대제학 서거정·이조판서 이승소·예조판서 이파 등 학식 있는 원로를 비롯하여 대사성을 맡고 있는 조지까지 불러 경학에 밝은 문신 명단을 적어 올리도록 했다. 그리하여 노자형을 비롯한 45명의 명단이 작성되기에 이르렀다. 그리고 난 뒤, 이들을 대상으로 하여 영돈녕 이상의 원로대신들과 오랜 논의 끝에 사성 노자형을 대사성으로 발탁했다. 그는 경학에 정통하여 오래 전부터 자주 물망에 오르내리는 인물이긴 했지만,[25] 이미 칠십이 다된 노년이었다. 그리하여 노자형은 젊은 유생으로부터의 비난은 물론 윤대에서 조관(朝官)에게 스승으로 적합하지 않다는 비판을 받기도 했다.[26]

이처럼 성균관에 대한 혁신이 지지부진한 상황이 지속되다가 마침내 벽서시라는 극단적인 방식의 불만이 터지고야 말았던 것이다. 벽서에 이름이 거론된 남효온과 이오도 조사과정에서 무탈하게 비껴갈 수 없었

---

24 성종 치세 초반, 세조대 훈신들과 유생들이 성균관대사성 자리와 유생들의 학풍을 둘러싸고 벌인 이런 논란은 김남이, 「성종대 公論場에서의 검열과 비판: 치세 초반 儒生과 師表에 대한 논의를 중심으로」, 『한국한문학연구』 68집(한국한문학회, 2017)에서 자세하게 다루어진 바 있다.
25 성종 13년 1월 14일. "以盧自亨爲通政成均館大司成. 自亨精通經學, 素有物望, 至是擢拜是職."
26 성종 13년 11월 22일. "成均館大司成盧自亨, 上狀辭職. 傳曰: '自亨之疾, 若難治則已, 不然, 則令醫診視以啓.' 自亨啓曰: '臣本有疾病, 今左脚酸痛, 行步艱澁. 且臣庸劣, 不宜本職. 近日旣被儒生詆毁, 又有朝官於輪對以不合師表啓之者, 此則臣當甘受. 但以老病, 辭之耳.' 不許, 命賜假賜藥." 노자형은 성종의 절대적인 신뢰를 받으며 그 이후로도 6년 동안 더 대사성직을 맡았다. 그러다가 성종 19년 사직을 허락받아 조정의 관료, 성균관의 교수와 유생 등 수많은 사람의 전송을 받으며 낙향하여 성종 21년 7월 29일 세상을 떠났다. 그런 그는 이극기, 유진, 장계이 등과 함께 성종대의 가장 대표적인 대사성으로 일컬어지게 되었다.

을 것이다. 현재 어떤 곤욕을 치렀는지 분명하게 밝힐 수는 없다. 다만 그해 말쯤 개성 부근의 작은 암자에 머물러 있었던 사실만큼은 확인된다. 벽서시의 파문이 일단락된 뒤, 이듬해 봄에 열리는 과거도 준비할 겸 겸사겸사 그곳에서 자정(自靖)하고 있었던 것으로 보인다.[27] 그렇지만 어지러운 현실을 외면한 채 물러앉아 있는 마음이 편안할 리 없었다. 게다가 성종 9년 함께 상소를 올렸다가 곤욕을 치른 벗인 고순(高淳)에게 다음과 같은 이야기를 전해 듣기도 했다.

> 자정(子挺, 안응세의 자)이 죽은 지 3년이 지난 임인년(성종 13년, 1482)에 고생(高生, 고순)이 너른 들판에서 자정을 만나 살아있을 때처럼 시를 주고받는 꿈을 꾸었다. 자정이 "백공(伯恭, 남효온)과 종지(宗之, 미상)는 어디에 있는가?" 하고 물었다. 고순이 "절에 올라가서 학업을 익히고 있네." 하고 답했다. 자정이 기뻐하지 않으며 시 한 수를 지어 주며 두 사람에게 전해 달라고 부탁했다. "문장과 부귀는 모두 뜬구름 같거늘, 어찌 수고롭게 글 읽기에 부지런한가. 돈이 생기거든 술이나 사서 마실 뿐이니, 세상의 인간 일이란 말할 게 못 된다네."라는 내용이었다. 고순이 꿈에서 깨어 기록한 뒤, 내게 보내주었다.[28]

고순의 꿈에 나타난 안응세는 살아생전 남효온과 가장 절친했던 벗이었다. 스물일곱이란 젊은 나이에 요절하였을 때, 남효온은 애도하는 시를 열 편 가까이 지을 정도로 슬퍼했다. 그랬던 벗이 꿈에 나타나서 과거

---

27 남효온, 『추강집』 권3, 〈靈顯庵肄業〉, 〈靈顯庵, 夢慈堂〉.
28 남효온, 『추강집』 권7, 〈冷話〉. "子挺亡後三年壬寅, 高生嘗夢見子挺於曠漠之野, 相與酬唱如平生. 子挺曰: '伯恭, 宗之安在?' 生曰: '已上寺肄業矣.' 子挺不悅, 卽成一詩, 付生以遺二人曰: '文章富貴摠如雲, 何須勞苦讀書勤, 但當得錢沽酒飮, 世間人事不須云.' 生覺而記之, 遺余詩云."

공부하고 있는 자신을 꾸짖었다는 것이다. 함께 공부하고 있던 이종지가 누구인지 확인되지 않지만, 그가 먼저 절에서 내려갔다. 안응세의 말처럼, 과거공부가 부질없다는 것을 깨달았기 때문이리라. 젊은 사류 집단에 드리워져 있던 이런 부정적 정서는 퇴락한 시대에는 공부를 해도 쓰이지 못할 것이라는 절망감의 표현에 다름 아니다. 남효온도 그런 번민에 시달리고 있던 상황을 자주 시로 표현했다.

마음 다스림이 도의 근본임을 알지 못하여	不識治心是道根
얼음에 교묘히 새기듯 문장만 헛되이 익혔네.	鏤冰工巧謾攻文
어떤 공부로 다시금 연비어약의 묘리를 터득할까	何功更得鳶魚妙
십 년이란 세월 동안 부질없이 이내 몸 저버렸구나.[29]	十載光陰浪負君

마음공부를 통해 솔개가 날고 물고기가 뛰는 그런 내적 희열을 맛보고 싶건만, 부질없이 과거공부로 20대를 허송해버렸다는 자괴감이 짙게 깔려 있었다. 마음공부를 통해 성리학 세계로의 전회를 도모하고자 했던 신진사류의 열망은 죽림우사의 모임에서 서로가 서로를 정자니 주자니 하며 즐겼다는 증언에서 확인해본 바 있다. "수신제가(修身齊家)에는 『가례』・『소학』보다 절실한 것이 없고, 치심진학(治心進學)에는 『심경』・『근사록』보다 긴요한 것이 없다."[30]는 말처럼, 남효온의 공부는 『소학』과 같은 수신서로부터 『근사록』과 같은 성리서로 점점 전이되고 있었던 것이다. 몇 년 뒤의 일이지만, 남효온은 성종 18년 남도지역을 떠돌다가

---

29 남효온, 『추강집』 권3, 〈靈顯庵肄業〉.
30 송시열, 『宋子大全』 권212, 〈沙溪先生語錄〉. "先生晚年, 只修疑禮問解・家禮集覽, 暇時則看庸學矣. 常曰: '修身齊家, 莫切於家禮・小學, 治心進學, 莫要於心經・近思錄. 又心經約而近思大也.'"

지리산을 홀로 오르게 된다. 그때 지급암(知及庵)에서 『소학』과 『근사록』을 공부하고 있던 동류 최충성(崔忠成)·김건(金鍵)을 만나 이틀 밤 동안 함께 강론을 했다. 그 즈음 신진사류의 공부 내용을 구체적으로 보여주는 장면으로 주목할 필요가 있다. 그들이 『소학』에서 『근사록』으로 공부 대상을 확장시켜나간 것은 그들을 은거에만 빠져 있지 않고 정치혁신에 대한 책임을 자각하게 만드는 계기가 되기도 했다. 실제로 『근사록』은 『소학』과 함께 유교지치(儒教至治)를 꿈꾸던 기묘사림의 핵심 텍스트로 자리 잡고 있었다.

유자광·윤필상과 같은 훈구대신들은 그런 공부에 몰두하고 있는 젊은 사류들이 광망한 폐풍을 조장하고 있다고 비난했다. 그렇지만 그때 그들은 문장이면 문장, 품행이면 품행 모두 당시에 가장 촉망받는 신진기예의 선두주자이기도 했다.[31] 한 해가 저물어갈 무렵, 남효온은 마침내 산사에서 내려왔다.

타향에서 한 해 보내며 앉아서 잠 못 이루니	守歲他鄕坐不眠
차가운 등불 가물대고 종이 창문 뚫어졌네.	寒燈無焰紙囪穿
나그네 신세라 〈초화송〉은 보지 못할 터	客中不見椒花頌
가만히 헤아리건대 내일 아침이면 서른 살일세.[32]	默計明朝三十年

죽림우사 모임과 성균관 벽서시 사건으로 파란이 일어났던 성종 13년의 마지막 날인 제석(除夕)을 황해도 장단의 객사에서 보내며 지은 시이다. 한 해의 평안을 기원하며 아내가 지어 올리는 〈초화송(椒花頌)〉도

---

31 權鼈, 『海東雜錄』 권3, 〈辛永禧〉. "與南秋江輩, 結為竹林羽士, 文章行義, 為一時領袖."
32 남효온, 『추강집』 권3, 〈長湍客舍, 守歲〉.

받아보지 못하고 있는 자신의 처지가 처량하게 느껴졌다. 잠시 머물던 산사도, 이제 되돌아가야 할 집도 모두 마음 편한 곳이 아니었다. 밤새도록 잠을 이루지 못한 채 새해 아침을 기다리다 문득 헤아려보니, 내일이면 어느덧 나이 서른이 된다. 김시습과 김굉필 등 절친했던 벗들이 강원도로 경상도로 뿔뿔이 흩어져갔던, 문제의 성종 14년(1843) 새날이 그렇게 밝아오고 있었던 것이다.

3. 성종 14년 과거 포기와 새로운 삶으로의 전회

1) 성종 14년 봄의 과거시험과 신진사류의 좌절

지금 세상은 벼슬하기에 적당하지 않다며 죽림칠현을 본받은 죽림우사의 모임이 열리고, 성균관 벽에 나붙은 비방으로 조정이 발칵 뒤집힌 성종 13년은 성종대의 신진사류에게 울분과 좌절을 안겨준 한 해로 기억될 만했다. 그런 상황을 견디지 못하고 극단적인 감정을 표출했던 인물로 김시습이 있다. 그는 그 성종 13년부터 인간의 일을 돌아보지 않았다고 한다. 영의정 정창손을 향해 "네 놈은 의당 그만두어야 한다."고 꾸짖어 친하게 지내던 벗들조차 위태롭게 여겨서 멀리했던 것도 바로 그때부터였다.[33] 또 다른 일화로는 서거정의 행차를 만나자 "강중(剛中, 서거정의 자)이 편안한가?"[34]라며 너나들이를 했다거나 서거정이 찾아와도 벌렁 드러누

---

33 남효온, 『추강집』 권7, 〈사우명행록〉. "一日, 飮酒過市, 見領議政鄭昌孫曰: '汝奴宜休!' 鄭若不聞. 人以此危之, 其嘗與交遊者, 皆絶不往來."

34 이이, 『율곡전서』 권14, 〈김시습전〉. "居正方趨朝行辟人. 時習衣藍縷, 帶藁索, 戴蔽陽子, 賤夫所戴白竹笠稱蔽陽子也, 遇諸市, 犯前導, 仰首呼曰: '剛中, 安穩!' 居正笑應之, 駐軒語. 一市皆駭目相視, 有朝士受侮者不能堪, 見居正以啓治其罪. 居正搖首曰: '止止! 狂子何足與較? 今罪此人, 百代之下, 必累公名.'"

워 두 발을 벽에 올린 채 이야기를 주고받았다고도 한다.[35] 이런 일화들은 신진사류의 맏형뻘 되는 신동 김시습이 지닌 자부심의 표출인 동시에 훈구관료에 대해 가지고 있던 우월의식 또는 적대감정을 대변하는 것으로 읽힌다.

이처럼 훈구관료와 신진사류 사이의 긴장감이 팽팽해져 가던 성종 14년 (1843) 봄날, 남효온은 영현암에서 내려와 서울로 돌아왔다. 그해 3월 29일에 열릴 식년시에 응시하기 위해서였다. 하지만 김시습은 남효온이 내려온 지 얼마 되지 않아 3월 19일, 돌연 경전을 비롯한 각종 서책을 수레에 싣고 춘천으로 떠나버렸다. 이유는 정확하게 밝히지 않았다. 다만, 여러 정황으로 미루어볼 때 한 달 전인 2월 14일 치러졌던 생원진사시에서의 낙방 또는 시험 포기가 계기로 작용한 것으로 보인다. 머리를 기르고 조부 제사까지 다시 지내며 환속하고자 했지만, 10년 넘는 서울 생활을 경험한 결과 결국 현실 복귀의 꿈을 접는 게 낫겠다고 판단했던 것이다. 김시습과 절친하게 지냈던 홍유손에게서도 그런 태도를 엿볼 수 있다. 앞서 소개한 바 있듯, 유자광과 함께 무오사화를 주도한 윤필상은 홍유손의 행적을 이렇게 증언한 바 있다. "일찍이 과거를 보러가서 답안 작성은 하지 않고, 종일 술에 취해 장난스런 말만 쓰고 나왔다."[36]라고.

김시습이든 홍유손이든 시험장에 들어가긴 했지만,[37] 찬성 이파와 우

---

35 이정귀,『月沙集』별집 권4,〈漫錄〉. "金東峰時習旣出家浪遊, 若到城中則兒童隨後成羣, 爭呼爲五歲, 蓋東峰在五歲, 以神童召詣闕故也. 入城每客寓鄕校洞人家. 徐四佳居正往訪, 則東峰不禮之偃臥, 以雙足倒倚壁間, 爲足戲而談話竟日."

36 『연산군일기』연산군 4년 8월 10일. "弼商啓: '南陽府有貢生洪裕孫者, 能詩文, 然行己甚怪. … 嘗赴試, 不肯製述, 終日沈酣, 或書戱語而出. 此輩久在都下, 必誤後生, 請尋捕, 屛諸遐方.'"

37 홍유손은 南陽 아전 洪順致의 아들이다. 성종 12년(1481) 남양부사 蔡申甫가 그의 문장을 높이 보아 身役을 면제해주었다. 그러자 곧바로 밀양에서 모친상을 치르고 있던 김종직을 찾아가 杜詩를 배우고, 다시 지리산에 들어가 공부를 했다[남효온,

상 어세겸이 주관했던 그날의 과거에 일말의 기대조차 걸 수 없었다. 남효온도 마찬가지였다. 영의정 정창손을 비롯한 노사신·손순효 등의 시관이 소릉복위 상소를 올린 전력이 있고 성균관 벽서시에도 거론된 남효온을 합격시켜줄 리 없다는 것은 명약관화했다. 흥미롭게도 그때 제출된 시제는 표문으로 "당나라 이필이 사직하고 산으로 돌아가다[李泌請辭職還山]"였고, 책문으로는 "고요·기·후직·설이 어떤 책을 읽었는가[皐夔稷契讀何書]"였다. 시험을 주관하고 있는 독권관 정창손은 당시 82세였다. 그 나이에 벌써 8년 동안 영의정을 지내고 있던 중이니, 김시습에게 그만 두라는 핀잔을 듣기에 충분했다. 그런 여론을 의식했던 것일까? 그날의 문제는 오랫동안 물러나지 않고 있는 자신을 당나라의 명재상 이필(李泌)에게 비기고 있는 것처럼 보였다. 그는 권신의 미움을 받아 영양(穎陽) 땅에 숨어 살기도 했지만, 황제의 부름을 거절할 수 없어 마지 못해 현실정치에 참여해 현종·숙종·대종·덕종 네 임금을 섬기다가 마침내 은퇴하여 형산(衡山)으로 들어갔다는 인물이다. 어쩌면 그런 이필의 만년은 정창손이 꿈꾸던 소망이기도 했을 터다. 한명회가 한강 가에 압구정을 지어놓고, 매양 귀거래를 노래하며 허위의식 속에 살았다고 전해지는 것처럼.

"고요·기·후직·설이 어떤 책을 읽었는가[皐夔稷契讀何書]"라고 내걸린 책문 또한 예사롭지 않았다. 여기에는 고사가 있다. 송나라 왕안석이 신법(新法)을 시행할 적에 조정의 많은 신하들이 반대를 하자 노려보면서 "그대들은 모두 책을 많이 읽지 못한 흠이 있다."라고 책망을 했다.

〈사우명행록〉]. 하지만 채신보가 성종 15년 파직당한 이후 남양부사 朴處綸은 세상을 희롱하며 다니는 그를 미워하여 다시 아전의 직무에 복귀시켰다[『연산군일기』 연산군 4년 8월 16일]. 이런 사실로 미루어 볼 때, 홍유손이 과거에 응시했던 때는 신역에서 풀려나 있던 중에 열린 성종 14년의 진사시였을 것으로 짐작된다. 김시습이 진사시에 응시했다면, 둘은 그때 같은 과장에서 시험을 치렀을 것이다.

아무도 반박하고 있지 못하던 때 조청헌(趙淸獻)이 분연히 나서서 반박했다. "고요·기·후직·설 시대에 읽을 수 있는 책이 있기라도 했겠는가[皐夔稷契之時, 有何書可讀]?"라고." 그러자 왕안석이 아무 말도 못했다는 것이다. 고요·기·후직·설과 같은 명신들은 책 나부랭이나 읽고 배운 얄팍한 지식으로 순임금을 보좌한 것이 아니라는 반박이다. 정창손 등이 그런 고사를 문제로 제출한 까닭은 사서삼경이나 『소학』·『근사록』과 같은 경전만 읽은 주제에 개혁을 해야 한다 뭐를 해야 한다 떠들어대는 젊은 신진사류를 야유하기 위해서처럼 읽힌다.

어쨌거나 세조대 이래의 늙은 훈구공신의 퇴진을 주장하고 성종대의 능력 있는 젊은 인재를 등용하라고 주장했던 남효온의 눈에는 참으로 가소로운 문제로 비춰졌다. 그때의 답안지를 확인할 수 없지만, 작성하여 제출했다면 그 내용이 어떠했을까는 불문가지이다. 여기에서 잠시 남효온 자신이 그때의 과거시험과 관련하여 남기고 있는 〈추강냉화〉의 일화 하나를 음미해볼 필요가 있다. 남효온이 성종 14년에 치러진 식년시를 치르기 직전, 돌아가신 증조모를 꿈속에서 만나 자신의 당락 여부를 물어보았다는 것이다.

> 2월 17일에 증조모가 내 꿈에 나타났다. 내가 묻기를 "제가 급제하겠습니까?" 하니, 대답하지 않았다. 다시 묻자 "너는 급제하기 어려울 것이다." 하더니, 조금 있다가 나에게 이르기를 "금년 5월에 네가 분명 급제할 것이다. 지은 글이 반드시 여러 선비 중에 으뜸일 것이지만, 원수진 자가 들어와서 시관(試官)이 된다면 반드시 너의 글을 빼어내 낙제(落第)에 둘 것이니, 이것이 네가 급제하기 어려운 이유이다." 하였다. 내가 말하기를 "천지신명이 위에서 굽어보시고 곁에서 질정하시니, 비록 원수진 사람이 있을지라도 어찌 사사로운 뜻을 그 사이에 부릴 수 있겠습니까." 하니, 증조모가 "네 말이 옳다." 하였다.[38]

남효온이 꿈에 나타난 증조모와 이야기를 나누었던 것처럼 성종 14년 (1483) 3월 29일 창덕궁에서 식년시가 치러졌다. 남효온이 성균관 벽서시 사건으로 시끄럽던 성종 13년 겨울 영현암에서 지냈던 것은 바로 이때의 과거를 준비했던 것이다. 그런데 증조모는 3월이 아니라 5월에 낙방할 것이라고 일러 주었다. 기억의 착오처럼 보이지만, 그 예언은 놀랍도록 정확했다. 과거는 예정대로 3월 29일 치러졌지만 출방(出榜)이 예정되어 있던 3월 30일에 공교롭게도 정희왕후가 죽었다. 그로 인해 발표가 5월 11일로 미뤄졌던 것이다. 과거시험을 치른 3월과 합격자를 발표한 5월, 그 사이에 어떤 일이 있었는지 확인할 자료는 없다. 다만 증조모가 원수진 자의 훼방으로 떨어질 것이라고 예언했는데, 정말 정창손·노사신·손순효가 시관을 맡았다. 정창손과 손순효는 성종 9년에 올린 구언상소를 문제 삼아 훈구대신을 비난하고 소릉복위를 건의했다는 이유로 남효온을 국문해야 한다고 몰아붙이던 바로 그들이었다. 게다가 2년 뒤에는 성균관 스승을 모욕하는 벽서시 사건에도 연루되었으니 합격시켜줄 가능성이 없었다. 증조모의 예언은 훈구대신 정창손 등이 중간에 농간을 부려 일부러 떨어뜨릴 것이라는 암시였고, 그 꿈의 내용을 〈추강냉화〉에 적어둔 것은 그들이 신진사류에게 행한 전횡을 폭로하려는 의도였다.[39]

남효온은 김시습을 비롯한 벗들이 겪고 있는 좌절이 곧이어 자신에게도 들이닥치리라는 사실을 잘 알고 있었다. 사실, 김시습은 그보다 훨씬

---

38 남효온, 『추강집』 권7, 〈冷話〉. "二月十七日, 曾祖母夢於余. 余問之曰: '余及第乎?' 不答, 再問之. 曰: '汝之及第難矣.' 已而告余曰: '汝今年五月, 及第必矣. 作文必冠於諸生, 而有讐人入爲試官, 則必拔而置之下第, 汝之及第, 所以難也.' 余曰: '天地鬼神, 臨之在上, 質之在旁, 雖有讐人, 豈容私意於其間乎?' 母曰: '汝之言, 然!'"
39 정출헌, 「조선전기 잡록과 『추강냉화』, 남효온의 깊은 슬픔과 시대정신」, 『민족문학사연구』 54집(민족문학사학회, 2014).

전인 단종 1년 사마시에서 필화를 겪어 크나큰 파란을 겪은 적이 있었다. 그때 내걸린 시제는 '숭의전(崇義殿)'이었는데, 문종 때 고려 임금을 모시는 숭의전 중건에 착수하여 단종 때 완공된 것을 자축하는 의미에서였다.

고려 왕실의 안녕을 보장해주겠다는 애초의 약속과 달리, 조선 건국의 주역들은 섬에서 편히 살게 해주겠다고 속여 왕씨 일족을 모두 배에 태워 데리고 가다가 강화도와 거제도 앞바다에서 몰살시켜 버렸다.[40] 여기저기 흩어져 살고 있던 자손들마저 색출하여 목 베었던 일도 서슴지 않았다. 이런 잔혹한 행위를 생각해보면, 숭의전 완공을 자축하는 과거시험은 건국의 주도층들이 자신의 치부를 감추기 위해 만들어낸 정치적 쇼에 지나지 않았다. 그런 과거시험에 응시한 김시습은 스스로 '사마시의 해[司馬害]'[41]라고 밝힌 문제의 답안을 제출했다. 현재 그 내용은 남아 있지 않다. 다만 "숭의전이 마전현에 있으니, 대대로 그 집을 복호하네."[42]라는 첫 구절을 남효온이 〈추강냉화〉에 전재하고 있어 그 일단만 확인할 수 있다. 아마도 숭의전을 지어주고 세금을 면해 주는 등 온갖 시혜를 베풀어주고 있다고 선전하고 있지만, 그 실제는 나라를 도적질한 것에 대한 낯간지러운 보상일 뿐이라고 일갈했을 것으로 짐작된다.

김시습은 요순의 선위(禪位)라든가 탕무의 방벌(放伐)까지도 매우 비판적으로 바라보았다. "임금을 죽여 나라를 취하는 자는 탕무(湯武)를 빙자하고, 반란을 일으켜 간사함에 빌붙는 자는 여상(呂尙)·이윤(伊尹)을 빙자한다."[43]며 역대 성군과 명신을 혹독하게 비판한 바 있다. 〈관사유감(觀史

---

40 『태조실록』 태조 3년 4월 14일. "遣中樞院副使鄭南晋·刑曹議郞咸傅霖于三陟, 刑曹典書尹邦慶·大將軍吳蒙乙于江華, 刑曹典書孫興宗·僉節制使沈孝生于巨濟島."; 4월 20일. "孫興宗等投王氏于巨濟之海."
41 김시습, 『매월당집』 권9, 關西遊錄 〈遊古國學〉. "已畏身遭司馬害, 那知書向祖龍焚. 杏壇花下延緣久, 怳若淸琴入耳薰."
42 남효온, 『추강집』 권7, 〈冷話〉. "崇義殿在麻, 世世復其家."

有感)〉이란 시의 제목 아래에는 아예 "삼대 이하로 개국한 자는 반드시 도적의 무리[賊黨]이다"⁴⁴라는 주석을 달아두고 있을 정도였다.⁴⁵ 그런데 그로부터 20여 년이 흘렀지만 세상은 바뀌지 않고 여전히 정창손·한명회 등 세조의 왕위 찬탈을 부추긴 자들에 의해 좌지우지되고 있었던 것이다. 그로 인해 김시습은 절망했고, 다시 방외로 떠나고자 했다. 때문에 현실에 정착하려고 애를 쓰다가 견뎌내지 못하여 다시 관동으로 떠나는 것을 지켜봐야 하는 남효온의 마음은 너무나도 아팠다.

허유가 기산에 들어간 뒤로	許由入箕山
맑은 이름이 세상과 막혔으니	淸名與世隔
요 임금의 덕이 얇아서가 아니고	非薄帝堯德
산수를 몹시 즐겼기 때문이리라.	偏成山水癖
하물며 밝고 성스러운 시대에	況當聖明時
미치광이를 좋아하지 않음에랴.	不喜風漢客
진퇴에는 정해진 운명 있으니	行藏有定命
득실에 대해 어찌 근심하랴.	得失何戚戚
서울 거리에 바람이 종일 불어	終風十二街
온통 여우와 토끼의 자취뿐이네.	莫非狐兎跡
인간 세상은 사는 맛이 물리고	人寰世味飫
관동 지방은 산수가 후미지네.	關東山水僻
높은 산에는 큰 소나무 빼어나고	山峻秀長松

---

43 김시습, 『매월당집』 권1, 述懷 〈看史傷心〉. "弒君取國言湯武, 叛主依姦道呂伊."
44 김시습, 『매월당집』 권1, 述懷 〈歷史有感〉. "論三代以下, 開國必自賊黨."
45 정출헌, 「유교문명으로의 전환과 '시대의 스승', 김종직과 김시습(I): 세종-세조대 유교지식인의 자기정체성 모색을 중심으로」, 『민족문화연구』 30집(고려대 민족문화연구원, 2018).

얕은 시냇물에 작은 돌 부딪치리.	水淺擊小石
천추에 아름다운 이름 빛날 것이고	千秋令名昭
사적은 구름과 물처럼 깨끗하리라.	事與雲水白
내가 와서 박주를 마련하여	我來資薄酒
등불 아래 얘기하며 밤을 보내네.	談話供燈夕
할 말이 많아 헤어질 수 없으니	刺刺不能別
가슴속 회포를 무엇으로 풀리오.[46]	有懷何由釋

세조 이래 권력을 독점하고 있던 훈구공신들은 "우리나라는 좁고 작아서 재능이 있는 사람이면 반드시 영달하게 되니, 어찌 푸른 바다에 버려진 진주처럼 인재가 등용되지 않는다는 탄식이 있겠는가."[47]라며 성종의 시대를 태평성대로 자부하고 있었다. 하지만 남효온이 보기에는 전혀 그렇지 않았다. 능력 있는 인재들이 떠나가 버리고 난 서울의 거리에는 여우와 토끼와 같은 소인배·간신배만이 활개치고 다닐 것이라는 탄식은 결코 과장이 아니었다. 김시습을 전송하고 나서 남효온도 곧바로 서울을 떠나 자신의 전장이 있던 행주로 물러나 숨었다. 때론 얼룩진 과거를 바로잡기 위한 열정으로 들끓었던, 때론 좌절된 꿈을 달래기 위한 시주(詩酒)에 빠져들기도 했던 성종대의 신진사류는 마침내 이렇게 현실정치를 포기하고 뿔뿔이 흩어져 자취를 감추기 시작했던 것이다.

---

46 남효온, 『추강집』권1, 〈癸卯三月十九日, 送東峯悅卿歸關東. 悅卿載六經子史, 涉關東山水, 求得黍地, 資耕力以活, 無復還鄉之意. 余持薄酒, 握手嗚嗚, 以爲千里無相見期之別.〉

47 남효온, 『추강집』권7, 〈냉화〉. "東人嘗云: 我邦褊小, 有才必達, 豈有滄海遺珠之嘆?"

2) 이상적 삶의 새로운 발견과 마음공부의 계기

성종 14년 남효온과 그의 벗들이 하나둘 과거의 꿈을 접고 있는 것을 개인적 또는 우발적인 현상으로만 보아넘겨서는 안 된다. 남효온은 〈사우명행록〉에서 노조동·홍유손·신영희·강응정의 행적을 적어가면서 과거 공부에 전념하지 않았던 사실을 특기하고 있다. 김종직에게 배운 안우의 경우는 점점 벼슬할 마음이 없어져 사이가 갈라지기까지 했다고 한다.[48] 사대부로서 당연하게 여겨지던 과거로의 진출을 신진사류가 하나둘 포기하고 있는 현상은 그들이 새로운 삶의 전범을 발견하기 시작했기 때문이다.

[1] 정호(程顥)의 자는 백순(伯淳)으로 하남인이다. …(중략)… 15, 6세 때부터는 아우 정이와 함께 여남 땅에서 주무숙(周茂叔, 주돈이)이 학문을 논하고 있다는 말을 듣고 마침내 과거의 습관을 버리고 개연히 구도(求道)의 뜻을 두게 되었다. 진한 이래로 이런 이치에 이른 사람은 없었다.[49]

[2] 하남처사 정이(程頤)는 학문에 힘쓰고 옛것을 좋아하며 가난을 편안하게 여기고 절개를 굳게 지켜 반드시 충신(忠信)하게 말하고 말은 예도(禮度)를 준수했다. 나이 오십 살이 넘도록 벼슬길로 나아가기를 구하지 아니하니 진실로 고고한 유자요 성세의 일민이었다.[50]

---

48 남효온, 『추강집』 권7, 〈사우명행록〉. "安遇字時叔, 孝行冠於鄕, 居父喪, 一從家禮, 從佔畢齋受業, 旣而無仕心, 始貳於畢齋."
49 김시습, 『매월당집』 권20, 〈程顥傳〉. "程顥字伯淳, 河南人. … 自十五六歲時, 與弟頤聞汝南周茂叔論學, 遂厭科擧之習, 慨然有求道之志, 自秦漢以來, 未有臻斯理者."
50 김시습, 『매월당집』 권20, 〈程頤傳〉. "河南處士程頤, 力學好古, 安貧守節, 言必忠信, 動遵禮度, 年踰五十, 不求仕進, 眞儒者之高蹈, 聖世之逸民."

김시습이 『성리군서』·『성리대전』이라든가 『송사(宋史)』 등에 실린 송나라 도학자들의 생애자료를 참고하여 지은 것으로 보이는 정호와 정이에 대한 인물전이다.[51] 과거시험에 연연하여 벼슬을 구하던 기존의 관습과 절연하고 있는 그들의 모습이 무척 인상적으로 그려지고 있다. 그들은 입신양명을 멀리한 채, 험난한 구도(求道)의 길을 선택했다. 말 그대로 진한시대 이후 그 누구에게서도 발견할 수 없었던, 전혀 새로운 인간 모델이 나타나기 시작했던 것이다. 남효온과 그의 벗들은 그런 그들의 삶에 점차 매료되어 갔다. 점점 쇠퇴해가던 세상에 대한 환멸과 조금씩 깊어지기 시작하던 성리학에 대한 이해가 만나서 빚어낸 새로운 현상이었다. 앞서 살펴보았던 것처럼, 그들은 죽림우사를 결성하여 서로 '정자'니 '주자'니 하며 지내곤 했다. 비록 놀고 있는 모습이 정자·주자와 같은 선현과 거리가 멀지 몰라도, 추구하고 있는 학문세계와 정신경계만큼은 그들의 삶에 맞춰져 있었다. 그러다가 성종 14년 봄에 열린 사마시와 식년시를 기점으로 삼아 젊은 사류들은 자신도 그들과 같은 새로운 길을 걸어보겠다는 결단을 내리기 시작했던 것이다.

남효온이 성종 14년 봄에 열린 과거에서 좌절을 맛보고 행주에 들어간 이후의 행적은 뚜렷하게 드러나는 것이 없다. 뒷날 작성된 생애자료에는 도승지 임사홍과 영의정 정창손의 배척을 받아 세상과의 관계를 끊은 채, 행주에서 몸소 농사지으며 때론 남포(南浦)에서 낚시를 하며 지냈다고 적고 있다.[52] '추강(秋江)'이라는 자호도 이 시절에 지었던 것으로 보인

---

51 『성리군서』에는 정이가 지은 程顥의 行狀, 그리고 주자가 편찬한 程頤의 年譜가 실려 있다. 뒤에 다시 살피겠지만, 김시습은 세조 3년 관서지역을 유람하며 『성리군서』를 얻어 읽었다. 위의 인물전은 이것을 기본 자료로 삼아 편찬했을 것으로 짐작된다.

52 남효온, 『추강집』 권8 부록, 李性源, 〈諡狀〉. "躬耕于杏洲, 暇則戴簑笠手釣竿, 漁于南浦, 或策蹇驢尋鴨島, 燒荻花煮魚蟹, 探韻賦詩, 徹夜而後還."

다. 실제로 『추강집』을 보면 행주 앞의 압도(鴨島)에서 지내며 지은 시편이 매우 많다. 대부분 한가로운 정경을 배경으로 삼아 쓸쓸한 심경이 짙게 드리워진 정감을 자아내고 있다. 그런 시편 가운데 창작 시점을 분명하게 밝히고 있는 일화 하나가 있다.

> 내가 일찍이 "기심(機心)을 잊고 갈매기와 친하게 지낸다."라는 고사를 보고 반신반의하였다. 갑진년(성종 15년) 행주에서 농사지을 때, 밭을 가는 여가에 남포에 나가 물고기를 잡았다. 갈대밭 사이의 조수가 물러난 흔적이 있는 곳에서 그물을 손질하다가 해를 올려다보니 매우 밝았다. 내가 마음속으로 생각하기를 '사람이 천지 사이에 살아가면서 사람은 속일 수 있으나 밝은 해는 어찌 속일 수 있겠는가.' 하며, 설핏 내 곁을 보니 물새가 울며 가까이 날아왔다. 그래서 '내가 기심을 잊었다'라고 생각하고 말자 갈매기는 날아가 버렸다. 기심을 잊었다고 믿은 것이 바로 기심이 된 것이 아니겠는가? 뒤에 이런 생각으로 "해와 달은 머리 위에 환하게 밝고, 귀신은 좌우에 임하여 보고 있다[日月昭昭於頭上, 鬼神監臨於左右]."라는 열네 글자를 얻어 〈경지재명(敬止齋銘)〉의 제3연으로 삼았다.[53]

'성종 15년(1484)'이라는 시점, '행주'라는 장소, '농사와 낚시질'이라는 일상생활이 분명하게 드러나 있다. 성종 14년 봄, 과거의 꿈을 접고 행주에 은거하며 지내던 시절에 남효온의 삶이 어떠했던가를 보여주는 신뢰성 높은 술회이다. 현실정치에 대한 미련을 내려놓은 채, 농사짓는 여가

---

53 남효온, 『추강집』 권7, 〈冷話〉. "余嘗觀忘機狎鷗事, 將信將疑. 甲辰年, 治農于幸州, 耕暇, 漁于南浦. 理罟于蘆間潮退之痕, 仰看白日, 昭昭甚明. 余內自思之, 人生天地間, 人可容欺, 此豈可欺乎? 旁看余側, 水禽飛鳴甚狎. 余忽信余之忘機也, 鷗則飛去, 所以信余之忘機者, 乃所以爲機心乎. 後因此意, 得'日月昭昭於頭上, 鬼神監臨於左右'十四字, 爲敬止齋銘第三聯."

에 남포에 나가 물고기를 잡으며 지내는 한가로운 정경이 눈에 선하다. 김시습도 서울을 떠나면서 관동의 산수를 두루 둘러보고 난 뒤, 적당한 터전을 마련하여 기장이나 심으며 살아가겠다고 다짐했었다. 하지만 육경을 비롯한 문집과 역사서를 수레에 가득 싣고 떠나갔다는 증언에서 짐작할 수 있듯, 시대의 젊은 지성으로 자처하던 그들이 책을 손에서 놓는다는 것은 상상하기 어렵다. 남효온도 다르지 않았다.

신축·임인 큰 기근에 목숨 겨우 보존했더니	辛壬强飢僅存命
이 생애에 다시 한번 큰 풍년을 보게 되었네.	此生復見大豐年
푸른 도롱이에 소를 타고 『주역』을 쥐어 들고	青蓑牛背手周易
꾸벅꾸벅 졸면서 기장 여문 밭가를 지나노라.[54]	和睡經過稷穗邊

창작 연도가 밝혀져 있지 않지만 전국이 타들어가던 성종 12년과 13년의 큰 가뭄을 견뎌내고 나서 올해와 같은 풍년을 만났다는 말을 보면, 위의 시는 성종 14년(1483) 7월 13일에 창작된 것으로 보인다. 그렇다면 그해 5월 11일 낙방 사실을 확인하자마자 곧바로 서울 생활을 정리하고 행주에서의 은거생활로 들어갔던 것이다. 그런데 소의 등에 올라앉아 꼴을 먹이러 나가는 남효온의 모습이 여유작작하다. 실제로 두 번째 수에서는 "새끼줄로 푸른 소 끌어 갈대에 매어두고, 흰 모래밭에 앉아 백구와 함께 한가롭네[青牛藁引繫蘆葦, 坐點白沙鷗與閒]."라며 강가의 갈매기와 벗하고 있는 자신의 모습을 한 폭의 풍경화처럼 그려내기도 했다.

그런 가운데 손에 들고 있던 책이 눈길을 잡아끈다. 왜, 하필 『주역』인가? 천변만화하는 인간사와 자연사에 자신을 내맡기고자 마음을 추스르려 애썼던 것일지 모른다. 남효온이 김시습과 함께 연단과 양생에 대

---

54 남효온, 『추강집』 권3, 〈七月十三日, 騎牛由田間入鴨島. 二首〉.

해 깊은 관심을 주고받았던 사실을 상기해본다면, 그 『주역』은 후한의 위백양(魏伯陽)이 지은 『주역참동계』일 가능성도 높다. 그 어떤 책이든 좌절과 울분으로 지친 심신을 어루만지며, 은자로서의 삶을 영위하겠다는 다짐을 드러내고 있었다는 사실만큼은 변함이 없다. 실제로 몸소 농사를 짓고 갈매기와 벗하며 행주에서 지내면서는 지난날에 가졌던 모든 기심(機心)을 버리게 되었다고 여길 정도였다.

하지만 남효온이 행주에서 새롭게 선택한 은거의 삶은 그 자신을 더 깊은 성리학적 세계로 이끌어가는 계기가 되기도 했다. 기심을 잊었다고 생각하는 것조차 기심에서 벗어나지 못한 것이라는 깊은 깨달음처럼, 그의 마음공부는 한층 깊어질 수 있었다. 그런 체험을 한 이후에 남효온은 자신의 서재를 '경지재(敬止齋)'라 이름하고, 그 잠명(箴銘)을 지어 벽에 붙여두었다. 뒷날 성리학자들이 주요하게 여겼던 '지경(持敬)'의 공부에 깊이 천착해 들어가면서, 본격적인 조선 성리학의 시대를 열어갔던 것이다.[55]

4. 성종 14년 이후, 성리서性理書의 재발견과 성리학 담론

1) 성리학에 대한 탐구와 삶의 전회

남효온은 성종 15년(1484)부터 자신의 거처에 〈경지재명(敬止齋銘)〉을 지어 붙여 마음을 새롭게 한 뒤, 주요한 저술을 집필하기 시작했다. 성리담론을 본격적으로 펼친 〈성론(性論)〉이라든가 젊은 시절의 벗들을 추억하

---

55 남효온이 선택한 행주에서의 삶은 조선중기 이후 강호의 閑情을 노래하던 '處士的 隱遁'의 선구적 면모라고 할 수 있다. 그리고 남효온의 持敬 공부는 뒷날 申季誠·曹植처럼 '敬以直內, 義以方外'라는 心學으로 이어지고 있다고 판단된다. 그런 점에서 남효온이 조선전기 성리학의 전개에 차지하는 위치는 특기할 만하다.

는 〈사우명행록(師友名行錄)〉이 그것이다. 〈성론〉의 말미에 "成化乙巳之歲, 秋江書于敬止齋.", 〈사우명행록〉의 말미에 '秋江居士書于敬止齋'라고 적어 놓아 경지재에서 집필했음을 알 수 있다. 그 가운데 〈성론〉은 을사년(성종 16, 1485)에 탈고했다고 밝혀놓고 있지만, 〈사우명행록〉은 창작 시기를 밝혀놓지 않았다. 다만 기재된 내용을 살펴보면 윤긍이 경술년(성종 21, 1490)에 행한 행적이 기록되어 있다. 성종 21년이라면 남효온이 죽기 2년 전이다. 〈사우명행록〉에 실린 사우 56명의 행적을 틈틈이 적어간 것인지 만년에 집중적으로 집필한 것인지 단정하기 어렵다. 하지만 중요한 사실은 전국을 떠돌며 방황하다 경지재에 돌아온 만년에 이르도록 젊은 시절에 다짐하며 지은 서재 이름을 그대로 사용하고 있었다는 점이다.

남효온은 노자·장자의 허탄한 사상을 본받고 혜강·완적과 같은 죽림칠현을 추종하는 행동 등으로 '유가의 죄인'이라고 비판을 받기도 했다.[56] 하지만 죽기 직전까지 유교지식인으로서의 자세를 잃지 않으려 했던 면모를 확인할 수 있는 대목이다. 그 가운데 귀신에 대한 논의를 펼친 〈귀신론(鬼神論)〉은 그 말미에 "임인년(성종 13, 1482) 가을에 시작하여 갑진년(성종 15, 1484) 여름에 마쳤다. 31세 때다."라 밝혀두고 있다. 그것을 보면 〈귀신론〉도 경지재에서 집필했을 것임에 틀림없다. 이런 사실로 미루어 볼 때 〈심론(心論)〉과 〈명론(命論)〉, 그리고 마음[心]에 대한 사색을 우의적으로 표현한 〈옥부(屋賦)〉도 그 즈음 그곳에서 지었던 것으로 보인다. 남효온은 성종 13년(1482) 산사에서 마음공부와 문장공부 사이에서 방황하는 도중에 〈귀신론〉의 집필을 시작한 이후, 성종 15년(1484)

---

56 『연산군일기』 연산군 4년 8월 16일. "孝溫少讀書, 有大志. 在成宗朝上書言事, 語有觸諱, 至被囚鞫. 自知其志不可行於世, 遂任放不羈, 不與時俗俯仰. 效莊老高虛之論, 爲嵇阮放達之行. 爲文章亦超邁, 無固滯之習, 尤長於詩, 有唐人風韻. 果於憤世, 流爲異端, 至死不悟, 誠吾道罪人也."

에 이르러 자신의 서재에 〈경지재명〉을 지어서 붙여놓고 성리담론의 본격적 저술에 힘쓰고 있었던 것이다.

　남효온이 행주에서 은거와 집필의 시간을 보내고 있을 무렵, 김시습은 춘천에 거처를 정했다. 그 역시 농사를 짓는 틈틈이 가지고 온 경전과 각종 서적을 탐독하며 지냈을 것이다. 간혹 서로 시를 주고받기도 하고, 김시습이 직접 서울에 찾아오기도 했다. 비록 몸은 떠났지만, 마음만큼은 쉽게 떠나지 못했던 듯하다. 회포를 털어놓을 만한 벗이 그리웠던 것이다. 실제로 서울을 떠난 지 1년이 지난 뒤, 김시습은 오랫동안 함께 했던 벗들을 추억하는 시를 지어 그런 마음을 직접 드러내기도 했다. 모두 일곱 수로 이루어진 연작시에서 김시습이 보고 싶은 벗으로 꼽고 있던 인물은 모두 다섯 명이었다. 남율·남효온·이심원·김굉필·이정은 등이 그들이다. 그 가운데 제3수는 남효온을 그리워하며 지은 시이다.

남용[남효온]은 나이 젊은 무리이지만	南容年少輩
호기는 짐짓 금하기 어려웠다네.	豪氣故難禁
구만 리의 큰 붕새와 같은 뜻 지녔고	九萬大鵬志
삼청의 외로운 학과 같은 마음 지녔네.	三淸孤鶴心
문장을 지음에 매우 신속하였고	綴文多迅速
정밀한 의리는 깊고도 오묘했다오.	精義入幽深
서로 만나본 지 이미 한 해가 지났는데	相見已逾歲
부질없이 친구 그리는 노래만 부르고 있네.[57]	空懷伐木吟

　앞서 살펴보았듯이 남효온은 성종 13년 개성 부근의 산사에서 과거공부를 하며 "마음 다스림이 도의 근본임을 알지 못하여, 얼음에 교묘히

57　김시습, 『매월당집』 권13, 關東日錄, 〈憶舊〉.

새기듯 문장만 헛되이 익혔네[不識治心是道根, 鏤氷工巧讒攻文]."라며 자괴감을 드러낸 적도 있었다. 하지만 김시습은 남효온을 문장과 의리 모두에 뛰어났던 벗으로 인정하고 있었다. 그런데 김시습이 "사해에 교유하는 이들이 적긴 하지만, 내 마음 알아주는 벗들 저 고개 구름 아래 있다오[四海交遊少, 知心有嶺雲]"라고 시작되는 그 시에서 꼽고 있는 벗들의 면면은 실로 뜻밖이다. 남효온은 〈사우명행록〉에서 김시습과 가장 친하게 지냈던 벗으로 자신을 포함하여 이정은·우선언·안응세라고 밝힌 바 있다.[58] 하지만 서울을 떠난 김시습은 거기에는 이름이 없던 이심원과 김굉필을 보고 싶은 벗으로 그리워하고 있다.

왜, 그들이었을까? 이심원은 "옛 성현의 도를 흠모하여, 유자를 만나면 반드시 성리학의 연원을 담론하고 이단의 책을 찢어서 버렸다."[59]는 인물이고, 김굉필은 "성리학에만 전일하게 마음을 집중하여 조행[操履]이 방정하다."[60]고 하여 은일(隱逸)로 천거된 인물이다. 모두 행동이 바르고 성리학에 조예가 깊다고 인정받은 인물이었던바, 자유분방하던 김시습과는 여러모로 어울리지 않았을 것처럼 보인다. 하지만 방외의 인물로만 기억되고 있는 것과 달리 김시습은 유교지식인으로서의 자기 정체성을 모색하기 위한 고난에 찬 여정을 전국을 떠돌며 실천했던 인물이다. 실제로 김시습은 관서지역을 유람하던 세조 4년(1458) 『성리군서(性理群書)』를 얻어 정독하였는가 하면, 경주 금오산에 머물다가 세조 11년(1465) 원각사 낙성연에 참석한 뒤에 『맹자대전』·『성리대전』·『통감』과 같은 유가 서적을 잔뜩 사서 내려오기도 했다.[61]

---

58 남효온, 『추강집』 권7, 〈사우명행록〉. "其所喜者, 正中, 子容, 子挺及余."
59 『성종실록』 성종 8년 12월 2일. "史臣曰: 深源好讀書, 慕古聖賢之道. 遇儒者, 必談性理之源, 異端之書則裂而擲之. 尙志危言, 人或以狂目之.'"
60 『성종실록』 성종 25년 5월 20일. "生員金宏弼, 專精理學, 操履居正, 不曲爲求擧."
61 김시습이 원각사 낙성연에 참석했다 돌아가며 구입한 서적 목록과 그에 대한 생각을

실제로 『매월당집』에는 잡저로 〈성리(性理)〉, 찬(贊)으로는 〈염계선생
찬(濂溪先生贊)〉, 전(傳)으로는 〈주돈이전(周敦頤傳)〉·〈소옹전(邵雍傳)〉·
〈장재전(張載傳)〉·〈정호전(鄭顥傳)〉·〈정이전(程頤傳)〉, 설(說)로는 〈귀신
설(鬼神說)〉·〈태극설(太極說)〉, 서(序)로는 〈명도정선생서(明道程先生序)〉
등 다양한 성리학적 논설들이 실려 있다. 김시습은 승려의 행색으로 전국
을 방랑하면서도 『성리군서』·『성리대전』을 통해 성리학의 학문세계를
차곡차곡 쌓아갔던 것이다. 그처럼 새로운 학문을 남보다 먼저 체득한
'시대의 선배' 김시습이 서울로 돌아왔던 것은 성종 2년 어느 봄날이었다.
복귀한 뒤에 한동안 서거정·김수온 등 옛적의 지기를 찾아다니며 현실정
치로의 진출을 시도하기도 했다. 하지만 이내 포기하고 당시 20대의 젊은
선비들과 뜻깊은 교류를 시작했다. 그리하여 자신이 20대에 경험했던
세조의 왕위찬탈에 얽힌 비화, 그리고 유가경전의 훈고학적 자구 풀이를
넘어서는 성리학적 학문세계를 젊은 그들에게 전해주었다.

　김시습이 성종대의 신진사류에게 끼친 영향력은 절대적이었던 것으
로 보인다.[62] 그렇게 볼 때, 김시습이 유가경전을 비롯하여 성리학에 관
심을 많이 갖고 있던 이심원·김굉필을 자신의 사우로 꼽고 있는 것은
전혀 이상한 일이 아니다. 그러면 성종 15년 무렵, 그들은 어디에서 무엇
을 하고 있었을까? 김시습은 위의 연작시에서 이심원을 가의(賈誼)가 통
곡하고 굴원(屈原)이 방축된 고사를 인용하며 추억하고 있다.[63] 성종 9년
남효온과 함께 상소를 올린 바 있는 이심원은 고모부 임사홍을 공박하다
가 조부 보성군(寶城君)에게 대들었다는 불경죄를 얻어 황해도 장단과

　　엿볼 수 있는 직접적 자료로는 그때 지은 〈所噷貲財盡買圖書還故山〉·〈得孟子〉
　　·〈得性理大全〉·〈得通鑑〉·〈得老子〉와 같은 작품이 있다. 이와 관련된 논의는 심경
　　호, 앞의 책, 159~160쪽 참조.
62　김시습이 젊은 사류와 어울리던 모습에 대한 논의는 심경호, 앞의 책, 402~408쪽.
63　김시습, 『매월당집』 권13, 關東日錄, 〈憶舊〉 제4수. "賈生曾痛哭, 屈子己行吟."

강원도 이천(伊川) 등 유배지를 전전했다. 성종 13년 겨우 풀려나긴 했지만, 불효의 오명을 뒤집어쓴 채 죽을 때까지 폐기(廢棄)의 신세를 벗어나지 못하고 있었다.[64]

한편 김굉필에 대해서는 돈과 곡식으로 자신을 도와준 사실을 회상하고 있어 흥미롭다. 경상도 현풍에 지역적 기반을 두고 있으며, 공신의 후예였던 김굉필이 일정한 거처 없이 떠도는 김시습에게 재정적 후원을 했었다는 사실을 새롭게 보여주는 대목이다. 김시습은 춘천에 물러나 있으면서 양주(楊州)에 은거하고 있던 김굉필이 혹여 자신을 불러주지 않을까, 하는 기대를 은근하게 드러내고 있다.[65] 실제로 김굉필은 춘천에서 반나절이면 닿을 수 있을 정도로 가까운 양주에 미원별서(迷原別墅)를 지어놓고, 그곳에서 강학을 하며 지내고 있었다.[66]

김굉필의 경우, 남아 있는 생애자료가 거의 없어 성종 14년의 행적을 자세하게 밝히기가 어렵다. 다만 성종 13년 봄 김천에 경렴당(景濂堂)을 짓고 은거하고자 했던 스승 김종직이 성종의 부름을 받고 올라가려 할 때 만류하는 시를 주고받은 것을 보면, 고향 현풍에 있었던 것이 확실하다. 죽림우사가 결성되고 성균관 벽서시 사건으로 한창 시끄러울 때, 그는 일찌감치 낙향해 있었던 것이다. 그랬던 김굉필이 성종 15년에는 다시 서울에서 그리 멀지 않은 양주에 터를 잡아 새로운 삶을 모색하고 있었다. 실제로 기대승은 김굉필의 행장을 지으면서 "양근군(楊根郡)에

---

64 이심원은 성종 9년 9월 10일 경기도 長湍府에 유배 보내졌다가 성종 11년 12월 16일에 더 먼 강원도 伊川縣으로 이배된다. 성종 13년 7월 26일 풀려난 뒤, 敍用을 둘러싸고 조정에서 몇 차례 논란이 일어나기도 했다. 하지만 갑자사화 때 참형을 당하기까지 줄곧 현실정치에서 버려진 삶을 살아야만 했다.
65 김시습, 『매월당집』 권13, 關東日錄, 〈憶舊〉 제5수. "迢遞楊州路, 孤魂肯見招."
66 김굉필이 楊根郡(현 양주시)에 있는 迷原別墅에서 上舍 洪龜孫 등과 함께 글을 읽고 있었다는 사실은 『景賢錄』, 215~216쪽 참조.

미원(迷原)이라는 좋은 터가 있다는 말을 듣고 방문했다. 수석(水石)의 아름다움을 즐기어 집을 짓고 평생을 마칠 뜻이 있었으나 끝내 시행하지 못하였다."⁶⁷라고 적고 있다. 그러고 보면 성종 14년 봄에 열린 과거를 치르기 위해 고향에서 상경했다가 좌절을 맛본 뒤, 남효온·김시습처럼 은거의 장소로 양주의 미원을 선택했던 것으로 보인다. 성종 15년 늦가을, 이심원은 남효온과 함께 서울에서 물러나 강학활동을 하고 있던 김굉필을 방문했다.

세상길은 본래 갈림길이 많거늘	世路自多歧
후진들은 다투어 멀리 가버렸네.	後進爭長往
번잡한 소리는 더욱 조잘거리고	繁聲更啁啾
이상한 설들 분분하게 시끄럽네.	異說紛擾攘
용문의 여운이 끊어졌으니	龍門餘韻絶
나의 회포를 누가 씻어줄까.	我懷誰滌盪
그대는 진실로 자득하여	吾子固囂囂
거문고 본디 좋아하던 바였네.	瑤琴性所賞
석 달 동안 고기 맛 잊을 줄 알아	三月解忘味
순 임금의 음악을 한갓 상상하였네.	韶音徒像想
그대의 모습은 어찌 그리 정성스럽고	爾容何慺慺
그대의 마음은 어찌 그리 크고 넓은가.	爾心何蕩蕩
듣는 자들은 나날이 많아지고	聽者日以多
우리의 터전은 날로 넓어지네.	我地日以廣

---

67 기대승, 『고봉집』 권3, 〈故承議郞刑曹佐郞贈大匡輔國崇祿大夫議政府右議政兼領經筵事金先生行狀〉. "雅有高趣, 尤愛佳山水, 聞楊根郡有迷原, 卜居往訪之, 樂其泉石之美, 有築室終老之志, 竟不果."

금성으로 시작하여 옥성으로 마무리함은 　　金聲與玉振
응당 우리 무리에게 달려 있는 것이네. 　　也應在吾黨
나의 본성은 뜻만 크지 일에는 소략하여 　　小子本狂簡
옷자락 걷어잡고 스승을 찾아 왔네. 　　摳衣來函丈
〈이상조〉 한 곡 듣기 청했더니 　　要聞履霜操
나를 위하여 강개함을 노래하네.[68] 　　爲我歌慨慷

이심원이 제목을 〈김대유에게 주다[贈金大猷]〉라고 짓고, 그 아래 주석을 달아 정황을 간략하게 설명하고 있다. "그때 김굉필은 한양 서쪽의 별장에서 동자 두세 명과 함께 글을 읽고 있었다. 김굉필의 나이 서른한 살이었다."라고. 양주의 미원(迷原)에 자리를 잡기 전에는 성종 14년부터 도성 서쪽으로 물러나와 자기의 별장에서 강학활동을 시작했던 듯하다. 읊고 있는 시의 내용은 자못 비감하다. 한때 뜻을 같이했던 벗들은 서로 갈라지고, 주변에서는 비방하는 소리가 시끄럽게 들려왔다. 그런 와중에 도학의 맥은 끊어질 지경에 이르고 말았다. 젊은 신진사류들이 훈구관료의 배척과 현실정치에 대한 절망으로 뿔뿔이 흩어져갔던 성종 9년부터 성종 15년에 이르기까지의 상황을 사실적으로 그리고 있었던 것이다.

하지만 그런 힘겨운 상황에서도 김굉필만은 묵묵히 자신의 길을 개척해가고 있었다. 불과 두서넛에 불과하지만, 그들과 강학활동을 하며 유교지식인으로서의 꼿꼿한 자세를 견지하고 있었던 것이다. 그런 모습은 정이(程頤)가 용문에서 보여준 도학자로서의 삶을 계승하고 있는 것으로 여겨졌고, 그렇기에 경외의 마음이 들 정도였다. 그럼에도 불구하고 간과하지 말아야 할 사실이 있다. 김굉필이 펼치고 있는 그런 강학활동은

68　이심원, 『醒狂遺稿』, 〈贈金大猷. 時大猷與童子數輩. 讀書于城西別墅. 僕與南伯恭訪焉〉.

성종 9년과 성종 13년에 뭇매를 맞았던 '소학계'라든가 '죽림우사'처럼 붕당(朋黨)으로 몰릴 수 있는 위험에 노출되어 있었다는 점이다.

　　김굉필이 『소학』으로 몸을 다스리고 옛 성인을 표준으로 삼아 후학을 불러 차근차근 잘 이끌어가니, 쇄소응대의 예를 행하고 육예의 학문을 닦는 사람이 앞뒤로 가득했다. 그를 비방하는 논의가 장차 비등해지자 정여창이 그만두도록 권했지만, 김굉필은 듣지 않았다. 일찍이 그가 말하기를 "승려 육행(陸行)이 선교를 펼치니, 수업하는 제자가 천여 명이나 되었다. 벗들이 '화가 일어날까 두렵다.'며 그만 두게 하니, 육행이 말하기를 '먼저 안 사람으로 하여금 뒤늦게 안 사람을 깨우치게 하고, 먼저 깨달은 사람으로 하여금 뒤늦게 깨달은 사람을 깨우치게 하는 것이니, 내가 아는 것을 남에게 알릴 뿐이다. 화복은 하늘에 달린 것인데, 내가 어찌 관여할 수 있겠는가.' 하였다. 육행은 중이라서 취할 것이 없지만, 그의 말은 지극히 공정하다." 하였다.[69]

성리학에 조예가 깊어 은일로서 천거될 정도의 정여창[70]조차 김굉필의 강학활동을 위험하게 여겨 말릴 정도였다. 그럼에도 김굉필은 중단하지 않았다. 남효온은 그 이듬해인 성종 16년 겨울에 지은 시에서 김굉필을 "지향하는 바가 괴롭다[趨向苦]"[71]고 읊고 있는데, 고집스럽게 밀고 가

69　남효온, 『추강집』 권7, 〈냉화〉. "大猷以小學律身, 以古聖人爲準則, 招徠後學, 恂恂然執灑掃之禮, 修六藝之學者, 滿於前後, 謗議將騰, 自勖勸止之. 大猷不聽, 嘗謂人曰: '釋陸行設爲禪敎, 弟子考業者千餘人. 其友止之曰: 禍患可畏, 行曰: 使先知覺後知, 使先覺覺後覺, 吾所知者告人耳. 其禍福, 天也. 吾何與哉? 行雖緇流無可取, 其說至公.'"

70　『성종실록』 성종 21년 7월 26일. "汝昌博通子史, 精於禮經, 而尤深於性理之學, 讀書必以力行實踐爲主, 而不規規爲擧業, 年幾四十, 獨爲聖世之逸民."

71　남효온, 『추강집』 권3, 〈又一首〉. "安生已去知音斷, 洪子南歸吾道窮, 縱有大猷趨向苦, 胸懷說與隴西公."

는 도학에 대한 탐구와 강학활동의 지속을 가리키고 있는 것으로 보인다.[72] 실제로 남효온은 〈사우명행록〉에서 김굉필의 문하에서 배출된 제자를 여럿 소개하고 있다. 남효온은 그들을 "법도로 몸을 다스려 행실이 독실하다"[이현손], "행실이 바르며 침착하고 온화하다"[윤신], "경전의 도를 맛본 뒤로는 시를 전공하지 않았다"[이적], "성리학에 뜻을 두어 출세에 담담했다"[허반], "단아하고 세속의 때가 없었다"[민귀손]라고 소개하고 있다. 김종직으로부터 『소학』을 배워 학문의 자세를 확고하게 다졌던 김굉필은 새로운 시대에 부응하는 스승으로서의 면모를 날카롭게 벼려가면서, 새로운 시대의 제자들을 그렇게 길러내고 있었던 것이다. 뒷날, 기묘사림의 대표자 조광조가 그의 적전제자로 추앙받았던 것은 결코 꾸며낸 허구만은 아니었다.

2) 신진사류의 침잠과 성리담론의 저술

김굉필의 사례에서 보듯, 성종 14년 이후 성종대의 신진사류들은 각각 새로운 길을 개척해갔다. 그 길은 『소학』과 사서오경을 중심으로 한 '정심지학(正心之學)'[73]으로부터 『근사록』·『성리군서』·『성리대전』을 중심

---

72 유자광은 무오사화 때 이 시의 "추향이 괴롭다"는 의미를 김굉필이 과거에 집착했던 것으로 풀이했다. 하지만 그런 추정은 옳지 않다. 그보다는 삶의 태도라든가 학문적 지향이 달라졌던 것으로 보인다. 남효온이 죽림칠현처럼 행동하는 것을 경계하여, 거리를 두기 시작해 마침내 두 사람이 절교하게 되었다는 辛永禧의 증언[師友言行錄]을 참고할 필요가 있다.

73 이런 평가는 奉常寺奉事 李穡이 김종직의 시호를 文忠으로 올린 까닭을 설명하는 자리에서 "김종직은 처음으로 마음을 바르게 하는 학문[正心之學]을 제창하여 後進들을 인도하고 도와주어 바른 마음으로 근본을 삼았습니다."라는 데서 빌려온 것이다. 『성종실록』 성종 24년 1월 9일. "士習之不明, 由於道學之不行, 道學之不行, 源於師道之不傳, 宗直始唱正心之學, 誘掖後進, 以正心爲本, 身任斯道, 興起斯文爲己責, 其功反有賢於功名事業之卓然者矣."

으로 한 '성리지학(性理之學)'으로의 전회라고 집약할 수 있다. 그런 전환의 계기를 마련해 준 인물로 신진사류의 선배 김시습을 다시금 주목할 필요가 있다. 성종 2년(1471) 서울로 돌아온 그는 성종 초반의 젊은 선비들에게 돌이킬 수 없는 영향을 끼쳤는데, 그 힘은 유교문명의 '때 이른' 절정을 구가한 세종대의 경험에서 가능할 수 있었다. 김시습은 전국을 전전하는 동안 『성리군서』는 물론 『성리대전』과 같은 성리서적을 구해 탐독했다. 세조 3년 관서유람 도중에 얻은 『성리군서』를 읽고 그 요체가 '존성(存誠)'에 있음은 물론 "이단에 빠져 천 년 동안 끊어졌던 성인의 도를 하늘이 낸 칠자(七子)가 구해냈다"[74]는 사실도 분명하게 밝혔다. 여기에서 지목하고 있는 '칠자'는 송나라의 주돈이·정호·정이·장재·소옹·사마광·주희 등 성리학자를 가리킨다. 김시습이 굳이 일곱 명으로 한정한 까닭은 『성리군서』에 이들 7명의 유상(遺像)이 실려 있었기 때문으로 보인다. 물론 거기에서 그치지 않았다. 세조 11년 원각사 낙성연에 참석하여 구입한 『성리대전』을 읽고 나서는 "정심으로 탐구하는 것 외에 허탄하고 텅 빈 곳으로 빠져 들어서는 안 된다"[75]고 다짐하기도 했다.

김시습이 전국을 유람하던 시기에 구해 읽고 새로운 학문의 세계를 깨닫게 만든 『성리군서』와 『성리대전』 모두 세종대에 간행된 성리서적들이다. 『성리군서』의 원제목은 『성리군서구해(性理群書句解)』인데, 주자의 제자 웅절(熊節)이 편집하고 그의 제자 웅강대(熊剛大)가 집해(集解)했다. 우리나라에 전래된 시기는 정확하게 모르지만, '正統 4年 4月日 印出'이라는 김빈(金鑌)의 발문을 통해 볼 때 세종 21년(1439) 간행된 것

---

74 김시습, 『매월당집』 권9, 遊關西錄, 〈得性理群書〉. "道喪千年淪異說, 天生七子濟同仁."
75 김시습, 『매월당집』 권12, 遊金鰲錄, 〈得性理大全〉. "精研玆外如奇誕, 妙接沖虛非所聞."

만큼은 분명하다.[76] 유통되고 있는 판본은 자획이 작고 가늘어 읽기 어려우니 다시 간행하자는 허조(許稠)의 건의에 대해 "『성리군서』가 비록 절요(切要)하다고 해도 『성리대전』보다 낫겠는가?"[77]라고 답한 것을 미루어볼 때, 그 이전부터 유통되고 있었음은 물론이다.[78]

하지만 세종대에 보다 중시된 텍스트는 『성리대전』이었다. 황제의 칙명으로 명나라 성조(成祖) 13년(1415)에 120여 명에 이르는 성리학자의 학설을 총집한 저서인데, 편찬된 지 불과 4년 만에 우리나라에 전해졌다. 세종 1년(1419)에 명나라에 사신으로 갔던 경녕군(敬寧君)이 『사서오경대전(四書五經大全)』과 함께 하사받아 가지고 들어왔던 것이다. 젊은 선비들의 성리학 공부를 위해 간행할 필요가 있다고 결정한 뒤, 세종 9년 경상감사가 판각하여 바쳤다. 그리하여 세종 10년 『성리대전』 50부를 인쇄하여 2품 이상 문신과 대언(代言)·집현전학사(集賢殿學士)에게 하사하는 한편 춘추관·성균관에도 각각 1부씩 보관하도록 했다.[79]

이런 과정을 거쳐 『성리대전』은 확산되기 시작했는데, 출발은 경연에서부터였다. 세종 14년 2월 6일부터 세종 16년 3월 5일까지 『성리대전』을 읽은 세종은 사서오경과 『성리대전』을 각도 관찰사에게 내려 보내 인쇄할 때 활용하도록 했다.[80] 하지만 『성리대전』은 내용도 어렵고 분량

---

76 김윤제, 「『성리군서구해』의 내용과 편찬경위」, 『규장각』 23집(서울대 규장각 한국학연구원, 2000.12), 13쪽.

77 『세종실록』 세종 16년 6월 20일.

78 『성리군서』의 전래 시기는 확인되지 않지만, 국내에서 최초로 간행된 때를 태종 15년(1415)으로 보기도 한다. 최완식, 「조선시대 간행 중국사상관계서 개황」, 『인문논총』 24집(서울대 인문학연구소, 1990), 27쪽.

79 『성리대전』의 간행과 보급에 대한 자세한 논의는 권중달, 「『성리대전』의 형성과 그 영향」, 『중앙사론』 4집(중앙대 중앙사학연구소, 1984); 지부일, 「조선초의 대명문화교류와 『성리대전』의 수용」, 『동양학연구』 3집(동양학연구학회, 1997); 우정임, 「조선 전기 『성리대전』의 이해과정: 節要書의 편찬·간행을 중심으로」, 『지역과 역사』 31호(부경역사연구소, 2012) 참조.

도 많아 이해하기가 쉽지 않았다. 그럼에도 젊은 선비들은 국가에서 주도한 간행과 보급, 그리고 과거시험을 위해 공부에 힘쓰지 않을 수 없었다. 김종직도 열여덟 살 때 성균관에서 치르는 시험에 성리학 관련 문제가 출제되기 시작했고, 과거 준비를 위해 성리학 공부를 시작했다고 증언하기도 했다. 김종직보다 네 살 적은 김시습도 당대 최고의 스승 조수·김반·윤상 등에게 사서오경을 배우고, 세종 말년부터 본격적으로 과거공부를 시작했다. 세종대에 과거를 준비하던 유생들이 밟아간 이런 학문 이력을 유의해서 살펴보는 것은 매우 중요하다. 왜냐하면 성리학을 적극 권장하던 세종이 죽고 난 뒤, 문종-단종-세조-예종으로 이어지는 정치적 격변과 지적 풍토의 변화로 인해 그에 대한 공부는 제대로 계승되지 못했던 것으로 보이기 때문이다.[81]

그런 부침을 겪던 성리학에 대한 관심이 다시 일어나기 시작한 것은 성종 7년 친정(親政)을 시작하면서부터였다. 사서오경과 『성리대전』을 다시 인쇄하여 성균관에 비치하도록 하는가 하면,[82] 이극배와 강희맹 등은 역사가의 근본인 『자치통감』과 성리학의 연원인 『성리대전』을 경연에서 읽을 것을 청하였다.[83] 그리하여 성종은 조강에서 『자치통감』을 배우고, 그 뒤에 『성리대전』을 배우겠다는 의지를 확실히 했다. 그리고

---

80 『세종실록』 세종 17년 10월 25일. "『性理群書』, 雖曰切要, 豈能加於『性理大全』乎? 事閑則令印頒賜."

81 대신, 세조대에는 권근에 의해 이루어진 四書三經의 口訣을 수정·보완하는 작업이 무척 활발했다. 그런 과정에서 성리학에 근거하여 보다 정확한 경전의 해석이 이루어지기도 했겠지만, 자료가 남아 있지 않아 구체적으로 확인하기 어렵다.

82 『성종실록』 성종 7년 11월 5일. "命藏『大學』·『中庸』各四十件, 『論語』·『孟子』·『詩』·『書』·『周易』·『春秋』·『禮記』各三十件, 『性理大全』五件于成均館."

83 『성종실록』 성종 11년 10월 20일. "御經筵. 講訖, 領事李克培·知事姜希孟啓曰: '『資治通鑑』, 史家之根本, 『性理大全』, 理學之淵源, 此二書, 不可不講也. 然『性理大全』, 有『皇極經世書』·『律呂新書』, 其奧義微旨, 非人人所能解也. 請擇弘文館員之英敏者, 預習進講.' 上曰: '然.'"

주강에서 『전한서』를 배우고, 마친 뒤에는 『근사록』을 배우겠다고 했다.[84] 하지만 『근사록』만 진강하고, 『성리대전』을 읽는 것은 뒤로 미뤄졌다. 성종의 의욕은 충만했지만, 그 내용을 이해할 만한 준비가 임금과 신하 모두에게 부족했기 때문이다. 『성리대전』은 그만큼 독파하기 어려운 텍스트였다. 성종 20년 『성리대전』에 다시 도전했을 때조차 "『성리대전』은 여러 책을 상고한 뒤에야 그 뜻에 통할 수 있다. 책들이 호한하고 번다하여 열람하기 어려우니, 권말에 여러 책을 상고하여 기록하라."[85]는 전교를 내릴 정도였다.[86]

이처럼 조정에서 일어나기 시작한 성리학에 대한 관심에 젊은 유생도 민감하게 반응했다. 그런 지적 요구에 부응하기 위해 선산부사 김종직을 불러올려 성균관대사성에 제수하자는 건의까지 나왔다.[87] 하지만 그런 요구가 충족되지 못하자 성종 9년 구언상소에서 "내가 저 사람에게서

---

[84] 『성종실록』 성종 12년 3월 23일. "傳于弘文館曰: '朝講『資治通鑑』, 講畢後, 講『性理大全』, 晝講『前漢書』, 講畢後, 講『近思錄』, 夕講『孟子』, 講畢後, 講『高麗史』.'"

[85] 『성종실록』 성종 20년 3월 9일. "傳于弘文館曰: '『性理大全』, 必參考諸書然後, 乃通其意. 諸書浩繁, 披閱爲難, 可於卷端, 考諸書之.'" 이때 『성리대전』을 진강한 인물은 禮曹正郎 金應箕였는데, 발군의 능력을 보였다. 성종은 재주를 가상하게 여겨 한 자급을 올려주었을 뿐만 아니라 羊酒를 내리고 銀帶를 하사하는 등 특전을 거듭하여 내렸다. 참고로 김응기의 부친 金之慶은 김종직과 同鄕·同本으로서 겸예문관에 함께 선발되기도 했다. 그런 인연으로 김종직은 김응기의 兒名에 대한 序도 지어주고, 선산부사로 있으면서는 모친의 焚黃을 위해 내려온 김응기에게 시를 지어주기도 했다[김종직, 『점필재집』 권13, 〈十一月十九日, 金正字應箕榮母墳席上, 戲贈〉]. 한편 김응기는 남효온의 〈사우명행록〉에 이름을 올리고 있다. 『성리대전』에 능통했던 김응기는 김종직의 제자이자 남효온의 벗이었던 것이다.

[86] 성리서적의 간행과 유통에 대한 종합적인 논의로는 강명관, 「고려말 조선전기 성리학 서적의 수용과정」, 『여말선초 한문학의 재조명』(이병혁 편, 태학사, 2003); 우정임, 「조선전기 性理書의 간행과 유통에 관한 연구」(부산대 박사학위논문, 2009) 참조.

[87] 『성종실록』 성종 8년 12월 12일. "今『師儒錄』太煩不精, 金宗直以親老, 今爲善山府使, 爲人才行俱優, 可典敎冑者也."

도를 배우려 하나 저 사람은 도가 없으며, 내가 저 사람에게서 학업을 배우려 하나 저 사람은 학식이 없다."[88]는 성균관 유생 남효온의 불만이 터져 나오게 되었던 것이다. 그런 상황에서 『성리군서』와 『성리대전』을 일찍이 독파했던 김시습은 단연 돋보이는 존재였다. 남효온은 "동봉(東峯, 김시습)의 설은 어리석음을 깨뜨릴 가장 좋은 지남(指南)이 되기 때문에 내가 인용하여 증거로 삼는다."[89]면서 김시습이 펼친 논의로 자신의 〈귀신론〉을 마무리했을 정도였다. 세종대의 학문 풍토를 수학 시절에 직접 체험했던 김종직·김시습과 같은 선배와 세종대의 유교문명을 재현하고자 갈망했던 성종대의 후배는 세대 차이에도 불구하고 성리학이라는 새로운 학문에 공감하여 새 길을 개척하는 데 함께했던 것이다.

어찌 보면 새로운 시대적 열망으로 들끓던 신진사류들은 성종 14년 이후 '침잠의 시간'을 보내고 있었다고도 할 수 있다. 서울 인근 지역으로 물러앉아 성리학 관련 서적을 탐독하거나 어린 제자들과 강학 활동에 전념하고 있었다. 하지만 잠잠하던 표면적 모습과 달리 그 이면에서는 치열한 학술적 논쟁을 펼치는 등 다른 형태로 뜨거운 시간을 보내고 있었다. 남효온의 〈추강냉화〉 후반부는 그런 학술계의 정황을 생생하게 보여주는 증거이다. 음양오행의 작용이라든가 이기의 체용(體用)에 대해 정여창이 갖고 있던 문제점을 지적하기도 하고, 이기의 존재 방식이라든가 유교–불교의 차이에 대한 안우–이심원의 문답 내용을 소개하고 있기도 하다. 또는 귀신의 존재를 둘러싸고 김시습–정여창–이관의 간에 벌어진 논란을 소개하기도 했다.

뿐만 아니라 시문창작과 성정도야의 관계에 대해 남효온은 정여창과 날선 공방을 벌이기도 했다. 남효온은 "시는 성정의 발현이니 억지로 공

---

88 『성종실록』 성종 9년 4월 15일. "我於彼學道則彼無道, 我於彼學業則彼無業."
89 남효온, 『추강집』 권5, 〈鬼神論〉. "東峯此說, 最爲破愚之指南, 故余引以爲證."

부할 필요가 없다"는 정여창의 주장을 '썩은 선비의 소견[腐儒之見]'과 다를 바 없다고 공박하는 한편, 시를 즐긴 소강절과 주돈이의 사례는 물론 만년에 두보·황정견의 시를 즐기고 『초사』를 주해하기까지 했던 주희의 사례를 들어 자기주장의 정당성을 뒷받침하고자 했다. 이처럼 시를 즐긴 선유들을 이단으로 치부할 수 없다면, "시는 성정을 도야한다."고 주장한 김종직의 견해가 전적으로 옳다는 지지 선언을 하기도 했다. 성리학의 공부와 함께 시문-도학의 관계에 대한 논쟁이 본격적으로 불붙기 시작했던 것이다.[90]

이런 학술 논쟁은 시대정신을 공유하던 동류(同類)와는 물론이고 성균관의 선생을 비롯한 선배 그룹과도 치열하게 벌어졌다. 〈추강냉화〉 말미에 거론된 인물 가운데 정여창·안우·이심원은 동류들 사이의 논쟁에 속한다. 반면 이관의·김시습·김종직은 신진사류의 선배 그룹들이었다. 당시 유교지성계의 선배-후배-동류를 망라한 학술 논쟁이 치열하게 벌어지고 있었던 것이다. 여기에서는 우선 이관의에 주목할 필요가 있다. 남효온이 〈귀신론〉에서 성균관사성 장계이와 함께 거론하기도 했던 인물이다. '혹자(或者)'로 설정된 인물이 다음과 같이 남효온에게 질문을 했다. "장계이·이관이 두 분이 이치를 설명한 것은 그 당시 가장 정밀하고, 그대도 일찍이 스승으로 섬겼었다. 그렇거늘 소견이 이처럼 다른 것은 어째서인가?"라고. 남효온이 스승과 다른 귀신관을 펼친 데 대한 반문이었다. 남효온은 이에 대해 조목조목 반박한다. 스승이었기에 비록 장씨(張氏)·이자(李子)라고 존칭을 사용하고는 있지만, 성리학에 대한 이해의 진전으로 지금은 견해가 달라져서 조금도 양보할 수 없었던 것이다.

실제로 장계이는 성종 즉위 직후 성균관사예를 맡아 성종 8년 성균관사성으로 세상을 떠나기까지 『중용』·『주역』에 정통했다는 평가를 받은

---

90 조창규, 「조선전기의 濂洛詩風 한시 연구」(경성대 박사학위논문, 2011).

인물이다.[91] 이관의 역시 『시경』·『서경』에 통달하고 성리학에 정밀하여 많은 선비들에게 추앙을 받았다. 75세 되던 해에는 경전에 밝다는 소문을 듣고 성종이 직접 불러 성리학에 대해 묻기도 했다. 그런 뒤에 학문에 정밀하고 능숙하여 벼슬을 내려주려 했지만, 늙고 병들었다는 이유로 사양하고 고향으로 내려갈 정도였다.[92]

하지만 조선 초기에 태어나 세종대에 성리학을 공부한 장계이·이관의는 신진사류들에 의해 새롭게 불붙기 시작한 학술 논쟁의 최전선에서 활약하기에는 너무 늙어버린 세대였다. 그런 점에서 남효온이 논쟁의 주된 상대로 설정했던 부류는 지금 현재 영향력을 끼치고 있는 인물일 수밖에 없었다. 젊은 유생을 가르치고 있는 성균관의 선생, 그리고 선후배에게 신망을 받고 있는 동년배가 그 대상이었다. 그들의 잘못된 견해를 비판하기 위해, 남효온은 〈성론(性論)〉과 〈심론(心論)〉을 집필한다. 먼저, 동년배인 정여창과 김자인을 논박하고 있는 〈심론〉을 보자.

> 정여창이 말하기를 "여기에 앉아서 마음이 천 리 밖에 노닐다가 잠깐 사이 돌아와서 몸속에 있게 되니, 나가고 들어오는 것이 아니겠는가?" 하였다. …(중략)… 김자인이 말하기를 "내가 여기서 잠잘 때에 혼이 다른 곳에서 노닐다가 깨고 나면 다시 들어오니, 마음이 나가고 들어오는 것이 아니겠는가?" …(중략)… 범순부[范祖禹]의 딸이 14세에 『맹자』를 읽다가 말하기를 "맹자가 잘못되었도다. 마음이 어찌 나가고 들어올 수 있겠는가." 하였다.

---

91 『성종실록』 성종 6년 5월 1일. "上召宗親高林正薰等五人, 文臣成均館司成張繼弛等三人講書. 命院相洪允成, 講繼弛『中庸』, 縱橫問難, 繼弛論辨無滯."

92 『성종실록』 성종 14년 1월 15일. "傳旨戶曹曰: '予聞, 前察訪李寬義, 研窮理學, 老而不倦. 召致試問, 論議精熟, 果副所聞. 將欲顯用, 以慰其志, 寬義自以年老, 不能治事, 欲還田里, 以終餘年. 予嘉其志, 賜衣許還, 度今年荒, 過活爲難, 令所仕利川官, 賜米豆幷十碩, 以示予褒奬之意.'"

이 여인이 맹자의 본뜻은 알지 못했지만, 몸 밖에 마음이 없음을 안 것이다. 정여창은 경전을 연구하고 행실을 단속함이 근세에 견줄 사람이 없고, 김자인은 원대한 책략을 가진 사람이거늘 소견이 이와 같으니 내가 의아하게 여기는 바이다. 이런 까닭으로 이 편에 함께 드러내어 다른 견해를 널리 소개한다.[93]

맹자가 말한 "잡으면 보존되고 놓으면 없어져 출입에 일정한 때가 없이 어디로 가는지 종잡을 수 없는 것, 이것이 마음이다."[94]라는 구절을 두고 남효온과 정여창은 날카롭게 맞섰다. 정여창은 마음이 몸 밖으로 나가고 들어올 수 있다고 주장한 반면, 남효온은 그럴 수 없다고 보았다. 남효온은 자신의 주장을 입증하기 위해 "마음에 어찌 출입이 있을 수 있겠는가. 붙잡고 놓아 버린 것으로 말한 것이다."[95]라는 『맹자집주』에 실린 정이(程頤)의 해석과 "범순부의 딸이 '맹자의 말은 잘못된 것이다. 마음이 어떻게 출입할 수 있겠는가.'라고 하니, 이천이 듣고서 말하기를, '이 여인이 맹자의 말뜻은 알지 못하였지만 마음은 알고 있다.' 하였다."[96]는 『맹자집주』의 소주(小註)까지 끌어들여 인용하고 있다.

이들 두 사람의 견해 가운데 누가 옳고 그른가를 판결내리기란 쉽지 않다. 마음의 출입을 둘러싼 논란은 조선중기 이후 이황·김장생·송시열과 같은 거유(巨儒)도 확실한 주견(主見)을 내놓기 어려워했던 난제 가

---

93 남효온, 『추강집』 권5, 〈心論〉. "自勖曰: '坐於此而心遊千里之外, 須臾卷在腔裏, 非出入乎?' … 自仁曰: '我寢於此, 而魂遊異鄕, 覺則復入來, 非心之出入乎?' … 范淳夫女子, 年十四讀孟子曰: '孟子誤矣. 心豈能出入乎?' 此女雖不知孟子本旨, 要知身外無心者. 自勖明經飭行, 近世無比, 自仁有遠大之略, 所見如是. 余所疑者玆, 故並著于篇, 以廣異聞."
94 『맹자』, 告子 上. "操則存, 舍則亡, 出入無時, 莫知其鄕, 惟心之謂與."
95 『맹자』, 告子 上. "程子曰: 心豈有出入, 亦以操舍而言."
96 『맹자집주, 고자 상』. "范淳夫女曰: '孟子誤矣. 心豈有出入?' 伊川聞之曰: '此女雖不識孟子, 卻識心.'"

운데 하나였기 때문이다. 실제로 남효온과 정여창이 벌인 논란은 뒷날의 성리학자들을 곤혹스럽게 만들었다.

> 일두 정여창이 "마음이 천 리 밖에 놀다 잠깐 동안에 몸속으로 거두어진다."고 한 말은 모두 선유들의 말이네. 추강 남효온의 말은 범순부 딸의 말인데, 범 씨 딸의 뜻이 과연 뜻과 같았는지는 모르겠네. 범 씨 딸은 자기 마음이 안정되었기 때문에 "마음은 드나듦이 없다."고 말한 것이고, 추강은 여러 이치에 정묘하여 한결같은 것으로 여겼기 때문에 드나든다고 말할 수 없다고 한 것이네. 그 뜻은 대개 마음에는 내외와 원근이 없는 까닭에 출입이라고 말해서는 안 된다는 말이었네.[97]

송시열이 답한 내용도 명확하지 않다. 실상, 마음의 출입에 대한 논란은 객관적으로 증명할 수 없는 형이상학적 범주에 속하는 문제였다. 때문에 범순부 딸의 말이 옳다고 본 정이와 그르다고 본 주희의 견해[98]가 엇갈렸고, 이처럼 엇갈린 견해에 대해 남인계 학자 이황은 주희를 지지한 반면 서인계 학자 김장생은 정이를 지지했다. 뒷날, 도학의 큰 학자들도 남효온과 정여창이 벌인 논쟁의 우열을 쉽게 판단하지 못할 정도로 어려운 주제를 가지고 다투었던 것이다. 이런 상황에서 논쟁의 승패는

---

97 송시열, 『宋子大全』 권91, 〈答李汝九, 己未二月二十九日〉. "鄭一蠹所謂: '心游千里外, 須臾卷在腔裏云者.' 皆是先儒說也. 南秋江所謂, 則是范淳夫女之說也. 第未知范女之意, 果如秋江之意否也. 范女則其心安靜, 故謂無出入, 而秋江以爲妙衆理而一之, 故不可謂出入. 其意蓋謂心無內外遠近, 故不可謂出入."

98 주희는 범순부의 딸을 이렇게 비판했다. "범순부의 딸이 자기 마음은 알았지만 맹자는 알지 못했다. 이 여자가 마음이 혼란스러운 실제 상황을 당하지 않았기 때문에 출입이 없다고 말한 것이요, 다른 사람에게는 출입이 있다는 사실을 알지 못한 것이다. 비유컨대 병에 걸리지 않으면 남의 고통을 알지 못하는 것과 같다." 하였다. 『朱子語類』 권59 「孟子·告子上, 牛山之木章」.

주장하고 있는 인물의 학문적 권위와 분리되기 어려웠다. 송시열이 이기홍의 물음에 대한 즉답을 피하면서 '범순부의 딸' 문제로 논점을 비틀어버린 까닭이다.[99]

남효온은 정여창·김자인과 같은 동료들과 치열하게 논쟁을 벌이는 데 그치지 않고, 성균관에서 유생들을 가르치고 있는 선생들의 견해를 비판하는 것에 있어서도 주저하지 않았다. 그런 목적을 가지고 지었다고 밝힌 〈성론〉을 보자.

"반드시 '지극한 리(理)를 묘합(妙合)하여 마음속에 성실한 것이 성(性)이다. 형체에 담겨 있기 때문에 기질지성(氣質之性)이라는 이름을 얻었고, 리(理)에 순전하기 때문에 본연지성(本然之性)이라는 이름을 얻은 것이다.'라고 한다면 성론(性論)은 끝날 것이다." 우러러 보건대 선현들이 성을 논한 것이 많으니 내가 굳이 군더더기 말을 보탤 필요가 없다. 그러나 마침 성균관 사유(師儒)의 의논이 본연지성과 기질지성을 나누어 둘로 여기는 것을 보았기 때문에 부득이 〈성론〉을 짓는다.[100]

결론 대목이다. 성리학에서 성이란 '성이 곧 이이다[性卽理].'라는 명

---

99 참고로 주자의 학문을 정통으로 계승했다고 인정받는 陳淳은 남효온의 주장과 같은 견해를 가지고 있었다. 곧 "존재한다는 것은 들어온다는 말이고 없어진다는 것은 나간다는 말이다. 하지만 나가는 것이 내면의 본체가 달아나 밖으로 나간다는 뜻은 아니다. 다만 사악한 생각이 사물에 응하여 그것을 좇아 나감으로써 본연의 정체가 마침내 드러나지 않게 되었음을 의미할 뿐이다. 들어오는 것 역시 밖으로 잃어버린 마음이 들어왔다는 뜻이 아니고, 다만 한 생각으로 깨우쳐 마음이 이곳에 있게 되었을 뿐이다."라는 것이었다. 진순 지음, 김영민 옮김, 『北溪字義』(예문서원, 2005), 97쪽.
100 남효온, 『추강집』 권5, 〈性論〉. "其必曰: '妙至理而誠於中者, 性也. 而盛於形, 故得氣質之名, 純於理, 故得本然之名. 則性論畢矣. 仰觀先賢論性多矣, 余不必贅. 然適丁成均師論分本然氣質之性而二之, 故不獲已而作性論."

제가 보여주듯 이-기, 성-명, 성-정 등과 밀접한 관계를 맺고 있는 핵심 개념이다. 그 가운데 본연지성과 기질지성의 관계도 많은 논란을 불러일으켰던 주제였다. 맹자는 "성이 선하다"라고 말했지만, 본원이 되는 곳만 말하고 기질의 성에 대해 말한 적이 없기 때문이다. 그래서 '성은 악하다'라거나 '성에는 선악이 뒤섞여있다'라는 이설이 난무하게 되었던 것이다. 이런 한계를 보완하기 위하여 장재와 정이가 기질지성을 처음으로 제기하게 되었다. 성은 본디 선하지만, 기질에 의해 각기 다르게 드러난다는 논리였다.

주자는 그것으로서 논란이 끝났다고 확신했지만, 그 이후로도 논란은 종식되지 않았다.[101] 본연지성과 기질지성을 나누어 둘로 보아야 하는가, 아닌가라는 또 다른 논란으로 번져나갔던 것이다. 성종의 시대에도 그러했다. 성균관 사유는 둘로 나누어 보아야 한다고 주장했고, 남효온은 그렇지 않다고 반박했다. 기질지성은 기질이 성을 담고 있다는 속성을 설명한 것일 뿐, 두 가지 물건일 수 없다는 논리였다. 남효온은 그런 주장을 펼치는 것과 함께 같은 성을 타고난 사람이 각각 다르게 되는 까닭, 사람을 다르게 만든다는 기가 다른 까닭, 성을 갖추고 있는 사물이 기질을 변화시키지 못하는 까닭 등을 하나하나 논증해갔다. 그리고 난 뒤 본연지성과 기질지성은 성의 두 측면, 곧 '형체에 담긴 속성[盛於形]'과 '리에 순전한 속성[純於理]'을 갈라서 설명한 것이지 둘이 아니라는 사실을 거듭 강조하는 것으로 결론을 삼고 있다.[102]

---

101 윤용남 외, 『완역 성리대전 6』(학고방, 2018), 105쪽.
102 참고로 陳淳도 남효온의 주장처럼, "기질지성은 氣禀으로 말한 것이요, 천지지성은 大本으로 말한 것이다. 그런데 사실 천지지성은 기질지성에서 떠나지 않는다. 다만 저 기질에서 별도로 천지지성을 구분하여 서로 뒤섞이게 말하지 않았을 뿐이다. 이런 뜻을 공부하는 사람은 마땅히 알아야만 한다."라고 정리하고 있다. 진순 지음, 김영민 옮김, 앞의 책, 89쪽.

어찌 보면 남효온의 〈심론〉·〈성론〉·〈명론〉·〈귀신론〉은 송나라 학자의 언설을 짜깁기해서 종합하고 있는 것에 불과해 보이기도 한다. 그렇지만 성리학을 완성했다는 주희 또한 북송대의 학자들이 펼친 다양한 언설을 취사선택하여 자신의 논리로 재구성했다는 사실을 환기할 필요가 있다. 남효온도 『주자대전』이 전래되기 이전의 성종대에 널리 읽히던 『근사록』·『성리군서』·『성리대전』과 같은 성리서적에 실려 있는 언설을 활용하여 자기 자신의 완정한 담론으로 재구성하고 있다. 더욱이 남효온이 다루고 있는 내용은 성리학의 핵심적 개념으로 이른바 '조선성리학'을 완성했다는 16세기를 지나 조선이 멸망할 때까지 여전히 살아 있는 논쟁적 주제였다. 그런 점에서 15세기 중반, 남효온을 비롯한 신진사류들이 전개하고 있는 선구적인 담론은 조선 성리학사에서 반드시 주목해야 하는 지점이라 할 수 있다.

5. 추후의 행로: 성종 14년의 신진사류에 대한 기억

성종 14년(1483) 이후부터 펼친 남효온의 성리 담론은 조선시대 최초의 성리학적 논쟁이라 할 수 있다. 수준도 결코 만만하게 볼 수만은 없다. 남효온은 자신의 담론을 논설로만 풀어내지 않았다. "주인이 있으면 뜰과 문호를 청소하고 담과 모퉁이를 정돈하지만, 주인이 없으면 이 집은 하나의 황폐한 집에 불과할 뿐이다."라는 주자의 말을 단서로 삼아 장편의 시부(詩賦)로 표출하기도 했다. 몸과 마음을 집과 집주인에 비유하여 '사욕을 이기는 공부[克之之功]'를 노래했던 것이다.

장차 장자의 황당한 의논을 늘어놓아,	將鋪張莊叟謬悠之論
항상 우리 유자의 경자(敬字)를 무너뜨리려 하니,	常壞吾儒者之敬字

| 주인옹을 호방한 데로 내모는 자도 너이고, | 驅主於放曠者汝也 |
| 나의 담과 집을 무너뜨리는 자도 너로구나.¹⁰³ | 壞我牆屋者爾也 |

남효온이 지은 〈옥부(屋賦)〉의 한 대목이다. 노장사상으로 황폐해진 자신의 과거를 뉘우치고 유자로서의 자세를 곧추세우고 있는, 일종의 반성문처럼 읽힌다. 주인공은 육체의 주인인 마음이다. "오직 이 마음에 주재가 있어야 하니, 어떻게 해야 주재가 되는가? 공경일 뿐이다. 주재가 있으면 마음이 텅 비게 되니, 텅 빈다는 것은 곧 간사한 생각이 들어오지 못함을 이른 말이다. 주재가 없으면 사욕이 꽉 차서 실해지니, 실해진다는 것은 곧 어떤 사물이 와서 내 마음을 빼앗는 것을 이른 말이다."¹⁰⁴라는 정이(程頤)의 말을 주지로 삼고 있다.

〈옥부〉를 창작한 시점은 확실하지 않지만, 앞서 살핀 일련의 성리담론을 집필하던 무렵이었을 것은 분명하다. 하지만 성리학 공부를 통해 도학으로 삶의 전회를 모색하고 있던 남효온은 돌연 자신의 그런 선택을 후회하는 듯한 고백을 하고 있다.

품은 뜻 재가 되고 귀밑머리 희어지니	志願成灰鬢欲絲
영락한 이내 몸엔 소매 속의 시뿐이라.	飄零惟有袖中詩
도학이 당년의 병인 줄 일찍 알았다면	早知道學當年病
차라리 성균관의 훈고 스승을 찾았으리.¹⁰⁵	寧拜芹宮訓詁師

---

103 남효온, 『추강집』 권1, 〈屋賦〉.
104 『近思錄』 권4, 「存養」. "惟是心有主, 如何爲主? 敬而已矣. 有主則虛, 虛謂邪不能入, 無主則實, 實謂物來奪之."
105 남효온, 『추강집』 권3, 〈自詠〉 15수 중 제5수.

성종 16년(1485) 겨울 무렵에 지은 연작시 가운데 하나이다. 여기에서 주목할 만한 대목은 도학 공부가 요즘 시대에 병이 될 줄 알았다면, 차라리 성균관의 선생에게 경서의 자구를 풀이하는 훈고나 배울 걸 그랬다는 발언이다. 성균관의 교수를 경멸하고 풍자하던 성종 9년의 구언상소와 성종 13년의 성균관 벽서시, 그리고 성리학의 개념도 제대로 이해하지 못하고 있다고 날카롭게 비판하던 성리 담론의 창작에 비추어 볼 때 그 말은 자조에 가깝게 읽힌다.

이런 상당한 낙차를 이해하기 위해서는 남효온이 그 즈음에 겪고 있던 힘겨운 일상을 염두에 두지 않으면 안 된다. 위의 자조적인 시를 쓰던 성종 16년은 성종 12~13년의 대기근에 이어 엄청난 기근이 다시 찾아왔던 해였다. 남효온에게도 그 힘든 재난이 몰아쳤고, 그런 와중에 둘째아들이 심한 병에 걸려 죽게 된다. 도학적 삶에 철저해진 제자 김굉필이 스승 김종직에게 이조판서의 소임을 제대로 하지 못하고 있다고 대들었던 것도 그해였다. 이 외에도 남효온이 겪었던 그해의 갈등은 참으로 많았다. 이런 상황에 대해서는 별도의 고찰이 필요하다. 다만 여기서는 성종대의 신진사류가 선택한 도학이라는 길은 삶의 생활사적 측면에서도 힘들었지만, 보다 현실적으로도 굳은 각오를 하지 않으면 안 되는 것이었다는 점을 강조해둘 필요가 있다. 돌이켜 보면 성리학이 처음 중국에 등장했을 때에도 '위학(僞學)'이란 이름으로 배척 받았던 것처럼, 도학공부는 성종 당대에는 물론 연산군-중종의 시대에도 종종 배척의 대상이 되었다. 『소학』과 『근사록』이라는 유교의 기본서가 금서(禁書)가 되는 어처구니없는 상황이 벌어졌던 것이다.

실제로 김종직이 영남 지역을 중심으로 도학을 창도하자 많은 제자들이 뒤따랐던 때가 있었다. 하지만 이욕을 좇아 하나둘 떨어져나갔다. 그런 상황에서 스승의 가르침에 따라 도학을 지키려던 제자들은 극소수로 남았다. 그리고 그들은 한결같이 힘겨운 현실에서 고난에 찬 삶을 살아야 했다. 남효온은 성종 9년 소릉을 복위하자는 상소를 올렸다가 평생 현실에서 배척을 받으며 방랑하다가 일찍 죽고 말았고, 이심원도 그때 훈구공신의 퇴진을 담은 상소를 올린 탓에 평생 버려진 삶을 살아야 했다. 또한 김굉필도 결국 연산조의 폭정을 견디지 못하고 낙향해 버렸다. 이현손이 낙향하는 스승 김굉필을 전송하며 지은 장편의 시편에는 김종직의 도학을 끝까지 이어간 제자인 남효온, 이심원, 김굉필이 겪어야 했던 참담한 상황이 곡진하게 그려져 있었다.[106]

그런데 공교롭게도 이현손이 김종직의 도학을 이어받았다고 밝히고 있는 세 사람은 김시습이 춘천에 머물면서 그리워했던 인물들과 정확하게 일치한다. 지금, 그 가운데 김굉필은 문묘에 배향되어 사후에라도 보상을 받았다고 할 수 있다. 하지만 남효온과 이심원의 존재는 조선의 도학사 또는 성리학사에서 거의 잊혀지고 말았다. 그렇지만 성종 14년 이후 삶의 전회를 도모했던 그들은 모두 열악한 시대상황에서 새로운 도학의 길을 열어간 선구자였고, 결국 무오사화·갑자사화를 통해 모두 비극적으로 삶을 마친 도학의 순교자라는 사실만큼은 반드시 기억될 필요가 있다. 성종 16년 겨울 도학이 '당년의 병'이 되었다는 남효온의 자탄이 빈말이 아니라 현실이 되고 말았던, 그 참혹한 사실과 함께.

---

106 이현손, 『續東文選』 권3, 〈奉送金先生大猷奉大夫人歸玄風〉.

/ 제3장 /

도학의 심화,
연문소도沿文泝道와 사우관계의 굴곡

1. 접근의 시각: 한 인간을 통해 한 시대를 읽는 법

유교를 국시로 내건 조선은, 개국 직후부터 그 비전을 구현하기 위한 조치를 하나하나 해나갔다. 도읍을 개성에서 한양으로 옮긴 뒤, 경복궁의 배치라든가 건물의 명명에까지 유교적 이념을 담아내려 심혈을 기울였던 것은 널리 알려진 바다. 그 이후 명나라의 중화문명을 받아들이기 위해 애쓰는 한편 유교국가에 부합하는 예악제도를 확립하고 전국의 관아·객사·역원을 정비하면서 통치체제를 갖추어갔다. 성종 때 완성을 보게 된 『경국대전』은 그런 노력의 최종 결실이라 할 만하다. 하지만 명실상부한 유교문명 국가가 되기 위해서는 이런 하드웨어뿐만 아니라 그것을 작동시킬 소프트웨어의 구축이 절실했다. 국가를 운영하는 개개인을 유교적 인간으로 거듭나게 만드는 작업이 필요했던 것이다.

점필재 김종직은 그 작업의 선두에 섰던 인물이다. 젊은 인재의 육성이라든가 재지사족을 매개로 유교 이념을 확산하고자 했던 것은 그런 노력의 일환이다. 그 결과 함양군수·선산부사 등 10여 년간 지방관으로 있으면서 지역의 제자를 길러내는 전범을 수립했고, 그들은 도학·문장·정치 등 여러 방면에서 두드러진 활약을 보이기 시작했다. 19세기 경화사족을 대표하는 인물 가운데 하나인 홍한주는 다음과 같은 말로 김종직이 거둔 제자 교육의 성취를 집약한 바 있다.

> 우리나라에서 점필재 김종직의 제자들은 성대하기가 퇴계(退溪, 이황)·율곡(栗谷, 이이)·우암(尤庵, 송시열)·동춘당(同春堂, 송준길) 같은 분의 문하라도 따를 수 없을 듯하다. 점필재는 비록 도학(道學)으로 자임하지는 않았으나, 문하에 나아간 여러 제자는 각각 배운 바로 성취하였다. 김굉필·정여창은 도학(道學)을 얻어갔고, 김시습·남효온은 절의(節義)를 얻어갔고, 김일손·조위는 문장(文章)을 얻어갔다. 뒷날의 학자 가운데 어찌 이런 명류(名流)를 제자로 둔 사람이 있었던가? 참으로 기이한 일이다.[1]

홍한주가 김종직을 이황, 이이, 송시열, 송준길보다 훨씬 우위에 두었던 것은 길러낸 제자의 숫자 때문이 아니다. 김종직의 제자 가운데는 도학에 뛰어난 제자, 절의에 뛰어난 제자, 그리고 문장에 뛰어난 제자 등 참으로 다양했다. 김종직은 자기의 복제품을 길러내지 않았던 것이다. 이들 가운데 오늘 우리는 도학의 제자를 대표하는 한훤당(寒暄堂) 김굉필(金宏弼, 1454~1504)의 행로에 주목해보고자 한다. 그는 '소학동자'라는 말에서 느낄 수 있듯 성리학적 생활 규범을 철저하게 실천했을

---

1 홍한주, 『智水拈筆』, "本朝之佔畢齋金文忠公門徒, 人物之盛, 雖退·栗·尤·春諸大賢之門, 恐莫能及. 佔畢雖非以道學自命, 及門諸公, 各以所得者成就, 故時人謂金大猷·鄭伯勗, 得其道學, 金說卿·南伯恭, 得其淸高, 金季雲·曺大虛, 得其文章. 後之諸家, 豈有此等名流乎? 洵可異也." 김윤조, 「15세기 산문의 양상과 점필재의 古文唱導」, 『大東漢文學』 34(대동한문학회, 2011), 206~207쪽에서 재인용.

뿐 아니라 그것을 이론적으로 심화시켜 많은 제자를 길러낸 까닭에 조선의 도학을 창도했다고 일컬어지고 있다. 잘 알려진 것처럼, 조선의 도학은 정몽주로부터 시작해 길재, 김숙자, 김종직, 김굉필과 정여창, 그리고 조광조로 이어졌다고 알려져 있다. 그런 도학의 계보가 처음 정식으로 자리 잡은 것은 선조 즉위 직후였다. 이른바 사림정권이 등장했다고 일컬어지는 그때, 이황의 제자 기대승은 경연에서 다음과 같이 우리 도학의 계보를 설명했다.

우리 왕조에 들어와서 정몽주의 학문을 전수하여 익힌 사람은 김종직으로, 학문은 연원이 있고 행실 또한 방정했으며 후진을 가르치는 데 정성을 쏟았습니다. 성종께서 그가 어진 것을 아시고 판서를 삼았으나 오히려 세상과 화합할 수가 없었습니다. 연산조에 이르러 사화가 발생하여 사림이 죄를 받았는데 화가 그의 문도에게서 나왔기 때문에 김종직에게까지 미쳤습니다. 또한 김굉필이 있는데 바로 김종직의 제자로서 김종직은 대체로 문장을 숭상했으나 김굉필은 힘써 실천을 하던 사람이었습니다. 성묘께서 중하게 여기셔서 좌랑(佐郎)을 삼으셨는데 연산조에 이르러 김종직의 문도로서 화를 당했고, 갑자년에 이르러 끝내 큰 죄를 받았습니다. 중묘(中廟)께서 즉위하시어 그의 어진 것을 애석히 여겨 표창하고 우의정에 증직했습니다. 조광조는 또 김굉필의 제자인데 독실한 공부가 있어 세도(世道)를 만회, 이욕(利欲)의 근원을 막으려고 했으나 그렇게 하지 못하고 죽었습니다.[2]

---

2 『선조실록』 선조 즉위년 10월 23일. "入我朝, 而傳習鄭夢周者, 金宗直也. 學有淵源, 行又端方, 誨諭後學, 用其至誠. 成廟知其賢, 以爲判書, 而猶不能與世偕合. 至於燕山朝, 其時有史禍, 士林被罪, 而禍出於其門徒, 故宗直及焉. 又有金宏弼, 是宗直弟子也. 宗直則大抵尙文章, 而宏弼則力行之人也. 成廟重之, 以爲佐郞. 至燕山朝, 以宗直門徒被禍, 甲子終受大罪. 中廟卽位, 惜其賢而表章之, 贈職爲右議政. 趙光祖, 又金宏弼弟子也, 有篤學工夫, 欲挽回世道, 防其利欲之源, 而不得而死."

기대승은 우리나라 도학사의 초기를 이끌어갔던 가장 우뚝한 인물로 정몽주, 김종직, 김굉필, 조광조 등 네 사람을 꼽았다. 그럼에도 이런 계보에는 적지 않은 굴곡과 간극이 존재하여 종종 논란의 빌미가 되기도 한다. 그 가운데 가장 논쟁적인 지점의 하나는 김종직과 김굉필의 사제 관계를 바라보는 시각의 차이이다. 김종직은 대개 문장을 숭상했지만, 김굉필은 실천에 힘썼다는 이황의 발언도 그 가운데 하나이다.[3] 그리하여 김굉필의 문인인 이적(李勣)은 김굉필의 행장에서 다음과 같이 발언하기에 이르렀다.

> 우리나라는 기자 때부터 문자가 있었다. 삼국과 고려를 지나 우리 조선왕조에 이르기까지 문학(文學)은 찬란하였으나 도학(道學)에 대하여는 들어본 일이 없었다. 도학을 처음으로 제창한 분은 오직 공 한 사람뿐이다. 공의 이름은 굉필(宏弼)이요, 자는 대유(大猷)이며, 본관은 서흥(瑞興)이다.[4]

김굉필 이전에는 도학에 대해 몰랐다며, 정몽주로부터 시작된 도학을 창도하여 많은 제자를 길러낸 스승 김종직의 자취를 생략해버리고 있다. 여기에서 한 걸음 더 나아가 김굉필은 '전하지 않던 학문[不傳之學]'을 얻어 홀로 우뚝 섰다는 것으로 행장을 마무리 짓고 있다. 여기서는 아예 김종직을 스승의 자리에서 지워버리고 있는 것이다. 하지만 정말 그렇게 분절적으로 이해해할 수 있는가, 매우 의심스럽다. 그렇다면 그런 이해의 발원지라 할 수 있는 이황의 말을 직접 들어볼 필요가 있다.

---

3   이러한 이해는 김성일이 이황의 발언이라고 전한 "先生曰: 金佔畢非學問底人, 終身事業, 只在詞華上, 觀其文集, 可知[『학봉속집』 권5, 잡저 〈退溪先生言行錄〉]."라는 발언으로부터 시작되어 통설처럼 널리 받아들여지게 되었다.
4   이적, 〈行狀〉, 『국역 景賢錄(全)』(삼화출판사, 1970), 28쪽.

추로지향으로 일컫는 우리 동방에	吾東號鄒魯
선비들은 육경을 늘 외워왔네.	儒者誦六經
알고 또 좋아한 이 왜 없겠냐마는	豈無知好之
어느 누가 이를 성취해내었던가?	何人是有成
우뚝하구나, 오천(烏川) 정 선생(鄭先生)이여	矯矯鄭烏川
죽음으로 절개 지켜 끝내 변치 않았네.	守死終不更
점필(佔畢)은 문으로 쇠퇴한 시대 일으켜	佔畢文起衰
도를 구하는 선비들 그 문하에 가득했네.	求道盈其庭
쪽에서 나온 청색 쪽빛보다 더 푸르나니	有能靑出藍
김(金, 金宏弼)과 정(鄭, 鄭汝昌)이 서로 이어 울렸다네.	金鄭相繼鳴
그들의 문하에서 섬겨보지 못했으니	莫逮門下役
이내 몸 돌아보며 마음 상해하노라.[5]	撫躬傷幽情

역시 이황은 기대승이 선조에게 전했던 대로 정몽주, 김종직, 그리고 김굉필과 정여창으로 동방의 도학을 계보화하였다. 그리고 정몽주는 죽음으로 절개를 지킨 일, 김종직은 문장으로 쇠퇴한 시대를 일으켜 도학의 선비를 길러낸 일, 그리고 김굉필과 정여창은 청출어람의 성취로 도학사에서의 위상을 각각 부여했다. 여기에서 김종직에 대한 도학사적 위상, 곧 문장으로 도를 구하는 선비들을 많이 길러냈다는 이해는 만년에 확정한 다음의 시에서 보다 선명하게 드러난다.

점필재의 사문이 백세에 이름나니	佔畢師門百世名
문(文)을 통해 도(道)로 들어가 큰선비 길러냈네.	沿文溯道得鴻生
공을 반도 못 이룬 채 난리를 당하여	成功未半嗟蒙難

---

5 이황, 『퇴계집』 권1, 〈和陶集飮酒〉 중 제16수.

혼미한 자들 잠을 미처 깨우지 못했네.⁶   喚起群昏尙未醒

　김종직의 사문은 백세토록 이름을 울리고 있는데, 스승이 연문소도(沿文泝道)로 제자들을 길러냈다는 것이다. 문장을 거슬러 올라가 도학으로 들어가게 만들었다는 인식이다. 이런 이해의 실체를 정확하게 밝히는 것은 성종대에 전개된 도학사의 실상을 이해하는 관건이 된다. 하지만 김굉필을 비롯하여 김종직에게 수학한 제자들의 삶과 학문세계를 구체적으로 확인할 수 있는 자료는 별로 남아 있지 않다. 학문의 결실을 거두기도 전에 두 차례의 사화를 겪었고, 그 과정에서 대부분의 문헌이 일실되어 버린 것이다. 김굉필이 공맹의 학문에 전념한 사실은 의심할 바 없지만, 저술도 없어지고 징험할 만한 문헌도 없어 그 조예의 깊고 얕음에 대해 알 수 없다는 고백은 사실이다.⁷

　그런 까닭에 김굉필의 삶과 학문적 여정은 당대인의 단편적인 전언과 후대인의 불확실한 기억으로 엿볼 수밖에 없다. 그런 점에서 김굉필의 절친한 벗인 남효온이 남긴 기록은 무척 소중하다. 남효온은 세조대의 일그러진 과거를 바로 잡기 위해 〈육신전(六臣傳)〉을 짓고, 성종대의 어두운 이면을 폭로하기 위해 〈추강냉화(秋江冷話)〉를 짓고, 아름다운 사우들의 행적을 역사에 길이 남기기 위해 〈사우명행록(師友名行錄)〉을 지었다. 이것들은 당시의 사건을 매우 가까이에서 목도한 당대인이 남긴 기록의 전부라고 해도 좋을 정도로 매우 귀하다. 후대인이 김굉필의 삶

6　이황, 『退溪集』 권2, 〈閒居, 次趙士敬·具景瑞·金舜擧·權景受諸人唱酬韻, 十四首〉 중 제12수.

7　김성일, 『鶴峰續集』 권5, 雜著 〈退溪先生言行錄〉. "寒暄先生之學, 旣無著述, 又無文獻之可徵, 其造詣淺深."; 홍인우, 『恥齋遺稿』 권2, 〈日錄鈔〉, 壬子 8월 14일. "入本朝, 佔畢齋亦因文詞有所悟, 然不知聖賢出處者也. 鄭汝昌·金宏弼數先生, 從事乎孔孟之學, 吾無間然矣, 然無所著述, 不可議淺深也."

과 학문세계를 최대한 방대하게 엮으려고 노력한 『경현록(景賢錄)』도 남효온의 기록에 절대적으로 의존하고 있다.

하지만 후학 이황과 그의 제자 이정(李楨)·김부륜(金富倫), 그리고 김굉필의 손자 김립(金立)과 외증손 정구(鄭逑) 등에 의해 여러 차례에 걸쳐 추록(追錄)된 『경현록』은 문묘 배향이라는 편찬 목적으로 말미암아 부풀려진 점이 없지 않다. 김굉필의 실제 모습과 일정한 괴리가 있을 수밖에 없는 것이다.[8] 특히 김굉필이 어떤 사제관계를 통해 도학의 길로 들어섰는지, 당시 당대 신진사류들과 어떤 사우관계를 맺고 있었는지에 대해 깊이 있게 다루어지지 못했다. 그런 점에서 불확실한 기억과 추숭의 목적에 의해 재구된 뒷사람의 기록보다는 직접 교류했던 김종직·김맹성과 같은 스승은 물론 남효온·이심원·신영희·이현손·김일손과 같은 사우의 증언과 관련 자료를 적극 발굴·활용할 필요가 있다.[9] 그런 과정에서 지금 전해지고 있는 것과 다른 김굉필의 모습을 만나기도 할 터이다. 하지만 그런 작업은 '도학의 창도자'라는 이미지에 고착된 김굉필의 본래 모습을 회복하는 과정일 수 있다. 뿐만 아니라 김굉필이 걸어간 삶의 여정을 통해 시대와 정면으로 대면했던 성종대 신진사류들의 삶과 학문적

---

[8] 현재 寒暄堂先生紀念事業會에서 간행한 『국역 경현록』은 여러 차례 수정·증보된 '景賢錄(天)'·'景賢續錄(地)'·'景賢續錄補遺(人)', '景賢附錄' 등을 한데 모아 국역한 것이다. 그리고 이들의 비교를 통해 김굉필의 모습이 어떻게 도학자적 이미지로 변화되어 갔는지 확인할 수 있다. 이에 대한 자세한 고찰은 김훈식, 「順天刊本 『景賢錄』의 편찬과 내용」, 『역사와경계』 86집(부산경남사학회, 2013); 「道東刊本 『景賢錄』의 편찬과 내용」, 『지역과역사』 32집(부경역사연구소, 2013)을 참조할 것.

[9] 김굉필의 삶과 학문세계를 뒷사람의 기억보다는 당대적 맥락에 입각해서 탐구하고자 했던 논의로는 다음을 꼽을 수 있다. 이병휴, 「朝鮮前期 士林派의 推移 속에서 본 金宏弼의 歷史的 座標」, 『역사교육논집』 34집(역사교육학회, 2005); 김용헌, 「도학의 형성, 점필재 김종직과 그의 문생들의 도학사상」, 『한국학논집』 45집(계명대 한국학연구소, 2011); 윤인숙, 「김굉필의 정치네트워크와 小學契」, 『조선시대사학론』 59집(조선시대사학회, 2011).

분투를 생동하게 환기할 수 있으리라 기대한다.

2. 남효온이 그린 사우 김굉필과 그의 시대

김굉필의 초상을 가장 상세하게 그리고 있는 남효온은 김시습과 함께 생육신 또는 방외인으로 일컬어지는 인물이다. 다른 생육신이 세조의 왕위찬탈을 용납할 수 없어 은둔을 선택했던 데 반해, 이들은 은둔만이 아니라 전국을 방랑하기도 했다. 하지만 그들은 험난한 행로의 와중에서도 자신이 발 딛고 있는 현실 문제를 외면하지 않았다. 그러기는커녕 그 누구보다 치열하게 시대의 모순을 직시하고, 그 치부를 낱낱이 폭로했다. 누구도 입에 담지 못하고 있던 소릉(昭陵, 단종의 생모 현덕왕후)의 복위를 요청하는 상소를 스물다섯의 젊은 나이에 올렸다가 '미친 유생[狂生]'으로 놀림을 당했지만, 〈육신전〉과 〈추강냉화〉를 지으며 자신의 의지를 굽히지 않았다.

뿐만 아니다. 새로운 시대를 열망하던 자기 벗들의 이름이 민멸되지 않도록 그들의 행적을 하나하나 적어나갔다. 〈사우명행록〉이 그것이다. 죽기 2년 전까지 다듬은 그곳에는 총 56명의 사우가 이름을 올리고 있다. 이들 중 마지막 부분의 9명은 이름만 적혀 있고 행적은 공백으로 남아있다. 이들의 행적을 마저 쓰기도 전에 죽음이 덜컥 찾아왔던 까닭으로 보인다. 그렇다면 〈사우명행록〉은 가슴 먹먹한 미완의 기록인 셈이다. 그런 가운데 남효온은 김굉필을 〈사우명행록〉의 첫 번째 인물로 내세웠다. 행적 서술도 다른 벗들에 비해 풍부하다. 남효온이 김굉필을 얼마나 존중했는가를 보여주는 구체적인 사례이다.

실제로 남효온은 틈틈이 김굉필을 떠올리며 그걸 기록으로 남겼다. 금강산을 찾았을 때는 송라암(松蘿庵)에서, 송도를 유람할 때는 현화사

(玄化寺)에서, 그리고 지리산에 올랐을 때는 천왕봉(天王峰)에서 그가 다녀간 자취를 확인하고는 반가운 마음으로 그 사실을 적어두었다.[10] 그의 이름 앞에 반드시 벗을 뜻하는 고인(故人)이나 우인(友人)을 붙여 그 절친한 뜻을 표했다. 그런 남효온은 자신이 직접 지켜본 김굉필을 다음과 같이 추억했다.

[1] 김굉필은 자가 대유(大猷)이다. 점필재 김종직에게 수업하였고, 경자년(성종 11년, 1480)에 생원시에 입격하였다. 나와 나이가 같으나 생일이 나보다 늦다. 현풍에 살았다. 고상한 행실은 비할 데가 없어 평상시에도 반드시 의관을 갖추었고, 본부인 외에는 여색을 가까이하지 않았다.

[2] 손에서 『소학』을 놓지 않았으며, 인정(人定, 2경)이 된 뒤에라야 잠자리에 들고 닭이 울면 일어났다. 사람들이 국가의 일을 물으면, 그때마다 말하기를 "『소학』을 읽는 아이가 어찌 큰 의리를 알겠는가." 하였다. 일찍이 시를 짓기를, "문장에 종사해도 천기를 알지 못했지만, 『소학』의 글 속에서 어제의 잘못을 깨닫노라[業文猶未識天機, 小學書中悟昨非]." 하였다. 점필재 선생이 평하기를 "이것은 곧 성인이 되는 근본 터전이니, 노재(魯齋, 원나라 許衡) 이후에 어찌 그러한 사람이 없다고 하겠는가." 하였으니, 그를 추중함이 이와 같았다.

---

10 『추강집』에 실린 기행문 가운데 김굉필의 이름이 등장하는 경우는 다음과 같다. 〈遊金剛山記〉(1485년) 경진일(29일) "도로 내려와서 송라암에 이르러서는 벽 위에 있는 친구[故人] 大猷의 名字 및 絶句 한 수를 보았다."; 〈松京錄〉(1485년) 신유일(13일) "탑[영취산 현화사]에는 친구[故人] 大猷와 德優의 이름이 있었다."; 〈智異山日課〉(1487년) 병인일(30일) "사당[천왕봉 마야부인] 안에는 禦侮將軍 鄭義門의 현판 기문이 있고, 내 벗[友人] 金大猷 등의 이름이 현판 위에 적혀 있었다."

[3] 서른 살이 된 뒤에 비로소 다른 책을 읽었고, 후진을 가르치는 데에 게을리 하지 않았다. 이현손·이장길·이적·최충성·박한공·윤신과 같은 사람이 모두 그의 문하에서 나왔으니, 무성한 재질과 독실한 행실이 그 스승과 같았다.[11]

남효온과 김굉필은 같은 해에 태어난 동갑이고, 사마시에 같은 해에 합격한 동년이었다. 그런 남효온은 김굉필이 김종직의 제자라는 사실, 생원시에 합격한 일, 생년과 출신지, 그리고 특징적인 행실을 간결하게 밝힌 뒤, 『소학』에 전념하던 모습을 가장 상세하게 소개하고 있다. 김굉필이 '소학동자'라는 별칭을 갖게 된 근거이다. 이황을 비롯한 많은 후대인들은 여기에 근거하여 김굉필이 『소학』에 전념하게 된 계기를 "일찍이 점필재 김 선생에게 가르침을 받았는데, 『소학』을 가르치며 말하기를 '진실로 학문에 뜻을 두려면 마땅히 여기서부터 시작해야 한다.'"[12]는 가르침으로 이해했다. 김굉필은 이때부터 『소학』을 마음에 간직하여 손에서 놓지 않았던 것으로 여겼던 것이다. 더욱이 그런 김굉필은 스승처럼 『소학』 교육에도 남다른 열정을 보였다.

남효온은 그런 사실을 다른 자리에서 "김굉필이 『소학』으로 몸을 다스리고 옛 성인을 표준으로 삼아 후학을 불러 차근차근 잘 이끌어가니, 쇄소응대의 예를 행하고 육예(六藝)의 학문을 닦는 사람이 앞뒤로 가득

---

11 남효온, 『추강집』 권7 〈사우명행록〉. "金宏弼字大猷, 受業於佔畢齋. 庚子年生員, 與余同庚, 而日月後於余. 居玄風, 獨行無比, 平居必冠帶, 室家之外, 未嘗近邑. 手不釋小學, 人定然後就寢, 鷄鳴則起. 人問國家事, 必曰: '小學童子何知大義?' 嘗作詩曰: '業文猶未識天機, 小學書中悟昨非.' 佔畢齋先生批云: '此乃作聖之根基. 魯齋後豈無人?' 其推重如此. 年三十後, 始讀他書, 訓後進不倦, 如賢孫李長吉李勣崔忠成朴漢恭尹信, 皆出門下, 茂材篤行如其師."

12 이황, 〈事實〉, 『경현록』, 22쪽.

하였다. 그를 비방하는 논의가 장차 비등하려 하자, 정여창이 그만두도록 권하였으나 김굉필은 듣지 않았다."¹³라고 밝힌 바 있다. 여기에서 김굉필이 후진 양성에 힘을 쏟았다는 사실과 함께 유념해서 읽어야 할 대목은 성인(聖人)을 표준으로 삼아 후학을 가르치고 있는 그의 강학활동에 대해 비방하는 소리가 끊이지 않았다는 점이다. 화를 당할지 모르니 중단하라는 정여창의 만류까지 들어야 했다.

유교 이념의 기본이 되는 『소학』 가르치는 것을 왜 그리도 못마땅하게 여겼던 것일까, 의아하다. 하지만 돌이켜 보면 당시 성균관 유생들은 '소학계'를 결성해 매달 학습하고 있다는 이유로 국문을 받을 뻔했고, 그처럼 『소학』을 중심으로 맺어진 김종직과 그 제자들은 '경상선배당(慶尚先輩黨)'이라는 비아냥대는 소리를 들어야만 했다.

> 사신(史臣)은 논평한다. "김종직은 경상도 사람이며, 박문(博文)하고 문장을 잘 지었다. 가르치기를 즐겼는데, 전후에 그에게서 수업한 자 중에 과거에 급제한 사람이 많았다. 그러므로 경상도의 선비로서 조정에서 벼슬사는 자들이 종장(宗匠)으로 추존하고 있다. 스승은 제 제자를 칭찬하고 제자는 제 스승을 칭찬하는 것이 사실보다 지나쳤다. 그런데도 조정 안의 신진(新進)들도 그 잘못된 것을 깨닫지 못하고, 따라서 붙좇는 자가 많았다. 그때 사람들이 이것을 비평하여 '경상도 선배의 무리[慶尙先輩黨]'라고 하였다."¹⁴

당시 권력을 틀어쥐고 있던 훈구대신들은 남효온·김굉필과 같은 신

---

13 남효온, 『추강집』 권7, 〈냉화〉. "大猷以小學律身, 以古聖人爲準則, 招徠後學, 恂恂然執灑掃之禮, 修六藝之學者, 滿於前後, 謗議將騰, 自勖勸止之. 大猷不聽."
14 『성종실록』 성종 15년 8월 6일. "史臣曰: '宗直, 慶尙道人也. 博文工詞章, 樂於訓誨, 前後受業者, 多登第. 以故慶尙之儒仕于朝者, 推尊爲宗匠, 師譽其弟, 弟譽其師, 過其實. 朝中新進之輩, 亦莫覺其非, 多有從而附者. 時人譏之曰: '慶尙先輩黨.'"

진사류들이 맺고 있던 사우관계를 붕당의 죄목으로 옭아매려 했고, 그 배후에 스승 김종직이 버티고 있다고 여겼다. 심지어 그들을 '경상선배당'이라는 말로 희롱했다. 여기에서 '선배(先輩)'라는 표기가 순우리말인 '선비'의 음차라고 본다면, 경상도 출신의 '선비당'쯤으로 이해해도 좋겠다. 문제는 김종직과 그의 젊은 제자들이 새로운 유교적 인간인 '선비'를 지향하고자 할 때, 그것을 지켜보던 부류들은 이를 붕당 행위로 보기 시작했다는 점이다.

그런 우려는 얼마 지나지 않아 엄혹한 현실로 들이닥쳤다. 연산군 때 김종직의 많은 제자들은 단지 김종직의 제자라는 이유로 능지처사되거나 먼 변방으로 유배 가는 참극을 겪어야 했다. 김굉필도 예외일 수 없었다. 무오사화 때는 평안도 희천 땅으로 유배 보내졌고, 갑자사화 때는 유배지에서 끌려나와 철물 저잣거리에서 참형에 처해졌다. 그게, 성종 대 신진사류들이 살아간 시대였다. 김굉필의 삶을 올바르게 이해하기 위해서는 유교를 국시로 표방했음에도 불구하고, 유교적 이념을 철저하게 실천한다는 이유로 수난을 겪고 처벌을 받아야 했던 아이러니한 시대였다는 사실을 고려해야 한다. 그런 모순적인 시대를 온몸으로 관통하고자 했던 김굉필의 학문적 여정을 살피려는 우리의 작업을, 그 시대의 시대정신을 재조명하는 작업이라 바꿔 말할 수 있는 까닭이다.

3. 사제 – 사우의 만남과 새로운 학문의 굴곡

1) 스승과의 만남, 문장공부와 마음공부의 두 길

김굉필은 단종 2년(1454) 5월 25일 서울 정릉동의 사저에서 태어났다. 무척 활달하고 호방한 유년시절을 보냈다. 기대승은 그의 행장에서 이렇게 기록하고 있다.

어렸을 때 성격이 호방하여 아무 거리낌 없이 시가지를 돌아다니면서 사람을 채찍으로 때리니 사람들이 선생이 오는 것을 보면 문득 피하여 숨었다. 커서는 분발하여 글을 배워 생원시에 합격하였다.[15]

〈연보〉에도 "무례하게 조롱하고 거만스러운 자를 보면, 문득 채찍으로 그들이 파는 고기나 두부 등을 갈겼다"[16]고 적고 있다. 뒷날, 단정한 선비로 추앙받던 도학자 김굉필의 이런 모습은 다소 뜻밖이다. 김굉필의 증조부 김중곤(金中坤)은 예조참의와 관찰사를 지냈고, 조모는 개국공신 조반(趙胖)의 딸이다. 이런 명문가문의 자제였던 만큼, 거리낄 것 없고 호방했던 행동들이 어느 정도 이해가 된다. 게다가 부친과 장인이 모두 무과(武科)로 발신하였으니, 무인의 기질도 이어받았던 것이다.[17] 하지만 김굉필의 이력에서 눈여겨보아야 할 대목은 장성한 뒤로는 분발하여 학업에 전념했다는 사실이다. 유년기에서 청년기로 접어들면서 삶의 전회를 이루었던 것이다. 사소하게 보아 넘기기 쉽지만, 깊이 음미해볼 삶의 이력도 있다. 김굉필은 19세에 순천박씨와 결혼하여 25세에 맏아들을 낳는다. 딸 둘을 낳은 데 이어 얻은 아들이었다. 그 이후 아들 셋을 더 낳아 모두 네 명이 되는데, 그 이름을 언숙(彦塾)·언상(彦庠)·언서(彦序)·언학(彦學)으로 지었다. 숙(塾)·상(庠)·서(序)·학(學)이라는 고대 학교의 이름을 가져다 쓴 것이다. 학문에 대한 젊은 김굉필의 열정이 얼마나 넘쳐났는가를 짐작케 하는 대목이다. 과연, 어떤 계기가 있었던 것일까? 그런 삶의 전회를 이해하기 위해서는 김굉필이 21세 되던 성종 5년(1474) 늦봄을

---

15 기대승, 〈行狀〉, 『경현록』, 143쪽.
16 정구, 〈年譜〉, 『경현록』, 159~160쪽.
17 김굉필의 부친 金紐는 세조 8년 무과에 급제하여 禦侮將軍司勇으로 벼슬을 마쳤고, 장인 朴禮孫 역시 무인으로 발신하여 司猛을 지냈다.

주목해볼 필요가 있다. 그때, 김굉필은 처남 곽승화와 함께 인근 고을인 함양의 군수로 내려와 있던 김종직을 찾아가 가르침을 받았던 것이다. 김종직은 그날, 그들과의 만남을 두 수의 시로 남겨 두었다.

궁벽한 곳에서 어떻게 이런 사람을 만났던가	窮荒何幸遇斯人
진주 보배 가져와 찬란하게 펼쳐놓았구나.	珠貝携來爛熳陳
좋이 가서 다시 한유를 찾아보게	好去更尋韓吏部
노쇠한 나는 곳집 기울이지 못함 부끄러우니.	愧余衰朽未傾囷
그대의 시어는 옥에서 안개가 피어나는 듯하니	看君詩語玉生煙
이제부턴 진번의 걸상을 걸어둘 일 없겠네.	陳榻從今不要懸
반경을 가지고 까다로운 문장 궁리하지 말고	莫把殷盤窮詰屈
모름지기 마음을 천연처럼 맑게 해야 하리라.[18]	須知方寸淡天淵

궁벽한 시골 함양에서 만난 두 젊은이는 예사롭지 않았다. 진주 보배를 펼쳐놓고 옥에서 안개가 피어오르듯 화려하고도 영롱한 시문은 범상한 시골 서생의 작품과 완전 달랐다. 하지만 재주를 한껏 뽐내며 한유와 같은 문장을 배우고 싶어 했던 그들은, 충고가 필요한 혈기 방장한 젊은 선비이기도 했다. 김종직은 그 점을 에둘러 말하지 않고, 직설적으로 지적했다. 그런 문장을 배우려면 자기 말고 한유와 같은 사람을 찾아가고, 『서경』의 〈반경〉과 같은 난해한 문장에 힘쓰지 말고 마음을 맑게 하는 공부에 힘써야 한다는 충고였다. 김종직이 자신을 찾아온 김굉필에게 "학문에 뜻을 두려면 마땅히 『소학』에서부터 시작해야 한다."[19]고 가

---

18 김종직, 『점필재집』 시집 권9, 〈答金郭二秀才 金宏弼·郭承華〉.
19 이황, 〈事實〉, 『경현록』, 22쪽.

르쳤다는 이황의 전언이 사실임을 뒷받침하는 증거이다.

하지만 김종직과 맺은 사제의 인연이 그 직후 어떻게 전개되었는지를 보여주는 자료는 없다. 하지만 진번(陳蕃)의 고사를 인용하며 자주 찾아오라 당부하고 있고, 이듬해에는 승려 무비(無比)와 함께 지리산에 올랐던 김굉필을 김종직이 '오당(吾黨)'으로 일컫고 있는 점[20]으로 미루어보면 빈번한 왕래가 있었으리라 추정할 수 있다. 실제로 김굉필은 24세 되던 여름, 성종 8년(1477) 8월에 열릴 과거를 준비하기 위해 이승언·원개·이철균·곽승화·주윤창 등과 함께 선산부사 김종직을 찾아가 수개월 동안 향교에 머물며 공부하기도 했다.[21] 김종직은 과거를 보러 떠나는 이들에게 "오당(吾黨)에 기특한 선비 많음을 좋아하노니, 눈을 씻고 장차 급제자 명단을 보련다[自多吾黨多奇士, 洗眼行看淡墨題]."며 한껏 기대를 걸어보기도 했다. 하지만 그해 과거에서 김굉필은 낙방하고 만다.

성종 8년 과거에서 낙방한 김굉필은 이듬해에 고향에서 또 다른 스승을 만나게 된다. 김종직의 사돈이자 친구였던 김맹성(金孟性)이 인근 고을 고령(高靈)으로 유배를 온 것이다. 김굉필은 곧바로 찾아가 가르침을 청했다. 그 무렵, 김맹성과 주고받은 몇 편의 시가 『경현록』에 실려 있다. "戊戌冬作. 時, 年二十五"이라는 주석이 달려 있어 김굉필의 나이 25세 되던 겨울에 지은 것이 확실하다. 그 가운데 한 수를 보자.

20　김종직, 『점필재집』 시집 권10, 〈贈無比師與克己同賦〉. 김종직은 시의 제목 아래 주석을 달아두면서, 승려 無比와 함께 지리산을 등반했던 金大猷와 申挺之를 '吾黨'으로 부르고 있다. "師年七十有五, 與吾黨金大猷·申挺之, 共登頭流, 宿天王峯. 脚力甚壯, 挺之等亦不及焉."

21　김종직, 『점필재집』 시집 권13, 〈李生員承彦·元參奉槪·李生員鐵均·郭進士承華·周秀才允昌·金秀才宏弼, 會府之鄕校, 討論墳典. 時與病夫問辨數月矣. 聞八月中主上, 將視學取士. 治任告辭, 送之以詩〉.

사계 산마을에 세월이 깊은데	斜界山村歲月深
적막하기 그지없어 내 마음 알아줄 사람 없네.	蕭條索莫少知音
이웃으로 거처를 옮겨 고령으로 찾아가서	徙隣欲向高陽地
시 좋아하는 병 때때로 가르침 받고자 하네.[22]	詩病時時得細鍼

눈 내린 겨울밤도 아랑곳 않고 김굉필은 현풍과 고령을 오고 가며 김맹성에게 시를 배웠다. 사흘 밤을 함께 지낸 적도 있었다. 자기 스스로 '시병(詩病)'이 있다고 고백할 정도로 시를 좋아했다. 3년 전 김종직으로부터 『소학』 공부와 마음을 맑게 하는 공부에 전념하라는 권유를 받았음에도 불구하고 김굉필은 여전히 문장공부를 버리지 않고 있었다. 시문 창작 능력이 절대적으로 요구되는 당시 과거시험을 위해서도 소홀히 여길 수 없었던 것이다. 이처럼 김맹성에게 반년 가까이 가르침을 받은 뒤, 26세 되던 성종 10년(1479) 초봄 서울로 올라갔다. 역시 이듬해 봄에 열릴 과거에 응시하기 위해서였다. 스승 김맹성이 그때 한껏 기대하며 격려한 시가 남아있다.

깨끗한 마음속은 세속을 벗어난 봄이요	洒落胸中物外春
구름 뚫고 날아올라 아득히 진세를 떠났구나.	凌雲逸翮迥離塵
묻노라 그 당시에 기둥에 이름 쓴 나그네	爲問當時題柱客
뒷날 비단 버린 사람일 줄 누가 알리요.[23]	誰知他日棄繻人

김맹성이 한나라 사마상여(司馬相如)와 종군(終軍)의 고사를 인용하며 과거에 급제하리라 믿었던 것처럼, 과연 김굉필은 2월 24일에 치른 생원

---

22 김굉필, 〈伏呈止止堂〉, 『경현록』, 39~40쪽.
23 김맹성, 〈和, 述懷 二絶〉, 『경현록』, 42~43쪽.

시에서 합격한다. 그의 나이 27세였다. 흥미로운 것은 남효온도 그때 진사시에 급제하여 김굉필과 동년(同年)의 인연을 맺게 되었다는 사실이다. 남효온은 〈사우명행록〉에서 김굉필을 '현풍인'으로 기록하고 있고 〈사마방목〉에도 '거주지 현풍'이라 적고 있다. 김굉필은 젊은 시절을 주로 현풍에서 지내며, 함양의 김종직과 고령의 김맹성이란 두 스승을 찾아가 마음공부와 문장공부를 배워갔던 것이다.

그렇다면 김굉필의 삶 가운데 남효온이 가장 인상적으로 기억했던 행적, 곧 "손에서『소학』을 놓지 않았으며" 사람들이 국가의 일을 물으면 "『소학』을 읽는 아이가 어찌 큰 의리를 알겠는가."라고 대답했다는 것은 어느 때였을까? 또한 "문장에 종사해도 천기를 알지 못했지만, 『소학』의 글 속에서 어제의 잘못을 깨닫노라[業文猶未識天機, 小學書中悟昨非]"라는 술회시에 대해 김종직이 "이것은 성인이 되는 근본 터전이니, 노재(魯齋, 허형) 이후에 어찌 그러한 사람이 없다고 하겠는가."라고 추중했다는 것은 어느 때였을까?

김굉필 스스로 밝히고 있는 '업문(業文)'이란 과거를 위한 문장공부를 지칭하는 것일 터다. 그의 말을 준신한다면『소학』을 통해 깊은 깨달음을 얻은 것은 과거공부를 하면서도 그에 대해 깊은 회의를 갖고 있던 무렵일 가능성이 높다. 김종직은 학문에서 엽등하지 말아야 한다는 부친 김숙자의 가르침을 가슴 깊이 간직하고서 후학을 지도했다. 그런 까닭에 『소학』을 다른 어떤 공부보다 우선해야 할 과정으로 여겼다. 자기 아들이 10세에『소학』공부를 시작했는데도 불구하고 자기보다 늦었다고 나무랄 정도였다.[24] 그렇다면 문장공부에 힘쓰던 이십대의 젊은 김굉필·곽승화에게 마음공부를 권유하면서『소학』을 빠뜨릴 리 없다. 김굉필 역시『소학』을 새로운 마음으로 다시 읽었을 것으로 추정된다.[25]

---

24 김종직, 『점필재집』 시집 권5, 〈獸君如金山〉. "十齡入小學, 汝已後於吾."

하지만 거기에만 그치지 않았다. 고향 현풍과 서울을 오고 가며 공부를 했고, 생원시에 합격한 27세 이후에는 성균관에 입학하여 동료들과 공부했다. 그리고 그때 성균관에는 젊은 유생들이 소학계를 결성하여 『소학』 공부에 열심이었다. 남효온을 비롯한 많은 사람들이 강조하고 있듯, 김굉필에게 있어 『소학』은 여덟 살 어린 나이에 처음 배우는 동몽 교재가 아니었다. 젊은 김굉필에게 『소학』이란 텍스트는 한낱 초학자가 처음 유교 이념을 학습하는 대상이 아니라 유교지식인으로서 반드시 실천해야 하는 규범으로 받아들여졌다. 그런 새로운 깨달음은 20대 전반 함양에서 김종직에게 배운 것을 바탕으로 20대 후반 서울에 올라가 만나게 된 성균관의 젊은 벗들과 교유하며 얻은 학문적 경험에서 가능했던 것으로 보인다.

2) 벗들과의 만남, 시주詩酒와 도학道學의 두 길

김굉필은 20대 중반까지 처가인 합천과 고향인 현풍, 김종직이 지방관으로 있던 함양과 선산, 그리고 김맹성이 유배 내려와 있던 고령 등지를 오가며 수학의 시절을 보냈다. 물론 그 기간 중에도 김굉필은 24세 여름과 26세 초봄, 과거를 보러 서울에 올라갔다 왔다. 그리고 27세 생원시에 급제한 뒤, 성균관에 입학하여 새로운 벗들과 본격적인 교유를 하게 된다. 실제로 성종 11년(1480) 6월 6일, 진사 최부(崔溥), 생원 송석충(宋

---

25 〈점필재연보〉에는 김굉필이 『소학』에 전념하게 된 계기를 함양군수로 있던 김종직을 만났던 때로 기록하고 있다. "一蠹 鄭汝昌과 寒暄 金宏弼은 서로 친구 사이로서 함께 선생의 門下에 와서 배우기를 청하니, 선생은 古人이 학문한 차례를 따라 가르쳐서, 먼저 『小學』·『大學』을 읽히고 마침내 『論語』·『孟子』를 읽게 하였다. 그들은 날로 선생의 가르침을 받아서, 이윽고 綱領과 旨趣를 알고 나서는 道義를 연구하였다."

碩忠), 진사 박담손(朴聃孫), 생원 신희연(申希演)과 함께 서울 호현방 집에서 〈정지교부계(情志交孚契)〉를 맺기도 했다.[26] 나이가 비슷하고 도가 같고 정과 뜻이 서로 맞는다는 취지로 결성된 이 모임의 구성원은 성균관에 입학하여 함께 수학하고 있는 서울 출신, 영남 출신, 호남 출신이 망라되어 있었다. 하지만 당시 새로운 시대를 꿈꾸며 동류의식을 키워갔던 성균관 유생의 대표적인 모임으로는 〈소학계〉를 꼽아야만 한다. 그 모임의 리더는 충청도 은진 출신의 강응정(姜應貞)이 맡았다. 남효온은 그가 주도한 소학계를 다음과 같이 소개하고 있다.

    강응정은 젊은 날 성균관에서 유학할 때 서울의 준수한 선비들과 더불어 주자의 고사에 의거하여 향약을 만들고 매달 초하루에 『소학』을 강론하였다. 그때 뽑힌 사람은 모두 당시의 명사들로서 김용석·신종호·박연·손효조·정경조·권주·정석형·강백진·김윤제 등이었다. 이들은 그 가운데 두드러진 사람이고 그 나머지는 이루 기록하지 못한다. 세상에서 좋아하지 않는 자들이 시끄럽게 떠들며 혹은 '소학계'라 지목하거나 '효자계'라 지목했다. 공자·사성(四聖)·십철(十哲)이라는 기롱도 있었다.[27]

위의 기록에서 보듯, 성균관 유생들이 결성한 '소학계'에서는 『소학』을 과거공부를 위한 학습 차원을 넘어서서 주자가 실천한 것을 재현하려는 의도로 받아들이고 있었다. 위에 거명된 소학계의 멤버들을 살펴보면

---

26 『경현록』, 「보유」, 248쪽.
27 남효온, 『추강집』 권7, 〈사우명행록〉. "少時遊大學, 與長安俊士, 依朱文公故事作鄕約, 或月朝講論小學. 其選皆一時名士, 如金用石字鍊叔·申從濩字次韶·朴演字文叔·孫孝祖字無忝·鄭敬祖字孝昆·權柱字友卿·丁碩亨字嘉會·康伯珍字子韞·金允濟字子舟. 此其尤也, 餘不盡錄. 世之不悅者喧之, 或指爲小學之契, 或指爲孝子之契, 有夫子四聖十哲之譏."

대략 세조 말부터 성종 초년까지 사마시에 급제했던 젊은이들이다. 그리고 이들이 결성한 소학계는 김굉필이 성균관에 입학했던 성종 11년 이전부터 활동하고 있었다. 김굉필이 성균관의 선배들이 조직했던 소학계에 참여했다는 기록은 없다. 다만 이름을 거론하지 않은 인물 외에도 이루 기록하지 못할 정도로 인원이 많았다는 남효온의 증언처럼, 김굉필도 그런 『소학』 공부 분위기에 영향을 받지 않을 수 없었을 터다.

하지만 한때 『소학』을 보급해야 한다고 목소리를 높였던 훈구대신들은 성균관 유생들의 이런 공부 모임을 지원하거나 격려하기는커녕 격렬한 비난과 조롱의 시선으로 대했다.[28] 실제로 소학계가 조정에서 초미의 관심사로 떠오른 적도 있었다. 성종 9년 4월 15일, 남효온이 소릉(昭陵)의 복위 등 여덟 가지 시폐(時弊)를 적시한 상소를 올렸을 때였다. 도승지 임사홍, 영사 정창손·한명회 등은 젊은 유생이 이런 내용의 상소를 올린 것은 성균관 유생들이 붕당을 맺은 증거라며 곧바로 '소학계'를 지목했다. 성종의 무마로 처벌은 간신히 면했지만, 남효온은 그때부터 훈구대신들에게 '미친 서생[狂生]' 취급을 받으며 죽을 때까지 정치 현실에서 완전하게 배제되었다.[29]

남효온만이 아니었다. 이심원·고순도 그때 같이 상소를 올렸다가 '망

---

28 성종 2년(1471) 6월 8일 대사헌 한치형이 『소학』과 『삼강행실도』를 간행·배포하자는 상소를 올릴 정도로 훈구대신들은 『소학』 보급에 앞장섰다. 뿐만 아니라 성종 자신도 경연 夜對에서 전에 『소학』을 읽었지만 다시 강해야겠다고 할 정도로 중시했다. 이런 『소학』 중시 분위기에 힘입어 성종 9년 8월 21일의 기사에 나와 있는 바와 같이 "이전부터 中外의 유생들로 하여금 모두 『소학』을 읽게 하였으므로 『소학』 책은 집집마다 모두 있다."고 할 정도가 되었다.

29 『성종실록』에는 남효온이 성종의 비호로 국문을 면한 것으로 기록되어 있지만, 벗 조신은 『소문쇄록』에서 유배를 간 것으로 기록하고 있다. 어느 기록이 맞는지 현재로선 확인할 길 없지만, 어떤 결과로 끝이 났든 이로부터 남효온이 정치 현실로부터 혹독한 시련과 배척을 받았다는 사실만큼은 동일하다.

령된 서생'이란 비난을 들어야 했다. 당시 젊은 유생들의 시대정신과 그 실천적 요구가 권력을 장악하고 있던 훈구대신의 눈에는 철없는 젊은이의 치기처럼 간주되던 사례이다. 사람들이 국가의 일에 대해 물으면 "『소학』을 읽는 아이가 어찌 큰 의리를 알겠는가?"라며 '소학동자'로 자처했다는 김굉필의 경우도 같은 차원에서 이해할 필요가 있다. '소학동자'로 자처했던 것은 전일한 마음으로 『소학』에 정진하겠다는 다짐과 함께 훈구대신들의 어이없는 조롱을 달게 받아들이겠다는 역설적 대꾸이기도 했던 것이다.[30]

물론 이런 조롱의 시선으로 바라보던 부류는 훈구대신만이 아니라 같은 동료들 가운데도 있었다. 권경유(權景裕)가 대표적인 경우이다. 그도 처음에는 소학계의 리더였던 강응정의 행동이 인정(人情)에 가깝지 않다며 미워했다. 하지만 점차 그가 실제 행동하는 모습을 사랑하게 되었다고 한다. 안응세도 그러했다. 남효온은 안응세의 죽음을 애도하는 시에서 안응세가 "처음에는 위학(僞學)을 한다는 이유로 강응정을 미워했지만, 나중에는 그의 진실한 행실을 듣고 후회하며 스승으로 삼으려 했다."[31]고 증언하고 있다. 안응세의 발언 가운데 『소학』의 규범을 충실하게 따르는 강응정을 한때는 위학을 한다고 미워했다는 대목이 눈길을 끈다. 성리학을 주창한 주자와 그의 제자들도 그 당시에서는 위학이라는 이름으로 배척을 받았기 때문이다.

성종의 시대에도 그러했던 것이다. 그만큼 『소학』을 삶의 규범으로 실천하려는 것은 훈구대신에게만이 아니라 신진사류에게조차 낯설고

---

30 정경주,「한훤당 김굉필 도학의 전승 양상」,『영남학』제22호(경북대 영남문화연구원, 2012), 21쪽.
31 남효온,『추강집』권2,〈挽安子挺. 六首〉중 제2수 제3구 "末路知公直"의 구절 아래 "以爲僞學, 晚聞實行, 自悔欲師."라는 주석을 달아놓고 있다.

불편하게 여겨지고 있었다. 그렇다면 여기에서 강응정이란 인물을 통해 소학적 삶을 살았던 신진사류의 면모를 유추해보기로 하자. 그가 역사의 전면에 이름을 드러내게 된 것은 남다른 효행 때문이었다. 성종 1년 충청도관찰사 김양경은 그를 다음과 같이 조정에 추천했다.

> 같은 고을 사람 강응정은 검중추(檢中樞) 강의(姜毅)의 아들입니다. 어미가 오랫동안 병을 앓으니, 강응정이 두어 달 동안이나 옷에 띠를 풀지 않고 밤이 새도록 자지 않았습니다. 또한 아비가 병이 위급해지니, 강응정은 향을 피워 하늘에 빌면서 자기 몸으로 대신하기를 빌었고, 똥을 가져다가 맛보아 병이 덜하고 더한 것을 점쳤습니다. 부모가 죽자 5년 동안이나 여묘(廬墓)살이 하며 술·과실·소금·채소를 먹지 않았습니다.[32]

어머니가 병들었을 때, 그리고 아버지가 병들었을 때 강응정은 지극 정성으로 간호를 했다. 그리고 부모가 연이어 돌아가시자 도합 오년 동안 여묘살이를 하며 냄새나는 음식을 절대 입에 대지 않았다. 남효온이 〈사우명행록〉에 기록하고 있듯, 부모의 상을 치를 때 『주자가례』를 따르는 등 지극한 효성으로 조정에 알려져 정문(旌門)과 정려(旌閭)가 내려졌고, 정역(丁役)도 면제를 받았다.[33] 추천 당시 예조에서는 정문, 복호를 내리는 것 외에도 벼슬을 줄 만한 사람은 등용할 것을 건의했고, 성종도 그러겠노라고 했다.[34] 하지만 강응정에게 그러한 조처가 실행되지 않자

---

32 『성종실록』 성종 1년 2월 7일. "同縣人姜應貞, 檢中樞姜毅之子, 母久病, 應貞數月衣不解帶, 終夜不寐. 又父病革, 應貞焚香禱天, 求以身代, 取糞嘗之, 以占差劇. 及父母歿, 廬墓五年, 不食酒果·鹽菜."
33 남효온, 『추강집』 권7, 〈사우명행록〉. "後居父母喪, 一從家禮, 冬月裸跣, 體無完肉. 事聞, 旌表門閭, 甄家丁役."
34 『성종실록』 성종 1년 2월 7일. "禮曹據此啓: '… 請立旌門·復戶, 其堪任使者, 令吏

성종 9년 구언상소를 올렸던 이심원이 정여창과 함께 효렴(孝廉)으로 추천했을 정도로 사우들 간에 신망이 두터웠다.

그런 충청도 유생이 과거시험의 대상으로만 여겨지던 『소학』을 모든 일상적 생활규범, 곧 유교적 인간으로 거듭나게 만드는 데 필수적인 삶의 교본으로 전환시켜 가고 있었던 것이다. 그리고 보면 "성품이 단아하고 중후하였다. 술을 마시지 않았고, 냄새나는 채소를 먹지 않았고, 쇠고기와 말고기를 먹지 않았다."는 정여창이라든가 "고상한 행실은 비할 데가 없어 평상시에도 반드시 의관을 갖추었고, 본부인 외에는 일찍이 여색을 가까이하지 않았다"는 김굉필도 강응정과 비슷한 품행을 보이고 있었다.[35] 이들과 같은 지방 출신 유생의 견결한 태도는 당시 성균관 유생 사이에서 단연 돋보였고, 점차 동료들의 공감을 얻어가며 『소학』에 대한 새로운 학풍을 일으킬 수 있었던 것이다.

김굉필이 생원시에 급제한 뒤 성균관에서 대과를 준비할 무렵, 그곳의 젊은 유생들은 이처럼 새로운 학문을 통해 새로운 시대를 꿈꾸고 있었다. 반면 훈구대신으로부터는 번번한 좌절을 겪어야만 했다. 앞서 거론한 남효온·이심원은 물론 김굉필도 그러했다. 성종 11년(1480) 6월 16일 김굉필은 성균관 유생 신분으로 혹세무민하고 있는 원각사 승려의 강력한 처벌을 건의하는 상소를 올렸지만, 끝내 받아들여지지 않았다.[36]

·兵曹, 陞資錄用.' 從之."

35 남효온은 이들과 유사한 인물로 安愚의 행동을 특기하고 있다. 그는 鄕試에 합격해 서울로 가서 會試의 試場에 들어가려 했다. 그때 四館의 연소한 자들이 나이 든 지방 유생이라며 교만하게 대하고 심지어 때리려고까지 했다. 그러자 "부모께서 물려준 몸을 어찌 죄 없이 스스로 손상시켜서 명리를 구한단 말인가." 하고는 홀연 낙향해 버렸다. 남효온은 그런 그를 "절조가 東漢의 선비에 견줄 만하다."고 칭찬했다. 〈사우명행록〉. "嘗擧於鄕, 赴京入會試, 四館年少者驕傲, 長老鄕生欲撻之. 時叔曰: '安可以父母遺體, 無罪而自毀, 以求名利乎?' 不入而去. 操節可方東漢云."

36 사헌부장령 이인석이 처음으로 원각사 승려의 처벌을 제기한 이후 성균관 유생들이

왕위를 찬탈한 세조의 시대가 끝나고, 아들 예종을 거쳐 손자인 성종의 시대를 맞이했건만, 세조대 훈구공신의 위력은 여전했던 것이다.

그런 좌절을 경험하며 젊은 신진사류들은 뿔뿔이 흩어졌다. 어떤 벗들은 시세를 타고 벼슬길에 오르기도 했지만, 어떤 벗들은 낙향하고 또 어떤 벗들은 울분의 심경을 시주(詩酒)로 달래기도 했다. 이즈음 결성된 '죽림우사(竹林羽士)'라는 모임은 그 대표적 행로 가운데 하나였다. 성종 13년(1482) 봄에 모임을 구성한 멤버는 남효온·홍유손·이정은·이총·우선언·조자지·한경기·이현손·노섭·유방 등이었다.[37] 그 모임을 주도했던 남효온을 비롯한 젊은 그들은 훈구공신들이 태평성대라 자부하고 있던 성종의 시대를 전혀 다르게 보고 있다. 그들에게는 벼슬하기에 적당하지 않은 암울한 시대로 받아들여졌다. 중국의 죽림칠현을 본받아 시주(詩酒)와 청담(淸談)으로 울울한 심경을 풀어버릴 수밖에 없던 까닭이다.

이 죽림우사에 참여한 남효온·우선언은 명문가문의 후예였고, 이정은·이총·이현손은 왕실의 자제였다. 또한 한경기·노섭·유방처럼 당대 최고 권력자인 한명회·노수신·유자광의 아들도 있었다. 홍유손은 낮은 향리 출신이었다. 시대의 울분에 공감하던 다양한 부류의 젊은 자제들이 망라되어 있었다. 하지만 김굉필은 이들처럼 비분강개하거나 완세불공하는 방식으로 좌절의 시대를 넘어서려 하지 않았다. 대신, 도학의 세계

가세하여 격렬한 상소가 지속적으로 올렸다. 김굉필도 그 대열에 동참했다. 하지만 이런 요구는 끝내 받아들여지지 않았다. 『성종실록』 성종 11년 5월 25일 기사 참조.

37 『연산군일기』 연산군 4년 8월 20일. "洪裕孫供云: '去壬寅年春, 往趙自知家, 南孝溫·秀泉正貞恩·韓景琦·禹善言·茂豊正摠亦來會. 吾語孝溫曰: 時世不當仕, 吾等宜號爲竹林七賢, 浪遊耳. 孝溫曰: 諾. 各備逍遙巾, 齎酒殽, 約會東大門外城底竹林間, 着其巾. 孝溫作頭, 裕孫次之, 秀泉正·茂豊正·禹善言·趙自知·韓景琦爲七賢, 明陽正賢孫·盧爕·柳房後至, 相對酒巡, 依屠蘇飮, 自少達上, 自唱自舞, 日暮而罷.' 孝溫則已死, 茂豊正摠流配遠方. 其餘趙自知·貞恩·韓景琦·禹善言·賢孫·盧爕·柳房請拿來推鞫. 從之."

로 깊이 침잠하는 길을 선택했다. 김굉필의 그런 면모를 절친했던 벗 신영희(辛永禧)는 다음과 같이 증언하고 있다.

> 김굉필은 성리학에 연원을 가지고 근면 독실하여 게으르지 아니하였다. 성종 때에 덕행으로 처음 등용되었다가 여러 번 천거되어 형조좌랑에 추천되었다. 수십 년 전에 나[신영희]를 책망하기를, "군과 이미 절교를 하고자 했지만, 인정상 차마 그러지 못했다."라고 하였다. 내가 그 이유를 물으니 말하기를 "군이 결단할 것이 아니다." 하였다. 다시 추궁하여 물은즉 "남효온·이총·이정은·허반은 모두 진풍(晉風)이 있다. 진나라는 청담(淸淡)이 누가 되어 10년이 가지 않아서 화가 이들에게 미쳤다." 하였다. 나도 그로부터 맹세하고 다시는 이들과 왕래하지 아니하였지만, 뒤에 모두들 화를 면하지 못했다.[38]

김굉필은 절친 남효온이 주도하고 있던 죽림우사의 태도를 극도로 경계했다. 그들과 절교도 불사할 정도였다. 이때의 섭섭함이 계기가 되어 남효온은 임종 직전 찾아온 김굉필을 문에 들이지 않았다는 일화가 전하기도 한다.[39] 한때 소학계를 결성하여 올곧은 유교적 윤리를 벼려가던

---

38 허봉, 『海東野言』 권2. "金大猷性學淵源, 謹篤不倦. 成廟朝, 以行首擧, 累遷爲刑曹佐郞. 去數十年間, 責我曰: '於君已欲絶交, 而情不忍云.' 問之則云: '非君能斷也.' 追問之則曰: '伯恭百源正中文炳皆有晉風. 晉以淸談累, 不出十年, 禍在此輩云.' 予誓自今不復來往. 後皆不保." 허봉은 이 일화의 출전을 辛永禧의 〈師友言行錄〉이라고 밝혔다. 남효온의 〈사우명행록〉과 같은 내용의 잡록이라 생각되는데, 현재는 전하지 않고 『해동야언』·『연려실기술』 등에 일화가 간간이 전재되고 있다.
39 신영희는 〈사우언행록〉에서 남효온과 김굉필의 최후를 이렇게 그리고 있다. "남효온의 병이 위독하여 김굉필이 가서 문병하였으나 남효온이 거절하고 보지 않으므로 김굉필이 문을 열고 들어갔다. 남효온은 벽을 향해 누워서 말 한마디 없이 영원히 결별하였으니, 이는 김굉필과 절교하는 것이었다."

많은 벗들은 여러 길로 분화되어 나갔다. 희망과 절망이 뒤얽힌 성종대의 한 단면이다. 그런 시대에 김굉필은 몸과 마음을 조금도 흐트러뜨리지 않고 『소학』의 실천을 통해 도학의 길을 깊이 추구해 들어갔다. 소학동자로 자처한 김굉필을 뒷날 동방오현(東邦五賢)의 첫 번째 인물로 기억하고 있는 까닭은, 많은 벗들이 하나둘 좌절해가는 가운데서도 초심을 간직한 채 올곧게 그 길을 걸어갔기 때문일 것이다.

4. 시대정신의 변화와 사제-사우의 갈등

1) 시대인식을 둘러싼 사제 간의 이견

남효온은 〈사우명행록〉에서 김굉필이 서른 살이 된 뒤, 비로소 『소학』 이외의 책들을 읽었고 후진 교육에 열심이었다고 증언하고 있다. 세상이 만회될 수 없고 도가 행해질 수 없음을 알고서 빛을 감추고 자취를 숨겼다고도 했다. 서른 살이 되던 성종 14년(1483)을 삶의 전환기로 명시하고 있는 것이다. 그 무렵, 무슨 일이 있었던 것일까? 앞서 살펴본 것처럼 1년 전, 남효온·홍유손 등의 부류는 벼슬하기 적절하지 않은 세상이라며 죽림우회를 결성해 시주와 청담으로 시대의 울분을 토로하고 있었다. 김굉필은 비록 동참하지 않았지만, 그들의 진정과 행동을 이해할 수는 있었다. 더욱이 그해 성균관 유생들은 큰 사건으로 곤욕을 치르고 있었다. 성종 13년(1482) 늦봄, 성균관 유생들은 교수의 무능을 참다못해 단체 행동에 들어갔던 것이다. 성균관 유생들은 선생의 무능을 신랄하게 조롱하는 시를 지어 성균관 벽에 내붙였다.

제자가 스승을 공개적으로 비난한 그 사건은 조정 안팎에 엄청난 풍파를 몰고 왔다. 신진사류를 은근히 비호·격려해온 성종이었지만, 이런 상황에 대해서는 그냥 넘어가지 않았다. "성균관 유사들은 추문(推問)하는 동안 과거를 중단시켜 풍속을 바로잡아라. 또한 스승 비방하는 시를 지어 기롱하고 모욕한 것에 대해, 성균관 유사들을 끝까지 조사하여 아뢰라."[40]는 엄명을 내렸다. 그러고는 성균관 유생 수십 명을 의금부에 가두고 주범 색출 작업에 나섰다. 하지만 끝내 밝혀내지 못한 채 한 달 남짓한 조사 끝에 모두 방면하게 된다.[41] 한 달이 넘는 가혹한 국문에도 불구하고 끝내 주모자를 밝혀낼 만한 그 어떤 증거도 찾아내지 못했던 것이다. 모두가 알고 있는 주모자를 끝내 발설하지 않은 성균관 유생의 태도를 통해 그때 그들이 얼마만큼 불만에 공감하고 있었는가를 짐작할 수 있다.

성균관 유생의 불만이 들끓고 그것이 성균관 벽서시의 형태로 불거져 나오던 무렵, 김굉필은 서울을 뒤로하고 낙향을 선택했다. 그때는 스승 김종직도 모친상을 당해 밀양에서 삼년상을 치른 뒤, 처가인 금산(金山)으로 옮겨 경렴당(景濂堂)을 짓고 강학을 준비하고 있던 즈음이었다. 김종직은 모친상을 치를 때도 제자 교육을 멈추지 않았다. 천 리 길을 걸어온 홍유손과 양준·양개 형제와 같은 서울의 젊은 신진사류는 물론 김기손·김일손 형제 같은 인근 지역의 젊은 제자도 배움을 위해 찾아왔다. 성균관에 실망한 당시 젊은 부류들이 김종직에게 배우기 위해 영남으로

---

40 『성종실록』 성종 13년 윤8월 20일. "仍傳于禮曹: '春夏間, 成均館上下齋有司, 現推間停擧, 以正風俗.' 又傳于義禁府曰: '歷詆師長, 作詩欺侮, 其窮推成均館上下齋有司以啓.'"

41 『성종실록』 성종 13년 9월 27일. "傳旨義禁府曰: '大抵儒生, 學聖人之道, 以他日事君行道爲志. 而今成均儒生等, 歷詆師長, 作詩譏侮, 傷風敗俗, 莫此爲甚, 固當窮推痛懲. 然旣沒形迹, 又無辭證. 今其辭連, 無慮數十餘人, 曠日繫獄, 若其所犯之人, 則雖加刑杖, 固不足惜. 然其間豈無無辜橫罹者乎? 況今取士之路, 不可不廣, 特竝棄之.'" 성균관 벽서시 사건은 성현도 『용재총화』에서 이렇게 기록했다. "성균관이 비록 예법을 배우는 곳이라 하나 유생이 모두 名家子弟들이어서 제어를 받지 않았다. 조정에서 국문하니 일이 三館 및 諸生에게 연루하여 수십 인이 갇혀서 혹 고문을 받은 사람도 있었으나 마침내 그 情狀을 얻지 못하여 모두 放免되었다."

몰려들고 있었던 것이다. 김굉필의 낙향도 그 행렬에 동참하기 위함이다. 그런 사실을 김일손은 무오사화 때 "김굉필은 김종직이 상을 만났을 때에 수업했다"[42]고 밝히고 있다. 김일손도 그때 함께 수업을 받았던 만큼, 기억에 착오가 있을 리 없다.

하지만 경렴당에서 가르침을 받고 있던 김굉필은 성종 13년 4월 다섯 수의 시를 지어 스승에게 바쳤다. 현재 김굉필의 시는 전하지 않고, 김종직이 화답했던 시만 남아 있다. 그런 까닭에 김굉필이 스승에게 어떤 내용의 시를 지어 바쳤는지 확인할 길은 없지만, 김종직이 화답한 시를 통해 얼마간의 추측이 가능하다. 성종의 간곡한 부름을 받아 망설이고 있는 스승을 만류하는 내용이었다. 오랜 고심 끝에 상경하기로 마음먹고 제자 김굉필에게 화답한 첫 번째 시는 다음과 같았다.

늘그막에 외람되게도 조정의 서찰을 받았으니	白首叨蒙一札頒
그윽한 거처 양수와 염천 사이에 두게 되었구나.	幽居空寄瀼濂間
그대 나라 병폐 고치는 일 성급한 계책이라 하지만	醫國子言誠計早
우리의 도는 예로부터 굴곡이 심했다네.[43]	吾道從來軌骳難

제1·2구는 임금의 부름을 받아 올라가게 되었으니, 애써 경렴당을 지어 은거하려던 뜻이 어그러지고 말았다는 내용이다. 여기서 주목할 대목은 김굉필이 했던 말을 인용하고 있는 제3구이다. 조정에 들어가 벼슬살이하는 것을 '의국(醫國)'으로 표현하고 있다. 그럴 만큼 당시 정국을 곪을 대로 곪아 있다고 단정하고 있었던 것이다. 때문에 지금은 벼슬길에 나갈 때가 아니라며 스승을 만류하고 싶었다. 하지만 김종직은 포기할

---

42 『연산군일기』 연산군 4년 7월 17일. "金宏弼, 宗直遭喪時受業."
43 김종직, 『점필재집』 시집 권15, 〈和金大猷 五首〉 제1수.

수 없었다. 아무리 험한 난관이 있다 하더라도 세상에 나아가는 것을 '우리의 도[吾道]'가 감당해야 할 사명으로 여기고 있었기 때문이다.

성종 13년 봄, 십여 년 동안 함양군수와 선산부사로 내려와 있던 스승 김종직과 성균관 유생으로 지내면서 서울의 혼탁한 정치 현실을 뼈저리게 경험하고 내려온 제자 김굉필은 당대에 대한 시대인식과 대처방식이 많이 달랐던 것이다. 마침내 김종직은 다섯 번째 시 마지막 구절에서 "어전에서 임금의 고문에 장차 대비하자면, 마땅히 그대의 시 다섯 편을 가지고 가서 외워야 하리[細氈顧問如將備, 要取君詩誦五章]"라는 시를 지어주고는 서울로 올라갔다. 그때 김종직은 52세, 김굉필은 29세였다. 성종의 부름을 받아 오랜만에 조정에 복귀한 김종직은 홍문관·승정원 등의 요직을 맡아 성종을 가까운 곁에서 보필하게 된다. 마침내 성종 15년(1484) 10월 26일 이조참판에까지 올랐다. 불과 2년 반 동안 거둔 고속 승진이었다. 김종직의 관직생활을 돌아보건대 가장 득의한 시절이었지만, 한편 가장 가슴 아픈 시기이기도 했다. 김굉필·홍유손과 같은 제자로부터 신랄한 비난을 받았기 때문이다. 남효온은 이때 김굉필과 김종직이 다음과 같은 시를 주고받았다고 증언하고 있다.

[1] 김굉필의 시
도란 겨울에 갖옷 입고 여름에 얼음 마시는 것과 같거늘　道在冬裘夏飲氷
비 개면 가고 비 오면 멈춤이 어찌 전능한 일일까　霽行潦止豈全能
난초도 만약 세속을 따른다면 마침내 변할 것이니　蘭如從俗終當變
소는 밭 갈고 말은 탄다는 이치를 누가 믿겠습니까.　誰信牛耕馬可乘

[2] 김종직의 화답시
분에 넘치게 관직이 경대부에 이르렀으나　分外官聯到伐氷
임금 바로잡고 세속 구하는 일 어찌 능히 하랴.　匡君救俗我何能

| 이로써 후배에게 오졸하다는 비웃음 받았으니 | 從敎後輩嘲迂拙 |
| 권세와 이익 구하는 일에는 나설 것이 못 되누나. | 勢利區區不足乘 |

　김종직과 김굉필의 사제관계를 이야기할 때, 으레 거론되는 사안이다. 남효온은 이런 시가 오고 간 까닭을 "점필재 선생이 이조참판이 되었으나 국사를 건의하는 일이 없었기 때문이다."라 분명하게 밝히고 있다. 그리고 〈사우명행록〉의 다른 자리에서 제자 홍유손이 그때 스승 김종직을 비판했던 일도 소개하고 있다. 이런 비판을 받아서 김종직은 김굉필과 '갈라지게[貳]' 되었고, 홍유손을 '미워하게[惡]' 되었다고도 했다. 그도 그럴 것이 홍유손은 "둥글게 행하고 모남을 싫어하는 것은 노자(老子)이고, 홀로만 행하고 남을 돌보지 않는 것은 부처"라며 스승을 김굉필보다 훨씬 직설적으로 비판했다. 사제 사이에 이런 날선 공방이 오고 간 까닭을 이황의 제자 이정(李楨)도 정확히 몰랐다. 그래서 사제의 명분과 의리란 중한 것이니, 서로 갈라졌다고 말한 남효온의 증언에 의심을 품기도 했다.[44] 그리하여 동료 기대승에게도 묻고, 스승 이황에게도 물었다. 하지만 이황조차 "한훤공의 시는 나도 잘 알지 못하는 곳이 있다."[45]고 고백할 정도로 그 까닭을 확신하지 못했다. 그러면서 조심스럽게 사제관계에 대한 자신의 견해를 다음과 같이 밝혔다.

　나는 생각하기를 이것은 반드시 드러나게 서로 배척하여야만 갈라졌다고 말할 수 있는 것은 아니다. 다만 스승과 제자 사이라 할지라도 지향하는 목표

44　이정, 〈敍述〉, 『경현록』, 35쪽. "楨이 삼가 상고하건대 스승과 제자 사이는 명분과 의리가 심히 엄하고 또 중하다. 추강이 기록한 중에 '서로 갈라졌다'는 말은 의심할 만하다. 학자들이 마땅히 상고해 보아야 할 것이나 달리 考訂할 데가 없으므로 삼가 여기에 기록하여 선생과 장자의 질정을 받으려 한다."
45　이황, 〈答李剛而書別紙　楨〉, 『경현록』, 89쪽.

가 조금이라도 다른 점이 있다면 또한 갈라졌다고 말할 수 있는 것이다. 점필재 선생에 대하여 후학이 감히 경솔하게 평할 수는 없으나 그 문집 속의 시문을 자세히 살펴보면, 그 뜻이 항상 문장을 위주로 하였으며 학문을 강구하는 면에 종사한 것은 별로 볼 수 없다. 한훤당 역시 학문에 관한 것은 징험할 만한 것이 없으나 그가 마음을 오로지하여 옛 사람의 의리를 힘써 행한 것은 속일 수 없는 사실이다. 그 지향하는 바가 이렇게 같지 아니한즉, 비록 스승과 제자의 명분은 정해져 있다 할지라도 어찌 다소 다른 점이 전혀 없을 수야 있으랴.[46]

이황의 판단처럼, 사제지간이라 해도 지향하는 바가 같지 않으면 길이 달라질 수는 있다. 그런 경우를 과거의 사례에서 종종 확인할 수 있다. 하지만 김종직과 김굉필의 경우, 남효온이 밝히고 있는 것처럼 공방을 주고받은 사안은 이조참판으로 있을 때 김종직이 취한 정치적 태도 때문이다. 곧 '건백(建白)'과 '시사(時事)'의 문제였다. 이황의 추측처럼 '문장의 길'과 '도학의 길'로 확대 해석해서는 안 되는 것이었다.[47] 이제 이조참판에 올랐으니, 그동안 꽉 막혀 있던 인사의 적체를 풀어줄 수 있겠다고 한껏 기대했던 제자들의 부푼 기대, 그러나 실제로는 그것이

---

46 이정, 〈事實〉, 『경현록』, 6쪽.
47 그럼에도 불구하고 이황의 견해는 이후 김종직과 김굉필의 지향을 갈라보는 정론으로 자리 잡아갔다. "金宏弼이라는 분이 있었으니, 이는 김종직의 제자입니다. 김종직은 대개 문장을 숭상한 반면 김굉필은 실행에 힘쓴 사람입니다."[奇大升, 『高峰集』, 「논사록」 상권, 선조 즉위년(1567) 10월 23일]라거나 "한훤당 선생이 점필재와 갈린 사실은 선생의 처신에서 중요한 문제였다. 점필재의 행동은 뒷세상에서 비난을 받지 않을 수 없었으니, 만일 선생이 점필재와 갈리지 않았더라면 선생 또한 뒷세상에 비난을 면치 못하였을 것이다. 이것이 실상 선생이 갈리지 않을 수 없었던 처지였다."[조식, 「遺事追補」, 『경현록』, 154쪽]라는 식으로 확대되어 갔다. 그 까닭은 당시 이들은 김굉필을 文廟에 배향하기 위해 그의 도학적 면모를 강조해야 했고, 그러기 위해서는 스승 김종직과의 차별성을 부각시켜야만 했던 것이다. 이에 대한 상세한 과정에 대해서는 최연식, 『조선의 지식계보학』(옥당, 2015), 204~211쪽 참조.

쉽지만은 않았던 데 대한 실망으로 한정하여 해석해야 했다. 뒤에서 다시 살피게 되겠지만, 김종직과 김굉필은 마지막 순간까지 사제의 관계가 끊어지거나 갈리지 않았다. 그렇다면 김종직이 이조참판으로 있을 때의 문제가 어떤 것이었는지 꼼꼼하게 살필 필요가 있다.

2) 시대인식을 둘러싼 사우 간의 논란

김종직은 성종의 신임에 힘입어 도승지를 거쳐 이조참판까지 올라가긴 했지만, 훈구대신들의 위세는 여전히 강력했다. 존중받고 있는 젊은 사류의 스승 김종직에 대한 시기와 견제는 예사롭지 않았고, 그런 만큼 김종직이 운신할 수 있는 여지는 매우 좁았다. 실제로 인사권을 쥐고 있는 요직에 있었음에도 불구하고, 김종직은 윤은로의 동부승지 천거를 막아내지 못했다. 그가 중전 부친인 윤호의 집안사람이라는 것을 알고는 묵인했다고 한다. 그리하여 사관으로부터 "먼저 정론을 내고도 뜻이 확고하지 않아서 권세에 아부하는 꼴이 되는 것을 면하지 못하였으니, 평소의 명망이 어디에 있는가?"[48]라는 신랄한 비판을 받아야만 했다.

뿐만 아니라 유자광과 이심원을 함께 서용하자는 모순적 또는 야합적 인사 조치에도 찬동했다. 유자광의 서용을 묵인하는 대가로 신진사류가 염원하고 있던 이심원을 등용하고자 했던 궁여지책이었을 것으로 짐작된다. 하지만 결과적으로 김종직의 시도는 실패했다. 유자광은 서용되었지만, 오랜 논란과 공방 끝에 이심원은 최종적으로 한명회·윤필상·서거정 등 훈구대신의 강력한 반대에 부딪쳐 등용되지 못했던 것이다.[49]

---

48 『성종실록』 성종 15년 8월 6일. "崇元先意獻諛, 固有罪矣. 宗直首發正論, 而意不確, 不免爲附勢之態, 素望安在?"

49 『성종실록』 성종 16년 2월 9일. "傳曰: '群議以爲綱常重事, 予豈能獨斷? 深源, 其勿

이런 일련의 인사 과정은 한껏 기대했던 젊은 제자들로 하여금 스승의 처사에 실망하도록 만들었다. 결국 김종직은 김지(金漬)를 등용했다는 이유로 탄핵을 받아 이조참판에서 물러나게 된다. 그때 김종직이 올린 사퇴의 변은 의미심장하다.

    김종직은 이승원과 함께 입궐하여 아뢰기를 "신은 오랫동안 외직을 지내어 조정 신하들의 어질고 어질지 못함을 알지 못합니다. 그리하여 인사 조치가 타당함을 잃어 사람들의 의논에 부끄럽습니다. 또한 신은 이극기를 대신하여 겸성균관동지가 되었습니다. 이극기는 여러 유생을 가르쳐 자못 훌륭한 공적이 있었는데, 신은 가르치는 일에 전념하지 못하고 있습니다. 청컨대 본직인 이조참판을 해임시켜주어 항상 성균관에서 근무할 수 있게 해주옵소서." 하여 윤허를 받았다.[50]

사퇴의 이유가 절절하다. 사실, 김종직은 탁월한 능력에도 불구하고 함양군수·선산부사와 모친상 등으로 12년 동안 지방에서 지내야 했다. 성종이 뒤늦게 서울로 불러올렸지만, 미미한 가문의 지방 출신인 김종직으로서는 얽히고설킨 훈구대신들의 복잡하고도 은밀한 인적 네트워크를 속속들이 알기 어려웠다. 오랫동안 외직으로 전전하여 조정 신하의 실상을 제대로 모른다는 것은 결코 변명이 아니었다. 설사 알고 있다 해도 자신의 소신대로 과감하게 처단할 수 있는 상황도 못 되었다. 나라 고치러 올라가는 일은 너무 성급한 계책이라며 만류했던 제자 김굉필의

    用之."
50 『성종실록』 성종 16년 7월 17일. "宗直啓曰: '臣久歷外官, 朝臣賢否, 未能悉知, 擧措失宜, 有愧人議. 且臣代李克基爲兼成均館同知, 克基敎誨諸生, 頗有聲績. 臣不能專事敎誨, 請解本職, 常仕成均館."

판단이 그리 틀리지 않았던 것이다.

하지만 김종직은 상황이 불리하다고 물러나 지켜보는 것만을 능사로 여기지 않았다. 하나의 일화가 있다. 안우(安遇)라는 제자는 김종직이 밀양에서 모친상을 치르는 동안 가르쳤던 제자였다. 하지만 그가 벼슬하려 하지 않아 사이가 나빠졌다. 안우도 김굉필처럼, 당대 현실이 벼슬하기에 적당하지 않은 세태라고 여겨 김종직과 다른 길을 걸었던 것이다. 이들 사제 간의 관계에서 보듯, 김종직은 입신하여 치세에 기여하는 것이 유자로서의 도리라고 믿고 있었다. 하지만 김굉필은 이런 출처관에 쉽게 공감할 수 없었다. 물론 김굉필과 달리 스승 김종직을 지지하는 제자도 있었다. 남효온과 김일손이 그들이다.

덕우는 곤장 맞아 온전한 살점 없고	德優杖下無完肉
효백은 양식 떨어져 목숨이 위태롭네.	孝伯糧化身命危
점필 선생은 비록 뜻 얻었다고 하지만	佔畢先生雖得志
참판에서 첨지 벼슬에 이르렀을 뿐이네.	自從參判到僉知
유하혜 같은 성인은 하급 관료로 몸 숨기고	柳下聖人隱下僚
기분 좋게 관복 입고서 밝은 조정에 섰었네.	油油烏帽立明朝
더러운 세상과 어울렸다고 사람들 의심하니	群兒疑是同塵污
동주로 만들 뜻 가졌음을 그 누가 알겠는가.[51]	誰識東周意未消

남효온이 성종 16년 겨울, 한 해 동안 겪었던 가슴 아픈 일들을 하나하나 적어나간 연작시 15수 가운데 두 수이다. 첫 번째 시는 김종직이 현재 조정에서 어떤 상황에 처해 있는가를 환기시켜 주고 있다. 한명회의 가

---

51 남효온, 『추강집』 권3, 〈自詠 十五首〉.

신으로 일컬어지던 김지를 만경현감에 임명했다가 사헌부의 탄핵을 받아 결국 이조참판을 사직하고 첨지중추부사로 물러앉아 있었던 것이다. 남효온이 보기에 절친했던 신영희와 같은 벗들이 당하고 있는 모진 고문이라든가 극한의 궁핍이 안타깝기 그지없지만, 이조참판이라는 요직에서 한직으로 밀려난 스승의 처지도 안타깝기는 마찬가지였다.

두 번째 시는 여기에서 한 걸음 더 나아간다. 그런 열악한 정치 환경 속에서도 벼슬길에서 뛰쳐나오지 않고 있는 스승을 변호하기 위해 유하혜(柳下惠)를 끌어들이고 있다. 춘추시대 노나라에서 사사(士師)의 벼슬을 하던 유하혜는 세 번씩 파직되었지만, 끝내 관직을 버리고 떠나지 않았다. 사람들은 그런 유하혜가 벼슬에 연연하여 그렇게 버티는 것이라고 비난하기도 했다. 하지만 유하혜가 떠나지 않은 이유는 달랐다. "도를 곧게 하여 사람을 섬기면 어디 간들 쫓겨나지 않겠으며, 도를 굽혀서 사람을 섬기려면 꼭 부모의 나라를 떠날 필요가 있겠는가?"[52]라는 이유였던 것이다.

남효온은 김종직이 훈구대신들이 틀어쥐고 있는 조정에 굳이 나아간 까닭도, 지금처럼 상황이 여의치 않은데도 버티고 있는 까닭도 유하혜에게 견주었다. 하지만 거기서 한 걸음 더 나아간다. 김종직에게는 조선을 동주(東周), 곧 동방의 주나라처럼 만들고자 하는 꿈이 있었다고 믿었다. 그것은 "나를 제대로 써 주기만 한다면, 내가 그 나라를 동방의 주나라로 만들 수 있을 텐데."[53]라고 탄식했던 공자에게 견주었던 것이다. 김종직에 대한 남효온의 기대와 신뢰가 어느 정도였는지를 잘 보여주는 대목이다.

또 다른 제자 김일손도 성종 17년 여섯 수의 시를 지어 김굉필에게

---

52 『논어, 微子』. "柳下惠爲士師, 三黜. 人曰: '子未可以去乎?' 曰: '直道而事人, 焉往而不三黜? 枉道而事人, 何必去父母之邦?'"
53 『논어, 陽貨』. "如有用我者, 吾其爲東周乎!"

보내며, 스승의 깊은 뜻을 헤아리지 못하고 있는 태도를 나무랐다. "여름 하루살이가 어찌 추운 겨울의 얼음을 말하랴?[夏蟲那可語寒氷]"로 시작되는 이들 작품 가운데 두 수만을 읽어보자.

사람이 세상에 처함에 얼음 위 걷듯 경계해야 하니	人於處世戒淵氷
쓰이고 버리고 행하고 숨는 것 오래 잘한 이 드물다네.	用舍行藏久鮮能
설령 그윽한 난초를 다북쑥과 뒤섞어놓는다고 한들	縱使幽蘭蓬艾混
아름다운 향기 어찌 나쁜 냄새에 더럽혀질 수 있으랴.	芳香肯被臭蒢乘

쪽빛은 푸른색에서 나왔고 물은 얼음에서 나왔거니	藍出其靑水出氷
말을 함에 다른 사람 흠 찾는 걸 능하다 하지 말라.	立言休道覓吹能
맑은 백이 화합한 유하혜 모두 먼저 깨달은 이들이니	淸夷和惠俱先覺
나가고 물러나는 중간에서 때에 맞게 선택해야 하리.[54]	進退中間時各乘

김일손이 말하고자 하는 바는 분명하다. 스승 김종직의 견결한 자세는 훈구대신들로부터 더럽게 물들지 않을 것이고, 나아가고 물러나는 어느 하나만을 절대적으로 옳다고 여기지 말라는 것이다. 스승 김종직의 처사를 둘러싼 논란으로 말미암아 지지하던 남효온·김일손과 비판하던 김굉필·홍유손 사이에 잠시 불편한 기류가 흐르기도 했을 것이다. 하지만 남효온은 여전히 김굉필을 가장 존중하는 사우로 간직했다. 논란을 벌이고 난 이듬해인 성종 16년 남효온은 이심원과 함께 도성 남쪽으로 물러 앉아 후배들과 강학을 하고 있던 김굉필의 은거 장소를 방문한 사실이 확인된다. 김굉필이 임종을 앞둔 남효온을 찾아왔을 때 대답 없이 돌아누웠다는 일화도 전하지만, 그건 평생 홀로 전국을 떠돌아다녔던

---

54 김일손, 『濯纓先生文集續上』, 〈次金大猷[宏弼]上畢齋先生韻 六首 丙午〉.

남효온의 극한 고독함이 그런 방식으로 표출되었을 따름이었다.

실제로 김일손의 경우, 아무 일도 없었다는 듯이 성종 21년 가야산을 김굉필과 함께 유람하는 등 그들에게 동류로서의 우의는 여전했다.[55] 그뿐만 아니다. 뒤에서 자세하게 살피게 되겠지만, 김굉필은 '갈라섰다던' 스승 김종직과 성종 20년(1489) 10월 밀양에서 함께 경사(經史)를 강론하며 지낸 사실이 확인된다. 이렇듯 제자가 스승에게 진정을 담아 비판적 조언을 서슴없이 한다든가 제자들이 자신의 견해를 서로 허심탄회하게 주고받을 수 있었던 것은, 김종직을 중심으로 한 그 당시 신진사류의 활기찬 사제-사우 관계의 진면목이기도 했다.

5. 삶의 전회와 사우-사제 간의 동류의식

1) 도학으로의 침잠과 사우 간의 존중

성균관 유생들이 스승을 조롱하는 시로 조정을 발칵 뒤집어놓고 난 이듬해, 성종 14년 3월 식년시가 열렸다. 김굉필의 나이 서른이 되던 해였다. 김굉필이 여기에 응시했는지는 명확하게 확인되지 않는다.[56] 하지만 남효온의 "나이 서른이 된 뒤에 비로소 다른 책을 읽었고, 후진을 가르치는 데에 게을리 하지 않았다."는 증언은 예사롭게 들리지 않는다. 김굉필이

---

55 김일손, 『탁영집』 권3, 〈釣賢堂記〉. "올해[성종 21년, 1490] 봄에 金大猷가 冶城에서 鼇山으로 나를 찾아와 가야산에 놀러 가기로 약속하였다. 두어 달 있다가 신발을 매만지고 대유를 만나러 가는데 수재 李洞가 동행하여 함께 武陵洞을 건너 紅流洞으로 들어가 致遠臺를 지나 海印寺에 도착하였다."

56 다만, 식년시가 열렸던 성종 14년(1483) 이후 김굉필이 고향 현풍으로부터 서울로 올라와서 지내고 있던 것은 사실로 확인된다. 이로 미루어볼 때, 아마도 과거에 응시하기 위해 올라왔지만 낙방했거나 포기했던 것으로 추측할 수 있다.

새로운 길로 들어선 바로 그때, 남효온과 김시습도 삶의 전회를 모색하고 있었다.

우선, 남효온은 정창손을 비롯한 훈구대신의 농간으로 과거에 낙방한 뒤 행주의 압도(鴨島)로 물러나 은거생활을 시작한다. 물론 농사짓고 물고기 잡는 여유를 즐기기도 했지만, 자신의 서재를 '경지재(敬止齋)'라 이름하고 거기에서 각종 〈심론〉·〈성론〉·〈명론〉 등 성리학 관련 논설을 활발하게 집필한다. 문장공부와 마음공부 사이에서 심각하게 갈등하던 마음을 다잡고 본격적인 학문의 길로 침잠해 들어갔던 것이다. 김시습도 그러했다. 성종의 즉위에 기대를 걸고 서울로 올라와 10여 년 동안 현실복귀를 도모하던 김시습도 과거를 불과 열흘 앞두고 홀연 관동으로 떠나버렸다. 흔히 남효온과 김시습은 현실을 등진 방외인처럼 치부되고 있지만, 이들은 자기가 살던 시대의 부조리한 현실에 대해 적극 발언하는 한편 성리학이라는 새로운 시대의 학문을 가장 앞서 선취한 선구자이기도 했다. 남효온이 일련의 논설에서 동료 정여창을 강하게 비판하고 있듯 이들의 성리학에 대한 이해는 당대 최첨단에 서 있었다. 그렇다면 김굉필이 서른이 된 이후 비로소 다른 책을 읽었다는 말은 그때부터 성리학에 대한 심화된 공부 길로 들어섰다고 바꿔 이해해야 한다. 거기에 더해 김굉필은 자기 혼자만의 공부가 아니라 스승 김종직처럼 후진교육을 자신의 소임으로 삼고 있었다.

이처럼 성종 14년 김굉필을 비롯한 김시습·남효온과 같은 사우들은 현실정치에 절망한 뒤, 도학의 길로 침잠해 들어갔다. 그런 맥락에서 김굉필과 김시습의 관계도 재음미해볼 필요가 있다. 그들 두 사람은 지향하는 바가 매우 다르고, 그래서 서로 거리가 멀 것처럼 생각되었다. 하지만 그들은 의외로 절친한 사이였다. 김시습은 서울을 등지고 관동으로 떠난 이듬해인 성종 15년 3월 〈억구(憶舊)〉라는 시를 지어 서울서 함께 했던 벗들을 회고했다. "사해에 교유하는 사람이 적긴 하지만, 내 마음 알아주는 벗들 저 고개 구름 아래 있다오[四海交遊少, 知心有嶺雲]"로 시작하는 첫째 수와 "매번 시주의 자리 마련해 놓고서, 오순도순 담소하며 술잔 주고받겠지[每因詩酒喚, 軟語緩飛觴]"로 끝맺는 마지막 수 사이에서 모두 다섯 명을 거론하고 있다. 남율·남효온·이심원·김굉필·이정은이 그들이다.

김시습이 자신과 절친하게 지냈던 다섯 명의 벗들 가운데 김굉필과 이심원을 꼽고 있는 것은 다소 뜻밖으로 보인다. 남효온이 밝히고 있는 김시습과 절친은 남효온 자신을 비롯하여 안응세·이정은·홍유손·우선언 등 다섯이었다. 그런데도 정작 김시습은 홍유손·우선언 대신에 김굉필과 이심원을 추억하고 있다. 그때, 김시습이 육경(六經)을 비롯한 유가서적을 수레에 가득 싣고 관동으로 떠났다는 사실에 주목할 필요가 있다. 김시습은 춘천에 은거하며 새롭게 자신의 학문을 구축하고 있었던 것이다. 그런 김시습이었기에 학문에 조예가 깊은 이심원·김굉필과 같은 벗들을 그리워했던 것이다.[57] 김시습은 제5수에서 김굉필을 이렇게 추억하고 있었다.

누구의 집 김씨 아들인가	誰家金氏子
집은 고송교 곁에 있었다네.	家住古松橋
한훤을 묻는 걸 그치지 않고	不輟寒暄問
도와주던 전곡은 넉넉했었네.	多周錢穀饒

---

57 김시습의 성리학에 대한 깊은 관심은 『매월당집』에 실려 있는 여러 편의 論說類와 성리학자들의 略傳에서 잘 드러난다. 실제로 경주 금오산에 은거하다가 잠시 서울에 들렀을 때도 『性理大典』을 구입하여 돌아갔고, 거기에 깊이 빠져들었음을 시로 적기도 했다. 또한 이심원이 경학에 밝았던 사실은 남효온이 〈사우명행록〉에서 다음과 같이 밝히고 있다. "평상시에도 의관을 정제하였고 손에서 책을 놓지 않았다. 殿講에서 四書와 五經에 通을 맞아 明善大夫로 승급하고 行朱溪副正이 되었다. … 정미년(성종 18년, 1487)에 宗親科 시험에서 經史를 講하여 제1등으로 뽑혔다."

제3장 _ 도학의 심화, 연문소도와 사우관계의 굴곡 527

동쪽으로 오고 보니 소식 다시 끊기어	東來音更斷
서쪽 바라보며 머리 거듭 긁어대네.	西望首重搔
아득히 먼 양주로 가는 길	迢遞楊州路
외로운 혼이 기꺼이 부름 받을까?[58]	孤魂肯見招

위의 시에서 김시습은 남효온을 "문장 짓는데 신속함이 많았고, 정치한 도리는 깊숙한 데 들어갔다오[綴文多迅速, 精義入幽深]"라 추억하고, 이심원은 "함께 임금 사랑함 간절했던 것은, 모두 나라 근심이 깊어서라네[同是愛君切, 皆因憂國深]"라 추억하고 있다. 그리고 김굉필은 궁핍한 자신을 거두어주었던 일로 김굉필을 추억하고 있었다. 김시습이 서울에 머물러 있는 동안 김굉필이 자주 도와주었음을 미루어 짐작할 수 있다. 승려의 행색으로 미치광이처럼 행동했지만, 김시습의 속내와 학식을 알아주었기에 그리했을 것이다. 그리고 김시습이 마지막 두 구에서 밝히고 있는 것처럼, 그 무렵 김굉필은 양주에 은거하고 있었다.[59] 세상이 만회될 수 없고 도가 행해질 수 없음을 알아 자취를 숨겼다지만, 그곳은 아득히 먼 곳이 아니라 서울에서 그리 멀지 않은 양주였던 것이다.

때문에 많은 벗들은 후학들과 함께 강학활동에 전념하고 있는 김굉필을 자주 찾았다. 이심원도 남효온과 함께 성종 15년 늦가을 도성 남쪽에 공간을 만들어 강학활동을 하고 있는 곳을 방문했다.[60]

---

58 김시습, 『매월당집』 권13, 「關東日錄」, 〈憶舊〉 古松橋에 살던 金氏의 자제가 누구인가에 대해서는 실증적 보완이 필요하다. 하지만 이심원에게 주는 시에서 그의 호 '醒狂'을 활용해 시구를 만들고 있듯, 여기서도 '寒暄'을 활용하고 있는 점을 보면 김굉필이 틀림없다.
59 김굉필은 그 무렵 양근군(현 양주시)에 있는 迷原別墅에서 上舍 洪龜孫과 上舍 成某와 함께 글을 읽고 있었다. 『경현록』, 215~216쪽 참조.
60 이심원의 『성광유고』를 보면, 위의 작품 앞에 성종 15년(1484) 9월 9일 중양절부터 22일 적성 간패동에 도착하기까지의 시들이 실려 있다. 그리고 바로 뒤에는 성종

세상길은 본래 갈래가 많거늘	世路自多歧
후진들은 다투어 먼 길 떠났네.	後進爭長往
번잡한 소리에 또 조잘조잘	蘩聲更啁啾
이설이 분분하게 섞였네.	異說紛擾攘
용문의 거문고 여운이 끊어졌으니	龍門餘韻絶
나의 회포 누가 씻어줄까.	我懷誰滌盪
그대는 진실로 욕심이 없어	吾子固囂囂
거문고는 본디 좋아하던 바였네.	瑤琴性所賞
석 달 동안 고기 맛 잊을 줄 알아	三月解忘味
순 임금의 음악을 한갓 상상하였네.	韶音徒像想
그대의 자세는 어찌 그리 정성스럽고	爾容何愯愯
그대의 마음은 어찌 그리 크고 넓은가.	爾心何蕩蕩
듣는 자는 나날이 많아지고	聽者日以多
우리의 터는 날마다 넓어지네.	我地日以廣
금성으로 시작하여 옥성으로 마무리함은	金聲與玉振
응당 우리 무리에게 달려 있다네.	也應在吾黨
나의 본성은 광간하여	小子本狂簡
옷자락 걷어잡고 스승에게 왔네.	攝衣來函丈
〈이상조〉 듣기를 요청했더니	要聞履霜操
나를 위해 강개함을 노래하네.[61]	爲我歌慨慷

15년(1484) 10월 15일 완성된 월산대군의 망원정을 기념하는 시가 실려 있다. 이를 통해 이심원과 남효온이 김굉필을 찾은 시점이 9월 말에서 10월 초임을 확인할 수 있다.

61 이심원, 『醒狂遺稿』, 〈贈金大猷. 時, 大猷與童子數輩, 讀書于城西別墅. 僕與南伯 恭訪焉〉.

이심원은 뜻을 같이 했던 사우들이 많은 길로 갈라지게 된 현실, 그리고 자신들을 둘러싸고 분분하게 일던 뭇사람의 비방을 개탄하는 것으로 작품을 시작하고 있다. 그러고는 그 많던 벗들이 제각각 떠나버리고, 남은 벗들이 그리 많지 않은 현실을 안타까워하고 있다. 하지만 장구한 마음을 간직한 채 새로운 시대를 기획하고 실천하고 있는, 그리하여 따르는 제자들과 함께 자신들이 추구하고 있는 도학의 길을 넓혀가고 있는 김굉필의 실천은 더없이 존경스러워 보였다. 김굉필의 나이 서른 한 살이었다. 그때 이미 스승 김종직을 이어 새로운 시대의 스승으로서 면모를 갖춰가고 있었던 것이다. 그런 김굉필에 대한 깊은 존중은 훨씬 선배인 양희지(楊熙止)에게서도 발견된다.

정갈하고 궁벽진 곳에 거처를 정하였으니	瀟灑占居僻
그윽이 침잠하여 도의 참됨을 맛보겠네.	幽潛道味眞
점필재 문하의 선비로서	畢齋門下士
『소학』 중의 사람이로다.	小學卷中人
한가로운 날 은거하는 곳 찾아오니	暇日來尋地
훈풍이 불어 온몸에 봄이 스미네.	薰風坐襲春
은근하게 연꽃 향기 풍겨나니	慇懃荷警發
아직도 헤매고 있는 내가 부끄럽네.[62]	愧我尙迷津

선배 양희지는 자신의 갈 길을 확고하게 지키며 정진하고 있는 김굉필의 태도와 갈팡질팡하며 살아가고 있는 자신의 모습을 선명하게 대비하고 있다. 김굉필은 이렇듯 많은 사우들에게 존중의 마음을 불러일으키고, 자신의 삶을 반성하게 만드는 사우로서 우뚝하게 섰다. 남효온은

---

62 양희지, 『大峯先生文集』 권1, 〈訪金大猷宏弼 幽居〉.

그런 사실을 〈사우명행록〉에서 "이현손·이장길·이적·최충성·박한공·윤신 등이 김굉필의 문하에서 나왔으니, 무성한 재질과 독실한 행실이 그 스승과 같았다."고 증언하고 있다. 이들 제자 가운데 이적은 뒷날 스승 김굉필의 행장을 썼을 정도로 각별한 관계를 맺기도 했다. 양희지는 후배들 사이에서 우뚝한 스승으로 존중받고 있는 김굉필의 모습을 지켜보며, 문득 예전 자신들을 가르쳤던 스승 김종직의 강학 모습을 떠올렸다. "점필재 문하의 선비이자 『소학』 중의 사람"인 김굉필은 김종직이 예전에 그러했던 것처럼, 지금은 새로운 시대의 스승이 되어 도학의 길을 제자들과 열어가고 있었던 것이다.

2) 만년의 스승에게 바치는 제자의 경외

김종직 사후, 봉상시(奉常寺) 봉사(奉事)로 있던 제자 이원(李黿)은 '문충(文忠)'이란 시호를 올리면서 "김종직은 마음을 바르게 하는 학문[正心之學]을 제창하고 후진을 인도해 주며 바른 마음을 근본으로 삼았습니다. 사도(斯道)를 자기 임무로 삼고 사문(斯文) 흥기를 자기의 책임으로 삼았으니, 그 공로는 탁월한 공명사업을 이룬 자보다 뛰어났습니다."[63]라고 밝혔다. 그건, 허울 좋은 찬사가 아니었다. 김종직은 자신들을 도학의 길로 인도한 스승이었고, 지금은 그 길을 김굉필이 이어받았다고 여긴 것은 당시의 공론이었다.

　물론 김종직은 김굉필의 만류에도 불구하고 세상에 나아갔다가 두드러진 성과도 거두지 못한 채, 성종 20년 늙고 병든 몸을 이끌고 고향 밀양으로 내려왔다. 훈구세력들이 틀어쥐고 있는 중앙 정치무대에서 밀

63　『성종실록』 성종 24년 1월 9일. "宗直始唱正心之學, 誘掖後進, 以正心爲本, 身任斯道, 興起斯文爲己責, 其功反有賢於功名事業之卓然者矣."

려 낙향했건만, 김종직은 그런 만년조차 마음 편하게 지낼 수 없었다. 노스승이 내려가는 게 안쓰러워 가마를 내주었던 제자 김일손은 탄핵을 받아 좌천이 되고, 복귀하기를 기대하는 마음에서 녹봉을 계속 지급했던 성종은 시기하는 자들의 집요한 시달림을 받아야 했다.[64] 김종직이 이런 시비에 휘말리고 있을 때, 제자 남효온은 병든 스승을 밀양으로 찾아와 영남루에서 마지막 만남을 가졌다. 그때, 남효온은 다음과 같은 시를 지어 바쳤다.

시루봉 도사께서 푸른 소에서 내리시니	甑峰道士下靑牛
자부의 신선들 의관 갖추고 운집했네.	紫府仙曹冠佩稠
천 년에 한 사람은 점필재 김 선생이요	千載一人金佔畢
백 년의 명승지로는 밀양의 영남루라네.	百年勝地嶺南樓
물결 부딪는 성 뿌리엔 찬 못이 수려하고	城根浪打寒潭秀
서리 깊은 모래언덕엔 밤 잎이 가을이네.	沙岸霜深栗葉秋
풍악 소리 울려오니 먹은 귀가 밝아오지만	聾耳漸明歌管發
타향에서 듣는 음악이라 근심만 가득하네.[65]	他鄕聽樂摠堪愁

그 즈음 정여창도 김일손과 함께 지리산 유람을 마친 뒤, 낙향해 있던 김종직을 뵈러 왔다가 머물러 가르침을 받았다.[66] 또한 정여창과 절친했

---

64 『성종실록』 성종 23년 2월 7일. 김종직이 겪어야 했던 이런 곤욕은 죽었다고 해서 끝나지 않았다. 김종직에게 내려준 '文忠公'이라는 시호는 실상보다 과하다는 빗발치는 성화를 견딜 수 없어 '文簡公'으로 바뀌는 수모까지 겪었다. 『성종실록』 성종 24년 4월 14일. "尹弼商·鄭文烱·李克均議: '今觀議謚, 宜贈文簡.' 李克培·盧思愼·尹壕·許琮·李鐵堅·柳輊等議: '擬謚似當.' 從弼商等議."
65 남효온, 『추강집』 권2, 〈密陽嶺南樓, 謁佔畢齋〉.
66 鄭汝昌은 金馹孫과 지리산 유람을 한 뒤, 진주에 있던 姜渾을 만나 함께 밀양으로 스승 김종직을 찾아와 가르침을 받았다. 그런 사실은 정여창, 『一蠹集』 권2, 〈事實大

던 김굉필도 부친의 삼년상을 치르느라 고향 현풍에 내려와 있다가 밀양으로 찾아왔다. 그리하여 김굉필·정여창은 스승 김종직을 모시고 경전과 역사서를 강론하며, 울울한 시대를 함께 견뎌나갔다. 그때의 모습을 보여주고 있는 김종직의 간찰 한 통이 제자였던 박형달(朴亨達) 후손의 집안에 현재 소장되어 있다.

천지(天支, 朴漢柱)가 군이 있는 곳에서 와서 보내준 편지를 받아보고, 군의 근황이 진중함을 갖추어 알게 되어 기쁨을 말로 할 수 없네. 나는 집에서 병을 조리하고 지내며 별다른 좋은 일은 없지만, 근자에 백욱(伯勖, 정여창)·대유(大猷, 김굉필)와 경전과 역사서를 강론하면서 서로 발전하는 유익함이 없지 않은 것이 다행이네. 오직 한스러운 것은 군과 더불어 서로 질정하지 못하는 것이라네. 박문손이 나와 밀양의 향사의재(鄕社義財)를 중수하려고 하네. 이것은 진실로 선배들의 성사이니, 바라건대 군이 가까운 시일 안에 찾아와서 이 일을 의정해주었으면 하네. 어떻게 생각하는가? 초초하게 이만 그치네. 살펴주게. 삼가 답장을 보내네. 기유년(1489) 10월 20일 종직.[67]

略)에 다음과 같이 밝혀져 있다. "성종 20년(기유, 1489) 여름 4월 경자일에 濯纓[김일손]과 함께 두류산 산행을 떠났다. 이어 정사일에는 배를 타고 섬진강을 내려갔다. 시 한 수를 읊었다. 기미일에 晉州에 이르러 姜木溪[姜渾]를 방문했다. 목계는 문장에 능하였고, 당시에 注書로서 벼슬을 사양하고 돌아온 지 여러 날 지난 때였는데, 밤늦도록 詩文을 논하였다. 임술일에 密陽으로 畢齋 선생을 찾아뵈었는데, 이번 外遊에 산천을 두루 유람하고 강론을 그치지 않았으며, 인하여 목계와 함께 스승의 문하에 나아간 것이다. 당시에 필재 선생은 형조판서로서 병을 이유로 致仕하고 고향에 물러나 지내고 있었는데, 사방에서 배우러 오는 자들이 더욱 많아졌다. 드디어 머물면서 가르침을 받다가 15일 만에 돌아왔다."

67 朴亨達 後孫家 所藏 簡札. 이 간찰은 朴亨達의 후손 朴壽春(1572~1652)이 편찬한 南岡書院版『菊潭先生追先錄』,「諸賢遺墨」에 실려 있다. "朴上舍兀下. 天支自君邊來, 得擎手玉, 備審雅況珍衛, 喜不可言. 僕養病窮廬, 無他佳況, 而近與伯勖大猷, 講論書史, 不無相長之益. 可幸, 所恨獨不與君相質耳. 朴通禮欲與僕重修鄉社義財, 此實先輩盛事, 幸君近賜貴臨, 議定此事, 如何如何. 草草只此, 雅照, 奉復. 己酉

스승 김종직을 뵙기 위해 영안도평사로 있다가 서울을 거쳐 먼 길을 내려온 박한주는 상사(上舍) 박형달의 편지도 함께 가지고 왔다. 박형달은 정여창의 〈사우문인록〉에도 이름을 올리고 있는 인물인데,[68] '상사'라 일컫는 것으로 보아 성균관에서 과거공부를 하고 있었던 것으로 보인다. 김종직은 그런 제자에게 함께 강론하고 싶다는 간절한 마음을 담아 답장을 써서 보냈다. 그리고 그 편지에서 김종직이 만년에 밀양에서 머물며 지냈던 근황을 엿볼 수 있다. 예전에도 그러했듯, 김종직은 인근의 제자들과 학문 강론하는 것을 자신의 보람으로 삼고 지역의 풍속을 일으키는 것을 자신의 임무로 여기고 있었던 것이다.[69]

더욱이 이 편지는 김종직과 김굉필은 만년까지 사제 간의 관계가 어그러지지 않았음을 명확하게 증거하고 있다. 김굉필에게 김종직은 영원한 스승으로 간직되어 있었던 것이다. 물론 김굉필에게는 함양에서 첫 가르침을 받았을 때의 감회가 북받쳐 오르기도 했겠지만, 평생 벼슬살이하느라 병들고 지친 몸을 이끌고 고향에 내려와 있는 스승의 모습을 뵙는 마음이 안쓰럽기도 했으리라. 그런 까닭에 스승을 찾아 밀양으로 오고 가는 발걸음이 가볍지만은 않았을 터, 길가에 선 노송을 보고 문득 노스승의 모습을 떠올렸다. 그러고는 시 한 수를 읊었다. 김굉필 시의 절창(絶唱)으로 널리 알려진 〈노방송(路傍松)〉은 그렇게 해서 지어진 작품이다.

(1489)十月二十日 宗直."
68 정여창, 『一蠹集』續集 권4, 〈師友門人錄〉. "朴亨達의 자는 通仲이고, 본관은 밀양이며, 호는 四美亭이다. 學問과 行誼로 천거되어 通禮院引儀에 제수되었고, 또 明經으로 奉教에 제수되었으나 나아가지 않았다."
69 『점필재집』문집 권2에 실려 있는 〈密陽鄉社義財記〉는 김종직이 밀양의 사족 朴文孫과 함께 추진한 풍속 교화의 노력이 결실로 맺어졌음을 보여주는 근거이다.

한 그루 노송 길가의 먼지 뒤집어쓴 채	一老蒼髥任路塵
수고로이 오고 가는 나그네 보내고 맞네.	勞勞迎送往來賓
추운 계절이 될 때 너와 같은 심사를 가진 사람	歲寒與汝同心事
지나가는 사람들 가운데 몇이나 보았는가.[70]	經過人中見幾人

이황은 이 작품에 대해 "이 시는 정말 의미가 있으며, 정말 덕 있는 사람의 말임에 틀림이 없다."[71]며 극찬했다. 그리고 노송은 흔히 김굉필 자신의 굳센 지조를 빗댄 것으로 이해되고 있다. 하지만 제목 아래 달려 있는 주석, 곧 "노송은 밀양에 있다[老松, 在密陽]"라는 구절에 주목할 필요가 있다. 김종직을 노송에 빗대어 읊은 작품으로 보아야 할 근거가 되기 때문이다. 길가에 먼지를 뒤집어쓴 채 서있는 노송, 그럼에도 불구하고 자신의 절개를 조금도 꺾지 않고 있는 그 성성함이 눈에 선하다. 물론 김종직을 거쳐 간 숱한 사람들 가운데 뜻을 함께할 만한 미더운 동지를 만나기란 쉽지 않았다. 문득, 김굉필은 다북쑥 같은 정치판에 나갔다가는 난초의 향기를 잃을지도 모른다고 만류하는 시를 지어 바쳤던 젊은 시절이 떠올랐을지도 모른다. 그래서 스승의 모습이 더욱 안타까웠다. 하지만 먼지를 뒤집어쓰고도 우뚝 서있는 노송의 절개는 여전했고, 그건 단지 김종직만의 모습이 아니었다. 그 자리를 이어받고 있는 지금 자신의 모습이기도 했던 것이다. 그때, 스승 김종직이 "우리의 도는 본래 굴곡이 많다."고 타이르던 말에 제자 김굉필의 가슴은 몹시도 저려 왔을 터다. 그렇게 김종직과 김굉필은 죽기 직전까지 가장 미더운 사제지간이자 같은 길을 걷고 있는 시대의 동지였던 것이다.

---

70 김굉필, 〈路傍松, 老松在密陽〉, 『경현록』, 44쪽.
71 이황, 〈答金惇敍書略〉, 『경현록』, 91쪽.

6. 추후의 행로: 성종대 신진사류와 중종대 기묘사림

김굉필은 20대 이후 학문의 여정에서 김종직·김맹성과 같은 스승, 그리고 남효온·이심원과 같은 사우를 많이 만났다. 그리고 이들과 함께 새로운 시대에 대한 희망으로 한껏 부풀었고, 그런 만큼 깊은 좌절에 분노하기도 했다. 하지만 『소학』과 성리학의 세계에 침잠하며, 제자들과 함께 도학의 길을 열어갔다. 물론 늦은 나이에 벼슬길에 나서보기도 했다. 남부참봉이란 미관말직부터 자신을 알아주는 지인의 추천으로 형조좌랑에 발탁되는 득의의 순간도 맛보았다. 어쩌면 젊은 연산군에게 훈구대신을 물러 앉히고 새로운 세상을 만들겠다는 희망을 걸어보았을 수도 있다. 하지만 연산군은 그럴 만한 군주가 아니었고, 기울어가고 있는 훈구대신의 여세도 호락호락하지만은 않았다. 특별한 사유도 없이, 아니 김종직이 가장 아꼈던 제자라는 이유만으로 김굉필은 참혹한 죽음을 당해야 했다. 김굉필을 죽음으로 몰아간 장본인 유자광[72]은 남효온이 오래 전에 지은 시 한 편을 끄집어냈던 것이다.

안생[安應世]이 이미 죽어 지음이 끊어지고	安生已去知音斷
홍자[洪裕孫]가 남으로 돌아가 우리 도가 궁해졌네.	洪子南歸吾道窮
대유[金宏弼]가 있다지만 지향하는 바가 고달프니	縱有大猷趨向苦
가슴속 품은 회포 농서공[李尹宗]과 얘기하네.[73]	胸懷說與隴西公

---

72 임희재가 보낸 편지와 김일손의 공초로 김종직의 제자들 이름이 밝혀진 뒤, 연산군은 표연말과 이원을 제외한 나머지 인물은 모두 풀어주고자 했다. 하지만 윤필상은 蔡壽·李昌臣·金諶 세 사람만 풀어주되 崔溥가 사초에 "김굉필은 더욱 김종직이 애중히 여겼다."라 적고 있음을 들어 결코 풀어줘서는 안된다며 반대했다. 무오사화 때 김굉필을 朋黨의 죄로 엮어 곤장 80대와 유배의 형을 내린 장본인은 연산군이 아니라 사실상 윤필상과 유자광이었던 것이다. 『연산군일기』 연산군 4년 7월 19일 기사 참조.

김종직이 이조참판으로 있을 때, 남효온이 사제-사우 간의 이견을 지켜보면서 울울한 심사를 담아 쓴 시였다. 이 시를 근거로 김굉필을 김종직의 붕당으로 몰아 유배 보내고, 다시 남효온과 홍유손까지 김종직의 제자로 엮어 처벌하려던 유자광은 여기에서 '김굉필이 지향하는 바가 고달프다'를 과거공부에 매진하고 있는 것으로 해석했다. 하지만 그건 사실과 다르다. 남효온은 김굉필이 세상과 거리를 둔 채, 도학의 세계로만 침잠해 들어가고 있는 현실을 안타깝게 여겨 이렇게 말했던 것이다.

남효온은 "[김굉필이] 나이가 들수록 도가 더욱 높아졌기에 세상이 만회될 수 없고 도가 행해질 수 없음을 익히 알아 자취를 숨겼다."는 것, 그러나 "사람들이 이러한 것을 알아주었다."는 당시의 사실을 기록하고 있다. 비록 고달픈 길을 자신의 책무로 삼고 있는 김굉필의 행보가 안타깝기는 하지만, 그래도 모든 사람들은 그의 진정을 이해하고 있다는 말이겠다. 결국 김굉필은 무오사화 때 유배형을 받았고, 갑자사화 때는 참형을 당하고 말았다. 남효온의 안타까움은 마치 시참(詩讖)처럼 읽히기도 한다. 하지만 널리 알려진 것처럼, 김굉필은 유배지에서 극적으로 자신이 추구했던 도학의 길을 이어받고자 했던 지기(知己)를 운명처럼 만났다. 바로, 조광조(趙光祖)였다.

수재 조군은 친구의 아들이다. 나이 아직 스물이 안 되었는데, 개연하게 도를 구하려는 의지가 있었다. 김굉필이 학문에 깊은 연원이 있다는 말을 듣고는 아버지의 부임지인 평안도 어천(魚川)에서 김굉필이 유배와 있는 희천(熙川)으로 달려가서 제자의 예를 갖춰 배우고자 했다. 그리하여 내게 소개하는 편지 한 통을 요구했다. 나는 근래에 친구와 주고받는 편지를 끊은 지 오래되었다. 그러나 그의 뜻이 간절하여 외면할 수 없어 두 구절의 편지를

---

73 남효온, 『추강집』 권3, 〈自詠 又一首〉.

써서 주며, 가지고 가서 김굉필에게 보여주도록 했다.[74]

　유자광을 비롯한 당시 훈구대신들은 새로운 시대를 꿈꾸던 도학의 맥을 끊기 위해 무오사화를 일으켜 김종직과 그 문도들을 가혹하게 처벌한 것으로도 만족할 수 없어, 갑자사화를 일으켜 유배가 있던 남은 문도들을 모조리 극형에 처하도록 만들었다. 김굉필도 결국 죽음의 현장으로 끌려 나왔고, 결국 그들이 의도했던 것처럼 도학의 맥이 끊어진 듯이 보였다. 하지만 참혹한 현실로부터 극한 좌절을 겪어야 했지만, 그 시대는 물론 그 시대 사람에게 김굉필은 결코 잊혀질 수 있는 인물이 아니었다. 어떤 사람은 김굉필이 유배 보내진 현실을 안타까워하고,[75] 어떤 사람은 고생하고 있는 김굉필을 보살펴주라는 당부를 하고,[76] 어떤 사람은 조만간 좋은 소식이 있을 것이니 상심하지 말라며 김굉필을 위로하기도 했다.[77] 하지만 유배지 순천에서 『주역』을 탐구하며 자신과 세상의 운명을 가다듬어 가던 김굉필은 결국 살아 돌아오지 못했다. 하지만 조광조를 비롯한 중종대의 젊은 제자들은 김굉필에게 도학의 길을 배워 조선을 새로운 유교문명 국가로 만들어갔다. 광해군 때 동방오현의 한 사람으로

74　양희지, 『大峯先生文集』 권1, 〈贈趙秀才 光祖 幷小序〉. "秀才趙君, 故人之子也. 年未二十, 慨然有求道之志, 聞金大猷斯文學有淵源, 自其魚川鯉庭, 轉往大猷之熙川謫所, 爲摳衣請益之地, 要余一書紹介. 余年來, 斷絶親舊間往復久矣. 第其懇意, 不可孤, 書贈二句俚語, 俾以持示大猷."

75　김굉필이 유배 가던 날, 사신은 "金宏弼은 忠信하고 篤行하여 학문으로 몸을 닦고 사람 다스리는 것을 근본으로 삼을 뿐, 급급히 진출을 구하지 아니하니, 그 立心의 바름과 制行의 높음을 옛사람 가운데서 찾아야 하겠다."는 평가를 특기하고 있다. 『연산군일기』, 연산군 4년 8월 16일 기사 참조.

76　홍귀달, 『虛白亭集』 권1, 〈送崔漢源觀察湖南〉. "順天舊號小江南, 今有曺與金謫居 故及之. 曺偉·金宏弼也."

77　양희지, 『大峯先生文集』, 〈寄贈金大猷·曺大虛謫中〉. "易於靜處知加勉, 詩到名區莫謾哦, 德必有隣天意在, 暫時淪落不須嗟."

문묘에 배향되고, 조선의 도학을 창도한 사람으로 지금 우리가 김굉필을 기억하는 까닭이다.[78]

---

[78] 연산군은 연산군 10년(1504) 9월 26일 김굉필을 참형에 처하도록 하여, 그는 마침내 10월 7일 철물 저자에서 梟首되기에 이른다. 그리고 이튿날인 10월 8일 의금부 가낭청에게 "강백진과 김굉필이 죽음에 이르러 무슨 말을 하였는가?" 묻는다. 그러자 "모두 한마디 말도 없이 죽음에 나아갔습니다."라고 답했다. 연산군은 무엇이 궁금해 물었을까? 김굉필을 가혹한 죽음으로 몰아넣고는 벌벌 떨기를 기대했거나 내심 켕기는 무엇이 있었던 것일 터다. 하지만 김굉필은 아무 말도 없이 담담하게 죽음으로 나아갔다. 연산군은 그런 말을 듣고 다시 분노가 치밀었다. 결국 11월 9일 김굉필의 자식과 형제마저 장 100대에 먼 지방으로 유배 보내버린다. 연산군과 김굉필의 만남은 그렇게 끝난 것처럼 보였지만, 불과 몇 년 뒤 그들의 역사적 위치는 완전히 뒤바뀌어 버렸다. 중종반정으로 연산군은 영원히 죽었지만, 김굉필은 홀연히 되살아났던 것이다.

/ 에필로그 /

조선전기 동국문명의 추이를
살피고 난 뒤의 여운들

 김종직이 죽고 나서 6년 뒤, 연산군 4년(1498) 살기가 난무하는 살벌한 시대가 들이닥쳤다. 무오사화의 피비린내가 조정을 진동했던 것이다. 김종직의 수많은 제자들은 이러저런 이유로 모진 고문과 죽음의 문턱에 서야 했다. 김일손·권오복·권경유와 같은 제자는 김종직이 지은 〈조의제문〉을 실록의 사초에 실었다는 이유로, 이원과 같은 제자는 김종직에게 문충(文忠)이라는 과도한 시호를 올렸다는 이유로, 표연말과 같은 제자는 김종직의 사후에 행장을 썼다는 이유로, 조위·정석견과 같은 제자는 김종직의 문집을 간행했다는 이유로, 그리고 김굉필·정여창과 같은 제자는 단지 김종직에게 배웠다는 이유만으로 형장으로 끌려나오게 된다.
 그리하여 어떤 제자는 능지처사에 처해지고, 어떤 제자는 참수형을 당하고, 어떤 제자는 모진 곤장을 맞고는 변방으로 유배 보내졌다. 그들의 스승 김종직은 부관참시를 당했다. 살아서는 그토록 헐뜯고 폄훼하더니, 죽어서는 기어코 차마 못할 형벌을 내려 미진한 분을 풀었던 것이다. 유자광·이극돈·윤필상 등이 바로 그 주역들이다. 김종직의 행장을 썼다는 이유로 모진 고문을 받던 표연말은 이렇게 스승을 기억했다. "사문(斯文)이라는 중망을 짊어지고 사도(師道)로 자처하며 인재를 육성하는 데 있어서 근세에 이 분 한 사람이 있을 따름이다."라고 말이다. 표연말은 김종직이 함양군수로 있을 때 배웠던 초기 제자이다. 그는 뛰어난 도덕과 문장에도 불구하고 지방관으로 전전하고 있는 스승이 안쓰럽기 그지없었다. 하지만 잘 알고 있었다. 김종직은 사문의 중망을 짊어지고 사도를 자처하며 자신들을 바른 삶과 새로운 학문세계로 이끌어준 '시대의 스승'이었다는 사실을.

성종이 선생을 문학(文學)의 부서에 두고자 발탁 임명하여 두터운 은총을 내리니, 선생은 염락(濂洛)의 도(道)를 제창하여 밝히고 불로(佛老)의 학설을 배척하였다. 강론(講論)을 매우 정밀히 하여 성현(聖賢)의 오묘한 뜻을 깊이 체득하였고, 후학을 가르치는 일을 게을리 하지 않아 인재가 성대하게 배출되었다. 그래서 **후학들이 선생을 태산북두처럼 앙모하여 해동부자(海東夫子)로 일컬었다.**[1]

제자들은 스승 김종직을 '해동부자'라고 불렀다. 세종을 '해동요순'이라 불렀으니, 조선을 동방의 중화라고 자부할 만했다. 물론 김종직에 대한 제자들의 이런 존중과 경외는 겉만 번지르르한 의례적 찬사가 아니었다. 많은 제자들이 자신의 생을 걸고 스승의 가르침을 따랐다. 김굉필은 그 대표적 제자이다. 20대 초반에 김굉필이 김종직에게 도학의 길을 배워, 그 길을 계승했다는 것은 뒷사람에 의해 근거 없이 만들어진 도통

---

1 金紐,〈佔畢齋集後序〉,『점필재집』부록. "成廟擢居文昌, 恩顧彌渥, 倡明濂洛之道, 排斥佛老之言, 講論惟精, 深得聖賢之奧, 教誨不倦, 蔚有人才之興, 後學仰之如山斗, 稱之以海東夫子."

(道統)이 아니다. 당대에 널리 통용되던 공론(公論)이었던 것이다. 그런 도통의 계승이 지금은 영예로운 일로 기려지고 있지만, 그 당시에는 매우 위험한 것으로 취급받았다. 실제로 연산군으로부터 중종에 이르기까지 발발한 세 차례의 사화를 통해 참혹한 현실로 입증된 바 있다. 도학을 실천하려던 젊은 선비들은 형장의 이슬로 사라지고, 그들을 길러낸 유교의 기본서적 『소학』은 가능한 한 기피해야 하는 금서 취급을 받기까지 했다.

사실이 그러하다면 그처럼 위험한 시대에도 도학의 맥을 잇고자 했던 그 제자들은 새롭게 기억되어야만 한다. 김종직의 가르침을 끝까지 따랐던 제자 이심원, 남효온, 김굉필 등이 바로 그들이다. 그들이 받은 대가는 참으로 혹독했다. 남효온은 좌절된 꿈을 안고 전국을 방랑하다 죽어갔고, 이심원은 세상에서 버려져 초야에 묻혀 지내야 했으며, 김굉필도 위태로운 시절을 피해서 낙향해야만 했다. 김종직이 창도한 도학은 그토록 아슬아슬하게 이어지고 위태위태하게 버텨가고 있었다. 그럼에도 불구하고 젊은 제자들은 김종직을 자신들에게 바른 학문의 길을 인도한 '시대의 스승'으로 깊이 존중하고 길이 기렸다. 절친했던 벗 홍귀달도 김종직이 그런 스승으로서 보여준 삶을 이렇게 기록했다.

평상시에는 사람을 접대하는 데 있어 온통 화기(和氣)뿐이었지만, 의리가 아닌 것이면 단 하나도 남에게서 취하지 않았다. 오직 경사(經史)를 탐독하여 늘그막에 이르러서도 게으를 줄을 몰랐으므로, 얻은 것이 매우 넓었다. 그리하여 사방의 학자들이 각각 그 그릇의 크고 작음에 따라 마음에 만족하게 얻어 돌아갔는데, 한번 공의 품제(品題)를 거치면 문득 훌륭한 선비가 되어서 문장과 학문으로 세상에 이름을 떨친 자가 태반이나 되었다.[2]

---

2 홍귀달, 〈점필재 신도비명〉. "平時, 待人接物, 渾然和氣, 非其義, 不以一介取諸人.

홍귀달이 제시한 하나하나가 모두 김종직의 진면목을 이해하는 데 있어 깊이 음미할 만하다. 그렇지만 그중에서도 오직 경사(經史)를 탐독하여 늙도록 학문연마에 조금도 게으르지 않았다는 점, 그리하여 사방에서 젊은 제자들이 찾아와 자신의 역량에 맞게 배워 돌아갔다는 점이야말로 진정한 스승으로서의 모습을 보여주는 것으로 기억될 필요가 있다. 정말 그러했다. 어떤 사람은 문장을 배워 갔고, 어떤 사람은 도덕을 배워 갔으며, 어떤 사람은 절의를 배워 갔다.

사실 의리가 아닌 것은 추호도 남에게서 취하지 않았다고 할 정도로 김종직이 그토록 조심스런 처사를 보였던 까닭은, 질시의 눈길로 호시탐탐 기회를 엿보던 훈구공신의 살기를 느꼈기 때문이기도 했다. 실제로 혈기 방장한 젊은 제자를 어린 자식 다독이듯 타이르던 스승 김종직이 죽은 지 불과 6년 만에 그 우려는 참혹한 현실로 들이닥쳤다. 젊은 선비의 서릿발 같은 비판에 앙앙불락하던 유자광·윤필상·이극돈과 같은 훈구대신은 '젊은' 연산군을 앞에 내세워 젊은 그들의 꿈과 희망을 죽음으로 잠재워버리고자 했던 것이다. 그때의 광기(狂氣)는 참으로 끔찍했다.

[이심원] 왕자군 이하 종친을 모두 명하여 불러 모아 전교하였다. "종친들은 녹만 먹으면 되는데, 학문을 알아서 어디에 쓸 것인가? 이심원은 학문을 알아 불초한 사람이 되었기 때문에, 중한 벌에 처하였다. 너희들의 뜻은 어떠한가?" 모두 아뢰기를 참형에 처한 것이 지당하고 하였다.[3]

惟耽於經史, 至老忘倦, 所得浩博. 四方學者, 隨其器之大小, 充然有得而歸, 一徑品題, 便成佳士, 以文學鳴于世者太半."

3 『연산군일기』 연산군 10년 10월 3일. "命盡召王子君以下宗親, 傳曰: '宗親食祿而已, 知學何用? 深源知學爲不肖, 故置之重典, 於爾等意何?' 僉啓誅之允當."

에필로그_조선전기 동국문명의 추이를 살피고 난 뒤의 여운들 543

[김굉필] 전교하기를, "김굉필을 철물 저자에서 효수하라." 하였다. … 왕이 의금부 가낭청 김희수·정유강을 불러 묻기를, "강백진과 김굉필이 죽음에 다다라 무슨 말을 하였는가?" 하니, 답하기를, "모두 한마디 말도 없이 죽음에 나아갔습니다." 하였다.[4]

[남효온] 전교하기를, "남효온은 난신(亂臣)의 예로 부관능지하여 가산을 몰수하라. 그 아들은 참형에 처하여 효수를 하되, '아비 남효온이 소릉(昭陵)의 복위를 청한 죄'라고 찌를 써서 달라." 하였다.[5]

실록에 실려 전하는 김종직의 제자 이심원, 김굉필, 남효온의 마지막 모습이다. 살아서는 평생 동갑내기로 절친했던 벗이자 김종직의 제자였던 그들 세 사람은 연산군 10년 갑자사화 때 한 달 사이에 모두 참혹한 형벌에 처해졌다. 이심원이 사형되는 장면을 백관과 종친들을 모두 불러 보게 하고, 김굉필은 목이 베어져 저잣거리에 몇 날 며칠 효수되어 있어야 했고, 이미 죽어 백골이 되었을 남효온의 시신은 가루로 만들어 한강 백사장에 뿌려졌다. 하지만 그들은 한마디 원망도 없이 그 죽음을 기꺼이 받아들였다. 심지어 문충(文忠)으로 시호를 올렸다는 이유로 참형을 당한 이원(李黿)은 죽기 직전 "즐겁다![樂哉]"라는 말을 하여 연산군을 노발대발하게 만들 정도였다. 순교(殉敎)는 종교에서만 쓰이는 용어가 아니다. 동방에 유교문명을 꽃피우고자 했던 김종직과 그의 젊은 제자들도 순교의 길을 걸었던 것이다.

---

4 『연산군일기』 연산군 10년 10월 7일~8일. "傳曰: '金宏弼梟首于鐵物市.' … 王召問義禁府假郎廳金熙壽·鄭有綱曰: '康伯珍·金宏弼臨死有何言?' 對曰: '竝無一言, 而就死耳.'"
5 『연산군일기』 연산군 10년 11월 13일. "傳曰: 南孝溫以亂臣例, 剖棺凌遲, 籍沒家産, 其子處斬梟首, 書柱曰: '父孝溫請復昭陵罪.'"

그래서 그런 것일까? 이 책을 마무리하고 있는 지금, 아련한 여운을 남겨주는 다음의 장면들이 새롭게 떠오른다. 성종의 즉위를 계기로 새로운 정치를 갈망하던 신진사류 남효온, 당대의 젊은 그들을 새로운 학문 세계로 이끌었던 스승 김종직, 그리고 그들이 탐독하며 함께 새로운 유교문명을 꿈꾸도록 만들었던 서적 『소학』이 그것이다.

하나, 하늘에서 내리는 흙비를 무서워했던 그들이 그리운 까닭

의정부에 전지하기를, "하늘과 사람의 이치가 같아 드러남과 은미함에 간격이 없으니, 길흉선악의 응함은 오직 사람으로부터 감응되는 것이다. 과인이 한 나라의 임금이 되어 밤낮으로 부지런하며 맡은 임무를 다하지 못할까 두려워하고 있다. 그런데도 지난달엔 지진이 나고 이번 달엔 흙비가 내렸으니, 재변이 일어나는 것이 어찌 까닭이 없겠는가? 알지 못하겠노라. 세금이 너무 과했는가? 공사를 자주 했는가? 형벌이 적절치 못했는가? 사람을 쓰는 게 잘못되었는가? 어질고 뛰어난 이가 혹 버려졌는가? 혼인이 혹 때를 잃었는가? 수령이 탐학한데도 감사의 출척이 혹 잘못되었는가? 백성들이 그 고통을 견딜 수 없는데도 아랫사람의 정이 위로 통하지 못했는가? 허물을 얻은 이유를 깊이 생각건대, 허물은 실로 내게 있도다. 이에 직언을 들어 하늘의 벌에 답하고자 하노라. 조정 안팎의 대소신료로부터 여항의 일반백성에 이르기까지 나의 지극한 마음을 본받아 재이가 일어난 이유와 재이를 그치게 할 방법을 숨김없이 모두 진술하도록 하라." 하였다.[6]

---

6 『성종실록』 성종 9년 4월 1일. "傳旨議政府曰: '天人一理, 顯微無間, 休咎之應, 惟人所感. 予以寡昧, 臨苞一國, 夙夜祇勤, 恐不克負荷. 前月地震, 今月雨土, 災變之來, 豈無所召? 予未知賦斂重歟, 工役煩歟, 刑罰不中歟, 用舍失當歟, 賢俊或遺逸歟, 婚嫁或失時歟, 守令之貪酷甚而監司之黜陟或謬歟, 民不堪其苦而下情不得上通歟. 深惟獲戾之由, 咎實在予, 欲聞直言以答天譴. 其中外大小臣僚以至閭巷小

성종 9년 4월 초하루, 흙비가 내리던 날에 조정에서 벌어진 한 풍경이다. 그때 스물두 살의 혈기왕성하던 성종은 그 흙비가 내린 것을 몹시도 두려워했다. 놀란 성종은 승정원에 곧바로 전지(傳旨)를 내려 호되게 추궁했다. "하늘이 꾸짖어 훈계하는 데에는 반드시 까닭이 있을 것이다. 그런데도 그대들은 어찌 한마디의 보고도 않는가?"라며. 도승지 신준(申浚)은 쩔쩔매며 궁색한 답변을 늘어놓았다. "신들은 날씨가 흐린 것만 보았지, 흙비 내리는 것은 보지 못했습니다. 알았다면 어찌 아뢰지 않았겠습니까?"라는 등등으로. 정말 황사비가 조금 내리다 말았을 정도인데 성종이 호들갑을 떨었던 것인가, 아니면 하늘의 재이를 보고서도 신하들은 무사태평이었던 것인가?

확인할 길이 없지만, 사실 여부는 중요치 않다. 그보다는 그날의 흙비로 인해 조선의 역사가 새로운 국면으로 접어드는 계기가 되었다는 사실이 중요하다. 사연인즉 이러하다. 성종은 흙비라는 흔치 않은 자연현상을 이용하여 당시의 적폐를 청산하고자 했다. 하늘의 재이는 분명 인간 세상의 잘못에서 기인한 것일진대, 그 이유가 무엇인지 숨김없이 말해보라고 물었다. 구언(求言)의 명령을 내렸던 것이다. 어린 나이에 왕위에 올랐던 성종은 수렴청정과 원상제도(院相制度)라는 이중의 정치적 속박에서 벗어나 흙비라는 자연재해를 본격적인 친정(親政) 체제의 계기로 만들어보려 했던 것이다.

오랫동안 권력을 틀어쥐고 있던 성종 주변의 노회한 훈구공신이 그걸 모를 리 없다. 추궁을 당하고도 이러저러한 이유들만 늘어놓기 일쑤였다. 기대하던 답변이 나올 리 없었다. 하긴, 성종은 구언의 전지를 내리며 예상되는 답변을 조목조목 짚어준 바 있었다. 지나치게 무거운 세금, 공정하지 못한 인재 등용, 상하 의견의 불통, 등등. 그럼에도 애써 모른

民, 體予懷, 致災之由, 弭災之方, 悉陳無隱.'"

척하던 그들의 태도는 오만불손하기 짝이 없다. 성종 9년 4월 1일, 젊은 임금 성종과 늙은 훈구공신이 연출하고 있던 한 폭의 풍경이었다.

보다 못한 스물다섯의 젊은 선비가 마침내 흙비가 내린 지 일주일 지난 4월 8일, 한 통의 긴 상소를 적어 올렸다. 주계부정(朱溪副正) 이심원(李深源)이었다. 그의 상소가 말하고자 하는 골자는 분명했다. 흙비가 내리는 재이(災異)는 천지음양의 부조화가 초래한 현상인 바, 꽉 막혀 있는 인사의 현실이 초래한 것이라고 진단했다. 그러고는 세조 이래 권력을 독점하고 있는 훈구공신의 퇴진을 그 해결방법으로 제시했다. 성종이 기대했던 답변이긴 했지만, 조정은 벌집 쑤셔놓은 듯 난리가 났다. 성종은 훈구공신들의 거센 반발을 진정시키는 데 급급해야 했다.

그리하여 흙비를 빌미로 삼아 정치 개혁을 이루고자 했던 성종의 시도는 찻잔 속의 태풍처럼 잦아드는 듯했다. 하지만 그게 아니었다. 이심원과 동갑내기 벗이었던 성균관 유생 남효온(南孝溫)이 다시 불을 붙였다. 이심원이 상소를 올린 지 일주일이 지난 4월 15일이었다. 일주일 간격으로 상소를 올린 것은 우연이었을까? 상소의 내용도 유사한 것을 보면, 그런 것 같지는 않다. 남효온의 상소를 읽어본 훈구공신들도 그걸 눈치 채지 못했을 리 없다. 그리하여 상소에 적힌 내용보다는 둘이 서로 공모하여 상소를 올린 사실을 문제 삼고 나섰다. 메시지가 아닌 메신저를 공격하는 것은 부당한 권력자가 즐겨 활용하는 본질 흐리기 수법이다. 실제로 그들은 남효온과 이심원의 상소를 국기문란 행위로 몰아갔다. 서로 상의하여 상소 내용을 작성한 것은 붕당(朋黨)했다는 증거인 바, 그런 행위는 역률(逆律)에 해당하는 중죄에 처해야 한다는 것이다. 졸지에 구언상소가 역모의 증거로 바뀌는 순간이다.

훈구공신들이 그토록 격렬하게 남효온의 상소에 반발했던 것은 그 누구도 예상하지 못한 얼룩진 과거사를 들춰내었기 때문이다. 세조가 왕위 찬탈 과정에서 자행한 불법과 패륜을 역사의 무대에 폭로했던 것이다.

바로 단종의 생모 현덕왕후(顯德王后)는 아들의 폐위 및 죽음과 함께 종묘에서 위패가 내쳐지고 현릉(顯陵)에서도 파헤쳐 옮겨졌었다. 더 이상 왕의 모후가 아니라는 이유였다. 남효온은 흙비의 재해가 그런 반인륜적 처사에서 비롯된 것이라고 아뢰었다. 임금의 어미는 아닐 수 있겠지만, 문종의 부인이라는 사실은 변함이 없다는 논리로 문종 곁에 다시 모셔야 한다고 주장했다. 반박하기 어려운 논리였고, 왕위 탈취과정에서 자행된 반인륜적 행위를 바로잡기 위한 첫 신호탄이었다. 모두 여덟 항목으로 구성된 남효온의 상소를 '소릉복위 상소'라고 부르는 까닭이다.

일그러진 과거를 바로잡지 않으면 안 된다고 여겼던 남효온의 시대정신은 참으로 성성하기 그지없는 것이었다. 하지만 그로 인해 그 자신은 평생 울울한 방랑과 폭음을 반복하다가 쓸쓸하게 죽어갔다. 비극은 거기에서 그치지 않았다. 연산군의 갑자사화 때는 그 젊은 날의 상소로 말미암아 자기 몸은 부관참시 되고, 하나 남은 아들 남충세마저 부친이 올린 소릉복위 상소로 말미암아 참수되어 대가 끊기고 말았다. 불의의 과거를 바로 잡는다는 것이 얼마만큼 가혹한 희생을 치러야 하는 것인가를 보여 주는 생생한 사례이다.

폭군으로 불리는 연산군을 몰아내고 바른 역사를 새로 쓰겠다고 일으킨 중종반정 이후에도 소릉복위는 쉽게 실현되지 못했다. 반정을 주도한 공신을 비롯하여 조정의 대소신료들이 몇 년을 두고 복위를 시도했지만, 중종은 요지부동이었다. 세조의 직계 후손으로서 증조부의 잘못을 인정하기가 쉽지 않았던 것이다. 그러던 어느 봄날, 중종은 친제(親祭)를 지내러 종묘에 갔다. 중종 8년(1513) 3월 2일이다. 그런데 공교롭게도 그날 갑자기 벼락이 쳐서 종묘 앞에 있는 커다란 나무가 쓰러졌다. 놀란 중종은 지난날 성종이 그랬던 것처럼, 구언상소의 명령을 내렸다. 신하들은 기다렸다는 듯 소릉복위를 해야 벼락의 재해를 없앨 수 있다고 한목소리로 상소를 올렸다. 중종은 마지 못하는 척, 사림들의 숙원이었던 소릉복위를 명한다. 남효온이 문제를 제기한 지 35년 만에 이루어진 성사였다. 정말, 하늘이 자신의 뜻을 그렇게 흙비와 벼락으로 드러냈던 것일까? 하늘은 아무 말도 않으니 알 수 없는 일이다. 하지만 천인감응(天人感應)에 근거한 낡은 관념에 의지해 살아가던 그 시절의 그런 인물들조차 그리울 때가 있다. 누구나 천벌이 무섭다고는 하지만, 정작 천벌을 두려워하기는커녕 의식조차하지 않는 사람이 너무나도 많은 요즘 시대를 살아가노라면 더욱 그러하다.

둘, 죽음과 바꿔 스승의 가르침을 지킨 제자들

선비의 습속이 밝지 않은 것은 도학(道學)이 행해지지 않는 데에서 말미암은 것이고, 도학이 행해지지 않는 것은 사도(師道)가 전해지지 않는 데에 근원한 것입니다. 김종직은 처음으로 마음을 바르게 하는 학문[正心之學]을 제창하여 후진들을 인도하고 도와주어 바른 마음을 근본으로 삼게 하였습니다. 몸소 사도(斯道)를 자임하고 사문(斯文)의 흥기를 자기 책임으로 삼았으니, 그 공은 도리어 공명과 사업에 우뚝한 자보다 나음이 있습니다. 시호를 정하는 법에 '학문을 널리 닦고 견식이 많은 것[博文多見]', '사물을 널리 들어 알고 재능이 많은 것[博聞多能]', 그리고 '도덕이 높고 사물을 널리 들어 아는 것[道德博聞]'을 모두 문(文)이라 합니다. 만약 견식이 많고 재능이 많은 것으로 시호를 내린다면, 김종직이 바른 마음을 근본으로 삼고 몸소 사도(斯道)를 자임했던 공은 후세에 민멸되고 말 것입니다. 그런 까닭에 '도덕이 높고 사물을 널리 아는 것'의 문(文)으로 시호를 의논해 올렸습니다.[7]

---

7 『성종실록』 성종 24년 1월 9일. "士習之不明, 由於道學之不行, 道學之不行, 源於師道之不傳. 宗直始唱正心之學, 誘掖後進, 以正心爲本. 身任斯道, 興起斯文爲己責, 其功反有賢於功名事業之卓然者矣. 諡法有博文多見曰文, 博聞多能曰文, 道德博聞曰文. 若以多見多能名之, 則宗直正心爲本, 身任斯道之功, 泯滅於後, 故以道德

성종 23년 8월 19일, 고향 밀양으로 낙향하여 지내던 점필재 김종직이 삶을 마쳤다. 소식을 전해들은 성종은 조회를 중지하고, 부의를 내리고 제문을 지어 내려주어 시대의 스승으로 일컬어지던 한 인간에 대한 예의를 표했다. 봉상시(奉常寺)에서도 제자 이원(李黿)이 김종직의 시호를 문충(文忠)이라 정하는 게 좋겠다고 의논해 올렸고, 성종은 그렇게 하도록 분부했다. "마음을 바르게 하는 학문[正心之學]"으로 성종대 신진사류를 이끌어주었다는 의미를 담은 최고의 시호였다. 그런데 김종직의 〈졸기(卒記)〉 마지막에 다음과 같은 구절이 달려 있다.

> 처음의 시호는 '문충(文忠)'이었다. 도덕이 높고 학문이 넓은 것이 '문(文)'이고, 청렴하고 공정한 것이 '충(忠)'이다. 뒤에 대간의 논박을 받아 시호를 '문간(文簡)'으로 고쳤다. 문학이 넓고 견문이 많은 것이 '문(文)'이고, 경(敬)에 거하여 간소하게 행동하는 것이 '간(簡)'이다.[8]

무슨 곡절이 있었음에 틀림없다. 아닌 게 아니라 김종직이 죽고 난 지 네 달이 지난 성종 23년 12월 14일부터 대신과 대간 사이에서 '문충'이란 시호를 둘러싼 논쟁이 벌어지기 시작했다. 그로부터 무려 다섯 달을 끌 정도로 치열했다. 문제를 제기하고 나선 곳은 영의정 윤필상(尹弼商)이 이끌고 있던 의정부였다. 봉상시에 올린 시의(諡議)를 보면, 김종직을 공자와 같은 성인(聖人)에 견주고 있을 뿐만 아니라 도덕박문(道德博聞)의 문(文) 자도 정주(程朱)처럼 도통을 전한 자가 아니라면 감히 쓸 수 없다는 논리였다. 안침·홍귀달·남세주 등은 예전에 문충의 시호를

博聞議諡."

8 『성종실록』 성종 23년 8월 19일. "初諡文忠, 道德博文, 文; 廉方公正, 忠, 後以臺駁改諡文簡, 博文多見, 文; 居敬行簡, 簡."

받은 사람들도 도덕박문(道德博聞)의 의미로 '문' 자를 받은 적이 있을 뿐 아니라 한번 정한 시호를 바꾸는 것이 타당치 않다며 반대 의견을 냈다. 하지만 시호는 결국 의정부에 포진하고 있던 원로대신의 의도대로 '문충'에서 '문간(文簡)'으로 바뀌고 말았다.

이런 김종직의 시호 문제가 발발한 시기는 공교롭게도 성종 23년 12월 14일이었다. 공교롭다고 한 것은, 바로 그날 무관치 않아 보이는 두 개의 사건이 연달아 일어났기 때문이다. 하나는 김종직의 시호 논란이 불거진 것이고, 다른 하나는 의금부에서 국문 받던 성균관 생원 이목(李穆)이 방면된 것이다. 오전에는 김종직의 제자였던 이목이 풀려났다 했더니 오후 들어 그의 스승 김종직의 시호 문제가 일어났다. 우연이었을까, 아니었을까?

사태를 보다 분명하게 진단해보기 위해서는 시간을 조금 거슬러 올라가 이목이 의금부에 구금된 사연을 알아보아야 한다. 성종 23년 11월 하순, 조정은 성종의 모후 인수대비(仁粹大妃)가 내린 언문 한 장으로 들끓고 있었다. 금승법(禁僧法)을 둘러싸고 찬반양론이 극명하게 갈린 것이다. 윤필상·노사신과 같은 원로대신들은 성종과 인수대비 사이에서 눈치를 보며 반대를 하지 못한 채 어정쩡한 태도를 취했고, 안침·표연말과 같은 젊은 대간들은 그처럼 오락가락하고 있는 원로대신들을 신랄하게 비판하고 나섰다. 그런 와중에 성균관 유생이던 이목이 한 장의 상소를 올렸다. 영의정 윤필상을 '간귀(奸鬼)'라고 부르며 대놓고 비판하는 내용이었다. 성종은 불같이 화를 냈다. 그리고는 어린 유생이 원로대신을 능욕했다는 이유를 들어 의금부로 잡아 국문하라는 전교를 내렸다.

하지만 의금부에 잡혀온 이목은 자신의 주장을 굽히지 않았다. 그럼에도 불구하고 우의정 허종을 비롯하여 이조판서 홍귀달 등이 나서서 언로가 막혀서는 안 되니 젊은 선비의 광견(狂狷)으로 보아 용서해줄 것을 간곡하게 요청했다. 성종 9년 구언상소를 올려 훈구공신의 퇴진을 요구했던 이심원과 소릉복위를 건의했던 남효온을 두둔하던 논리가 성종 23년에도 여전히 반복되고 있었다. 그리하여 열흘 만인 12월 14일, 이목은 방면된다. 하지만 '간귀'라는 치욕적인 언사를 들은 윤필상과 유자광은 앙앙불락, 쉽게 분을 삭일 수 없었다. 그리하여 신진사류의 기세를 꺾어놓기 위해 다른 우회로를 선택했다. 바로 그들이 시대의 스승처럼 떠받들고 있는 김종직의 시호를 트집 잡고 나섰다. 처벌하려던 이목을 놓치고 난 바로 그날 오후, 훈구대신들의 복수가 시작된 것이다.

결국 시호는 문간으로 깎아내려지고, 문충이란 시호를 올린 이원은 파직되고 만다. 윤필상의 분노와 보복은 거기에서 멈추지 않았다. 무오사화 때 운명처럼 다시 만나게 된 것이다. 윤필상은 기어코 이목을 난언절해(亂言切害)의 죄로 몰아 참형을 시켰고, 이원에게는 붕당(朋黨)의 죄를 뒤집어씌워 곤장 80대에 원방부처(遠方付處)를 했다. 그만 멈출 만도 했다. 하지만 연산군 10년 갑자사화에 벌어진 살육의 피바람은 겨우 살아남은 김종직의 제자들에게까지 미쳤고, 유배지에서 끌려나온 이원도 화를 면할 수 없었다. 저녁 무렵 잡아들여 초경(初更)에 바로 참형에 처해버렸다. 이원은 죽기 직전, 유배지에서 끌려온 아비를 보러 자식이 옥으로 찾아왔다. 아들을 만나본 이원은 이런 말을 남기고 죽었다. "즐겁도다. 우리 아들 왔느냐? 보고 싶었다."[9]라고.

살벌한 죽음 앞에서도 두려워하지 않고, 죽음을 달게 받아들였던 젊은 그들. 그럴 수 있었던 것은 마음을 바르게 하는 학문[正心之學]을 가르쳐준 스승 김종직의 가르침을 잊지 않고 실천하고자 하는 굳은 다짐이 있었기에 가능했을 터다. 스승의 가르침을 따르다가 젊은 제자들이 죽임을 당한 뒤, 많은 시간이 흘러갔다. 하지만 역사는 제자가 굳게 믿고 지키고자 했던 그 사실을 잊지 않았다. 마침내 숙종 34년(1780) 7월 22일,

---

9 『연산군일기』 연산군 10년 10월 25일. "樂哉! 吾子來乎? 欲見."

숙종은 김종직의 시호를 문충(文忠)으로 복시(復諡)하라는 전교를 내린다. 무려 287년만의 일이었다. 아무리 오랜 시간이 흐른다고 해도, 잘못된 역사는 그렇게 언젠가는 바로 잡혀지는 법이다. 그런 믿음이 가능하도록, 참혹한 대가도 마다하지 않고 용기 있게 자신의 신념을 실천했던 젊은 선비들의 죽음이 가슴 서늘하게 다가오는 까닭이다.

셋, 『소학』이 만든 이상과 『소학』이 만든 현실

이황이 책을 펼쳐 놓고 강을 하다가 아뢰었다. "옛날 사람들은 먼저 『소학』을 읽어서 본바탕을 함양했기 때문에 『대학』에서 먼저 격물치지를 말하고 있는 것입니다. 후세 사람들은 『소학』을 읽지 않기 때문에 학문에 근본이 없어 격물치지의 공효를 알지 못합니다. 『소학』은 비단 연소한 사람뿐만 아니라 장성한 사람도 읽어야 할 책입니다. 『소학』이 우리나라에 유포된 지 오래되었건만 그 대의를 아는 사람이 없었는데, 김굉필이 학도들을 모아 놓고 가르쳐 밝힘으로써 그 책이 세상에 크게 유행하게 되었습니다. 그리하여 기묘년에 이르러서는 사람들이 모두 『소학』을 근본으로 여기게 되었는데, 불행하게도 현인과 군자들이 죄의 그물에 빠지게 되었습니다. 지금까지 민간에서 『소학』을 읽는 사람이 없으니, 이것은 교화가 밝지 못해 그렇게 된 것입니다. 상께서는 비록 『대학』을 배우고 계시지만, 『소학』 또한 유념해서 보셔야 합니다."[10]

---

10 『선조실록』 선조 즉위년 11월 4일. "李滉臨文啓曰: '古人先讀小學, 涵養本源, 故大學先言格物致知. 後人不讀小學, 故學無根本, 不能知格致之功. 小學非但年少所讀, 長成之人, 亦可讀也. 小學之書, 流布東土已久, 而人無能知其大義. 有金宏弼, 聚徒講明, 其書大行於世. 至於己卯年, 人皆以小學爲本, 不幸, 賢人君子陷於罪網, 至今閭巷之間, 無讀小學之人, 此敎化不明之致也. 自上雖進講大學, 而小學亦可留覽也.'"

선조가 왕위에 오른 지 넉 달쯤 지났을 때, 『대학』을 진강하고 있던 경연의 한 장면이다. 당대 최고의 명성을 구가하던 노성한 학자 이황과 이제 막 즉위한 어린 임금 선조의 모습이 흥미롭게 대비되고 있다. 또한 『소학』이 유가 경전 가운데 차지하고 있던 위상은 물론 우리나라에서 겪어온 전승의 내력이 압축적으로 제시되고 있다. 발언의 주인공이 이황이기에 그 무게는 한층 무겁게 다가왔다. 사실, 선조의 즉위와 이황의 복귀는 사림정치의 시대를 열었던 16세기의 역사를 가늠하는 하나의 잣대이기도 했다. 물론 『선조실록』은 임진왜란 때 사초가 불타버려 부실하기 짝이 없긴 하지만, 그런 사정을 십분 감안한다 해도 선조 초년의 실록 기록은 너무나도 부실하다. 선조가 즉위한 바로 그 7월 한 달치의 기사라고는 달랑 두 개에 불과하다. 하나는 이황에게 명종의 행장을 짓게 했다는 기사이고, 다른 하나는 이틀 뒤에 이황을 예조판서로 삼았다는 기사이다.

그나마 다음 8월 한 달의 기사는 하나로 줄어든다. "예조판서 이황이 병으로 사면하고 동쪽으로 돌아갔다[李滉病免東歸]."는 내용이다. 선조는 간곡한 교서를 내려 이황을 다시 불렀다. 그렇게 마지못해 올라온 이황이 경연에서 『대학』을 진강하다 첫 번째로 낸 가르침이 바로 『소학』을 읽어야 한다는 당부였다. 이황이 아동용 초학서로 간주되기도 하는 『소학』을 강조한 데는 까닭이 있다. 세자를 두지 못한 명종이 죽은 뒤, 왕위는 16세였던 조카 하성군(河城君)에게 돌아갔다. 누구도 예측하지 못했던 왕위 계승이었다. 그렇게 임금의 자리에 오른 선조대의 가장 시급한 과제는 문정왕후의 수렴청정과 윤원형과 같은 외척세력의 농단으로 얼룩진 어두운 그늘을 벗겨내는 일이었다. 존망 있는 학자를 스승으로 모셔 어린 임금을 성군(聖君)으로 인도하는 한편 억울하게 유배되어 있거나 낙향·은거하고 있는 인재를 발탁하는 게 그 무엇보다 급선무였던 것이다.

그리하여 선조는 이황·기대승을 임금의 사부로 모셔 오는 한편 유배되어 있던 노수신·유희춘 등을 유배지에서 방면하여 정계에 복귀시켰다. 또한, 권벌·이언적처럼 을사사화 이후 억울하게 죄를 받았던 사람들의 신원도 속속 이루어졌다. 기대승이 경연에서 우리나라 도학의 계보를 정몽주-김종직-김굉필-조광조로 정식화하기 시작한 것도 선조 즉위년 바로 그즈음의 일이었다. 지난날의 폐단을 바로잡아 새 시대를 열고자 했던 사림의 정치적 열망이 끓어 넘치던 장면을 선조 초년의 기사들은 생생하게 보여 주고 있다. 바로 그때, 이황은 선조에게 『소학』의 중요성을 환기시켜 주고 있었던 것이다.

그리고 보면 새로운 임금이 즉위한 뒤, 『소학』 교육을 강조했던 것은 선조 초년의 이황만이 아니었다. 태종 때의 권근, 세종 때의 허조, 성종 때의 한치형, 연산군 때의 홍귀달, 중종 때의 남곤, 명종 때의 이언적 등도 그러했다. 이들의 면면은 모두 새로 즉위한 임금과 함께 그 시대를 이끌어갈 당대 최고의 거물이란 점에서 동일했다. 그들이 생각한 『소학』에 대한 공부는 어린 임금이 성군이 되는 전제조건이자 성군의 시대를 열어가기 위한 굳센 다짐과도 같은 것이었다. 심지어 율곡 이이의 경우, 『소학』을 주자학의 핵심 경전인 사서(四書)와 함께 오서(五書)의 반열로 올렸을 정도이다.

그런 점에서 이황의 『소학』에 대한 강조는 상투적인 것처럼 보이기도 한다. 하지만 그렇지 않다. 기묘사화를 겪은 이후 민간에서는 『소학』을 읽는 사람이 없다는 말처럼, 그 책은 지난 몇 십 년 동안 금서(禁書)처럼 취급되고 있었다.

이로부터 세상에서는 『소학』이 화를 부르는 책이라 여겨 부형(父兄)이 금지하고 사우(師友)가 경계하였다. 그리하여 머리 모양이나 발의 자세가 비슷하기만 해도 소학의 도라 지적하며 떠들썩하게 뭇사람이 비난하였다.

아, 세도(世道)가 이런 지경까지 이르렀으니 선비의 기풍이 아름답지 못한 게 뭐 이상하겠는가?[11]

　유교문명으로 들어가는 입문서 역할을 했던 『소학』이 화를 부르는 책으로 지목되어, 읽는 것조차 금지되던 상황은 납득하기 어렵다. 더욱이 유교국가를 자처했던 조선시대라면, 더욱 아이러니하다. 윤근수의 전언에 따르면, 명종 대의 윤원형 같은 사람은 "기묘년에 『소학』을 숭상하더니 신사년에 난이 일어났고, 을사년에 다시 난역(亂逆)이 일어났다. 『소학』은 난역의 책이다."라 단언했다고 한다. 실제로 그렇기도 했다. 세종·성종·중종과 같은 임금과 그 시대를 좌지우지했던 권력의 핵심들은 『소학』의 교화를 통해 유교문명 국가를 이루어야 한다고 힘주어 외쳤다. 하지만 그 말에 따라 『소학』을 공부하고 그 책의 가르침대로 실천하기를 요구했던 젊은 선비들은 혹독한 대가를 치러야만 했다. 낡은 공신세력을 퇴진시키고 새로운 시대를 열어야 한다고 갈망하던 성종 대의 남효온·김굉필과 같은 젊은 선비들은 '광생(狂生)' 또는 '소학동자(小學童子)'로 치부되어 죽을 때까지 현실정치에서 배제된 삶을 살아야 했다. 나아가 유교적 명분에 맞는 역사를 바로 쓰고자 했던 연산군 대의 김일손과 같은 젊은 사관들은 능지처사에 처해졌고, 지치(至治)의 정치를 꿈꾸었던 중종 대의 조광조와 그의 동지들도 혹독한 참변을 피해가지 못했다.

　흥미로운 현상은 그처럼 젊은 선비들이 붕당(朋黨)을 맺거나 능상(凌上)을 일삼았다는 죄목으로 참화를 당할 때마다 그렇게 만든 배후로 항상 『소학』이란 책이 지목되고 있다는 사실이다. 그리하여 그런 참변을

11　『명종실록』 명종 6년 9월 19일. "自是之後, 世以小學爲取禍之具, 父兄以爲禁, 師友以爲戒, 頭容·足容或有近似者, 則指以爲小學之道, 而譁然衆非之. 嗚呼, 世道至此, 士習之不美, 又何怪哉?"

겪은 이후 『소학』은 금서로 취급을 받아 모두들 기피해야 했다. 정말, 『소학』이 그렇게 불온한 내용을 담은 반역의 책이었던 것일까? 유교를 국시로 삼아 세운 나라에서 유교 문명에 부합하는 인간으로 거듭나야 한다고 가르치던 『소학』을 읽고 그것을 직접 실천하고자 했지만, 그 대가가 죽음으로 되돌아왔던 반복적 상황은 참으로 아이러니하다. 하지만 이해가 되기도 한다. 법대로 살자는 것보다 더 과격하고 더 급진적인 요구는 없다. 지켜야 할 법을 지키면서 살아가야 하는 힘없는 약자보다 그 법을 만든 힘 있는 강자가 자기가 만든 법을 지키며 살기가 훨씬 어려운 법이다. 그리하여 "법대로 하자", 또는 "원칙을 지키며 살자"라고 요구하는 힘없는 자를, 세상 이치도 모르며 떠든다고 조롱하거나 힘으로 겁박하기 일쑤다. 예나 지금이나 변함이 없는 그런 사실로 인해, 성종대 신진사류의 삶을 살피는 것으로 마무리하고 있는 지금도 우리는 아프다.

그렇다고 마냥 아파할 만한 일은 아니다. 우리가 이제까지 살펴본 정도전의 '시서예악(詩書禮樂)', 권근의 '경술문장(經術文章)', 변계량의 '성교자유(聲敎自由)', 신숙주의 '훈민교화(訓民敎化)', 서거정의 '문장화국(文章華國)', 그리고 김종직의 '연문소도(沿文泝道)'라는 동국문명의 핵심적인 성취 그 모두는 조선전기 문명전환과 동국문명의 전개라는 지평 위에서 기존의 완고한 저항을 뚫고 획득해낸 것이었다. 새로운 모색이란 언제나 기성권력과 불화(不和)하기 마련이다. 실제로 성종대 신진사류의 후예들은 연산군을 몰아낸 중종반정 이후에도 기묘사화—을사사화라는 더 큰 참변을 겪고 난 16세기 중반 이후부터 이른바 '도학의 시대'를 일궈낼 수 있었다.[12]

---

12 '도학의 시대'란 용어는 이동환 교수의 삼부작, 곧 『고전시대의 사상과 문학』(지식산업사, 2023)-『도학시대의 사상과 문학』(지식산업사, 2023)-『실학시대의 사상과 문학』(지식산업사, 2006)에서 빌려왔다. 16세기 이후 花潭, 晦齋, 退溪, 南冥, 栗谷과 같은 시대의 거인들이 '도학시대'를 열어가던 모습에 대해서는 위의 논저를 비롯해

이렇듯 새로운 시대정신은 과거의 관습 및 기득권 세력과 팽팽하게 맞서기도 하고 때론 아슬아슬한 긴장을 유지해가며 시대의 흐름에 맞게 조율·변화해가기 마련이다. 지금 우리의 눈으로는 그 변화가 거의 감지되지 않을 만큼 작은 것일 수도 있다. 하지만 그때 그들에게 있어서는 실로 엄청난 도전이자 변혁이기도 했다. 극심한 가뭄에는 하늘에 기도해도 된다는 변계량의 주장이 뭐 그리 대단하다고 실록에까지 적어 역사에 길이 비난하고자 했으며, 김종직과 그의 제자들이 추구한 정심지학(正心之學)이 뭐 그리 잘못 되었다고 부관참시와 능지처사라는 중벌에 처해 마땅하다고 여겼던 것인가? 그럼에도 그들은 그때 그런 처분을 받아야 했다. 그래서 우리는 시대의 변화를 추동하는 운동에너지의 크기보다 그 방향성에 먼저 유의해야 하며, 그 미세한 변화의 조짐에 대해서도 매우 민감하게 반응하지 않으면 안 되는 것이다. 그건, 인문학도의 소명이기도 하다. 그렇게 긴장하지 않고 보면, 과거의 일들은 모두 그게 그것인 것처럼 범범하게 스쳐 지나가고 말 뿐이다. 이른바 동국문명이 중화문명과 뭐 그리 차이가 날 것인가, 라는 의심과 비판에도 불구하고 '동국문명의 지평'이라는 다소 과장된 화두를 끝까지 놓지 않으려 노력했던 까닭이다.

　일일이 거론하기 힘들 만큼의 많은 연구 성과가 축적되어 있다.

참고문헌

| 저서 |

권근, 신호열 외 역, 『양촌집』, 민족문화추진회, 1979.
김굉필, 한훤당선생기념사업회 편, 『국역 景賢錄(全)』, 삼화출판사, 1970.
김시습, 권오돈 외 역, 『매월당집』, 세종대왕기념사업회, 1977.
김종직, 임정기 역, 『점필재집』, 민족문화추진회, 2007.
김종직, 부산대 점필재연구소 역주, 『역주 점필재집』, 점필재, 2016.
김종직, 부산대 점필재연구소 역주, 『역주 회당고』, 점필재, 2023.
남효온, 박대현 역, 『추강집』, 민족문화추진회, 2007.
변계량, 송수경 외 역, 『춘정집』, 민족문화추진회, 2001.
서거정, 성백효 역주, 『四佳名著選: 동인시화, 필원잡기, 골계전』, 이회, 2000.
성현, 김남이·전지원 외 옮김, 『용재총화』, 휴머니스트, 2015.
신숙주, 신용호 외 역, 『保閑齋全書』, 고령신씨문헌간행위원회, 1984.
정도전, 신호열 외 역, 『삼봉집』, 민족문화추진회, 1977.
정도전, 심경호 옮김, 『삼봉집: 조선을 설계하다』, 한국고전번역원, 2013.
홍귀달, 부산대 점필재연구소, 『허백정집』, 점필재, 2014.
홍한주, 『19세기 견문지식의 축적과 지식의 탄생(상, 하): 智水拈筆』, 소명출판, 2013.

강명관, 『열녀의 탄생』, 돌베개, 2009.
강명관, 『조선시대 책과 지식의 역사』, 천년의 상상, 2013.
강문식 외 지음, 『15세기: 조선의 때 이른 절정』, 민음사, 2013.
강응천 외, 『16세기: 성리학 유토피아』, 민음사, 2014.
강정만, 『명나라 역대 황제 평전』, 주류성, 2017.
김남이, 『집현전 학사의 삶과 문학세계』, 태학사, 2004.
김백철, 『법치국가 조선의 탄생』, 이학사, 2016.
김성우, 『조선중기 국가와 사족』, 역사비평사, 2001.
김영봉, 『김종직 시문학 연구』, 이회문화사, 2000.
김풍기, 『조선전기 문학론 연구』, 태학사, 1996.
김호동, 『몽골제국과 세계사의 탄생』, 돌베개, 2010.
대구한의대 편, 『춘정 변계량의 시대정신과 학문세계』, 보고사, 2022.
도현철, 『조선전기 정치사상사』, 태학사, 2013.
박종기, 『고려사의 재발견』, 휴머니스트, 2015.
박춘섭, 『조선과 명나라 문사들의 기자 담론 전개』, 박문사, 2018.
박현모 외 지음, 『세종의 서재: 세종이 만든 책, 세종을 만든 책』, 서해문집, 2016.

배병삼, 『우리에게 유교란 무엇인가』, 녹색평론사, 2012.
백승종, 『문장의 시대, 시대의 문장』, 김영사, 2020.
부산대 점필재연구소 엮음, 『점필재 김종직과 그의 젊은 제자들: 조선의 인문정신을 열어 간 사람들』, 지식과교양, 2011.
부산대 점필재연구소 고전번역연구센터 편, 『한국 고전번역학의 구성과 모색(1)』, 점필재, 2013.
부산대 점필재연구소 고전번역연구센터 편, 『한국 고전번역학의 구성과 모색(2)』, 점필재, 2015.
부산대 점필재연구소 고전번역연구센터 편, 『한국 고전번역사의 전개와 지평』, 점필재, 2017.
심경호, 『김시습평전』, 돌베개, 2003.
오항녕, 『조선의 힘』, 역사비평사, 2010.
이근우, 『훈민정음은 한글인가?』, 어문학사, 2016.
이동환, 『도학시대의 사상과 문학』, 지식산업사, 2013.
이병휴, 『조선전기 사림파의 현실인식과 대응』, 일조각, 1999.
이승한, 『개경에서 한양까지 1-2: 권력투쟁으로 본 조선 탄생기』, 푸른역사, 2020.
이우성, 『韓國의 歷史像』, 창작과비평사, 1983.
이종건, 『徐居正 詩文學 硏究』, 개문사, 1985.
이종묵, 『海東江西詩派 연구』, 태학사, 1995.
이종범, 『사림열전 2: 순례자의 노래』, 아침이슬, 2008.
이태진, 『한국사회연구: 농업기술 발달과 사회변동』, 지식산업사, 1989.
이태희 외, 『한국고전번역자료 편역집(Ⅰ)』, 점필재, 2017.
이한우, 『성종: 조선의 태평을 누리다』, 해냄, 2006.
임석재, 『禮로 지은 경복궁: 동양미학으로 읽다』, 인물과사상사, 2015.
임형택, 『한국문학사의 시각』, 창작과비평사, 1984.
임형택, 『실사구시의 한국학』, 창작과비평사, 1999.
임형택, 『한국문학사의 논리와 체계』, 창작과비평사, 2002.
임형택, 『문명의식과 실학: 한국지성사를 읽다』, 돌베개, 2009.
임형택, 『한국학의 동아시아적 지평』, 창비, 2014.
장인용, 『주나라와 조선』, 창해, 2016.
장지연, 『경복궁: 시대를 세우다』, 너머북스, 2018.
장지연, 『조선유교연원』, 솔출판사, 1998.
정경주, 『성종조 신진사류의 문학세계』, 법인문화사, 1993.
정경주, 『한국중세문화인물연구』, 신지서원, 2010.
정경주 외, 『점필재 김종직의 도학 다시보기』, 문사철, 2022.
정광, 『한글의 발명』, 김영사, 2015.
정광, 『훈민정음과 파스파 문제』, 역락, 2012.
정호훈, 『조선의 『소학』: 주석과 번역』, 소명출판, 2014.

조영호, 『15세기 官僚文人의 漢詩研究: 金守溫·徐居正·李承召·姜希孟을 중심으로』, 한국학술정보, 2005.
조유식, 『정도전을 위한 변명』, 휴머니스트, 2014.
최연식, 『조선의 지식계보학』, 옥당, 2015.
최이돈, 『조선전기 공공통치』, 경인문화사, 2017.
한영우, 『조선전기 사회경제연구』, 을유문화사, 1983.
홍순민, 『우리 궁궐 이야기』, 청년사, 1999.

가시모토 미오·미야지마 히로시, 김현영·문순실 옮김, 『조선과 중국, 근세 오백년을 가다』, 역사비평사, 2003.
단죠 히로시, 한종수 옮김, 『영락제: 화이질서의 완성』, 아이필드, 2017.
디터 쿤, 육정임 옮김, 『하버드 중국사 송: 유교 원칙의 시대』, 너머북스, 2015.
마르티나 도이힐러, 이훈상 역, 『한국의 유교화 과정』, 너머북스, 2013.
앙트완 베르만, 윤성우·이향 옮김, 『번역과 문자: 먼 것의 거처』, 철학과현실사, 2011.
위잉스(余英時), 이원석 옮김, 『주희의 역사세계: 송대 사대부의 정치문화 연구』, 글항아리, 2015.
존 B. 던컨, 김범 옮김, 『조선 왕조의 기원』, 너머북스, 2013.
진순, 김영민 옮김, 『北溪字義』, 예문서원, 2005.
토마스 바필드, 윤영인 역, 『위태로운 변경』, 동북아역사재단, 2009.
티모시 브룩, 조영헌 옮김, 『하버드 중국사 명: 곤경에 빠진 중국』, 너머북스, 2014.
Peter K. Bol, 김영민 옮김, 『역사 속의 성리학』, 예문서원, 2010.

한국고전번역원 한국고전종합DB, https://db.itkc.or.kr/

| 논문 |

강명관, 「고려말 조선전기 성리학 서적의 수용과정」, 이병혁 편, 『여말선초 한문학의 재조명』, 태학사, 2003.
강민구, 「徐居正의 문학을 통해 본 바둑의 기능과 형상화」, 『동방한문학』 59집, 동방한문학회, 2014.
강민구, 「조선 관료문인의 職務 스트레스와 반응의 문학적 표출양상: 徐居正의 경우」, 『한문교육연구』 34집, 한문교육연구회, 2010.
구슬아, 「徐居正 散文에 대한 새로운 접근: 序文에 나타난 元·明代 산문의 활용 양상」, 『고전문학연구』 53집, 한국고전문학회, 2018.
구슬아, 「초창과 윤색: 조선전기 관각문학의 글쓰기 방식 연구」, 『규장각』 53집, 서울대 규장각 한국학연구원, 2018.
권중달, 「『성리대전』의 형성과 그 영향」, 『중앙사론』 4집, 중앙대 중앙사학연구소, 1984.
김범, 「조선전기 '훈구·사림세력' 연구의 재검토」, 『한국사학보』 15호, 고려사학회,

2003.
김경록, 「여말선초 홍무제의 고려·조선인식과 외교 관계」, 『명청사연구』 35호, 명청사학회, 2011.
김경록, 「홍무제의 대외인식과 조공제도의 정비」, 『명청사연구』 37호, 명청사학회, 2012.
김기, 「점필재 김종직의 시에 나타난 도학사상 연구」, 『유학연구』 54호, 충남대 유학연구소, 2012.
김기림, 「서거정 記文과 그 의미」, 『대동한문학』 17집, 대동한문학회, 2002.
김기림, 「서거정 記文에 나타난 서술전략 고찰」, 『한국고전연구』 9집, 한국고전문학회, 2003.
김남이, 「성종대 공론장에서의 검열과 비판: 치세 초반 儒生과 師表에 대한 논의를 중심으로」, 『한국한문학연구』 68집, 한국한문학회, 2017.
김남이, 「입법과 창제의 시대, 문장의 책무와 한계: 집현전 학사들이 官撰書에 부친 文字들을 중심으로」, 『진단학보』 135집, 진단학회, 2020.
김남이, 「조선전기 儒生上疎와 조정공론: 15세기 유생상소를 중심으로」, 『한문고전연구』 45집, 한국한문고전학회, 2022.
김만태, 「서거정의 命理觀 연구: 『오행총괄』 序와 『필원잡기』를 중심으로」, 『국학연구』 22집, 한국국학진흥원, 2013.
김미선, 「徐居正의 公州十景 漢詩 考察: 공주의 융복합적 지역문화 탐색을 중심으로」, 『한문고전연구』 39집, 한국한문고전학회, 2019.
김상일, 「서거정의 儒·佛交遊論과 승려와의 交遊詩」, 『동악어문학』 44집, 동악어문학회, 2005.
김성룡, 「고전문학교육으로서의 고전작가론: 徐居正을 중심으로 하여」, 『고전문학과교육』 24집, 한국고전문학교육학회, 2012.
김성우, 「15세기 중·후반 勳舊官僚 徐居正의 관직생활과 그에 대한 평가」, 『대구사학』 83집, 대구사학회, 2006.
김승우, 「경기체가 〈華山別曲〉의 제작 배경과 구성」, Journal of Korean Culture, vol.32, Center for Korean History, 2016.1.
김영봉, 「조선 전기 문인의 도학파·사장파 구분에 대한 비판적 고찰」, 『동방학지』 110집, 연세대 국학연구원, 2000.
김영훈, 「病中 정서를 드러내는 서거정 한시의 특징: 노년기 작품을 중심으로」, 『관악어문연구』 40집, 서울대학교, 2015.
김용헌, 「도학의 형성, 점필재 김종직과 그의 문생들의 도학사상」, 『한국학논집』 45집, 계명대 한국학연구소, 2011.
김유범, 「중세국어 문법 교육과 언해본 『삼강행실도』」, 『새얼어문논집』 제18집, 새얼어문학회, 2006.
김윤섭, 「조선전기 관료문인들의 불교적 내면의식에 관한 연구: 권근·변계량·김수온·서거정·성현의 詩文을 중심으로」, 『禪文化研究』 20집, 한국불교선리연구원, 2016.
김윤제, 「『性理群書句解』의 내용과 편찬경위」, 『규장각』 23집, 서울대 규장각 한국학연구원, 2000.12.
김준형, 「실재한 사건, 다른 기록: 太平閑話滑稽傳을 중심으로」, 『열상고전연구』 54집, 열상고전연구회, 2016.
김준형, 「太平閑話滑稽傳에 담은 일상에 대한 관심과 실천」, 『동양한문학연구』 51집, 동양한문학회, 2018.
김풍기, 「권위를 생성하는 글쓰기와 변계량의 문장의 문학사적 의의: 조선의 전통과 중화주의의 길항」, Journal of korean Culture, vol.53, 한국어문학구제학술포럼, 2021.
김풍기, 「『北征錄』에 나타난 서거정의 使行 경험과 훈구 문학의 고고학적 탐구」, 『국학연구론총』 24집, 택민국학연구원, 2019.
김풍기, 「서거정의 시에 나타난 풍경 구성 방식과 원림 문화: 강원 지역의 명승을 중심으로」, 『고전과해석』 18집, 고전문학한문학연구학회, 2015.
김풍기, 「조선 전기 언해 사업의 문화적 의미」, 부산대 점필재연구소 편, 『한국고전번역학의 구성과 모색』, 점필재, 2013.
김풍기, 「조선전기 문학론의 위계와 〈東人詩話〉」, 『한민족어문학』 73집, 한민족어문학회, 2016.
김훈식, 「15세기 후반기 鄕黨倫理 보급의 배경: 鄕에 대한 인식의 변화를 중심으로」, 『한국사연구』 99·100합집, 한국사연구회, 1997.
김훈식, 「道東刊本 『景賢錄』의 편찬과 내용」, 『지역과역사』 32집, 부경역사연구소, 2013.
김훈식, 「順天刊本 『景賢錄』의 편찬과 내용」, 『역사와경계』 86집, 부산경남사학회, 2013.
김흥규, 「선초 악장의 天命論的 상상력과 정치의식」, 『한국시가연구』 7권, 한국시가학회, 2000.
노재준, 「여말선초 주돈이 〈애련설〉 수용의 양상」, 『태동고전연구』 37호, 한림대 태동고전연구소, 2016.
노재현, 「서거정의 '慶州十二詠'의 의미와 폐허미학적 소통방식」, 『한국조경학회지』 37집, 한국조경학회, 2009.
류소진, 「조선 문인 徐居正 詩의 蘇軾 수용 양상」, 『중국학보』 80집, 한국중국학회, 2017.
류화정, 「『東人詩話』에 수용된 중국 詩學書 연구」, 『동양한문학연구』 36집, 동양한문학회, 2013.
박병련, 「春亭 卞季良의 정치사상과 정치적 활동」, 『한국동양정치사상사연구』 8집, 한국동양정치사상학회, 2009.
박사랑, 「15세기 조선 정부의 鄕禮 논의와 향촌 질서 구축」, 『韓國史論』 62집, 서울대 국사학과, 2016.
박성순, 『사가 서거정의 시문학 연구』, 충남대 석사학위논문, 1990.
박종혁, 「四佳 徐居正의 시의식과 臺閣之詩의 전형」, 『한문학논집』 7집, 근역한문학회, 1989.
박주, 「조선중기 경상도 함양지역의 효자·열녀」, 『진단학보』 88집, 진단학회, 1999.

박현숙, 「정도전의 〈문덕곡〉 연구」, 『한국어와 문화』 9권, 숙명여대 한국어문화연구소, 2011.
박혜영, 「徐居正의 山水圖 題畵詩 연구」, 『배달말』 64집, 배달말학회, 2019.
배규범, 「『동문선』 편찬과 수록된 불가시문의 의미」, 『국제어문』 30집, 국제어문학회, 2004.
백연태, 「『동인시화』에 보이는 중국 시화 변용의 묘미와 의미」, 『동방학지』 129집, 연세대 국학연구원, 2005.
백연태, 「서거정의 제화시 창작에 대해:『동인시화』예화와의 연계를 중심으로」, 『청람어문교육』 29집, 청람어문교육학회, 2004.
송웅섭, 「조선 초기 '公論'의 개념에 대한 검토」, 『한국학연구』 39집, 인하대 한국학연구소, 2015.
송웅섭, 「親政 초반 성종의 왕권에 대한 검토: '戊戌之獄'을 중심으로」, 『율곡학연구』 46집, 율곡학회, 2021.
송웅섭, 「성종과 훈구공신의 권력관계에 대한 검토」, 『한국학연구』 69권, 인하대 한국학연구소, 2023.
송재소, 「점필재 김종직 문학 연구의 몇 가지 문제」, 『대동문화연구』 44집, 성균관대 대동문화연구원, 2003.
신태영, 「조선 태조조 창작 몽金才의 악무와 예악사상」, 『동방학문학』 59집, 동방한문학회, 2014.
신태영, 「春亭 卞季良의 上疏文으로 본 조선초기의 祭天 의식」, 『인문과학』 36집, 성균관대 인문학연구원, 2005.
신태영, 「『皇華集』 소재 한시의 특징과 양상: 명 사신과 조선 접반사의 수창」, 『동방한문학』 42집, 동방하문학회, 2010
심경호, 「김시습과 서거정」, 『한민족어문학』 38권, 한민족어문학회, 2001.
심규영, 「조선 전기 서적 간행 현황과 서발문의 문체적 특징」, 서강대 석사학위논문, 2020.
안미영, 「서거정 영물시의 특성 연구」, 『수련어문논집』 27집, 수련어문학회, 2001.
안병학, 「서거정의 문학관과 東人詩話」, 『한국한문학연구』 16집, 한국한문학회, 1993.
안장리, 「『동문선』의 선문 의식에 나타난 문학의 개념과 가치」, 『국제어문』 29집, 국제어문학회, 2004.
오세현, 「文章의 역할을 통해 본 15세기 斯文의 성격」, 『사학연구』 127집, 한국사학회, 2017.
오연정, 「春亭 卞季良의 불교인식」, 『역사와교육』 15집, 역사와교육학회, 2012.
오용섭, 「『東人詩話』의 간행과 대일본 유출」, 『서지학연구』 59집, 한국서지학회, 2014.
우정임, 「조선 전기 『성리대전』의 이해과정: 節要書의 편찬·간행을 중심으로」, 『지역과 역사』 31호, 부경역사연구소, 2012.
우정임, 「조선전기 性理書의 간행과 유통에 관한 연구」, 부산대 박사학위논문, 2009.
윤인숙, 「김굉필의 정치네트워크와 小學契」, 『조선시대사학론』 59집, 조선시대사학회, 2011.

윤인현, 「『東人詩話』를 통해 본 徐居正의 用事와 點化에 대한 인식」, 『한국문학과예술』 29집, 한국문학회예술연구소, 2019.
윤재환, 「徐居正의 漢詩 속에 수용된 蘭草의 성격과 의미」, 『동방한문학』 56집, 동방한문학회, 2013.
이강옥, 「서거정 〈필원잡기〉와 구양수 〈귀전록〉의 비교 연구」, 『우리말글』 58집, 우리말글학회, 2013.
이강옥, 「필원잡기 서사적 단편의 존재방식과 서거정의 세계관」, 『동양한문학연구』 37집, 동양한문학회, 2013.
이경구, 「18세기 후반~19세기 조선의 언어와 문자 의식에 대한 시론」, 『19세기 동아시아를 읽는 눈』, 너머북스, 2017.
이구의, 「徐居正의 〈後觀魚臺賦〉에 나타난 自我意識」, 『영남학』 23집, 경북대 영남문화연구원, 2013.
이병휴, 「朝鮮前期 士林派의 推移 속에서 본 金宏弼의 歷史的 座標」, 『역사교육논집』 34집, 역사교육학회, 2005.
이상혁, 「훈민정음과 한글의 언어문화사적 접근」, 『한국어학』 제41집, 한국어학회, 2008.
이우성, 「고려시인에 있어서의 문명의식의 형성」, 『이화사학연구』 3권, 이화사학연구, 1968.
이은영, 「조선 表箋의 典範을 찾아서: 『세종실록』과 『동문선』의 역할을 중심으로」, 『동양한문학연구』 51집, 동양한문학회, 2018.
이정신, 「조선전기 사림의 공인식과 君臣共治論」, 『학림』 21, 2000.
이종건, 「서거정과 김시습의 시적 교통」, 『국제어문』 7집, 국제어문학회, 1986.
이종건, 「서거정의 詩文觀」, 『국어국문학』 91집, 국어국문학회, 1984.
이종건, 「서거정의 詩文學에 나타난 杜詩의 영향」, 『동악어문학』 15집, 동악어문학회, 1981.
이종묵, 「卞季良의 인재 양성 정책」, 『진단학보』 105집, 진단학회, 2008.
이종묵, 「〈애련설〉과 집의 이름」, 『선비문화』 23, 남명학연구원, 2013.
이태진, 「조선 왕조의 유교정치와 왕권」, 『한국사론』 23, 서울대 국사학과, 1990.
이현진, 「조선 왕실의 忌晨祭 설행과 변천」, 『조선시대사학보』 46집, 조선시대사학회, 2008.
이훈상, 「에드워드 와그너의 조선시대 연구와 이를 둘러싼 논점들」, 『역사비평』 59호, 역사비평사, 2002.
임종진, 「대구권 성리학의 초기 정착 과정에 관한 기초 연구」, 『철학연구』 122집, 대한철학회, 2012.
임형택, 「고려 말 문인지식층의 동인의식과 문명의식: 목은 문학의 논리와 성격에 관한 서설」, 『실사구시의 한국학』, 창작과비평사, 2000.
임형택, 「신숙주의 시대와 문학: 사대부적 문명의식의 현실화와 관련해 논함」, 『어문연구』 제30권 제4호, 한국어문교육연구회, 2002 겨울.
장인진, 「원나라 劉辰翁 評點本의 조선전기 출판 현상」, 『한국학논집』 77집, 계명대 한국학연구원, 2019.
전영권,「서거정의 '대구십영'에 관한 지리학적 연구」,『한국지역지리학회지』16집, 한국지역지리학회, 2010.
정경주,「점필재 김종직의 政教와 講學의 서정: 함양군수 시기를 중심으로」,『남명학연구』39, 경상대 남명학연구소, 2013.
정경주,「춘정 변계량의 典禮 禮說에 대하여」,『한국인물사연구』제8호, 한국인물사연구회, 2007.
정경주,「한훤당 김굉필 도학의 전승 양상」,『영남학』제22호, 경북대 영남문화연구원, 2012.
정긍식,「『조선경국전』과 조선 초기 법제 정비」,『법학』제56권 제2호, 서울대학교, 2015.6.
정다함,「여말선초의 동아시아 질서와 조선에서의 漢語, 漢吏文, 訓民正音」,『한국사학보』제36호, 고려사학회, 2009.8.
정석태,「문명번역과 훈민정음: 세종의 창제의도에 관하여」, 부산대 점필재연구소 고전번역학센터 편,『한국고전번역학의 구성과 모색』, 점필재, 2013.
정요근,「조선초기 驛路網의 전국적 재편」,『朝鮮時代史學報』46집, 조선시대사학회, 2008.
정용건,「중종대 관료문인의 학적 지향과 문학의식」, 고려대 박사학위논문, 2020.
정우영,「불전언해의 국어사적 의의: 중기국어 불전언해를 중심으로」, 부산대학교 점필재연구소 고전번역학센터 편,『한국고전번역학의 구성과 모색』, 점필재, 2013.
정우영,「『삼강행실도』언해본에 나타난 한자음 표기의 양상: 잘못 注音된 한자음의 분석과 번역 연대」,『동악어문논집』제34집, 동악어문학회, 1999.
정일남,「徐居正 詩의 楚辭 受容 樣相」,『한문학보』21집, 우리한문학회, 2009.
정정숙,「徐居正의 문학관과 중국시학의 수용관계」,『한성어문학』18집, 한성어문학회, 1999.
정종대,「서거정의 시와 官人意識」,『국어교육』97집, 한국어교육학회, 1998.
정출헌,「김종직의 함양군수 시절, 시문을 통해본 王化의 비전과 그 실천」,『율곡학연구』43, 율곡학회, 2020.
정출헌,「서거정과 김시습: 조선 전기 사대부 문인의 두 초상」,『동양한문학연구』21집, 동양한문학회, 2005.
정출헌,「성종 14년(1483), 신진사류, 그리고 道學으로의 轉回: 추강 남효온과 그 師友의 동향을 중심으로」,『민족문화』52, 한국고전번역원, 2018.
정출헌,「원명교체기, 화이질서의 강화와 동국문명의 형성」,『민족문학사연구』69집, 민족문학사학회, 2019.
정출헌,「유교문명으로의 전환과 '시대의 스승', 김종직과 김시습(Ⅰ)」,『민족문화연구』80, 고려대 민족문화연구원, 2018.
정출헌,「조선전기 언해사업의 지평과 문명전환의 맥락」,『어문논집』84호, 민족어문학회, 2018.12.
정출헌,「조선전기 잡록과『추강냉화』, 남효온의 깊은 슬픔과 시대정신」,『민족문학사연구」 54집, 민족문학사학회, 2014.
정출헌, 「寒暄堂 金宏弼의 師弟·師友關係와 학문세계의 여정」, 『민족문화』 45집, 한국고전번역원, 2015.
제해성, 「『東文選』의 編纂 體制와 文體 分類 및 『文選』으로부터의 수용」, 『중국어문학』 83집, 중국어문학회, 2020.
조규익, 「文章輔國의 이상과 治者階級의 이념적 동질성 추구: 변계량의 악장」, 『조선조 악장의 문예미학』, 민속원, 2005.
조동일, 「문학사는 어떻게 이해할 것인가?」, 『문학연구방법론』, 지식산업사, 1980.
조창규, 「조선전기의 濂洛詩風 한시 연구」, 경성대 박사학위논문, 2011.
지부일, 「조선초의 대명 문화교류와 『성리대전』의 수용」, 『동양학연구』 3집, 동양학연구학회, 1997.
천혜봉, 「춘정집 해제」, 『국역 춘정집』, 민족문화추진회, 1998.
최석기, 「조선 전기의 經書 해석과 退溪의 『詩釋義』」, 『퇴계학보』 제92호, 퇴계학연구원, 1996.
최완식, 「조선시대 간행 중국사상관계서 개황」, 『인문논총』 24집, 서울대 인문학연구소, 1990.
최진경, 「15세기 관료 문인의 '한양' 이미지: 「漢都十詠」 및 그 차운시 분석을 중심으로」, 『열상고전연구』 72집, 열상고전문학연구회, 2020.
피터 윤, 「서구 학계 조공제도 이론의 중국 중심적 문화론 비판」, 『아세아연구』 제45권 3호, 고려대 아세아문제연구소, 2002.
하정승, 「東人詩話에 나타난 시론의 특징과 비평사적 의미」, 『한국언어문학』 93집, 한국언어문학회, 2015.
한상일, 「四佳 徐居正의 書畵認識에 관한 고찰: 儒·佛·道 三敎의 融和的 審美를 중심으로」, 『유학연구』 33집, 충남대 유학연구소, 2015.
한형주, 「15세기 祀典體制의 성립과 그 추이: 『국조오례의』 편찬과정을 중심으로」, 『역사교육』 89집, 역사교육학회, 2004.
허준, 「朝鮮時代 儒敎化와 國家正體性」, 『역사문화연구』 72집, 역사문화연구소, 2019.
허태용, 「성리학으로 조선시대를 설명하는 연구 경향의 비판적 고찰」, 『역사비평』 2019년 여름호, 역사비평사, 2019.

(재) 한국연구원 한국연구총서 목록

1. 김주수, 신혼인법연구 (1958)
2. 이창열, 한국경제의 구조와 순환 (1958)
3. 홍이섭, 정약용의 정치경제사상연구 (1959)
4. 박병호, 한국법제사특수연구 (1960)
5. 이만갑, 한국농촌의 사회구조 (1960)
6. 남광우, 동국정운식한자음연구 (1966)
7. 김경탁, 율곡의 연구 (1960)
8. 이광린, 이조수리사연구 (1961)
9. 김두종, 한국의학발전에 대한 구미 및 서남방의 학의 영향 (1960)
10. 이현종, 조선전기 대일교섭사연구 (1964)
11. 박동서, 한국관료제도의 력사적전개 (1961)
12. 김병국, Central Banking Experiment in a Developing Economy (1965)
13. 곽상수, 한국조세연구 (1961)
15. 김동욱, 이조전기 복식연구 (1963)
16. 박원선, 부보상 (1965)
17. 최학근, 전라남도방언연구 (1962)
18. 이기문, 국어표기법의 력사적연구 (1963)
19. 김은우, 한국녀성의 애정갈등의 원인연구 (1963)
20. 서남원, 외국원조의 리론과 실제 (1963)
21. 이춘령, 이조농업기술사 (1964)
22. 노창섭, 서울주택지역연구 (1964)
23. 유인호, 한국농업협업화에 관한 연구 (1967)
24. 강신항, [운해훈민정음] 연구 (1967)
25. 유원동, 이조후기 상공업사연구 (1968)
26. 김병하, 이조전기 대일무역연구 (1969)
27. 이효재, 도시인의 친족관계 (1971)
28. 최영희, 임진왜란중의 사회동태 (1975)
29. 원유한, 조선후기 화폐사연구 (1975)
30. 최태호, 개항전기의 한국관세제도 (1976)
31. 김완진, 노걸대의 언해에 대한 비교연구 (1976)
32. 하현강, 고려지방제도의 연구 (1977)
33. 김태준, 임진란과 조선문화의 동점 (1977)
34. 황패강, 조선왕조소설연구 (1978)
35. 이기백, 신라시대의 국가불교와 유교 (1978)
36. 김용덕, 향청연구 (1978)
37. 권령철, 병와이형상연구 (1978)
38. 신용하, 조선토지조사사업연구 (1979)
39. 강신표, 단산사회와 한국이주민 (1980)
40. 소재영, 임병양란과 문학의식 (1980)
41. 이기동, 신라골품제사회와 화랑도 (1980)
42. 홍승기, 고려시대 노비연구 (1981)
43. 김두진, 균여화엄사상연구 (1981)
44. 신동욱, 우리 이야기문학의 아름다움 (1981)
45. 이기준, 한국경제학교육사연구 (1982)
46. 민현구, 조선초기의 군사제도와 정치 (1983)
47. 정형우, 조선시대 서지사연구 (1983)
48. 조희웅, 한국설화의 류형적연구 (1983)
49. 김용숙, 한중록연구 (1983)
50. 이배용, 구한말광산리권과 렬강 (1984)
51. 윤근호, 한국회계사연구 (1984)
52. 김학준, The Sino-North Korean Relations, 1945-'84 (1985)
53. 이태진, 조선후기의 정치와 군영제변천 (1985)
54. 박은경, 한국화교의 종족성 (1986)
55. 권병탁, 약령시연구 (1986)
56. 김용선, 고려음서제도연구 (1987)
57. 김영자, 한국복식미의 연구 (1987)
58. 양동휘, 한국어의 대용화 (1988)
59. 정두희, 조선성종대의 대간연구 (1989)
60. 오두환, 한국근대화폐사 (1991)
61. 윤홍노, 이광수 문학과 삶 (1992)
62. 정규복, 한국고소설사의 연구 (1992)
63. 김동철, 조선후기 공인연구 (1993)
64. 이희덕, 한국고대자연관과 왕도정치 (1994)
65. 이호영, 국어 운율론 (1997)
66. 오성, 조선후기 상업사연구 (2000)
67. 우대형, 한국근대농업사의 구조 (2001)
68. 김철웅, 한국중세 국가제사의 체제와 잡사 (2003)
69. 오항녕, 한국사관제도 성립사연구 (2003)
70. 노계현, 간도 영유권 분쟁사 (2006)
71. 백옥경, 조선 전기 역관 연구 (2006)
72. 홍정근, 호락논쟁의 본질과 임성주의 철학사상 (2007)
73. 유헌식, 한국인의 일상행위에 감춰진 의미구조, 연구 (2008)
74. 김현숙, 근대 한국의 서양인 고문관들 (2008)
75. 최선일, 17세기 조각승과 불교 연구 (2009)
76. 김도형, 일제의 한국농업정책사 연구 (2009)
77. 금지아, 한중 역대 서적교류사 연구 (2010)
78. 이찬, 한국 현대시론의 담론과 계보학 (2011)
79. 송기한, 서정주 연구-근대인의 초상 (2012)
80. 노용필, 한국도작문화연구 (2012)
81. 엄연석, 조선전기역철학사 (2013)

82. 박광연, 신라 법화사상사 연구 (2013)
83. 박미선, 신라 점찰법회와 신라인의 업·윤회인식 (2013)
84. 김병길, 역사문학, 俗과 通하다 (2013)
85. 표정옥, 신화적 상상력에 비쳐진 한국 문학 (2014)
86. 허용호, 인형연행의 문화전통연구, (2014)
87. 문성화, 「삼국사기」와 「삼국유사」의 역사인식과 역사의식, (2015)
88. 이경재, 다문화 시대의 한국소설 읽기 (2015)
89. 김수연, 유(遊)의 미학, 「금오신화」 (2015)
90. 홍성민, 감정과 도덕, 성리학의 도덕감정론 (2016)
91. 박해훈, 한국의 팔경도 (2017)
92. 김주연, 조선시대 궁중의례미술 속의 12장 도상 (2018)
93. 박평식, 조선전기 대외무역과 화폐연구 (2018)
94. 임채우, 한국의 신선 그 계보와 전기 (2018)
95. 엄태웅, 대중들과 만난 구운몽 (2018)
96. 허태구, 병자호란과 예, 그리고 중화의식 (2019)
97. 한성훈, 이산: 분단과 월남민의 서사 (2020)
98. 한재훈, 퇴계이황의 예학사상연구 (2021)
99. 정우진, 몸의 연대기 (2021)
100. 이승종, 우리 역사의 철학적 쟁점 (2021)
101. 홍정완, 한국 사회과학의 기원 (2021)
102. 허, 윤, 남성성의 각본들 (2021)
103. 김우형, 한국유학의 철학적 탐구 (2021)
104. 김종수, 의궤로 본 조선시대 궁중연향 문화 (2022)
105. 손증상, 한국 근대 아동극과 아동잡지 (2022)
106. 김미덕, 보편적 부패 평균적 무능 (2022)
107. 이도흠, 18~19세기 한국문학, 차이의 근대성 (2022)
108. 서유리, 이탈과 변이의 미술 (2022)
109. 손성준, 중역한 영웅 (2023)
110. 김남석, 조선 신극의 기치; 극예술연구회 I (2023)
111. 김남석, 조선 신극의 기치; 극예술연구회 II-1 (2023)
112. 김남석, 조선 신극의 기치; 극예술연구회 II-2 (2023)
113. 이봉범, 한국 냉전문화사 (2023)
114. 장철환, 한국 현대시의 리듬 (2023)
115. 방원일, 개신교 선교사와 한국종교의 만남 (2023)
116. 유헌식, 근대 한국사회의 정치적 정체성 (2023)
117. 최봉준, 고려시대 다원적 사상지형과 역사인식 (2023)
118. 민회수, 근대 한국의 감리서 연구 (2024)
119. 왕현종, 민중을 바라보는 방법 (2024)
120. 이경화, 표암 강세황-붓을 꺽인 문인화가의 자화상 (2024)
121. 이종호, 염상섭 문학과 대안근대성 (2024)
122. 정출헌, 조선전기를 읽는 시각, 조선전기 문명전환과 동국문명의 지평 (2024)